MARTIN BUCER

BRIEFWECHSEL

CORRESPONDANCE

BAND IV

STUDIES
IN MEDIEVAL AND
REFORMATION THOUGHT

EDITED BY

HEIKO A. OBERMAN, Tucson, Arizona

IN COOPERATION WITH

THOMAS A. BRADY, Jr., Berkeley, California
ANDREW C. GOW, Edmonton, Alberta
SUSAN C. KARANT-NUNN, Tucson, Arizona
JÜRGEN MIETHKE, Heidelberg
M. E. H. NICOLETTE MOUT, Leiden
ANDREW PETTEGREE, St. Andrews
MANFRED SCHULZE, Wuppertal

VOLUME LXXVIII

REINHOLD FRIEDRICH, BERNDT HAMM,
ANDREAS PUCHTA (HRSG.)

MARTIN BUCER

BRIEFWECHSEL

CORRESPONDANCE

BAND IV

MARTINI BUCERI OPERA AUSPICIIS ORDINIS THEOLOGORUM
EVANGELICORUM ARGENTINENSIS ERLANGENSISQUE EDITA

MARTIN BUCER

BRIEFWECHSEL

CORRESPONDANCE

BAND IV
(JANUAR – SEPTEMBER 1530)

HERAUSGEGEBEN UND BEARBEITET VON

REINHOLD FRIEDRICH,
BERNDT HAMM und ANDREAS PUCHTA

IN ZUSAMMENARBEIT MIT

MATTHIEU ARNOLD und CHRISTIAN KRIEGER

NACH VORARBEITEN VON

HANS GEORG ROTT †

PHILOLOGISCHE BERATUNG DURCH MICHAEL KOBER

BRILL
LEIDEN · BOSTON · KÖLN
2000

Publié avec le concours du Conseil Général du Bas-Rhin et de la Faculté de Théologie Protestante de l'Université Marc Bloch de Strasbourg.

This book is printed on acid-free paper.

Die Deutsche Bibliothek - CIP-Einheitsaufnahme

Bucer, Martin:
Briefwechsel – Correspondance / opera auspiciis ordinis Theologorum Evangelicorum Argentinensis Erlangensisque edita. Hrsg. und bearb. von Reinhold Friedrich, Berndt Hamm und Andreas Puchta in Zusammenarbeit mit Matthieu Arnold und Christian Krieger. Nach Vorarbeiten von Hans-Georg Rott. Philologische Beratung durch Michael Kober. – Leiden ; Boston ; Köln : Brill
Bd. 4. (Januar – September 1530). – 2000
    (Studies in medieval and reformation thought ; Vol. 78)
    ISBN 90–04–11620–6

Library of Congress Cataloging-in-Publication Data

Library of Congress Cataloging-in-Publication Data is also available

ISSN 0585-6914
ISBN 90 04 11620 6

PRINTED IN THE NETHERLANDS

IN MEMORIAM JEAN ROTT
1911–1998

INHALTSVERZEICHNIS

EINLEITUNG

Der vorliegende vierte Band der Korrespondenz Martin Bucers schließt chronologisch an den dritten an. Er umfaßt den Zeitraum des Jahres 1530 bis zum 18. September, d.h. bis zum letzten Brief, den Bucer vom Augsburger Reichstag geschrieben hat. Die Anwesenheit Bucers in Augsburg vom 23. Juni bis 19. September und der Ereignisreichtum dieser Wochen erklären die — verglichen mit den bisherigen Bänden — größere zeitliche Dichte der Briefe und ihre besondere inhaltliche Dramatik.

***

Zum Inhalt: Der Band umfaßt 73 Briefe, davon 59 in lateinischer, 14 in deutscher Sprache. Unter diesen Briefen sind 23 (von 19 verschiedenen Verfassern) an Bucer gerichtet, 50 hat er als Absender verfaßt, davon 38 als alleiniger Autor, 12 gemeinsam mit anderen: 9 zusammen mit seinem Straßburger Kollegen Wolfgang Capito (Nr. 293, 294 zusätzlich mit dem Ratsherrn Jakob Sturm) und 3 zusammen mit den Straßburger Predigern. Die Briefe Bucers und seiner Mitautoren sind an 18 verschiedene Adressaten gerichtet. Am häufigsten schrieb Bucer an Huldrych Zwingli in Zürich (16 mal) und Ambrosius Blarer in Konstanz (7 mal), wie überhaupt die reformatorischen Theologen und Prediger — darunter auch Martin Luther und Philipp Melanchthon mit jeweils zwei Briefen — seine bevorzugten Korrespondenten waren. Aber auch an führende Gestalten der Religionspolitik wie Landgraf Philipp von Hessen, den kursächsischen Rat Gregor Brück und sogar Kaiser Karl V. hat Bucer geschrieben. Der geographische Raum der Korrespondenz spannt sich von der Schweiz bis nach Friesland; das Hauptgewicht kommt aber neben Marburg selbstverständlich den Orten des Südwestens zu, mit denen Straßburg durch besonders enge religionspolitische und theologische Kontakte verbunden war: Zürich, Basel, St. Gallen und Konstanz.

Die weitaus meisten der von Bucer verfaßten oder an ihn gerichteten Briefe haben einen persönlichen Charakter mit oft vertraulichem Inhalt. In der Direktheit und Ungeschütztheit solcher Mitteilungen, darunter Aussagen über Pläne, Motive und Gefühle, Glaube und Frömmigkeit, liegt ein besonderer Wert und Reiz der Briefe. Ihre Zielrichtung ist freilich denkbar unterschiedlich: Sie reicht von kürzester Information und Bitte bis zur traktatartigen Abhandlung umstrittener Fragen der Lehre, Frömmigkeit und Kirchen-

reform (bis maximal 1097 Textzeilen in Nr. 279). Derartig lange und theo-
logiegesättigte Schreiben thematisieren besonders die Rechtfertigung des
Straßburger Bilderverbots (Nr. 276), die Einheit der Kirche trotz differieren-
der Lehrmeinungen auf der Grundlage der brüderlichen Gemeinschaft
(Nr. 279, I. Teil), die Auslegung der Marburger Artikel im Sinne der Straßburger Theologie (Nr. 279, II. Teil), die Reinigung von Lehre und Gottes-
dienst und die Besserung des Lebens durch das Evangelium (Nr. 289), die
begründende Darstellung des Glaubens und der Kirchenreform in Straßburg
(Nr. 293), die Forderung nach brüderlicher Verständigung im Abendmahlsstreit (Nr. 296), die sachliche Vereinbarkeit der Positionen im Abendmahlsstreit (Nr. 320), die Art der Gegenwart Christi im Abendmahl und die
Einigkeit der streitenden Parteien in der Sache (Nr. 326-329, 332). Diese
programmatischen Lehrschreiben sind in der Regel keine persönlichen Pri-
vatbriefe, sondern öffentliche oder jedenfalls offizielle Darlegungen; sie sind
gerichtet an die Straßburger Gemeinde im Namen der Prediger (Nr. 276,
277), an die Marburger Universität als theologisch extrem ausgeweitetes
Widmungsschreiben zu Bucers Evangelienkommentar (Nr. 279), an die
Christen von Friesland im Namen der Straßburger Prediger (Nr. 289), an den
Kaiser und an Philipp von Hessen jeweils im Namen des Straßburger Rats
(Nr. 293 bzw. 296, vgl. auch Bucer an Philipp Nr. 332) und an die Wittenberger Adresse in Gestalt von Gregor Brück und Luther (Nr. 320, 326, 327,
328). Aber auch in Privatbriefen können Bucer und seine Korrespondenten
(z.B. Zwingli und Johannes Oekolampad in Nr. 334, 335, 336 über ihr
Abendmahlsverständnis) sehr lehrhaft werden, so daß insgesamt der Briefwechsel dieses Bandes theologisch sehr ergiebig ist.

Das thematische Hauptgewicht des Bandes liegt auf den Vorgängen des
Augsburger Reichstags (Frühsommer bis Herbst 1530). Beginnend mit
Nr. 275, besonders aber ab Nr. 301 (23. Mai) bieten die Briefe reiche Informationen über Vorbereitung und Verlauf des Reichstags, vor allem der Religionsverhandlungen (z.B. Nr. 333). Bucer und Capito hielten sich nach ihrer
Ankunft zunächst versteckt, bis sie sich wie die Straßburger Gesandten
Jakob Sturm und Mathis Pfarrer offen zur *Confessio Tetrapolitana* bekannten (Nr. 319). Im Mittelpunkt stehen Nachrichten über die anreisenden und
anwesenden weltlichen Herren, Bischöfe und Theologen, namentlich über
die aus Bucers Sicht bedrohlich kompromißlose Religionspolitik des Kaisers
in Allianz mit der aggressiv papsttreuen Partei (Nr. 308, 309, 310, 312, 341),
die konzessionsbereite und auf Kriegsvermeidung bedachte Einstellung
einiger Bischöfe (Nr. 308, 309, 319), das glaubensstarke Auftreten Philipps
von Hessen (Nr. 285, 297, 306, 308, 309, 316, 338), das den Altgläubigen
gegenüber zu nachgiebige Verhalten der Lutherischen (Nr. 302, 318, 331,
333), besonders den fatalen Einigungskurs Melanchthons (Nr. 275, 308, 324,
333) im Unterschied zur Standfestigkeit Luthers (Nr. 324, 338). Thematische

Hauptpunkte bilden ferner die *Confessio Augustana* und ihre katholische *Confutatio*, vor allem aber die oberdeutsche *Confessio Tetrapolitana* (s. Register) und die starke Sorge ihrer Unterzeichner, zusammen mit den Schweizern Opfer einer religionspolitischen Verständigung zwischen Altgläubigen und Lutherischen zu werden (Nr. 310, 315, 318, 322, 323). Bezeichnend sind Briefe, in denen Bucer die Straßburger dem Wüten der ganzen Welt ausgesetzt sieht (Nr. 316, 318), mit schlimmster Verfolgung rechnet (Nr. 310, 324, 330) und den einzigen Ausweg im glaubensfesten Vertrauen auf den Sieg der göttlichen Wahrheit über die feindliche Übermacht der Altgläubigen und Satans findet (Nr. 306, 309, 312, 316, 318, 322, 331, 333, 338, 341). Wiederholt bekundet er die Notwendigkeit einer unzweideutigen, bekenntnisklaren und tapferen Haltung gegenüber den Feinden des Evangeliums (Nr. 275, 310, 319, 324, 331, 333, 338, 341) und andererseits die Dringlichkeit einer friedlich-brüderlichen Einigkeit der Evangelischen untereinander (Nr. 273, 279, 326, 327, 328, 332, 338). Damit steht zugleich das umstrittene Abendmahlsverständnis der Schweizer und Straßburger im Zentrum der Augsburger Korrespondenz, vor allem Bucers Ringen um Verständigung und Frieden mit der lutherischen Seite (z.B. Nr. 324, 332, 338), besonders um ein klärendes Gespräch mit Melanchthon (Nr. 306, 313, 314, 317, 319, 320, 324, 328, 330, 332). Seine Briefe zeigen das Bemühen, die Kontroverse als Mißverstehen und Streit um Worte zu deuten (Nr. 314, 320, 324, 326, 328, 329, 338, 339) und — ähnlich wie Capito und Oekolampad — die tragende Basis des gemeinsamen Christusglaubens und der brüderlichen Liebe zu betonen (Nr. 273, 279, 286, 296, 333, 339). Christen, die durch denselben Geist geleitet werden, können in den wesentlichen Fragen des Glaubens nicht divergieren (Nr. 317). Bucer beklagt sich über Luthers spöttische, distanzierte und schroffe Art (Nr. 273, 305, 321) und ist entsetzt über die Feindseligkeit der Lutherischen gegenüber den Oberdeutschen («nichts ist so unversöhnlich, hart und furchtbar wie ihr Haß» Nr. 306, vgl. 304, 315, 316), kritisiert aber auch Zwingli wegen übertriebener Polemik gegen die lutherische Seite (Nr. 338, 341).

Greift schon der Themenbereich Abendmahl, Christologie, Glaube, Liebe und Duldsamkeit weit über den Augsburger Rahmen hinaus, so wird in der Korrespondenz des Bandes überhaupt eine Fülle thematischer Punkte angesprochen, die keinen unmittelbaren Bezug zum Reichstag haben, sondern in den großen Zusammenhang der reformationszeitlichen Veränderungen, der religionspolitischen Verwicklungen Straßburgs und der vielfältigen Kontakte Bucers gehören. Ich erwähne nur, um das Spektrum der Hauptinhalte vorzustellen (im übrigen auf die Register verweisend):

– aus dem Bereich der *Reichspolitik*: Waffenstillstandsverhandlungen des Kaisers mit den Türken (Nr. 312, 315, 321), militärische und diplomatische Erfolge des Kaisers (Nr. 338), Gerüchte über seine Kriegspläne gegen die Schweiz (Nr. 312, 321), die geplante Königswahl Ferdinands (Nr. 297), Nachrichten über Florenz (Nr. 323, 333, 334, 338);

– aus dem Bereich der *Religionspolitik*: die Aufnahme Straßburgs in das ‚Burgrecht‘ mit den Schweizern (Nr. 270, 271) und die Frage der Erweiterung des Bündnisses, die dann durch den Verlauf des Reichstags eine verschärfte Dringlichkeit erhält (Nr. 273, 275);

– aus dem Bereich der *Fortschritte bzw. Hemmnisse der Reformation*: Nachrichten über Straßburg (Messe, Altäre, Bilder, Statuen, Schulwesen, Befestigung etc.: s. Register), Memmingen (Nr. 291), Zürich (Nr. 340), Ostfriesland (Nr. 300), Preußen (Nr. 324) und Frankreich (Nr. 328, 329, 332, 338, 339);

– aus dem Bereich von *literarischen Publikationen und Projekten*: Bucer: Anti-Bilder-Schrift ‚Das einigerlei Bild‘ (Nr. 288, 290, 301), Evangelienkommentar (Nr. 275, 279, 282, 285, 286), Psalmenkommentar (Nr. 273, 275); Hermann von dem Busche: Gedicht gegen die Kölner Inquisitoren (Nr. 288); Erasmus von Rotterdam: Schrift gegen Bucers Psalmenkommentar ‚Epistola contra pseudevangelicos‘ und Bucers Entgegnung in seiner ‚Epistola apologetica‘ (Nr. 275, 282, 290, 291, 297) - vgl. auch sonstige Seitenhiebe gegen Erasmus (Nr. 288, 295, 340); Kaspar Hedio: ‚Chronica der alten christlichen Kirchen‘ (Nr. 272); Franz Lambert von Avignon: Sendbrief über das Abendmahl (Nr. 278); Martin Luther: ‚Vermahnung an die Geistlichen‘ (Nr. 305), ‚Widerruf vom Fegfeuer‘ (Nr. 324); Philipp Melanchthon: Abendmahlsschrift ‚Sententiae veterum‘ und Andreas Karlstadts geplante Entgegnung (Nr. 287, 298); Johannes Oekolampad: Abendmahlsdialog ‚Quid de eucharistia veteres‘ (Nr. 327, 328); Huldrych Zwingli: ‚Fidei ratio‘ (Nr. 317, 319, 329), ‚De Convitiis Eckii‘ (Nr. 338, 341), ‚De providentia Dei‘ (Nr. 341);

– aus dem Bereich von *Personenempfehlungen*: für den kirchlichen Dienst (Nr. 269, 271, 274, 303, 304), für Kanzleiarbeiten (Nr. 292), zur Ausbildung (Nr. 272, 281, 297), zur Aufnahme von Glaubensflüchtlingen (Nr. 288, 298) - besonders von Andreas Karlstadt (Nr. 298, 299, 302, 303, 305);

– aus dem Bereich von *Informationen über Personen*: Theobald Billican (Nr. 274), Johannes Eck (Nr. 330), Franz Lambert von Avignon (278, 301), Thomas Murner (Nr. 274), Philipp von Hessen (Nr. 322, 323);

– aus dem Bereich des *Alltagslebens*: Bucers Sorge für seine Familie (Nr. 284, 309, 315), Bucers Hautkrankheit (Nr. 297, 298), Nahrungsknappheit in Zürich (Nr. 292, 334), Pest in Marburg (Nr. 278) und Straßburg (Nr. 340);

– aus dem Bereich des *Glaubenslebens*: Lebensbesserung durch das Evangelium (Nr. 289), Mahnung zum Gebet (Nr. 282, 308, 322, 330, 333), zu Liebe und Duldsamkeit (Nr. 273, 279, 309, 335, 340), zu Glaubensfestigkeit und Gottvertrauen (Nr. 282, 308, 312, 318, 319, 322, 333, 338), Gottwohlgefälligkeit des Bergbaus (Nr. 280).

Der Band schließt mit einem theologisch sehr gewichtigen Brief (Nr. 341), der in seiner Art typisch für viele Briefe des Bandes ist: Bucer beschwört Zwingli, mit denjenigen, die echte Christen sind und doch im Abendmahlsverständnis mit ‚uns' noch nicht einig sind, freundlich umzugehen und sich um sie zu bemühen. Zugleich betont er angesichts der bedrohlichen Indizien und Stimmen, die eine kriegerische Auseinandersetzung mit dem Kaiser ankündigen, der eigentlich eher den Frieden als den Krieg will: Nicht durch einen Krieg, zu dem wir um der Wahrheit willen genötigt werden, wird Gott beleidigt, sondern durch faule Friedenskompromisse (mala concordia) mit der päpstlichen Seite.

∗∗∗

Editionsgrundsätze: Gegenüber den ersten drei Bänden der Bucer-Korrespondenz haben sich folgende Veränderungen ergeben:
1. Die *Sprache* der Apparate ist deutsch. Die Sprache der Register ist — den Brieftexten gemäß — deutsch und lateinisch; in das Sachregister wurden wichtige französische Verweisstichwörter eingefügt. Die Briefregesten werden in französischer und deutscher Fassung geboten, wobei die französischen Regesten in Anbetracht der deutschen Fußnoten-Kommentierung etwas ausführlicher sind.
2. Der Band enthält ein umfassendes *Literaturverzeichnis* mit Kurztiteln, auf die sich die Angaben im kommentierenden Apparat beziehen.
3. Das *Abkürzungsverzeichnis* ist auf Zeitschriften- und Monographienreihen und solche Siglen, die nicht in sich verständlich sind, reduziert worden.
4. Folgende *Sonderzeichen* wurden zur Entlastung des textkritischen Apparats und zur besseren Lesbarkeit der Briefe im Text verwendet:
   ↓...↓   Einfügungen von oberhalb der Zeile.
   <...<   Einfügungen am Rand.
   ↑...↑   Einfügungen von unterhalb der Zeile.
   ^...^   Einfügungen von unterhalb der Seite.
   ≤...≤   Einfügungen am Ende des Kapitels oder Paragraphen.
   ˅...˅   Einfügungen von oberhalb der Seite.
   ⊤...⊤   Einfügungen innerhalb der Zeile.
   ˞...˞   Veränderte Textpassagen (ab zwei Wörtern).
5. Die *Unterstreichungen* im Originaltext werden getreu der Vorlage wiedergegeben.

∗∗∗

Die Edition des Bandes entstand am Lehrstuhl für Neuere Kirchengeschichte der Theologischen Fakultät der Universität Erlangen-Nürnberg in
Zusammenarbeit mit dem GRENEP (Groupe de Recherches sur les non-
conformistes des XVIe et XVIIe s. et l'histoire des protestantismes, Faculté
de Théologie Protestante de Strasbourg). Textgestalt, Apparate, deutsche
Briefregesten und Register wurden von Reinhold Friedrich, Berndt Hamm
und Andreas Puchta gemeinsam erarbeitet. Matthias Tilgner war als studen-
tische Hilfskraft besonders an der Erstellung der Register beteiligt, während
uns Michael Kober bei den lateinischen Texten philologisch beriet. Die
französischen Briefregesten wurden von Matthieu Arnold verfaßt, und die
abschließende Formatierung der Texte am Computer übernahm wie bisher
Christian Krieger.

Die Kontinuität zu den bisherigen Bänden der Bucer-Korrespondenz, die
unter der Leitung von Jean Rott in Straßburg entstanden, wurde auch perso-
nell gewährleistet: Die einstigen Straßburger Mitarbeiter Arnold, Friedrich
und Krieger sind auch an der Fortsetzung der Edition beteiligt, und
regelmäßige Arbeitstreffen zwischen den Erlangern und Straßburgern sorgen
für ein erfreulich reibungsloses Zusammenwirken. Reinhold Friedrich ist
durch Jean Rott in die extrem schwierige Handschrift Bucers und die besonderen Probleme der Edition seiner Korrespondenz eingearbeitet worden;
Friedrichs Bemühungen ist es zu verdanken, daß die Briefedition nach Erlangen geholt werden konnte und die Förderung der Deutschen Forschungsgemeinschaft fand. In seinen Händen liegt nun die Projektleitung, die er
gemeinsam mit mir und in Abstimmung mit Matthieu Arnold wahrnimmt.
Eine gute Kooperation verbindet uns mit der Heidelberger Bucer-
Forschungsstelle unter Leitung von Gottfried Seebaß.

Unser herzlicher Dank gilt vor allem dem am 17. Juli 1998 verstorbenen
Dr. Jean Rott, auf dessen wertvolle Vorarbeiten wir diesen Band aufbauen
konnten. Er sei daher seinem Gedächtnis gewidmet. Sein Lebenswerk und
seine Persönlichkeit haben die Editoren des Bandes zu Bucers Briefwechsel
geführt und den Funken der Forscherfreude überspringen lassen. Heiko A.
Oberman danken wir dafür, daß er auch diesen Briefband wieder in die ange-
sehene Reihe der *Studies in Medieval and Reformation Thought* aufgenommen und sein Entstehen mit engagiertem Rat begleitet hat. Schließlich
gebührt unser Dank der Deutschen Forschungsgemeinschaft, ohne deren
Stellenförderung die Edition nicht hätte fortgesetzt werden können, dem
Conseil Général du Bas-Rhin für seine Finanzhilfe und dem Verlag E.J. Brill
in Leiden für die bewährte Zusammenarbeit.

Erlangen, den 22. März 2000   Berndt Hamm

INTRODUCTION

Le présent volume est le quatrième de la *Correspondance* de Martin Bucer. Au contraire des volumes précédents, ce tome ne couvre qu'une année : 1530, et ce, jusqu'au 18 septembre seulement. Cette différence s'explique par l'abondance et la longueur des matériaux que nous possédons pour ces neuf mois, capitaux non seulement pour Strasbourg, mais pour toute l'histoire de la Réforme : du printemps à l'automne de 1530, se tient à Augsbourg la Diète d'Empire, où se déroulent des tractations politico-religieuses capitales ; mais au lieu d'aboutir à la réunion souhaitée à la fois par certains évangéliques et par des partisans de la foi traditionnelle, la Diète d'Augsbourg marquera le début du "temps des confessions".

Au plan politique, au début de 1530, Bucer se félicite de l'admission de Strasbourg dans le *Burgrecht*, alliance avec les villes suisses (n° 270, 271) ; il regrette l'absence de Constance (n° 273) et d'Ulm (n° 282), et s'efforce d'y gagner Memmingen (n° 291).

Au plan intérieur, Strasbourg continue d'accueillir des réfugiés de toutes origines (n° 269, 274, 288), généralement persécutés pour leur foi. Bucer lui-même est contraint d'adresser à Zwingli des exilés (n° 304), au nombre desquels Andreas Karlstadt, qu'il recommande vivement (n° 298, 303). Par ailleurs, après la suspension de la messe en 1529, les réformes cultuelles se poursuivent à Strasbourg : le 14 février, le Magistrat de Strasbourg prend la décision de supprimer, dans les églises, les autels et les statues (n° 275). Dans une lettre ouverte aux croyants (n° 276, 277), les prédicateurs strasbourgeois justifient cette interdiction des images en prenant le contre-pied de l'argumentation de Luther : ce dernier invoquait la fonction pédagogique des images, ainsi que l'attention à porter aux "faibles dans la foi", que pourraient choquer des changements trop radicaux ; pour Bucer, ce sont précisément les "faibles" qu'il convient de protéger contre une foi erronée, en éloignant d'eux les images. Dans leur réponse à la convocation de la Diète (n° 293), les Strasbourgeois tentent d'expliquer à Charles Quint que ces changements ne contredisent pas leur allégeance à l'Empereur ; ils expriment par ailleurs l'espoir que la Diète sera suivie par un Concile, où seront traitées les questions litigieuses (n° 293). D'Augsbourg, Bucer salue la destruction du retable de l'autel de St. Pierre-le-Jeune (n° 312).

Qu'en est-il des activités littéraires de Bucer ? Il rédige notamment la seconde édition de son commentaire sur les évangiles, *Enarrationes perpetuae in sacra quatuor evangelia* (n° 275, 285), et réagit, par *l'Epistola apo-*

logetica..., à l'*Epistola contra pseudevangelicos* d'Érasme (n° 289, 295, 297).

À partir de la fin d'avril, la Diète d'Augsbourg constitue la préoccupation essentielle de Bucer. À Augsbourg, Capiton et Bucer rejoignent les envoyés de la ville de Strasbourg, Mathis Pfarrer et Jacques Sturm, et restent tout d'abord dans la clandestinité (n° 312). Bucer critique la *Vermahnung an die Geistlichen* de Luther (n° 305), de même qu'il juge "trop douce" la *Confession d'Augsbourg* (n° 306). Les comparaisons entre sa correspondance et celle du Wittenbergeois sont éclairantes : tout en soulignant, plus que Luther, que certains évêques et princes de la foi traditionnelle sont disposés à des concessions afin d'éviter un conflit armé (n° 308, 309, 322, 323), il considère, comme lui, que Charles Quint est captif des "papistes" (n° 308), c'est-à-dire des partisans de la foi traditionnelle qui ne sont disposés à aucun compromis avec les évangéliques. En outre, les lettres de Bucer ont une tonalité proprement dramatique (n° 323), dans la mesure où les Strasbourgeois se considèrent, comme leurs alliés Suisses et les signataires de la confession dite *Tétrapolitaine* (n° 306) − à laquelle Charles Quint tardera à répondre (n° 331, 333) —, en butte à la haine conjuguée des "papistes" et des "Luthériens" (n° 316, 318). De ce fait, les missives bucériennes abondent en exhortations, souvent développées, à la prière, et en expressions de confiance en Dieu (n° 310, 312, 315, 318, 323, 324). Parfois, Bucer interprète ces "persécutions" de l'Église, qu'il juge comparables à celle de Dioclétien, en rapport avec la querelle relative à la Cène : Dieu punit les siens à cause de leurs divisions (n° 318). Les lettres de Bucer se font par ailleurs, comme d'autres correspondances de l'époque, l'écho de dissensions entre Luther et Mélanchthon (n° 324) ; pour sa part, le Strasbourgeois considère que les discussions avec les partisans de la foi traditionnelle ont été menées trop mollement (n° 333), et que les princes évangéliques ont été prompts à reculer devant les menaces de l'Empereur (n° 338) ; seule la constance de Philippe de Hesse lui semble digne d'éloges. À l'arrière-plan des négociations politico-religieuses d'Augsbourg, Bucer évoque, çà et là, la menace turque et les tractations de l'Empire avec ces adversaires (n° 312, 341 ; cf. aussi 271).

La querelle sacramentaire continue d'être l'un de thèmes majeurs de nos lettres. Revenant, dans une lettre de janvier adressée à Ambroise Blaurer, sur le Colloque de Marbourg, Bucer y exprime, dès lors, la crainte que les Luthériens se rapprochent davantage des partisans de la foi traditionnelle (n° 273) que d'eux-mêmes. La discussion s'oriente principalement sur le terrain patristique : Bucer reçoit, par Melander, les *Sententiae veterum...* de Mélanchthon (n° 287) ; lui-même se fonde sur le *Quid de eucharistia veteres...* d'Œcolampade (n° 326, 327, 328 ; cf. aussi les lettres de Zwingli, n° 336 et n° 338, et d'Œcolampade, n° 335). Par ailleurs, Bucer introduit, en se fondant sur l'histoire de l'Église primitive, la notion que nous qualifie-rions aujourd'hui de "divergence non séparatrice" : certaines différences ne font pas obstacle à la concorde, si tant est que l'on respecte l'amour de Dieu et du prochain (n° 296).

En marge de la Diète d'Augsbourg, Bucer réussit, par l'intermédiaire du chancelier Gregor Brück, à communiquer par lettre avec Mélanchthon, qui a préféré ce mode d'échanges à une entrevue (n° 313) ; Bucer lui-même s'en-tretient avec Brück (n° 320). Il s'efforce de démontrer à Mélanchthon que la *contemplatio fidei* défendue par Zwingli ne diverge pas de la présence réelle affirmée par les Luthériens (n° 317, 320) ; mais Mélanchthon refuse cette équivalence : pour lui, la *contemplatio fidei* n'est que le souvenir d'un absent (n° 325). Bucer continue d'affirmer qu'ils sont d'accord sur l'essentiel, le reste n'étant qu'une querelle de mots (n° 326), et écrit à Luther en ce sens (n° 327, 328), le rendant attentif au scandale de la division. Dans ses lettres, il déplore le fait que cette discorde discrédite le mouvement évangélique, notamment en France (n° 328), argument qu'il fait valoir aussi à Zwingli (n° 329), à Philippe de Hesse (n° 332) et à Vadian (n° 339). S'adressant à Zwingli, Bucer regrette que, dans le *De Convitiis Ecci* (n° 338, 341), ce dernier s'en prenne aux Luthériens alors qu'il existe des espoirs de Concorde.

***

Depuis la parution du tome 3, se sont produits d'importants change-ments : nous avons notamment eu la douleur de perdre Jean Rott (17 juillet 1998), cheville ouvrière de cette édition. Le présent volume est dédié à sa mémoire : sans ses considérables travaux préparatoires, fruits de décennies de labeur, et qu'il avait eu le temps, avec l'aide de Matthieu Arnold, de classer au cours des dernières années, le travail n'aurait pas pu se poursuivre. Ses connaissances encyclopédiques avaient permis à Jean Rott d'œuvrer seul, avec la collaboration, principalement technique, de jeunes chercheurs ; après son décès, la publication de la *Correspondance* de Bucer requiert désormais un travail collectif et international, qui associe la *Bucer For-schungsstelle* d'Erlangen, nouvellement créée, et le GRENEP. Une certaine continuité est assurée, puisque trois des auteurs du précédent volume (R. Friedrich, M. Arnold et C. Krieger) ont travaillé au tome 4 ; les ont rejoints Berndt Hamm et Andreas Puchta, de la *Bucer Forschungsstelle*.

Le travail s'est réparti comme suit : en se fondant sur les matériaux col-lationnés à Strasbourg, et dont une copie a été transmise à la *Bucer For-schungsstelle*, R. Friedrich, B. Hamm et leurs collaborateurs ont entrepris l'édition des lettres. Il a fallu compléter la documentation rassemblée par Jean Rott par des missions de recherche, notamment dans les archives de

Marbourg ; ces dernières ont été financées par les deux institutions. Les résumés des lettres ("regestes") ont été effectués indépendamment, à Strasbourg (par M. Arnold) et à Erlangen, avant d'être comparés ; si les résumés français sont un peu plus développés, c'est pour continuer de faciliter aux lecteurs francophones la consultation des lettres de Bucer, alors même que l'annotation est désormais en allemand ; la composition finale du volume a été effectuée par Christian Krieger.

Du côté strasbourgeois, j'ai l'agréable devoir de remercier, outre les éditions Brill et le professeur Heiko A. Oberman pour avoir prolongé leur confiance aux successeurs de Jean Rott en accueillant ce volume dans la collection *des Studies in Medieval and Reformation Thought*, le Conseil Général du Bas-Rhin pour son soutien financier, qui a transité par l'Université Marc Bloch de Strasbourg.

Matthieu Arnold,
directeur du Groupe de recherches sur les non-conformistes des XVIᵉ et XVIIᵉ s. et l'histoire des protestantismes (GRENEP, Faculté de Théologie protestante de Strasbourg)

CHRONOLOGISCHE LISTE DER BRIEFE

ALPHABETISCHE LISTE DER KORRESPONDENTEN
(Die Zahlen beziehen sich auf die Briefnummern)

VERLORENE BRIEFE

Guldi an Bucer	vor 12 I 1530	s. Nr. 269, Anm. 4
Oekolampad an Bucer	vor 12 I 1530	s. Nr. 269, Anm. 5
Oekolampad an Bucer	vor 12 I 1530	s. Nr. 271, Anm. 5
Johannes Zwick an Bucer	ca. 1527	s. Nr. 272, Anm. 3
Hedio an Johannes Zwick	vor 23 I 1530	s. Nr. 272, Anm. 7
Bedrot an Thomas Blaurer	vor 26 I 1530	s. Nr. 273, Anm. 33
Bucer an Frecht	vor 21 II 1530	s. Nr. 274, Anm. 2
Ambrosius Blaurer an Bucer	vor 4 III 1530	s. Nr. 275, Anm. 3
Ambrosius Blaurer an Bucer	vor 11 III 1530	s. Nr. 275, Anm. 33
Bucer an Lambert und Nouzenus	Ende II / Anfang III 1530	s. Nr. 278, Anm. 4
Lambert an Bucer	vor 14 III 1530	s. Nr. 278, Anm. 6
Lambert an Bucer	nach 14 III 1530	s. Nr. 278, Anm. 26
Bucer an Beser	nach 24 III 1530	s. Nr. 280, Anm. 6
Nouzenus an Bucer	vor 12 IV 1530	s. Nr. 285, Anm. 9
Bucer an von dem Busche	vor Mitte IV 1530	s. Nr. 288, Anm. 3
Ambrosius Blaurer an Bucer	nach 18 IV 1530	s. Nr. 290, Anm. 8
Ambrosius Blaurer an Bucer und Capito	vor 26 IV 1530	s. Nr. 291, Anm. 5
Bucer an Schenck	vor 26 IV 1530	s. Nr. 291, Anm. 8
Ambrosius Blaurer an Bucer	vor 26 IV 1530	s. Nr. 291, Anm. 10
Bucer an Grynaeus	Mitte IV 1530	s. Nr. 295, Anm. 6
Karlstadt an Bucer	vor 19 V 1530	s. Nr. 299, Anm. 2
Bucer an Sailer	nach 23 V 1530	s. Nr. 301, Anm. 32
Sailer an Bucer	nach 23 V 1530	s. Nr. 301, Anm. 33
Zwingli an Bucer	vor 5/6 VII 1530	s. Nr. 306, Anm. 17
Bucer und Capito an die Straßburger Prediger	nach 12 VII 1530	s. Nr. 312, Anm. 27
Philipp von Hessen an Zwingli	nach 22 VII 1530	s. Nr. 319, Anm. 29
Pfrund an Bucer	vor 2 VIII 1530	s. Nr. 321, Anm. 4
Ambrosius Blaurer an Bucer	vor 14 VIII 1530	s. Nr. 324, Anm. 5

ABKÜRZUNGSVERZEICHNIS

a	Autograph.
ADB	Allgemeine deutsche Biographie.
AHVKB	Archiv des Historischen Vereins des Kantons Bern.
AKG	Arbeiten zur Kirchengeschichte.
AMS	Archives municipales Straßburg.
ARG	Archiv für Reformationsgeschichte.
AST	Archives du Chapitre de Saint-Thomas Straßburg.
ATD	Das Alte Testament Deutsch.
BBKG	Beiträge zur Bayerischen Kirchengeschichte.
BHTh	Beiträge zur Historischen Theologie.
Bibl.	Bibliothek.
BM	Bibliothèque municipale.
BMS	Bibliothèque municipale Straßburg.
BN	Bibliothèque Nationale.
BNUS	Bibliothèque Nationale et Universitaire Straßburg.
BPH	Bulletin philologique et historique du Comité des Travaux Historiques.
C	Kopie.
CA	Confessio Augustana.
CH	Cahiers d'histoire.
CT	Confessio Tetrapolitana.
CThM	Calwer theologische Monographien.
Corp. Chr. Coll.	Corpus Christi College.
CR	Corpus Reformatorum
DBE	Deutsche biographische Enzyklopädie.
E	Extractum / Auszug.
EHS.G	Europäische Hochschulschriften. Reihe 3, Geschichte.
EHS.T	Europäische Hochschulschriften. Reihe 23, Theologie.
EKGB	Einzelarbeiten aus der Kirchengeschichte Bayerns.
Ep. Buc.	Epistolae Buceri.
F	Fragment.

Forsch. Bibl.	Forschungsbibliothek.
GK	Gestalten der Kirchengeschichte.
GTA	Göttinger theologische Arbeiten.
HAB	Herzog-August-Bibliothek.
HJLG	Hessisches Jahrbuch für Landesgeschichte.
HS	Historische Studien.
JHKGV	Jahrbuch der Hessischen Kirchengeschichtlichen Vereinigung.
JSKG	Jahrbuch für schlesische (Kirche und) Kirchengeschichte.
JusEcc	Jus ecclesiasticum.
K	Konzept/erster Entwurf.
Ka	Konzept Autograph.
KLK	Katholisches Leben und Kämpfen / Kirchenreform im Zeitalter der Glaubensspaltung.
LA	Landesarchiv.
LB	Landesbibliothek.
LThK	Lexikon für Theologie und Kirche.
LuJ	Luther-Jahrbuch.
LuthQ	Lutheran Quaterly.
MennEnc	Mennonite encyclopedia.
MHVP	Mitteilungen des Historischen Vereins der Pfalz.
MZKG	Beiträge zur Mainzer Kirchengeschichte.
NAKG	Nederlands(ch) archief voor kerkgeschiedenis.
NDB	Neue deutsche Biographie.
NLADDR	Nachrichten der Lutherakademie in der Deutschen Demokratischen Republik.
O	Original.
Oa	Original Autograph.
P	Publikation.
par(r)	Parallele(n).
QASRG	Quellen und Abhandlungen zur schweizerischen Reformationsgeschichte.
QFRG	Quellen und Forschungen zur Reformationsgeschichte.
QSG	Quellen zur Schweizer Geschichte.
QSRG	Quellen und Abhandlungen zur schweizerischen Reformationsgeschichte.
R	Regest.
RE	Realencyklopädie fur protestantische Theologie und Kirche.

RGG	Die Religion in Geschichte und Gegenwart.
RGST	Reformationsgeschichtliche Studien und Texte.
RHPR	Revue d'histoire et de philosophie religieuses.
SA	Staatsarchiv.
SB	Staatsbibliothek.
SGTK	Studien zur Geschichte der Theologie und Kirche.
SMRT	Studies in medieval and reformation thought.
StA	Stadtarchiv.
StB	Stadtbibliothek.
StC	Studia Catholica.
SVRG	Schriften des Vereins für Reformationsgeschichte.
SZG	Schweizerische Zeitschrift für Geschichte.
TB	Thesaurus Baumianus.
ThZ	Theologische Zeitschrift.
TRE	Theologische Realenzyklopädie.
UB	Universitätsbibliothek.
Ü	Übersetzung.
Var. eccl.	Varia ecclesiastica.
VD 16	Verzeichnis der im deutschen Sprachraum erschienenen Drucke des sechzehnten Jahrhunderts.
VHKH	Veröffentlichungen der Historischen Kommission für Hessen (und Waldeck).
VIEG	Veröffentlichungen des Instituts für eüröpäische Geschichte Mainz.
ZB	Zentralbibliothek.
zeitgen.	zeitgenössisch.
ZGO	Zeitschrift für die Geschichte des Oberrheins.
ZKG	Zeitschrift für Kirchengeschichte.
ZThK	Zeitschrift für Theologie und Kirche.

LITERATURVERZEICHNIS

ABRAY, PEOPLE'S REFORMATION =
Abray, Lorna Jane, The People's Reformation. Magistrates, clergy and commons in Strasbourg 1500–1598, Ithaca (New York) 1985.

ABRAY, ZELL =
Abray, Lorna Jane, Matthias Zell, in: The Oxford Encyclopedia of the Reformation IV, hrg. v. Hans J. Hillerbrand, New York / Oxford 1996, S. 310f.

ADAM, STRASSBURG =
Adam, Johann, Evangelische Kirchengeschichte der Stadt Straßburg bis zur französischen Revolution, Straßburg 1922.

ADAM, ELSÄSSISCHE TERRITORIEN =
Adam, Johann, Evangelische Kirchengeschichte der Elsässischen Territorien bis zur französischen Revolution, Straßburg 1928.

ALY, STRABON =
Aly, Wolfgang, Strabonis geographica, 2 Bde., Bonn 1968–1972.

AMELING, PRUSIAS =
Ameling, Walter, Die Inschriften von Prusias ad Hypium, Bonn 1985.

ANGST, FABRI =
Angst, Artur, Dr. Johannes Fabri, Bischof von Wien. Der Priester, Theologe, Humanist und Diplomat aus Leutkirch, in: In und um Leutkirch. Bilder aus zwölf Jahrhunderten. Beiträge zum Stadtjubiläum 1993, hrg. v. der Großen Kreisstadt Leutkirch i. Allgäu, Leutkirch o. J., S. 285–295.

ARBENZ, VADIAN =
[Arbenz, Emil,] Joachim Vadian im Kirchenstreite 1523–1531, Neujahrsblatt herausgegeben vom Historischen Verein des Kantons St. Gallen, St. Gallen 1905, S. 3–18.

ARBUSOW, GRUNDRISS =
Arbusow, Leonid, Grundriß der Geschichte Liv=, Est= und Kurlands, 2 Bde., Reval 1896.

ASD =
Opera omnia Desiderii Erasmi Roterodami, Bd. IX, 1, Amsterdam 1982.

AUGUSTIJN, ERASMUS =
Augustijn, Cornelis, Erasmus von Rotterdam. Leben-Werk-Wirkung, München 1986.

AUGUSTIJN, GELDENHOUWER =
Augustijn, Cornelis, Gerhard Geldenhouwer und die religiöse Toleranz, in: ARG 69 (1978), S. 132–156.

BACKUS, BORRHAUS =
Backus, Irena, Martin Borrhaus (Cellarius) (= Bibliotheca Bibliographica Aureliana 88), Baden-Baden 1981.

BÄCHLI, UNTERSUCHUNGEN =
Bächli, Andreas, Untersuchungen zur pyrrhonischen Skepsis, Univ.-Diss. Bern 1989, Bern / Stuttgart 1990.

BÄUMER, COCHLAEUS =
Bäumer, Remigius, Johannes Cochläus (1479–1552). Leben und Werk im Dienst der katholischen Reform, Münster i. W. 1980.

BÄUMLER, VEHE =
Bäumler, Wilhelm, Michael Vehe, in: ADB 39 (1895), S. 529f.

BAINTON, ERASMUS =
Bainton, Roland H., Erasmus of Christendom, London 1969.

BAKER, VADIAN =
Baker, J. Wayne, Joachim Vadian, in: The Oxford Encyclopedia of the Reformation IV, hrg. v. Hans J. Hillerbrand, New York / Oxford 1996, S. 211f.

BARGE, KARLSTADT =
Barge, Hermann, Andreas Bodenstein von Karlstadt. Bd. I: Karlstadt und die Anfänge der Reformation. Bd. II: Karlstadt als Vorkämpfer des laienchristlichen Puritanismus, Leipzig 1905.

BARISKA, TÜRKENKRIEG =
Bariska, István, Das Grenzschutzproblem im Türkenkrieg von 1532, in: Kleinlandschaft und Türkenkriege, Symposion im Rahmen der „Schlaininger Gespräche" vom 22. bis 25. September 1983 auf Burg Schlaining, hrg. v. Burgenländischen Landesmuseum Eisenstadt, Eisenstadt 1983, S. 97–112.

BAUM, CAPITO UND BUTZER =
Baum, Johann Wilhelm, Capito und Butzer, Straßburgs Reformatoren. Nach ihrem handschriftlichen Brieffschatze, ihren gedruckten Schriften und anderen gleichzeitigen Quellen dargestellt, Elberfeld 1860.

BAUR, ZWINGLI =
Baur, August, Zwinglis Theologie. Ihr Werden und ihr System, 2 Bde., Halle 1885, 1889, Neudruck Hildesheim / Zürich / New York 1983.

BCOR =
Bd. I–III: Correspondance de Martin Bucer, hrg. v. Jean Rott und Christian Krieger, Leiden / New York / Köln 1979–1995; Bd. IV: Der Briefwechsel Martin Bucers, hrg. v. Reinhold Friedrich, Berndt Hamm und Andreas Puchta, Leiden / New York / Köln 2000.

BDS =
Martin Bucers Deutsche Schriften, hrg. v. Robert Stupperich u. a., bisher 12 Bde., Gütersloh / Paris 1960ff.

BECKER, VERHANDLUNGEN =
Becker, Winfried, Die Verhandlungen der Reichsstände über die C[onfessio] A[ugustana] als Ringen um Einheit und Kirchenreform, in: Erwin Iserloh (Hrg.), Confessio Augustana und Confutatio, Der Augsburger Reichstag 1530 und die Einheit der Kirche, Internationales Symposion der Gesellschaft zur Herausgabe

des Corpus Catholicorum in Augsburg vom 3. bis 7. September 1979 (= RGST 118), Münster 1979, S. 127–154.

BELLARDI, ENGELBRECHT =
Bellardi, Werner, Anton Engelbrecht, in: ARG 64 (1973), S. 183–206.

BENRATH, BILLICANUS =
Benrath, Gustav A., Theobald Billicanus, in: Pfälzer Lebensbilder, hrg. v. Kurt Baumann, Bd III, S. 61–63.

BERGER, FELDZÜGE =
Berger, Arnold E. (Hrg.), Satirische Feldzüge wider die Reformation, Thomas Murner / Daniel von Soest, Darmstadt 1967.

BERGMANN, RELIGIONSPOLITIK =
Bergmann, Sigismund, Die Religionspolitik und die kirchlichen Reformver- suche Ferdinands I., Univ.-Diss. Wien 1964.

BIBLIOGRAPHIA BRENTIANA =
Bibliographia Brentiana. Bibliographisches Verzeichnis der gedruckten und ungedruckten Schriften und Briefe des Reformators Johannes Brenz. Nebst einem Verzeichnis der Literatur über Brenz, kurzen Erläuterungen und unge- druckten Akten. Mit Unterstützung der Württembergischen Kommission für Landesgeschichte bearbeitet von Walther Köhler, Berlin 1904, Neudruck Nieuwkoop 1963.

BICKERT/NAIL, LAHN-ATHEN =
Bockert, Hans Günther und Nail, Norbert, Liebenswertes Lahn-Athen, Marburg 1992.

BIETENHOLZ, GRYNAEUS =
Bietenholz, Peter G., Simon Grynaeus, in: Contemporaries of Erasmus II, A Biographical Register of the Renaissance and Reformation, hrg. v. Peter G. Bie- tenholz und Thomas B. Deutscher, Toronto 1986, S. 142–146.

BIZER, BUTZER =
Bizer, Ernst, Martin Butzer und der Abendmahlsstreit. Unbekannte und unveröf- fentlichte Aktenstücke zur Entstehungsgeschichte der Wittenberger Konkordie vom 29. Mai 1536, in: ARG 35 (1938), S. 203–237.

BLAURER BW.=
Briefwechsel der Brüder Ambrosius und Thomas Blaurer 1509–1548, hrg. v. der Badischen Historischen Kommission, bearbeitet von Traugott Schieß, 4 Bde., Freiburg i. Br. 1908.

BLUMENTHAL, SCHÄTZUNG =
Blumenthal, Albrecht von, Die Schätzung des Archilochos im Altertume, Stutt- gart 1922.

BODENMANN, BIBLIOTHECA LAMBERTINA =
Bodenmann, Reinhard, Bibliotheca Lambertina, in: Fraenkel, Pierre (Hrg.), Pour retrouver François Lambert, Bio-bibliographie et études (= Bibliotheca Bibliographica Aureliana 108), Baden-Baden / Bouxwiller 1987, S. 9–213.

BODENMANN, HEDIO =
Bodenmann, Reinhard, Caspar Hedio, in: The Oxford Encyclopedia of the Reformation II, hrg. v. Hans J. Hillerbrand, New York / Oxford 1996, S. 215f.

BOL =
Martini Buceri Opera Latina, hrg. v. François Wendel, Cornelis Augustijn, Pierre Fraenkel und Marc Lienhard, bisher 6 Bde., Paris / Gütersloh / Leiden 1954ff.

BONORAND, VADIAN-FORSCHUNG =
Bonorand, Conradin, Stand und Probleme der Vadian-Forschung, in: Zwingliana 11 (1963), S. 586–606.

BONORAND, VADIANS WEG =
Bonorand, Conradin, Vadians Weg vom Humanismus zur Reformation und seine Vorträge über die Apostelgeschichte (1523), St. Gallen 1962.

BORNERT, RÉFORME =
Bornert, René, La réforme protestante du culte à Strasbourg au XVIe siècle (1523–1598), Leiden 1981.

BRADY, JAKOB STURM =
Brady, Thomas A., Jakob Sturm, in: The Oxford Encyclopedia of the Reformation IV, hrg. v. Hans J. Hillerbrand, New York / Oxford 1996, S. 121f.

BRADY, STRASBOURG =
Brady, Thomas A., Ruling class, regime and reformation at Strasbourg 1520–1555 (= SMRT 22), Leiden 1978.

BRADY, STURM =
Brady, Thomas A., Jacob Sturm of Strasbourg (1489–1553) and the Lutherans at the Diet of Augsburg 1530, in: CH 42 (1973), S. 183–202.

BRANDI, KARL V. =
Brandi, Karl, Kaiser Karl V. Werden und Schicksal einer Persönlichkeit und eines Weltreiches, 2 Bde., München 1937.

BRECHT, BRENZ =
Brecht, Martin, Johannes Brenz, in: TRE 7 (1981), S. 170–181.

BRECHT, GESTALT =
Brecht, Martin, Die ursprüngliche Gestalt der Apologie der Confessio Augustana und ihre Entstehung, in: Vermittlungsversuche auf dem Augsburger Reichstag 1530, hrg. v. Rolf Decot (= VIEG, Beiheft 26), Wiesbaden / Stuttgart 1989, S. 50–67.

BRECHT, NEUGESTALTER =
Brecht, Martin, Johannes Brenz, Neugestalter von Kirche, Staat und Gesellschaft, Stuttgart 1971.

BRECHT, REICHSTAG =
Brecht, Martin, Johannes Brenz auf dem Augsburger Reichstag 1530, in: Vermittlungsversuche auf dem Augsburger Reichstag 1530, hrg. v. Rolf Decot (= VIEG, Beiheft 26), Wiesbaden / Stuttgart 1989, S. 9–28.

BRECHT, THEOLOGIE =
Brecht, Martin, Die frühe Theologie des Johannes Brenz (= BHTh 36), Tübingen 1966.

BRECHT, WORMSER EDIKT =
Brecht, Martin, Das Wormser Edikt in Süddeutschland, in: Der Reichstag zu Worms, Reichspolitik und Luthersache, im Auftrag der Stadt Worms zum 450-Jahrgedenken hrg. v. Fritz Reuter, Worms 1971, S. 475–489.

BRECHT/EHMER, REFORMATIONSGESCHICHTE =
Brecht, Martin und Ehmer, Hermann, Südwestdeutsche Reformationsgeschichte. Zur Einführung der Reformation im Herzogtum Württemberg 1534, Stuttgart 1984.

BRENZ, FRÜHSCHRIFTEN =
Brenz, Johannes, Frühschriften, Teil I und II, hrg. v. Martin Brecht, Gerda Schäfer und Frieda Wolf, Tübingen 1970–1974.

BRIEGER, RAPPOLTSTEIN =
Brieger, Rudolf, Die Herrschaft Rappoltstein, ihre Entstehung und Entwicklung, Univ.-Diss. Leipzig 1906, Straßburg 1965.

BRINKMANN-BROWN, SCHNEPF =
Brinkmann-Brown, Karin, Erhard Schnepf, in: The Oxford Encyclopedia of the Reformation IV, hrg. v. Hans J. Hillerbrand, New York / Oxford 1996, S. 16f.

BRINKMANN-BROWN, WIMPINA =
Brinkmann-Brown, Karin, Konrad Wimpina, in: The Oxford Encyclopedia of the Reformation IV, hrg. v. Hans J. Hillerbrand, New York / Oxford 1996, S. 275.

BROX, IRENÄUS =
Brox, Norbert, Irenäus von Lyon, in: GK I, Alte Kirche I, S. 82–96.

BRÜCK, HANDLUNGEN =
Geschichte der Handlungen in der Sache des heiligen Glaubens auf dem Reichstage zu Augsburg im J. 1530 von Dr. Gregorius Heinse, genannt Brück, in: Förstemann, Karl Eduard (Hrg.), Archiv für die Geschichte der Kirchlichen Reformation in ihrem gesammten Umfange, Bd. I, 1. Heft, Des Canzlers Dr. Brück Geschichte der Religionshandlungen auf dem Reichstage zu Augsburg im J. 1530, Halle 1831.

BRUNN, GESCHICHTE =
Brunn, Heinrich, Geschichte der griechischen Künstler, 2 Bde., Stuttgart 1889.

BUBENHEIMER, ANDREAS KARLSTADT =
Bubenheimer, Ulrich, Andreas Bodenstein von Karlstadt, in: The Oxford Encyclopedia of the Reformation I, hrg. v. Hans J. Hillerbrand, New York / Oxford 1996, S. 178–180.

BUBENHEIMER, KARLSTADT =
Bubenheimer, Ulrich, Consonantia Theologiae et Iurisprudentiae. Andreas Bodenstein von Karlstadt als Theologe und Jurist zwischen Scholastik und Reformation (= JusEcc 24), Tübingen 1977.

BSLK =
Die Bekenntnisschriften der evangelisch-lutherischen Kirche, Göttingen 1930.

CAESAR, CATALOGUS =
Caesar, Carolus Iulius (= Kaiser, Karl Julius), Catalogus studiosorum scholae Marpurgensis per annos 1527–1628, Marburg 1875.

CAMPENHAUSEN, TERTULLIAN =
Campenhausen, Hans von, Tertullian, in: GK I, Alte Kirche I, S. 97–120.

CHRISMAN, STURM =
Chrisman, Miriam U., Jakob Sturm, in: Contemporaries of Erasmus III, A Biographical Register of the Renaissance and Reformation, hrg. v. Peter G. Bietenholz und Thomas B. Deutscher, Toronto 1987, S. 293f.

CHYTRAEUS, HISTORIA =
Chytraeus, D., Historia Augustanae Confessionis, Frankfurt a. M. 1578.

COELESTIN, HISTORIA =
Coelestin, G., Historia Comitiorum anno MDXXX. Augustae celebratorum, Bd. II, Frankfurt a. d. Oder 1577.

COLE, FROSCH =
Cole, Richard Glenn, Johann Frosch, in: The Oxford Encyclopedia of the Reformation II, hrg. v. Hans J. Hillerbrand, New York / Oxford 1996, S. 149f.

CORNELIUS, ANTEIL =
Cornelius, C. A., Der Anteil Ostfrieslands an der Reformation bis zum Jahre 1535, Habil.-Schr. Breslau 1852.

CORRESPONDENZ STRASSBURG =
Politische Correspondenz der Stadt Straßburg im Zeitalter der Reformation, Bd. I: 1517–1530, bearbeitet von Hans Virck (Urkunden und Akten der Stadt Straßburg, 2. Abtheilung), Straßburg 1882.

DECHENT, KIRCHENGESCHICHTE =
Dechent, Hermann, Kirchengeschichte von Frankfurt am Main seit der Reformationsgeschichte, Leipzig / Frankfurt a. M. 1913–1921.

DECKER, SPORT =
Decker, Wolfgang, Sport in der griechischen Antike. Vom minoischen Wettkampf bis zu den Olympischen Spielen, München 1995.

DEETJEN, FRECHT =
Deetjen, Werner-Ulrich, Licentiat Martin Frecht, Professor und Prädikant (1494–1556), in: Die Einführung der Reformation in Ulm, Geschichte eines Bürgerentscheids, hrg. v. Hans Eugen Specker und Gebhard Weig, Ulm / Stuttgart 1981.

DELIUS, JONAS =
Delius, Walter, Justus Jonas 1493–1555, Gütersloh 1952.

DI MEGLIO, CARLO V =
Di Meglio, Giovannangelo, Carlo V e Clemente VII dal carteggio diplomatico, Mailand 1969.

DOBEL, MEMMINGEN =
Dobel, Friedrich, Memmingen im Reformationszeitalter nach den handschriftlichen und gleichzeitigen Quellen, Bd. IV, Augsburg ²1877.

DOBEL, REFORMATIONSWERK =
Dobel, Friedrich, Das Reformationswerk zu Memmingen unter dem Drucke des Schwäbischen Bundes 1525–1529, in: ders., Memmingen im Reformationszeitalter nach den handschriftlichen und gleichzeitigen Quellen, Bd. II, Augsburg ²1877.

DOBEL, SCHAPPELER =
Dobel, Friedrich, Christoph Schappeler, der erste Reformator von Memmingen 1513–1525, in: ders., Memmingen im Reformationszeitalter nach den handschriftlichen und gleichzeitigen Quellen, Bd. I, Augsburg ²1877.

DOBRAS, RATSREGIMENT =
Dobras, Wolfgang, Ratsregiment, Sittenpolizei und Kirchenzucht in der Reichsstadt Konstanz 1531–1548 (= QFRG 59), Gütersloh 1993.

DÖLLINGER, REFORMATION =
Döllinger, Ignaz, Die Reformation, ihre innere Entwicklung und ihre Wirkungen im Umfange des Lutherischen Bekenntnisses, 3 Bde., Regensburg ²1848.

DOLLINGER, VIE =
Dollinger, Philippe, Vie de Thomas Murner, in: Thomas Murner. Humaniste et théologien alsacien 1475–1537, Catalogue d'exposition édité par la Badische Landesbibliothek de Karlsruhe en collaboration avec la Bibliothèque nationale et universitaire de Strasbourg, Karlsruhe 1987, S. 9–20.

DOLP, REFORMATION =
Dolp, Daniel Eberhart, Gründlicher Bericht Von dem alten Zustand und erfolgter Reformation Der Kirchen, Klöster und Schulen in des H. Reichs Stadt Nŏrdlingen, Nördlingen 1738.

DOMMER, DRUCKE =
Dommer, A. von, Die aeltesten Drucke aus Marburg in Hessen 1527–1566, Marburg 1892.

DREHER, RAVENSBURG =
Dreher, Alfons, Geschichte der Reichsstadt Ravensburg und ihrer Landschaft von den Anfängen bis zur Mediatisierung 1802, 2 Bde., Ravensburg 1972.

DRESCHER, PROTESTATION =
Drescher, Die Protestation und Appellation der Evangelischen Stände auf dem Reichstag zu Speyer 1529, Kaiserslautern 1929.

DRESCHER, REICHSTAG =
Drescher, Der Reichstag zu Augsburg 1530 und das Augsburgische Glaubensbekenntnis, Kaiserslautern 1930.

DÜRR/ROTH, AKTENSAMMLUNG =
Dürr, E. und Roth, P., Aktensammlung zur Geschichte der Basler Reformation, 6 Bde., Basel 1921–1950.

EBERLEIN, KETZER ODER HEILIGER =
Eberlein, Paul Gerhard, Ketzer oder Heiliger? Caspar von Schwenckfeld, der schlesische Reformator und seine Botschaft (= Studien zur Schlesischen und Oberlausitzer Kirchengeschichte 6), Metzingen 1999.

EGER, KURFÜRST LUDWIG V. =
Eger, Wolfgang, Kurfürst Ludwig V. der Friedfertige (von Wittelsbach), Pfalzgraf bei Rhein, in: Der Reichstag zu Worms, Reichspolitik und Luthersache, im Auftrag der Stadt Worms zum 450-Jahrgedenken hrg. von Fritz Reuter, Worms 1971, S. 352–368.

EGER, REFORMATION =
Eger, Wolfgang, Reformation und Protestation in Speyer (= QFRG 80), Speyer 1990.

EGLI, ACTENSAMMLUNG =
Actensammlung zur Geschichte der Zürcher Reformation in den Jahren 1519–1533, hrg. v. Emil Egli, Zürich 1879.

EGLI, ANALECTA REFORMATORIA =
Egli, Emil, Analecta reformatoria. Dokumente und Abhandlungen zur Geschichte Zwinglis und seiner Zeit, Bd. I, Zürich 1899.

EGLI, REFORMATIONSGESCHICHTE =
Egli, Emil, Schweizerische Reformationsgeschichte, Bd. I, 1519–1525, hrg. v. Georg Finsler, Zürich 1910.

EIDGENÖSSISCHE ABSCHIEDE =
Amtliche Sammlung der ältern Eidgenössischen Abschiede. Hrg. auf Anordnung der Bundesbehörden unter der Direktion des eidgenössischen Archivars Jakob Kaiser. Die Eidgenössischen Abschiede aus dem Zeitraume von 1529 bis 1532. Bearbeitet von Johannes Strickler von Hirzel, Zürich. Der amtlichen Abschiedesammlung Bd. IV, Zürich 1876.

ELLINGER, GESCHICHTE =
Ellinger, Georg, Geschichte der neulateinischen Literatur Deutschlands im 16. Jahrhundert, Bd. I: Italien und der deutsche Humanismus in der neulateinischen Lyrik, Berlin / Leipzig 1929.

ENDERS, LUTHER BW.=
Enders, Ernst Ludwig, Dr. Martin Luther's Briefwechsel. Bearbeitet und mit Erläuterungen versehen, Bd. VIII: Briefe von Juni 1530 bis April 1531, Calw / Stuttgart 1898.

EPISTOLAE OECOLAMPADII 1536 (1548) =
Joannis Oecolampadii et Huldrichi Zvinglii epistolarum libri quatuor, Basel 1536 (unveränderte Neuausgabe 1548).

EPISTOLAE OECOLAMPADII 1592 =
Monumentum instaurati patrum memoria per Helvetiam regni Christi et renascentis evangelii, id est: epistolarum d[octoris] Johannis Oecolampadii et Huldrichi Zvinglii aliorumque eximiorum Jesu Christi servorum libri IIII, Basel 1592.

EPSTEIN, GENOA =
Epstein, Steven A., Genoa & the Genoese 958–1528, Chapel Hill 1996.

ERASMUS BW.=
Desiderii Erasmi Roterodami Opus epistolarum, hrg. v. P. S. Allen, 11 Bde., Oxford 1906–1947.

ERDÖS, BRIEF =
Erdös, Karl von, Ein bisher noch ungedruckter Brief Zwinglis, in: Zwingliana 2 (1912), S. 496–500.

ESCHER, GLAUBENSPARTEIEN =
Escher, Hermann, Die Glaubensparteien in der Eidgenossenschaft und ihre Beziehungen zum Ausland, vornehmlich zum Hause Habsburg und zu den deutschen Protestanten 1527–1531, Frauenfeld 1882.

FABIAN, BRÜCK =
Fabian, Ekkehart, Gregor Brück, in: NDB 2 (1955), S. 653f.

FABIAN, GREGOR BRÜCK =
Fabian, Ekkehart, Gregor Brück, in: TRE 7 (1981), S. 212–216.

FABIAN, CRANACH-BILDNISSE =
Fabian, Eckehart, Cranach-Bildnisse des Reformationskanzlers Dr. Gregor
Brück, in: ThZ 20 (1964), S. 266–280.

FABIAN, ENTSTEHUNG =
Fabian, Ekkehart, Die Entstehung des Schmalkaldischen Bundes und seiner
Verfassung (= Schriften zur Kirchen- und Rechtsgeschichte 1), Tübingen 1956.

FABIAN, SCHMALKALDISCHE BUNDESABSCHIEDE =
Fabian Ekkehart, Die Schmalkaldischen Bundesabschiede 1533–1536. Mit
Anschreiben und anderen archivalischen Beilagen (= Schriften zur Kirchen- und
Rechtsgeschichte 8), Tübingen 1958.

FARNER, ZWINGLI =
Farner, Oskar, Huldrych Zwingli, Reformatorische Erneuerung von Kirche und
Volk in Zürich und in der Eidgenossenschaft 1525–1531, Zürich 1960.

FEGER, BLARER =
Feger, Otto, Blarer, in: NDB 2 (1955), S. 287–289.

FICKER, KONFUTATION =
Ficker, Johannes, Die Konfutation des Augsburgischen Bekenntnisses. Ihre
erste Gestalt und ihre Geschichte, Leipzig 1891.

FICKER/WINCKELMANN, HANDSCHRIFTENPROBEN =
Ficker, Johannes und Winckelmann, Otto, Handschriftenproben des XVI. Jahrhunderts nach Straßburger Originalen, 2 Bde., Straßburg 1902, 1905.

FINKE, ACTA =
Finke, Heinrich (Hrg.), Acta concilii Constanciensis, 4 Bde., Münster i.
W. 1896–1928.

FINKE, FORSCHUNGEN =
Finke, Heinrich, Forschungen und Quellen zur Geschichte des Konstanzer
Konzils, Paderborn 1889.

FISCHER, PFLANZENKUNDE =
Fischer, Hermann, Mittelalterliche Pflanzenkunde, München 1929.

FLATHE, GEORG =
Flathe, Georg, Herzog von Sachsen, in: ADB 8 (1878), S. 684–687.

FLEISCHER, HESS =
Fleischer, Manfred, P., Johann Hess, in: The Oxford Encyclopedia of the Reformation II, hrg. v. Hans J. Hillerbrand, New York / Oxford 1996, S. 234f.

FONTAINE/PERRIN, LACTANCE =
Fontaine, J. und Perrin, M. (Hrg.), Lactance et son temps, Paris 1978.

FÖRSTEMANN, URKUNDENBUCH =
Förstemann, Karl Eduard, Urkundenbuch zu der Geschichte des Reichstages zu
Augsburg im Jahre 1530, 2 Bde., Osnabrück 1966.

FRANCK, KÖLLIN =
Franck, J., Konrad Köllin, in: ADB 16 (1882), S. 479f.

FRANZEN, CONCILIUM =
Franzen, August und Müller, Wolfgang (Hrg.), Das Konzil von Konstanz. Beiträge zu seiner Geschichte und Theologie, Freiburg i. Br. 1964.

FREI, OEKOLAMPADS VERSUCH =
Frei, Hans Walter, Johannes Oekolampads Versuch, Kirchenzucht durch den Bann zu üben, in: Zwingliana 7 (1942), S. 494–503.

FRENKEN, ERFORSCHUNG =
Frenken, Ansgar, Die Erforschung des Konstanzer Konzils (1414–1418) in den letzten 100 Jahren, Univ.-Diss. Köln 1995.

FRENSSEN, KÖNIGSSCEPTER =
Frenssen, Birte, „... des großen Alexanders weltliches Königsscepter mit des Apelles Pinsel vereinigt". Ikonographische Studien zur Künstler-Herrscher Darstellung, Univ.-Diss. Köln 1995.

FRIEDLAND, ERNST =
Friedland, Klaus, Ernst der Bekenner, Herzog von Braunschweig-Lüneburg-Celle, in: NDB 4 (1959), S. 608.

FRIEDRICH, BUCER =
Friedrich, Reinhold, Martin Bucer — „Fanatiker der Einheit"? Seine Stellungnahme zu theologischen Fragen seiner Zeit (Abendmahls- und Kirchenverständnis) insbesondere nach seinem Briefwechsel der Jahre 1524–1541, Univ.-Diss. Neuchâtel 1989.

FRITZ, PYRRHON =
Fritz, Kurt von, Pyrrhon, in: Pauly, Realencyclopädie 24, Sp. 89–106.

FUESLIN, EPISTOLAE =
Fueslin, J. P., Epistolae ab Ecclesiae Helvetiae Reformatoribus vel ad eos scriptae, Zürich 1742.

GÄBLER, OEKOLAMPAD =
Gäbler, Ulrich, Johannes Oekolampad, in: TRE 25 (1995), S. 29–36.

GÄBLER, REFORMATION =
Gäbler, Ulrich, Die Basler Reformation, in: ThZ 47 (1991), S. 7–17.

GAUSS, BASILEA =
Gauß, Karl, Basilea Reformata. Die Gemeinden der Kirche Basel Stadt und Land und ihre Pfarrer seit der Reformation bis zur Gegenwart, Basel 1930.

GILL, KONSTANZ =
Gill, Joseph, Konstanz und Basel-Florenz, Mainz 1967.

GK =
Gestalten der Kirchengeschichte, hrg. v. Martin Greschat, 12 Bde., Stuttgart 1981–1985.

GÖDEKE/PHILIPP, UNIVERSITÄTSBIBLIOTHEK =
Gödeke, Herwig und Philipp, Franz-Heinrich, Die Universitätsbibliothek Marburg 1527–1977, Gladenbach 1977.

GÖNNA, ALBRECHT =
Gönna, Sigrid von der, Albrecht von Brandenburg als Büchersammler und Mäzen der gelehrten Welt, in: Jürgensmeier, Friedhelm (Hrg.), Erzbischof Albrecht von Brandenburg (1490–1545). Ein Kirchen- und Reichsfürst der Frühen Neuzeit (= MZKG 3), Frankfurt a. M. 1991, S. 381–477.

GÖTZINGER, VADIAN =
Götzinger, Ernst, Johannes Vadian, der Reformator und Geschichtsschreiber von St. Gallen, Halle 1895.

GOMBRICH, HERITAGE =
Gombrich, Ernst H., The heritage of Apelles, London 1976.

GRAMBERG, JEVERLAND =
Gramberg, Ernst, Das Jeverland unter dem Drosten Boynck von Oldersum in den Jahren 1527–1540, Univ.-Diss. Marburg 1898.

GRESCHAT, BUCER =
Greschat, Martin: Martin Bucer. Ein Reformator und seine Zeit (1491–1551), München 1990.

GROLL, JONAS =
Groll, Karin, Justus Jonas, in: Biographisch-Bibliographisches Kirchenlexikon III, begr. v. Friedrich Wilhelm Bautz, fortgef. von Traugott Bautz, Herzberg 1992, Sp. 636f.

GRUNDMANN, PHILIPP VON HESSEN =
Grundmann, Herbert, Landgraf Philipp von Hessen auf dem Augsburger Reichstag 1530, Gütersloh 1959.

GUENTHER, CELLARIUS =
Guenther, Ilse, Michael Cellarius, in: Contemporaries of Erasmus I, A Biographical Register of the Renaissance and Reformation, hrg. v. Peter G. Bietenholz und Thomas B. Deutscher, Toronto 1985, S. 287.

GÜLZOW, CYPRIAN =
Gülzow, Henneke, Cyprian und Novatian. Der Briefwechsel zwischen den Gemeinden in Rom und Karthago zur Zeit der Verfolgung des Kaisers Decius (= BHTh 48), Tübingen 1975.

GUGGISBERG, BASEL =
Guggisberg, Hans Rudolf, Basel in the Sixteenth Century. Aspects of the City Republic before, during and after the Reformation, St. Louis 1982.

GUGGISBERG, GRYNÄUS =
Guggisberg, Kurt, Simon Grynäus, in: NDB 7 (1966), S. 241f.

GUGGISBERG, KIRCHENGESCHICHTE =
Guggisberg, Kurt, Bernische Kirchengeschichte, Bern 1958.

GUGGISBERG, OEKOLAMPAD =
Guggisberg, Hans Rudolf, Johannes Oekolampad, in: GK V, Die Reformationszeit I, S. 117–128.

GUNDERMANN, ALBRECHT VON BRANDENBURG-ANSBACH =
Gundermann, Iselin (Hrg.), Albrecht von Brandenburg-Ansbach und die Kultur seiner Zeit. Ausstellung im Rheinischen Landesmuseum Bonn 16. Juni – 25. August 1968, Katalog, Düsseldorf 1968.

GUNDLACH, CATALOGUS =
Catalogus professorum academiae Marburgensis, Die akademischen Lehrer der Philipps-Universität in Marburg von 1527 bis 1910, bearbeitet von Franz Gundlach (= VHKH 15), Marburg 1927.

GUSSMANN, QUELLEN =
Gussmann, W., Quellen und Forschungen zur Geschichte des Augsburgischen Bekenntnisses, Kassel 1930.

HAAS, LAMBERTS „PARADOXA" =
Haas, Rainer, Lamberts „Paradoxa" und die hessischen Kirchenordnungen, in: Fraenkel, Pierre (Hrg.), Pour retrouver François Lambert, Bio-bibliographie et études (Bibliotheca Bibliographica Aureliana 108), Baden-Baden / Bouxwiller 1987, S. 257–272.

HAEFLINGER, SOLOTHURN =
Haeflinger, Hans, Solothurn in der Reformation, Solothurn 1945.

HAFNER, RAVENSBURG =
Hafner, T., Geschichte von Ravensburg. Beiträge nach Quellen- und Urkunden-sammlungen, Ravensburg 1887.

HALBACH, ARGULA =
Halbach, Silke, Argula von Grumbach als Verfasserin reformatorischer Flug-schriften (= EHS.T 468), Frankfurt a. M. 1992.

HAMLIN, JUDGES =
Hamlin, E. John, At Rist in the Promised Land, A Commentary on the Book of Judges, Grand Rapids i. Michigan 1990.

HAMM, PROMISSIO =
Hamm, Berndt, Promissio, Pactum, Ordinatio. Freiheit und Selbstbindung Gottes in der scholastischen Gnadenlehre (= BHTh 54), Tübingen 1977.

HAMM, IRENEAUS =
Hamm, Ulrich, Irenaeus von Lyon, in: Lexikon der antiken christlichen Litera-tur, hrg. v. Siegmar Döpp und Wilhelm Geerlings, Freiburg i. Br. / Basel / Wien 1998, S. 311–315.

HAMMANN, AGRICOLA =
Hammann, Gustav, Stephan Agricola, in: NDB 1 (1953), S. 104f.

HAMMER, OEKOLAMPAD =
Hammer, Karl, Der Reformator Oekolampad, 1482–1531, in: Reformiertes Erbe, hrg. v. Heiko A. Oberman, Bd. I, Zürich 1992, S. 157–170.

HARDY, CYRILLUS =
Hardy, Edward Rochie, Cyrillus von Alexandrien, in: TRE 8 (1981), S. 254–260.

HARDY, EGYPT =
Hardy, Edward Rochie, Christian Egypt, Church and People, Christianity and Nationalism in the Patriarchate of Alexandria, New York 1952.

HARTMANN, SCHNEPF =
Hartmann, Julius: Erhard Schnepff, der Reformator in Schwaben, Nassau, Hessen und Thüringen. Aus den Quellen dargestellt, Tübingen 1870.

HASSENCAMP, LAMBERT =
Hassencamp, F. W., Franciscus Lambert von Avignon, in: Leben und ausgewählte Schriften der Väter der reformierten Kirche 9 (Supplement), Teil 3, Elberfeld 1861, S. 1–63.

HAYDEN-ROY, FRECHT =
Hayden-Roy, Patrick, Martin Frecht, in: The Oxford Encyclopedia of the Reformation II, hrg. v. Hans J. Hillerbrand, New York / Oxford 1996, S. 136f.

HDTG =
Gebhardt, Bruno, Handbuch der deutschen Geschichte, hrg. v. Herbert Grundmann, 4 Bde., Stuttgart ^{9}1970–1976.

HEGE, TÄUFER =
Hege, Christian, Die Täufer in der Kurpfalz, Frankfurt a. M. 1908.

HEGER, MURNER =
Heger, Hedwig, Thomas Murner, Mönch - Dichter - Gelehrter, Karlsruhe 1983.

HEINEMEYER, PHILIPP VON HESSEN =
Heinemeyer, Walter, Landgraf Philipp der Großmütige von Hessen — politischer Führer der Reformation, in: Uwe Schultz (Hrg.), Die Geschichte Hessens, Stuttgart ^{2}1984, S. 72–81.

HEINRICH, KURFÜRST =
Heinrich, Gerd, Kurfürst Joachim I. von Hohenzollern, Markgraf von Brandenburg, in: Der Reichstag zu Worms, Reichspolitik und Luthersache, im Auftrag der Stadt Worms zum 450-Jahrgedenken hrg. v. Fritz Reuter, Worms 1971, S. 336–351.

HELBLING, FABRI =
Helbling, Leo, Dr. Johann Fabri. Generalvikar von Konstanz und Bischof von Wien 1478–1541, Beiträge zu seiner Lebensgeschichte (= RGST 67/68), Münster i. Westfalen 1941.

HENDRIKS, GELDENHAUER =
Hendriks, Olaf, Gerardus Geldenhouwer Noviomagus, Het masker afgeworpen (1524–1527), in: StC 31 (1956), S. 176–196.

HENDRIX, RHEGIUS =
Hendrix, Scott. H., Urbanus Rhegius, in: The Oxford Encyclopedia of the Reformation III, hrg. v. Hans J. Hillerbrand, New York / Oxford 1996, S. 429f.

HERMELINK/KÄHLER, PHILIPPS–UNIVERSITÄT =
Hermelink, Heinrich und Kaehler, Siegfried August, Die Philipps-Universität zu Marburg 1527–1927. Fünf Kapitel aus ihrer Geschichte (1527–1866), Marburg 1927.

HERMINJARD, CORRESPONDANCE =

Herminjard, A.-L., Correspondance des Réformateurs dans les pays de langue Française, recueillie et publiée avec d'autres lettres relatives à la réforme et des notes historiques et biographiques, 3 Bde., Genf / Paris 1866–1870, Neudruck Nieuwkoop 1965.

HERTZBERG, JOSUA/RICHTER/RUTH =

Hertzberg, Hans Wilhelm, Die Bücher Josua, Richter, Ruth (= ATD 9), Göttingen 1953.

HIGMAN, OLIVETAN =

Higman, Francis, Pierre Robert Olivetan, in: The Oxford Encyclopedia of the Reformation III, hrg. v. Hans J. Hillerbrand, New York / Oxford 1996, S. 174f.

HIRSCH, JOACHIM I. =

Hirsch, Theodor, Joachim I., Kurfürst von Brandenburg, in: ADB 14 (1881), S. 71–78.

HITZIG/BLÜMNER, PAUSANIAS =

Hitzig, Hermann und Blümner, Hugo, Pausaniae Graeciae descriptio, 3 Bde., 1896–1910, Neudruck Hildesheim 1984.

HOBBS, INTRODUCTION =

Hobbs, R. Gérald, An Introduction to the Psalms' Commentary of Martin Bucer, Univ.-Diss Straßburg 1971.

HOBBS, LAMBERT =

Hobbs, R. Gérald, François Lambert sur les langues et la prophétie, in: Fraenkel, Pierre (Hrg.), Pour retrouver François Lambert, Bio-bibliographie et études (= Bibliotheca Bibliographica Aureliana 108), Baden-Baden / Bouxwiller 1987, S. 273–301.

HOFFMANN, SAM =

Hoffmann, Konrad, Konrad Sam (1483–1533), der Prediger des Rats zu Ulm, in: Die Einführung der Reformation in Ulm, Geschichte eines Bürgerentscheids, hrg. v. Hans Eugen Specker und Gebhard Weig, Ulm / Stuttgart 1981.

HONÉE, BERICHTE =

Honée, Eugène, Die katholischen Berichte über die Ausschußverhandlungen, in: Erwin Iserloh (Hrg.), Confessio Augustana und Confutatio, Der Augsburger Reichstag 1530 und die Einheit der Kirche, Internationales Symposion der Gesellschaft zur Herausgabe des Corpus Catholicorum in Augsburg vom 3. bis 7. September 1979 (= RGST 118), Münster 1979, S. 258–272.

HONÉE, VEHUS =

Honée, Eugène, Hieronymus Vehus. Seine Vermittlerrolle während der Augsburger Einigungsverhandlungen, in: Vermittlungsversuche auf dem Augsburger Reichstag 1530, hrg. v. Rolf Decot (= VIEG, Beiheft 26), Wiesbaden / Stuttgart 1989, S. 29–49.

HONÉE, VORGESCHICHTE =

Honée, Eugène, Zur Vorgeschichte des ersten Augsburger Reichsabschieds: Kardinal Lorenzo Campeggio und der Ausgang der Glaubensverhandlungen mit den Protestanten im Jahre 1530, Leiden 1973.

HOSPINIAN, HISTORIA =
Hospinian, R., Historia sacramentaria, Bd. II, Zürich 1602.

HOSSENFELDER, GRUNDRISS =
Hossenfelder, Malte (Hrg.), Sextus Empiricus, Grundriß der pyrrhonischen
Skepsis, Frankfurt am Main 1968.

HÖSS, SPALATIN =
Höß, Irmgard, Georg Spalatin 1484–1545. Ein Leben in der Zeit des Humanismus und der Reformation, Weimar [2]1989.

HÖSS, GEORG SPALATIN =
Höß, Irmgard, Georg Spalatin, in: The Oxford Encyclopedia of the Reformation
IV, hrg. v. Hans J. Hillerbrand, New York / Oxford 1996, S. 96–99.

HOTTINGER, HISTORIAE ECCLESIASTICAE =
Hottinger, Johann Heinrich, Historiae ecclesiasticae Novi Testamenti, Bd. VIII,
Zürich 1666.

HOTZ, HANDBUCH =
Holz, Walter, Handbuch der Kunstdenkmäler im Elsaß und in Lothringen,
München und Berlin 1970.

HUBATSCH, ALBRECHT VON BRANDENBURG-ANSBACH =
Hubatsch, Walther, Albrecht von Brandenburg-Ansbach, Deutschordens-Hoch-
meister und Herzog in Preußen 1490–1568 (Studien zur Geschichte Preußens
8), Heidelberg 1960.

HÜSSY, FINANZWESEN =
Hüssy, Hans, Das Finanzwesen der Stadt Zürich im Zeitalter der Reformation,
Univ.-Diss. Zürich 1946.

HÜTTEROTH, PFARRER =
Hütteroth, Oskar, Die althessischen Pfarrer der Reformationszeit, hrg. v. Hilmar
Milbradt, Marburg 1953–1958.

HUGGLER, MANUEL =
Huggler, Niklaus Manuel und die Reformatoren, in: 450 Jahre Berner Reformation, Beiträge zur Geschichte der Berner Reformation und zu Niklaus Manuel,
hrg. v. Gerhard Aeschbacher u. a. (= AHVKB 64), Bern 1980, S. 380–382.

IM HOF, HOHE SCHULE =
Im Hof, Ulrich, Die reformierte Hohe Schule zu Bern. Vom Gründungsjahr
1528 bis in die zweite Hälfte des 16. Jahrhunderts, in: 450 Jahre Berner Refor-
mation, Beiträge zur Geschichte der Berner Reformation und zu Niklaus
Manuel, hrg. v. Gerhard Aeschbacher u. a. (= AHVKB 64), Bern 1980,
S. 194–224.

IMMENKÖTTER, CONFUTATIO =
Immenkötter, Herbert (Hrg.), Die Confutatio der Confessio Augustana vom 3.
August 1530, Münster 1979.

IMMENKÖTTER, EINHEIT =
Immenkötter, Herbert, Um die Einheit im Glauben. Die Unionsverhandlungen
des Augsburger Reichstages im August und September 1530 (= KLK 33),
Münster i. W. 1973.

IMMENKÖTTER, FABRI =
Immenkötter, Herbert, Johann Fabri, in: TRE 10 (1982), S. 784–788.

IMMENKÖTTER, REICHSTAG =
Immenkötter, Herbert, Der Reichstag zu Augsburg und die Confutatio. Historische Einführung und neuhochdeutsche Übertragung (= KLK 39), Münster ²1980.

ISERLOH, ABENDMAHL III/2 =
Iserloh, Erwin, Abendmahl III/2. Mittelalter, in: TRE 1 (1977), S. 89–106.

ISERLOH, PÄPSTE =
Iserloh, Erwin, Die Päpste im Zeitalter der Reformation und des Konzils von
Trient, in: GK 12, Das Papsttum II, S. 53–78.

ISERLOH, ECK =
Iserloh, Erwin, Johannes Eck, in: TRE 9 (1982), S. 249–258.

JASCHKE, IRENÄUS =
Jaschke, Hans-Jochen, Irenäus von Lyon, in: TRE 16 (1987), S. 258–268.

JEDIN, GESCHICHTE =
Jedin, Hubert, Geschichte des Konzils von Trient, Bd. I, Der Kampf um das
Konzil, Freiburg i. Br. 1949.

JORDAN, REFORMATION =
Jordan, Hermann, Reformation und gelehrte Bildung in der Markgrafschaft
Ansbach-Bayreuth, Leipzig 1917.

JUNGHANS, JOHANN VON SACHSEN =
Junghans, Helmar, Johann von Sachsen, in: TRE 17 (1988), S. 103–106.

JÜRGENSMEIER, ALBRECHT =
Jürgensmeier, Friedhelm (Hrg.), Erzbischof Albrecht von Brandenburg
(1490–1545). Ein Kirchen- und Reichsfürst der Frühen Neuzeit (= MZKG 3),
Frankfurt a. M. 1991.

KALKOFF, CAPITO =
Kalkoff, Paul, Wolfgang Capito im Dienste Erzbischof Albrechts von Mainz,
Berlin 1907.

KALKOFF, WORMSER REICHSTAG =
Kalkoff, Paul, Der Wormser Reichstag von 1521. Biographische und quellen-
kritische Studien zur Reformationsgeschichte, München / Berlin 1922.

KAMMERER, ISNY =
Kammerer, Immanuel, Isny im Allgäu. Bilder aus der Geschichte einer Reichsstadt, Kempten i. Allgäu 1956.

KAMMERER, REFORMATION =
Kammerer, Immanuel, Die Reformation in Isny, in: Blätter für Württember-
gische Kirchengeschichte 53 (1953), S. 3–64.

KAUFMANN, ABENDMAHLSTHEOLOGIE =
Kaufmann, Thomas, Die Abendmahlstheologie der Straßburger Reformatoren
bis 1528 (= BHTh 81), Tübingen 1992.

KAWERAU, AGRICOLA =
Kawerau, Gustav, Johann Agricola von Eisleben. Ein Beitrag zur Reformationsgeschichte, Berlin 1881.

KEIM, REFORMATIONSGESCHICHTE =
Keim, Karl Theodor, Schwäbische Reformationsgeschichte bis zum Augsburger Reichstag mit vorzüglicher Rücksicht auf die entscheidenden Schlußjahre 1528 bis 1531, zum ersten Mal aus den Quellen dargestellt, Tübingen 1855.

KELLER, EPIDEMIE =
Keller, Hans Urs, Die letzte große Epidemie von Suette Miliaire (1878), Univ.-Diss. Zürich 1970.

KEUSSEN, MATRIKEL KÖLN =
Keussen, Hermann, Die Matrikel der Universität Köln, Bd. II, Bonn 1919.

KEUTE, HEDIO =
Keute, H., Kaspar Hedio als Historiograph, Göttingen 1980.

KIRCHENORDNUNG BRANDENBURG-NÜRNBERG 1533 =
Kirchen Ordnung / In meiner gnedigen herrn der Marggrauen zu Brandenburg Und eins Erbern Rats der Stat Nürmberg Oberkeyt vnd gepieten / Wie man sich bayde mit der Leer vnd Ceremonien halten solle, [hrg. v. Andreas Osiander], o. O. 1533.

KITTELSON, CAPITO =
Kittelson, James Matthew, Wolfgang Capito. From humanist to reformer (= SMRT 17), Leiden 1975.

KITTELSON, WOLFGANG CAPITO =
Kittelson, James M., Wolfgang Capito, in: The Oxford Encyclopedia of the Reformation I, hrg. v. Hans J. Hillerbrand, New York / Oxford 1996, S. 259f.

KJELDGAARD-PEDERSEN, AGRICOLA =
Kjeldgaard-Pedersen Steffen, Johann Agricola, in: The Oxford Encyclopedia of the Reformation I, hrg. v. Hans J. Hillerbrand, New York / Oxford 1996, S. 10.

KNOBLOCH, GESCHLECHTERBUCH =
Kindler von Knobloch, Julius, Oberbadisches Geschlechterbuch, Bd. III, Baden-Baden 1919.

KNOD, STIFTSHERREN =
Knod, Gustav C., Die Stiftsherren von St. Thomas zu Strassburg (1518–1548), Straßburg 1892.

KNODT, DE MOGUNTIA =
Knodt, Heinrich, De Moguntia litterata commentationes historicae, Bd. II: Catalogus chronologicus rectorum magnificorum in Universitate Moguntina, Mainz 1752.

KOHLER, KARL V. =
Kohler, Alfred, Karl V. 1500–1558. Eine Biographie, München 1999.

KÖHLER, MARBURGER RELIGIONSGESPRÄCH =
Köhler, Walther, Das Marburger Religionsgespräch 1529 (= SVRG 148), Leipzig 1929.

KÖHLER, POLITIK =
Köhler, Alfred, Antihabsburgische Politik in der Epoche Karls V. gegen die Krönung Ferdinands von Österreich zum römischen König und gegen die Anerkennung seines Königtums, Habil.-Schr. Wien 1980.

KÖHLER, ZÜRCHER EHEGERICHT =
Köhler, Walther, Zürcher Ehegericht und Genfer Konsistorium, Bd. I: Das Zürcher Ehegericht und seine Auswirkung in der deutschen Schweiz zur Zeit Zwinglis (= QASRG 7), Leipzig 1932.

KÖHLER, ZWINGLI =
Köhler, Walther, Huldrych Zwingli, Leipzig 1943.

KÖHLER, ZWINGLI UND LUTHER =
Köhler, Walther, Zwingli und Luther. Ihr Streit über das Abendmahl nach seinen politischen und religiösen Beziehungen (= QFRG 6, 7), 2 Bde., Gütersloh 1953.

KOHLS, BLARER UND BUCER =
Kohls, Ernst-Wilhelm, Blarer und Bucer, in: Moeller, Bernd (Hrg.), Der Konstanzer Reformator Ambrosius Blarer 1492–1564, Gedenkschrift zu seinem 400. Todestag, Konstanz / Stuttgart 1964, S. 172–192.

KOHLS, SCHULE =
Kohls, Ernst-Wilhelm, Die Schule bei Martin Bucer in ihrem Verhältnis zu Kirche und Obrigkeit, Heidelberg 1963.

KOLDE, ANALECTA LUTHERANA =
Kolde, Theodor, Analecta Lutherana, Gotha 1883.

KOLDE, REDAKTION =
Kolde, Theodor, Die älteste Redaktion der Augsburger Konfession mit Melanchthons Einleitung, Gütersloh 1906.

KÖRNER, RÉFORME =
Körner, Martin, Réforme et sécularisation des biens ecclésiastiques, in: SZG 24 (1974), S. 205–224.

KRAFFT, BRIEFE UND DOKUMENTE =
Krafft, Karl und Krafft, Wilhelm, Briefe und Documente aus der Zeit der Reformation im 16. Jahrhundert, Elberfeld 1875.

KRETSCHMAR, BRESLAU =
Kretschmar, Georg, Die Reformation in Breslau, Ulm 1960.

KRÜGER, BUCER UND ERASMUS =
Krüger, Friedhelm, Bucer und Erasmus. Eine Untersuchung zum Einfluß des Erasmus auf die Theologie Martin Bucers bis zum Evangelien-Kommentar von 1530 (= VIEG 57), Wiesbaden 1970.

KUCHENBECKER, ANALECTA HASSIACA =
Kuchenbecker, J. Ph., Analecta Hassiaca, darinnen allerhand zur Hessischen Historie / Iurisprudenz und Litteratur behörige Urkunden / Abhandlungen und Nachrichten mitgetheilt werden, Marburg 1736.

KUNST, GLAUBE UND VERANTWORTUNG =
 Kunst, Hermann, Evangelischer Glaube und politische Verantwortung. Martin
 Luther als politischer Berater seines Landesherrn und seine Teilnahme an den
 Fragen des öffentlichen Lebens, Stuttgart ²1979.

LAMPARTER, LUTHERS STELLUNG =
 Lamparter, Helmut, Luthers Stellung zum Türkenkrieg, München 1940.

LANG, EVANGELIENKOMMENTAR =
 Lang, August, Der Evangelienkommentar Martin Butzers und die Grundzüge
 seiner Theologie (= SGTK 2, 2), Leipzig 1900, Neudruck Aalen 1972.

LASSALLE, PHILOSOPHIE =
 Lassalle, Ferdinand, Die Philosophie Heraklits des Dunklen von Ephesos, nach
 einer neuen Sammlung seiner Bruchstücke und der Zeugnisse der Alten dargestellt, 2 Bde., Berlin 1858.

LAUBE, FLUGSCHRIFTEN =
 Laube, Adolf (Hrg.), Flugschriften vom Bauernkrieg zum Täuferreich
 1526–1535, 2 Bde., Berlin 1992.

LAUBE, SCHAPPELER =
 Laube, Adolf, Christoph Schappeler, in: The Oxford Encyclopedia of the Reformation IV, hrg. v. Hans J. Hillerbrand, New York / Oxford 1996, S. 1.

LAUERER, ANSCHAUUNG =
 Lauerer, Hans, Luthers Anschauung von der Taufe, Leipzig 1917.

LB =
 Desiderii Erasmi Roterodami Opera omnia, hrg. v. Jean Leclerc, 10 Bde.,
 Lugduni Batavorum 1703–1706.

LEBEAU/VALENTIN, ALSACE =
 Lebeau, Jean und Valentin, Jean-Marie, L'Alsace au siècle de la Réforme
 1482–1621, Nancy 1985.

LEDER/BUSKE, REFORM =
 Leder, Hans-Günter und Buske, Norbert, Reform und Ordnung aus dem Wort,
 Johannes Bugenhagen und die Reformation im Herzogtum Pommern, Berlin 1985.

LEEMANN-VAN ELCK, FROSCHAUER =
 Leemann-van Elck, Paul, Die Offizin Froschauer. Zürichs berühmte Druckerei
 im 16. Jahrhundert. Ein Beitrag zur Geschichte der Buchdruckerkunst anläßlich
 der Halbjahrtausendfeier ihrer Erfindung, Zürich / Leipzig 1940.

LEHMANN, JONAS =
 Lehmann, M. E., Justus Jonas, a collaborator with Luther, in: LuthQ 2 (1950),
 S. 189–200.

LEPIK-KOPACZYNSKA, APELLES =
 Lepik-Kopaczynska, Wilhelmina, Apelles, der berühmteste Maler der Antike
 (= Lebendiges Altertum 7), Berlin 1962.

LESLIE, BLARER =
 Leslie, Paul Douglas, Thomas Blarer, in: The Oxford Encyclopedia of the
 Reformation I, hrg. v. Hans J. Hillerbrand, New York / Oxford 1996, S. 175f.

LEU, HELVETISCHES LEXIKON =
Leu, Hans J., Allgemeines helvetisches eydgenössisches oder schweitzerisches Lexicon, Bd. X, Zürich 1747–1786.

LIEBMANN, RHEGIUS =
Liebmann, Maximilian, Urbanus Rhegius und die Anfänge der Reformation. Beiträge zu seinem Leben, seiner Lehre und seinem Wirken bis zum Augsburger Reichstag von 1530 mit einer Bibliographie seiner Schriften (= RGST 117), Münster i. W. 1980.

LIENHARD, CAPITO =
Lienhard, Marc, Wolfgang Capito, in: TRE 7 (1981), S. 636–640.

LIENHARD, MURNER =
Lienhard, Marc, Thomas Murner, in: TRE 23 (1993), S. 436–438.

LIENHARD, PAMPHLETS =
Lienhard, Marc, Les pamphlets antiluthériens de Thomas Murner, in: Les frontières religieuses en Europe du XVe au XVIIe siècle, in: Actes du XXIe colloque international d'études humanistes, Paris 1992, S. 97–107.

LIENHARD, RÉFORMATION =
Lienhard, Marc, Thomas Murner et la Réformation, in: Thomas Murner. Humaniste et théologien alsacien 1475–1537, Catalogue d'exposition édité par la Badische Landesbibliothek de Karlsruhe en collaboration avec la Bibliothèque nationale et universitaire de Strasbourg, Karlsruhe 1987, S. 51–62.

LIENHARD, STURM =
Lienhard, Marc, Jakob Sturm, in: GK V, Die Reformationszeit I, S. 289–306.

LIENHARD/WILLER, STRASSBURG =
Lienhard, Marc und Willer, Jakob, Straßburg und die Reformation, Kehl 1981.

LIESSEM, BUSCHE =
Liessem, Hermann Joseph, Hermann von dem Busche. Sein Leben und seine Schriften, Köln 1884–1908, Neudruck Nieuwkoop 1965.

LINDER, SULZER =
Linder, Gottlieb, Simon Sulzer und sein Antheil an der Reformation im Lande Baden, sowie an den Unionsbestrebungen, Heidelberg 1890.

LOCHER, MANUEL =
Locher, Gottfried W., Niklaus Manuel als Reformator, in: 450 Jahre Berner Reformation, Beiträge zur Geschichte der Berner Reformation und zu Niklaus Manuel, hrg. v. Gerhard Aeschbacher u. a. (= AHVKB 64), Bern 1980, S. 383–404.

LOCHER, REFORMATION =
Locher, Gottfried W., Die Zwinglische Reformation im Rahmen der europäischen Kirchengeschichte, Göttingen 1979.

LÖWY, CHRONOLOGIE =
Löwy, Emanuel, Chronologie des Archilochos, Wien 1933.

LOOSS, BUTZER UND CAPITO =
Looß, Sigrid, Butzer und Capito in deren Verhältnis zu Bauernkrieg und Täufertum, in: Weltwirkung der Reformation, Berlin 1969, S. 226–232.

LOOSS/STRÄTER, KARLSTADT =
Looß, Sigrid und Sträter, Udo (Hrg.): Andreas Bodenstein von Karlstadt 1486–1541. Ein Theologe der frühen Reformation. Wittenberg 1997.

LUGINBÜHL, QUELLEN =
Luginbühl, Rudolf (Hrg.), Heinrich Brennwalds Schweizerchronik, 2 Bde., Basel 1908, 1910.

LUTTENBERGER, SCHWEISS =
Luttenberger, Albrecht, Alexander Schweiss, in: Contemporaries of Erasmus III, A Biographical Register of the Renaissance and Reformation, hrg. v. Peter G. Bietenholz und Thomas B. Deutscher, Toronto 1987, S. 235f.

LUTZ, KAISER =
Lutz, Heinrich, Kaiser, Reich und Christenheit, Zur weltgeschichtlichen Würdigung des Augsburger Reichstages 1530, in: Erwin Iserloh (Hrg.), Confessio Augustana und Confutatio, Der Augsburger Reichstag 1530 und die Einheit der Kirche, Internationales Symposion der Gesellschaft zur Herausgabe des Corpus Catholicorum in Augsburg vom 3. bis 7. September 1979 (= RGST 118), Münster 1979, S. 7–35.

MACHILEK, COCHLAEUS =
Machilek, Franz, Johannes Cochlaeus, in: Fränkische Lebensbilder 8 (1978), S. 51–69.

MACKIE, EARLY TUDORS =
Mackie, John Duncan, Early Tudors, Oxford 1952.

MANN, ENGLISCHER SCHWEISS =
Mann, Gunter (Hrg.), Der englische Schweiß 1529, Euricius Cordus: Libellus de sudore Anglico, herausgegeben und mit einem Nachwort versehen von Gunter Mann, Marburg 1967.

MARMOR, VON RICHENTAL =
Marmor, J., Ulrich von Richental und seine Concilschronik, in: Freiburger Diöcesan=Archiv. Organ des kirchlich=historischen Vereins für Geschichte, Alterthumskunde und christliche Kunst der Erzdiöcese Freiburg mit Berücksichtigung der angrenzenden Bisthümer, Bd. VII, Freiburg i. Br. 1873, S. 133–144.

MATTIESEN, WILHELM VON FÜRSTENBERG =
Mattiesen, Heinz, Wilhelm von Fürstenberg, in: NDB 5 (1961), S. 698.

MAURER, ABENDMAHLSARTIKEL =
Maurer, Wilhelm, Zum geschichtlichen Verständnis der Abendmahlsartikel in der Confessio Augustana, in: Festschrift für G. Ritter, Tübingen 1950, S. 161–209.

MAURER, MELANCHTHON =
Maurer, Wilhelm, Der junge Melanchthon zwischen Humanismus und Reformation, 2 Bde., Göttingen 1967–1969.

MAURER, THEOLOGIE =
Maurer, Wilhelm, Theologie und Laienchristentum bei Landgraf Philipp von Hessen, in: ders., Kirche und Geschichte, hrg. v. Ernst-Wilhelm Kohls und Gerhard Müller, Bd. I, Göttingen 1970, S. 292–318.

MAURER/ULSHÖFER, BRENZ =
Maurer, Hans Martin und Ulshöfer, Kuno, Johannes Brenz 1499–1570. Eine Gedächtnisausstellung zum 400. Todestag des Reformators, Katalog, Schwäbisch Hall 1970.

MAURER/ULSHÖFER, REFORMATION =
Maurer, Hans-Matin und Ulshöfer, Kuno, Johann Brenz und die Reformation in Württemberg. Eine Einführung mit 112 Bilddokumenten, Stuttgart / Aalen 1974.

MAY, BISCHÖFE =
May, Georg, Die deutschen Bischöfe angesichts der Glaubensspaltung des 16. Jahrhunderts, Wien 1983.

MC KEE, KATHARINA SCHÜTZ-ZELL =
Mc Kee, Elsie, Katharina Schütz-Zell, Bd. I: The life and thought; Bd. II: The writings, a critical edition (= SMRT 69,1–2), Leiden 1998.

MCLAUGHLIN, SCHWENCKFELD =
McLaughlin, R. Emmet, Kaspar von Schwenckfeld, in: The Oxford Encyclopedia of the Reformation IV, hrg. v. Hans J. Hillerbrand, New York / Oxford 1996, S. 21–24.

MELANCHTHON BW.=
Melanchthons Briefwechsel. Regesten, hrg. v. Heinz Scheible u. a., 9 Bde., Stuttgart 1977–1998.

MENTZ, BIBLIOGRAPHIE =
Mentz, Friedrich, Bibliographische Zusammenstellung der gedruckten Schriften Butzer's. Zur 400-jährigen Geburtstagsfeier Martin Butzer's, Straßburg 1891.

MENTZ, CHARAKTERISTIK =
Mentz, Georg, Beiträge zur Charakteristik des kursächsischen Kanzlers Dr. Gregor Brück, Stücke aus seinem Briefwechsel, in: Archiv für Urkundenforschung VI., 1. Heft, Leipzig 1916, S. 299–322.

MERKLEIN, BODENSTEIN =
Merklein, Wolfgang (Hrg.), Andreas Bodenstein von Karlstadt 1480–1541, Festschrift der Stadt Karlstadt zum Jubiläumsjahr 1980, Karlstadt 1980.

MIEG, HISTOIRE =
Mieg, Philippe, Histoire généalogique de la famille Mieg 1395–1934, Mulhouse 1934.

MIETHKE/WEINRICH, QUELLEN =
Miethke, Jürgen und Weinrich, Lorenz, Quellen zur Kirchenreform im Zeitalter der großen Konzilien des 15. Jahrhunderts, Teil I, Die Konzilien von Pisa (1409) und Konstanz (1414–1418), Darmstadt 1995.

MILLET, CORRESPONDANCE CAPITON =
Millet, Olivier, Correspondance de Wolfgang Capiton (1478–1541), Analyse et index, Straßburg 1982.

MISKULY, MURNER =
Miskuly, Jason M., Thomas Murner and the Eucharist, The Defense of Catholic Eucharistic Theology in the Anti-Reformation Writings of Thomas Murner, „vnder Hürt, Hieter vnd Vorfechter der Christlichen Schefflin" (1520–1529), New York 1990.

MPG =
Migne, J. P., Patrologiae cursus completus. Series graeca, 162 Bde., Paris 1857–1866.

MPL =
Migne, J. P., Patrologiae cursus completus. Series latina, 221 Bde., Paris 1844–1864.

MOELLER, ABENDMAHLSTHEOLOGIE =
Moeller, Bernd, Zur Abendmahlstheologie Ambrosius Blarers, in: Gottesreich und Menschenreich, Festschrift für Ernst Staehlin, Basel / Stuttgart 1969, S. 103–120.

MOELLER, AMBROSIUS BLARER =
Moeller, Bernd, Ambrosius Blarer 1493–1564, in: ders. (Hrg.), Der Konstanzer Reformator Ambrosius Blarer 1492–1564, Gedenkschrift zu seinem 400. Todestag, Konstanz / Stuttgart 1964, S. 11–38.

MOELLER, BLARER =
Moeller, Bernd, Ambrosius Blarer, in: TRE 7 (1981), S. 711–715.

MOELLER, ZWICK =
Moeller, Bernd, Johannes Zwick und die Reformation in Konstanz (= QFRG 28), Gütersloh 1961.

MSA =
Melanchthons Werke in Auswahl, Studienausgabe, herausgegeben von Robert Stupperich, Bd. VII/2: Ausgewählte Briefe 1527–1530, Gütersloh 1975.

MÜHLENBERG, APOLLINARIS =
Mühlenberg, Ekkehard, Apollinaris von Laodicea, in: TRE 3 (1978), S. 362–371.

MÜLLER, ANFÄNGE =
Müller, Gerhard, Die Anfänge der Marburger Theologischen Fakultät, in: HJLG 6 (1956), S. 164–181.

MÜLLER, ANHÄNGER =
Müller, Gerhard, Die Anhänger der Confessio Augustana und die Ausschuß-verhandlungen, in: Erwin Iserloh (Hrg.), Confessio Augustana und Confutatio, Der Augsburger Reichstag 1530 und die Einheit der Kirche, Internationales Symposion der Gesellschaft zur Herausgabe des Corpus Catholicorum in Augsburg vom 3. bis 7. September 1979 (= RGST 118), Münster 1979, S. 243–257.

MÜLLER, CAMPEGGIO =
Müller, Gerhard, Lorenzo Campeggio, in: TRE 7 (1981), S. 604–606.

MÜLLER, ECK =
Müller, Gerhard, Johann Eck und die Confessio Augustana. Zwei unbekannte Aktenstücke vom Augsburger Reichstag 1530, in: Quellen und Forschungen aus italienischen Archiven und Bibliotheken 38 (1958), S. 205–242.

MÜLLER, GELDENHAUER =
Müller, Gerhard, Gerhard Geldenhauer, in: NDB 6 (1964), S. 170.

MÜLLER, GEORG VON BRANDENBURG =
Müller, Konrad, Markgraf Georg von Brandenburg-Ansbach-Jägerndorf. Eine Gestalt aus der fränkischen und schlesischen Reformationszeit, in: JSKG 34 (1955), S. 7–31.

MÜLLER, HISTORIE =
Müller, Johann Joachim, Historie von der evangelischen Ständte Protestation und Appellation wieder und von dem Reichs=Abschied zu Speyer 1529: dann der darauf erfolgten Legislation in Spanien an Keys. Maj. Karln V.; wie auch ferner dem zu Augspurg auf dem Reichstage 1530 übergebenen Glaubens=Bekenntniss, die Augspurgische Confession genannt aus Archivs=Actis und Historicis verfasset und mit denen darzu gehörigen Documentis und Schrifften illustriret von Johann Joachim Müllern, Jena 1705.

MÜLLER, KARDINAL =
Müller, Gerhard, Kardinal Lorenzo Campeggio, die römische Kurie und der Augsburger Reichstag von 1530, in: NAKG 52 (1971/1972), S. 133–152.

MÜLLER, LAMBERT =
Müller, Gerhard, Franz Lambert von Avignon, in: TRE 20 (1990), S. 415–418.

MÜLLER, REFORMATION =
Müller, Gerhard, Franz Lambert von Avignon und die Reformation in Hessen, Marburg 1958.

MÜNCH-LABACHER, CYRILL =
Münch-Labacher, Susanne, Cyrill von Alexandrien, in: Lexikon der antiken christlichen Literatur, hrg. v. Siegmar Döpp und Wilhelm Geerlings, Freiburg i. Br. / Basel / Wien 1998, S. 148–150.

MURALT, BADENER DISPUTATION =
Muralt, Leonhard von, Die Badener Disputation 1526 (= QASRG 3), Leipzig 1926.

NEUDECKER, URKUNDEN =
Neudecker, Christian Gotthold, Urkunden aus der Reformationszeit, Kassel 1838.

NEUHAUS, REICHSTAG =
Neuhaus, Helmut, Reichstag und Supplikationsausschuß, Berlin 1977.

NEY, APPELLATION =
Ney, Julius, Die Appellation und Protestation der evangelischen Stände auf dem Reichstage zu Speier 1529, Leipzig 1906.

NEY, GESCHICHTE =
Ney, Julius, Geschichte des Reichstages zu Speier im Jahre 1529 (= MHVP 8), Speyer 1879.

NINCK, ARZT UND REFORMATOR =
Ninck, Johannes, Arzt und Reformator Vadian. Ein Charakterbild aus großer Zeit nach den Quellen entworfen, St. Gallen 1936.

NISCHAN, ALBERT =
Nischan, Bodo, Albert of Brandenburg, in: The Oxford Encyclopedia of the Reformation I, hrg. v. Hans J. Hillerbrand, New York / Oxford 1996, S. 15f.

NYHUS, GRYNAEUS =
Nyhus, Paul L., Simon Grynaeus, in: The Oxford Encyclopedia of the Reformation II, hrg. v. Hans J. Hillerbrand, New York / Oxford 1996, S. 200f.

ODPOPES =
The Oxford Dictionary of Popes, hrg. v. J. N. D. Kelly, Oxford und New York
³1996.

OEKOLAMPAD BW.=
Staehelin, Ernst, Briefe und Akten zum Leben Oekolampads, 2 Bde. (= QFRG
10, 19), Leipzig 1927, 1934, Neudruck New York / London 1971.

OSIANDER GA =
Andreas Osiander d. Ä., Gesamtausgabe, hrg. v. Gerhard Müller und Gottfried
Seebaß, in Bearbeitung, Gütersloh 1975ff.

PAETZOLD, KONFUTATION =
Paetzold, Alfred, Die Konfutation des Vierstädtebekenntnisses. Ihre Entstehung
und ihr Original, Leipzig 1900.

PASTOR, PÄPSTE =
Pastor, Ludwig Freiherr von, Geschichte der Päpste im Zeitalter der Renaissance
und der Glaubensspaltung von der Wahl Leos X. bis zum Tode Klemens'
VII. (1513–1534), Bd. IV, Freiburg / Rom 1956.

PAULSEN, IGNATIUS =
Paulsen, Henning, Ignatius von Antiochien, in: GK I, Alte Kirche I, S. 38–50.

PAULY, REALENCYCLOPÄDIE =
Paulys Real-Encyclopädie der Classischen Altertumswissenschaft. Neue Bearbeitung. Unter Mitwirkung zahlreicher Fachgenossen hrg. v. Georg Wissowa,
35 Bde., Stuttgart 1894–1967.

PESTALOZZI, HALLER =
Pestalozzi, Carl, Bertold Haller, in: Leben und ausgewählte Schriften der Väter
der reformierten Kirche 9 (Supplement), Teil 2, Elberfeld 1861, S. 1–106.

PESTALOZZI, JUDÄ =
Pestalozzi, Carl, Leo Judä, in: Leben und ausgewählte Schriften der Väter der
reformierten Kirche 9 (Supplement), Teil 6, Elberfeld 1861, S. 1–67.

PETERS, APOLOGIA =
Peters, Christian, Apologia Confessionis Augustanae, Untersuchungen zur Textgeschichte einer lutherischen Bekenntnisschrift (1530–1584), (= CThM 15),
Stuttgart 1997.

PFEIFFER, GEORG VON BRANDENBURG =
Pfeiffer, Gerhard, Georg von Brandenburg-Ansbach, in: NDB 6 (1964),
S. 204–205.

PFISTER, BLARER =
Pfister, Rudolf, Ambrosius Blarer in der Schweiz, 1548–1564, in: Moeller,
Bernd (Hrg.), Der Konstanzer Reformator Ambrosius Blarer 1492–1564,
Gedenkschrift zu seinem 400. Todestag, Konstanz und Stuttgart 1964,
S. 205–220.

PHILIPP VON HESSEN BW.=
Briefwechsel Landgraf Philipp's des Großmuthigen von Hessen mit Bucer, 3
Bde., hrg. v. Max Lenz, Leipzig 1880–1891.

POLLARD, HENRY VIII. =
Pollard, Albert F., Henry VIII., London 1902–1905.

POLLET, BUCER =
Pollet, J. V., Martin Bucer, Études sur la correspondance, 2 Bde., Paris
1958–1962.

DALPRA, SCETTICISMO =
Pra, Mario dal, Lo scetticismo Greco (= Biblioteca Universale Laterza 268),
Roma ³1989.

PRESS, PHILIPP VON HESSEN =
Press, Volker, Landgraf Philipp der Großmütige von Hessen, in: Klaus Scholder
und Dieter Kleinmann (Hrg.), Protestantische Profile, Königstein im Taunus
1983, S. 60–77.

PRESSEL, ANECDOTA =
Pressel, Theodor, Anecdota Brentiana, Elberfeld 1868.

PRESSEL, BLAURER =
Pressel, Theodor, Ambrosius Blaurer, in: Leben und ausgewählte Schriften der
Väter der reformierten Kirche 9 (Supplement), Teil 7, Elberfeld 1861, S. 1–155.

PRESSEL, JONAS =
Pressel, Theodor, Justus Jonas nach gleichzeitigen Quellen, in: Leben und ausgewählte Schriften der Väter und Begründer der lutherischen Kirche 8 (Supplement), Elberfeld 1862.

PRESSEL, VADIAN =
Pressel, Theodor, Joachim Vadian, in: Leben und ausgewählte Schriften der
Väter der reformierten Kirche 9 (Supplement), Teil 5, Elberfeld 1861, S. 1–103.

PROSTMEIER, IGNATIUS =
Prostmeier, Ferdinand Rupert, Ignatius von Antiochien, in: Lexikon der antiken
christlichen Literatur, hrg. v. Siegmar Döpp und Wilhelm Geerlings, Freiburg i.
Br., Basel und Wien 1998, S. 306–308.

QGT =
Quellen zur Geschichte der Täufer, Bd. VII: Elsaß, 1. Teil, Stadt Straßburg
1522–1532, hrg. v. Manfred Krebs und Hans Georg Rott, Gütersloh 1959.

QUERVAIN, GESCHICHTE =
Quervain, Theodor de, Geschichte der bernischen Kirchenreformation, Bern 1928.

QUERVAIN, ZUSTÄNDE =
Quervain, Theodor de, Kirchliche und soziale Zustände in Bern unmittelbar
nach der Einführung der Reformation (1528–1536), Univ.-Diss. Bern 1906.

RABE, RELIGIONSPOLITIK =
Rabe, Horst, Befunde und Überlegungen zur Religionspolitik Karls V. am Vor-
abend des Augsburger Reichstags 1530, in: Erwin Iserloh (Hrg.), Confessio
Augustana und Confutatio, Der Augsburger Reichstag 1530 und die Einheit der
Kirche, Internationales Symposion der Gesellschaft zur Herausgabe des Corpus

Catholicorum in Augsburg vom 3. bis 7. September 1979 (= RGST 118),
Münster 1979, S. 101–112.

RÄDLE, REICHSFÜRST =
Rädle, Herbert, Der Reichsfürst und sein Kaiser, Eine Lebensbeschreibung des
Pfalzgrafen Friedrich II. (1482–155) nach Hubert Leodius, Neumarkt i. d. Opf.
1998.

RASSOW, KAISER-IDEE =
Rassow, Peter, Die Kaiser-Idee Karls V., 1932.

RATHKE, IGNATIUS =
Rathke, Heinrich, Ignatius von Antiochien und die Paulusbriefe, Berlin 1967.

REBER/ROLAND, ALBRECHT =
Reber, Horst und Roland, Berthold, Albrecht von Brandenburg, Mainz 1990.

REINHARD, VORSTELLUNGEN =
Reinhard, Wolfgang, Die kirchenpolitischen Vorstellungen Kaiser Karls V., ihre
Grundlagen und ihr Wandel, in: Erwin Iserloh (Hrg.), Confessio Augustana und
Confutatio, Der Augsburger Reichstag 1530 und die Einheit der Kirche, Inter-
nationales Symposion der Gesellschaft zur Herausgabe des Corpus Catholico-
rum in Augsburg vom 3. bis 7. September 1979 (= RGST 118), Münster 1979,
S. 62–100.

RELING/BROHMER, PFLANZEN =
Reling, H. und Brohmer, P., Unsere Pflanzen in Sage, Geschichte und Dichtung,
3 Bde., Dresden ⁵1922.

REUTER, REICHSTAG =
Reuter, Fritz (Hrg.), Der Reichstag zu Worms von 1521. Reichspolitik und
Luthersache, Worms 1971.

REY, MÜNZGESCHICHTE =
Rey, Manfred van, Einführung in die rheinische Münzgeschichte des Mittelal-
ters, Mönchengladbach 1983.

RISCHAR, ECK =
Rischar, Klaus, Johann Eck auf dem Reichstag zu Augsburg 1530 (= RGST 97),
Münster 1968.

ROGGE, ANFÄNGE =
Rogge, Joachim, Die theologischen Anfänge Johann Agricolas, in: NLADDR
1958, S. 30–33.

ROGGER, CLES =
Rogger, I., Bernhard Cles, in: LThK² (1958), Sp. 1234.

ROHLING, MEMMINGEN =
Rohling, Eugen, Die Reichsstadt Memmingen in der Zeit der evangelischen
Volksbewegung, München 1864.

ROLL, REICHSREGIMENT =
Roll, Christine, Das zweite Reichsregiment 1521–1530 (= Forschungen zur
deutschen Rechtsgeschichte 15), Köln / Weimar 1966.

ROLL, REICHSTAGS-ABSAGE =
Roll, Christine, Reichstags-Absage und Waldkirch-Mission. Überlegungen zur kaiserlichen Reichspolitik im ersten Jahrzehnt der Regierung Karls V., in: Karl V. Politik und politisches System. Berichte und Studien aus der Arbeit an der Politischen Korrespondenz des Kaisers, hrg. v. Horst Rabe, Konstanz 1996, S. 279–315.

ROSCHER, MYTHOLOGIE =
Roscher, W. H. (Hrg.), Ausführliches Lexikon der griechischen und römischen Mythologie, Leipzig 1884–1937.

ROSIN, JONAS =
Rosin, Robert, Justus Jonas, in: The Oxford Encyclopedia of the Reformation II, hrg. v. Hans J. Hillerbrand, New York / Oxford 1996, S. 352f.

ROTH, GELEHRTE =
Roth, Ferdinand Wilhelm Emil, Thüringisch-Sächsische Gelehrte des XV.–XVI. Jahrhunderts in Mainzer Diensten, in: Jahresbericht des Thüringisch-Sächsischen Vereins für Erforschung des vaterländischen Altertums und Erhaltung seiner Denkmale, Halle an der Saale 1899/1900, S. 5–33.

ROTH, KELLER =
Roth, Friedrich, Zur Lebensgeschichte des Meisters Michael Keller (= BBKG 5), S. 149–163.

ROTH, REFORMATIONSGESCHICHTE =
Roth, Friedrich, Augsburgs Reformationsgeschichte, 4 Bde., München 1901–1911.

ROTT, BUCER UND DIE SCHWEIZ =
Rott, Jean, Martin Bucer und die Schweiz: drei unbekannte Briefe von Zwingli, Bucer und Vadian (1530, 1531, 1536), in: Zwingliana 14 (1978), S. 461–492 (= Rott, Investigationes II, S. 203–234).

ROTT, CONTACTS ET CONTRASTES =
Rott, Jean, La réforme à Nuremberg et à Strasbourg: Contacts et contrastes (avec des correspondances inédites), in: Hommages à Dürer, Strasbourg et Nuremberg dans la première moitié di XVIe siècle, Actes du Colloque de Strasbourg (19–20 novembre 1971), Strasbourg 1972, S. 91–142 (= Rott, Investigationes I, S. 391–142).

ROTT, CORRESPONDANCE BUCER =
Rott, Jean, Correspondance de Bucer, in: Revue d'Alsace 103 (1965), S. 196–202 (= Rott, Investigationes II, S. 158–164).

ROTT, CORRESPONDANCES =
Rott, Jean, Un recueil de correspondances Strasbourgeoises du XVIe siècle à la bibliothèque de Copenhague, in: BPH 1971, S. 749–818 (= Rott, Investigationes I, S. 243–312).

ROTT, HISTOIRE =
Rott, Edouard, Histoire de la représentation diplomatique de la France auprès des Cantons suisses, Band I, 1430–1559, Bern / Paris 1900.

ROTT, INVESTIGATIONES =
Rott, Jean, Investigationes Historicae, Églises et société au XVIe siècle, Gesammelte Aufsätze zur Kirchen- und Sozialgeschichte, 2 Bde., Straßburg 1986.

ROTT/MILLET, MIETTES HISTORIQUES =
Rott, Jean, und Millet, Olivier, Miettes historiques Strasbourgeoises, in: Actes du Colloque Guillaume Farel, Genf 1983, S. 253–267 (= Rott, Investigationes II, S.1–15).

RTA, JR =
Deutsche Reichstags-Akten. Jüngere Reihe, Gotha / Stuttgart / Göttingen 1893 ff.

RUBLACK, EINFÜHRUNG =
Rublack, Hans-Christoph, Die Einführung der Reformation in Konstanz von den Anfängen bis zum Abschluß 1531 (= QFRG 40), 1971.

RUPÉ, HOMER, ILIAS =
Rupé, Hans, Homerus, Ilias, mit Urtext Anhang und Registern, München / Zürich ⁹1989.

RUPPERTSBERG, IBACH =
Ruppertsberg, Otto, Hartmann Ibach, der erste evangelische Prediger in Frankfurt a. M., in: Alt=Frankfurt, Vierteljahresschrift für seine Geschichte und Kunst, hrg. v. dem Verein für Geschichte und Altertumskunde, dem Verein für das Historische Museum und der numismatischen Gesellschaft in Frankfurt a. M., III/1911, Heft 2, S. 42–49.

RÜTH, MÜLLER =
Rüth, Bernhard, Der Prediger Bartholomäus Müller und die Biberacher Reformation, in: Heimatkundliche Blätter des Kreises Biberach 5 (1982), S. 15–20.

SAUER, MELANDER =
Sauer, K., Dionysius Melander d. Ä. (ca. 1486–1561), in: JHKGV 29 (1978), S. 1–36.

SCHAMEL, LIEDERCOMMENTARIUS =
Schamelius, Johann Martin, Evangelischer Lieder Commentarius, 2 Bde., Naumburg 1724.

SCHEIBLE, MELANCHTHON =
Scheible, Heinz, Melanchthon. Eine Biographie, München 1997

SCHENCK, SCHENCK =
Schenck, Emil, Simprecht Schenck. Das Lebensbild eines schwäbischen Reformators, in: Beiträge zur Geschichte der Familie Schenck V, Darmstadt 1938.

SCHIEDER, HANDBUCH =
Schieder, Theodor (Hrg.), Handbuch der Europäischen Geschichte, Stuttgart 1971.

SCHIESS, REISLÄUFER =
Schieß, Traugott, Drei St. Galler Reisläufer aus der ersten Hälfte des XVI. Jahrhunderts. Neujahrsblatt herausgegeben vom Historischen Verein des Kantons St. Gallen, St. Gallen 1906.

SCHINDLING, HOCHSCHULE =
Schindling, Anton, Humanistische Hochschule und freie Reichsstadt. Gymnasium und Akademie in Straßburg 1538–1621 (= VIEG 77), Wiesbaden 1977.

SCHILLING, PFLÜMMERN =
Schilling, A. (Hrg.), Zeitgenössische Aufzeichnungen des Weltpriesters Heinrich von Pflümmern, in: Freiburger Diözesanarchiv 9 (1875), S. 141–238.

SCHIMERT, ZÁPOLYA =
Schimert, Peter, Janos Zapolya, in: The Oxford Encyclopedia of the Reformation IV, hrg. v. Hans J. Hillerbrand, New York / Oxford 1996, S. 306f.

SCHIRRMACHER, MARBURGER RELIGIONSGESPRÄCH =
Schirrmacher, F. W., Briefe und Akten zur Geschichte des Marburger Religionsgesprächs, Gotha 1877.

SCHMAUCH, VON STADION =
Schmauch, Hans Peter, Christoph von Stadion (1478–1543), Bischof von Augsburg (1517–1543), und seine Stellung zur Reformation, Univ.-Diss. München 1956.

SCHMIDT, FAREL =
Schmidt, C., Wilhelm Farel und Peter Viret, in: Leben und ausgewählte Schriften der Väter der reformierten Kirche 9 (Supplement), Teil 4, Elberfeld 1861, S. 1–71.

SCHOEDEL, IGNATIUS =
Schoedel, William R., Ignatius von Antiochien, in: TRE 16 (1987), S. 40–45.

SCHRÖDER, BULLE =
Schröder, A[lfred], Die Verkündigung der Bulle „Exurge Domine" durch Bischof Christoph von Augsburg 1520, in: Jahrbuch des Historischen Vereins Dillingen 9 (1896), Dillingen 1897, S. 144–172.

SCHUBERT, BEKENNTNISBILDUNG =
Schubert, Hans von, Bekenntnisbildung und Religionspolitik 1529/30 (1524–1534), Untersuchungen und Texte, Gotha 1910.

SCHULER/SCHULTHESS, ZW.W. =
Huldrici Zuinglii opera. Completa editio prima curantibus Melchiore Schulero et Io. Schulthessio, 8 Bde., Zürich 1828–1842.

SCHULTZ, SCHWENCKFELD =
Schultz, Selina Gerhard, Caspar Schwenckfeld von Ossig (1489–1561), Pennsburg [4]1977.

SCHULTZE, JOACHIM I., =
Schultze, Johannes, Joachim I., Kurfürst von Brandenburg, in: NDB 10 (1974), S. 234–236.

SCHULZE, REICH =
Schulze, Winfried, Reich und Türkengefahr im späten 16. Jahrhundert, Studien zu den politischen und gesellschaftlichen Auswirkungen einer äußeren Bedrohung, München 1978.

SCHUHMANN, MARKGRAFEN =
Schuhmann, Günther, Die Markgrafen von Brandenburg-Ansbach. Eine Bilddokumentation zur Geschichte der Hohenzollern in Franken, Ansbach 1980.

SCHWEIZER, KLOSTERGÜTER =
Schweizer, Paul, Die Behandlung der zürcherischen Klostergüter in der Reformationszeit, in: Theologische Zeitschrift aus der Schweiz 2 (1885), S. 161–1536.

SCRIPTA ANGLICANA 1577 =
Martini Buceri Scripta Anglicana fere omnia [...], adiunctis a Conrado Huberto [...], Basel 1577.

SEEBASS, BIBLIOGRAPHIA OSIANDRICA =
Seebaß, Gottfried, Bibliographia Osiandrica. Bibliographie der gedruckten Schriften Andreas Osianders d. Ä. (1496–1552), Nieuwkoop 1971.

SEEBASS, OSIANDER =
Seebaß, Gottfried, Das reformatorische Werk des Andreas Osiander (= EKGB 44), Nürnberg 1967.

SERAPHIM, GESCHICHTE =
Seraphim, Ernst, Baltische Geschichte im Grundriß, Reval 1908.

SIDER, KARLSTADT =
Sider, Ronald J., Andreas Bodenstein von Karlstadt. The Development of his Thought, 1517–1525 (= SMRT 11), Leiden 1974.

SIMON, FROSCH =
Simon, Matthias, Johann Frosch, in: NDB 5 (1961), S. 663f.

SIMON, HUMANISMUS =
Simon, Gerhard, Humanismus und Konfession. Theobald Billican, Leben und Werk (= AKG 49), Berlin / New York 1980.

SIMON, PFARRERBUCH =
Simon, Matthias, Nürnberger Pfarrerbuch, Nürnberg 1965.

SINN, SPORT =
Sinn, Ulrich, Sport in der Antike. Wettkampf, Spiel und Erziehung im Altertum, Würzburg 1996.

SLUSSER, SAMOSATA =
Slusser, Michael, Paulus von Samosata, in: TRE 26 (1996), S. 160–162.

SMOLINSKY, MURNER =
Smolinsky, Heribert, Thomas Murner und die katholische Reform, in: Thomas Murner. Humaniste et théologien alsacien 1475–1537, Catalogue d'exposition édité par la Badische Landesbibliothek de Karlsruhe en collaboration avec la Bibliothèque nationale et universitaire de Strasbourg, Karlsruhe 1987, S. 9–20.

STADE, DIOKLETIAN =
Stade, Kurt, Der Politiker Diokletian und die letzte große Christenverfolgung, Univ.-Diss. Frankfurt a. Main 1926.

STAEDTKE, ORIGINAL =
Staedtke, Joachim, Ein wiedergefundenes Original aus dem Briefwechsel Zwinglis, in: Zwingliana 12 (1964), S. 78.

STAEHELIN, LEBENSWERK =
Stähelin, Ernst, Das theologische Lebenswerk Johannes Oekolampads, Leipzig 1939 (= QFRG 21), Neudruck New York / London 1971.

STAEHELIN, OEKOLAMPAD-BIBLIOGRAPHIE =
Staehelin, Ernst, Oekolampad-Bibliographie, in: Basler Zeitschrift für Geschichte und Altertumskunde, herausgegeben von der Historischen und antiquarischen Gesellschaft zu Basel, Bd. XVII, 1. Heft, Basel 1918, S.1–119.

STAEHELIN, PROFESSOREN =
Staehelin, Ernst, Professoren der Universität Basel, Basel 1960.

STECK/TOBLER, AKTENSAMMLUNG =
Steck, R. und Tobler, G., Aktensammlung zur Geschichte der Berner Reformation, hrg. mit Unterstützung der bernischen Kirchensynode, Bern 1923.

STEITZ, MARBURGER RELIGIONSGESPRÄCH =
Steitz, Heinrich, Das Religionsgespräch von Marburg, in: Geschichte der evangelischen Kirche in Hessen und Nassau, Marburg 1961, S. 225–227.

STIERLE, CAPITO =
Stierle, Beate, Capito als Humanist (= QFRG 42), Heidelberg / Gütersloh 1974.

STOCKMEIER, JOHANNES CHRYSOSTOMUS =
Stockmeier, Peter, Johannes Chrysostomus, in: GK II, Alte Kirche II, S. 125–144.

STRASSER, CAPITOS BEZIEHUNGEN =
Straßer, Otto Erich, Capitos Beziehungen zu Bern (= QASRG 4), Leipzig 1928.

STRICKLER, AKTENSAMMLUNG =
Strickler, Johannes, Actensammlung zur schweizerischen Reformationsgeschichte in den Jahren 1521–1532 im Anschluss an die gleichzeitigen eidgenössischen Abschiede, Zürich 1879.

STRIEDER, GRUNDLAGE =
Strieder, Friedrich Wilhelm, Grundlage zu einer Hessischen Gelehrten[-] und Schriftsteller[-]Geschichte Seit der Reformation bis auf gegenwärtige Zeiten, Kassel 1795.

STRUCKMANN, EUCHARISTIELEHRE =
Struckmann, Adolf, Die Eucharistielehre des heiligen Cyrill von Alexandrien, Paderborn 1910.

STUPPERICH, BIBL. BUC.=
Stupperich, Robert, Bibliographia Bucerana, Gütersloh 1952.

STUPPERICH, FRECHT =
Stupperich, Robert, Martin Frecht, in: ders., Reformatorenlexikon, Gütersloh 1984, S. 82.

STUPPERICH, MELANCHTHON =
Stupperich, Robert, Philipp Melanchthon (= Klassiker der Theologie I), München 1991.

STUPPERICH, VORGESCHICHTE =
Stupperich, Robert, Vorgeschichte und Nachwirkungen des Wormser Edikts im deutschen Nordwesten, in: Der Reichstag zu Worms, Reichspolitik und Luthersache, im Auftrag der Stadt Worms zum 450-Jahrgedenken hrg. v. Fritz Reuter, Worms 1971, S. 459–474.

STUPPERICH, ZELL =
Stupperich, Robert, Katharina Zell, Eine Pfarrfrau der Reformationszeit, in: Zeitwende, Die Neue Furche 25 (1954), S. 605–609.

TARDENT, MANUEL =
Tardent, Jean-Paul, Niklaus Manuel als Politiker, in: 450 Jahre Berner Reformation, Beiträge zur Geschichte der Berner Reformation und zu Niklaus Manuel, hrg. v. Gerhard Aeschbacher u. a. (= AHVKB 64), Bern 1980, S. 405–431.

TIEPOLO, DEPESCHEN =
Die Depeschen des Venezianischen Gesandten Nicolò Tiepolo über die Religionsfrage auf dem Augsburger Reichstage 1530, hrg. v. Johannes von Walter, Berlin 1928.

TÖLGYES, UNGARN =
Tölgyes, Lajos, Ungarn — Bollwerk der Christenheit zur Zeit der europäischen Türkenkriege (1360–1790), Köln 1957.

TOEPKE, HEIDELBERGER MATRIKEL =
Die Matrikel der Universität Heidelberg von 1436 bis 1662, 2 Bde., bearbeitet und hrg. v. Gustav Toepke, Heidelberg 1884.

TOURNAY, GELDENHOUWER =
Tournay, Gilbert, Gerard Geldenhouwer, in: Contemporaries of Erasmus II, A Biographical Register of the Renaissance and Reformation, hrg. v. Peter G. Bietenholz und Thomas B. Deutscher, Toronto 1986, S. 82–84.

TRUSEN, BUSCH =
Trusen, Winfried, Hermann Busch, in: NDB 2 (1955), S. 61f.

TSCHACKERT, ZWICK =
Tschackert, Paul, Johann Zwick, in: ADB 45 (1900), S. 533.

UKENA, MURNER =
Ukena, Peter, Thomas Murner, in: NDB 18 (1997), S. 616–618.

UNSCHULDIGE NACHRICHTEN 1756 =
Unschuldige Nachrichten von alten und neuen theologischen Sachen, Leipzig 1756.

URKUNDENBUCH AUGSBURG 1530 =
Urkundenbuch zu der Geschichte des Reichstages zu Augsburg im Jahre 1530. Nach den Originalen und nach gleichzeitigen Handschriften herausgegeben von Karl Eduard Förstemann, 2 Bde., Halle 1833.

VADIAN BW.=
Vadianische Briefsammlung, hrg. v. E. Arbenz und H. Wartmann, 8 Bde., St. Gallen 1899–1913.

VERMEULEN, TREGER =
Vermeulen, Adeodatus, Der Augustiner Konrad Treger, Rom 1962.

VINKE, RHEGIUS =
Vinke, Rainer, Urbanus Rhegius, in: Contemporaries of Erasmus III, A Biographical Register of the Renaissance and Reformation, hrg. v. Peter G. Bietenholz und Thomas B. Deutscher, Toronto 1987, S. 151–153.

VOGES, NÖRDLINGEN =
Voges, Dietmar-H., Die Reichsstadt Nördlingen, München 1988.

VOGT, CYRILL =
Vogt, Hermann-J., Cyrill von Alexandrien, in: GK II, Alte Kirche II, S. 227–238.

VOGT, SAYLER =
Vogt, Wilhelm, Art. Sayler in: ADB 30 (1890), S. 462–464.

WA =
D. Martin Luthers Werke. Kritische Gesamtausgabe, bisher 72 Bde., Weimar
1883ff.

WA BW.=
D. Martin Luthers Werke. Kritische Gesamtausgabe. Briefwechsel, bisher 18
Bde., Weimar 1930ff.

WAGNER, SCHLESIEN =
Wagner, Oskar, Reformation in Schlesien, Leer 1967.

WAGNER, ULRICH =
Wagner, P., Ulrich von Dornum, in: ADB 14 (1881), S. 246–248.

WALCH, LUTHER SCHR.=
D. Martin Luthers Sämtliche Schriften: welche er so wol in deutscher, als lateinischer Sprache verfertiget, vollständiger, und in bequemerer Ordnung; auch
mit historischen Vorreden und Einleitungen hrg. v. Johann Georg Walch, 24
Bde., Halle a. d. Saale 1739.

WALDER, RELIGIONSVERGLEICHE =
Walder, Ernst, Religionsvergleiche des 16. Jahrhunderts, 2 Bde., Bern 1945–1946.

WALTER, REICHSTAG =
Walter, Johannes, Der Reichstag zu Augsburg 1530, in: LuJ 12 (1930), S. 1–90.

WALTON, OECOLAMPADIUS =
Walton, Robert C., Johannes Oecolampadius, in: The Oxford Encyclopedia of the
Reformation III, hrg. v. Hans J. Hillerbrand, New York / Oxford 1996, S. 169–171.

WEBER, SCHWENCKFELD =
Weber, Franz Michael, Kaspar von Schwenckfeld und seine Anhänger in den
freybergischen Herrschaften Justingen und Öpfingen. Ein Beitrag zur Reformationsgeschichte im Alb-Donau-Raum, Stuttgart 1962.

WEISS, ZWICK =
Weiss, Ulman, Johannes Zwick, in: The Oxford Encyclopedia of the Reformation IV, hrg. v. Hans J. Hillerbrand, New York / Oxford 1996, S. 317f.

WEISZ, JUD =
Weisz, Leo, Leo Jud, Ulrich Zwinglis Kampfgenosse, 1482–1542, Zürich 1942.

WELCK, GEORG =
Welck, Heinrich Freiherr von, Georg der Bärtige, Herzog von Sachsen, Braunschweig 1900.

WELLMANN, HERAKLEITOS =
Wellmann, E., Herakleitos, in: Pauly, Realencyclopädie 8, Sp. 504–508.

WENDEL, STRASBOURG =
Wendel, François, L'Église de Strasbourg, sa constitution et son organisation
1532–1535, Paris 1942.

WENNEKER, VADIAN =
Wenneker, Erich, Vadian, in: Biographisch-Bibliographisches Kirchenlexikon
XII, begr. und hrg. v. Friedrich Wilhelm Bautz, fortgef. von Traugott Bautz,
Herzberg 1997, Sp. 1003–1013.

WERL, GEORG =
Werl, Elisabeth, Georg der Bärtige, Herzog von Sachsen, in: NDB 6 (1964),
S. 224–227.

WICKERT, CYPRIAN =
Wickert, Ulrich, Cyprian, in: GK I, Alte Kirche I, S. 158–175.

WIDMANN, IRENÄUS =
Widmann, Martin, Irenäus und seine theologischen Väter, in: ZThK 54 (1957),
S. 156–173.

WILLBURGER, BISCHÖFE =
Willburger, August, die Konstanzer Bischöfe Hugo von Landenberg, Balthasar
Merklin, Johann von Lupfen (1496–1537) und die Glaubensspaltung (= RGST
34/35), Münster 1917.

WILLIAMS, DIOCLETIAN =
Williams, Stephen, Diocletian and the Roman Recovery, New York 1985.

WINCKELMANN, FÜRSORGEWESEN =
Winckelmann, Otto, Das Fürsorgewesen der Stadt Strassburg vor und nach der
Reformation bis zum Ausgang des sechzehnten Jahrhunderts, Leipzig 1922.

WINKELMANN, URKUNDENBUCH =
Winkelmann, Eduard (Hrg.), Urkundenbuch der Universität Heidelberg, 2 Bde.,
Heidelberg 1886.

WINTERS, LAMBERT =
Winters, Roy Lutz, Francis Lambert of Avignon (1487–1530), a Study in Reformation Origins, Philadelphia 1938.

WINTZER, IBACH =
Wintzer, Eduard, Hartmann Ibach von Marburg, einer der ersten Reformations-
prediger Hessens, in: Zeitschrift des Vereins für hessische Geschichte, Neue
Folge, Bd. 34, S. 115–187.

WITTRAM, GESCHICHTE =
Wittram, Reinhard, Baltische Geschichte. Die Ostseelande Livland, Estland,
Kurland 1180–1918, München 1954.

WLOSOK, LAKTANZ =
Wlosok, Antonie, Laktanz und die philosophische Gnosis, Heidelberg 1960.

WOHLFEIL, WORMSER REICHSTAG =
Wohlfeil, Rainer, Der Wormser Reichstag von 1521, in: Der Reichstag zu
Worms, Reichspolitik und Luthersache, im Auftrag der Stadt Worms zum 450-
Jahrgedenken hrg. v. Fritz Reuter, Worms 1971, S. 59–154.

WOLF, COCHLÄUS =
Wolf, Gerhard Philipp, Cochläus und Nausea, in: Kirche an der Grenze. Fest-
gabe für Gottfried Maron zum 65. Geburtstag, hrg. v. Jörg Haustein und Gerhard
Philipp Wolf, Darmstadt 1993, S. 45–58.

WOLF, FRANZ I. =
Wolf, Gerhard Philipp, Franz I., in: TRE 11 (1983), S. 385–389.

WOLFART, WOLFHART =
Wolfart, Zur Biographie des M. Bonifacius Wolfhart (= Beiträge zur Augsburger Reformationsgeschichte 2), in: BBKG 7 (1901), S. 167–180.

WRIGHT, LAMBERT =
Wright, William J., François Lambert, in: The Oxford Encyclopedia of the Reformation II, hrg. v. Hans J. Hillerbrand, New York / Oxford 1996, S. 387.

WULCZYN, RELATIONSHIP =
Wulczyn, Heidi, The Relationship between Martin Bucer and Philipp of Hesse. A Reforming Politician and a Political Reformer, in: Christian Krieger und Marc Lienhard (Hrg.), Martin Bucer and Sixteenth Century Europe, Leiden 1993, S. 451–459.

WYSS, CHRONIK =
Die Chronik des Bernhard Wyss (= QSRG I), Basel 1901.

WYSS, JUD =
Wyss, Karl-Heinz, Leo Jud. Seine Entwicklung zum Reformator 1519–1523 (= EHS.G 61), Bern / Frankfurt a. M. 1976.

WYSS, SITTICH I. VON EMS =
Wyß, G. v., Marx Sittich I. von Ems zu Hohenems, in: ADB 13 (1881), S. 152–154.

ZEEDEN, SCHWABACHER ARTIKEL =
Zeeden, Ernst Walter, Schwabacher Artikel, in: LThK 9 (1964), Sp. 527f.

ZIJP, HILARIUS =
Zijp, N. van der, Hilarius, in: MennEnc II, S. 270.

ZIMMERLI-WITSCHI, FRAUEN =
Zimmerli-Witschi, Alice, Frauen in der Reformationszeit, Univ.-Diss. Zürich 1981.

ZOEPFL, ECK =
Zoepfl, Friedrich, Johannes Eck, in: Lebensbilder aus dem bayerischen Schwaben 6 (1958), S. 205–242.

ZORZIN, KARLSTADT =
Zorzin, Alejandro, Karlstadt als Flugschriftenautor (= GTA 48), Göttingen 1990.

ZWINGLI BW.=
Zwinglis Briefwechsel, hrg. v. Emil Egli, Georg Finsler und Walther Köhler, 5 Bde. (= Zwingli W. VII–XI), Leipzig 1911–1935.

ZWINGLI-GEDÄCHTNIS =
Ulrich Zwingli. Zum Gedächtnis der Zürcher Reformation, 1515–1519, Zürich 1919.

ZWINGLI W. =
Huldreich Zwinglis Sämtliche Werke, hrg. v. Emil Egli, Georg Finsler und Walther Köhler, 11 Bde., Leipzig / Zürich 1905–1935.

269   [1530]¹ Januar 12. Straßburg. — Bucer an Huldrych Zwingli

Œcolampade a recommandé à Bucer le porteur, Nicolas Guldi, anabaptiste repenti. Bucer l'adresse à son tour à Zwingli : il y a déjà trop de pauvres à Strasbourg ; une fois vérifiée sa conversion à Zurich, Guldi pourra rentrer à St. Gall, sa patrie. Le reste oralement, par Ulrich Funck. Salutations de Jacques Sturm, Bernard Ottfriedrich, Daniel Mieg et "tous les frères".

Oekolampad hat Nikolaus Guldi, von den Irrtümern der Täufer zur rechten Lehre zurückgekehrt, Bucer empfohlen. Bucer kann Guldi nicht aufnehmen und empfiehlt ihn Zwingli. Grüße von Jakob Sturm, Bernhard Ott-Friedrich, Daniel Mieg und den übrigen Brüdern.

Gratia et pax, ⁺obseruande Zvingli⁺!

Frater hic² tibi antea vt hostis ecclesiae indubie ex improbitate erroris sui admodumᵃ ⁺notus,⁺ innotescere et commendari iam tibi per nos petijt, vt qui cognito errore suo ad ecclesiam ex animo redierit. Fecit id ante nos Simpertus Memmingensis³, possum et ego id facere maiore quam vllum antehac fide. Nam vnus et primus mihi quidem obuenit, qui ex perdita ista catabaptistarum hęresi ⁺plane⁺ resipuerit. Scripsit nobis⁴ breui de ortu et conditione aliquot sectarum ex illo hominum genere, quae sane stupenda sunt et quibus vtemur in nullius miseri malum, sed si liceret ex colluuie aliquosᵇ reuocare. Oecolampadius commendarat eum nobis⁵, et libenter quidem hominiᶜ adfuissemus, vt contigisset ei hic viuere. Verum tanta iam premimur pauperum

---

ᵃ *zuerst* nomodus. – ᵇ *gestrichen* redimere. – ᶜ *gestrichen* aff[uissemus].

¹ Die Jahreszahl 1530 ergibt sich aufgrund der Zusammenhänge mit Nikolaus Guldi (vgl. Anm. 2) und mit dem Abschluß der Straßburger Burgrechtsverhandlungen (vgl. Anm. 7).
² Gemeint ist hier Nikolaus [Niklaus] Guldi aus St. Gallen, ab Juni 1525 in Zollikon nachweisbar, tritt als Täufer auf. Capito bezeichnet ihn am 13. Januar 1530 als Führer der Täufer (VADIAN Bw. IV, Nr. 592), Oekolampad berichtet am 16. Januar 1530 von seiner Bekehrung (VADIAN Bw. IV, Nr. 593). Nach Fürsprache Bucers und Capitos kehrt Guldi im Februar 1530 nach St. Gallen zurück. Vgl. QGT VII, S. 30; SCHIESS, REISLÄUFER, S. 11–22; Brief Bucers an Vadian vom 12. Januar 1530 (unten Nr. 271, S. 5, Z. 13 – S. 6, Z. 9).
³ Simprecht [Simpert] Schen[c]k (Wertingen um 1485 – um 1555 Dornstetten), ab 1522 in Meilen am Zürichsee und, mit Unterbrechungen, von 1525 bis 1535 in Memmingen nachweisbar. Er vertrat Memmingen auf der Berner Disputation 1528 und soll im August 1530 für Memmingen eine eigene Verteidigungsschrift zum Augsburger Reichstag verfassen, wozu es jedoch nicht kommt. Von 1535 bis 1539 ist er Prädikant in Kempten, ab 1549 Pfarrer in Dornstetten im Schwarzwald, ab August 1551 Spezial–Superintendent für Württemberg. Vgl. BRECHT/EHMER, REFORMATIONSGESCHICHTE, S. 166; DOBEL, REFORMATIONSWERK, S. 23–25; LOCHER, REFORMATION, S. 473, Anm. 139; SCHENCK, SCHENCK; ZWINGLI Bw. IV, Nr. 815, S. 59, Anm. 1.
⁴ Dieser Brief Nikolaus Guldis an Bucer ist verloren.
⁵ Dieser Brief Oekolampads an Bucer ist verloren. Zu Oekolampad vgl. unten Nr. 271, S. 5, Anm. 6.

multitudine[6], vt non licuerit, quod maxime cupiebamus. Oraueramus legatos vestros, Bernates et Basilienses cum nostris, vt pro eo Sanctogallen[sibus] scriberent[7]; illic enim ciuis fuit. Sed visum illis est, primum orare eum locum apud vos, quod impetratu facilius sit, cumque vobis conuersionem suam

5   approbarit, tum facile per vos illi reditum in patriam parari posse. Oramus ergo te, adsis penitenti. Non dubitamus, plurimum afficiet te in illo opus Domini, eritque tibi ad gloriam Domini vsui.

Reliqua per Funckium[8]. Dominus te seruet et tuos, et fac sentiat hic miser a nobis, id est tibi charis, se tibi commendatum. Arg[entorati] 12. Ianuarij.

10   Salutant te Sturm[us][9], Bern[ardus] Fridrich[10], qui totus tuus est, Dan[iel] Muh[11], iam consul noster, et fratres omnes. Saluta nobis vestros.

M[artinus] Bucerus tuus

Adresse [f° 301 v°]: Hulderycho Zvinglio, ecclesiastae Tigurino, obseruando praeceptori suo.

Oa Zürich SA, E II 339, f° 301 r°/v°. — C Zürich ZB, S 25,11. — P Schuler/Schultheß, Zw. W. VII, S. 392f.; Zwingli Bw. IV, Nr. 955, S. 392–394.

---

[6] Zu den Besonderheiten der Straßburger Armenfürsorge vgl. WINCKELMANN, FÜRSORGEWESEN, insbes. 1. Teil, S. 75–165 u. 2. Teil, S. 3–77.

[7] Gemeint sind die anläßlich der Burgrechtsverhandlungen aus Zürich nach Straßburg entsandten Werner Beyel, Ulrich Fun[c]k und Rudolf Stoll sowie die Berner Gesandten Bernhard Tillmann und Nikolaus Manuel. Vgl. EIDGENÖSSISCHE ABSCHIEDE IV (1b), S. 498–500; HUGGLER, MANUEL, S. 380–382; LOCHER, MANUEL, S. 383–404; TARDENT, MANUEL, S. 405–431; ZWINGLI Bw. IV, Nr. 955, S. 393, Anm. 6.

[8] Ulrich Fun[c]k († 11. Oktober 1531 Kappel). Ratsherr in Zürich, Freund Zwinglis, zusammen mit Zwingli am 11. Oktober 1531 bei Kappel gefallen. Vgl. KÖHLER, ZWINGLI, S. 199, 201; LOCHER, REFORMATION, S. 323; ROTT, CORRESPONDANCES, S. 289; ZWINGLI Bw. III, Nr. 771a, S. 589, Anm. 1.

[9] Jakob Sturm [von Sturmeck] (Straßburg 10. August 1489 – 30. Oktober 1553 Straßburg). Seit 1524 Straßburger Ratsherr, seit 1527 wiederholt Stettmeister. Vgl. BCor I, Nr. 60, S. 221, Anm. 6; BORNERT, RÉFORME, S. 79, 141, 304; BRADY, JAKOB STURM, S. 121f.; BRADY, STURM, S. 183–202; CHRISMAN, STURM, S. 293f.; FICKER/WINCKELMANN, HANDSCHRIFTENPROBEN, S. 3b; KÖHLER, ZWINGLI, S. 186, 189–191, 196, 201, 206, 220f.; LIENHARD/WILLER, STRASSBURG, S. 151–154, Abb. S. 3, 193; LIENHARD, STURM, S. 289–306; ZWINGLI Bw. IV, Nr. 887, S. 237, Anm. 1.

[10] Bernhard Ott[-]fri[e]drich († 1539 Straßburg). Mitglied des Straßburger Rates, 1532 Stettmeister in Straßburg. Vgl. BCor III, Nr. 194, S. 156, Anm. 145; BRADY, STRASBOURG, insbes. S. 339f.; LIENHARD/WILLER, STRASSBURG, S. 189, 251; ZWINGLI Bw. IV, Nr. 955, S. 393f., Anm. 10.

[11] Daniel Mieg [Müg, Müge, Muh] (Straßburg 1476 oder 1484 – 27. Oktober 1541 Straßburg). Als Vertreter der Bäckerzunft seit 1520 Straßburger Ratsherr, seit 1524 wiederholt Bürgermeister, 1523–1524 Gesandter auf dem Nürnberger Reichstag, 1529 als reichsstädtischer Vertreter zum Reichsregiment abgeordnet. Vgl. ABRAY, PEOPLE'S REFORMATION, S. 237; BCor I, Nr. 83, S. 289, Anm. 5; BRADY, STRASBOURG, S. 239–250, 314, 334f., 353, 374–390; LIENHARD/WILLER, STRASSBURG, S. 36, 175, 206, 252f.; MIEG, HISTOIRE, S. 17–19; ZWINGLI Bw. IV, Nr. 955, S. 394, Anm. 11.

270   [1530]¹ Januar 12. Straßburg. — Bucer an Huldrych Zwingli

Bucer rend grâces à Dieu pour l'entrée de Strasbourg dans l'alliance mili-
*taire avec les villes suisses (*Burgrecht*). Puisse Philippe de Hesse, qui selon*
Funck a rejeté l'alliance avec les Luthériens, se joindre à Zurich, à Bâle et
à Strasbourg, si Berne temporisait ! Bucer envoie à Zwingli les articles de
Schwabach, à ne divulguer qu'à des amis sûrs ; ceux d'Ulm les ont rejetés,
préférant se joindre à Strasbourg.

Aufnahme Straßburgs in das Christliche Burgrecht. Ulrich Funck berichtet
über die entschlossene Haltung Philipps von Hessen gegen die Glaubens-
lehre und die Bündnispläne der Lutherischen. Auch Ulm lehnt beides ab und
kündigt gemeinsames Vorgehen zusammen mit Straßburg an.

Salue, obseruande Zvingli!
    Gratia Christo, qui diu optatam et in primis salutarem ciuitatem² tandem
confecit. Hessus³ sit tibi commendatus, vti esse non dubito, et praestabit
illum iungi tribus nobis Tiguro, Bas[ileae] et Arg[entinae], si forsan conta-
retur vrsus⁴. Narrabit Funckius⁵, quam fortiter reiecerit fidem et foedus   5
Lutheranum⁶,ᵃ cuiusᵇ articulos tibi mitto⁷, sed ea lege, vt ne verbulo uspiam
illorum memineris in publico; ea enim fide Sturm[us]⁸ communicauit, et pos-
tularunt id principes Lutherani. Tu vide, quid homo miser moliatur, et da eo
diligentiorem operam, vt facis, quo adimatur plenius illi monstro pectus tam

---

ᵃ *gestrichen* q. – ᵇ *gestrichen* fu.

¹   Die Jahreszahl 1530 ergibt sich aus dem Abschluß der Burgrechtsverhandlungen mit
Straßburg am 5. Januar 1530 (vgl. Anm. 2).
²   Bezug auf den erfolgreichen Abschluß der Verhandlungen über die Aufnahme Straßburgs in das Burgrecht am 5. Januar 1530. Vgl. ADAM, STRASSBURG, S. 166f.; BCOR II, Nr. 143;
BCOR III, Nr. 164, 198, 230, 235, 247, 257, 262, 264; ESCHER, GLAUBENSPARTEIEN, S. 140–142.
³   Landgraf Philipp von Hessen nahm lange Zeit eine unentschlossene Haltung zwischen
der lutherischen und der oberdeutschen/schweizerischen Bündnispolitik ein, trat aber schließlich doch dem Schmalkaldischen Bund bei, obwohl er auf der Tagung von Schmalkalden im
Dezember 1529 die Lutherischen noch heftig kritisiert hatte. Vgl. FABIAN, ENTSTEHUNG;
GRUNDMANN, PHILIPP VON HESSEN, insbes. S. 9–58; HEINEMEYER, PHILIPP VON HESSEN,
S. 72–81; LOCHER, REFORMATION, S. 503, 507; MAURER, THEOLOGIE, S. 292–318; PRESS,
PHILIPP VON HESSEN, S. 60–77; WULCZYN, RELATIONSHIP, S. 451–459.
⁴   Bucer spielt hier wohl auf Bern an.
⁵   Vgl. oben Nr. 269, S. 2, Anm. 8.
⁶   Bezug auf den Schmalkaldischen Bund. Vgl. FABIAN, ENTSTEHUNG; FABIAN, SCHMAL-
KALDISCHE BUNDESABSCHIEDE.
⁷   Gemeint sind die ‚Schwabacher Artikel' vom Herbst 1529, die im Mai 1530 unter dem
Titel *Die bekentnus Martini Luthers auff den jezigen angestelten Reichstag zu Augspurgk eyn-*
zulegen gedruckt erschienen. Vgl. BSLK, S. XVI, 52–135; WA 30/III, S. 172; ZEEDEN, SCHWA-
BACHER ARTIKEL, Sp. 527f.
⁸   Jakob Sturm [von Sturmeck]. Vgl. oben Nr. 269, S. 2, Anm. 9.

pium, princeps Hess[us]. Ulmen[ses]^c idem fortiss[ime] reiecerunt et testati sunt, si per religionem liceret ab homine compositis articulis fidem habere, se papam citius passuros fidei suae articulatorem quam Luth[erum], ᶜcum per hoc possent gratia frui Caesaris nec opus haberent ullis foederibus[9].ᶜ Se
5   velle puro verbo dei addici, et si quid inter huius praecones variet, dare operam, ut christiana charitate et modestia alij alios doceant, et^d in eo iudicem illum agnoscere, ad quem Lutherus provocarit, cum illi res erat cum papa. Illum^e non debere^f plus exigere ab aliis, quam ipse praestare dignum duxit.
10   Vale, et haec fidis duntaxat amicis communicato. Et cogita,^{g} si^h quo pacto et illi^i nobis iungi possint. Arg[entorati] 12 Ianuarij.

Bu[cerus] tuus

Adresse [fº 309 vº]: Huld[richo] Zvinglio, Tigurinorum pastori vigilan-tiss[imo], obseruando praeceptori.

Oa Zürich SA, E II 339, fº 309 rº/vº. — C Zürich ZB, S 25,12. — P Schuler/Schultheß, Zw. W. VIII, S. 393; Zwingli Bw. IV, Nr. 956, S. 395f.

ᶜ *gestrichen* qui. – ^{d} *gestrichen* no[n]. – ^{e} *zuerst* Hunc. – ^{f} *gestrichen* plus. – ^{g} *gestrichen* et. – ^{h} *zuerst* sit. – ^{i} *gestrichen* A.

[9]   Bernhard [Bernardus] Besserer, Gesandter Ulms, und Jakob Sturm, Gesandter Straß-burgs, erklärten auf der Schmalkaldener Versammlung, ihre Herren hätten die ‚Schwabacher Artikel' „weitleufftig und disputirlich" gefunden, und kündigten ein gemeinsames Vorgehen von Ulm und Straßburg in dieser Angelegenheit an. Vgl. ZWINGLI Bw. IV, Nr. 956, S. 396, Anm. 4.

271   [1530][1] Januar 12. Straßburg. — Bucer an Joachim Vadian[2]

Bucer rend grâces à Dieu pour le Burgrecht. *Œcolampade lui a adressé l'ancien anabaptiste Guldi, que Capiton et lui recommandent à leur tour à Vadian : Guldi reconnaît avoir péché gravement, mais par ignorance ; il se rendra tout d'abord à Zurich, pour qu'y soit examinée sa foi. Salutations de Capiton et de Bedrot ; saluer en retour Christoph Schappler. On mendie au nom du Turc ; le pape a donné à l'Empereur tous les objets précieux des églises, ainsi que les revenus ecclésiastiques d'une année, d'où les impréca-tions des prêtres ; quant à nous, nous adorons le Christ, roi qui ne reçoit rien des siens et qui leur donne la vie éternelle ! Les Strasbourgeois recom-mandent leur église aux prières de Vadian et des siens.*

Aufnahme Straßburgs in das Christliche Burgrecht. Oekolampad hat Niko-
laus Guldi Bucer empfohlen. Bucer kann Guldi wegen der Situation in Straß-
burg nicht aufnehmen und empfiehlt ihn Vadian. Grüße von Wolfgang
Capito und Jakob Bedrot; Grüße an Christoph Schappler. Unter dem Vor-
wand der Türkengefahr hat der Papst dem Kaiser die Wertgegenstände aller
Kirchen und die Einkünfte aller Pfründner eines ganzen Jahres geschenkt;
Verwünschungen der Priester gegen Kaiser und Papst.

Salue in Domino, vir vndecumque doctissime ac pientissime!

Gratia Domino, tandem et nobis vestra contigit sancta ciuitas[3]. Nam dum
ea nos donarunt <u>Tigurini</u>, <u>Bernates</u> et <u>Basilienses</u>, et vestri ciues nobis iure
videmur. Faxit Pater[a] ↓coelestis↓, vt ea cottidie noua incrementa accipiat in
gloriam Christi et multorum salutem.   5

Venit his diebus ad nos, optime vir, Nicolaus Guldin[4], antehac cata-
baptista, nunc verus discipulus Christi; quod de eo possum affirmare multo
securius, quam de vllo, qui mihi quidem obuenerit ex isto hominum genere.
Commendauerat[5] eum nobis Oecolampadius[6]; sed tantus modo hic est pau-

---

[a] *anstatt* Dominus.

[1] Die Jahreszahl 1530 ergibt sich aufgrund der Zusammenhänge mit dem Abschluß der
Straßburger Burgrechtsverhandlungen (vgl. Anm. 3), mit Nikolaus Guldi (vgl. Anm. 4) und der
päpstlichen Schenkungen an den Kaiser (vgl. Anm. 12).

[2] Joachim von Watt [Vadianus] (St. Gallen 1483 – 1551 St. Gallen). Ab 1501 Studium in
Wien, später Professor für Medizin und Rektor der Universität Wien, 1518 Rückkehr nach St.
Gallen, 1520 Mitglied des Großen Rats, 1523 Vorsitz bei der Züricher Disputation, Ende 1525
Wahl zum Bürgermeister, 1528 Vorsitz bei der Berner Disputation, bei der er Bucer kennen-
lernte. Freundschaft mit Zwingli, Zwick, Bullinger, Capito und Bucer. Unter Vadians Aufsicht
wurden am 23. Februar 1529 die Bilder aus den St. Gallener Kirchen entfernt und verbrannt, auf
den Verhandlungen nach dem ersten Kappeler Landfrieden im Herbst 1529 vertrat Vadian die
Interessen St. Gallens gegen Abt und Kloster. Vgl. ADB 41, S. 239–244; ARBENZ, VADIAN,
S. 3–18; BAKER, VADIAN, S. 211f.; BONORAND, VADIAN-FORSCHUNG, S. 586–606; BONORAND,
VADIANS WEG, insbes. S. 9–75; GOETZINGER, VADIAN, insbes. S. 18–30; NINCK, ARZT UND
REFORMATOR, S. 120–130, 158–191; PRESSEL, VADIAN, insbes. S. 24–80; WENNEKER, VADIAN,
Sp. 1003–1013.

[3] Gemeint ist die Aufnahme Straßburgs in das Christliche Burgrecht am 5. Januar 1530.
Vgl. oben Nr. 270, S. 3, Anm. 2.

[4] Nikolaus [Niklaus] Guldi aus St. Gallen. Vgl. oben Nr. 269, S. 1, Anm. 2.

[5] Dieses Empfehlungsschreiben Oekolampads an Bucer ist verloren. Vgl. ebd., S. 1,
Anm. 5.

[6] Johannes Oekolampad [Hensgen, Hüsgen] (Weinsberg 1482 – 23. [24.] November 1531
Basel). Studium in Heidelberg und Tübingen, Predigtamt in Weinsberg, ab 1515 in Basel und
ab 1518 in Augsburg. 1520 Eintritt in das Brigittenkloster Altomünster, 1522 nach Parteinahme
für Luther Austritt aus dem Kloster, Zuflucht in Basel, 1523 biblische Professur, Kan-
zelvertretungen an der Martinskirche. 1528 Eheschließung mit Wibrandis Rosenblatt, späterer
Ehefrau Bucers. Die gemeinsame Tochter Aletheia (* 1531) heiratet 1548 Bucers Famulus
Christoph Söll. Im Mai 1529 wurde Oekolampad nach Einführung der Reformation in Basel
Erster Pfarrer von Stadt und Landschaft Basel am Baseler Münster. Auf der Frühjahrssynode
1530 erweist er sich als Befürworter des Kirchenbannes. Vgl. GÄBLER, OEKOLAMPAD, S. 29–36;

perum et peregrinorum numerus, ut illi locus hic commodus esse, praesertim
in hac annonae caritate, qua laboramus, non potuerit[7]. In patria facilius se
aleret. Oro itaque te, orat item[b] Capito[8], digneris adesse homini, quo tandem
eum sua patria recipiat. Agnoscit se in illam peccasse grauiter, sed igno-
5   ranter. Quare merito veniam et orat et sperat a filijs quidem Dei. Consilio
amicorum orabit primum a Tigurinis recipi; quibus cum suam fidem approbarit, spes illi est, [↓et a↓] vobis facile eum posse[c] reditum in patriam sibi impetrari, praesertim te ipsi[d] patrocinante. Quod vt diligenter facias, te iterum
atque iterum per Dominum obsecramus.
10   Salutant te Capito et Bedrotus[9]; saluta nostro nomine Dominicum Schapp-
lerum[10] ac fratres reliquos. Noua hic nulla, quam quod Turci nomine fortiter mendicatur[11]. Donauit Pon[tifex] Caesari vniversa quorumlibet templo-

---

    [b] O idem. – [c] gestrichen illi. – [d] anstatt misero.

GÄBLER, REFORMATION, S. 14–17; GAUSS, BASILEA, S.117f.; GUGGISBERG, BASEL, S. 13, 22–24,
31–38; GUGGISBERG, OEKOLAMPAD, S. 117–128; HAMMER, OEKOLAMPAD, S. 157–170; LOCHER,
REFORMATION, S. 300–305; STAEHELIN, OEKOLAMPAD-BIBLIOGRAPHIE; WALTON, OECOLAMPA-
DIUS, S. 169–171; ZIMMERLI-WITSCHI, FRAUEN, S. 111–123.
    [7]   Die seit Sommer 1529 in Zürich herrschende Getreideknappheit (vgl. unten Nr. 292,
S. 91, Anm. 11; Nr. 334, S. 255, Anm. 22) wirkte sich in zunehmendem Maße auch auf die
Lebensmittelpreise in Straßburg aus.
    [8]   Wolfgang [Fabricius] Capito [Köpfel] (Hagenau 1478 – 4. November 1540 [1541?]
Straßburg). Nach Studien in Ingolstadt und Freiburg i. Br. wurde Capito 1512 Stiftsprediger in
Bruchsal, promovierte 1515 in Freiburg zum Doktor der Theologie und wechselte im Anschluß
daran als Münsterprediger nach Basel. Spätestens ab 1516 war Capito außerdem Professor für
Theologie in Basel, 1517 Rektor der Universität, 1518–1519 Dekan der Theologischen Fakultät.
Durch Erzbischof Albrecht wurde er im Februar 1520 als Prediger an den Mainzer Dom beru-
fen. 1523 wechselte er an das Straßburger Thomasstift. Sein freundliches Auftreten gegenüber
den Täufern zwischen 1526 und 1532 führte zu Auseinandersetzungen mit Bucer. Capito nahm
u. a. Hetzer, Cellarius, Servet und Schwenckfeld in Zeiten der Verfolgung bei sich auf; die
Bekehrung der Täufer war ihm wichtiger als ihre Bekämpfung. Vgl. ADAM, STRASSBURG,
S. 41–47; BAUM, CAPITO UND BUTZER, S. 3–86, 206–450, 466–530; KITTELSON, WOLFGANG
CAPITO, S. 259f.; KITTELSON, CAPITO, insbes. S. 171–237, 246–254 (Bibliographie); LIENHARD,
CAPITO; LOOSS, BUTZER UND CAPITO, S. 226–232; STIERLE, CAPITO, insbes. S. 11–62; STRASSER,
CAPITOS BEZIEHUNGEN, insbes. S. 45–89.
    [9]   Jacob[us] Bedrot[us] [Pludentinus] (Bludenz um 1500 – nach 1561). Professor für Alte
Sprachen in Straßburg, Freund und Übersetzer Bucers. Vgl. ADAM, STRASSBURG, S. 95; BCor II,
Nr. 140, S. 179f., Anm. 42; BORNERT, RÉFORME, S. 103; KNOD, STIFTSHERREN, S. 26; POLLET,
BUCER II, S. 373.
    [10]   Christoph Schapp[e]ler [Sertorius] (St. Gallen um 1472 – 25. August 1551 St. Gallen).
Ab 1513 Hauptprediger an der Martinskirche in Memmingen, Freundschaft mit Zwingli, schloß
sich 1520 der Reformation an, 1524 erstes Abendmahl in beiderlei Gestalt in Memmingen. 1525
mußte er wegen der Haltung Memmingens im Bauernkrieg vor der Bedrohung durch den
Schwäbischen Bund nach St. Gallen fliehen. Nach Fürsprache Vadians wurde er Prediger am
Katharinenkloster, später am Dom und an St. Mang. Vgl. ADB 30, S. 576–581; BONORAND,
VADIANS WEG, S. 59; DOBEL, SCHAPPELER; LAUBE, SCHAPPELER, S. 1; ROHLING, MEMMINGEN,
S. 74–156.
    [11]   Vgl. BARISKA, TÜRKENKRIEG S. 97–112; LAMPARTER, LUTHERS STELLUNG, insbes.
S. 68–121; SCHULZE, REICH, S. 21–66; TÖLGYES, UNGARN, S. 32–35.

rum vasa aurea et argent[e]a ac quicquid preciosum habent, praeterea
prouentus vnius anni <omnium ecclesiasticorum< [12]. Hinc sacrificuli dira iam
et pon[tifici] et Caesari, cuius adventum tam ardentibus votis optabant,
imprecantur. Quanto feliciores nos, quibus datum adorare Christum regem,
qui nihil a suis accipit et donat vitam aeternam! In hoc vale cum tota vestra   5
ecclesia et patere nostram commendationem huic exsuli prodesse. Argen-
t[orati] 12 Ianuarij.

Fratres commendent vestri[e] et ecclesiam nostram seruatori suis precibus.
M[artinus] Bucęrus, tuus quantus est

Adresse [auf der Rückseite]: Clariss[imo] viro d[omino] Ioachimo Vadiano,   10
medico doctiss[imo] [...] senatori integerri[mo], praecipuo vrbis San[cto]
Gallensis ornamento, domino suo colendiss[imo].

*Oa St. Gallen StB, Vad. Br. slg. XI 128. — C Zürich ZB, S 25,10; TB III,
S. 181. — P Vadian Bw. IV, Nr. 591, S. 200f.*

---

[e] *O nostri.*

[12]   Vermutlich anläßlich der Friedensverhandlungen am 6. Januar 1530 in Bologna. Vgl.
DI MEGLIO, CARLO V, S. 124f.

272   1530 Januar 23. Konstanz. — Johannes Zwick[1] an Bucer

*Zwick recommande à Bucer le porteur, venu à Strasbourg apprendre le
métier de tanneur. La "Chronica der altenn Christlichen Kirchen..." de
Hédion, en voie d'achèvement ; en vue de chroniques ultérieures, Hédion lui
a demandé du matériel, mais Zwick ne peut lui proposer que les actes du
Concile de Constance : un autre document relatif à l'histoire des conciles
pourrait l'intéresser, mais Zwick n'a pas pu l'arracher à son propriétaire.
Zwick demande à Bucer de prier pour son église et de saluer Capiton.*

---

[1]   Johannes Zwick (Konstanz um 1496 – 23. Oktober 1542 Bischofszell). Ab 1509 Studium der Rechte in 1509–1518 in Freiburg, 1518–1520 in Bologna, 1520 Promotion zum Dr.
beider Rechte in Siena, ab 1521 bis 1522 in Basel, hier Hinwendung zur Theologie, 1522 bis
1525 Pfarrer in Riedlingen, Briefwechsel mit Zwingli, ab 1526 Predigtamt in Konstanz. Vgl.
BCor III, Nr. 177, S. 107, Anm. 8; MOELLER, ZWICK, insbes. S. 12–141; TSCHACKERT, ZWICK,
S. 533; WEISS, ZWICK, S. 317f.

*Zwick empfiehlt Bucer einen jungen Verwandten, der in Straßburg das Ger-
berhandwerk erlernen soll. Hedios „Chronica der altenn Christlichen Kir-
chen ...“ steht vor der Vollendung. Für weitere Chroniken sucht Hedio
Material aus Konstanz. Zwick kann ihm nur bekannte Akten des Konstanzer
Konzils bieten. Er bittet Bucer, für die Konstanzer Kirche zu beten. Grüße an
Capito.*

Salus et pax a Domino!

Hic est[2], charissime Bucere, quo de scripseram ad te ante triennium[3].
Biennio ęgit apud Zuinglium[4]. Tertio anno maluit esse liber ex meo incommodo, meisque scilicet impensis, quam seruus incommodo suo. Cum uero
5 mihi perquam difficile sit, imo etiamsi uelim non possim, illum tanta libera-
litate alere, hinc statui illum mancipare cerdonicae, conditionibus tamen non
omnino intollerabilibus, qua de re ipse scit quid uelim et sentiam. Tu, si quid
potes eius rei gratia, obsecro ne desis idque meo[a] periculo modo, ut ille
iniquas conditiones semper fugit, ita te[b] non iisdem grauet.
10 Hedionis[5] operam commendamus, quam elapso anno in uertendis quibusdam hystoriis[c] impendit[6]. Vtinam omnes tam sint r[ei] p[ublicae] christianę solliciti. Scripsit autem ad me[7] quid futuro anno uelit uertere pro germania nostra, optatque, si qua fieri possit, opera nostra iuuari. Et certe quamquam non illibenter desyderio suo adfuissem, nihil tamen habere potui neque
15 dignum neque nouum, quod scilicet alioqui non passim habeatur. Perquisiui
bibliothecas nostras omnes. Sed nihil habent omnino, exceptis actis concilij
nostri Constantiensis[8], in quibus tamen nihil inuenias, quam multas papisti-

---

[a] *gestrichen* o. – [b] *O* me. – [c] *O* Hystoriis.

2 Vermutlich handelt es sich um jenen Hieronymus, über dessen Ergehen Bucer am 4.
März 1530 an Ambrosius Blaurer schreibt (vgl. unten Nr. 275, S. 24, Z. 24 – S. 25, Z. 2), den
„hoffnungsvollen Pflegesohn“ der Familie Zwick, wie Jakob Bedrot an Ostern 1530 an Ambrosius Blaurer schreibt (vgl. BLAURER Bw. I, Nr. 163, S. 210).
3 Dieser Brief Zwicks an Bucer ist verloren.
4 Ambrosius Blaurer trägt am 4. November 1526 Zwingli Grüße an den „adulescentem
Hieronymum“ auf. Vgl. oben Anm. 2; BLAURER Bw. I, Nr. 110, S. 140, Z. 21; Nr. 163, S. 210,
Z. 11f.
5 Kaspar Hedio [Heyd, Bock, Böckel] (Ettlingen 1494 – 17. Oktober 1552 Straßburg).
Nach Studium in Freiburg und Basel zunächst Kaplan in Basel, 1522–23 in Mainz. Ab November 1523 Predigerstelle am Straßburger Münster, enge Zusammenarbeit mit Bucer, Capito und
Zell. Vgl. ADAM, STRASSBURG, S. 54 f.; BODENMANN, HEDIO, S. 215f.; KEUTE, HEDIO, S. 16–19,
145–183; ZWINGLI-GEDÄCHTNIS, S. 282f.
6 *Chronica der altenn Christlichen kirchen ausz Eusebio, Ruffino, Sozomeno, Theodoreto,
Tertulliano, Justino, Cypriano, und Plinio, durch D. Caspar Hedio verteutscht*, Straßburg 1530.
Im Januar 1530 lagen vermutlich Teil II mit der *Historia Ecclesiastica Tripartita Sozomeni,
Theodoreti und Socratis* und Teil III mit verschiedenen Schriften von Tertullian, Justin, Cyprian, Plinius und Kaiser Trajan vor. Vgl. VD 16, Nr. H 925, H 926; KEUTE, HEDIO, S. 25–28,
391.
7 Dieser Brief Hedios an Zwick ist verloren. Vgl. MOELLER, ZWICK, S. 249.
8 *Acta concilii Constanciensis*. Vgl. FINKE, ACTA I–IV.

cas sordes et nugas. Habetur autem et alius codex de quibusdam concilij hystoriis[9], qui forte aliquid ad rem faceret, sed dominum habet[10], qui dare noluit
neque ego extorquere potui. Quodsi uero Hedioni non satisfacerent, que
alioqui de concilio nostro vulgo et passim habentur, posset magistratus
noster literis rogari, uti officium faceret erga plusquam inexorabilem   5
hominem. Ego nihil non tentaui, sed frustra omnia. Hec ad Hedionem pertinent.

Commendo te Domino. Et orate pro ecclesia nostra. Constantiae 23
Ianuarij 1530.

Capitonem[11] dominum et preceptorem[12] meum saluum volo.   10

T[uus] Johannes Zuick

Adresse [f° 69 v°]: Docto et pio uiro, Martino Bucero charissimo suo in
Domino fratri Argentorati.

Oa Zürich SA, E II 358, f° 69 r°/v°. — C Zürich ZB, S 25,29.

---

[9]   Vgl. FINKE, FORSCHUNGEN, insbes. S. 38–51, 69–81; FRANZEN, CONCILIUM, insbes.
S. 241–333; FRENKEN, ERFORSCHUNG, insbes. S. 119–357; GILL, KONSTANZ, S. 49–142;
MIETHKE/WEINRICH, QUELLEN I, S. 296–545.

[10]   Der Name des „dominus" ist nicht gesichert. Möglicherweise handelt es sich um Ulrich
[Ulricus] von R[e]ichental, der 1536 eine Aktensammlung zum Konstanzer Konzil, *Das Conci-
lium so zu Constantz gehalten ist worden, des jars do man zalt von der Geburdt unsers Erlósers
MCCCCXIII Jar*, drucken läßt. Vgl. VD 16, Nr. R 2202; FINKE, ACTA I, S. 173, Anm. 1; S. 176,
Anm. 1; ACTA II, S. 1; MARMOR, VON RICHENTAL, S. 135–144.

[11]   Wolfgang Capito [Köpfel]. Vgl. oben Nr. 271, S. 6, Anm. 8.

[12]   Capito hatte die Universität Basel im Februar 1520 verlassen, Zwick traf erst im Juni
1521 in Basel ein. Die Formulierung „praeceptor" bezieht sich wohl auf mehrere Begegnungen
Zwicks mit Capito 1524 in Straßburg und einen sich daraus ergebenden Briefwechsel. Vgl.
MOELLER, ZWICK, S. 61, 63–66; STIERLE, CAPITO, S. 188–192.

---

273   [1530][1] Januar 26. Straßburg. — [Bucer][2] an Ambrosius Blaurer[3]

*Réflexions rétrospectives sur le colloque de Marbourg et sur la nécessaire
abnégation de ceux qui suivent le Christ. Les Luthériens veulent nous divi-*

---

[1]   Das Jahr 1530 ergibt sich aus der Erwähnung des Marburger Religionsgesprächs, das
bereits stattgefunden hat (vgl. Anm. 4), aus dem bereits eingeführten Pseudonym Bucers (vgl.
Anm. 14) und aus Erasmus von Rotterdams datierter *Epistola contra pseudevangelicos [...]*
(vgl. Anm. 15).

[2]   Der Brief ist nicht unterzeichnet. Aufgrund der Handschrift und des Briefinhaltes kommt
aber nur Bucer als Verfasser in Betracht.

[3]   Ambrosius Blaurer [Blarer, Blorer] (Konstanz 4. April 1492 – 6. Dezember 1564 Win-
terthur). Ab 1505 Studium in Tübingen, 1510 Profeß im Benediktinerkloster Alpirsbach, kam

ser, au plan non seulement théologique, mais aussi politique ; Bucer espère
qu'ils ne veulent pas rentrer en grâce auprès des papistes, à l'image de Billi-
can. Il rappelle le zèle des leurs, de Zwingli et d'Œcolampade pour la
concorde ; ils ont affirmé que le Christ était vraiment (vere) présent et
mangé dans la Cène, mais ont refusé le corporaliter *qu'exigeaient les Luthé-*
riens. Réflexions sur Luther et sur ceux qui, sans amour, condamnent ceux
qu'ils estiment défendre une autre opinion ; les conséquences néfastes de la
division ; l'Évangile commence à lasser ; sans amour, nous ne sommes rien.
Pour l'heure, il faut se contenter de l'accord sur le fait que la vie en Dieu
nous a été révélée et procurée par Jésus-Christ. Bucer réconforte Blaurer de
ce que tous n'ont pas apprécié à sa juste valeur son zèle pour la concorde.
Il remercie son correspondant de son jugement sur son Commentaire sur les
Psaumes *; afin de le diffuser plus largement, il l'a publié sous un pseudo-*
nyme, ce qu'Érasme a qualifié de crime. Que Blaurer lui dise pourquoi
Constance ne veut pas entrer dans le Burgrecht. *Bucer ne sait rien au sujet*
l'anabaptiste Guillaume. Il exprime le souhait de rendre visite à Blaurer.
Salutations à Thomas Blaurer, à Zwick et aux autres. Bucer revient sur ce
qu'il a écrit au sujet de Luther : il n'a pas perdu courage à son sujet ; Luther
et Mélanchthon sont des fils de Dieu, mais ils sont captifs d'une grave ten-
tation. Bucer adresse à Blaurer l'"Epistola apologetica" d'Erasme, à
laquelle il répondra. La présente lettre a été écrite par Bédrot, dont l'écri-
ture est plus lisible que la sienne. Bucer a écrit à Thomas Blaurer. Prier
Dieu de donner à Mélanchthon de meilleures dispositions.

Rückblick auf das Marburger Religionsgespräch. Zwingli und Oekolampad
seien in jeder Hinsicht, besonders in der Abendmahlsfrage, kompromiß-
bereit gewesen, Luther habe Zwingli heftig verspottet. Die Regeln des gesit-
teten Umgangs seien oft verletzt worden, dabei sei doch eine Ablehnung
gegnerischer Positionen meist nur in Unkenntnis, nicht in bösem Willen
begründet, außerdem gelinge ohne Liebe nichts. Der Konsens, daß das
Leben des Menschen Gott gehört und ihm durch Christus erworben ist, muß
zunächst ausreichen. Die Veröffentlichung von Bucers Psalmenkommentar
unter einem Pseudonym wurde von Erasmus als Verbrechen bezeichnet.

---

durch seinen Bruder Thomas mit den Schriften Luthers in Kontakt, verließ 1522 nach Konflik-
ten mit dem Abt das Kloster, kehrte nach Konstanz zurück und begann 1525, auf Ersuchen des
Rates, an St. Stephan öffentlich zu predigen, förderte das Christliche Burgrecht zwischen Kon-
stanz und Zürich 1527. Seit 1523 Kontakt zu Oekolampad; seit 1528 enge Verbindung mit
Bucer, beide vertraten gemeinsame kirchenpolitische Positionen; im Abendmahlsstreit kann
Blaurer Bucers Standpunkt nicht immer teilen, hierüber wird es später zum Zerwürfnis
kommen. Vgl. BCor III, Nr. 177, S. 107, Anm. 1; FEGER, BLARER, S. 287f.; KOHLS, BLARER UND
BUCER, S. 172–192; LESLIE, BLARER, S. 175f.; MOELLER, ABENDMAHLSTHEOLOGIE, S. 103–120;
MOELLER, AMBROSIUS BLARER, S. 11–38; MOELLER, BLARER, S. 711–715; PRESSEL, BLAURER,
insbes. S. 38–121; RUBLACK, EINFÜHRUNG, insbes. S. 16–19, 65–95; BLAURER Bw. I, insbes.
S. VI–XLVIII, 145f., 165–167, 193, 196–199.

*Bucer entschuldigt mangelnde Sorgfalt mit Zeitdruck. Frage, warum die
Konstanzer mit den Straßburgern kein Bündnis eingehen wollen. Grüße an
Thomas Blaurer, Johannes Zwick und die übrigen Brüder. Bucer wünscht
sich — trotz aller Meinungsverschiedenheiten — einen brüderlichen Um-
gang mit Luther und Melanchthon. Jakob Bedrots Kritik am Verhalten
Melanchthons in Speyer und Marburg.*

Salue in Domino, frater multum obseruande et longe charissime!
    Cum nihil oporteat a christiano aeque alienum esse atque suo sensu niten-
tem suisque affectibus indulgentem a concordia cum hijs, qui Deum querunt,
abhorrere, aliud multo quam tu de illo nostro congressu[4] augurabar. Primum
si quidem omnium necesse est eos, qui sectari Christum in animum inducunt,   5
abnegare semetipsos et ante omnia huc perpetuo eniti, vt, sibi plane mortui,
fratribus fiant omnia [*vgl. I Kor 9, 22*], et quidem insipientibus tanto studiosius, quanto hij majore humanitatis et submissionis cura egent, huc vniuersa
vulgi quoque christiani cura conferri debet: De magistris hujus, et tam
eximijs, quid, quaeso, non iure polliceri mihi debuj? Sed, o diram tentatio-   10
nem! Ex primis[5] video nouissimos factos [*vgl. Mt 19, 30*], quod[a] ferendum
vtcumque erat, si ipsorum tantum peccato hęc calamitas finiretur. Sed iam eo
res venit, vt nihil omittant illi, quod ad diuellendum nos faciat, non solum
verbi ministros, sed totas regiones et quidem amplissimas, principes et
respublicas latissime imperitantes. Nec ad diuellendum nos tantum intentj   15
sunt, sed pro virili quoque dant operam, vt omnis et in posterum[b] in concordiam redeundi[c] adempta sit facultas. Atque vtinam hoc pacto non muniatur
ab istis via in gratiam redeundi cum papistis! Id quod palam modo moliri
coepit miser ille Billicanus[6].

---

[a] *O* quid. – [b] *gestrichen* rursus.– [c] *gestrichen* se.

  [4] Das Marburger Religionsgespräch vom 1. bis 4. Oktober 1529. Vgl. BAUM, CAPITO UND
BUTZER, S. 453–466; BCOR III, Nr. 241, S. 308 Anm. 6; Nr. 244, S. 313, Anm. 12; Nr. 249,
S. 321f.; Nr. 255, S. 330f.; Nr. 259, S. 336–339; Nr. 261, S. 341; FRIEDRICH, BUCER, S. 57–64,
KÖHLER, MARBURGER RELIGIONSGESPRÄCH, S. 92; LIENHARD/WILLER, STRASSBURG, S. 211;
STEITZ, MARBURGER RELIGIONSGESPRÄCH, S. 225–227.
  [5] Gemeint sind die Lutherischen.
  [6] Theobald Billican[us] [Gerlach, Gerlacher, Gernolt] (Billigheim b. Landau/Pfalz 1491 –
8. August 1554 Marburg). Er setzte sich in Weil der Stadt 1522 und Nördlingen 1524 für die
Einführung der Reformation ein und äußerte sich 1528 in einer Schrift für den Nördlinger
Pfarrer Johann Übel zur Abendmahlsproblematik. 1529 bemühte er sich in Heidelberg und Wittenberg vergeblich um die Promotion, ab Herbst 1529 bekannte er sich zum katholischen
Glauben. Wie auch aus dem vorliegenden Brief hervorgeht, erfährt Billicanus 1530 im reformatorischen Lager allgemeine Ablehnung. Seine Position auf dem Augsburger Reichstag bleibt
trotz einer von Kardinal Campeggio angeordneten Bekenntnisleistung dunkel. Vgl. BCOR I,
Nr. 8, S. 93, Anm. 1; BENRATH, BILLICANUS, S. 31–63; DOLP, REFORMATION, S. 35–37, 43, 47,
57, 186; NDB 2, S. 238; SIMON, HUMANISMUS, insbes. S. 136–149, 240–253 (Bibliographie);
VOGES, NÖRDLINGEN, S. 186, 207f.

Porro[7], vt veritati suum testimonium perhibeam, affirmo tibi, mi frater,
quod tu indubitatum credas: Nostri, Zwinglius et Oecolampadius nihil, quo
in concordiam reditus sperari potuit, praeterierunt. Obtulerunt se consensuros, vt in communj fateremur et praedicaremus credentibus in coena Chris-
5 tum vere praesentem haberi et manducari. Cumque hoc illi[8] reiecissent, exi-
gentes, vt faterentur etiam ore manducari haberique praesentem corporaliter,
orarunt, quum isthuc agnoscere verum non possent, vt nihilominus se fratres
agnoscerent, caetera omnia, quae quidem alicuius momenti sunt, vnanimi
spiritu et ore docentes. Et Zwinglio cum de his verba faceret, finito iam col-
10 loquio, in quo tamen illum Lutherus sępe parum theologice luserat, sicut et
in peroratione inimice taxarat, concordię desiderium lacrymas extudit, ita vt
sermo eius interciperetur[9]. Quod iam candidi isti in gloriam victorię sue
vbique spargunt. Haec ideo tibi scribo, quo tibi nostri minus displiceant,
quos tamen nequaquam nego homines esse, multaque et scribsisse et ges-
15 sisse, in quibus prudentiam Christi forsan quis desyderet non abs[d] re. Haec
enim circumspectissime cauet, ne quid non aedificet. Sed quis[e] omnino mortalium, qui hanc perfectam habeat?
    Expertus quoque sum in multis iam certe minime abijciendis fratribus,
dum nonnihil detritj sunt in aliquo dogmate, sic illud adamavere, sic putavere
20 veritatis[f] perspicuę, vt non queant non persępe dilectionis officia misere
praeterire erga eos qui[g] illis dissentiunt, aut non plane assentiunt. Hoc vero
morbo aeque vidi laborare multos, qui mea quidem sententia vera sectaban-
tur, atque qui falsa, et qui falsa aeque, atque qui vera, vt nullum inter eos discrimen possem agnoscere. Perpaucos equidem adhuc repperi, qui satis velint
25 perpendere, non nostrum esse veritatem nobis mutuo persuadere, et solitum
semper fuisse Patrem coelestem non pariter omnibus sua reuelare, quo
Christi exemplo quisquam insipientibus et rudibus sese accomodet [vgl.
I Kor 1, 18-25], tantoque id studiosius, quanto vera et coelesti sapientia fuerit
donatus campliore. Hinc vero fit, dum frater <quispiam< [h] non ilico nostra
30 probat, [S. 24] vt ↓id↓ [i] in quamlibet potius quam simplicis ignorantię causam
male amicis suspicionibus reijciamus. Inde mox sequitur dilectionis obfus-
catio, suppullulat simultas, excidunt voces offensi animi indices, hae deinde
ab imprudentioribus, sępe etiam adulantioribus sparguntur, et laeditur hoc
pacto non solum in quos illę primum effluxerunt, sed multi praeterea,
35 quorum pars offensa, quod tam homines sumus, fastidire incipit euangelion,

---

[d] *zuerst* absque. – [e] *von Hubert hinzugefügt:* <est<. – [f] *von Hubert hinzugefügt:* ↓esse↓. –
[g] *gestrichen* ab. – [h] *von Bucer eingefügt.* – [i] *von Bucer eingefügt.*

[7] *K. Hubert:* <In colloquio Marpurgensi quid concessum.<
[8] Die Lutherischen.
[9] *K. Hubert:* <Lachrimae Zuinglio excussę; quare.<

pars in factiones diuertit, quodque initio leuis scintilla erat, paruo tempore in
perniciosissimum euadit incendium[10].

Haec cum cottidie experientia nobis ponat ob oculos, decebat plane nos[j]
cordatiores esse et cautiores semperque cogitare: Sine dilectione et tali tan-
taque, qualem et quantam Paulus passim, praecipue autem 1 Cor. 13[, *1–8*]   5
descripsit, nihil sumus, hac sola legem implebimus [*vgl. Röm 13, 8*][11].
Necesse igitur erit[k] a Sathana in nostram perniciem excogitatum esse, quicquid per quemcumque acciderit, quod quouis modo ad id facere senserimus,
vt in obeundis charitatis officijs vel remissiores vel tepidiores euadamus,
eoque omni vi repellendum illud esse non secus atque toxicum, quo aeterna   10
vita, si recipiatur, in praesentissimum discrimen adducitur. Inde agnoscendum semel erat, quantum ad dogmata attinet, contentos nos esse oportere,
cum datum fuerit conuenire in primis confiterique nos in[l] comuni, vitam[m]
Dei apertam comparatamque esse nobis per seruatorem nostrum Jesum
Christum, vt quicumque Christi sunt,[n] eius acti spiritu illam meditentur cot-   15
tidie, hancque in his finiri, vt fiducia bonitatis in nos Dei securi de nobis, imo
perpetuum gaudium gaudentes, toti in eo simus, vt quam plurimos primum
hujus vitae, sine qua nihil vere bonum percipi potest, participes reddamus,
quoad id poterit nostrum esse, deinde et alios[o] quibusuis officiolis iuuemus.
Profecto enim Christi est et aeterna vita donatus, cuicumque tantum agnos-   20
cere, sentire et ex animo quaerere datum fuerit, quicquid praeterea errorum
et vitiorum ei adhaereat.[12] Plura sane si exegerimus, nihil aliud efficiemus,
quam quod modo experimur, vt dissidiorum ac inde grauissimorum offendiculorum[p] sint plena omnia. Quod tamen par ex omnibus sanctis et doctis pro-
feras, cui in omnibus dogmatis scripturaeque locis enarrandis conuenerit?   25

Sed de his satis ad te haec melius multo, quam ego possim, expensa
habentem. Neque suspiceris quod de hisce rebus ad te scribam, eo quod tibi
nonnihil metuam, ne non[q] prudenter satis concordiam et amicitiam colas,
etiam erga in hoc studio infirmiusculos. Scio enim te nihil prius, nihil aeque
sollicite operam dare iam annos aliquos. Sed vt te quasi de eo [*S. 25*] conso-   30
larer, quod plerique tecum paria facere negligunt, et amica hac <com-
mentatione< [r] tuum tibi hoc studium magis amoenum redderem, libuit tam
late grassans malum tecum deplorare. Fieri enim potest, vt tuus[s] candor[t]
tuumque concordię studium a quibusdam bonis et suspiciendis fratribus
forsan non plane adhuc agnoscatur. Possunt imprudentes et illic esse, qui   35

---

[j] *anstatt* caut[iores]. – [k] *gestrichen* vt. – [l] *gestrichen* comuni. – [m] *zuerst* viam. – [n] *gestrichen*
cuius enim. – [o] *zuerst* alijs. – [p] *zuerst* offensaculorum. – [q] *gestrichen* prudentem sa[tis]. –
[r] *Bucer anstatt* cunctatione. – [s] *O* tuum. – [t] *O* candorem.

10   *K. Hubert:* <Morbus multorum theologorum obseruandus.<
11   *K. Hubert:* <Dilectioni studendum cum primis theologo.<
12   *K. Hubert:* <Nota.<

quod extenuare debebant, exaggerent; inde cum et tu homo sis, potest certe
animus tuus nonnunquam aliquid turbari. Quod si^u etiam, quae tua sit constantia, non fiat et tibi nihil non solum monitionis, sed ne consolationis quidem opus fuerit, satis tamen noui,^{v} quanto es candore praeditus, boni hęc
5   omnia consules et alijs, quibus opus illis est, eadem, vt soles, diligenter
inculcabis, quo vel aliquantulum nos tandem ex dissensionum tumultibus,
saltem aliqui, recipiamus.

De psalmis nostris[13] nimis magnifice sentis. Duo in illis spectabam: Prius,
vt monerem mitiore ratione sacra^w tractanda, et non adeo delectari paradoxis,
10   quum sanus possit esse receptorum sensus; alterum, vt syncerius et certius,
omissis incertis adeo mysticationibus, sacram scripturam interpretaremur.
Quo latius posset distrahi, mutaui nomen[14]. Id nunc tanquam inexpiabile
scelus <detestatur< Erasmus in epistolis suis[15], quarum vnam ędidit mutato
tamen ejus nomine, ad quem illam scripsit[16]. Is pius Christi exul est,
15   Ge[r]ardo Nouiomago[17] nomen est, nunc Erasmo Vulturius vocatus. Deus
nouit me nihil quaesisse hic quam bonorum profectum, sed id non ea diligentia, qua oportebat. Distuleram enim opus eo vsque, vt vrgentibus prelis
praecipitanda omnia fuerint. Hinc fateor grauiter me et in tanti libri maiestatem et in fratrum studia peccasse, sed boni tecum qualemcumque in illo
20   conatum boni consulent. De aliis non est ratio, vt magnopere simus solliciti,
quum hi quaeque tanto damnent atrocius, quanto fuerint meliora.

Vnum adhuc superest, cujus velim rationem scribas. Vestri[18] tam in vita
Christi perfecti, qui senatum habent tam concordem quique sęuerissime
gloriam Christi vindicant, audent adeo pro loco contendere[19], vt potius <no-
25   biscum< inire ciuitatem obmittant, quam vt post nostros[20] sedere consentiant,
quibus tamen in imperii comitijs[21] longe posteriores sederunt. Non probo,
quod nostri vestris non cesserunt, quod tamen facturi indubie fuissent, si hinc
pendere causam cognouissent (nam non a nostris hęc habeo); sed si etiam id

---

^{u} *gestrichen* ut. – ^{v} *von Hubert eingefügt:* $^⌐$quod$^⌐$. – ^{w} *von Hubert eingefügt:* $^⌐$esse$^⌐$.

13   *K. Hubert:* <*De suo Psalterio Bucerus.*<
14   Aretius Felinus, Pseudonym Martin Bucers, unter dem er seinen Psalmenkommentar
veröffentlicht hatte. Zur Entstehung und Bedeutung vgl. BCOR III, Nr. 223, S. 262, Anm. 4;
FRIEDRICH, BUCER, Anhang S. 64, Anm. 26.
15   Erasmus von Rotterdam in seiner *Epistola contra pseudevangelicos [...]*, Januar 1530.
Vgl. ASD IX, 1, S. 298, Z. 411–419.
16   Vulturius Neocomus, auf Erasmus zurückgehendes Pseudonym für Gerhard [Gelden-
hauer] von Nijmegen. Vgl. ebd., S. 274.
17   *K. Hubert:* <*Vulturius id est Nouiomagus.*<
18   Gemeint sind die Konstanzer.
19   *K. Hubert:* <*Constantienses pro loco contendunt.*<
20   Gemeint sind die Straßburger.
21   Der Reichstag von Speyer 1529. Vgl. DRESCHER, PROTESTATION, S. 54–67; EGER,
REFORMATION, S. 57–141; NEY, APPELLATION, insbes. S. 1–26; NEY, GESCHICHTE, S. 255–267.

cognouissent et priores concedere vestris contati fuissent, plures certe hujus causas quam vestri habuissent. Oro, si possis, dum rursum apud vestros res hęc agetur, vt declarent se abnegasse omnia; idem nos [*S. 26*] agemus apud nostros. Quam enim praestaret plane vnam agnosci civitatem, quae tamen reuera vna est![22]

De Gulielmo illo anabaptista nihil scimus[23]. Multi hic sunt, sed de hoc nihil certi habemus. Vtinam Dominus mihi donet semel vos inuisere, cujus jam desyderium diu me distinet! Saluta quam officiosissime fratrem germanum tuum[24], Zwiccium[25], de quo eximia nobis omnes praedicant, ac alios omnes sodales et cooperarios vestros. Quae vero de Luthero scripsi[26], ne eo rapias, quod desponderim de eo animum, sed ne de Philippo[27] quidem, a quo tamen plus metuo ecclesijs; filios Dei esse credo, sed qui modo graui teneantur tentatione. Nam quid grauius possit vlli mortalium accidere quam sic oppugnari ecclesiae vnionem? <Mitto tibi elegantem Erasmi epistolam, cui forsan respondebitur< [28].

[29]Argentorati, postridie[x] conuersionis D[ivi] Pauli[30]. Scio me male pingere literas; dederam[y] ideo Bedroto nostro[31] describendam epistolam. Is

---

[x] *gestrichen* calen[das]. – [y] *zuerst* dedj.

22 Bucer bezieht sich hier auf die Verhandlungen über die Aufnahme Straßburgs in das Christliche Burgrecht (vgl. BCor III, Nr. 337, S. 299–301; Nr. 241, S. 307f.; Nr. 242, S. 309f.; Nr. 246, S. 316f.; Nr. 257, S. 332–335; Nr. 262, S. 342–345; Nr. 264, S. 348), die am 6. Januar 1530 vollzogen wurde. Einen Hinweis auf die hier angedeuteten Rangstreitigkeiten zwischen Konstanz und Straßburg gibt auch die Instruktion des Konstanzer Gesandten auf dem Tag der Burgrechtsstädte in Zürich am 10. Januar 1530 (vgl. EIDGENÖSSISCHE ABSCHIEDE IV (1b), S. 509f.).
23 Unbekannter Wiedertäufer, jedenfalls nicht Wolfgang Reublin.
24 Thomas Blaurer [Blarer] (nach 1492–1567). Bruder von Ambrosius und Margarethe Blaurer und Cousin von Johannes und Konrad Zwick. Vgl. BCor III, Nr. 177, S. 107, Anm. 1; Nr. 205, S. 203, Anm. 12.
25 Johannes Zwick. Vgl. oben Nr. 272, S. 7, Anm. 1.
26 K. Hubert: <De Luthero et Philippo animum non despondet.<
27 Philipp Melanchthon [Schwarzerd] (Bretten 16. Februar 1497 – 19. April 1560 Wittenberg). 1509 Immatrikulation an der Universität Heidelberg, 1512 Magister in Tübingen. 1518 vermittelte Reuchlin ihn als Gräzisten nach Wittenberg, ab 1519 hielt Melanchthon auch exegetische Vorlesungen. In Wittenberg begann eine lebenslange Freundschaft mit Luther, Melanchthon betreute den Druck der Schriften Luthers und wurde zu dessen Ratgeber, Begleiter, Stellvertreter und Sprecher. So wird er Luther im Sommer 1530 auch auf dem Augsburger Reichstag vertreten. Von seiner Überzeugung, mit Luther in den wesentlichen Glaubensaussagen übereinzustimmen, hat er stets sein Verhältnis zum christlichen Humanismus abhängig gemacht. Vgl. FRIEDRICH, BUCER, S. 69–77; MAURER, MELANCHTHON I, insbes. S. 14–83, 171–214; MELANCHTHON II, insbes. S. 9–229, 455–511; SCHEIBLE, MELANCHTHON, insbes. S. 57–85, 100–136; STUPPERICH, MELANCHTHON.
28 Bucers Antwortschrift auf Erasmus von Rotterdam: *Epistola apologetica ad syncerioris christianismi sectatores per Frisiam orientalem [...]*, Mitte April 1530. Vgl. VD 16, Nr. B 8881; BOL I, S. 59–225.
29 Hier beginnt Bucers eigenhändiger Nachtrag.
30 Der 26. Januar.
31 Jacob[us] Bedrot[us] [Pludentinus]. Vgl. oben Nr. 271, S. 6, Anm. 9.

putans me tibi autographum missurum, scripsit haec, vt vides, paulo certe me
melius; tamen meis puto fore legibiliora. Is impendio salutat te. Fratri tuo[32]
nuper scripsit[33]; tu efficies apud illum, vt ejus libertatem boni consulat. Indicauit enim mihi, se quaedam scripsisse de Philippo[34] liberius[35]. Dolet homini
5 uere christiano, quod ille tam fortiter ante in comitijs Spirae et postea Marpurgi concordiae nobiscum restituendę obstitit. Imperitj hominis sententia
est, nos armis ad officium compellendos. Dominus donet illi mentem meliorem. Iterum vale cum tuis omnibus.

   Adresse [S. 26]: Ambrosio Blaurero, ecclesiastae Constantiensi vigilantis-
10 simo, fratri colendo.

Oa (Bedrot mit persönlichem Nachtrag von Bucer) AST 151 (Ep. Buc. I),
Nr. 8, S. 23–26 (mit Siegelspur). — C Zürich ZB, S 25,31; TB III, S. 184–186.
— P / R Blaurer Bw. I, Nr. 158, S. 202–204.

---

32 Thomas Blaurer. Vgl. oben Anm. 24.
33 Dieser Brief Bedrots an Thomas Blaurer ist verloren.
34 Philipp Melanchthon. Vgl. oben Anm. 27.
35 *K. Hubert:* <De Philippo.<

274 1530 Februar 21. Heidelberg. — Martin Frecht[1] an Bucer

Frecht remercie Bucer pour ses informations sur Murner et pour lui avoir
recommandé Bedrot. Il recommande à Bucer le porteur, Valentin Gottfried.
Murner a quitté Heidelberg. Billican a sollicité auprès de l'Université de
Heidelberg son admission aux épreuves du doctorat, mais la confession de
foi écrite et orale qu'on avait exigée de lui au préalable était osbcure, "glis-
sante comme une anguille", et il y déclarait n'être ni luthérien, ni zwinglien
(il se sépare de Luther et de Zwingli sur la question de la Cène et du sacer-

---

1 Martin Frecht (Ulm 1494 – 14. [24.] September 1556 Tübingen). Ab 1514 Studium in
Heidelberg, hier freundschaftliche Begegnung mit Bucer, Brenz, Oekolampad, Simon Grynaeus
und — anläßlich der Heidelberger Disputation am 26. April 1518 — mit Luther. 1524–1527
Dekan der Theologischen Fakultät, 1530-1531 Rektor der Universität Heidelberg. Seit Januar
1529 versieht Frecht die Lektur der Heiligen Schrift, einer ordentlichen Professur steht ein Ruf
nach Ulm entgegen, dem er im Herbst 1531, nach Durchführung der Reformation in Ulm,
folgen wird. Von Ulm aus wird er auch Bucers Bemühen um einen Ausgleich in der Abendmahlsfrage unterstützen. Vgl. BCor III, Nr. 226, S. 270, Anm. 6; Deetjen, Frecht, S. 269–321;
Hayden-Roy, Frecht, S. 136f.; Stupperich, Frecht, S. 384f.

doce), ni papiste ; aussi a-t-on rejeté sa demande. Depuis, Billican s'est remarié avec une riche épouse de Nordlingen ; il refuse un débat théologique avec Frecht. Frecht se recommande à Capiton, à Bedrot et à Boniface Wolfhart. Salutations de Heinrich von Pflümmern, de Bartholomée Müller et de [Maurice Breunlin ?]. Frecht a écrit à Gryneus à Bâle.

Frecht dankt für Informationen über Murner und für die Empfehlung Bedrots als Gehilfen. Empfiehlt Valentin Gottfried an Bucer. Murner ist aus Heidelberg abgereist. Billican hat an die Universität Heidelberg einen Promotionsantrag gestellt; mußte schriftlich und mündlich ein Bekenntnis ablegen, in dem er vor allem in den Fragen zu Abendmahl und Priestertum von Luther und Zwingli abweicht; der Antrag wurde abgelehnt. Billican hat kurz danach eine reiche Frau aus Nördlingen geheiratet und lehnt ein theologisches Gespräch mit Frecht ab. Frecht empfiehlt sich Wolfgang Capito, Jakob Bedrot und Bonifatius Wolfhart. Grüße von Heinrich von Pflümmern und Bartholomäus Müller aus Biberach und von [Mauritius Breunlin?]. Frecht hat an Grynaeus in Basel geschrieben.

S[alve] in Domino, Bucere venerande!

Duplicem apud me gratiam proximis tuis ad me datis literis² inisti, et quod Murnarrum³ Apellis penicillo omnibus suis coloribus depinxeris⁴,

---

² Dieser Brief Bucers an Frecht ist verloren.

³ Thomas Murner (Oberehnheim 24. [?] Dezember 1475 – 1537 Oberehnheim). 1490 Eintritt in den Franziskanerorden, 1490–1501 Studium in Freiburg, Paris, Köln, Rostock, Prag und Krakau, 1494 Priesterweihe, Begegnung mit Johannes Geiler von Kaysersberg und Jakob Wimpfeling, die ihm die Devotio moderna vermitteln. Mit seinen erfolgreichen satirischen Schriften, auch gegen Klöster und Weltpriester, erregte er Beifall wie auch Anstoß. Obwohl Murner die kirchlichen Mißstände kannte und kritisierte, sah er die Reformation als Irrweg. Selbst Ziel lutherischer Flugschriften (*Murnarus Leviathan, Karsthans*) wandte Murner sich in immer härterer Polemik gegen Luther (*Defension und Protestation [...]* 1521, *Ein neues Lied von dem Untergang des christlichen Glaubens [...]* 1522, *Von dem großen Lutherischen Narren, wie ihn Doktor Murner beschworen hat [...]* 1522). 1523 stand Murner in Diensten Heinrichs VIII. von England, 1524 vertrat er den Bischof von Straßburg auf dem Nürnberger Reichstag, 1525-29 war er Prediger, Lehrer und Leutpriester in Luzern. 1529 flüchtete er unter den Schutz Pfalzgraf Ludwigs nach Heidelberg, wo er bis Februar 1530 blieb, 1532 kehrt er nach Oberehnheim zurück. Vgl. BERGER, FELDZÜGE, S. 5–145; DOLLINGER, VIE, S. 9–20; HEGER, MURNER, S. 3–14; LIENHARD, MURNER, S. 436–438; LIENHARD, PAMPHLETS, S. 97–107; LIENHARD, RÉFORMATION, S. 51–62; MISKULY, MURNER, insbes. S. 5–83; SMOLINSKY, MURNER, S. 35–49; UKENA, MURNER, S. 616–618.

⁴ Sprichwörtliche Umschreibung für die besonders feine, treffende Charakteristik einer Person. Apelles (Kolophon i. Ionien um 380 bis 370 v. Chr. – um 310 bis 300 ?). Berühmtester Tafelmaler der Antike. Studierte bei Ephoros von Ephesus und Pamphilos von Sikyon und arbeitete in Korinth, Athen und am makedonischen Königshof. Apelles' berühmtestes Werk war eine Aphrodite, dem Meer entsteigend, besonders geschätzt war er als Portraitmaler, vor allem Philipps II. und Alexanders des Großen. Seine Biographen (Plinius, Strabon, Lukian) sprechen stets von der besonderen Anmut und Leichtigkeit seiner Bilder. Vgl. BRUNN, GESCHICHTE II, S. 202f.; FRENSSEN, KÖNIGSSCEPTER, S. 140–151; GOMBRICH, HERITAGE, S. 3–18; LEPIK-KOPACZYNSKA, APELLES, insbes. S. 1f., 19–57; PAULY, REALENCYCLOPÄDIE 1, Sp. 2689–2692.

quodque in mei gratiam Pludentinum[5] hominem vt audio omnibus numeris absolutum amanuensem substitueris hacque ratione amicum mihi feceris. Quem eoque meo nomine in amicitiae officio retineas. Quod autem literis illis tuis eruditione et summa gratia foecundis vtcumque nunc satis quidem,
5 si dicere licet, steriliter respondeo, praesentium ˹labori et subitę˺ [a] hinc ad vos profectioni dabis. Is[6] cum non sit mediocriter in Hebraeis eruditus, miro adeoque flagrantissimo tenetur desiderio commentariorum legendorum percipiendorumque; ad eam rem putat sibi opus esse Bonifacij[7] opera. Habebis itaque commendatum hunc M[agistrum] Valentinum[8], vt soles habere com-
10 mendatos, quoscumque honesti studium et pietas commendat. De Murnarro autem quid? Nunc nuper is hinc denuo soluit a principe[9], vt audio, honorifice dimissus, rediturusne rursum, incertum est. Fertur hic a principe illum accersitum fuisse, vt suum de effodiendo quodam thesauro prope veterem arcem principis lati[tante] consilium daret. Quam rem stultam, vt sapienter
15 stulti aliqui celarent, satis ineptum pretextum quesierunt, huc vocatum[b] scilicet Murnarrum, vt in iure ciuili profiteretur monachus. Sic nostras instituimus res, vt cum benedictione rem augeri partamque tueri nesciamus, conuertamur ad ineptias plusquam gentilitias.

De Billicano[10] quid scribam adeo nihil certi habeo. Nuper cum a Nord-
20 lingia ad nos venisset[11] ambiissetque illum m[agistri] n[ostri] in theologia pileum[12] huncque tam subito impetrare non potuisset[13] - obstabat enim illi

---

[a] *O* loboris subitę. – [b] *gestrichen* nim.

5   Jacob[us] Bedrot[us] [Pludentinus]. Vgl. oben Nr. 271, S. 6, Anm. 9.
6   Valentinus Gottfried. Vgl. unten Anm. 8.
7   Bonifatius [Bonifacius] Wolf[h]art [Lycostenes] (Buchheim um 1485/90 – 1543 Augsburg). Herkunft, Jugend und Ausbildung sind unklar. Ab 1517 Studium in Basel, ab 1522 Kapellan an St. Martin in Basel, ein Hauptbeteiligter am als ‚Basler Ferkelschmaus‘ bekannten Fastenbruch am Palmsonntag 1522, Begegnung mit Zwingli und Oekolampad, Anschluß an die schweizer Reformation. Vermutlich schon 1525 nahm Bucer Wolfhart als Gehilfen an; ein 1527 unternommener Versuch, ihn als Lehrer in Liegnitz unterzubringen, scheiterte. Im April 1528 erhielt Wolfhart durch Vermittlung Bucers und Oekolampads einen Ruf nach Basel auf die Professur für hebräische Sprache, den er im Mai 1529 ablehnte. Im Januar 1531 wird er Prediger von St.-Anna in Augsburg. Vgl. BCor II, Nr. 140, S. 178, Anm. 22; KÖHLER, ZWINGLI UND LUTHER II, S. 276f., 282f., 293–295; ROTH, REFORMATIONSGESCHICHTE I, S. 352f.; WOLFART, WOLFHART, S. 167–180.
8   Vermutlich Valentinus Gottfried aus Sulzfeld, der als magister artium am 20. Dezember 1527 an der Universität Heidelberg immatrikuliert worden war. Vgl. TOEPKE, HEIDELBERGER MATRIKEL I, S. 542. Weitere biographische Angaben sind nicht zu ermitteln.
9   Pfalzgraf Ludwig V. (1478–1544). Vgl. NEY, GESCHICHTE, S. 60; EGER, KURFÜRST LUDWIG V. S. 352–368.
10   Theobald Billican[us] [Gerlach, Gerlacher, Gernolt]. Vgl. oben Nr. 273, S. 11, Anm. 6.
11   Nach Heidelberg.
12   Billican hatte am 22. September 1529 den Antrag gestellt, an seiner früheren Universität Heidelberg zum Doktor der Theologie promoviert zu werden. Unterstützt wurde dieser Antrag durch ein Empfehlungsschreiben des Nördlinger Rates an Pfalzgraf Ludwig. Die Universität Heidelberg forderte von Billican ein Bekenntnis, um seinen derzeitigen theologischen

olim contractum matrimonium[14] et celebris Lutheranismi fama -, mox autem
coepit [affirmare] nullius secte se sectatorem esse, neque Lutheranum, neque
Cinclianum, neque papistum adiecit. Nam in papistis idololatriam et auari-
tiam, in Lutheranis ineptam pertinaciam[c], in Cinglianis nocentissimam, vt
vocat, versutiam damnat. Se quam primum domum redierit, velle fidei suę   5
confessionem transmittere vniversitati et cancellariae, vt omnes plane
videant, se in plerisque dissentire a Luthero, Cinclio et prorsus ab ana-
baptistis. Misit itaque suę fidei confessionem[15], quam postulauit in acta uni-
versitatis referri[16], et cancellariae et vniversitati, sed tam ambigue et obscure
fere omnia, vt cum illa legeret papista celebris apud nos, nigrum hoc   10
venenum mox euomuerit hereticos consueuisse multa et dicere et scribere
obscure. Vox digna τῷ σκοτεινῷ huicque nigro! Mihi autem vix semel
licuit ex scheda confessionis suę fidei capita legere. Praecipua sunt de sacrifitio, sacerdotio, in quibus variat a Luthero et Cinglio. Ex Irenaeo[17], Ignatio[18],

---

[c] *O* pernicatiam.

Standort erforschen zu können. Dieses Bekenntnis wird zunächst schriftlich eingereicht, dann
vor dem Rektor der Universität, dem Dekan der Theologischen Fakultät und verschiedenen
Hochschullehrern mündlich abgelegt. Vgl. SIMON, HUMANISMUS, S. 128–131; WINKELMANN,
URKUNDENBUCH II, S. 85.
[13]   Trotz des von Billican im September 1530 abgelegten Bekenntnisses lehnt die Universität Heidelberg im Oktober 1529 das Promotionsgesuch des Billican ab. Vgl. SIMON, HUMA-
NISMUS, S. 130.
[14]   Billican war seit 1524 oder 1525 mit Barbara Scheufelin, einer Tochter des Nördlinger
Kaufmanns Hans Scheufelin, verheiratet. Aus dieser Ehe gingen die Kinder Barbara, Theobald
und Theodosius Constantin hervor. Vgl. DÖLLINGER, REFORMATION I, S. 149; SIMON, HUMANIS-
MUS, S. 131–135.
[15]   Dieses Bekenntnis ist in kurzer lateinischer (Quelle: DOLP, REFORMATION, Nr. 43) und
ausführlicher deutscher (Quelle: DOLP, REFORMATION, Nr. 44) Fassung erhalten. Billican räumt
kirchliche Mißstände ein, sieht ihre Ursache in der unwürdigen Haltung mancher Geistlicher. Er
verwirft zunächst alle altkirchlichen und mittelalterlichen Häresien, um dann einzeln Lutherische, Zwinglianer und Wiedertäufer zu behandeln, denen er zwar manchen guten Ansatz
zugesteht, die er insgesamt aber recht scharf verurteilt; die Lutherischen seien „ein gemengt,
greulich, schådlich übel umb unser sůnd willen", die Sakramentslehre der Zwinglianer sei eine
„verborgene, aber giftige List", den Täufern fehle es an „Priestertum, Gott, Glaube und Hoffnung". Vgl. DOLP, REFORMATION, Nr. 43, 44; SIMON, HUMANISMUS, S. 130.
[16]   Billican hielt sein Bekenntnis für derart gelungen, daß er dessen lateinische Fassung in
die Matrikel der Universität aufgenommen sehen wollte. Auch dieses Ansinnen wurde abgelehnt. Vgl. DOLP, REFORMATION, Nr. 43; SIMON, HUMANISMUS, S. 130. Vgl. oben Anm. 12.
[17]   Irenaeus von Lyon († um 200). Presbyter der Gemeinde von Lyon, Verfasser der fünf
Bücher *Adversus haereses*, um 180, und des *Erweises der Apostolischen Verkündigung*, um
190. Wiederentdeckung seiner Schriften zu Beginn des 16. Jhdt.s durch Erasmus von Rotterdam. Vgl. BROX, IRENÄUS, S. 82–96; HAMM, IRENÄUS, S. 311–315; JASCHKE, IRENÄUS,
S. 258–268; WIDMANN, IRENÄUS, S. 156–173.
[18]   Ignatius von Antiochien, Lebensdaten unbekannt, Wirkungszeit in den ersten Jahr-
zehnten des 2. Jhdt. Die beginnende Auseinandersetzung mit seinen Briefen seit Anfang des 16.
Jhdt. begründete die wissenschaftliche Erforschung der Kirchenväterliteratur. Vgl. PAULSEN,
IGNATIUS, S. 38–50; PROSTMEIER, IGNATIUS, S. 306–308; RATHKE, IGNATIUS, insbes. S. 1–11;
SCHOEDEL, IGNATIUS, S. 40–45.

Cyrillo[19] sublegit nonnulla, quę ad suum torquet sensum. Ego cum aliquoties
de ea re cum illo loqui coepissem, nunquam perspicue et absolute de ijs collocutus est, sed tam obscure et lubrice, vt ne anguilla quidem magis lubrica
et Heraclitus[20] non tam obscurus quam ille. Iam vero nudius quartus elapso
5   a Billickheim[21] patria ad nos rediens cum putarem illum coeptam et orsam
telam texturum, omnino nihil tale quale antea tentauit. Nam ad secundas pro-
gressus nuptias[22] duxit vxorem apud Nordlingenses vt audio honestę familię
dodatam et moratam pulchre[23]. De suo sacrifitio et sacerdotio atque consessu
in ecclesia cum colloqui cuperem et vellem, precatus est, vt abstinerem.
10   Vixque impetraui vt reciperet se mihi, quam primum per ocium liceret, ea de
re perspicue, copiose et diligenter perscripturum, quod si fecerit, et horum te
conscium fecero. Interea materiam cogitandi super ea re conscriptam legito,
quam nunc tibi mitto, sed ex ea Billicanum citius Pyrrhonium ἀπορητικόν[24]
quam theologum iudicaueris. Vale meque Capitoni[25], Pludentino[26], Bonifa-
15   cio[27] commendato. Diligenter te resalutant Heinricus[28] noster et Biberacen-
sis[29]. Raptim, Heidelbergę 21 februarij 1530.

---

[19] Cyrillus [Kyrill] von Alexandrien (um 380 – 444). Cyrillus wurde 312 zum Bischof von
Alexandrien gewählt; am 22. Juni 431 eröffnete er das Konzil von Ephesos. Vgl. HARDY, CYRIL-
LUS, S. 254–260; HARDY, EGYPT, S. 79–110; MÜNCH-LABACHER, CYRILL, S. 148–152; STRUCK-
MANN, EUCHARISTIELEHRE, insbes. S. 139–161; VOGT, CYRILL, S. 227–238.
[20] Herakleitos von Ephesos (um 540 v. Chr. – um 480). Seine einzige erhaltene Schrift,
Περί φύσεως, war in einer bilderreichen, orakelhaften Prosa abgefaßt; die Dunkelheit ihres
Sinnes war bereits im Altertum sprichwörtlich. Vgl. LASSALLE, PHILOSOPHIE I, S. 12–45; WELL-
MANN, HERAKLEITOS, Sp. 504–508.
[21] Billigheim b. Landau/Pfalz.
[22] Vermutlich an den Folgen der für 1527 anzunehmenden Geburt ihres dritten Kindes,
Theodosius Constantin, war Billicans Frau Barbara (vgl. oben Anm. 14) gestorben. Infolgedes-
sen konnte Billicanus versuchen, sich in seinem Heidelberger Bekenntnis als „caelebs" zu
rühmen. Vgl. DOLP, REFORMATION, Nr. 43; dagegen SIMON, HUMANISMUS, S. 132.
[23] Diese Eheschließung muß nach Billicans Bekenntnis, in dem er sich seiner Ehelosigkeit
gerühmt hatte, und vor dem 11. November 1529 stattgefunden haben. Die Mitteilung, Billican
habe eine reiche Frau geheiratet, findet sich nämlich auch im Brief von Johannes Brenz an
Johannes Schradin vom 14. November. Vgl. BRENZ, FRÜHSCHRIFTEN II, S. 420.
[24] Einen „Pyrrhonischen Zweifler", nach Pyrrhon aus Elis (um 360 v. Chr. – um 270).
Begründer der skeptischen Lehre, daß die Realität aller Dinge zweifelhaft sei. Die im 16. Jhdt.
populärste Anekdote erzählt, daß Pyrrhon, von ihrer Irrealität überzeugt, auf Mauern oder Esels-
karren zulief und erst kurz vor dem Zusammenprall von seinen Schülern zurückgerissen werden
konnte. Vgl. BÄCHLI, UNTERSUCHUNGEN, insbes. S. 36–50, 84f.; FRITZ, PYRRHON, Sp. 89–106;
HOSSENFELDER, GRUNDRISS, S. 12–88; DALPRA, SCETTICISMO, S. 39–82.
[25] Wolfgang Capito [Köpfel]. Vgl. oben Nr. 271, S. 6, Anm. 8.
[26] Jacob[us] Bedrot[us] [Pludentinus]. Vgl. oben Nr. 271, S. 6, Anm. 9.
[27] Bonifacius [Bonifatius] Wolf[h]art [Lycosthenes]. Vgl. oben Anm. 7.
[28] Heinrich von Pflummern [Pflümmern]. Weltpriester in Biberach. Vgl. BCor III,
Nr. 237, S. 297, Anm. 17; SCHILLING, PFLÜMMERN, S. 141–238.
[29] Bartholomäus Müller [Myllius] (um 1484 Ulm – Mai 1553 Biberach). Seit 1509 Prediger an der Stadtpfarrkirche in Biberach, schloß sich 1524 den frühreformatorischen Bewe-
gungen in der Stadt an. Vgl. BCor III, Nr. 237, S. 297, Anm. 17; RÜTH, MÜLLER, S. 15–20.

Vide, mi Bucere, quam steriles pro foecundis tuis literis mittam meas planeque aureis erea rependam. Iterum vale cum vxore et familia. Brünlin[30]
noster te resalutat diligentiss[ime]. Basileam Gryneo[31] nostro scripsi: Adesto
Valentino[32] vt illuc commode transmittatur[d].

Martinus Frechtus   5

Adresse [f° 70 v°]: Viro in diuinis literis exercitatissimo Martino Bucero,
apud Argentinenses summa fide mysteria Dei dispensanti, suo in Domino
maiori.

*Oa Zürich SA, E II 358, f° 70 r°/v°. — C Zürich ZB, S 25,60. — R TB III,
S. 184.*

---

275 [1530][1] März 4. Straßburg. — Bucer an Ambrosius Blaurer[2]

Le Christlicher Burgrecht. *La Diète d'Augsbourg a été annoncée ; certains
princes évangéliques pensent que les Strasbourgeois n'y seront pas conviés.
À Strasbourg, on vient d'enlever les autels et les statues. Inimitié d'Erasme,
soumis à l'Empereur ; la seconde édition de ses "Enarrationes" sur les évangiles empêche Bucer de lui répondre. Bucer est satisfait de son* Commentaire
sur les psaumes. *Il se réjouit de ce que son écriture soit plus lisible pour
Blaurer. Jugement sur Mélanchthon, qui, à l'image d'Erasme, recherche les
faveurs de l'Empereur et s'oppose à la course de l'Évangile. Si nous voulons
nous distinguer en tant que chrétiens, nous devons user d'amour. Bucer se
recommande à Thomas Blaurer et à Zwick, dont il a aidé le protégé Jérôme*

---

*[Hürus]. Il viendra aussi en aide à Balthasar, si ce dernier se présente à lui.
Salutations de Capiton et de Jacques Sturm.*

*Bucer wünscht, daß die Baseler einem politischen Bündnis zwischen den
Städten des Christlichen Burgrechts und Philipp von Hessen nicht im Wege
stehen. Das Kaiserliche Ausschreiben zum Augsburger Reichstag. Die Ent-
fernung von Statuen und Altären aus den Straßburger Kirchen. Die „Epistola contra pseudevangelicos ..." des Erasmus und Bucers Antwortschrift.
Bucers Evangelien- und Psalmenkommentar. Philipp Melanchthon schielt
wie Erasmus nach der Gunst des Kaisers und stellt sich dem Lauf des Evangeliums entgegen, ist aber dennoch Gottes ausgezeichnetes Werkzeug.
Nichts darf um einzelner Menschen willen gegen Gott unternommen werden.
Warnung vor falschen Brüdern. Vorbereitungen für den Augsburger Reichstag. Grüße an Thomas Blaurer und Johannes Zwick. Bericht über Hieronymus [Hürus]. Grüße von Wolfgang Capito und Jakob Sturm.*

Salue, frater obseruande!

Verum de tuis scripsisti³; attamen velim etiam Basilien[ses] non esse ob-
staculo, quominus ex professo omnes id essemus, quod tamen esse coram
Domino nos credo⁴. Sed quod tu scribis, simul certum habeo tuos nihilomi-
5   nus nihil eorum neglecturos, quae gloriae Christi agnouerunt inseruitura^a.
Indicta comitia⁵ nosti et polliceri Caesarem auditurum se omnes operamque
daturum, vt, quicquid hactenus perperam vel doctum uel factum sit, corri-
gatur et quique errorem suum jam agnitum Christo^b concedantur^c; interim
tamen nemini securitatem dare, ut tuto adveniat suaeque fidei rationem red-
10 dat. Hinc cordatiores colligunt, pridem definitum, quibus simus rationibus
tractandi et obtinendum, vt decretis concilij Constantiensis stetur. Putant
quidam principes nos non vocandos; quod si est, mirabor, si vos vocemini,
qui ante nos scelus illud inexpiabile societatis helueticae admisistis⁶. Nos his
diebus adiecimus, ne non satis inuisi simus: Demolitionem⁷ ararum et sta-
15 tuarum⁸.

---

^a *gestrichen* fient. – ^b *gestrichen* tribuit. – ^c *O* concedant.

³   Dieser Brief Ambrosius Blaurers an Bucer ist verloren.
⁴   Bucer bezieht sich hier auf die Bündnispläne zwischen den Städten des Christlichen
Burgrechts und Philipp von Hessen. Vgl. BLARER Bw. I, Nr. 154, S. 199, Anm. 1; ESCHER,
GLAUBENSPARTEIEN, S. 126–133; LIENHARD/WILLER, STRASSBURG, S. 222f.
⁵   Der Reichstag zu Augsburg, der am 20. Juni 1530 um 7 Uhr morgens eröffnet wurde.
Vgl. HDtG II, S. 93–99; LUTZ, KAISER, S. 7–35; NEUHAUS, REICHSTAG, S. 167–211 (mit Bibliographie); ROTH, REFORMATIONSGESCHICHTE I, S. 328–368.
⁶   Die *Civitas Christiana*, das Christliche Burgrecht zwischen Konstanz und den Schweizer Städten. Vgl. LOCHER, REFORMATION, S. 350–354.
⁷   K. Hubert: ^<*Ararium demolitio Argentinę*^<.
⁸   Dem Pfarrer der Straßburger Kirche Alt-St.-Peter, Theobald Schwarz, der am 23. Februar 1529 die Altäre und Heiligenbilder aus der Kirche hatte entfernen und die Wandgemälde

Erasmum[9], dum Caesaris[d] fuerit, hostem feremus[10]. Institui quidem illi
respondere; sed ita obruor negocijs et distinet me recusio Enarrationum
mearum in Euangelistas[11], quibus nonnulla certis in locis infulcio, quae, spes
est, fratribus rudioribus profutura, vt nesciam, an liceat absoluere. Si hoc
dabitur, talem volente [Deo] dabo Apologiam[12], qualem nostri ordinis   5
homines non multas dederunt; ita continebo vngues. Quo enim magis plus
quam augustam negocij, quod gerimus, maiestatem suspicio[e], eo plus piget,
quod hactenus tantum nostrorum affectuum admiscuimus bonumque nostrum nostra ⌐ipsorum⌐ incontinentia hominum maledicentiae exposuimus.
Psalterij editio[13] non minus placeret, si non per[f] viri[14] proditionem fratribus   10
eriperetur eius lectio. Pulchre enim successit apud multos iam impostura[15],
ut equidem puto, non impia.

Gaudeo meam infelicem picturam[16] tandem factam legibilem, minus ergo
anxie deinceps scribam[17]. Bedrotus[18] scio triumphauit, vbi legit, quae ⌐sub⌐
finem fratris[19] nomine scripsisti. Narrauerat mihi, quae scripsisset et repre-   15

---

[d] O Caesar. – [e] gestrichen pluris. – [f] zuerst pro E[rasmi].

übertünchen lassen, sprach der Straßburger Rat noch sein ernstes Mißfallen aus. Erst nach dem
Beitritt Straßburgs zum Christlichen Burgrecht am 5. Januar 1530 sah der Rat sich veranlaßt, es
den verbündeten Städten gleichzutun, und beschloß am 14. Februar 1530, Bilder, Kruzifixe und
Gemälde aus den Kirchen Straßburgs zu entfernen. Auf den Protest einiger Straßburger Bürger
dagegen wird Bucer im Namen der Straßburger Prediger am 6. März 1530 mit seiner Schrift
Das einigerlei Bild [...] (unten Nr. 277, S. 28, Anm. 6) antworten. Vgl. ADAM, STRASSBURG,
S. 147f.; BCOR III, Nr. 219, S. 251, Z. 13–18; Nr. 229, S. 281, Z. 58–60; Nr. 260, S. 340,
Z. 11–15; BORNERT, RÉFORME, S. 141, 487; LIENHARD/WILLER, STRASSBURG, S. 41, 49.
[9] K. Hubert: ⌐Erasmus aduersariorum⌐.
[10] Erasmus von Rotterdam und die Veröffentlichung seiner Epistola contra pseudevangelicos [...], Januar 1530. Vgl. ASD IX, 1, S. 298, Z. 411–419.
[11] Die zweite Ausgabe von Bucers Evangelienkommentar Enarrationes perpetuae in
sacra quatuor evangelia [...], März 1530. Vgl. VD 16, Nr. B 8872; BOL II, S. 21–547,
555–563; LANG, EVANGELIENKOMMENTAR, S. 63–80.
[12] Bucers Antwortschrift auf Erasmus von Rotterdam: Epistola apologetica [...]. Vgl.
oben Nr. 273, S. 15, Anm. 28.
[13] Bucers Psalmenkommentar Psalmorum libri quinque ad ebraicum veritatem versi, et
familiari explanatione elucidati [...], September 1529. Vgl. FRIEDRICH, BUCER, S. 56f.; HOBBS,
INTRODUCTION; LANG, EVANGELIENKOMMENTAR, S. 21–24.
[14] Martin Luther.
[15] Bucer hatte seinen Psalmenkommentar zunächst unter dem Pseudonym Aretius Felinus
veröffentlicht. Zur Entstehung und Bedeutung vgl. BCOR III, Nr. 223, S. 262, Anm. 4; FRIED-
RICH, BUCER, Anhang S. 64, Anm. 26.
[16] Bucer spielt hier auf seine immer schlechter lesbare Handschrift an. Vgl. oben Nr. 273,
S. 15, Z. 16f.
[17] Gemeint ist: Durch Verpflichtung eines Schreibers wird man Bucers Briefe nun besser
lesen können.
[18] Jacob[us] Bedrot[us] [Pludentinus]. Vgl. oben Nr. 271, S. 6, Anm. 9; BLAURER BW. I,
Nr. 160, S. 208.
[19] Thomas Blaurer. Vgl. oben Nr. 273, S. 15, Anm. 24.

henderam hominem[20]: Nam vtcunque Philippus[21] hodie paulo minus quam
Erasmus recto Euangelii cursui aduersetur [*S. 12*] Caesarisque gratiam[22], non
tamen vt ille sua, sed publicae pacis gratia, suspiciat magnique faciat eoque
impedierit vnus fere, quae facile omnem hostium Christi ferociam intra sua
5   continuissent pomeria, organum tamen Dei praeclarum est. In quo sic velim
D[ei] dona nobis admirationi esse, vt, etsi nihil interim, quod hominis sit,
amplectamur, vas tamen tantae dignationis eximie charum habeamus ac
inde, quae natura dilectionis est, omnia in meliorem partem non minore
argutia et studio interpretemur, quam solent hostes cuncta rapere in malam.
10   Sed gratia Domino, qui interim Thomae nostro[23] dedit, ne quid huius zelo
non ad veram Christi scientiam formato[g] offensus sit.

   Vere[h], si volumus nos praestare, qui audimus, filios Dei syncereque christianos, labi et falli quoque in bonam partem ex dilectione oportet, tantum ne
quid hominum gratia tentemus aduersus Deum. Et su[nt] etiam sępe minime
15   mala, si ab animo estimentur, quae in speciem videntur pessima. Admonitionem meam sciebam vos non posse mali consulere, quare liberius quoque
illam scripsi. Non autem turbet, si vestro candori alij parum respondeant.
Quibus plus datum, hos decet ut plus quoque praestent. Beatius[24] est in omni
genere dare quem accipere [*vgl. Act 20, 35*]. Sic diuinitus comparat[um] est,
20   vt nihil omnino sit cuius nos vsus iuuet, in quo non etiam aliquid offendat.
Quod ergo in esculentis facimus, reijcientes non grauatim multa, ut ijs quae
nobis[i] conueniunt fruamur, faciendum erat ↓idem↓ et in fratribus, id quod
Dominus vobis hactenus curare prae alijs dedit.

   F[rat]ri[25] et Zvickio[26] animo meo vere magno me commendes. Hierony-
25   mo[27] eius quod potui praestiti: Habet apud quem artem, quam voluit[28], discat, sed conditionibus quas ipse scripsit. [*S. 13*] Tribus annis obnoxius erit
magistro et pro eo, quod datur illi vinum atque tempusculi aliquid ad literas,
aurei magistro numerandi erunt XVI. Tribui eius artis persoluere oportebit
aureos duos minus 6 crucigeris, praeterea aureus dimidius. Non potuimus

---

[g] *gestrichen* offenderetur. – [h] *O* Vere vere. – [i] *gestrichen* s[erviunt?].

[20]   Vgl. oben Nr. 273, S. 16, Z. 2–8.
[21]   *K. Hubert:* ˹*philip. μελ.*˺. — Philipp Melanchthon [Schwarzerd]. Vgl. oben Nr. 273,
S. 15, Anm. 27. Melanchthon kritisierte die Haltung der Altgläubigen. Vgl. BLAURER Bw. I,
Nr. 158, S. 205.
[22]   *K. Hubert:* ˹*De φιλιππω*˺.
[23]   Vgl. oben Anm. 19.
[24]   *K. Hubert:* ˹*Nota*˺.
[25]   Vgl. oben Anm. 19.
[26]   Johannes Zwick. Vgl. oben Nr. 272, S. 7, Anm. 1.
[27]   Vermutlich der Schützling Johannes Zwicks, den dieser am 23. Januar 1530 zu Bucer
schickt: Hieronymus Hürus, ab 1535 Mitglied des Konstanzer Rates. Vgl. oben Nr. 272, S. 8,
Z. 2–9; DOBRAS, RATSREGIMENT, S. 31, Anm. 27, S. 74; MOELLER, ZWICK, S. 262.
[28]   Wohl das Gerberhandwerk. Vgl. oben Nr. 272, S. 8, Z. 6.

minoris quae volebamus obtinere. Habet autem commodum et artis suae doctum magistrum. Balthasarem[29] quem commendasti pro uirili iuuabo, si modo ad me veniat; superiori anno commendaueras quemdam qui vix post dimidium annum me appellauit. Bene vale. Timeo ne nuncius abeat. Arg[entorati] 4 Martij. Resalutat te Capito[30] et alij, in primis vero Stur-   5
mius[31].

T[uus] Bucẹrus

Adresse [S. 14]: Integerrimo viro Ambrosio Blaurero pastori Const[anti-ensi], fratri multo [obseruando].

Oa AST 151 (Ep. Buc. I), Nr. 4, S. 11-14 (mit Siegelspur); Anmerkung von A. Blaurer am Schluß der Adresse: „redditae per Michaelem[32] IX martij, respondi XI martij[33], per eundem nuntium". — C Zürich ZB, S 25,73; TB III, S. 191f. — P / R Blaurer Bw. I, Nr. 159, S. 206f.

---

[29]   Vielleicht identisch mit dem Überbringer des Briefes Bucers an Blaurer vom 26. Januar 1530. Vgl. BLAURER Bw I, Nr. 158, S. 202, Anm. 2.
[30]   Wolfgang Capito [Köpfel]. Vgl. oben Nr. 271, S. 6, Anm. 8.
[31]   Jakob Sturm [von Sturmeck]. Vgl. oben Nr. 269, S. 2, Anm. 9.
[32]   Nicht mehr identifizierbar.
[33]   Dieser Brief von Ambrosius Blaurer an Bucer ist verloren.

276   1530 März 6. Straßburg. — Die Straßburger Prediger an die Gemeinde

Au nom des prédicateurs strasbourgeois, Bucer justifie, en se fondant sur l'Ancien Testament, l'interdiction, promulguée par le Magistrat, des images dans les églises ; au contraire des prescriptions cultuelles de l'Ancien Testament, qui ne concernent ni la foi ni l'amour, ces lois valent aussi pour les chrétiens : la vénération des images s'oppose à la foi en Dieu et à l'amour pour lui. Bucer refuse également de prêter aux images une fonction pédagogique, parce que seule la Parole conduit à la foi, et rejette par conséquent l'argumentation de Luther : ce sont précisément les faibles qu'il faut protéger contre la vénération des images, et, partant, contre une foi erronée. Bucer étaye son argumentation à l'aide de citations patristiques développées.

Im Namen der übrigen Straßburger Prediger rechtfertigt Bucer das vom Rat über die Straßburger Kirchen verhängte Bilderverbot. Seine Argumentation

geht vom alttestamentlichen Bilderverbot aus, das im Gegensatz zu den kultischen, weder Glaube noch Liebe betreffenden, Gesetzen auch für Christen gültig ist: Die Verehrung von Bildern steht im Gegensatz zum Glauben und zur Liebe zu Gott. Bucer kritisiert auch das Verständnis der Bilder als belehrende Instrumente; allein das Wort führt zum Glauben. Luthers Argumentation wird verworfen; gerade die Schwachen müssen vor Bilderverehrung und damit falschem Glauben geschützt werden. Mit ausführlichen Väterzitaten untermauert Bucer seine Position.

Incipit: Nachdem sich eben vil ab […]

P Das einigerlei Bild bei den Gotgláubigen an orten da sie verehrt, nit mógen geduldet werden, helle anzeyg auß Góttlicher Schrifft, der alten heil. Vátter leer und beschluß etlicher Concilien. Mit außweisung auß waß falschem grunde vnd durch weliche die Bilder in die Kirchen erst nach der zeit der heil. vátter Hieronymi, Augustini und anderer kommen sindt. Do durch die Vandalen und Gotthen der Recht verstand anfieng zu grund gehn [Johann Knobloch jr.], Straßburg 1530, f° A r° – C4 r° (= Mentz, Bibliographie, Nr. 25; Stupperich, Bibl. Buc., Nr. 29); BDS IV, S. 161–181.

277   [1530 nach März 6.][1] Straßburg. — Die Straßburger Prediger an die Gemeinde

Introduction à la traduction latine du n° 276. Suppression des messes privées, suspension des messes publiques. La seule prédication ayant échoué à extirper les scandales, le Magistrat, mû aussi par l'espoir de réformes engendré par la Diète à venir, a ordonné d'enlever aussi les images et les autels, afin que disparaisse ce qui servait aux messes impies. Dans le présent écrit [n° 276], les prédicateurs expliquent ces mesures afin d'apaiser ceux qu'elles auraient troublés ; évocation de l'Écriture Sainte, des Pères et des décrets impériaux contre les statues et les images. Ils prient ceux qui ne peuvent pas encore les approuver d'invoquer l'Esprit Saint avant de lire ce traité, traduit en latin par Jacques Bedrot, et expriment le souhait que tous les chrétiens suivent leur exemple.

---

[1] Terminus post quem ist die Abfassung der deutschen Vorlage (oben Nr. 276, S. 25f.) am 6. März 1530. Terminus ante quem ist der Brief Hermann von dem Busches an Bucer Mitte April 1530 (unten Nr. 288, S. 82–84), hier wird die vorliegende lateinische Übersetzung von Nr. 276 bereits als bekannt vorausgesetzt (unten Nr. 288, S. 83, Z. 19f.).

Einleitung zur lateinischen Übersetzung von Nr. 276. Abschaffung der pri-
vaten Messen, Aussetzung der öffentlichen Messen. Umsetzung des Ratsbe-
schlusses, alle Bilder und Altäre aus den Kirchen Straßburgs zu entfernen.
Aus der Heiligen Schrift, aus den Schriften der Väter und aus den Erlassen
der Kaiser werden Argumente gegen Statuen und Bilder angeführt. Wunsch,
daß alle Verantwortlichen die Schrift, die Jakob Bedrot ins Lateinische über-
setzt hat, lesen und sich alle christlichen Kirchen den Ereignissen in Straß-
burg anschließen.

Quotquot Argentorati Christum docent, piis lectorib[us] gratiam!

Cum uideret clariss[imus] et sapientiss[imus] senatus noster solis ecclesiasticis exhortationibus offendicula, quae ab imaginibus et statuis hactenus
fuerunt, non satis tolli, tum perpenderet non posse circa haec quemquam pru-
dentius statuere, quam praescripsisset in sua lege a prophetis Deus, decreuit   5
senatus consulto, quicquid in locis religiosis signorum et imaginum coli
solitum fuit, submouendum esse², simul et aras³, eo quod hinc quadriennio
abrogasset missas privatas et anno ab hinc quatuor publicas⁴, quas primum

---

² Seit Frühjahr 1529 hatten die Straßburger Prediger vom Rat mehrfach die Abschaffung
der Bilder und Kirchengeräte gefordert. Im Sommer 1529 wurden einige Ratsherren beauftragt,
festzustellen, welche Bildwerke als Götzen verehrt würden. Diese wurden aus den Kirchen entfernt, die Kirchenornate dem Stadtalmosen, die silbernen und goldenen Geräte der Stadtkasse
übergeben. Am 11. November 1529 wurde aber beschlossen, die Darstellungen des Leidens
Christi, Schilde und Fahnen in den Kirchen zu belassen. Erst Straßburgs Beitritt zum Christlichen Burgrecht am 5. Januar 1530 führte am 14. Februar 1530 zu dem Ratsbeschluß, alle
„Bilder, Gemälde und Kruzifixe aus den Kirchen zu räumen"; der Beschluß war sofort umzu-
setzen. Vgl. oben Nr. 275, S. 22, Anm. 8; ADAM, STRASSBURG, S. 147f.; BCOR III, Nr. 219,
S. 251, Z. 13–18; Nr. 229, S. 281, Z. 58–60; Nr. 260, S. 340, Z. 11–15; BORNERT, RÉFORME,
S. 141, 486–489; LIENHARD/WILLER, STRASSBURG, S. 41, 49.
³ Betroffen waren sowohl die Altarretabeln als auch die, meist steinernen, Altäre selbst.
Statt ihrer wurden vielfach hölzerne, bewegliche Abendmahlstische aufgestellt. Vgl. BORNERT,
RÉFORME, S. 488.
⁴ Auf Anordnung des Straßburger Rates waren schon seit 1524 verschiedene Sondermes-
sen abgeschafft worden. Der Straßburger Bischof, Wilhelm von Honstein, löste sein Versprechen, am 6. Mai 1527 eine Disputation über die Messe zu veranstalten, nicht ein. Daraufhin
ersuchten die Straßburger Prediger den Rat um „Abschaffung dieser geistlichen Hurerei". Am
30. November 1527 kam der Rat zu dem Entschluß, es stehe nicht in seiner Befugnis, die Messe
einzustellen. Lebhafte Unmutsäußerungen seitens der Bevölkerung waren die Folge. Am 3.
August 1528 legten die 20 Zünfte gleichlautende Gesuche vor, die Messen („Gotteslästerung")
endlich zu verbieten. Der Rat erklärte sich zwar erneut für nicht befugt, forderte aber Gutachten von Klaus Kniebs, Martin Betscholt und Peter Butz an, die am 8. Dezember 1528 verlesen
wurden. Mittlerweile führte der Bischof bei Papst, Kaiser, Kammergericht und Reichsregiment
Klage gegen die Stadt Straßburg. Der Rat versuchte noch mehrmals vergeblich, vom Bischof
eine Disputation zu erwirken. Am 19. Februar 1529 sprachen der Rat und die Einundzwanzig
(XXI) sich für die Aufhebung der Messe aus, beschlossen aber, darüber am 20. Februar die
Schöffen abstimmen zu lassen. 94 Stimmen wurden für die Beibehaltung der Messe bis zum
Ende des Speyrer Reichstags abgegeben, 184 für ihre sofortige Abschaffung, nur eine für ihre
Beibehaltung. Am 21. Februar 1529 trat der Beschluß der Stadt Straßburg zur Abschaffung der

consultatio de substituendis ceremonijs purioribus, deinde expectatio aliquot
comitiorum, a quibus sperabatur in uniuersum de reformanda ecclesia
aliquid decernendum, postremo et aliquorum, qui, quanta in missis sit impie-
tas, nondum uidere potuerunt, reliquas seruauerat missas. Suspenderat autem
5   hac lege, ut si quisquam scripturis euincere posset illas Christo non pugnare,
ad unam omnes restituerentur[5].

Iam cum multi sint, qui quantum haec pietati offecerint, nondum perspectum habent, facile conijcimus parum piam habendam non paucis temeritatem, hoc Reipublicae nostrae factum, eoque cum sit christianorum, quan-
10 tum in ipsis fuerit, dare operam, quod pie fecerint, sic quoque factum agnoscatur et cauere summopere, ne cuius maledicentiae bonum ipsorum, ut Paulus dixit, merito obnoxium fiat [*vgl. Röm 3, 8*]. Hinc nostras partes esse
duximus, qui, quod senatus effectum reddidit, faciendum docuimus, totius
facti huius rationem quam diligentissime, sed quanta licuerit breuitate, red-
15 dere, si forte detur uel aliquos placare, quos haec res commouerit. Certe, si
impetrare poterimus, quod nulli quamuis noxio negatur, ut nobis et altera
auris pateat, non dubitamus fore, quin quecunque haec paucula, quae primum
ex sacris literis, deinde ex scriptis patrum, postremo ex decre-[*f° a ij v°*]-tis
Caesarum contra statuas et imagines adducemus memorato simul, a quibus
20 et qua ratione illae in christianorum templa et irrepserunt et defense in eis
perseuerarunt, cognoscere sustinuerint, si modo Christi ueritatem illis agnoscere datum sit, et ipsos nobiscum optaturos, ut quod hic factum est, uniuer-
sae imitentur ecclesiae christianorum. Proinde oramus, quicunque hoc
nostrum exemplum probare nondum possunt, quod, si quis spectet, quae
25 passim apud christianos obtinuerunt, mirum non est accidere multis, ut
breuem hunc libellum primum uernacula[6], iam uero in latinum[7] a chariss-
s[imo] fratre nostro Iacobo Bedroto[8] uersum, perlegere dignentur, inuocato
antea Christi spiritu, qui solus in omnem ueritatem inducit, et tum sententiam
de nobis ferant.

Messe in Kraft. Vgl. Adam, Strassburg, S. 133–134; BCor III, Nr. 196, S. 164–166; Nr. 203,
S. 185–187; Nr. 217, S. 241–245; BDS II, Nr. 13, S. 532–537; Bornert, Réforme, S. 84–153;
Lienhard/Willer, Strassburg, S. 27–30, 174–183, 201–207.
    5   Der Beschluß vom 21. Februar 1529, die Messe aufzuheben, sollte nur solange gelten,
wie ihre Gottgefälligkeit nicht erwiesen war. Vgl. Adam, Strassburg, S. 142.
    6   Martin Bucer: *Das einigerlei Bild bei den Gotgláubigen an orten da sie verehrt, nit
mógen geduldet werden [...]*, 6. März 1530 (im Namen der Straßburger Prediger). Vgl. VD 16,
Nr. B 8860; BDS IV, S. 161–181.
    7   *Non esse ferendas in templis christianorum imagines et statuas [...]*, Iacobo Bedroto
interprete, Straßburg 1530. Vgl. VD 16, Nr. B 8861; Baum, Capito und Bucer, S. 594; Knod,
Stiftsherren, S. 26.
    8   Jacob[us] Bedrot[us] [Pludentinus]. Vgl. oben Nr. 271, S. 6, Anm. 9.

Christus seruator donet omnibus, qui ipsius nomine censentur, ut reiectis omnibus, quae ab ipso mentem auocant, animos ad ipsum in coelis praesidentem attollant patremque per ipsum in spiritu et ueritate colant. Amen.

P Non esse ferendas in templis christianorum imagines et statuas, coli solitas, caussae ex arcanis literis, sententijs patrum, edictis religiosorum Caesarum: Vnde candidus lector uidebit, quam pie Senatus Argentoratensis nuper simulacra omnia, cum aris, eliminanda suis templis curauerit. Autoribus Ecclesiastis Argentoratensibus. Iacobo Bedroto interprete [Johann Prüss jr., Straßburg] 1530, f° a ij r°/v° (= Mentz, Bibliographie, Nr. 25a; Stupperich, Bibl. Buc., Nr. 29a).

278   [1530][1] März 14. Marburg. — Franz Lambert[2] an Bucer

Adam Krafft et Erhard Schnepff ont reçu la lettre ouverte de Lambert sur la Cène, mais n'y ont pas encore répondu. Philippe de Hesse a décidé que l'Académie de Marbourg était seule habilitée à pourvoir les postes pastoraux. Krafft, Schnepff et d'autres répandent le bruit que la doctrine de Bucer relative à la Cène serait confuse et inconstante ; Lambert prie Bucer de lui dire franchement si les positions des Strasbourgeois ont évolué, en lui adressant un témoignage écrit qu'il puisse montrer à leurs détracteurs. On rapporte que Strasbourg s'est alliée à des villes suisses [Burgrecht] ; d'autres affirment que l'Empereur a livré la ville au roi de France. Philippe de Hesse amasse de l'argent, on ne sait pour quelle raison ; ses relations avec Albert

---

[1]   Der Brief setzt Franz Lamberts Schrift *De symbolo foederis […]* (vgl. Anm. 7), Adam Kraffts Antwort *De symbolo foederis […] Francisci Lamberti Avenionensis confessio […]* (vgl. Anm. 10) und die Aufnahme Straßburgs in das Christliche Burgrecht (vgl. Anm. 16) voraus, kann also, da Lambert am 18. April 1530 stirbt, nur 1530 entstanden sein.

[2]   Franz [François] Lambert [von Avignon] (Avignon 1487 [1486] – 18. April 1530 Frankenberg i. Hessen). 1502 Franziskaner-Observant in Avignon, ab 1520 Lektüre der Schriften Luthers, 1522 Predigtreise über Genf, Lausanne und Bern nach Zürich, dort Begegnung mit Zwingli, Weiterreise nach Eisenach und Wittenberg, ab Mai 1524 in Straßburg; hier kam es zu erheblichen Spannungen mit Capito und Bucer. Im Herbst 1526 wurde Lambert nach Hessen berufen, er nahm an der Homberger Disputation teil, war Mitverfasser der „Reformatio ecclesiarum Hassiae" und wurde von Landgraf Philipp von Hessen an die Universität Marburg berufen; hier arbeitet er im März 1530 an einer Apostelgeschichtsvorlesung. Vgl. BCor I, Nr. 84, S. 315, Anm. 26; BCor II, Nr. 88, S. 10, Anm. 1; BODENMANN, BIBLIOTHECA LAMBERTINA, insbes. S. 19–35; HAAS, LAMBERTS „PARADOXA", S. 257–272; HASSENCAMP, LAMBERT, insbes. S. 15–59; HOBBS, LAMBERT, S. 237–301; MÜLLER, ANFÄNGE, S. 164–181; MÜLLER, LAMBERT, S. 415–418; MÜLLER, REFORMATION, insbes. S. 29–52, 119–125; ROTT / MILLET, MIETTES HISTORIQUES, S. 258–261; ROTT, CORRESPONDANCES, S. 749–818; WINTERS, LAMBERT, insbes. S. 23–111; WRIGHT, LAMBERT, S. 387.

de Mayence. Pour sa part, Lambert est très abattu : il souhaiterait faire usage des dons que Dieu lui a donnés, en enseignant les langues, et trouver un poste en Suisse, à Lausanne ou à Genève ; il travaille actuellement sur Jérémie ; que Bucer et Capiton l'aident à trouver un endroit où il pourra enseigner le peuple. Lambert recommande le porteur, un frère de Tournay, jadis tailleur de pierres et emprisonné pour sa foi. Salutations de Hermann von dem Busche, de Hartmann Ibach, de Sebastien Nouzenus, de Christine, l'épouse de Lambert, et de Gilbert Winram. Lambert salue Capiton, Anton Engelbrecht, Sebastian Meyer, Martin Betscholt, Caspar Hedion, Symphorien Altbiesser, Matthieu Zell, Jean Latomus, Daniel Mieg, Nicolaus Kniebs, Conrad Joham et leurs épouses. Post-scriptum : ravages de la peste, dont sont morts Stéphane et ses fils ; exhortation à prier pour eux.

Adam Krafft und Erhard Schnepff haben Franz Lamberts Sendbrief über das Abendmahl erhalten, aber noch nicht darauf geantwortet. Landgraf Philipp hat beschlossen, daß die alleinige Autorität für die Besetzung von Pfarrstellen die Marburger Akademie ist. Krafft, Schnepff und andere verbreiten, Bucer vertrete die Angelegenheit des Abendmahls verworren und wankelmütig, Franz Lambert bittet um Klarstellung. Landgraf Philipp sammelt Geld für einen unbekannten Zweck. Franz Lambert ist seiner Tätigkeit in Marburg überdrüssig und will in die Schweiz übersiedeln; er empfiehlt sich durch seine ausgewogene und solide Bildung und seine Kenntnisse in den alten Sprachen. Empfehlung eines Bruders aus Tournai, eines gelernten Steinmetzen, der jetzt als Schreiber arbeitet. Grüße von Hermann van dem Busche, Hartmann Ibach, Augustus Sebastianus Nouzenus, Gilbertus Winram und Lamberts Frau Christine. Grüße an Wolfgang Capito, Anton Engelbrecht, Sebastian Meyer, Martin Betscholt, Kaspar Hedio, Symphorian Altbiesser, Matthäus Zell, Johannes Lathomus, Daniel Mieg, Nikolaus Kniebs, Konrad Joham und deren Ehefrauen. Heftige Bedrohung des Landes durch die Pest; Stephan und seine Söhne sind an der Pest gestorben.

Gratia et pax a Domino Deo nostro!

Vrbis vestrę ad principem nostrum[3] tabellario, cuj tuas nuper literas[4] ad Sebastianum[5] ac me dedistj, vicissim meas ad te dedj, quibus[a] tibi palam

---

[a] *gestrichen* f[eci].

[3]   Landgraf Philipp von Hessen. Vgl. oben Nr. 270, S. 3, Anm. 3.
[4]   Diese Briefe Bucers an Lambert und Nouzenus sind nicht erhalten.
[5]   Augustus Sebastian[us] Nouzenus (Saeftingen a. d. Schelde i. Flandern 23. April 1503 – 18. April 1536 Marburg). 1520 Magister artium in Löwen, 1520 bis 1527 Lehrer für Hebräisch in Gent, Antwerpen und Wittenberg, ab 1527 Professor der Hebräischen Sprache in Marburg; gibt 1530 eine Hebräische Grammatik heraus, wird 1531 Rektor der Universität und 1535

fecj, quo in statu sint res nostrę sitę in his quę ad dominicam pertinent coe-
nam[6]. Quandoquidem vero tibi eas redditas confido, non[b] fuit cur iam de hoc
ipso multis agerem tecum. Libellum de hac nostrum[7],[c] quem ad Adamum[8]
scripsimus, habuit ipse Adamus ante sesquimensem. Legit et illum Schnepfius[9]. Nihil vero respondent, quamuis Adamus se polliceatur scripto respon-   5
surum[10]. Schnepfius, quj plus reliquis furere in nos videbatur, quantumuis se
perstare in veteri illo sensu asseueret, dixit se nolle vltra quidquam in nos
publice docere.

    Princeps constituit, vt non Adamj, sed Academię[11] iudicio praeficiantur
ecclesijs qui apti fuerint. Vetuit autem ne vllus omnino repellatur a sancto   10
ministerio, propterea quod in negocio coenę dominicę cum Luthero minime
sentiat.[d] Vocauit aliquoties ↓seorsim↓ coram se vtriusque sectę fratres, et eos
adinuicem commisit. Vicit autem semper veritas, Lutheranis vix respiranti-
bus[12]. Princeps quoque ipse viuacius quam quj nobiscum sunt, in ipsis
congressibus veritatem tuebatur, ita vt[e] vel solus de hostibus tum trium-   15
phasse videatur. Vidisses ↓tum↓ propugnatores humanj figmentj tamquam
semidemortuos loquj, haud secus atque hi quj de suę causę[f] ęquitate despe-

---

    [b] *gestrichen* est. – [c] *gestrichen* h[abuit]. – [d] *gestrichen* Congregat. – [e] *gestrichen* ille. –
[f] *gestrichen* in.

Professor der Theologie und Doktor der Rechte in Marburg, Freundschaft mit Burkhard Mithoff
[Mithobius]. Vgl. CAESAR, CATALOGUS, S. 2, 5f., 11, 19; DOMMER, DRUCKE, Nr. 35a, S. 30;
Nr. 40, S. 32; GUNDLACH, CATALOGUS, S. 5f.; MÜLLER, ANFÄNGE, S. 177f.; STRIEDER, GRUND-
LAGE X, S. 104–107. — Freundlicher Hinweis von Herrn Prof. Dr. Hans Schneider, Marburg.
    [6] Diese Briefe Franz Lamberts an Bucer sind nicht erhalten.
    [7] Franz Lambert von Avignon: *De symbolo foederis nunquam rumpendi, quam Commu-*
nionem vocant [...], Januar 1530 (Druck posthum in Basel, November 1530). Vgl. VD 16, Nr. L
158; MÜLLER, REFORMATION, S 104–116; KÖHLER, ZWINGLI UND LUTHER, S. 159–161.
    [8] Adam[us] Krafft [Cratus, Vegetius, von Fulda] (Fulda 1493 – 9. September 1558 Mar-
burg). Ab 1512 Studium in Erfurt, 1521 Magister der Theologie. 1521-1525 Prediger in Fulda,
1525 Hofprediger in Kassel, 1526 Visitator der hessischen Klöster, 1527 Professor der Theologie in Marburg, 1529 dort Rektor der Universität. Vgl. GUNDLACH, CATALOGUS, S. 4.
    [9] Erhard Schnepf[f] (Heilbronn 1. Januar [November ?] 1495 – 1. November 1559 [1558 ?]
Jena). Studium der Theologie in Erfurt und Heidelberg, 1520-1522 evangelischer Prediger in
Weinsberg, 1523-1524 in Wimpfen, führte 1526 in Weilburg die Reformation ein. 1527-1534
Professor der Theologie in Marburg, Begleiter Philipps von Nassau zu den Reichstagen in
Speyer 1529 und Augsburg 1530. Schnepf war am 12. Mai 1530 in Augsburg eingetroffen, pre-
digte in St. Moritz und St. Ulrich und versuchte, vor allem in der Abendmahlsfrage zwischen
den Schweizern und den Lutherischen zu vermitteln. Vgl. BCOR III, Nr. 222, S. 258, Anm. 11;
BRINKMANN-BROWN, SCHNEPF, S. 16f.; GUNDLACH, CATALOGUS, S. 4f.; HARTMANN, SCHNEPF,
insbes. S. 18–29; LOCHER, REFORMATION, S. 487, Anm. 262.
    [10] Adam Krafft: *De symbolo foederis [...] nunquam rumpendi, quam Communionem vo-*
cant, Francisci Lamberti Avenionensis confessio [...], 26. Februar 1530.
    [11] Die Universität Marburg.
    [12] Johannes Oekolampad hatte am 12. Februar 1530 an Zwingli geschrieben: „At bene-
dictus deus; res illorum [= Lutheranorum] interim in dies magis ac magis inclinant. Lambertus
in Hessis et multi alii palam nobiscum sentiunt, lantgravius [= Philipp von Hessen] quoque ipse
cum cancel[lario] [= Johannes Feige von Lichtenau]" (ZWINGLI Bw. IV, Nr. 976, S. 448,
Z. 10–12).

rant. Et huiusmodj omnes sunt per totam Hessiam territj, deficiuntque multj
ab eis per dies singulos. In omnibus benedictum nomen sanctum Dei, quem
precarj toto animo debemus, vt principem confirmet spiritu suo seruetque ab
imprudentibus consiliarijs[g] ac proditoribus in multas generationes!

5   Peto, mi Bucere, vt me certiorem facias de his ↓quę↓ apud vos aguntur.
Nam quj non veritatem, sed hominem sequuntur [*vgl. I Tim 6, 5*], apud nos
disseminant vos jam perplexe tractare mensę sanctę negocium, interdictum-
que a magistratu[13] etc. Et, vt apertius loquar, etiam mihi ipsi Adamus et
Schnepfius dixerunt comitem quendam retulisse illis, quod audierit vos pro

10   concione dicentes quiddam tale: „Hactenus, fratres, docuimus de mensa
dominica quod sensimus, nihil vero definimus. Jam vos sedetis; liberum sit
vobis sic vel sic sentire; neminem voluimus ad id deducere, vt hoc vel illud
sequeretur etc." Ego quidem, cum vestram norim constantiam experiarque in
me ipso, quanta sit huius sensus, imo veritatis, suauitas quantaque certitudo

15   eiusdem eruditis a Domino, nihil talium credidj. Nam etiamsi mutarent alij
sententiam, non mutarem ego. Rescribe igitur mihi rem omnem, quo citius
licuerit, vt habeam quod certo respondeam hominibus illis. Respondj quidem
illis intrepide, figmentum asserens quod referebatur; verum illi contra vrge-
bant testimonio virorum insignium, praesertim comitis Gulihermj[14], suscep-

20   toris filij ↓mei↓[15], et alterius etiam comitis. Quibus tamen nec sic credidj.
Opto, vt habeam literas tuas, quas opponere[h] illis possim. Fac ergo, vt vel
saltem rescribas sub Francfordianum mercatum.

Fertur Argentoratum defecisse a Caesare, cum aliquot alijs vrbibus, eas-
demque Heluetijs iunctas[16]. Dicitur et Argentoratum Gallo[17] a Cęsare tradi-

25   tum et proelia vos expectare. Fac sciam, qua ratione hęc habeant, ↓si nosti↓.
Princeps noster ingentem vim pecuniarum vndique congregat, causam autem
ignoramus[18]. Dominus omnia bene vertat! Moguntinus[19] et aliquot alij episcopi ipsi principi amicitia iunctj videntur et cum eo frequentes sunt.

---

[g] *O* consilijs. – [h] *gestrichen* in.

[13]   Der Straßburger Rat.
[14]   Graf Wilhelm von Fürstenberg (um 1500 – Juni 1568 Ljubin bei Jaroslav). 1530 Eintritt in den Deutschen Orden, 1557–1559 Deutschordensmeister in Livland. Vgl. ARBUSOW,
GRUNDRISS, insbes. S. 175f., 181, 186, 190; MATTIESEN, WILHELM VON FÜRSTENBERG, S. 698;
SERAPHIM, GESCHICHTE, S. 156–164; WITTRAM, GESCHICHTE, S. 66–69, 75.
[15]   Lamberts Sohn Isaac, geboren am 29. November 1524 in Straßburg. Vgl. den Brief
Lamberts an Henri-Cornelius Agrippa vom 31. Dezember 1524: HERMINJARD, CORRES-
PONDANCE I, Nr. 133, S. 317, Z. 11.
[16]   Anspielung auf den Beitritt Straßburgs zum Christlichen Burgrecht der Städte Zürich,
Bern, Basel und Konstanz am 5. Januar 1530. Vgl. oben Nr. 270, S. 3, Anm. 2.
[17]   Franz I. von Orléans-Angoulême (1494 – 1547). 1515 bis 1547 König von Frankreich.
Vgl. WOLF, FRANZ I., S. 385–389.
[18]   Vgl. den Brief von Capito an Zwingli vom 22. April 1530: ZWINGLI Bw. IV, Nr. 1012,
S. 546–551.

Jam vero tandem, Bucere, id de me agam. Langueo[i] supra modum, quando sortem expendo meam. Satis quidem[j] iuxta carnem mihi est prospectum, sed moerore pene conficior, cum Dei donis in proximorum bonum[k] vti non possim, ⟨hoc est, cum nulla lingua ex quatuor quas habeo vulgaribus docere liceat proximos[20].⟩ Scio certo me ad id vrgeri a Domino, sed quando nihil speciatim mihi indicatur et non me cogit peculiaris vocatio, persisto[l] in concredita mihi functione. Vtinam esset oppidulum apud Heluetios, in quo vulgum docere possem, secundum ea quae accepi a Domino [vgl. I Kor 11, 23]! Sic iam, Dei beneficio, instructus sum, vt confidam nos summa concordia Christum docturos. Horreo mores populi huius, ita vt putem me frustra in eis laborare; cupio quoque, vt, si me abstulerit Dominus, alibi maneat familiola mea et cohabitet timentibus Dominum. Si ↓praeterea↓ apud Heluetios essem,[m] amicis scriptis liceret commonefacere Lausanensem episcopum[21], olim mei amantissimum, et Lausanenses ac Gebennenses, quos olim docuj[22]. Neque est quod timeas meum (vt sic loquar) impetum; jam enim multa experientia didici. Nihil [f° 3413 v°] efficacius ad persuadendum modesta et solida eruditione[n], etiamsi arguere et increpare aliquando opus sit.

Linguis praeterea dedj hoc triennio operam et, vt aliquid iam experirer, Hieremię Thręnos [Thr 1, 1–5; 22] ex Hebręo reddidj et adiecto commentariolo ad pręlum ↓ferme↓ parauj, emittendos sub nundinas autumnales[23]. Prophetas quoque meos et cantica reuocabo (vt sic iam loquar) ad incudem[o] oportune[24], si modo hoc ipsum facere Christus donauerit. Hęc adiecj, ne quis me linguarum studia execrari arbitretur, quę sequor, et quae latinis scribimus

---

[i] gestrichen totus. – [j] gestrichen mihi. – [k] gestrichen vbi. – [l] zuerst meam. – [m] gestrichen p[er]. – [n] zuerst erudire. – [o] gestrichen s[i].

[19] Erzbischof Albrecht von Mainz (1490–1545). Vgl. JÜRGENSMEIER, ALBRECHT; NISCHAN, ALBERT, S. 15f.; REBER/ROLAND, ALBRECHT.

[20] Lambert beherrschte die hebräische, griechische, lateinische und französische, nicht aber die deutsche Sprache, obwohl er seit fast sieben Jahren mit einer deutschen Frau verheiratet war. Entsprechend war sein Wirkungskreis auf diejenigen beschränkt, die Latein verstanden. Vgl. MÜLLER, REFORMATION, S. 51, 120f.

[21] Sebastian von Montfaucon, Bischof von Lausanne. Vgl. HERMINJARD, CORRESPONDANCE I, Nr. 138, S. 328–335.

[22] Lambert war maßgeblich an der Einführung der Reformation in Genf und Lausanne beteiligt. Zwischen dem 8. und dem 15. Juni 1522, zwischen Pfingsten und dem Trinitatisfest, hielt er als Gast Henri-Cornelius Agrippas die ersten evangelischen Predigten in Genf. Am 17. oder 18. Juni 1522 traf er in Lausanne ein, wo er etwa eine Woche lang evangelische Predigten hielt. Vgl. HERMINJARD, CORRESPONDANCE I, Nr. 52, S. 101, Anm. 2; Nr. 133, S. 318, Anm. 9.

[23] Dieses Übersetzungs- und Kommentarwerk Franz Lamberts ist unbekannt, es wurde wahrscheinlich nie veröffentlicht.

[24] Franz Lamberts Kommentare zu den Kleinen Propheten: Hoseakommentar (März 1525), vgl. VD 16, Nr. B 3844, B 3845; Amos-, Obadja- und Jonaskommentar (Juni 1525), vgl. VD 16, Nr. B 3872, B 3873; Micha-, Nahum- und Habakukkommentar (August 1525), vgl. VD 16, Nr. B 3926, B 3927; Joelkommentar (Oktober [?] 1525), vgl. VD 16, Nr. B 3859, B 3860; Zephania-, Haggai-, Sacharia- und Maleachikommentar (Januar 1526), vgl. VD 16, Nr. B 3971.

curamus, ↓etiamsi parum prospere cedat,↓ vt dictio nostra mundior sit quam hactenus[p]. Neque enim aliquid horum etiam grandeuis et Deum timentibus illicitum putamus. Curamus, inquam, etiamsi parum efficiamus. Tu ergo, Bucere, cum Capitone curate, si quis posset mihi locus contingere docendj populum. Operiar interea, <quid per vos mihi Dominus respondere dignabitur. Capitonem cupio amice et humiliter ex me salutarj, non mediocriter dolens quod aliquid dissidiorum inter nos olim fuerit[25].<

Quis sit is tabellio, intelliges ex alia mea quam habet epistola[26]. Nulli cupit esse onerj, sed pauper est, mihi notus. Annum et dimidiatum in carcere egit apud Tornacum[27], vbi Symon Robe[r]tus[28] agebat olim <u>parȩcianum</u>[29]. Vltimo,[q] in eculeo suspensus et tortus ac captiuitate damnatus, ad me venit fuitque domj meȩ duobus mensibus, cuj fecj non quod voluj[r], sed quod potuj. Factus est ob tormenta ad labores arduos ineptus. Dum vero tandem nulla viuendi ratio ↓hic↓ sibi obtingeret, iter ad vos fuit aggressus, vt aut Argentoratj aut apud Symonem praedictum[s] auxilium quȩreret.[t] Lathomus fuit, iam vero debilitatus cupit aliud opificium. Obsecror[u] te et fratres alios, adeste huic Christi confessorj vxore et filio grauato. Scio te nihil neglecturum; ideo tibi confidentius scripsj. Si quid vicissim a me voles, fac intelligam. Etenim si qua in re tibi aut alijs tua causa gratificarj valuero, nihil sum neglecturus. Quod huic feceris, mihi factum putabo.

---

[p] *gestrichen* Neque. – [q] *gestrichen* in car[cere]. – [r] *zuerst* valuj. – [s] *gestrichen* hoc. – [t] *gestrichen* o. – [u] *zuerst* Obsecro.

25 Während Lamberts Aufenthalt in Straßburg von Frühjahr 1524 bis Herbst 1526 kam es zu erheblichen Spannungen mit Bucer und Capito über die Abendmahlsfrage. Die Meinungsverschiedenheiten mit Bucer konnte Lambert während des Marburger Religionsgesprächs 1529 beilegen, eine klärende Aussprache mit Capito, der nicht nach Marburg gekommen war, konnte aber nicht stattfinden. Vgl. MÜLLER, REFORMATION, S. 24, 122.

26 Ein späterer Brief Lamberts an Bucer ist nicht erhalten. Möglicherweise wurde wegen Lamberts zunehmender Pesterkrankung, der er am 18. April 1530 erlag, auch kein weiterer Brief geschrieben. Die Identität des Schreibers aus Tournai ist also nicht mehr zu klären.

27 Tournai.

28 Simon Robert aus Tournai, als Glaubensflüchtling zusammen mit Wilhelm Farel von 1526 bis Mai 1528 in Straßburg bei Capito. Vgl. BCOR III, Nr. 192, S. 141–143; HERMINJARD, CORRESPONDANCE I, Nr. 182, S. 450, Anm. 6; CORRESPONDANCE II, Nr. 230, S. 127, Anm. 3; SCHMIDT, FAREL, S. 5–9.

29 = paroecianum.

30 Hermann von [van] dem Busche [Busch, Büsche, Pasiphilus] (Schloß Sassenberg um 1468 – April 1534 Dülmen). Studium in Münster, Deventer, Heidelberg, Rom und Bologna. Um 1500-1502 humanistischer Wanderlehrer in Hamm, Münster, Osnabrück, Bremen, Hamburg, Lübeck und Wismar. 1502-1507 Lehrer für Beredsamkeit und Poesie in Wittenberg und Leipzig. Ab 1507 in Köln ansässig, wird Busch Anhänger Reuchlins, seine Mitwirkung an den Dunkelmännerbriefen gilt als sicher. 1516 Leitung der ‚Großen Schule‘ in Wesel. Busch stellt sich auf die Seite Luthers. 1523 Professor für lateinische Literatur in Heidelberg, seit 1527 Professor für Geschichte an der Artistischen Fakultät in Marburg. Vgl. ELLINGER, GESCHICHTE I, S. 419–427; LIESSEM, BUSCHE, insbes. S. 1–57; MÜLLER, ANFÄNGE, S. 178f.; TRUSEN, BUSCH, S. 61f.

Salutant te Buschius^v [30], Eybachius noster[31], Sebastianus[32] et alij fratres.
Salutat te vxor mea[33], quam primum^w in negocio coenę a me dissidentem
mutauit Dominus et mihi concordem fecit. Ipsi gloria! Amen. Illa et ego^x
Capitonem[34], Anthonium[35], Sebastianum[36], Martinum[37], Hedionem[38], Symphorianum[39], Mathiam[40], Lathomum[41] et clariss[imos] Danie[lem] Mueg[42],   5

---

^{v} *anstatt* vxor. – ^{w} *gestrichen* mihi. – ^{x} *gestrichen* tua[m].

[31]   Hartmann Ibach [Ybach, Ybachius] (Marburg um 1487 – um 1531 Marburg). Ab 1505
im Deutschordenshaus zu Marburg, danach Barfüßer, verließ 1518 das Kloster, kam Anfang
1522 nach Frankfurt a. M. und hielt an der Katharinenkirche zwischen Invocavit und Reminiscere 1522 drei aufsehenerregende, evangelische Predigten. Er ging 1523 nach Wittenberg,
erhielt 1524 eine Predigerstelle in Sonnenwalde, 1526 in Buchholz, 1528 in Marburg. Hier
wendet er sich gegen die Anhänger Luthers und versucht, Landgraf Philipp von Hessen für
Zwingli zu gewinnen. Vgl. DECHENT, KIRCHENGESCHICHTE I, S. 84–88; RUPPERTSBERG, IBACH,
S. 2; WINTZER, IBACH, S. 115–183.
[32]   Augustus Sebastianus Nouzenus. Vgl. oben Anm. 5.
[33]   Christine Lambert.
[34]   Wolfgang Capito [Köpfel]. Vgl. oben Nr. 271, S. 6, Anm. 8.
[35]   Anton Engelbrecht (Engen um 1490 – 1557 Straßburg). Zunächst Studium in Leipzig,
1520 Promotion zum Doktor der Theologie in Basel, 1520–1524 Pfarrer in Bruchsal. Als Beauf-
tragter des Bischofs von Speyer entband er Bucer am 29. April 1521 von seinen Gelübden.
Seine zunehmend lutherisch geprägten Anschauungen zwangen ihn im Sommer 1524 zur Flucht
nach Straßburg, wo er von 1525 bis 1534 das Amt des Pfarrers an St. Stephan bekleidet. 1544
geht Engelbrecht nach Köln, wendet sich dem Katholizismus zu und wird zu einem Gegner
Bucers. Vgl. BCOR I, Nr. 23, S. 134, Anm. 5; BELLARDI, ENGELBRECHT, S. 183–206.
[36]   Sebastian Meyer (1465 – 1545 Straßburg). Franziskanermönch in Straßburg, 1490 Promotion zum Doktor der Theologie in Freiburg i. Br.; etwa 1521-1524 Prediger in Bern, 1526-
1531 Prediger an St. Thomas in Straßburg; nach Predigertätigkeit in Augsburg und (erneut) in
Bern 1541 Rückkehr nach Straßburg als Münsterprediger. Vgl. BCOR III, Nr. 224bis, S. 266,
Anm. 3; QUERVAIN, GESCHICHTE, S. 44–56.
[37]   Martin Betscholt († 27. November 1546), Straßburger Kaufmann, 1521–1533 Mitglied
der Fünfzehn, 1532 Stettmeister, 1533–1539 Mitglied der Dreizehn, 1543 Ammeister. Betscholt
war eines der wenigen Ratsmitglieder, die auch der französischen Sprache mächtig waren. Vgl.
BCOR III, Nr. 194, S. 156, Anm. 146; BRADY, STRASBOURG, S. 300f.
[38]   Kaspar Hedio [Heyd, Bock, Böckel]. Vgl. oben Nr. 272, S. 8, Anm. 5.
[39]   Symphorian Altbiesser [Althiesser, Pollio] (Straßburg um 1460 – 1537 Straßburg).
1500–1510 Kaplan am Straßburger Münster, 1510–1524 Pfarrer an St. Stephan, 1524–1528 an
St. Martin, 1528–1529 am Gutleuthaus, von April 1529 bis zu seinem Eintritt in den Ruhestand
im Februar 1531 an St. Aurelien. Vgl. BCOR I, Nr. 59, S. 218f., Anm. 1.
[40]   Matthias [Matthäus] Zell (Kaysersberg 21. August 1477 – 9. Januar 1548 Straßburg).
Studium in Mainz, Erfurt und Freiburg i. Br., 1517 Rektor der Universität Feiburg i. Br. 1518
nahm Zell einen Ruf als Prediger an das Straßburger Münster an, wo er ab 1521 begann, evangelisch zu predigen. Seine Verteidigung gegen Gervasius Sopher: *Christeliche verantwortung
M. Matthes Zell von Keysersberg Pfarrherrs vnd predigers im Münster zu Strassburg vber Artickel jm vom Bischöfflichem Fiscal daselbs entgegen gesetzt*, Dezember 1523, ist eine der ersten
protestantischen Schriften Straßburgs. Zell wurde am 3. Dezember 1523 von Bucer mit Katharina Schütz getraut, die das Pfarrhaus in der Bruderhofgasse zur Herberge für bis zu 100 Glaubensflüchtlinge machte und in ganz Mitteleuropa seelsorgerliche und kirchenpolitische Briefwechsel führte. Zu Matthias und Katharina Zell vgl. ABRAY, ZELL, S. 310f.; ADAM, STRASSBURG,
insbes. S. 30–41, 109–122, 195–198; BAUM, CAPITO UND BUTZER, S. 195–205; MC KEE, KATHA-
RINA SCHÜTZ-ZELL; STUPPERICH, ZELL, S. 605–609; ZIMMERLI-WITSCHI, FRAUEN, S. 73–90.

Knieps[43] et Conradum Johem[44] aliosque fratres in Domino salutamus, non oblitis vestris vxoribus.[y] Pax vobis omnibus a Domino Deo nostro per Jesum Christum[z] Dominum nostrum! Marpurgi, die lunae post eum diem dominicum quem vocant Reminiscere[45]. Hęc cursim admodum noctu, inter multa
5   negocia; ideo bonj consule incultam neglectamque dictionem. Salutat te Gilbertus[46] meus carissimus, Scotus, tui studiosissimus.

Franciscus Lambertus quam maxime tuus[aa]

Posteaquam literas concluseram, aduenit nuncius referens optimum fratrem Ste[phanum][47] et filios eius peste sublatos, quod certe et principi (qui
10   eum diligebat) et alijs fuit multo dolorj. Hęc scripsi, vt si opus est, admoneas eos ad quos rerum eius cura pertinet. Orate pro nobis. Apud nos ferme vbique, in oppidis et pagis, hęc contagio[48] vires accipit, et multi tolluntur. Dominus misereatur nostri! Fiat voluntas eius sacrosancta[49]!

Adresse [f° 1413 v°]: Insigni Christ ministro Mar[tino] Bucero, fratri in
15   Domino venerabili et amicissimo Argentorati.

---

[y] *gestrichen* M[arpurgi?]. – [z] *gestrichen* S[piritum sanctum]. – [aa] *gestrichen* et aliorum vestrum fratrum omnium.

41   Johannes Steinlin [Latomus, Lathomus] († November 1549 Straßburg). 1525–1531 Pfarrer an St. Nikolaus in Straßburg, von 1531 bis zu seinem Tod an St. Aurelien. Vgl. ADAM, STRASSBURG, S. 69, 91; BCOR II, Nr. 140, S. 179, Anm. 35; BORNERT, RÉFORME, S. 59, 517.
42   Daniel Mieg [Müg, Müge, Muh]. Vgl. oben Nr. 269, S. 2, Anm. 11.
43   Nikolaus [Claus] [von] Knieb[i]s [Knybs] (1479 – 4. oder 5. Oktober 1552). Studium der Rechte in Freiburg i. Br.; seit 1512 Mitglied des Straßburger Rates; 1519, 1525, 1531 und 1537 Ammeister; ab 1520 Mitglied der Dreizehn (XIII) und seit 1526 einer der drei Scholarchen. Vgl. BCOR I, Nr. 50, S. 203, Anm. 1; BORNERT, RÉFORME, S. 42; ABRAY, PEOPLE'S REFORMATION, insbes. S. 317f.; FICKER/WINCKELMANN, HANDSCHRIFTENPROBEN, S. 1b; ROTT, CORRESPONDANCES, S. 758–764; SCHINDLING, HOCHSCHULE, S. 28f., 45, 80–83.
44   Konrad Joham von Mundolsheim (um 1480 – August 1551). Kaufmann, Bankier und einflußreiches Ratsmitglied in Straßburg, 1522-1530 Mitglied der Fünfzehn, 1530-1548 Mitglied der Dreizehn (XIII). Vgl. ABRAY, PEOPLE'S REFORMATION, S. 234; BCOR III, Nr. 192, S. 143, Anm. 20; BRADY, STRASBOURG, insbes. S. 68, 102, 322f.
45   Der Sonntag Reminiscere fiel 1530 auf den 13. März, also der 14. März 1530.
46   Gilbertus Winram Edenburgensis kam als Begleitung Patrick Hamiltons zusammen mit zwei weiteren Schotten nach Marburg und wurde hier immatrikuliert. Vgl. CAESAR, CATALOGUS, S. 2; MÜLLER, ANFÄNGE, S. 170–172.
47   Der hier genannte Stephan ist nicht mehr identifizierbar.
48   Tatsächlich handelte es sich bei dieser Epidemie nicht um die Pest, sondern um den „Englischen Schweiß" (Schweißschrecken, Schweißfrieseln, sudor anglicus, febris militaris), eine erstmals 1485 im Heere Heinrichs von Richmond aufgetretene, häufig tödliche Infektionskrankheit mit Schüttelfrost, hohem Fieber und Ausbruch übelriechenden Schweißes. Die Epidemie wütete in Hessen bereits seit Oktober 1529. Vgl. KELLER, EPIDEMIE, S. 6f., 26; MANN, ENGLISCHER SCHWEISS, insbes. S. 1–11.
49   Wegen dieser, fälschlich als Pest diagnostizierten, Epidemie in Marburg wurde die Universität im Frühjahr 1530 nach Frankenberg i. Hessen verlegt. Franz Lambert hatte sich aber bereits infiziert und starb am 18. April 1530 in Frankenberg am Englischen Schweiß.

Oa Zürich SA, E II 341, f° 3413 r°/v°. — C Zürich ZB, S 25,67. — P Fues-
lin, Epistolae, Nr. XV, S. 70; Herminjard, Correspondance II, Nr. 286,
S. 239–244.

279   1530 März 20. Straßburg. — Bucers Widmungsschreiben an die Marburger Akademie[1]

Bucer introduit la seconde édition de son commentaire sur les évangiles,
auquel il a apporté des corrections de fond.
Dans une première partie, Bucer traite de manière développée les fon-
dements et les conditions pour la Concorde dans l'Église, à laquelle s'op-
pose Satan. À l'aide d'arguments scripturaires (tirés notamment des épîtres
de Paul) et patristiques (en premier lieu, des textes d'Augustin), Bucer
examine la question de savoir qui l'on peut tenir pour hérétique et qui l'on
peut tenir pour un frère en Christ, et dans quelle mesure la communion fra-
ternelle, dans l'amour du Christ et des apôtres, peut être préservée avec
ceux qui défendent, sur tel ou tel point doctrinal, une autre opinion.
Dans une seconde partie, Bucer répond à l'accusation, élevée après le col-
loque de Marbourg contre les Suisses, selon laquelle derniers, à l'exception
de la doctrine relative à la Cène, auraient réfuté toutes leurs autres hérésies,
et, s'ils n'avaient pas craint d'irriter leur peuple, ils auraient concédé ce
point aussi. Reprenant, point par point, l'examen des articles du colloque de
Marbourg, Bucer montre que les accords obtenus ne contredisent nullement
les opinions exprimées auparavant par les Suisses.

Bucer geht am Anfang auf die Drucklegung der zweiten Auflage des Evan-
gelienkommentars ein, in der er gegenüber der Erstauflage grundlegende
Verbesserungen vorgenommen hat.
Im ersten Teil bietet Bucer eine sachliche Erörterung über die Grundlagen
und Bedingungen der Einheit der Kirche. Er setzt sich aufgrund biblischer
Belege und unter Bezugname auf die Kirchenväter, vor allem Augustin, mit
der Frage auseinander, wen man für einen Ketzer halten, wen als christli-

---

[1]   Zur Marburger Akademie vgl. unten Nr. 286, S. 79, Anm. 1. Das Widmungsschreiben
liegt uns in zwei Fassungen vor, zum einen als ausführlicherer Sonderdruck, zum anderen als
kürzere Vorrede zu Bucers Evangelienkommentar vom Jahr 1530. Da Bucer den Sonderdruck
für die Marburger Akademie zunächst als eigenständige Würdigung verfaßte und verstand (vgl.
unten Nr. 285, S. 78, Anm. 16), kann er als ursprünglichere Fassung gelten, der unserer Edition
zugrundeliegt.

*chen Bruder anerkennen müsse, inwieweit auch mit solchen Menschen, die
in dem einen oder anderen Lehrpunkt abweichen, in der Liebe Christi und
der Apostel die brüderliche Gemeinschaft aufrecht zu erhalten sei.
Im zweiten Teil wendet sich Bucer gegen die Anklage, die nach dem Marburger Religionsgespräch gegen die Schweizer erhoben wurde, diese hätten
mit einziger Ausnahme der Abendmahlslehre ihre anderen Ketzereien alle
widerrufen und wären auch an diesem letzten Punkt nachgiebig gewesen,
wenn sie nicht die Aufregung ihres Volkes zu Hause gefürchtet hätten, das
sie bei solch einem Ergebnis getötet hätte. Bucer geht die einzelnen Artikel
des Marburger Gespräches durch und zeigt demgegenüber, daß sie zwar,
wenn ihnen selbst die Formulierung überlassen worden wäre, manches
anders ausgedrückt hätten, daß aber die Vereinbarungen keineswegs ihrer
früher geäußerten Meinung widersprächen.*

Cum proximo biennio Pater cęlestis regnum Christi sui feliciter admodum —
ipsi immortalis gratia! — prolatauit et multo plures quam antea in messem
euangelicam extrusit operarios [*vgl. Mt 9, 37f.*], flagitare coeperunt fratres
quidam meas in sacros euangeliographos enarrationes recudi. Quod cum
5   typographus[2] pararet, meas partes esse duxi, opus recognoscere et, quae cum
ad explanationem euangeliorum tum de communibus doctrinae christianae
locis in eo disserueram, denuo excutere atque ad scripturarum obrussam
exigere, necubi meum commentum uel pro uerbo Dei supposuissem uel certe
illi assuissem[a]. In ecclesia enim Dei nihil nisi Dei uerba promere fas est [*vgl.*
10   *I Petr 4, 11*], duntaxat Dei interpretem, quo funguntur munere, quicunque
explananda sacra susceperunt. Quanta itaque licuit diligentia et fide, sub
incudem omnia reuocaui inuocatoque numine Christi ad scripturarum praescripta fideique analogiam expendi, quaedam auctiora et confirmatiora
reddidi, nonnullos quoque nouos de aliquot communibus locis tractatus
15   adieci, paucula etiam emendaui, praecipue in explicationibus eorum, quae
euangelistae ex prophetis subinde citant. Videor si-[*f° d iij v°*]-quidem mihi
nunc plura Christi dono in scriptis propheticis, quam cum primum has enarrationes uulgarem[3], cernere. Iam existimo enarrationem scripturarum professo haudquaquam satis esse dixisse uera, dixisse quae tradita probataque

---

[a] ‹i. Pet. iiij.›.

[2]   Der unserer Edition zugrundeliegende Sonderdruck des Widmungsschreibens an die
Marburger Akademie wurde von Johann Prüss d. J. besorgt. Die zweite Ausgabe von Bucers
Evangelienkommentar *Enarrationes perpetuae in sacra quatuor evangelia [...]*, März 1530
(vgl. VD 16, Nr. B 8872), dem das Widmungsschreiben in etwas gekürzter Fassung vorange-
stellt ist, hat Georg Ulrich Andlau gedruckt. Vgl. LANG, EVANGELIENKOMMENTAR, S. 63.
[3]   Die Erstausgabe von Bucers Evangelienkommentar im Jahr 1527 bzw. 1528. Vgl. ebd.,
S. 49–62.

sint a maioribus, sed nihil simul non curae ac studij impendendum, ut dicat
etiam cuique loco propria et germana. Qua in re hactenus — absit inuidia
dicto — non parum dormitatum est, tum ob imperitiam sacrę linguę, tum
etiam ob securam nimis, ne dicam ignauam multorum credulitatem, qui
utcunque receptis uti quam certiora ipsi inquirere maluerunt. Expunxi de-   5
nique, si quod dictum in priori editione exciderat paulo uehementius. Etsi
nanque tum quoque ungues studiose continuerim, modo tamen, quoad eius
fieri potuit, volui aliquanto diligentius, ne quid affectu potius quam iudicio a
me scriptum merito putaretur, cauere[b]. Sunt etenim diuina uerbis per omnia
Dei afflatum et nihil carnis referentibus tractanda. Ad hoc christiano danda   10
opera est, ut ad bonum placeat omnibus, quodque bene probeque instituerit,
nullius, quantum in ipso est, maledicentiae obnoxium faciat. Porro, sunt
quidam teneris dicam an exulceratis animis adeo suaque tam impense admi-
rantes, ut si quamlibet modeste ab eis dissentias et tradita ab ipsis confutes,
idque nulla alia quam gloriae Christi illustrandae caussa, infandum protinus   15
clamitent admissum sacrilegium, omne ius et fas uiolatum quiritentur, qui
tamen eos, quorum ipsi sententias reiiciunt, sic tractare soleant, ut meri
Archilochi[4] uideri queant. Hos quandoquidem placari se nisi quae tradunt
omnibus album calculum adijcias, sinunt, ferre satius est iratos quam placare
ueritate doctrinae Christi dissumulata, ne dicam prodita. Et parentes nanque,   20
uxor et liberi prę Christo habendi sunt odio[c] [*Lk 14, 26*]. Quanto autem redi-
merem, ut siue isti, siue alij, quibus hęc nostra parum satisfecerint, ea ratione
illa, et quęcunque ipsorum palato maligne respondent, confutare uellent, qua
ego reieci, quae in ipsorum scriptis probare nequiui.

Sed furit hoc seculo exitialissimus ille Satan, sanctę con-[*f° d 4 r°*]-cor-   25
diae uetus disturbator[d], quodque unice delendum, multorum alioqui minime
malorum hominum animos sic occupauit et fascinauit, ut, cum quicquid
semel dogmatum arriserit, id, qualecunque sit, nihil addubitent uel ex diui-
niore reuelatione se uel infallibili scripturarum traditione accepisse. Ilico
tanquam Christi spiritu inanes deplorant, quicunque eadem protinus non sus-   30
ceperint; qui uero etiam illa impugnarint, hos mox pronunciant a spiritu ueritatis hoste exagitari, quod nemo loquens in Spiritu Sancto dicat anathema
Jesu[e] [*I Kor 12, 3*]. Nam Christum ipsum et totum proculcari existimant,
simul atque uel tantillum damnaueris eorum, quę ipsi uera credunt, nulla
penitus ratione habita, qua de re dissensio sit et quantum ferat ignorantiae   35

---

[b] ‹Qua lenitate et modestia sacra tractanda.‹. – [c] ‹Luc. xiiij.‹. – [d] ‹Causa cur hoc seculo adeo
inter se digladientur Theologi.‹. – [e] ‹i. Cor. xij.‹.

[4] Ἀρχίλοχος, Archilochos von Paros, griechischer Dichter, nach Cicero (Tusc. 1, 3) Zeit-
genosse des Romulus und zu seiner Zeit als zweiter Homer gepriesen. Bucers Anspielung
bezieht sich auf den stellenweise verletzenden Ton seiner Spottgedichte. Vgl. BLUMENTHAL,
SCHÄTZUNG; LÖWY, CHRONOLOGIE; PAULY, REALENCYCLOPÄDIE 2, Sp. 487–507.

certa tamen in Christum fides ac syncerum innocentiae studium. Quę plane
antiqui ueteratoris[5] fascinatio si, quod omen auertat Deus, ubique obtineat,
tot habebimus ecclesias quot capita. Nemo siquidem hic uiuit absque errore,
nullus est, cui non in sacris quoque uideatur saepe, quod a uero absit quam
5   longissime. Ad haec cuius pectus tenet timor Dei, is nec ipse doctrinę sacrę
nomine amplectetur nec docebit alios, quod non sit persuasus uerum utque a
Deo profectum esse. Si iam uelis ilico spiritu Christi destitutum iudicare,
quicunque non idem censeat, et hostem ueritatis, qui, quod existimat falsum,
confutare in animum induxerit, quem quęso tandem fratrem agnosces? Nam
10   ne unum equidem unquam par hominum uidi, quod per omnia eadem sentiret, etiam in sacris. Proinde qui instaurando corpori Christi sese uolet, ut par
est, accommodare et in domo Dei cum fructu ac citra offendiculum uersari,
is probe semper cogitet tum sibi tum aliis omnibus pręter spiritum Christi et
carnis spiritum adesse atque ab hoc saepe illum sic effingi, ut quique sanc-
15   tissimi huius non raro figmenta pro oraculis Christi amplectantur[f]. Tum ani-
maduertat Paulum aeque scripsisse neminem posse profiteri aut praedicare
Dominum Jesum nisi per Spiritum Sanctum; atque scripsit neminem per spiritum sanctum loquentem dicere Dominum Jesum anathema [*I Kor 12, 3*];
denique non ilico Dominum Iesum reiici et ana-[*f° d 4 v°*]-thema fieri, si quid
20   ueritatis per ignorantiam oppugnetur.
    Certe fratres illi[g], qui dierum ciborumque delectum obseruatu necessa-
rium tempore Pauli quasi praeceptum diuinitus arbitrabantur [*vgl. Gal 4, 10;
Kol 2, 16*], ut credebant ita loquebantur, quanque existimabant praeter scripturae diuinae authoritatem inuectam libertatem non potuerunt non uerbis
25   etiam damnare. Alioqui nulla fuisset caussa Paulo illos monere, ne uescentes
quibuslibet iudicarent [*vgl. Röm 14, 3*]. Atqui hic error, si ex se ipsum aes-
times, euertebat semel uniuersas illas scripturas, quibus docemur fide in
Christum omnem nobis et iustitiam et salutem parari [*vgl. Röm 1, 16; 3,
24f.*], hoc est, quicquid omnino de Christo et prophetae pędixerunt et prae-
30   dicarunt apostoli. Tam autem aberat, ut expungi propterea hos ex Christi albo
Paulus ferret, ut etiam suscipere eos, hoc est ut fratres agnoscere, sin-
gularique humanitate fouere praeceperit et diiudicationes disceptionum
uetuerit [*vgl. Röm 14, 1; 15, 7*], uolens nempe, ut Domino quisque docendus
relinqueretur, qui non ilico, dum nos quam tenemus ueritatem exponimus,
35   eandem animis auditorum spiritu suo manifestat et persuadet, quod tamen
dum non facit, frustranea sit oportet et plantatio et rigatio [*vgl. I Kor 3, 6–9*],
hoc est quicquid quamlibet sancti et docti uel doceant uel moneant. Nec est,

---

[f] ‹Vnde labantur sancti.‹. – [g] ‹Quantum erroris ferendum in fratribus.‹.

[5] Mit dem „alten Schlaukopf“ ist der Teufel (der „altböse Feind“ mit seinen Listen)
gemeint.

ut dicatur rem, circa quam errauerunt isti, fuisse leuiculam, nempe cibum; quamlibet enim in se parui momenti ea res fuerit, error tamen, quo Dei circa illam ueritatem hi non recipiebant, tamen secum totius Christi negationem, adeo, ut Paulus queratur se frustra apud Galatas[h] [*Gal 4. 5*], quibus idem error obtrusus erat, laborasse et affirmet Christum eis, si circuncidantur,   5 haud profuturum. Miror autem quosdam, dum hoc loco urgentur ad concordiam, rei de qua controuertitur pondus caussari, cum ipsi alias obijcientibus nobis externa non debere tanti fieri, ut ob ea ecclesiae communio scindatur, respondere soleant hic non quid, sed quis loquatur spectandum et fidem subuerti Deumque blasphemari, si quodcunque eius uerbum non suo sensu   10 accipiatur. Certe istuc, si sic habet et est ob quamlibet ueritatis oppugnationem frater reijciendus, haudquaquam debuerunt ut fra-[*f° e r°*]-tres coli, qui manifeste adeo, quam D[ivus] Paulus et alii apostoli de libero cerimoniarum Mose usu tradebant diligentiaque procul dubio singulari commendabant, ueritati reluctabantur. Nam sicut, quod aduersari legi Dei existimabant, ipsi   15 fugiebant religione deterriti, ita alios quoque inde reuocarint, cum fratres essent et timore Dei agerentur, atque sic ueritatem Christo oppugnauerint, oportet; et eam sane, qua negata negatur Christus unus esse et consummatus in se credentium seruator. Sed Paulus humanae conscius imbecillitatis [*vgl. I Kor 9, 22*], quantumque ignorantiae teneat mortales omnes [*vgl. Eph 4, 18*],   20 et certus esse Dei filios [*vgl. Röm 8, 14*], quicunque aliquo ipsius timore prediti sunt, haudquaquam illos ueritatis, quam nondum agnoscere poterant, hostes haberi uoluit, utcunque illam inscientes non reijcerent modo, sed etiam, qua erant synceritate et erga Dei legem religione, imprudenti zelo impugnarent. Christum quidem seruatorem unicum et consummatum agnos-   25 cebant, nec uidebant, quid huic fidei aduersaretur: credere simul Mose cerimonias necessario ut a Deo prescriptas obseruandas, id ipsum indubie tamen, sed suo tempore, ut omnia Deus certis temporum articulis dispensat [*vgl. Eph 1, 9f.*], uisuri. Vt igitur in nullius creaturę manu erat, hanc illis ueritatem, differente suam doctrinam Deo, persuadere, ita nihil potuit circa eos   30 fieri salubrius, quam quod precepit Paulus, nempe quod nihilominus fratres agnoscerentur et contentiosis disputationibus minime exagitarentur. Nihil siquidem aliud, si eos, qui saniores erant, disputationibus ursissent, nondum docente Deo, a quo doceri uniuersos oportet [*vgl. Jes 54, 13*], quam noxiam contentionem peperisset.   35

Sic iam et nos perturbato hoc seculo, quo non sola doctrina sacramentorum, sed tam multa pręterea, inter eos quoque, quos fructus abunde probant nonnullo Dei studio teneri, controuertuntur, agere addecebat, nempe ante omnia consyderare, si quem Christi religio obstringat, si cui adspirarit Deus

---

[h] ‹Gal. 4.5.‹.

sui timorem[i]. Hunc enim quicunque nacti sunt, tale habent sapientię initium,
eam uitę uenam, [f° e v°] ut tandem omnia filiorum Dei certo consecuturi
sint. Quos itaque uidemus Deum in numerum filiorum suorum adlegisse, eos
cur nos fratres agnoscere dedignemur? Sicubi errare uidentur, cur non cogi-
5   tamus nos forsan ibi, ubi putamus illos, labi? Nemo sane sciens errat, et
nemo quantumuis sanctus ab errore immunis est. Deinde ut omnino errori
minime affines nos esse persuasum sit, cur non agnoscimus et nobis fide
infirmos esse suscipiendos[j], quoque nobis uidemur fortiores, eo nos decere
curam habere imbecillium magis solicitam? Nec hos alios esse, quam qui
10   Christo quidem sese dediderunt, haerent tamen in aliquibus, quae quidem, ut
de sententia eorum, qui cerimonias Mose sic mordicus tenebant, modo
diximus, fidei Christi prorsus repugnant, etiam si id ipsi in praesens non
queant uidere nec sint uisuri antea, quam Spiritus Dei, quod ipsorum modo
mentes obtegit uelamen, submouerit [vgl. II Kor 3, 15–17]. Christus seruator
15   ipse dixit aeternam illum uitam uiuere[k] [Joh 6, 47], qui in se crediderit; iam
habet suos uera fides fructus: sedulam in usus fratrum dilectionem, gaudium,
pacem, lenitatem, benignitatem, bonitatem, in rebus agendis ueritatem et
fidem, mansuetudinem et temperantiam[l] [Gal 5, 22f.]. Haec ubicunque efful-
gent, illic uere Christus est, propterea quod a ueteri homine ista tam frustra
20   expectantur quam a spinis uuae. Qui igitur Dominum Jesum Christum confitentur, quod nisi in Spiritu Sancto nemo serio potest[m] [I Kor 12, 3], qui innocentię et demerendi quoslibet studio, quod tantum filiorum Dei est, intenti
sunt, eos ut indubitato agit spiritus Christi, cuius sunt, ita si fratres non
agnoscimus[n], uere Christum in illis reijcimus. Nec recte a quibusdam objici-
25   tur illos, quos memoraui, fructus ab hypocritis et haereticis speciosius plerumque assimulari, quam proueniant apud rite credentes. Quantum siquidem
est inter spiritum et carnem, tantum sit et inter ea, quae ab his utrimque pro-
ficiscuntur, discrimen necesse est, et tam non praestabit dilectionem, pacem
et hoc genus alia caro, quam ea nequit esse id quod spiritus. Stat dictum
30   Christi a tribulis et sentibus non posse legi uuas[o] [Mt 7, 16], [f° e ij r°] et
carnem inter ac spiritum eam pugnam esse, ut alter alterius opus modis
omnibus euertat; tam abest, ut ex se quicquam tale gignat. Sic nanque Paulus
de his scripsit: Haec inter se mutuo aduersantur, ut non quaecunque uolueri-
tis faciatis[p] [Gal 5, 17]. Simulacrum quidem aliquod dilectionis, gaudij,
35   pacis, lenitatis et reliquorum spiritus fructuum [Gal 5, 22] impij pręstabunt,
dum mirificam quandam erga eos, quos ideo sibi familiares ipsi delegerunt,
quod inuenta sua laudent et socij sint in damnandis insectandisque ijs, qui ab

---

[i] ‹Quo hodie uera pax restitui et servari queat inter christianos.‹. – [j] ‹Qui fide infirmi.‹. –
[k] ‹Ioh. vi.‹. – [l] ‹Galat v.‹. – [m] ‹i. Cor. xij.‹. – [n] ‹Ex quib[us] christiani agnoscendi.‹. – [o] ‹Matth.
vij.‹. – [p] ‹Gal. v.‹.

eis dissentiunt, uidentur exhibere beneuolentiam conuictuque ipsorum
magnopere delectari. Sed quis tam ferus pyrata, quis sicarius, qui non aliquos
habeat, quibus cum uiuat humaniter, quibus benefecisse gaudeat? Dilectio,
pax, gaudium et caetera huius ordinis, quę uera sunt, instar dilectionis boni-
tatisque habent diuinae, atque ideo cum aliquatenus complectuntur quoslibet,   5
etiam malos et hostes[q], tum effusissime sese proferunt erga eos omnes, qui
uel aliquem Dei sensum timoremque uere habent, et erga fide infirmiusculos
quam fortiores eo studiosius, quo minore cura opus habent, qui recte ualent,
quam qui secus. Sicque suum ingenium, suum colorem semper obtinent, ut
ab inanibus illis, quibus sese ostentant reprobi simulacris, multo discernan-   10
tur facilius quam a plumbo argentum, ab aere aurum. Qui enim Deum per-
petua beneficentia, nihil uspiam sui quaerente, exprimat, qui diabolus est? A
fructibus igitur hisce, qui quam late pateant, Paulus clare docet, non ex
nostris affectibus, minus ex alienis adeo a syncera dilectione suspicionibus,
de fratribus iudicemus.   15

Jactatur illud Pauli ad Titum[r] [*Tit 3, 10*]: „Haereticum hominem post
unam et alteram admonitionem deuita", sed quam minime multi sunt, qui,
quid Paulo haereticus homo dicatur, perspectum habeant. Nequaquam enim
haereticum esse censet Apostolus, ut quidam, qui dogmati aliquo erroneo
adhaeret peruicatius[s]; id enim et probatissimis sanctis usu uenit, quippe qui   20
nihil prorsus recipiant, nisi quod indubitato credant iuxta scripturas esse
eoque nullius mortalium gratiae [*f° e ij v°*] cedendum. Iam cum in confesso
sit et huiusmodi plerumque hominum commenta pro oraculis Dei ex errore
amplecti, fit sane, ut illis ita faueant quoque, ita animum addicant, ut par est
uerbo Dei, imo eo impensius, quo caro inuentis suis afficitur ardentius. Adeo   25
sane haec spiritui apud nos praeualet, ut paucissimi sint, qui non in ea, quae
suggerit uana superstitio, quam quae uera Christi exigit religio, studio feran-
tur feruentiore. Quotusquisque enim hodie est, qui reuelata iam euangelij
ueritate ex uero Christi spiritu uera bona opera, iusta ieiunia, preces, elee-
mosynas huiusque monetae alia tanta incumbat animi propensione, quanta in   30
commentitia illa humanitus comme[n]data ieiuniorum praecunque simulacra, in peregrinationes, structuras, ornamentaque templorum, statuarum et
hoc genus alia paulo ante incumbebat? Quis eo studio, ut ad indubitatum
Christi regnum quam plurimos adducat, flagret, quo flagrasse antehac mo-
nachos et monachas, qui mare et arridam circumibant, quo uel aliquos in sua,   35
ne quid aliud dicam, ergastula pertraherent et suę tyrannidi obnoxios redde-
reṅt, uidimus? Praetenuis enim illa est, quę hic contingit, afflatus superni
aura nec protinus rapit tam ualide, carne scilicet renitente, hoc est inuicto
nobis naturę sensu, quam clare monstrat quo sit eundum. Id experimur

---

[q] ‹Vera dilectio praestari a malis non potest.‹. – [r] ‹Locus Pauli ad Tit. 3.‹. – [s] ‹Non sunt ilico
haeretici qui errori inhaerent obstinatius.‹.

omnes, eoque delicta, quę non nisi ex falsis et contra Dei uerbum creditis sententijs uniuersa nascuntur (nec enim unquam peccabit, qui Dei uerbo ubique credat), nobis condonari cottidie petimus. Utinam eius satis memores quoque essemus, cum iudicandi sunt alij! Sed redeundum ad propositum. Sic
5 res habent humanę, ut dum hac carne grauamur, quamlibet ueritatis studiosis, multa tamen saepe uideantur, etiam in scripturis Dei, quibus illlae nihil minus tradunt; attamen dum hic tenet error et caro suis adeo inuentis fauet, quod falsum est, etiam a sanctissimis hominibus pro uero saepenumero defenditur, imo ut id statuant, ueritatem haud leuiter oppugnant. Etenim
10 uolunt esse ueri, quęque diuinitus se accepisse arbitrantur, ut Dei placita defendenda existimant. His quicquid facias, alios non red-[*f° e iij r°*]-des, donec errore illos ipse soluat Christus. Huic igitur eos, nimirum suo Domino, relinquas oportet, colens nihilominus eos fratrum loco, dum ex germanis et infallibilibus fructibus uideas apud eos sedem habere Spiritum Patris tui.
15 Quin quo errant in pluribus, eo decebit te illos tractare charitate magis sedula et officiosiore, quo et Christi sui in te Spiritum sentientes et tuis pręterea officijs deuincti, cum quę affers audiant libentius, tum fidem quoque illis citius habeant, ac ita quod tuae partes sunt, accommodum te seruatoris Spiritui instrumentum exhibeas.
20   Vt autem, qui Paulo haeretici sunt[t], plane cognoscamus, ipsum audire conuenit. Nec enim tam multis malum hęreseos notum est, quam multos tenet. „Carnis opus" est, ut ex catalogo illo Pauli ad Gal[atas *5, 19–21*][u] liquet, eoque pro occasione nulli deest, quem caro, hoc est deprauatae huius naturę sensus, totum regit, sicut nec alia carnis opera absunt, si modo sit
25 eorum occasio. Soli eo liberi sunt, quos moderatur Spiritus Christi, et pro ea qua moderatur portione. Nam aliquatenus hoc mali et sanctos infestat, dum hic a Domino peregrinantur. Id quod ex priore ad Cor[inthios] undecimo liquet. Illic enim sic legimus [*I Kor 11, 18f.*]: „Audio schismata in uobis esse, et partim credo. Oportet enim inter uos et haereses esse, ut manifesti fiant,
30 qui inter uos probati sunt." Vide quę schismata, eas et hęreses uocat, utrumque nihil aliud, ut ex sequentibus eo loci liquet, quam factiones et studia. Ex his enim fiebat, ut quisque suam cęnam haberet, alius alium contemneret nec in commune Domini caenam celebrarent [*vgl. I Kor 11, 20–22*]. Hoc ergo malo laborantem, qui scindere in studia Christianos quae-
35 rat, hoc est qui in ecclesia Christi factiosus sit, hęreticum hominem appellauit scribens Tito [*Tit 3, 10*]. Nam cum ante hęc hortatus hunc esset, ut de fide in Christum, per quem iustificati hęredes sumus uitę aeternę, eos qui Deo crediderant, confirmaret, quo solicite bonis operibus incumberent, quę sola sint honesta et utilia, stultas autem quęstiones et genealogias et conten-

---

[t] ‹Quid Paulo hęresis qui haeretici.‹. – [u] ‹Gal. v.‹.

tiones ac pugnas legales omitteret, propterea quod sint inutiles et superua-
caneę [*Tit 3, 7–9*], subiecit: „Hęreticum autem hominem" etc. [*f° e iij v°*]
Perfacile itaque intelligere est, etiam ex hoc loco, haereticum hominem a
Paulo uocari contentiosulum et circa quaestiones superuacaneas cum iactura
dilectionis insanientem sectasque et studia prępostero dogmatum nihil ad   5
pietatem facientium amore excitantem. Certe qui huiusmodi est, cum eo nihil
cum fructu pietatis ex sacra doctrina contuleris, cumque semel ac iterum
admonitus resipiscere negligit, per se ipsum damnatus peccat. Sentiunt enim,
qui tales sunt, uim ueritatis, cumque quid ad innocentiae instaurationem
faciat intelligant, insano tamen contentionis studio transuersum rapti, manus   10
dare ueritati nolunt. Hęresis itaque apud Paulum morbus est faciendi sectas
et in studia scindendi ecclesiam Christi[v]; hęreticus, qui hoc morbo laborat, et
non qui errori duntaxat aliquo obnoxius pro doctrina Dei sua uel aliorum figmenta amplectitur atque ideo hoc quoque nomine defendit, si tantum non ob
id ab ijs qui Christum una quęrunt, secedat et euadat factionis uel autor uel   15
sectator. Hoc ergo inter haereticum et erroneum interest[w], quod ille a fratribus secedit Christique societatem illis renunciat, hic uero, quamlibet a fratribus dissentiat, ius tamen communionis cum illis seruat inuiolatum. Deinde
cum uterque quamdiu eos error tenet, quae sentit et loquitur et defensat, facit
hoc tamen hic, tanto quam ille humanius, quanto plus adhuc illo retinet cha-   20
ritatis; utque minus apud hunc spiritus erroris quam apud illum ualet, sic
prima fidei, in quibus conuenit, prouecta studet, ut saepe secundaria illa, de
quibus est dissensio, pulchre dissimulet, cum ille totus in ijs sit, in quibus
errat, etiamsi ea rite et uere cognita ad pietatem nihil aut perparum momenti
adferant. Hinc iam et tertium discrimen sequitur, ut Christi communionem   25
cum haeretico uel ad tempus, ipso scilicet secedente, oporteat intermittere,
cum erroneo uero nunquam. Nam nec cuiuis haeretico in totum uale dicendum est, sed ei soli, quem compertum sit hostem se agnitę ueritati consti-
tuisse atque iam Spiritum Sanctum, cui sceleri omnis ueniae adempta spes
est, blasphemare. [*f° e 4 r°*]   30

Sic de haeresi et haereticis D[ivus] quoque Augustinus[6] sensisse uidetur,
qui ad Crescontium Grammaticum lib[ro] ij.[7] haeresim definit esse inuete-
ratum schisma, et lib[ro] iiij. de baptismo contra Donatistas[8] D[ivum] Cypria-
num[9] hinc haereseos purgat, quod suam de rebaptizandis haereticis senten-

---

[v] <Quid hęresis et hęreticus.<.– [w] <Quid inter erroneum et haereticum intersit<.

[6]   Der Kirchenvater Aurelius Augustinus (354–430).
[7]   Aurelius Augustinus: *Contra Cresconium Grammaticum Donatistam*, lib. 2, VII, 9
(MPL 43, Sp. 471).
[8]   Aurelius Augustinus: *De Baptismo contra Donatistas*, lib. 3, I, 1 (MPL 43, Sp. 139).
[9]   Cyprian von Karthago (hingerichtet am 14. September 258 in Karthago). Bischof der
Gemeinde von Karthago. Zu Cyprian und zum Problem der „rebaptizandi haeretici" vgl.
GÜLZOW, CYPRIAN; WICKERT, CYPRIAN, S. 158–175.

tiam sic et tenuerit ipse et commendarit alijs, ut tamen ab ecclesię communione propterea non discesserit nec quenquam iudicare aut a iure communionis aliquem, si diuersum sensisset, amouere uoluerit. Et eundem excusans
libro primo scribit in haec uerba*: „Quod non recte fieri (hoc est rebaptizari
5 eos, qui ab hęreticis baptisma suscepissent, id quod Cyprianus faciendum in
concilio Carthaginensi, in quo conuenerant episcopi octoginta, censuerat[10])
tanto uiro nimirum propterea Dominus non aperuit, ut eius pia et humilitas
et charitas in custodienda salubriter ecclesiae pace patesceret et non solum
illius temporis christianis, sed etiam posteris ad medicinalem, ut ita dicam,
10 notitiam signaretur. Cum enim tanti meriti, tantę ecclesię, tanti pectoris, tanti
oris, tantae uirtutis episcopus aliud de baptismo arbitraretur, quam erat inqui-
sita diligentius ueritas firmatura, multique eius collegae, quamuis liquido
nondum manifestatum, id tamen tenerent, quod et praeteritae ecclesię
consuetudo et postea totus catholicus orbis amplexus est, non se ille tamen a
15 caeteris diuersa sentientibus separata communione disiunxit et hoc etiam
caeteris persuadere non destitit, ut sufferrent inuicem in dilectione, studentes
seruare unitatem spiritus in uinculo pacis* [*Eph 4, 2f.*]. Ita enim corporis
manente compage, si quid in quibusdam membris infirmabatur, ex eorum
sanitate conualesceret, potius quam pręcisione mortificatum diligentiam
20 nullius curationis admitteret. Et si se ille separasset, quam multi sequerentur,
quantum sibi nomen inter homines faceret, quam latius Cyprianistae quam
Donatistae uocarentur! Sed non erat filius perditionis [*Joh 17, 12; II Thess
2, 3*], de qualibus dictum est: ‚Deiecisti eos dum extollerentur‘ * [*Ps 72, 18*],
sed erat filius pacis ecclesię, qui tanta cordis illuminatione pręditus propter-
25 ea non uidit aliquid, ut per eum aliud super-[*f° e 4 v°*]-eminentius uideretur.
Et adhuc inquit Apostolus** [*I Kor 12, 31; 13, 1*]: ‚Supereminentiorem uiam
uobis demonstro. Si linguis hominum loquar et angelorum, charitatem autem
non habeam, factus sum uelut aeramentum sonans aut cymbalum tinniens.‘
Minus ergo ille penetrauit, ut cerneret secretum abditum sacramenti, sed si
30 sciret omnia sacramenta, charitatem autem non haberet, nihil esset." [11] Haec
D[ivus] Augustinus, quae ideo tam multa adducere uolui, ut liqueret,
quantum etiam huius sanctissimi patris iudicio condonari debeat charitati,
utque ea salua omnia recte habere ipse quoque censuerit, etiamsi iuxta non
uulgariter erretur et errory pro ueritate haud leui studio et commendetur et

---

* <Quid hae[re]sis D. Augustino.<. – * <Ephes. iiij.<. – * <Psal. lxxij.<. – ** <i. Cor. xij.<.

[10] Es handelt sich um die Herbstsynode von Karthago im Jahr 256. Vgl. WICKERT,
CYPRIAN, S. 173.
[11] Aurelius Augustinus: *De Baptismo contra Donatistas*, lib. 1, XVIII, 28 (MPL 43,
Sp. 124f.).

defendatur, ita ut D[ivus] Cyprianus suam de iterando baptismate sententiam
etiam frequentissimi authoritate concilij ecclesijs obtrudere operam dedit.

   Sed est tamen statuendum, quatenus cum uariantibus in dogmatis doctrinae christianae ius seruandum sit sacrae communionis et custodienda fraternitas. Certe memorat D[ivus] Paulus se Hymenęum et Alexandrum Sata-   5
nae tradidisse[ab] [*I Tim 1, 20*], quanquam hi blasphemi fuerint, sed sub finem
eius epistolae iubet seiungi et ab ijs, qui diuersam doctrinam sequuntur et
non accedunt sanis sermonibus Domini nostri Iesu [*I Tim 6, 3*]. Et Johannes
presbyter scripsit[ac] [*II Joh 10*]: „Si quis uenit ad uos et hanc doctrinam non
adfert, ne recipiatis eum in domum nec aue dixeritis" etc. Cum itaque ex tra-   10
ditione apostolica liqueat omnino quosdam, qui in doctrina uariant, esse
reijciendos uitandosque et rursus quosdam suscipiendos fratrumque loco
habendos, dispiciendum est, quae nam doctrinae diuersitas christianae uin-
culum pacis soluat, quae minus. Hoc preclare ut omnia idem Paulus docet.
Nam in priore ad Timotheum cap. primo cum mandasset illi, ut moneret   15
quosdam, ne diuersam doctrinam sequerentur, quae nullam aedificationem
praeberet [*I Tim 1, 3f.*], statim subiecit[ad]: „Porro finis praecepti, est charitas
ex corde puro, conscientia bona, fide non ficta" [*I Tim 1, 5*]. Quo aperte satis
docuit, in quo sita sit, quoque agnoscenda doctrina religionis nostrę proba
[*fᵒ f rᵒ*] et genuina, in syncera nimirum conscientiae a fraude et fidei a fuco   20
alienę dilectione, quę omnibus Christi spiritu destitutis prorsus inimitabilis
est. Quare quicunque hanc sic prę se tulerit, ut diuersum uita eius non probet,
is plane nobis, si Paulum audimus, ut Christi membrum, quibuscunque erro-
ribus obnoxius sit, habendus est dignusque, quem christianae fraternitatis
officiis colamus. Ita cap. sexto, cum iam doctrinę fidei in Christum de ger-   25
manae officijs dilectionis pręcepta subiecisset, in hunc modum scripsit: „Hęc
doce et exhortare! Si quis diuersam sequitur doctrinam et non accedit sanis
sermonibus Domini nostri Jesu Christi et ei, qui secundum pietatem est,
doctrinę, is inflatus est, nihil sciens, sed insaniens circa quęstiones ac dispu-
tationum pugnas, ex quibus irascitur inuidia, contentio, maledicentia, suspi-   30
tiones malae, superuacaneae conflictationes hominum mente corruptorum, et
quibus adempta est ueritas, qui existimant quęstum esse pietatem" [*I Tim 6,
2–5*]. Seiungere ab his, qui eiusmodi sunt! Et hic igitur aperto apertius exposuit, quib[us] pietatis doctrinam definierit et quae illi adhęrere necessario
agnouerit, ea nimirum quae per omnem epistolam tradidit quosque illi aduer-   35
santes uitandos[ae] existimarit, cum enim, quę his de seiunctione praemisit,
iustam Christi doctrinam iudicarit (subiunxit namque: „Hęc doce et exhortare!"). Frater nobis agnoscendus est, quicunque eisdem serio studuerit, et
sicubi adhuc haeret tanquam fide infirmior, nihilominus suscipiendus est et

---

fouendus, si modo a communione ipse non resiliat. Si uero et hoc admiserit,
haereticus quidem ipse est, uerum haudquaquam tamen, donec ulla eius
lucrandi spes superfuerit, despondendus; eoque, quamlibet ipse ab inuitis
nobis secedat Christique societatem renunciet, nobis tamen ex fratrum
5   numero delendus non est, quam diu uel aliquid Christi in eo reliquum apa-
ruerit, utcunque sint illi, sed ipsi in salutem quędam communionis nostrę iura
ad tempus neganda. Nam a qualibus nos seiungi uelit Apostolus, suis ipse
uerbis satis expressit, ijs nempe solis, qui sanis sermonibus Domini Jesu
Christi [*f° f v°*] et ei, quae secundum pietatem est, doctrinae, non accedunt
10   [*I Tim 6, 3*], idque in ea summa, in his praecipuis, quae per eam ipse epistolam docuerat.

Alioqui si quoslibet Christi sermones et ad uiuum exigendos intellexisset,
non potuisset tam multis praecipere Romanis suis, ut errantes circa cerimonias Mose, eoque compluribus sane Christi sermonibus, nempe quibus
15   docemur in spiritu et ueritate Patrem colere [*Joh 4, 24*] et sola in Christum
fide fratrumque dilectione legem omnem impleri [*vgl. Mt 22, 37–40 parr;
Röm 13, 10; Gal 5, 14; 6, 2*], non accedentes (sed quia eos non intelligebant)
susciperent et ut fratres colerent [*vgl. Röm 14, 1–3; 15, 7*]. Eandem uero
doctrinę sanctae summam perstringit et ad Titum capit. secundo, cum enim
20   et hac epistola a diuersa et pietati officiente doctrina fuisset dehortatus: „Tu
uero" (inquit) „loquere quae decent sanam doctrinam!" et subijcit: „Senes ut
sobrij sint" [*Tit 2, 1f.*] et caetera, quae docenda pręcepit et Timotheo. Ostendit itaque et hoc loco eum, qui ijs, quę illic subiecit uitę christianae praecepta, sese addixerit, germanum Christi discipulum, quicquid adhęreat
25   erroris, habendum et nihil minus quam hęreticum. Cum hoc pulchre et
D[ivus] Johannes consentit, qui de spirituum probatione uerba faciens haec
scripsit[af]: „Per hoc cognoscite spiritum Dei: Omnis spiritus, qui non confitetur Jesum Christum in carne uenisse, ex Deo non est. Et hic est ille spiritus
Antichristi" etc. [*I Joh 4, 2f.*]. Sic quos et Johannes[ag] presbyter excludi domo
30   et salutatione dedignari uoluit [*II Joh, 10*], ipse eo, quod illic praemisit,
abunde manifestum fecit. Hoc est, inquit, praeceptum, quemadmodum audistis ab initio, ut in eo ambuletis, quoniam multi seductores ingressi sunt in
mundum, qui non confitentur Jesum Christum uenturum in carne [*vgl. I Joh
3, 11; 4, 1–3*]. Proinde si utrique uel eidem Johanni credimus, nullos prorsus
35   nostro consortio et sacra communione indignos habebimus, qui Dominum
Jesum Christum uenisse in carne, uerum Deum uerumque hominem et unum
salutem nostram perfecisse confiteri ex animo uideri poterunt, sicut nemo ex
carne duntaxat et sanguine hanc unquam confessionem proferet, juxta illud,
quod seruator Petro se confesso dixit: „Caro et sanguis non reuelauit hoc tibi,
40   sed Pater meus cęlestis" [*Mt 16, 17*]. [*f° ij r°*]

---

af <Iohann. i. Epist. iiij.<. – ag *O* Johanues.

Si iam nobis satius est supensa a collo mola demergi in mare [*vgl. Mt 18, 6 parr*], quam minimum aliquem eorum, qui in Christum credunt, tantum offendere, quomodo cessurum nobis putabimus, huiusmodi pro quibus mortem oppetijt filius Dei, quantum in nobis est, Satanę penitus abijcere? Diuus Paulus ne hęreticos quidem, hoc est factiosos unitatemque ecclesiae ob stultas et superuacaneas quaestiones scindentes, despondere ilico permittit, sed requirit a seruo Domini eam placiditatem et mansuetudinem, tum docendi promptitudinem, ut malos quoque tollerare sciat et erudire ueritati obsistentes, si quam det illis Deus poenitentiam ad agnoscendum ueritatem [*II Tim 2, 24f.*]. Quo iam pacto isti iudicium suum approbabunt ei, qui hęc per Paulum pręcepit[ah], qui uere bonos et nulli sanae doctrinae scienter obsistentes, omni denique admonitioni spiritum Dei resipienti et uerbum eius prę se ferenti pronis animis auscultantes, tantum quod paucula aliqua nec ea magni momenti, quę profecta ex Deo agnoscere nequeunt, reijciunt, dare protinus Satanę audent regnique Dei, quantum in ipsis est, extorres facere[ai]? Tradidit Paulus Satanę Himenęum et Alexandrum [*I Tim 1, 20*], sed qui repulsa dilectione circa fidem fecerant naufragium et praeter sectam, quam introducebant pernitiosam, ipsissimi haeretici etiam in sanam doctrinam erant blasphemi. Seiungi quoque a quibusdam hortatur, sed a mente corruptis, quibus adempta sit ueritas quique existimant quęstum esse pietatem [*I Tim 6, 5*]. Si itaque Christum audire libet toties pronunciantem uitam ęternam habere quicunque in se crediderit [*Joh 6, 47*] et proprium discipulorum suorum insigne facientem dilectionem mutuam [*Joh 13, 34f.*], si Paulo et reliquis apostolis, qui et ipsi tot locis fide in Christum et dilectione erga proximum, cui coniuncta tamen sit ignorantia non modica, ex qua innumera quotidie peccata proueniunt, christianismum finiunt, fidem habere non grauabimur, neminem prorsus fraternitate nostra excludemus, nisi qui Christum unum esse seruatorem nostrum uel uerbis uel uita a dilectione proximi manifesto abhorrente, ut non iam ipsi nos, sed ille nobis sacram amicitiam renunciet, obstinate negauerit. Sunt [*f° f ij v°*] enim scelera quaedam, quorum diuus Paulus i. Cor. v. [*11*] et ij. Tessal. iij. [*10–12*] meminit, ob quę ij, qui fratrum nomine censentur, communione quidem arcendi sunt, sed in hoc, ut pudore suffusi resipiscant, quos ideo nominatim Apostolus prohibet haberi inimicos, iubet autem moneri ut fratres. Ex his iam quis non uideat, quam hac quidem in re sint a mente Christi alieni, qui hodie probatissimos fratres ob quamlibet dissentiunculam tamquam prorsus Christo uacuos despondent, Satanae dedunt et, quantum in ipsis est, cęlis et terra proscribunt?

Tumultuatum iam est toto quadriennio circa summae charitatis symbolum eucharistiam[12], nec hodie plena pax a plerisque impetrari potest. At interim

---

[ah] <ij. Tim. ij.<. – [ai] <i. Tim. vi.<.

utrinque praedicatur fide in Christum possideri uitam aeternam, dilectione totam impleri legem. Verba quoque, de quibus tam dira saeuaque est digladiatio, utrique fatentur uera et neutri simpliciter accipienda. Nam nemo omnium adhuc ausus dicere fuit panem esse id ipsum quod Christi corpus.

5 Thomas Aquinas ideo demonstratiuum „hoc" ad contentum sub speciebus retulit[13]. Ex nostris (nostros enim habemus, qui eundem nobiscum Christum praedicant, qualesquales ipsi nos habeant[14]) dixerunt alij sub pane Christi corpus contineri[15], alij per „hoc" demonstrari non panem, sed ipsum corpus Domini, quod pro nobis passum est[16], alij idem, sed simul inclusa similitu-

10 dine panis, ut demonstratio sit ad intellectum, non sensum[aj] [17]. Verus enim panis, uerus est cibus Christi corpus, sed ad uitam aeternam. Hi omnes tropum inesse his uerbis agnoscunt, hi synecdochen[18], illi metonymiam[19]. Ad haec pariter cuncti fatentur praecipuam esse et solam per se salutiferam manducationem spiritus, quę sit per fidem. Vnum hoc controuertitur, an

15 simul re ipsa[20] et corporaliter[21] Christus suum corpus manducari uoluerit[22], siue sub panis speciebus, siue sub ipso pane[23]. Nam neutri inficias eunt hanc Christi manducationem per se adeo saluti non esse, ut etiam pernitiem adfe-

---

[aj] <Quam nulla sit causa ut qui circa Eucharistiam dissentiunt, se inuicem abijciant.<

[12] Gemeint ist der seit 1526 verschärft geführte Streit über das Abendmahl zwischen Luther und den Schweizer/Oberdeutschen Theologen. Auf Luthers Vorrede zur deutschen Ausgabe des Synagramma Suevicum *Aigentlicher bericht D Martin Luthers den yrthumb des Sacraments betreffend*, Juli 1526 (WA 19, S. 447–461), antwortete Johannes Oekolampad mit der Schrift *Billiche antwurt Joan. Oecolampadij auff D. Martin Luthers bericht des Sacraments halb [...]*, August 1526 (ebd., S. 451f.). Luther empfand die Schrift als Provokation und veröffentlichte Anfang Oktober 1526 seinen *Sermon von dem Sakrament des Leibs und Bluts Christi wider die Schwarmgeister* (ebd., S. 474–523). Vgl. KÖHLER, ZWINGLI UND LUTHER I, S. 283–326; LOCHER, REFORMATION, S. 300–305.
[13] Zur Transsubstantiationslehre des Thomas von Aquin vgl. z. B. ISERLOH, ABENDMAHL III/2, S. 94.
[14] Durch diese Formulierung schließt Bucer ausdrücklich Luther und dessen Anhänger mit ein.
[15] Diesen Vorwurf richtete während der Eröffnung des Marburger Religionsgespräches am 1. Oktober 1529 Johannes Oekolampad gegen Luther (KÖHLER, RELIGIONSGESPRÄCH, S. 11). Vgl. Bucers Brief an Ambrosius Blaurer vom 18. Oktober 1529 (BCOR III, Nr. 257, S. 333, Z. 31–33).
[16] Oekolampad zu Luther (KÖHLER, RELIGIONSGESPRÄCH, S. 9f.).
[17] Zwingli zu Luther (ebd., S. 14f., 17).
[18] Luther zu Oekolampad (ebd., S. 28). Bucer schrieb darüber am 18. Oktober 1529 an Ambrosius Blaurer (BCOR III, Nr. 257, S. 333, Z. 33f.).
[19] Oekolampad zu Luther (KÖHLER, RELIGIONSGESPRÄCH, S. 9).
[20] In seiner Schrift *Sententiae veterum aliquot scriptorum de Coena Domini [...]*, März 1530 (vgl. unten Nr. 287, S. 81, Anm. 6), betont Melanchthon besonders die Worte ‚re ipsa' und ‚corporaliter' (CR 23, Sp. 733f., 738, 743).
[21] Vgl. z. B. Bucers Brief an Gregor Brück vom 23. oder 24. Juli 1530 (unten Nr. 320, S. 169, Z. 7) und Bucers Briefentwurf an Luther vom 22. oder 23. August 1530 (unten Nr. 327, S. 211, Z. 9).
[22] Luther zu Oekolampad (KÖHLER, RELIGIONSGESPRÄCH, S. 95).

rat, si desit illa spiritalis. Quam digna uero caussa tanti tamque pernitiosi schismatis? Nos itaque etsi non [*f° f iij r°*] dubitemus non solum citra omnem scripturam hanc corporalem manducationem adseri, sed etiam hinc sequi Christum seruatorem non esse uerum pro nobis hominem factum indeque euanescere, quo maxime spes nobis nititur resurrectionis, rationem noui tes-   5
tamenti tolli, gloriam Christi iam ad dexteram Patris regnantis imminui, quę denique de sui manducatione Johannis sexto [*Joh 6, 51–58*] disseruit, euerti, dum tamen perpendimus plerosque dogmatis huius sectatores a Christo in omnibus pendere, dilectionis officijs sedulo incumbere atque ideo haudquaquam in hoc dogmate, quę nos, uidere, imo hoc quo ipsi hęc uerba sensu   10
accipiunt, a Christo dicta nihil addubitare, agnoscimus nostrum esse, non quid per se ex hoc dogmate, sed quid in illorum sequatur conscientia, spec-
tare, utque obtinere apud eos ex tam certis indiciis, maxime uero omnium ex syncera illa dilectione studioque seruandae unitatis ecclesię, spiritum Christi cernimus, ita eos esse Christi dubitare nequimus[24].   15

Hęc sane caussa fuit, quod cum illic essemus[25], cur Luthero et suis societatem in Christo obtulerimus atque apertis nos scripturis probaturos recepe-
rimus et ex ipsorum officio esse, nos uicissim fratrum apud se loco dignari[26]. Nunc scribunt quidam christiani iuris parum consulti nos illos orasse, ut fratres nos agnoscerent, quod strenue nobis negatum sit[27]. Idque scribunt de   20
illis honoris caussa. Nos autem nihil puderet, etiam quemlibet, in quo Christi aliquid apareat, precari, ut fratris locum apud se concederet, si ad hoc id precari satis esset. Affirmabant illi sibi per conscientiam haudquaquam licere nos in fratres recipere, quapropter ineptum fuisset, eos orare, quo admisso contra conscientiam suam fecissent[ak]. Non igitur ut in numerum fratrum nos   25
adscriberent, sed ut audirent ex scripturis probantes nos illis adscribendos esse, precati sumus. Et indubie, si Dominus eis daret, affectus, qui modo turbant, pauhsper semouere, utique uisuri essent nihil prorsus sibi caussę adeo abijciendi nos relinqui; Christum etenim simul confitemur nostrum seruatorem; ex dilectione, quantum licet, uiuere studemus; nihil est ex omni   30

[ak] <Oblata Christi societas Luthero et suis.<.

[23]   Vgl. Bucers Brief an Ambrosius Blaurer vom 18. Oktober 1529 (BCor III, Nr. 257, S. 333, Z. 34–37).
[24]   Vgl. dazu Köhler, Zwingli und Luther II, S. 112–117; Locher, Reformation, S. 325–327.
[25]   Anläßlich des Religionsgespräches vom 1. bis 4. Oktober 1529 in Marburg.
[26]   Am Nachmittag des 3. Oktober 1529, gegen Ende des Religionsgespräches in Marburg, forderte Bucer Luther auf, ihn als Bruder anzuerkennen, aber Luther lehnte ab (Köhler, Reli-
giongespräch, S. 38, 129).
[27]   Vgl. Osianders Bericht über das Marburger Religionsgespräch an den Nürnberger Rat, zwischen 8. Oktober und 10. Dezember 1529 (Osiander GA III, S. 437, Z. 9–16; S. 439, Z. 11–14; S. 440, Z. 12–15). Vgl. Köhler, Zwingli und Luther II, S. 147f.

Christi doctri-[*f° f iij v°*]-na, quod non certissima fide amplectamur; ipsa
quoque uerba caenae singula quam religiosissime recipimus. Uerum cum ea
non habeant in pane manducari Christi corpus corporaliter idque tot alijs
apertissimis scripturae locis, ut nobis quidem datum est illos intelligere,
5 manifesto repugnet, hanc unam corporalem Christi manducationem, quę per
se saluti esse ne ab ipsis quidem affirmatur, negamus, huc sola Christi religione, quantum ipsi quidem nobis coram Deo conscij sumus, acti. Hac denique caussa tam noluimus hactenus ab illis secedere, ut nihil omnium, quae
uel ullo pacto retinendae fraternitati crediderimus inseruitura, sola excepta
10 ueritatis hac in re, quam tacere religio erat, confessione, et ea perquam modesta, praetermiserimus. Id testabitur posteritas et uidebit uerum uniuersus
orbis, cum Christus ad iudicium redierit. Quis iam igitur non uideat prępos-
teram esse, quae uel praetexitur uel uere incessit religio, ne nos, quicunque
demum illi sint - sunt enim, gratia Domino, haudquaquam multi -, fraterni-
15 tatis iure gaudere secum permittant? Nam aut nullos hi dissentientes in rebus
sacris fratres agnoscent, quod si uolent, nemo alteri uel inter ipsos frater erit,
aut si aliquos in fratrum numerum admittunt, et nos admittere oportebat.

   Nihilo mitius et circa baptismum dissentitur[al]. Tametsi omnes cum D[ivo]
Petro fatemur non sordium in corpore depositionem, hoc est externum laua-
20 crum, sed bonę confessionem conscientiae saluti esse [*I Petr 3, 21*] et christianis in omnia, quae extra sunt, plenam esse libertatem, sic modo, ut ad instaurationem ecclesiae omnibus utantur, adhuc sunt tamen tam minime
pauci, et ex his plerique haudquaquam eiusmodi, ut quisquam christianus eos
a Christo esse alienos iudicare queat, qui non solum immane scelus et diram
25 abominationem arbitrentur infantes tingere, sed nequeant etiam ullam cum
ijs, qui tingendos censent, in Christo societatem colere. Quae sententia
tantum secum inuexit iam errorum et schismatum agmen, ut nihil de ullis
superiorum temporum haereticis legatur tam insanum, quod non fuerit reduc-
tum pro-[*f° f4 r°*]-ximo quadriennio suosque rursum sectatores inuenerit, ut
30 uel unum hoc pietatis studiosis radicem hanc suspectam reddere merito
debuerit, ex qua tam infausta germina suppulularunt[28].

   Sunt denique qui perfectissimam quandam ecclesiae imaginem sibi ob
oculos statuunt, quod quidem pie facerent, si hac ratione suum studerent profectum urgere et non damnandi, quascunque hodie Christus ecclesias habet,
35 occasionem hinc sumere. Nam usu uenit haud paucis, licet ipsi quoque ab
illo pietatis exemplari, quale recte ex apostolicis literis concipiunt, absint
longissime, hoc tamen neglecto toti sint in damnandis fratribus, quos sanctis

---

[al] ‹Dissensio circa baptismum.‹.

[28] Vgl. dazu die Auseinandersetzungen Bucers und seiner Kollegen mit den Täufern in
Straßburg seit 1526 (QGT VII, Nr. 44–209, S. 51–258).

cohortationibus prouehere, non crudeliter adeo negligere et superbe nimis damnare debebant[am]. Sed ignorant in praesenti, cui militent, dum quęcunque in publico per Dei uerbum geruntur, tam non fastidiunt, sed plene quibus possunt modis deturbare laborant, quo horrendum quantam non fenestram sed ianuam antiquo omnis pietatis hosti[29] aperiant. Tolle siquidem e 5 pub[lico] usum doctrinę et exhortationis, et pietatem tulisti omnemque uirtutum chorum. Quare quandocunque uel aliquem populum Deus in terris habuit, publice doceri exhortarique illum per suos interpretes curauit. Sed quis uim explicet τῆς φιλαυτίας? Huic certe acceptum ferendum est, quod isti tam sunt inuentorum suorum amantes nec possunt fratres agnoscere, qui 10 eis non applaudunt, cum interim ijs, in quibus multa etiam praecipua christianismi desyderantur, non parum delectantur, hac sola caussa, quod admirantur uel admirari se simulant ipsorum inuenta. Eandem refert parentem, quod tantopere illos iuuat censere, iudicare et damnare quoslibet; sic enim suas tacite caro laudes, dum pro se quosque uituperat, uenatur. O rem nimis 15 arduam: nos ipsos abnegare penitus!

Sed intueamur tandem Christi Dei et seruatoris nostri exemplum! Consyderemus quibus huius apostoli spiritum expresserint! Animaduertamus quo tota nos lex eius uocet! Agnoscamus denique sola in quosque bonitate demerendique studio Dei in nobis imaginem refulsuram, Christi [*f° f 4 v°*] redemp- 20 tionem efficacem aparituram legemque nos Dei impleturos! Tum, quodnam sit huius ingenium, quę uis, qui color, discamus non ex nostris cogitationibus, minus ex usu uulgi, sed ex Christi adeo indulgenter et amanter suscipientis amplectentisque, tum suscipiendos amplectendosque ubique docentis, quicunque uel aliquod Dei studium prae se ferebant, quique omnia, quę 25 docuit, in unum dilectionis suum nouum et proprium praeceptum inclusit, tum exemplis, tum doctrina [*Mk 12, 30f. parr*]! Libeat potius eum, qui Paulum agens omnibus omnia, etiam infirmis infirmum [*I Kor 9, 22*] ac eiusmodi illum reddidit, ut et malos ueritatique insane obstrepentes cum lenitate tamen erudire monereque sustineret, spiritum sequi quam eum, quo post 30 refrictam charitatem acti sunt plerique episcoporum, qui non tam praepostera quam impia seueritate, schismatis et sectis ecclesiam tantum non euerterunt! Moneat, quod d[ivus] Paulus[an] tam diserta ac graui attestatione scripsit nos plane nihil esse, si etiam angelorum et hominum linguis, omni prophetia, omni scientia, fide montes transferente, benignitate cunctas simul in usus 35 pauperum opes profundente, ea denique constantia, qua incendio corpus offeratur, praediti et instructi, destituti autem simus dilectione, et quidem eiuscemodi, qualem ipse illic describit, quae tolerans sit, benigna, procul ab

---

[am] ‹Dissensio eorum, qui nullam esse in orbe putant Christi ecclesiam.‹. – [an] ‹i. Corinthio xiij.‹.

[29]   Vgl. oben Anm. 5.

inuidentia, procacitate, fastu, fratrumque fastidio, quę nihil sui quęrat, non sit
irritabilis, nemini malum cogitet, non gaudeat de iniustitia, congaudeat
autem ueritati, sufferat, credat, speret, sustineat omnia perennetque, omnis
abolitionis nescia, cum linguae, scientia, prophetia et fides abolebuntur
5 [*I Kor 13, 1–8*]! Quid? Deus ipse charitas est, in qua qui manet[ao], in Deo
manet [I Joh 4, 16]; qui secus, cum prorsus nihil sit, quid, quaeso, Dei
habeat? Jactant quidam ingens esse inter dilectionem carnis et spiritus discrimen sicque charitati deferendum, ne laedatur fides; sed utinam isti spiritum a carne tam probe discernerent fideique iustam rationem haberent, atque
10 uideri uolunt! Non est, credite fratres! Carnis dilectio, quae, ut Christi cogni-
tio recte in fratribus obtineat, ut uigeat cultus innocentię, in-[*f° g r°*]-fir-
miusculos suscipit, quae attritum calamum in hoc non confringit, ut restituat
et consolidet, et ellychnium[30] fumans potius quam lucens ideo non extinguit
[*Jes 42, 3; Mt 12, 20*], ut in iustam lucem excitet. Fidei uero quonam pacto
15 aduersabitur dilectio, quę nulla alia caussa fert, fouet curatque fide imbecil-
les, quam ut hanc in eis firmet, prouehat efficacemque suis fructibus reddat?
Scilicet huic consulimus, cum languescentem abijcimus ac uelut inarescen-
tem plantulam rigatione cultuque reliquo destituimus, imo, quantum in nobis
est, suo loco euellimus, ecclesia deturbantes? O pręposterum zelum et intem-
20 pestiuam seueritatem! Uix uno et altero loco de uitandis malis, et his tamen
non nisi confessis omnisque prorsus monitionis impatientibus, nobis praeceptum est, nusquam autem non de suscipiendis docendisque summa cum
lenitate errantibus, imo plane malis ueritatique modo citra blasphemiam in
Spiritum Sanctum [*Mk 3, 28f.*] obsistentibus, docemur, monemur, urgemur,
25 illud tamen adeo nos tenere solicitos, haec uero nihil prope mouere, usque
adeo, ut nullam penitus eorum habere rationem uideamur.

Superioris ecclesiae exempla prętexuntur; sed qui fit, ut ad humaniora et
Christi apostolorumque exemplis similiora non potius propendamus? In
confesso est apud omnes sacrę scientię rite consultos Latinos non habere,
30 quos d[ivo] Cypriano[31] et Augustino[32], Graecos, quos Chrysostomo[33], siue
eruditionem spectes, siue iudicij in tractandis scripturis dexteritatem, siue
denique uitae sanctimoniam, praeferant. Quam autem uariat horum de errantibus a tetricis istis Aristarchis sententia! D[ivus] Cyprianus[ap] in sacro Carthaginensi concilio[34] maxima episcoporum frequentia ita locutum ipse de se
35 testatus est: Superest, inquit, ut de hac ipsa re quid singuli sentiamus, profe-

---

ao <i. Ioh. iiij.<. – ap <Cyprianus.<.

30 Ἐλλύχνιον, der Docht der Öllampe, lat. linamentum, im Unterschied zum Docht der
Kerze, candelae filum.
31 Vgl. oben Anm. 9.
32 Vgl. oben Anm. 6.
33 Der Kirchenvater Johannes Chrysostomos (350–407).
34 Vgl. oben Anm. 10.

ramus, neminem iudicantes aut a iure communionis aliquem, si diuersum
senserit, amouentes. Neque enim quisque nostrum episcopum se esse episcoporum constituit aut tyrannico terrore ad obsequendi necessitatem collegas suos adegit, quando habeat omnis episcopus pro licentia libertatis et
potestatis suę arbitrium pro-[f° g v°]-prium, tanquam iudicari ab alio non   5
possit, cum nec ipse possit alterum iudicare. Sed expectemus uniuersi iudicium domini nostri Iesu Christi, qui unus et solus habet potestatem et prae-
ponendi nos in ecclesię suę gubernatione et de actu nostro iudicandi.[35] Haec
legis in epistola ad Quintinum, quae incipit: „Retulit ad me frater." Non dis-
similia et ad Iubaianum quoque scripsit sub finem epistolae ad illum datae[36].   10
Augustinus quantopere detestatus sit istam quorundam non tam intempes-
tiuam quam noxiam seueritatem, pluribus sane in locis, maxime autem in
libris contra Donatistas, et quibus supra quaedam adduxi[37], declarauit.

D[ivus] uero Chrysostomus[aq] [38] quam ab eadem hac ecclesiarum peste,
praepropera errantium fratrum reiectione, abhorruerit, nusquam sane non   15
manifesto prae se tulit, in sermone tamen de anathemate id multis sane et
grauissimis uerbis expressit: En, inquit, specto uiros, qui nullum ex sacris
literis germanum sensum, imo nihil omnino sacrarum literarum tenent, et, ut
pleraque transeam (nam erubesco dicere) furibundos, nugaces, contentiosos,
qui neque sciunt quae dicunt neque de quibus affirmant, in hoc uno tantum   20
audaces, quod dogmata statuunt et anathema declarant, ea quae maxime
ignorant. Hinc est, quod exteris hostibusque fidei nostrae ludibrio sumus
habemurque perinde, ac si nulla sit nobis honestae uitae cura et nunquam
benefacere didicerimus. Heu mihi, quam dura atque dolenda sunt haec! etc.[39]
Et postquam aliqua contra audaciam istorum, qui sibi permittebant hominem   25
anathema facere, dixisset, sic de illis praeterea scripsit: „Ad haec quid
respondent illi malitia potentes? Haereticus, aiunt, ille factus est, inha-
bitantem habet diabolum, aduersus Deum iniustitiam loquitur, multos in pro-
fundum perditionis abducit eloquentiae suae efficaci suadela et deceptione.
Sane propter hoc a patribus eiectus est, maxime quia eius magister quoque   30
partem ecclesiae abstulit, Paulinum uel Appollinarem[40] designando". At his

---

[aq] <Chrysostomus.<.

[35]   Cyprian von Carthago: *Ad Quintum, de haereticis baptizandis,* Epist. 71 (MPL 4,
Sp. 421–425). Bucer zitiert Cyprian nur indirekt, d. h. mit eigenen Worten.
[36]   Ders.: *Ad Iubaianum, de haereticis baptizandis,* Epist. 73 (MPL 4, Sp. 425).
[37]   Vgl. oben Anm. 7, 8, 11.
[38]   Vgl. oben Anm. 33.
[39]   Johannes Chrysostomos: *De non anathematizandis vivis vel defunctis* (MPG 48,
Sp. 947). Bucer zitiert Chrysostomos nur indirekt, d. h. mit eigenen Worten.
[40]   Zu Paulinus von Antiochien (gest. um 388) vgl. SLUSSER, SAMOSATA, S. 160–162. Zu
Apollinaris von Laodicea (um 315 – vor 392) vgl. MÜHLENBERG, APOLLINARIS, S. 362–371.

satis fieri oportebat sermone redarguente errorem, qui incrudescit: Doce, ait, in lenitate, erudiens eos qui obsistunt, si [*f° g ij r°*] quando det eis Deus poenitentiam, ad agnoscendam ueritatem, ut resipiscant a diaboli laqueo capti in uoluntatem illius! Extende sagenam charitatis, ut non subuertatur claudicans,

5   sed potius sanetur! Ostende, quod magna affectione bonum proprium cupias facere commune! Affer dulcem escam compassionis in aculeo et sic scrutare profunda, atque ex imo perditionis extrahe eum, qui sensu descenderat, ut et quod opinabatur et quod ignorabat, bonum existimaret. Haec ille[41]. Hoc sane interest inter errorem et ueritatem, quod ille ui et saeuitia, haec uelit adseri et

10   defendi solis ex Dei uerbo natis et a syncera dilectione formatis persuasionibus, quod idem in uita Babylae martyris[42] elegantissima antithesi probat[43]. Est siquidem erroris in dogmatis, quod hypocrisis in moribus ingenium, ut nanque hoc nihil est in alios inclaementius, cum uera iustitia quosuis quamlibet peccatis contaminatos, de quibus ulla modo sit spes resipiscentiae,

15   humanissime complectatur; ita cum ueritas quemlibet errantem, qui modo in Spiritum Sanctum nondum euaserit blasphemus, docendum suscipiat, error nullum prorsus, qui non ilico subscribat, fert, sed furit, saeuit, coelum terrae, terram coelo miscet, simul atque uel quauis ratione ei contradicitur.

Haec uiri doctissimi iuxta et pientissimi tam uerbose, quanquam, ut ha-
20   bent res saeculi huius plus nimio exulcerati, iustum uolumen requirant, ad uos hoc libentius disserui, quod cum istic in conuentu illo, quem uere illustrissimus et pientissimus princeps Hessorum[44], seculi huius clarissimum et cum primis salutare lumen, caussa sarciendae ecclesiarum concordiae instituerat[ar], essem, non sine ingenti gaudio didicerim uos supra quam dici queat

25   ob illud non tam atrox quam damnosum preconum euangelij Christi dissidium, quo eousque in Christi gregem Satan grassatus fuerat - utinam uel nunc illi pax nostra Christus finem imponat! -, discruciatos animis fuisse, eoque nihil prius horum inter se concordia semper optasse, longe quoque ab eorum sententia abesse, qui christianam protinus [*f° g ij v°*] societatem

30   renunciandam putant, si non statim omnibus ipsorum dogmatis subscribatur. Agnouistis enim id quod res est, si non in multis alij alijs dissentiendi a se facultatem faciant, salua tamen semper hac doctrinae sacrae summa, ut sola

---

[ar] <Marpurgensium in sacram concordiam studium.<.

[41]   Johannes Chrysostomos: *De non anathematizandis vivis vel defunctis* (MPG 48, Sp. 949). Bucer zitiert Chrysostomos nur indirekt, d. h. mit eigenen Worten.
[42]   Babylas, Bischof von Antiochien, starb während der decischen Christenverfolgung im Gefängnis. Vgl. EUSEB, HIST. ECCL. VI, 29, 5; 39, 4; PAULY, REALENCYCLOPÄDIE 2, Sp. 2667.
[43]   Johannes Chrysostomos: *De Sancto Hieromartyre Babyla* (MPG 50, Sp. 527–534).
[44]   Landgraf Philipp von Hessen. Vgl. oben Nr. 270, S. 3, Anm. 3.

in Christum fide iustitia et salus petatur solaque in proximos dilectione, sed
ea uiua, Deus demereatur, nullam unquam ecclesiarum pacem constaturam,
imo, ut saepenumero hac nobis carnis cęcitate pressis euenire necesse est, ut
tot sint sententiae quot capita, ita totidem quoque non ecclesias, sed ecclesiae uastatores αὐτονόμους futuros. Quapropter plerique uestrum una cum   5
sanctissimo principe[45] nihil ad summam diligentiam reliquum faciebatis,
quo, dum de carnali Christi manducatione conueniri non posset, alij alios
tamen fratrum loco haberent. Quod quidem charissimi symmistae et fratres
nostri Zuinglius et Oecolampadius[46], Hedio[47] ac alij haudquaquam pauci non
solum non grauatim a se impetrari passi sunt, sed eam etiam alijs conditio-   10
nem ultro obtulerunt, tam non diffisi propterea doctrinam suam ex spiritu
Dei esse, quam hoc ipso animo, hac facilitate Christi se spiritu doceri et
formari certo planeque declararunt. Quo autem agantur spiritu, qui hunc candorem, hanc facilitatem nunc per epistolas, quas undique spargunt, ar-
gumentum interpretantur, ne dicam calumniantur, animi sibi de ueritate   15
parum conscij, ipsi uiderint. Neque enim certum ueritatis documentum est,
tradere mox Satanae, quicunque tuae sententiae contradixerint, cum hoc
nemo unquam aeque strenue fecerit atque Mahometani[48] et pontifices aliquot
Romani hisque obnoxij episcopi atque academiae et ante hos, ut d[ivus]
Chrysostomus in laudibus Babylae meminit[49], cultores idolorum, nulli uero   20
minus atque Christus, apostoli et patres, omnium testimonio laudatiores.
Neque enim ad perdendum, sed seruandum intentus est Christi spiritus, in
quocunque fuerit.

Hac eadem caussa, nec ulla alia, in alios articulos a nobis consensum
est[as], licet si prioribus nobis formare illos datum fuisset, uerbis forsan paulo   25
explicatius fidem no-[*f° g iij r°*]-stram testantibus usi fuissemus. Sed conuenerat de illorum sensu in colloquio priuato, nec hodie in his aliter Lutherum
et suos sentire atque nos arbitror. Equidem Lutheri et suorum scripta haud
indiligens legi, ad haec cum ipso et alijs ab ipso stantibus multa contuli, sed
nunquam deprehendere potui eos non aeque ac nos quamlibet personarum   30
trinitas affirmetur, unum tamen substantia et natura Deum credere atque
confiteri, sicut nos aeque ac ipsi ut Patrem ita et Filium, secundum diuinam
quidem naturam, et Spiritum Sanctum uerum cumque Patre eundem Deum
agnoscimus - id quod utrique in primo articulo[at] confessi sumus[50]. Uoces illę

[as] <Vt consensum in articulos Marpurgenses.<.

[45]   Landgraf Philipp von Hessen. Vgl. ebd.
[46]   Johannes Oekolampad [Hensgen]. Vgl. oben Nr. 271, S. 5, Anm. 6.
[47]   Kaspar Hedio [Heyd, Bock, Böckel]. Vgl. oben Nr. 272, S. 8, Anm. 5.
[48]   Die Muslime.
[49]   Johannes Chrysostomos: *Liber in Sanctum Babylam, contra Julianum, et contra Gen-
tiles* (MPG 50, Sp. 544).

‚naturalis' et ‚naturaliter' nos quidem nihil offendunt, cum nihil impium per eas significare istos sciamus. Quid enim teneret solicitos curiositas uocularum, ubi de re nulla merito est controuersia!

Sic quamlibet idem Christus uerus esse Deus et item uerus homo utrisque
5 crediturᵃᵘ [51] nec unquam a diuinitate hominem ab eo, quod a uerbo assumptus est, seiunctum aut seiungi posse nos uel somniauimus, ita illi aperte satis multis in libris diuinitatem inter et humanitatem nobiscum abunde satis discreuerunt. Lutherusᵃᵛ in postilla, quod opus ipsi quoque prae aliis satisfacit, in eam lectionem ex epistola ad Hebrẹ[os] quae ad supremam missam, ut
10 loquuntur, natalis Christi recitari solita est, prẹclare ut multa hac de re disseruit disertisque uerbis testatus est scripturam interdum de Christo et ipsum de se loqui ut uero homine, interdum ut uero Deo. Cumque utriusque aliquot exempla adduxit, et huius posterioris, quod humanitas ferre sibi ipsi in cruce opem nequiuit [*vgl. Mt 27, 42*], ac alia quaedam, subiecit in haec uerba:
15 „Humanitas Christi omnino sicut alius sanctus, uere et natura homo, non cogitauit omni tempore nec dixit nec uoluit nec animaduertit omnia, uti quidam ex eo uolunt hominem omnipotentem facere, imprudenter permiscentes duas naturas et opera earum. Quemadmodum enim non uidit nec audiuit nec sensit semper omnia, ita nec corde omnia quouis tempore intui-
20 tus est, sed sicut eum duxit Deus eique res obtulit. Plenus quidem fuit gratia et sapientia; inde quaecunque ei occurrissent, potuit iudicare et alijs tradere, propterea quod in eo personaliter prẹsens diuinitas esset, quẹ sola omnia uidet et nouit. Et in summa, quicquid de Christi humiliatione et exaltatione dictum est, debet homini tribui, nam diuina natura nequit uel humiliari uel
25 exaltari." Haec Lutherus ad uerbum[52]. Quibus si quid unquam pugnans ab ullo nostrum, quibus cum illo de eucharistia dissensio est, cogitatum sit, nedum uerbis uel literis adsertum, non habeam propitium Christum.

Iam de peccato originaliᵃʷ [53] quis unquam negauit esse naturae morbum labemque a primis parentibus contractam, non admissum aliquod, qualia
30 sunt, quae latine peccata uocamus? Ita uero nec Zuinglius nec quisquam nostrum uel per somnium unquam cogitauit, nedum scripsit, non esse eiusmodi hanc labem, ut nisi ea per Christi sanguinem purgetur, salutem possit consequi nemo. Qui enim saluus sit, quem tenet morbus exitialis? Qui ad

---

ᵃᵗ ‹Articulus primus.‹. – ᵃᵘ ‹Articulus tertius.‹. – ᵃᵛ ‹Lutherus.‹. – ᵃʷ ‹Articulus quartus.‹.

[50] Vgl. *Marburger Artikel*, Art. 1: von der Trinität (BDS IV, S. 361, Z. 3–9).
[51] Vgl. *Marburger Artikel*, Art. 3: von den zwei Naturen Christi (ebd., S. 361, Z. 16–20).
[52] Martin Luther: *Kirchenpostille 1522*, Epist. am Christtag, zu Hebr. 1, 1–12 (WA 10 I/1, S. 149, Z. 12 – S. 150, Z. 10).
[53] Vgl. *Marburger Artikel*, Art. 4: von der Erbsünde (BDS IV, S. 361, Z. 21–25).

solidam perueniat iustitiam, cuius omnes cogitationes et affectus ad malum
tantum inclinant? Hoc ita sentire nos et docere hac de re abunde testantur
pridem aeditae nostrę et nominatim Zuinglij lucubrationes[54]. Quid igitur
fuisset, quominus et quartum articulum[55] pariter recepissemus?

Ad hunc modum per omnia conuenit et in his, quae quinto, sexto et sep-   5
timo articulis[ax] in commune confessi sumus[56], nisi quod nos ex Paulo, cum
hęc tractantur, propter eos, qui omni pietate uacui nec ullo eius studio ac-
censi ex Christi tamen iustitia se saluos fore putant, solemus adijcere rationem, qua peccatis liberamur et Christi iustitia donamur, hoc est uti donatus
electis filiorum spiritus, sicut facit eos Christo sese addicere et per hunc   10
Deum patrem inuocare, ita prauas quoque in eis cupiditates continuo repri-
mat et ad Christi imaginem cottidie reformet, quorum tum a peccatis red-
emptio perfecta futura est, cum ipsi omni expurgato peccato imaginem illius
plene expresserint. Salus siquidem nostra et felicitas nihil aliud est quam
solida iu-[*f°* *g 4r°*]-stitia. Sed et hęc uerbo articulus septimus indicauit, cum   15
confitetur Deum ex ultronea sua in nos propter Christum beneuolentia nos a
peccatis et gehenna liberare et receptos in gratiam saluos reddere[57], quod
quid aliud est quam efficere iustos? Tantum tacitum est, qua id ratione, qua
uia praestet.

Quae uero habet articulus octauus[ay] [58], magis controuersa creduntur   20
propter quaedam Lutheri scripta sed apologetica[59], in quibus puto suam
ipsum haud ubique uehementiam probare. Dum enim timet forsan, a quo
tamen absumus longissime, nos externum uerbum cum sacramentorum usu
uelle sublatum aut non suo haberi loco, uidetur haec prope supra quam par
est, pręsertim si uerba eius ad uiuum exigantur, extollere — ea pręsertim,   25
quibus scriptum reliquit[60] sic diuinitus comparatum, ut nemini interna haec,
Spiritum Sanctum et fidem, citra externa ista, uerbum et sacramenta, quę
etiam oporteat illis internis pręmitti, contingere queant. At si excutiantur,
quae extra contentionem scripsit, satis adparet illum nequaquam nostro
ministerio opus Dei alligare et nunquam negasse, sicut diuo Johanni Baptis-   30

[ax] <Articulus quintus, sextus et septimus.<. – [ay] <Articulus octauus.<.

[54]   Vgl. z.B. Huldrych Zwingli: *Fidei ratio*, 3. Juli 1530 (ZWINGLI W. VI/2, Nr. 163, S. 797,
Z. 10 – S. 799, Z. 3).
[55]   Vgl. oben Anm. 53.
[56]   *Marburger Artikel*, Art. 5: von der Erlösung allein durch den Glauben, Art. 6: vom
Glauben als Gabe des Hl. Geistes, Art. 7: von der christlichen Gerechtigkeit (BDS IV, S. 361,
Z. 26 – S. 362, Z. 5).
[57]   *Marburger Artikel*, Art. 7 (ebd., S. 361, Z. 36 – S. 362, Z. 4).
[58]   *Marburger Artikel*, Art. 8: vom äußeren Wort (ebd., S. 362, Z. 6–11).
[59]   Vgl. z. B. Martin Luther: *Vom Abendmahl Christi, Bekenntnis*, 1528 (WA 26,
S. 261–509).
[60]   Vgl. z. B. ebd., S. 318, Z. 1 – S. 319, Z. 13.

tae contigit spiritu Dei repleri statim ab utero, antequam uel uerbum Dei
audisset uel sacramenta percepisset, ita Deum et alijs electis suis spiritum
suum adspirare, cum id ipsi uisum fuerit, si etiam nulli alij homines, per quos
docerentur aut sacramentis initiarentur, extarent[az]. Neque diffitetur terram
5   cordis spiritu fauoris diuini bonam coelestique sementi idoneam esse oportere, antequam cum spe fructus in eam semen uerbi Dei spargatur[ba], eo quod
animalis homo, quae spiritus Dei sunt, tam nequeat percipere, ut etiam stultitiam ea reputet [*vgl. I Kor 3, 9, 18f.*]. Ita uicissim nos eum salutis humanae
hostem et operis Dei euersorem pronunciamus, qui ministerium uerbi externi
10 et sacramenta uelit sublata aut ea suo loco et numero dedignari. Simul autem,
ne ijs, quae fiunt humanitus, id tribuatur, quod solius Dei est, cum diuo Paulo
diligenter semper inter incrementum, quod Deus dat, et nostram plantatio-
nem rigationemque discernere docemus [*I Kor 3, 6–8*], nunquam non confi-
tentes, quod et articulus hic expressit, hunc ordinem diuinitus [*f° g4 v°*] et
15 institutum et uulgo obseruari, ut fides, quę est certa de uerbis Dei facta diuinitus persuasio, ex auditu uerbi Dei ueniat [*Röm 10, 17*]. Quid enim credat,
cui nihil dictum? Sit igitur sacrosanctum uerbi externi ministerium, at sic, ut
incrementum, hoc est interna illa doctrina, qua quod auditum est foris, intus
animo sic uerum esse ostendatur, ut ei fidem habere nihil iam dubitet, Deo
20 feratur acceptum. Libenter igitur illa recipimus Spiritum Sanctum cum
externo uerbo et per illud operari et efficere fidem, ubi et in quibus ipsi
uisum fuerit. Cum enim dicitur Spiritum operari fidem, fertur incrementum
acceptum Deo, cumque additur: per externum uerbum uel cum eo, commen-
datur ministerium, quod adhiberi quam religiosissime Deus uoluit. Sic certe
25 Paulus ausus fuit scribere se uerbo Corinthios regenuisse [*I Kor 4, 15*], cum
tamen ad eosdem ingenue fateatur plantantem et rigantem nihil esse [*I Kor
3, 7*]. Dum nanque de suo ministerio per se loquitur, recte nihil efficere
fatetur; dum autem consyderat, ad quid esset Deus illo usus, id in gloriam
eius iure quoque prędicat. Cum autem possit Deus et citra omnem nostram
30 operam suos docere omnia, adiectum est initio articuli: „ordenlich zu
reden" [61], hoc est: si loquamur iuxta uulgatum ordinem, quem Deus instituit.
Ad haec pręmissum est articulo sexto nullis pręcedentibus operibus aut
meritis nos posse fidem nobis comparare aut ex proprijs uiribus efficere[62].
His satis confessum est, quicquid nostrum opus sit, eo haudquaquam posse
35 cuiquam fidem obtineri; non igitur erat periculum, ne quis id nos sensisse ex
octauo putaret. Cur igitur in eum non utrique consensissemus?

[az] <Quid valeat externum verbum.<. – [ba] <i. Cor. iij.<.

[61]   *Marburger Artikel*, Art. 8: vom äußeren Wort (BDS IV, S. 362, Z. 7).
[62]   *Marburger Artikel*, Art. 6: vom Glauben als Gabe des Hl. Geistes (ebd. S. 361,
Z. 31–35).

Hinc praeterea factum est, ut et nono[63] subscribere nihil grauati simus,
nam his praemissis nullus metus erat, ut quisquam illud: „baptismum esse
sacramentum, quod ad fidem diuinitus institutum sit" [64] eo raperet, quasi per
externam lotionem fidem adferri agnouerimus, contra expressum uerbum
Petri [*I Petr 3, 21*] et omnem praeterea fidei analogiam. Ad fidem tamen bap-   5
tismus pertinet, sicut a Paulo et circumcisio signaculum fidei dicta est [*vgl.
Röm 4, 11*]. In adultis enim fidei pro-[*f° h r°*]-fessio est, nam eos, nisi ante
credant, nemo baptizat. In infantibus uero ad fidem initiatio est, quantum
quidem huius nos praestare dederit Deus; fidem enim ipse, ut confitetur articulus sextus[65], efficit, ubi et quando sibi uisum fuerit. Quam multi enim bap-   10
tizantur hodie, qui fidem nunquam recipiunt? Sic et quod sequitur: „baptisma
non esse nudum signum et tesseram internoscendi christianos, sed symbolum
atque opus Dei, in quo fides nostra requiratur, per quam ad uitam regenera-
mur" [66], ijs quae ex diuo Petro[67] et omni scriptura Christum nostrum seruatorem praedicante docuimus, haudquaquam pugnat. Baptismum tale siqui-   15
dem christianismi symbolum semper agnouimus, quo non solum nos mutuo
agnosceremus - quo enim uideat alius alium esse tinctum?-, sed quo simul ad
moriendum nobis uiuendumque Christo moneamur. Est siquidem in gregem
Christi ut initiatio quaedam, ita et uitae Christo dignae professio. Quae uita
cum in infantibus quoque, ijs quos ab utero matris cum Paulo [*vgl. Act 2, 21*]   20
pater segregat, dono Christi saepiuscule incipiat, et illis baptismum damus.
Hoc uero semper negauimus, et negauit ante nos Lutherus quoque in asser-
tionibus articulorum[68], quos illi Leo[69] damnauerat, item in captiuitate Babylonica[70], id, quod nos gerimus aut dicimus, gratiam Dei et salutem cuiquam
conferre. Tum liquet non semper baptizantibus nobis cooperari suo spiritu   25
Christum, sicut nec cooperatus est in Simone mago [*vgl. Act 8, 9*], Juda [*vgl.
Joh 6, 71*] et alijs innumeris. Fidem autem requiri, sed quae suo se tempore
proferat, cur non fateremur, cum quicunque baptizantur, in hoc baptizantur,
ut Christum tandem induant, quod haudquaquam absque fide fieri potest?
Sed quid opus uerbis! Eo, quod in hoc ipso articulo[71] subiectum est: „quae   30

---

[63] *Marburger Artikel*, Art. 9: von der Taufe (ebd. S. 362, Z. 12–18).
[64] Ebd., S. 362, Z. 13f.
[65] Vgl. oben Anm. 61.
[66] *Marburger Artikel*, Art. 9: von der Taufe (BDS IV, S. 362, Z. 15–18).
[67] Vgl. oben Z. 4f.
[68] Martin Luther: *Grund und Ursach aller Artikel, so durch die römische Bulle unrecht-
lich verdammt worden*, 1. März 1521 (WALCH, LUTHER SCHR. 15, Sp. 1476–1565, insb.
Sp. 1483–1485).
[69] Papst Leo X. (Pontifikat 1513–1521). Vgl. ISERLOH, PÄPSTE, S. 53–60.
[70] Martin Luther: *De captivitate Babylonica ecclesiae praeludium*, 1520 (WA 6, S. 532,
Z. 36 – S. 533, Z. 28).
[71] *Marburger Artikel*, Art. 9: von der Taufe (BDS IV, S. 362, Z. 12–18).

regenerat ad uitam" [72], satis utrique expressimus, fidei atque adeo fidei largitori Christo, non aquae, omnem regenerationem ferri acceptam.

Ita cum in undecimo ipsum Euangelion ueram esse absolutionem utrique confessi sumus[73], quid adeo nos absolutionis uel etiam confessionis uocabulum offendisset[bb]? Neque enim nos unquam inficias iuimus salutare esse, consilium [f° h v°] ab idoneis et uere mentis Christi consultis fratribus petere, dum quis aliqua in re hęret uel est animo adflictiore aut denique sua ipse peccata non satis agnoscit. Tam abest, ut talis a nobis confessio rideretur, quod quidam nimis inhumaniter de nobis in hunc articulum annotauit[74].

Sed nec in reliquis articulis est, si quis candide illos interpretetur, quod a subscribendo debuisset deterrere. Quam multi enim sumus in eo, quod ad xiij.[75] adtinet, ne quis sua abutatur libertate, sed fieri potius omnia omnibus [vgl. I Kor 12, 6] quisque studeat! Ad hęc, ut leges, quę uerbo Dei non pugnant, necesse est cum eo conuenire, ita iam non humanas illas, sed diuinas esse, a quocunque demum latae sint, ubique inculcamus; ex dilectione enim proximi eiusmodi dimanant. De quo plura admodum in quintodecimo cap. Matth.[, 1–20] disserui[76].

Non plus scrupi et in quarto decimo[77] esse agnoscitur, si cum prioribus conferatur. Infantes enim cum in Christi ecclesiam, quantum id nostrum esse potest, baptismo recipimus, in qua fidem edocti uitam Deo dignam uiuant, utique in gratiam Dei illos recipimus, sed, ut dictum[78], quantum hoc nostrae opus ipse esse uoluerit, qui solus spiritum regeneratorem donat, id quod in praecedentibus satis expressum est.

Ad hunc itaque modum cum conuenire nobis in hisce articulis omnibus coram Deo nihil addubitaremus, putauimus candoris christiani esse, etiam si maluissemus quaedam alijs et luculentioribus uerbis exposita illis subscribere, ne uideremur nodum in scirpo quęrere et morari uerba, cum de re conueniret[79]. Iam non per Germaniam solum circunferuntur ac uolitant non paucorum epistolae, quibus affirmatur nos omnium eorum, quae ante docueramus, palinodiam cecinisse[80], solo articulo excepto de eucharistia, quem et

---

bb <Articulus xi.<.

72 Ebd. S. 362, Z. 18.
73 *Marburger Artikel*, Art. 11: von der Beichte (ebd., S. 362, Z. 24–29).
74 Walter Köhler vermutet hinter dem ‚jemand' Nikolaus Gerbel (KÖHLER, LUTHER UND ZWINGLI II, S. 156). Ob Gerbel Bemerkungen zu den einzelnen Artikeln verfaßt hat, läßt sich nicht mehr ermitteln. Vgl. auch unten S. 63, Z. 3f. mit Anm. 81.
75 *Marburger Artikel*, Art. 13: von menschlicher Ordnung (BDS IV, S. 363, Z. 8–14).
76 Vgl. Martin Bucer: *Enarrationes perpetuae in sacra quatuor evangelia*, März 1530, zu Mt 15, 1–20 (f° 339 r°).
77 *Marburger Artikel*, Art. 14: von der Kindertaufe (BDS IV, S. 363, Z. 15f.).
78 Vgl. oben S. 61, Z. 27 – S. 62, Z. 2.
79 Diese Einschätzung, im Abendmahlsstreit gehe es häufig eher um Formulierungen als um die Sache, teilt Bucer am 25. August 1530 auch Luther mit (unten Nr. 328, S. 215, Z. 5–8).

ipsum recantare parati fuerimus, nisi nos uulgi nostri metus deterruisset,
orasseque Lutherum cum suis, ne nos ad huius quoque palinodiam urgerent,
nisi uellent nos plebibus nostris occidendos obijcere. Scripsit quidam, cuius
iam supra memini[81], in singulos articulos[82] notas, quae quiduis quam christianum pectus resipiunt. In primo articulo scribit nos retra-[$f°$ h ij $r°$]-ctasse,   5
quae impie de sacra triade docueramus, cuius doctrinae nullum unquam a
nobis auditum uerbum est, nedum lectum. In tertio horrendum uapulat re-
cantata alleosis Zuinglij[83]. In quarto abnegatus sceleratissimus error de peccato originali. In octauo et nono damnata iam nobis pestilens doctrina de
externo uerbo et sacramentis, ubi et ad commentarios meos in Matth[aeum][84]   10
remittit. In tredecimo discessum est a sententia, qua docuimus templis aras
et statuas eijciendas, cum tamen nihil ferendum in eo articulo confessi simus,
nisi quod aperto Dei uerbo non repugnet. Nobis autem quantacunque sit
parta nobis per Christum libertas, cum uerbo Dei pugnat fieri aut permitti in
ecclesia, quicquid pietatem non ędificat, sed potius remoratur. Huiusmodi   15
autem esse signa, statuas et aras ibi duntaxat collocatas, ubi adorantur uel
etiam ad monendum beneficiorum Dei habentur, libello recens in uernacula
lingua ędito[85] et mox in latinam quoque uerso[86] abunde comprobauimus.
Simul autem non esse cuiusuis hęc submouere affirmauimus. Publica siqui-
dem offendicula publica potestate tollenda sunt, ita ut hic nuper[87] et ante hac   20
in multis alijs ecclesijs Dominus signa omnia adorari solita cum aris, summę
idololatrię officinis, submoueri dedit. Ligna et lapides nec nos offendunt,
offendit autem merito contumelia Dei his illi non minus apud nos quam eth-
nicos irrogata. In alijs alia concessisse nos contra ea, quę ante adseruimus,
criminatur, sed in his, quos memoraui, magis saeuijt. Alij contenti sunt spar-   25
sisse nos in quatuor duntaxat, tertio, quarto, octauo et nono, sententiam
mutasse et uel ad hoc conuentum illum nostrum profuisse, ut deprehensa in
his nostra ignorantia et errore facile iam uideatur neque in dogmate de eucharistia fidem nobis habendam.

    Quid autem, uiri humanissimi, sunt calumniae, si hae non sunt? Equidem   30
mihi persuadeo hos Luthero rem digne perpendenti sicut et cordatis bonisque

---

80   Die Behauptung, Bucer, die oberdeutschen Zwinglianer und die Schweizer hätten
widerrufen, war vor allem von lutherischer Seite gleich nach dem Religionsgespräch von
Marburg aufgestellt worden. Vgl. KÖHLER, ZWINGLI UND LUTHER II, S. 142, 144, 148; FRIED-
RICH, BUCER, S. 61.
81   Vgl. oben Anm. 73.
82   Die 15 *Marburger Artikel*. Vgl. BDS IV, S. 361–363.
83   Huldrych Zwingli verwendet den Begriff der Alloiosis erstmals in seiner Schrift *Amica
exegesis*, 28. Februar 1527 (vgl. ZWINGLI W. V, Nr. 104, S. 605, Z. 13 – S. 608, Z. 3).
84   Vgl. oben Anm. 2.
85   Vgl. oben Nr. 277, S. 28, Anm. 6.
86   Vgl. ebd., Anm. 7.
87   Vgl. oben Nr. 277, S. 27, Anm. 2.

alijs perparum hisce suis mendacijs gratificari. Ipsi scitis de omnibus alijs
articulis praeter ultimum ne uerbum quidem coram illustrissimo principe[88] et
reliquo insigni illo auditorio, cui inter cęteros religione, nobilitate [*f° h ij v°*]
et prudentia pręcellentissimos uiros aderat uere generosus comes Vuilhelmus
a Furstenberg[89], pręstantissimus uestrę aulę senatus[90], legati quoque illustrissimi principis Saxonum electoris[91], tum et pręstabilium urbium nostrae[92],
Tigurinae[93] et Basiliensis[94], tum ex uobis aliquot eruditionis iudicijque exac-
tissimi praeter alios quoque pietate et doctrina suspiciendos ecclesiastas,
quos uel illustrissimus princeps uocauerat uel ultro desyderio pacis ecclesiarum aduenerant[95], communicatum esse, nisi quae ego finito colloquio, expo-
nens quid hic doceremus, de illis proposui[96]. Quae ab ijs, quę in nostris
ecclesijs docemus quęque in lucubrationibus nostris orbi pridem iudicanda
obtulimus, ne verbulo quidem uariant. Ea Lutherus et si iudicare nollet neque
etiam testimonium suum de eis dare, cum obnixe utrumque eum orassem,
propterea quod circa eucharistiam non conuenerat ipseque inde colligeret
nos diuersis spiritibus agi[97], eo tamen, quod dicebat alia haberi in nostris
scriptis, satis significauit non habere, cur illa damnaret. Quanquam et in eo
falsum ad ipsum detulerint, qui ei persuaserant alia nos hisce de rebus scrip-

[88] Philipp von Hessen. Vgl. oben Anm. 44. – In seinem Bericht an die Reutlinger hebt
Johannes Brenz hervor, der Landgraf sei bei allen Gesprächen anwesend gewesen. Vgl.
KÖHLER, ZWINGLI UND LUTHER II, S. 84.
[89] Graf Wilhelm von Fürstenberg. Vgl. oben Nr. 278, S. 32, Anm. 14.
[90] An der Spitze des landgräflichen Rates stand Kanzler Johannes Feige von Lichtenau
(1482–1543). Vgl. BCOR III, Nr. 226, S. 271, Anm. 11.
[91] Zu den Beauftragten des sächsischen Kurfürsten Johann (des Beständigen) gehörten vor
allem Philipp Melanchthon, Kanzler Georg Brück und Justus Jonas. Zu Melanchthon vgl. oben
Nr. 273, S. 15, Anm. 27; zu Brück vgl. unten Nr. 320, S. 165, Anm. 2; zu Jonas vgl. unten
Nr. 301, S. 107, Anm. 9.
[92] Aus Straßburg kamen zusammen mit Bucer Jakob Sturm und Kaspar Hedio. Zu Sturm
vgl. oben Nr. 269, S. 2, Anm. 9; zu Hedio vgl. oben Nr. 272, S. 8, Anm. 5.
[93] Aus Zürich kamen zusammen mit Zwingli, Ulrich Fun[c]k und Rudolf Collin. Vgl. EID-
GENÖSSISCHE ABSCHIEDE IV (1b), S. 378.
[94] Aus Basel kamen Johannes Oekolampad und Rudolf Frei. Vgl. ebd., S. 378; KÖHLER,
RELIGIONSGESPRÄCH, S. 50.
[95] Die Zahl der Beteiligten und Zuhörer der einzelnen Phasen des Marburger Religionsgespräches schwankte offensichtlich erheblich. Johannes Brenz nennt 50 bis 60 Teilnehmer (vgl.
KÖHLER, ZWINGLI UND LUTHER II, S. 84), Zwingli berichtet von „ad summum 24" Teilnehmern
(ZWINGLI Bw. IV, Nr. 925, S. 317, Z. 5).
[96] Gegen Ende der Verhandlungen, am Nachmittag des 3. Oktober 1530, stellte der Straßburger Gesandte Jakob Sturm den Antrag, Martin Bucer sprechen zu lassen, um den Verdacht
zu zerstreuen, in Straßburg werde falsch gelehrt und gepredigt. Dem Antrag wurde stattgege-
ben, und Bucer entfaltete seine Position zur Lehre von der Trinität, von Christus, von der
Rechtfertigung, von der Taufe und vermutlich vom Abendmahl. Einzelheiten über die Äußerungen Bucers sind nicht überliefert. Vgl. KÖHLER, RELIGIONSGESPRÄCH, S. 37f., 127f.; KÖHLER,
ZWINGLI UND LUTHER II, S. 112–116.
[97] Vgl. Osianders Bericht über das Marburger Religionsgespräch an den Nürnberger Rat,
zwischen 8. Oktober und 10. Dezember 1529 (OSIANDER GA III, S. 437, Z. 10–12).

sisse, atque tum uerbis ipsi exposueram, cuius nulli magis quam uos ipsi, praestantissimi uiri, qui colloquio illi interfuistis, testes idonei esse possunt. Audistis siquidem, quae dixerim; iam ea ad verbum hic repetita legetis, tum extant nostrae in euangelia enarrationes, cum prius aeditę, tum quas nunc recognitas hac potissima caussa uobis nuncupare uolui⁹⁸. Facile itaque uide-   5
bitis eadem me et cum prius tum modo scripsisse et, cum illic essemus, ore esse professum.

Sunt praeterea partim, qui illi conuentui interfuerunt, partim qui minus, a quibus mirifica quaedam, quam Lutherus de nobis retulerit, uictoria ebucci-
natur⁹⁹. Nos iure uicem ecclesiarum dolemus, in quibus huiuscemodi puerili-   10
bus affectibus obnoxij euangelij patronos agunt. Primum: Pientissimus prin-
ceps¹⁰⁰ nominatim ad amicum colloquium, non disputationem nos conuocauit. Quid isti igitur de uictoria iactant, ubi nullum est initum certamen?
Deinde: Ut maxime certatum [f° h iij r°] esset, non esset tamen certantium,
sed agonothetis potius de uictoria pronunciare. Postremo: Cum initio collo-   15
qui coram illustrissimo principe¹⁰¹ atque memorato Lutherus ipse fassus sit
se satis scire, quicquid utraque pars pro se haberet, pridem protulisse, quam
igitur nouam hic potuisset sibi uictoriam parare? Vincat Christus, non nos!
Cuius si sensum esse, quem illi uerbis istis: „Hoc est corpus meum" [Mt 26,
26 parr] tribuunt, agnoscere potuissemus, scripturis id docti, quam libenter   20
manus ultro dedissemus! In istiusmodi namque certaminibus uinci christiano
multo quam uincere optabilius est; proficit enim in Christi sui cognitione, qui
uincitur, ea uita aeterna est. Verba hęc quidem: „Hoc est corpus meum" [Mt
26, 26 parr] et cętera semper testati sumus nobis sacrosancta esse; cum id
autem, quod illi uolunt, esse in pane Christi corpus corporaliter, non ex-   25
primant neque id euincant scripturae alię, sed Christi praesentiam et manducationem, quae spiritu fit per fidem, sic commendent, ut nihil nos quidem
uideamus, quod praeterea mens Christo dedita requirere possit aut debeat,
nullam potuimus aliam Christi uel pręsentiam uel manducationem recipere.
Illis secus uisum est, ideo hac re non conuenit, quod utrique ingenue in arti-   30
culo ultimo¹⁰² testati sumus, ne gry quidem de uictoria adiecto. Interea autem
quidam tam constanter sparserunt nos nihil pro nobis habuisse aliud, quam
non possumus hoc credere, et tam magnifice Lutherum cum suis uictores ex
hoc certamine discessisse, ut pręter multas in plerisque ecclesijs graues
turbas alicubi etiam effectum sit, ut iussi sint exulare, desertis, quas summa   35
fide Christum docuerunt, ecclesijs, Christi pręcones permulti et ij uita ac

---

⁹⁸ Vgl. oben Anm. 2.
⁹⁹ Vgl. KÖHLER, ZWINGLI UND LUTHER II, S. 139–143.
¹⁰⁰ Landgraf Philipp von Hessen. Vgl. oben Anm. 44.
¹⁰¹ Ebd.
¹⁰² Marburger Artikel, Art. 15: vom Abendmahl (BDS IV, S. 363, Z. 17–32).

doctrina longe probatissimi. Hęc debemus istis nugiuendis. Sed uiuit Christus, cuius regnum istis artibus haud quaquam in arctum contrahitur, sed feliciter potius propagatur, id quod hodie - ipsi sit gloria! - perspicue uidere est. Mirum uero, si non isti a Luthero ipso ut quibusque cordatis et Deum timentibus malam gratiam his suis mendacijs ineant.

Hęc perlubens pręterijssem, ne quid uulneris refricarem; sed cum mendacia, quae me-[*f° h iij v°*]-moraui, multis adeo et tam multorum epistolis[103], inter quos sunt quoque, quibus non est authoritas uulgaris, de nobis sparsa, minime paucos grauissime offenderint, ipsa Christi gloria et infirmiorum fratrum salus coegit, ut malo huic isthuc qualecunque remedium adhiberem. Caeterum tam abest, ut quenquam his irritatum uelim, ut nihil prius cupiam, quam uel adhuc impetrare ab eis (quocunque id mali rapiant), quos Christi esse credimus, ut sicut tum in amicorum nos, non fratrum numerum receperunt, sic enim scribunt[104], etiam fratres agnoscere dignentur, sicut nos ipsos, quamlibet nos abijciant et a nobis, quod alioqui haereticorum est, discedant, habemus et uel inuitos habituri sumus, dum Christi nomini studere uiderimus. Dabit indubie tandem Christus omnibus, qui eius sunt, ut nos quoque ipsius esse agnoscant, cum nimirum id perficietur, quod hinc migraturus Patrem orabat, nempe ut ita unum inter nos essemus, sicut unum sunt ipse et Pater [*Joh 17, 21*]. Id ut acceleret, sedulo orabimus, cuius non obscurum specimem haec ipsa epistola esse potest, ne qua a nobis huic optatae unitati remora inicijatur. Superest iam, ut uos aequi ista faciatis, quod plurimum oro. Nam ita mihi faueat Pater coelestis, in hoc unum omnia scripsi, ut, quae sarta iam cum multis est, Christi societatem fortius adstringerem, et cum quibus restitui ea nondum potuit, ad horum animos uiam illi munirem. Visi mihi estis, cum illic essemus, pedibus et manibus in hanc, quam tractaui de christianorum communione tuenda et colenda, sententiam ire; tum nulli uerius testificari de nobis possunt, quanto cum studio eandem persuadere quibuslibet simus annisi; ad haec cum, quę in illo colloquio dicta gestaque sunt, prę alijs cognita habeatis, non parum ponderis ijs, quae hic de articulis tum confectis memoraui, adijciet me uobis, quę de illis hic scripsi, approbasse omniumque uos testes laudasse. Quod fecisse me, ut certus sum, qua estis apud Christi studiosos uniuersos gratia et autoritate, et in gloriam seruatoris et complurium fratrum confirmationem cessurum, ita nihil addubito, qua estis humanitate, comitate et prola-[*f° h4 r°*]-tandi regni Dei glorięque eius promouendę ardore, nec ineptum nec ingratum habebitis sicut nec hoc, quod enarrationes hasce, in tres euangelistas priores antea inscriptas clarissimo senatui nostrae r[ei] publicae[105] et, quas in Johannem elucubraui[106],

103 Vgl. KÖHLER, ZWINGLI UND LUTHER II, S. 139–148.
104 Vgl. ebd., S. 140, 142, 144, 147.
105 Die erste Ausgabe von Bucers Evangelienkommentar war dem Rat der Stadt Straßburg gewidmet. Vgl. LANG, EVANGELIENKOMMENTAR, S. 49.

nuncupatas magistratibus uerbique ministris per ditionem illustris et potentis ciuitatis Bernatium[107], nunc recognitas et auctas uestro dedicare nomini in animum induxi. Nihil enim eo spectaui aliud, quam ut cum in his, quae-cunque docemus, continentur, uestro quoque sacrosancto iudicio sisterem, quo cum uos, tum quicunque Christo nomen dederunt et nostri aliquam ratio-   5 nem habendam putant, uiderent, quam cupiamus in luce uersari [*vgl. I Joh 1, 7*] nostraque omnia bonorum iudicijs quam exactissime explorari, tum, quoad per ueritatem Dei liceat, conuenire cum huius studiosis uniuersis. Vt itaque praestantissimi nostrae et Bernatium r[ei] publicae senatores euange-lijque precones uos in consortium huiusce nuncupationis libentissime admit-   10 tent, ita satis scio, et si longe cultioribus uestra par sit nomina celebrari, ut non minus modestia et humanitate quam eruditione et sapientia praecellitis, his coniunctos uos esse nihil pigebit. Id potius orandum a uobis mihi duco, ut me, si quibus in locis lapsum deprehenderitis, ut homo sum plurima adhuc ignorantia praegrauatus, quam liberrime moneatis, indubie experturi me nihil   15 minus quam peruicacem aut monitionis impatientem. Christus seruator noster uestram academiam cum omni sanctissimi principis uestri[108], imo et nostri, ditione benignis cognitionis suae solidaeque inde felicitatis auctibus prouehat et ipsum heroem prorsus immortalitate dignum diu nobis hoc prae-ditum animo donet superstitem omnique rerum successu florentem. Ar-   20 gent[orati] XIII. Calend[as] Aprilis. Anno M.D.XXX.

Adresse [f° d3 r°]: Eruditione et pietate clarissimis viris, divinas literas, sacras leges, salutarem medendi artem caeterasque optimas disciplinas et linguas in praeclara Marpurgensi academia profitentibus et audientibus, Martinus Bucerus cęlestis incrementa spiritus precatur.   25

C Basel UB, Ki. Arch. Nr. 22a, f° 123 r° – 148 v°. — P Epistola Martini Buceri in evangelistarum enarrationes nuncupatoria, ad praeclaram Aca-demiam Marpurgensem, in qua quid haeresis, qui haeretici, et quatenus cum dissentientibus societas Christi seruanda sit, disseritur. Excutiuntur quoque articuli conuentus Marpurgensi [Johann Prüss jr.], Straßburg 1530, f° d3 r° – [h4] r° (= Mentz, Bibliographie, Nr. 25a; Stupperich, Bibl. Buc., Nr. 29a); Bucer, Enarrationes perpetuae in sacra quatuor evangelia, 1530, f° A2 r° – [A9] r°; Lang, Evangelienkommentar, S. 386–410.

---

[106] Martin Bucer: *Enarratio in evangelion Johannis [...]*, April 1528. Vgl. BOL II, S. 21–547.
[107] Nachdem Bucer kurz vor Abschluß des Johanneskommentars von der Berner Dispu-tation (6. bis 26. Januar 1528) zurückgekehrt war, widmete er das Werk den Berner Brüdern und dem Rat der Stadt (BOL II, S. 1–20).
[108] Landgraf Philipp von Hessen. Vgl. oben Anm. 44.

280   1530 März 24. Fortelbach. — Hieronymus Beser[1] an Bucer

*Beser fait l'apologie du métier de mineur – dont Bucer aurait critiqué le
mode de vie dans une prédication —, en montrant l'utilité de ce travail et en
affirmant que le minerai est un don de Dieu. Beser demande à Bucer de lui
envoyer son sermon, afin qu'il puisse apaiser ceux qui parmi les mineurs
aiment la Parole de Dieu.*

*Bucer habe in einer Predigt gesagt, im Bergbau gehe es nicht nach christli-
cher Weise zu, die Anlage von Bergwerken sei immer die Aufgabe von ver-
urteilten Verbrechern gewesen. Beser wendet sich gegen diese Einschätzung: Die Gewinnung von Metall ist durchaus gottgefällig, Bergleute führen
einen redlichen Stand und achten das Wort Gottes. Bittet Bucer, ihm den
Wortlaut der Predigt zuzusenden.*

Gots gnad zuvor, lieber in Gott bruder!

    Es kumpt uns fůr, wie du habest offentlich prediget[2], das alle die so
pergckwerk bauwen nit christenlicher wyße mǔge zu gon; auch hieruff gesagt, vor alten zeytten hab man nur die dem todt verschuldt oder sůnst übel-
theter die pergckwerk bezwungen zu bauwen. Nun bitten wir dich, du
wollest an sagen, wa solche ding geschryben gruntlich begriffen sind. Be-
denck mein bruder, wa man nit hette die pergckwerk, wa wolt man nieman[3]
yssen, stahel, kupffer und andere metal daruß man macht instrumenta, zu
bruchen zu allerley handwercken, auch macht man schar zum pflug, karst,
darmit man erbauwet wein und korn etc.

    Sol nun solches von dir gesagt sein, verwundert mich seer; du kanst ja nit
leugnen, das ertz oder metall auch ein geschöpfft Gottes ist. Darum bitt ich
dich vm der warheyt willen, du wollest uns diße dein sermon zu schicken[4],
darmit ich auß christlicher liebe ablene vyler herzen erbitterung, die auß
deiner wort sagung vnder den ertz herren vnd knappen entsprungen. Dann
ich sag dir, wir haben auch liebhaber der wort Christj bey vnß. Solten sie nit
einen redlichen stand füren, on alle zwyfel würden ir[a] vil disen handel ab-
stellen; so aber jr ettlich mißbruch übten, so ist (alß wol weyßt) kein hantie-
rung so schlecht[5], man findt allwegen Judas gnossen. Was gett aber das die

---

    [a] *gestrichen* ye.

    [1] Hieronymus Beser, 1530 Pfarrer in Fortelbach a. d. Mosel. Eine andere Quelle als der
vorliegende Brief konnte nicht ausfindig gemacht werden. Vgl. ADAM, ELSÄSSISCHE TER-
RITORIEN, S. 350.
    [2] Über diese Predigt Bucers ist nichts in Erfahrung zu bringen.
    [3] Wie wollte man denn machen.
    [4] Ob Bucer seine Predigt nach Fortelbach geschickt hat, ist nicht bekannt.
    [5] Einfach.

frummen an? Darum, hertz lieber bruder, bitt ich, du wollest auffs kürzest mir widerum die handlung deiner red zu stellen[6]. Solches auß liebe hab ich dir nit wellen verhalten. Hierin erzeygest du uns sunder fruntschaft vm dich früntlich zu verdienen. Hiemit Gott befolhen, amen. Datum feria 5ta post Oculj Anno 1530[7].   5

Hieronymus Beser, verbj minister in Vortelbach[8] est. Ex jussu communitatis[9].

Adresse [S. 218]: Nicht mehr lesbar.

Oa AST 154 (Ep. s. 16, I), Nr. 83, S. 217f. — C TB III, S. 200. — R Zürich ZB, S 25,71.

---

6   Über eine Antwort Bucers an Hieronymus Beser ist nichts bekannt.
7   Der Sonntag Oculi fiel 1530 auf den 20. März, also der 24. März 1530.
8   Fortelbach a. d. Mosel, im Amt Markirch der Herrschaft Rappoltstein, heute Ferdrupt sur Moselle, etwa 20 km südöstlich von Remiremont am Westhang der Südvogesen gelegen. Anfang des 16. Jhdt.s hatte Bruno von Rappoltstein hier stillgelegte Bergwerke wieder in Betrieb nehmen lassen und Bergleute aus Sachsen angesiedelt, die Fortelbach erbauten. Vgl. ADAM, ELSÄSSISCHE TERRITORIEN, S. 348–350; BRIEGER, RAPPOLTSTEIN, S. 46–69.
9   Nachtrag von fremder Hand: ⱽBeser Hieron. Bucero. 1530 5 post oculjⱽ. ^Mercurialiter scriptae^. <Inimicj crucis Christj inuectant Dominj verba aliquando summa cum inuidia, at a bono usque ad mala labora me sine omnem actum<.

281   1530 April 3. Bern. — Schultheiß und Rat von Bern an Bucer und Wolfgang Capito[1]

Recommandent Simon Sulzer, dont ils ont appris la présence à Strasbourg, et envoient 10 florins rhénans afin de soutenir ses capacités en latin et en hébreu. Ils demandent aux Strasbourgeois de les renseigner sur ses mœurs et son zèle.

Der Rat von Bern hat erfahren, daß sich Simon Sultzer in Straßburg aufhält; zahlt ihm zur weiteren Ausbildung ein Stipendium (10 Rheinische Gulden), das durch Bucer und Capito verwaltet werden soll. Bitte an die Straßburger, über Sulzers Verhalten und seinen Eifer Auskunft zu geben.

---

1   Vgl. oben Nr. 271, S. 6, Anm. 8.

Vnser früntlich gruß, sampt was wir liebs vnd guts vermogend, sye vch
voran bereit, hochgelert[a], forsichtig, wyß, sonders lieb[b] vnd gütt frund!
   Wir sind durch vnnser ratzbotten[2], so kurtzlich by vch gewäsen, bericht,
wie ein junger gsell, schärers handwercks, bropst Sultzers säligen[3] lediger
5   sun[4], by vch zu Straßburg sye, der nun der sprachen, alls lateinischer und
griechischer, so vyl köndig, das ze verhoffen, wo er denselbigen fürer obli-
gen möcht, wir vnns sinen alls des vnnsern künfftigklich woll befröuwen
mochten. Vff söllichs, so wir sonnders geneigt sind, sollich geschickt jung-
ling, vorab die vnnsern, ze fürdern und fur ze thund, damit sy in künsten vff-
10 wachsen vnd zunemmen, schicken wir im hiemit 10 g[ulden] rinisch[5], des
willens vnd furnemmens, wo wir gespüren, das cost, müe vnd arbeit an jme
nit verloren, jme wyter ze hellffen. Harumb vnnser fruntlich pitt an vch, jr
vnns sins wäsens [S. 62] art vnnd geschickligkeit erjnnern wellend, damit wir
nit vergeblich vnnsern costen sinenthalb anlegind. Diß gellt wellend jm zü-
15 stellen vnnd daby vnnsern gnädigen willen jme fürhallten vnd insonders vch
den lassen beuolchen sin. Das statt vns vmb vch früntlicher wyß ze verglichen. Dat[um] iij Aprilis, Anno 1530.
                    Schulth[eis] v[nd] r[at] z[u] Bernn

Adresse [S. 62]: Den hoch vnd wollgelerten, doctor Wolffgang Capitonj
20 vnd[c] Martino Bucero, der loblichen statt Straßburg predicanten, vnnsern
sonders lieben vnd gütten fründen.

*C (zeitgen.) Bern SA, Deutsche Missivenbücher, Band S, S. 61f.; Bern BM,
ms. H. H. XII 20, S. 65. — P Steck/Tobler, Aktensammlung, Nr. 2762,
S. 1240f.*

---

[a] *zuerst* hochgelerten. – [b] *zuerst* lieben. – [c] *gestrichen* Ich.

[2] Nicht mehr identifizierbar.
[3] Beat Otto Sulzer, Propst zu Interlaken. Vgl. GUGGISBERG, KIRCHENGESCHICHTE, S. 207;
LINDER, SULZER, S. 11f.
[4] Simon Sulzer (Lugen b. Meyringen 23. September 1508 – 22. Juni 1585 Basel). Sohn
des Propstes zu Interlaken Beat Otto Sulzer, 1516–1530 Ausbildung am Kloster Interlaken und
bei Oswald Myconius in Luzern, 1530–1533 in Straßburg. 1533–1536 Lektor an der Berner
Lateinschule, 1538–1548 Lehrer der Dialektik, Rhetorik und Theologie in Bern, danach von
Basel aus reformatorische Tätigkeit in der Markgrafschaft Baden. Vgl. GUGGISBERG, KIRCHEN-
GESCHICHTE, S. 161, 168, 207–217; LINDER, SULZER, insbes. S. 11–17; POLLET, BUCER II, S. 21;
STECK/TOBLER, AKTENSAMMLUNG, Nr. 2762, S. 1240f.
[5] 10 Rheinische Gulden. Vgl. REY, MÜNZGESCHICHTE, S. 162–166.

282   [1530]¹ April 4. Straßburg. — Bucer an Konrad Sam²

*Bucer réconforte Sam, qui s'attriste de ce que Ulm n'est pas encore entrée
dans l'alliance du* Burgrecht *: pour les sénateurs qui ne veulent pas être
entièrement chrétiens, nous sommes des séditieux ; c'est pour la vie future
que nous sont promis richesses, honneurs et délices. Bucer lui envoie la
préface à la seconde édition de ses* Enarrationes*, et annonce l'envoi de sa
réponse à l'*Epistola apologetica *d'*Erasme. *Exhortation à prier pour eux.*

*Bucer spricht Sam und den Brüdern in Ulm Mut zu und ermuntert Sam zu
einer starken Haltung. Schickt seine Vorrede zum Evangelienkommentar und
äußert die Absicht, in Kürze seine Antwortschrift auf Erasmus folgen zu
lassen. Bittet um Fürbitte in Bedrängnis.*

Salus, frater charissime!

Si potes, urge tuos, ut in Domino fortes sint. Multos offendunt, et narra-
verat hic³ quidam fide dignus, etiam te a plebe male audire, ac si mitior jam
esses. Sed novi, quid turbulenti quidam jactare soleant. Nostra sors sic est, ut
vera dicendo magistratibus, qui nolunt toti Christi esse, seditiosi simus,   5
micrologis vero e plebe assentatores⁴.

Nos de te persuasi sumus gloriam Christi tibi scopum in omnibus esse et
pridem te ita comparasse, ut si a sinistris mille et a dextris decem millia
cadant^a [*Ps 91, 7*], tu tamen manu^b Domini suffultus persistas. Nobis non hic,
sed in futuro vita, opes, honos, delitiae expectandae sunt. Mitto hic tibi,   10
quibus castra Christi defendo a Lutheranis⁵, missurus brevi, ut spero, quibus

---

^a *O* extant. – ^b *zuerst* manuus.

¹   Die Jahreszahl ergibt sich aus den Sachzusammenhängen (vgl. Anm. 4–7).
²   Konrad Sam (Rottenacker a. d. Donau 1483 – 20. Juni 1533 Ulm). Studien in Freiburg
und Tübingen, ab 1513 Prediger in Brackenheim bei Heilbronn, hier wird er Anhänger Luthers.
1525 wird Sam vom Rat der Stadt Ulm als Prediger berufen. Vgl. BCOR III, Nr. 165, S. 81,
Anm. 1, 3; HOFFMANN, SAM, S. 233–268.
³   Nicht mehr identifizierbar.
⁴   Von seiner Erbitterung über das Scheitern des Tages von Schmalkalden und seiner
Befürchtung, Bernhard Besserer werde in Biberach das Bündnis mit den Schweizern verhindern, hatte Sam Bucer am 22. Dezember 1529 berichtet (vgl. BCOR III, Nr. 263, S. 345–347).
An Zwingli hatte Sam am 22. Februar 1530 geschrieben, in Ulm sei das Volk noch immer für
den Beitritt zum Christlichen Burgrecht, die Oberen aber hätten ihre Meinung geändert — Sam
vermutet sogar Bestechung — und gäben vor, der Kaiser werde im Falle eines Bündnisses
unversöhnlich sein (vgl. ZWINGLI Bw. IV, Nr. 983, S. 464–467). Am 26. März 1530 versucht
Zwingli, Sam aufzumuntern; wie jetzt auch Bucer ermutigt er Sam zur Standhaftigkeit, er selbst,
Luther und Oekolampad stünden hinter den Ulmern (vgl. ebd., Nr. 1002, S. 523–525). Für den
Augsburger Reichstag hatten die Ulmer nun aber keine eigene Formel, um ihr Verhältnis zum
Kaiser zu bestimmen. Sams Antrag auf Abschaffung der Messe in Ulm (Februar 1530) wurde
abgewiesen. Vgl. HOFFMANN, SAM, S. 254–256.

pro illisᶜ pugno adversus Erasmum. Scribo nempe apologiam⁶ contra illius epistolam⁷, quam ad Vulturium⁸ in nos scripsit.

Bene vale, plura non licet, ita supra vires distineor. Argent[orati], 4 Aprilis. Nobis extrema quidam minantur, orate pro nobis! Nos extremis
5   extremiora freti Christo praeferemus.

M[artinus] Bucerus

Adresse [fº 110 vº]: Chunrado Somio suo ecclesiastae Ulmensi, charissimo fratri.

O verbrannt BSP 1870. — C BMS (A. Jung), ms. 644 (509a), Nr. XC, fº 110 vº; TB III, S. 218.

ᶜ *gestrichen* pag.

5   Die Vorrede zur zweiten Ausgabe von Bucers Evangelienkommentar *Enarrationes perpetuae in sacra quatuor evangelia [...],* März 1530. Vgl. oben, Nr. 279, S. 37–67; BOL II, S. 16–547, 555–563; LANG, EVANGELIENKOMMENTAR, S. 386–410.
6   Bucers Antwortschrift auf Erasmus von Rotterdam, die *Epistola apologetica [...].* Vgl. oben Nr. 273, S. 15, Anm. 28.
7   Erasmus von Rotterdam: *Epistola contra pseudevangelicos [...],* Januar 1530. Vgl. ASD IX, 1, S. 298, Z. 411–419.
8   Vulturius Neocomus, auf Erasmus zurückgehendes Pseudonym für Gerhard [Geldenhauer] von Nijmegen. Vgl. oben Nr. 273, S. 14, Anm. 16.

283   [1530]¹ April 7. Fürfeld. — Martin [Germanus]² an Bucer

Germanus remercie vivement Bucer pour sa lettre à l'Académie de Marbourg. Offre de service. Vœux pour son épouse Elisabeth Bucer, ses enfants, Louis [Olivétan] et "tous nos frères".

---

1   Die Jahreszahl 1530 ergibt sich aufgrund des Hinweises in Anm. 3.
2   Der Brief ist nur mit Martinus unterzeichnet. Der Inhalt des Briefes weist eindeutig auf Martin Germanus (Kleebronn bei Heilbronn um 1496 – um 1559). Studien in Köln und Wien, ab 1515 Magister artium in Heidelberg, seit etwa 1520 Pfarrer der Pfarrei Fürfeld (Herrschaft Philipps von Gemmingen). Brenz bezeichnet ihn 1529 wegen seiner zwinglischen Tendenzen als Abtrünnigen. 1536 begleitet er Bucer nach Sachsen und unterzeichnet dort die Wittenberger Konkordie mit. Vgl. BCor II, Nr. 109, S. 50, Anm. 1; BRENZ, FRÜHSCHRIFTEN I, S. 223f., 229, 234; BRENZ, FRÜHSCHRIFTEN II, S. 109, 367–369, 375.

Martin Germanus hat Bucers Brief an die Marburger Akademie erhalten,
dankt für diese Wohltat und hofft, sie bald vergelten zu können. Grüße an
Elisabeth Bucer, Louis [Pierre Robert] Olivier und die Straßburger Brüder.

S[alutem] d[icit]!

Accepi abs te, (charissime Martine), epistolam tuam nuncupatoriam ad
academiam Markpurgensem[3] etc., 6. Aprilis, quam legi atque relegi, neque
satis eloqui possim, quam me exhilararit, adeo vt indesinenter[a] gratias agam
Domino nostro Hiesu Christo, quod in dies magis magisque immensam suam   5
prudenciam atque sapienciam pro varijs suis donis in plerisque relucere
faciat.

Atque vtinam bibliopola[4] nobis quam citissime contingeret qui venales
vel michi offerret, vt dein ego tum bibliopole, tum ceteris fratribus seruire
possem[5]! Nam videtur michi hec epistola admodum necessaria, vt sperari   10
liceat, multis haud parum emolimenti[b] praest[ari]. Quare demandaui
Conrado[6] illi communi fratri n[ostro, vt] ipse advigilet, quo breui aduolet etc.
Porro tibi quoque gratias quas possum maximas refero, tum ob laborem, tum
ob gratuitam illam benevolenciam erga me ex[hi]bitam; neque est quod vllis
beneficiis r[ependi satis possit]. Dabit tamen Dominus semel opportu-   15
nitatem, q[ua ingratitudinis] suspicionem depellam. Dominus interim te
conse[ruet] et dona quam amplissima pro re publica christiana in te et alijs
adaugeat, vt cognoscamus in terra vi[am Domini] *[Ps 66, 3]* omnisque terra
timeat nomen sanctum suum *[Ps 32, 8]*. Amen. Vale cum vxore[7], liberis et
Ludowico[8] tuo cumque omnibus nostris fratribus. Ex Furfeldt[9] 7. Aprilis,   20
anno etc. 3[0].

                          Martinus tuus Furfeldinus

---

[a] *gestrichen* gratiam, *dann gestrichen* gras. – [b] *gestrichen* praestatur.

[3]   Bucers Brief an die Marburger Akademie vom 20. März 1530. Vgl. oben Nr. 279,
S. 37–67.
[4]   Kann nicht identifiziert werden.
[5]   Nämlich damit zu dienen, daß er sich bereit erklärt, den Druck von Bucers Antwortschrift auf Erasmus von Rotterdam, die *Epistola apologetica [...]* (vgl. oben Nr. 273, S. 15,
Anm. 28*)*, zu bezahlen und für die Verbreitung der Schrift unter den Brüdern zu sorgen. —
Freundlicher Hinweis von Herrn Prof. Dr. Cornelis Augustijn, 's-Gravenhage.
[6]   Konrad Sam. Vgl. oben Nr. 282, S. 71, Anm. 2. — Sam soll versuchen, in Straßburg
einen Drucker zu finden, der die *Epistola apologetica [...]* herausgibt.
[7]   Elisabeth Bucer, geborene Silbereisen (Mosbach um 1500 – 16. November 1541 Straßburg). Nach 12 Jahren als Nonne im Kloster Lobenfeld heiratete sie im Sommer 1522 Bucer.
Vgl. FRIEDRICH, BUCER, S. 8; GRESCHAT, BUCER, S. 52–54, 67.
[8]   Louis [Pierre Robert] Olivier [Olivétan] (Noyon 1506 – 1538 Rom). Glaubensflüchtling
aus Frankreich, den Bonifatius Wolfhart als „ausgezeichneten und frommen jungen Mann"
bezeichnet (vgl. Wolfharts Brief an Wilhelm Farel vom 7. März 1529, HERMINJARD, CORRES-
PONDANCE II, Nr. 255, S. 171f.). Olivier sollte in Straßburg ein Predigeramt übernehmen, lehnte
dies wegen unzureichender Sprachkenntnisse aber ab und wandte sich dem Straßburger Schul-

Adresse [f° 72 v°]: Eruditissimo simulque pijssimo Martino Butzero, Argentine Christum profitenti, fratri suo imprimis obseruando.

Oa Zürich SA, E II 358, f° 72 r°/v° (z. T. am rechten Rand stark beschädigt und nicht mehr lesbar). — C Zürich ZB, S 25,96.

---

wesen zu. Vgl. BCᴏʀ III, Nr. 226, S. 272, Anm. 22; Nr. 228, S. 278, Anm. 10; Hɪɢᴍᴀɴ, Oʟɪ-ᴠᴇᴛᴀɴ, S. 174.
  ⁹ Fürfeld in Württemberg, heute Ortsteil von Bad Rappenau. Vgl. Bʀᴇɴᴢ, Fʀᴜ̈ʜsᴄʜʀɪғᴛᴇɴ I, S. 223, 234; Bʀᴇɴᴢ, Fʀᴜ̈ʜsᴄʜʀɪғᴛᴇɴ II, S. 367, 375.

284   1530 April 9. Heidelberg. — Martin [Frecht]¹ an Bucer

Frecht a demandé à Maurice Breunlin et à son père de lui porter assistance dans l'affaire relative à un héritage de l'épouse de Bucer. Ils conseillent à Bucer d'obtenir une lettre de recommandation du Sénat de Strasbourg destinée au comte palatin Louis. Frecht tentera aussi d'obtenir le concours des secrétaires du comte, Franz Heilosz et Petrus Harer. Salutations à Élisabeth Bucer et aux Strasbourgeois.

In einer Erbschaftsangelegenheit von Bucers Frau Elisabeth hat Martin Frecht Mauritius Breunlin und dessen Vater um Hilfe gebeten. Ein Empfehlungsschreiben des Straßburger Rates an Pfalzgraf Ludwig wäre von Nutzen. Auch die Sekretäre des Pfalzgrafen, Franz Heilosz und Petrus Harer, können um Unterstützung gebeten werden. Grüße an Bucers Frau und die Brüder in Straßburg.

Salue Bucere in Domino venerande!
  Monui interea, vt tu iusseras, Mauritium Breunlin², vt apud parentem suum³ causam tuam promoueret, id quod se diligenter fecisse ait. Patris tamen consilium est, vt et certius et expeditius in re illa tua aliquid agatur, vt

---

  ¹ Martin Frecht. Vgl. oben Nr. 274, S. 16, Anm. 1. — Der Absendeort Heidelberg, der Vorname Martinus und der Inhalt dieses Briefes in Verbindung mit Nr. 274 weisen eindeutig auf Martin Frecht als Absender.
  ² Vermutlich identisch mit jenem Brünlin, von dem Frecht am 21. Februar 1530 Grüße an Bucer bestellt. Weiteres über seine Person ist unbekannt. Vgl. oben Nr. 274, S. 21, Anm. 30; Tᴏᴇᴘᴋᴇ, Hᴇɪᴅᴇʟʙᴇʀɢᴇʀ Mᴀᴛʀɪᴋᴇʟ I, S. 512; Hᴇɪᴅᴇʟʙᴇʀɢᴇʀ Mᴀᴛʀɪᴋᴇʟ II, S. 440, 479, 538.
  ³ Kann nicht mehr identifiziert werden.

a magistratu tuo[4] ad principem nostrum[5] ea de re literas impetres, quibus obtentis pater Mauricij omnem mouebit lapidem, vt, quod tibi vxoris[6] nomine debetur, liberaliter ad te redeat. Pater interim Mauritij, sicubi literas bonorum affinis tui indices captare potuisset, diligenter scrutatus est, sed nihil habere potuit[7]. Reliqua duo illi germani fratres[8] vere agnini[9], qui iam Basileam ad Simonem[10] nostrum abeunt, exponent. Vale cum vxore et saluta omnes, quos meam sibi gratam noueris esse salutem. Raptim, Heidelbergę 9 Aprilis 1530.

Martinus

Ego si quid vel apud Franciscum Heilasz[11] aut Petrum Harer[12], secretarios principis pios, in hac causa promouere potero, posteaquam illud tibi gratum esse sensero, probe id curabo.

Adresse [f° 73 v°]: Martino Bucero, Argentine Christum constanter predicanti, suo in Domino majori.

Oa Zürich SA, E II 358, f° 73 r°/v°. — C Zürich ZB, S 25,99.

---

4 Der Straßburger Rat.
5 Pfalzgraf Ludwig V. Vgl. oben Nr. 274, S. 18, Anm. 9.
6 Elisabeth Bucer, geborene Silbereisen. Vgl. oben Nr. 283, S. 73, Anm. 7.
7 Näheres über diese Erbschaftsangelegenheit konnte nicht in Erfahrung gebracht werden.
8 Können nicht mehr identifiziert werden.
9 Gemeint ist: wahrhaftig Christus, dem Lamm Gottes, zugehörig.
10 Simon Grynaeus [Grynäus, Grüner]. Vgl. oben Nr. 274, S. 21, Anm. 31.
11 Vermutlich Franziskus Heilosz aus Heidelberg, der am 12. Januar 1521 in Heidelberg immatrikuliert wurde (vgl. TOEPKE, HEIDELBERGER MATRIKEL I, S. 526). Weitere Lebensdaten sind unbekannt. — Freundlicher Hinweis des Archivs der Ruprecht–Karls–Universität Heidelberg.
12 Peter Har[r]er [Haverer, Crinitus] (zwischen 1480 und 1490 – um 1555 Heidelberg). Harer stammte wohl aus der Pfalz, war seit 1518 Kanzleischreiber und vermutlich seit 1525 Sekretär der kurpfälzischen Kanzlei in Heidelberg. Verfasser zweier gereimter Chroniken und des Kriegsberichts *Eigentliche Wahrhafftige beschreibung des Baurenkriegs [...]* (Urfassung verloren). Vgl. DBE 4, S. 368; NDB 7, S. 672; MSA VII/2, Nr. 220, S. 285f., Anm. 1.

285 [1530]¹ April 12. [Marburg]. — Sebastian [Nouzenus]² an Bucer

Nouzenus remercie Bucer pour son Commentaire sur les évangiles, *dont il loue le contenu. Éloges de Philippe de Hesse, qui lutte pour la concorde. Nouzenus évoque deux lettres qu'il a adressées à Bucer. Négociations de Euricius Cordus avec le comte Philippe de Waldeck. Salutations à Wolfgang Capiton. Prière pour Caspar Hédion. Nouenus remercie vivement Bucer pour ses louanges relatives à l'Académie de Marbourg. Il recommande Bucer et les siens à Dieu, lui et les siens.*

Nouzenus hat Bucers Evangelienkommentar erhalten und lobt dessen Inhalt. Landgraf Philipp von Hessen erweist sich als Streiter für die Einheit. Nouzenus erwähnt zwei Briefe, die er an Bucer gesandt hat. Euricius Cordus steht in Verhandlungen mit dem Grafen Philipp von Waldeck. Grüße an Wolfgang Capito. Fürbitte für Kaspar Hedio. Dank für Bucers Würdigung der Marburger Akademie. Fürbitte für Bucer und seine Familie.

S[alutem] d[icit]!

Libellum tuumᵃ ³ accepi gratiss[imo] animo, Bucere doctiss[ime]; quem statim vt redditus est, vt eo plus inde fructus esset, quibusdam alijs fratrib[us] communicaui, qui plane propter Christum in vobis vberrime habitantem toto
5 ex animo sunt vestri. Neque hic quemquam tam iniquam lectorem fore puto, cui isthuc a vobis factum displiceat; tantum abest vt calumniari possit.ᵇ Quamquam hoc saeculo plaerique homines sumus, quibus nihil placet, nisi quod nostrum est; adeo vbique latissime regnat ἡ φιλαυτία.

Ex animo cupimus - atque vtinam faxit ille, qui hominum animos quoque
10 velit, flectitᶜ acᵈ reflectit - horum pectus tempore saltem molliret,ᵉ quo mansuetudine atque christiana μακροδυμία vobiscum ex aequo certent, qui hactenus totum hoc quadriennium⁴ accerimo conflictu ‹[pro]eliantes›, mirum si non defatigati sunt.ᶠ Hac ratione fieri posse existimo, vtᵍ non modo melius audiatur, sed etiam vtʰ melius habeat religio christiana.
15 Apud nos quiddam, certe nonⁱ ita parum illustriss[imi] principis⁵ cum prudentia tum pietate profectum est. Theologis quibusdam de nouo incen-

---

ᵃ *gestrichen* gratiss[imo]. – ᵇ *gestrichen* q. – ᶜ *gestrichen* reflect[it]. – ᵈ *gestrichen* reflac. – ᵉ *gestrichen* v. – ᶠ *gestrichen* A. – ᵍ *gestrichen* mel[ius]. – ʰ *gestrichen* habea[nt]. – ⁱ *gestrichen* in.

¹ Die Jahreszahl 1530 ergibt aufgrund der Sachzusammenhänge (vgl. Anm. 4, 13).
² Augustus Sebastianus Nouzenus. Vgl. oben Nr. 278, S. 30, Anm. 5.
³ Die zweite Ausgabe von Bucers Evangelienkommentar *Enarrationes perpetuae in sacra quatuor evangelia [...]*. Vgl. oben Nr. 275, S. 23, Anm. 11.
⁴ Seit Gründung der Marburger Akademie am 1. Juli 1527 war Nouzenus in Marburg tätig.
⁵ Landgraf Philipp von Hessen. Vgl. oben Nr. 270, S. 3, Anm. 3.

dium excitantib[us] indictum silentium, neue quicquam, nisi quod ad
concordem vnitatem faciat, e suggestu dicere licet. Forsan ab Ibachio[6]
nostro, quas hic [f° *345 v°*] tragoedias post abitum vestrum[7] movit Satan,
fuse perscriptum esse opinor. Porro, vt nihil diuturnum esse potest, quod ex
temeritate [nimia?]que praecipite[j] violentia manat, ita quoque et hoc[k], quic-   5
quid mali fuit, sopitum est. Diuina bonitate freti firmiorem posthac in ecclesia pacem speramus. Vestrum tamen erit hortari, monere, instare, vrgere,
perpellere cum eo (qui vobis est) fidele sermone, salutari doctrina : יְמַת פֶּתִי
וּמַזֹּהֵק ... מְשִׂיבַת נֶבֶשׁ [8] [*Ps 19, 8*]. Dominus foecunditate rigabit dabitque iustum
incremen[tum] [*I Kor 3, 6f.*].   10

Quod mihi nullas cum libello literas ingestas adiunxeris, sic interpretor,
quod nondum meae, quas binas ad te perferendas dedi[9], perlatae sunt[l], per
Gallum quendam vnas, qui isth[ac] in patriam suam commeauit[10], per Johann[em][11] [...] singulari probitate insignem ornatu[mque] virum alteras.
Cui quod nihil prodesse poterim doleo[m], tametsi haudquaquam tamen spem   15
abiecimus, si hic nihil[n] proficimus. Optima fide d[ominus] Euricius Cordus[12], nostrae academiae moderator, recepit omnem sese lapidem moturum,
vt apud comitem Waldykenum[13], cui admodum gratus est, efficiat aliquid.
Deus bene[o] vertat. Dominum Fabritium Capitonem[14], linguae sacrae coram

---

[j] *gestrichen* vo[bis]. – [k] *gestrichen* quicq[uam]. – [l] *gestrichen* alteras. – [m] *gestrichen* quia. –
[n] *gestrichen* eff. – [o] *gestrichen* s.

[6]   Hartmann Ibach [Ybach, Ybachius]. Vgl. oben Nr. 278, S. 35, Anm. 31. Ein Brief von
Ibach an Bucer konnte nicht ermittelt werden.
[7]   Nach dem Ende des Marburger Religionsgespräches war Bucer am 5. Oktober 1529 aus
Marburg abgereist.
[8]   Die Entzifferung der hebräischen Wörter in diesem Brief verdanken wir der freundlichen
Unterstützung von Prof. Dr. Ludwig Schmidt, Prof. Dr. Gunther Wanke und Dr. Hans Werner
Hoffmann, alle Erlangen.
[9]   Keiner der beiden Briefe von Nouzenus an Bucer konnte ermittelt werden.
[10]   Vermutlich ein Student, der nach einigen Semestern in Marburg über Straßburg nach
Frankreich zurückkehrte.
[11]   Vermutlich Johannes Kempensis [Campensis, de Campis], Professor der Theologie in
Köln, vom 28. Juni 1521 bis 28. Juli 1522 Rektor der Universität Köln. Vgl. unten Nr. 288,
S. 83, Anm. 5; KEUSSEN, MATRIKEL KÖLN II, S. 837; LOCHER, REFORMATION, S. 646.
[12]   Euricius Cordus (Simtshausen bei Frankenberg 1486 – 24. [28. ?] Dezember 1535
Bremen). Cordus wurde 1523 vom Rat der Stadt Braunschweig zum Arzt berufen, im Mai 1527
zum ordentlichen Professor der Medizin nach Marburg; 1530 und 1533 war er Rektor der Uni-
versität Marburg. Vgl. CAESAR, CATALOGUS, S. 4; GUNDLACH, CATALOGUS, S. 173f., 543;
MÜLLER, ANFÄNGE, S. 178f.
[13]   Graf Philipp der Jüngere von Waldeck war von Landgraf Philipp von Hessen am 27.
März 1530 zusammen mit Erhard Schnepf und Kanzler Johannes Feige beauftragt worden, den
Landgrafen auf dem Augsburger Reichstag zu vertreten, zu dem er selbst „aus merglichen und
erhafften verhinderungen [...] in der eil" nicht reisen könne. Vgl. GRUNDMANN, PHILIPP VON
HESSEN, S. 10.
[14]   Wolfgang Capito [Köpfel]. Vgl. oben Nr. 271, S. 6, Anm. 8.

תִּפְאָרֶת [*Ps 96, 6*], officiose salutate! Hedionem[15], niueis plane [*f° 346 r°*] moribus hominem, vt sospitem velit esse Christo Domino precor.

    Quod academiam nostram inter heroidas illas praeclarissimas ciuitates[p] multis virtutibus, amplitudine ac dignitate insignes commemoras[16], vtinam aliqua, vel millesima parte isthuc mereamur! Agnoscimus hic candorem tuum et incredibilem erga literas amorem, quamobrem tibi meo nomine priuatim immortales habeo gratias atque hoc vnum doleo, cum ingenio meo, tum etiam facultatibus meis esse denegatum, haudquaquam posse referre.

    Optime vale in Domino, qui te nobis diu familiamque ⌄tuam⌄ incolumes seruet. Pridie Idus Aprilis[17].

Tuus quantus quantus est Sebastianus

Adresse [f° 346 v°]: Pientissimo eruditissimoque viro, domino Martino Bucero, Argentoratj ministro [...] vigilantissimo fidelissimoque, suo in Christo domino et patrono.

Oa Zürich SA, E II 446, f° 345 r° – 346 v° (am Rand z. T. beschädigt).

---

    [p] *gestrichen* sedere velis.

    [15] Kaspar Hedio [Heyd, Bock, Böckel]. Vgl. oben Nr. 272, S. 8, Anm. 5.
    [16] In seinem Brief an die Marburger Akademie vom 20. März 1530. Vgl. oben Nr. 279, S. 37–67.
    [17] Also am 12. April.

286   1530 April 13. Marburg. — Die Marburger Akademie an Bucer

Vifs remerciements à Bucer pour ses éloges de l'Académie de Marbourg. Son écrit a provoqué aussi de la jalousie. Que Dieu mette fin aux controverses et aux dissensions, et que tous s'unissent dans la foi au Christ, lequel nous est commun! Ils attendent, de Francfort, le Commentaire sur les évangiles *de Bucer.*

Dank für Bucers Würdigung der Marburger Akademie. Lob für seine christliche Gesinnung. Das Schreiben Bucers löst auch Mißgunst bei anderen aus. Wunsch nach baldiger Beilegung aller Streitigkeiten und nach Eintracht im Glauben an den gemeinsamen Christus. Erwartung von Bucers Evangelienkommentar aus Frankfurt.

Gratiam tibi habemus immortalem, carissime Bucere, quod scholam nostram
ex ipso praegnante et nondum plane mortuo semine vixdum emergentem[1] et
nulla adhuc facie agnoscibilem tam leuiter spirante aura tua ita afflas et
vegetas[2], vt bona spes sit nullum hinc gelu illam facile, vt flaccescat, morsu-
rum. Quamuis forte quidam alibi non defuturj sunt, qui immissum isthinc   5
floribus austrum dixerint et alia ex parte flantem vel aquilonem vel eurum
prętulerint, quasi magis propicio ↓eorum↓ sibilo assurgere possit. At speramus, si suum Deus incrementum dederit, illam aliquando in lętam herbam et
suos dehinc, qui heliotrophij[3] more solem sequantur, flores demumque in
suauissimos et Christo gratos fructus effigiarj. Quis tam impie pius fuerit, vt   10
christianam hanc voluntatem tuam, quam in ea pręfixa ad nos epistola[4] de-
pingis, obuijs vlnis non amplexetur, deosculetur et adoret?
     Faxit Deus, vt omnibus sublatis controversijs et abolitis sectarum nomi-
nibus vno omnes corpore mysticus panis in concordem tandem ecclesiam
coalescamus et vnanimj religione ad communem Christum suspiremus. Gau-   15
demus sane plurimum, quod tanto nos honore dignos duxeris, vt tantarum
rerum publ[icarum] eminentiss[imis] magistratibus iuncti ęqualem cum illis
gloriam in legenti populo adipiscemur, tametsi illud non leui nos inuidia
apud quosdam onerat, quibus tamen sic adhęremus, vt non a Christo disiungi
velimus. Acceptis tantum literis enarrationes tuas[5] e Francofordia breui affic-   20
turas adhuc exspectamus, quas vbi legerimus, pluribus forte olim respon-
debimus. Iam hęc, qualiacunque ex tempore, dum tabellio vrget, properata,
boni consule et vale! Ex Marpurgo 13. Aprilis, anno xxx.
     Rector[6] ceterique professores[7] Marpurgensis scholae

---

     [1] Zur Frühzeit der 1527 gegründeten Marburger Akademie vgl. BICKERT/NAIL, LAHN-
ATHEN, S. 156–250; CAESAR, CATALOGUS; GÖDEKE/PHILIPP, UNIVERSITÄTSBIBLIOTHEK, S. 1–5,
34–37; GUNDLACH, CATALOGUS; HERMELINK/KAEHLER, PHILIPPS-UNIVERSITÄT, S. 100–102,
114–116, 123f.; MÜLLER, ANFÄNGE, S. 164–181.
     [2] Vgl. oben Nr. 279, S. 37–67.
     [3] Heliotropium, lat. solstitialis herba, Gattung der Rauhblattgewächse mit mehr als 250
Arten, in Deutschland sind verbreitet Skorpionskraut, Warzenkraut und Krebsblume (Heliotro-
pium europaeum), von Apollophanes von Seleucia (3. Jhdt. v. Chr.) gegen Schlangenbiß empfohlen und im *Capitulare de villis* Karls des Großen (um 794) unter diesem Aspekt erwähnt.
Allgemein eine Pflanze, die ihre Blüte stets nach dem Stand der Sonne ausrichtet. Vgl. FISCHER,
PFLANZENKUNDE, S. 107, 263; RELING/BROHMER, PFLANZEN II, S. 123.
     [4] Vgl. oben Anm. 2.
     [5] Die zweite Ausgabe von Bucers Evangelienkommentar *Enarrationes perpetuae in sacra
quatuor evangelia [...]*. Vgl. oben Nr. 275, S. 23, Anm. 11.
     [6] Euricius Cordus. Vgl. oben Nr. 285, S. 77, Anm. 12.
     [7] Das sind: Adam Krafft, Erhard Schnepf, Franz Lambert und Augustus Sebastianus Nou-
zenus für die Theologische Fakultät; Johann Eisermann gen. Ferrarius Montanus und Balthasar
Clammer für die Juristische Fakultät; Johannes Lonicerus, Reinhardus Lorichius Hadamarius
und Thomas Zeger für die philosophische Fakultät. Euricius Cordus, ordentlicher Professor für
Medizin, hat als Rektor unterzeichnet. Vgl. GUNDLACH, CATALOGUS, S. 4–6, 84, 88f., 307, 310,
364.

Adresse [f° 74 v°]: Eruditissimo iuxta et pijssimo viro, Martino Bucero, Argentinentis ecclesię evangelistę, nobis in Christo chariss[imo] fratrj.

Oa Zürich SA, E II 358, f° 74 r°/v°. — C Zürich ZB, S 25,97.

287 [1530]¹ April 14. Frankfurt a. Main. — Dionysius Melander² an Bucer, Johannes Oekolampad³ und Huldrych Zwingli

Le porteur, l'imprimeur Christoph Froschauer, leur transmettra les "Sententiae veterum…" de Philippe Mélanchthon sur l'eucharistie ; qu'ils jugent eux-mêmes s'il faut y répondre et comment. Melander leur adresse une lettre de Hartmann Ibach, prédicateur à Marbourg. Il conseille que l'un de ses correspondants rédige pour Philippe de Hesse un opuscule expliquant le sens original des paroles de la Cène d'après l'Écriture et des Pères de l'Église approuvés. Le reste de vive voix, par le porteur. Melander recommande son église à leurs prières.

Der Buchdrucker Christoph Froschauer wird Melanchthons Abendmahlsschrift „Sententiae veterum …" überbringen. Die Adressaten mögen über eine eventuelle Entgegnung entscheiden. Melander übersendet einen Brief des Marburger Predigers Hartmann Ibach zur Beurteilung. Bittet, einen kleinen Traktat für den Landgrafen von Hessen zu verfassen, in welchem die wahre Auslegung der Abendmahlsworte aufgrund der Heiligen Schrift und der bewährtesten Kirchenväter enthalten ist.

---

¹ Die Jahreszahl 1530 ergibt sich aus den Zusammenhängen, insbesondere aus der Erwähnung der Schrift Melanchthons (vgl. Anm. 6).
² Dionysius Melander [Schwarzmann] [d. Ä.] (Ulm um 1486 – 10. Juli 1561 Kassel). Nach unbekanntem Werdegang Eintritt in den Dominikanerorden in Ulm, später in Pforzheim. Ab 1522 bekannte sich Melander zur Reformation, wurde 1525 Prediger in Frankfurt a. Main und heiratete 1526. Landgraf Philipp von Hessen hörte ihn 1529 während des Marburger Religionsgesprächs predigen und wird ihn 1535 als seinen Hofprediger nach Kassel berufen. Vgl. ADB 21, S. 276; BCor III, Nr. 149, S. 10f., Anm. 1; Dechent, Kirchengeschichte I, S. 116f., 124–129, 135–137, 142–147; Hütteroth, Pfarrer, S. 221f.; Sauer, Melander, S. 1–36; Zwingli Bw. III, Nr. 601, S. 75, Anm. 1.
³ Johannes Oekolampad [Hensgen]. Vgl. oben Nr. 271, S. 5, Anm. 6.

Gratia uobis et pax a Deo, patre nostro per Christum!

Exhibebit uobis, uiri optimi, Christophorus[4] typographus noster Philippi[5] sententias de eucharistia[6]. An uero homini sit respondendum, quo pacto et per quem, uestro iudicio committo.

Dedit ad me quoque literas Hartmannus Ybachius[7], Martpurgensis eccle- 5 siae minister, quas uobis legendas mitto, ut non tam meam uideatis in hac re erga uos diligentiam quam istorum hominum insaniam. Quare consulerem, ut ex vobis conscriberetur libellus ad Hessorum principem[8], in quo genuinus uerborum cenae sensus ex scripturis et probatiss[imis] patribus contineretur[9]. Reliqua narrabit Christophorus[10].   10

His valete in Christo et me nostramque ecclesiam Christo uestris commendate precibus!

Francofordiae, 14 Aprilis.

Dionysius Melander, uester deditiss[imus]

Adresse [f° 295 v°]: Bucero, Oecolampadio, Zuinglio, ministris Christi, ad 15 manus.

Oa Zürich SA, E II 349, f° 295 r°/v°. — C Zürich ZB, S 25,102. — P Schuler/Schultheß, Zw. W. VIII, S. 444; Zwingli Bw. IV, Nr. 1009, S. 539f. — R Oekolampad Bw. II, Nr. 737, S. 434.

---

4   Christoph [Christoffel] Froschauer der Ältere (Kastl bei Altötting [Neuburg bei Oettingen ?] um 1490 – 1. April 1564 Zürich). 1521-1564 Inhaber der Offizin Froschauer in Zürich, führender Buchdrucker der Zürcher Reformation, damit auch Drucker der Schriften Zwinglis, überdies einer der wichtigsten Diplomaten Zürichs in den süddeutschen Städten. Vgl. BORNERT, RÉFORME, S. 147; EGLI, REFORMATIONSGESCHICHTE I, S. 59, 81, Anm. 2; KÖHLER, ZWINGLI, S. 201, 216, 243; LEEMANN-VAN ELCK, FROSCHAUER, S. 13–144, 192; LOCHER, REFORMATION, S. 582f.; QSRG II, S. 13, 126; QSRG V, S. 29–32; QSRG VIII, S. 11, Anm. 2.
5   Philipp Melanchthon [Schwarzerd]. Vgl. oben Nr. 273, S. 15, Anm. 27.
6   Philipp Melanchthon: *Sententiae veterum aliquot scriptorum de Coena Domini [...]*, März 1530. Vgl. VD 16, Nr. M 4220; CR 23, Sp. 727–752.
7   Hartmann Ibach [Ybach, Ybachius]. Vgl. oben Nr. 278, S. 35, Anm. 31.
8   Landgraf Philipp von Hessen. Vgl. oben Nr. 270, S. 3, Anm. 3.
9   Bucers sogenannter ‚Ratschlag A' zum Abendmahlsstreit. Er entstand im April und Mai 1530 und wurde am 2. Juni 1530 in Augsburg von den Straßburger Gesandten an Landgraf Philipp von Hessen übergeben. Vgl. BDS III, S. 321–338; FRIEDRICH, BUCER, S. 64–67.
10   Vgl. oben Anm. 4.

288   [1530. Mitte April][1]. [Marburg]. — Hermann von dem Busche[2] an Bucer

Hermann von dem Busche recommande vivement Johannes Kempensis, chassé de Cologne "par les pharisiens" et ruiné, tout comme, sur la recommandation de Bucer, lui-même avait hébergé Wolfgang Martialis; ce dernier se trouve désormais à Heidelberg. Il remercie Bucer pour son écrit au sujet de l'enlèvement des statues, "Das einigerlei Bild …". Il soumettra à l'examen de Bucer une satire en vers qu'il a composée contre les inquisiteurs de Cologne. Salutations à Capiton et à Gérard Geldenhauer. On dit que Luther et Mélanchthon se sont rendus avec leur prince Jean Ier de Saxe à Augsbourg.

Hermann von dem Busche erinnert Bucer an seine Zusage, Glaubensflüchtlinge bei sich aufzunehmen, und empfiehlt Johannes Kempensis aus Köln. Wolfgang Marcialis, den er selbst beherbergt hat, ist nach Heidelberg weitergezogen. Von dem Busche dankt für den Empfang von Bucers Schrift „Das einigerlei Bild …"; er wird Bucer ein eigenes Gedicht gegen die Inquisitoren von Köln schicken. Grüße an Wolfgang Capito und Gerhard Geldenhauer von Nijmegen. Die Marburger Buchhändler berichten den Aufbruch Kurfürst Johanns I. von Sachsen, Luthers und Melanchthons zum Reichstag nach Augsburg.

Gratia tibi et pax per Christum a Deo Patre!

Scis, quid [↓]mihi[↓] pollicitus, cum literis tuis[3] altera ab [↓]hinc[↓] hyeme Wolfgangum Martialem[4] mihi comendasti? Nempe ut vicissim tibi [↓]si[↓] quos haberem [↓]Christi[↓] pauperes obtruderem. En habeo Dominum hunc[a] Joannem
5 Kempensem[5] a Pharisaeis Colonia pulsum, omnibus praeterea rebus ab

---

[a] *gestrichen* C.

[1] Wichtige Anhaltspunkte zur Datierung dieses Briefes geben die Erwähnung von Bucers Schrift *Das einigerlei Bild […]* in ihrer lateinischen Übersetzung (vgl. unten Anm. 7) und die Berichte der Buchhändler, Luther und Melanchthon seien mit ihrem Fürsten nach Augsburg aufgebrochen. Dies war am 4. April 1530 geschehen (vgl. unten Anm. 15).
[2] Hermann von dem Busche [Pasiphilus]. Vgl. oben Nr. 278, S. 34, Anm. 30.
[3] Dieser Brief Bucers an Hermann von dem Busche konnte nicht ermittelt werden.
[4] Vermutlich ‚Wolffgangus Marcialis a Ratispona‘, der am 4. März 1529 in Heidelberg immatrikuliert worden war. Vgl. TOEPKE, HEIDELBERGER MATRIKEL I, S. 544, Nr. 11. Weitere biographische Angaben sind nicht zu ermitteln. Vgl. dazu BCOR III, Nr. 226, S. 272, Z. 47f. Er wurde von Bucer an Hermann von dem Busche empfohlen, der ihm jedoch keine Anstellung verschaffen konnte. Aufgrund der Fürsprache von Simon Grynaeus erhielt er dann in Heidelberg eine bescheidene Anstellung am Collegium Dionysianum. Urkundliche Belege für seine Tätigkeiten fehlen aber durchweg. — Freundliche Hinweise des Universitätsarchivs Heidelberg und der Melanchthon-Forschungsstelle Heidelberg.

eisdem spoliatum, eciam libris, qui soli plus quadraginta aureis valebant,
quem tibi obtrudam, in quo hospitalitatis fideique tuae tentamenta faciam,
quam ut obligatam mihi tuo chyrographo absoluas non exigo solum, verum
eciam preces per Christum, quem euangelizas, ⸢addo,⸤ᵇ quas inefficaces esse
ne sinas obsecro. Mouet me simplex probitas hominis XX ante annos mihi   5
spectata, mouent canj eius, mouet quod ⸢pro⸤ Euangelio affligitur, mouet
postremo malicia, crudelitas, impudentia aduersariorum. Etsi hec indignissi-
mus sustinet, nihil tamen fere queritur, nihil tristatur, male inimicis nihil
loquitur. Francfordiae forte mihi obuius ⸢me⸤ salutat, praeterea vicem suam
nihil lamentatus, ita ut casum eius n[unc quoque igno]rarem, nisiᶜ ab alijs   10
magis quam �ↆabↆ ipso didicissem. Ob hoc tibi, [mi Bu]cere, hunc ita commendo, ut diligentius ne possim quidem; sentiat [praesens] vobiscum non
verbis solum, sed re ipsa tuam charitatem celebrari erga pios nec folia pro
fructibus ostentari ↓tantum↓. Volfangum tuum ego septima↓nas↓ 6 [mecum]
habui; aliorum nemo dedisset illi haustum cereuisiae vnum. Dimittens illum   15
a me commendaui ipsum Heidelbergensibus, a quibus est commendatione
↓mea↓ stipendio in domo Dionysiana mox donatus. Ista tota hyeme Angli-
cum⁶ item pulsum ob euangelium meis sumptibus aluj. Literas vestras
Co[loniam per]ferri meo aere feci. Habeo gratias tibi pro exemplari de
abo[lendis sta]tuis⁷ tuo nomine mihi reddito, habiturus tamen multo maiores,   20
si hunc meum hominem⁸ tractaueris quam potes amantissime, ut habeat
alicubi tenuem victum; eo erit contentus. Scripsi in Colonienses inquisitores
bustuarios satyrico stilo carmen⁹, quod dedi isthic excudendum chalcogra-
pho cuidam¹⁰. Id cum videris (videbis enim) adhibe, rogo, censuram tuam et
diligentiam, vt, si displicuerit, aboleam, si placuerit, quam emaculatissime te   25
auctore prodeat excusum. Saluta Capitonemᵈ ¹¹, Gerardum Nouiomagum¹²

ᵇ *anstatt* oro. – ᶜ *anstatt* nihil. – ᵈ *gestrichen* et.

5 Vermutlich Johannes Kempensis [Campensis, de Campis]. Vgl. oben Nr. 285, S. 27,
Anm. 11.
6 Um welchen Engländer es sich handelt, konnte nicht ermittelt werden.
7 Martin Bucer: *Das einigerlei Bild […].* Vgl. oben Nr. 277, S. 28, Anm. 6. Lateinische
Übersetzung von Jakob Bedrot: *Non esse ferendas […].* Vgl. ebd., Anm. 7.
8 Der erwähnte Johannes Kempensis.
9 Hermann von dem Busche: *Flora Hermanni Bvschii Pasiphili in ampliss. clarissq. Vrbis
Agrippinae Coloniae laudem olim […].* Vgl. VD 16, Nr. B 9897.
10 Es handelt sich um Henricus Mameranus in Köln. Vgl. ebd.
11 Wolfgang Capito [Köpfel]. Vgl. oben Nr. 271, S. 6, Anm. 8.
12 Gerhard Geldenhauer von Nijmegen [Gerardus Noviomagus] (Nijmegen 1482 – 1542
Marburg). Studium in Löwen, Schüler des Erasmus, Vorleser und Sekretär Karls V. Im Anschluß an eine Reise nach Wittenberg schloß er sich der Reformation an und kam 1527 nach
Straßburg, wo er Kontakt zu Bucer suchte, der ihn 1532 an die Universität Marburg empfiehlt,
um die Nachfolge Franz Lamberts von Avignon anzutreten. Vgl. MÜLLER, GELDENHAUER,
S. 170; HENDRIKS, GELDENHAUER, S. 176–196; TOURNAY, GELDENHOUWER, S. 82–84.

et recte vale per Christum. Bibliopole hic aiunt Lutherum et Melanchtonem[13] profectos cum principe suo[14] Augustam[15].

Extemporaliter ut vides haec scripsi in procinctu. Quare parce tot lituris.

Adresse [f° 379 v°]: Pientissimo, eruditissimo viro domino Martino Bucero,
5   Argentoratj ministro diuinorum concionum vigilantissimo fidelissimoque suo in Christo domino et patrono.

Oa Zürich SA, E II 446, f° 379 r°/v°. — C Zürich ZB, S 25,117. — P Krafft, Briefe und Dokumente, Nr. 29, S. 66f.

---

13   Philipp Melanchthon [Schwarzerd]. Vgl. oben Nr. 273, S. 15, Anm. 27.
14   Kurfürst Johann I. von Sachsen. Vgl. unten Nr. 298, S. 99, Anm. 8.
15   Der Kurfürst folgte dem kaiserlichen Reichstagsausschreiben vom 21. Januar 1530 am 4. April 1530. In Begleitung Luthers, Dietrichs, Melanchthons, Jonas', Brücks, Baiers, des Kurprinzen Johann Friedrich, des Herzogs Franz von Braunschweig-Lüneburg, des Fürsten Wolfgang von Anhalt und der Grafen Albrecht von Mansfeld, Justus von Mansfeld, Ernst von Gleichen, Wolfgang zu Henneberg und Balthasar von Hanau brach er in Torgau Richtung Coburg auf. Während der Reise gesellten sich in Weimar noch Georg Spalatin, Johannes Agricola und Kaspar Aquila zum Gefolge. Coburg erreichte man rechtzeitig vor Ostern, am 15. April 1530. Nach Ostern traf ein kaiserliches Schreiben ein, das zu pünktlichem Erscheinen in Augsburg aufforderte. Der Kurfürst trat daraufhin die Weiterreise an, mußte aber Luther zurücklassen. Luther war von Acht und Bann bedroht, sicheres Geleit konnte ihm nicht garantiert werden. Er wurde am Morgen des 23. April auf die Veste Coburg gebracht; der Kurfürst und sein Gefolge zogen weiter über Nürnberg, Weißenburg und Donauwörth nach Augsburg, wo sie am 2. Mai 1530 eintrafen. Vgl. Drescher, Reichstag, S. 11f.; Gussmann, Quellen I, S. 89.

289   1530 April [etwa 15.][1]. Straßburg. — Die Straßburger Prediger an die Christen in Friesland

Le fait que Erasme ait pris la plume contre ceux qui confessent le Christ appelle une défense de la Réformation. Bucer présente cette dernière de manière développée, au plan tant de la doctrine que de l'éthique ; loin d'être des novateurs, les Réformateurs tentent de vivre conformément à l'Évangile. Il justifie le droit, pour les autorités civiles, d'instaurer la Réformation, et présente l'idéal de l'amour pour le prochain. Il attaque les indulgences, la messe, la vie monastique et la vénération des images. Il repousse plusieurs critiques érasmiennes : les évangéliques ont le droit d'abolir la doctrine et les usages de l'Église, car ils mènent un combat semblable à celui des

---

1   Zur Datierung vgl. BOL I, S. 67, Anm. 42.

apôtres ; à l'objection selon laquelle la prédication de l'Évangile a rendu les hommes plus mauvais et non pas meilleurs, Bucer oppose l'amélioration morale qui résulte de la Réformation. Si Bucer ne rejette pas purement et simplement le reproche en vertu duquel l'action des Réformateurs a renforcé la tyrannie des moines et des théologiens, privant les chrétiens de liberté, c'est pour affirmer que les Réformateurs s'emploient à améliorer les travers les plus criants. Bucer prie Dieu d'assister tous les évangéliques que l'on opprime.

Das Auftreten des Erasmus von Rotterdam gegen die Bekenner Christi macht eine Verteidigung der Reformation erforderlich. Bucer gibt einen ausführlichen Überblick über die Lehren der Reformation und das Leben, das ihre Bekenner zu führen beabsichtigen: Die Reformatoren sind keine Neuerer, sie versuchen nur, gemäß der Lehre des Evangeliums zu leben. Er greift Ablässe, Messen, Klosterleben und Bildnisverehrung an und verteidigt das Recht der Obrigkeit auf Durchführung der Reformation und das Ideal des Dienstes am Nächsten. Gegen den Vorwurf des Erasmus, die Protestanten wendeten zur Förderung ihrer Sache Listen an, bringt Bucer vor, sie würden alleine die Sache Christi vertreten. Gegen den Vorwurf, die Protestanten hätten kein Recht, die Lehren und Bräuche der Kirche abzustellen, bringt Bucer vor, der Kampf der Evangelischen sei mit dem der Apostel zu vergleichen. Gegen den Vorwurf, die Predigt des Evangeliums habe die Menschen nicht besser, sondern schlechter gemacht, bringt Bucer vor, wieviel Besserung der Menschen, besonders in sittlicher Hinsicht, die Reformation bewirkt, und welche Erfolge man in der Einführung eines christlichen Lebensstils erreicht habe. Den Vorwurf, das Vorgehen der Reformatoren habe die Tyrannei der Theologen und Mönche noch verschlimmert und zum Verlust der Freiheit geführt, versucht Bucer nicht zu entkräften, trotzdem wolle man jetzt mit aller Kraft wenigstens die schlimmsten Dinge bessern. Bitte um Gottes Beistand für alle bedrängten Evangelischen.

Incipit: Nisi nota vobis essent, charissimi […]

P Epistola apologetica ad syncerioris christianismi sectatores per Frisiam orientalem et alias inferioris Germaniae regiones, in qua Euangelij Christi uere studiosi, non qui se falso Euangelicos iactant, ijs defenduntur criminibus, quae in illos Erasmi Roterodami epistola ad Vulturium Neocomum, intendit. Per ministros Euangelij, ecclesiae Argentoraten[sis]. Act. XXV. Multa et grauia crimina intendebant aduersus Paulum, quae non poterant probare. M.D.XXX; BOL I, 1982, S. 59–225 (= Mentz, Bibliographie, Nr. 26; Stupperich, Bibl. Buc., Nr. 30).

290 [1530][1] April 18. Straßburg. — Bucer an Ambrosius Blaurer[2]

Bucer lui envoie sa "lettre destinée à servir l'unité de l'Église", la préface à la seconde édition de son "Commentaire sur les Psaumes". Bucer a offensé Bedrot, en le désignant nommément comme traducteur de l'ouvrage relatif à l'enlèvement des images ["Non esse ferendas...", N° 277]. Que Blaurer lui fasse part de ce qui lui déplaît dans sa préface, de même que dans son apologie "Epistola apologetica" contre Erasme, dont il lui enverra plus tard les feuillets restants. À Strasbourg, départ d'un certain nombre de prêtres et fortication de la ville ; on se prépare à défendre, devant l'Empereur, l'abolition des messes et des images. Prier Dieu afin qu'advienne son règne. Bucer se recommande à Thomas Blaurer et à Johannes Zwick.

Jakob Bedrot hat sich über seine Nennung als Übersetzer der Schrift gegen die Bilder beschwert, da er seine Übersetzung für nachlässig hält. Bucer schickt seine Vorrede zum Evangelienkommentar und die bisher gedruckten Seiten seiner Apologie gegen Erasmus mit und bittet Blaurer um seine Einschätzung und Kritik. Die Bedrohung Straßburgs hält an, die Priester verlassen die Stadt, Befestigungsanlagen werden ausgebaut, die Verteidigung der Abschaffung von Messe und Bildern vor dem Kaiser wird vorbereitet. Grüße an Thomas Blaurer, Johannes Zwick und die Konstanzer Brüder.

Salue in Domino, Ambrosi charissime!

Ambigo, si miserim epistolam nuncupatoriam meam de seruanda ecclesiae vnitate[3]; ideo vel rursus vel nunc primum mitto. Bedrotum[4] nostrum grauiter offendi, quod adscribi curaui nomen eius libello de tollendis imagi-
5 nibus[5]; neglectim adeo videtur illum sibi vertisse. Sed si ita est, iure dat pęnas negligentiae traductus; sin, conuenit, ut ingenue prae se ferat, quod recte fecit. Scribes, quid displicuerit in hac epistola, item in apologia aduersus Erasmum[6]; eius mitto quantum excusum est. Restant forsan quaterniones

---

[1] Die Jahreszahl 1530 ergibt sich aus der Erwähnung der Vorrede zum Evangelienkommentar (vgl. Anm. 3), der Übersetzung Bedrots von Bucers *Das einigerlei Bild [...]* (vgl. Anm. 5) und der *Epistola apologetica [...]* Bucers gegen Erasmus (vgl. Anm. 6).

[2] Vgl. oben Nr. 273, S. 9, Anm. 3.

[3] Die Vorrede zur zweiten Ausgabe von Bucers Evangelienkommentar *Enarrationes perpetuae in sacra quatuor evangelia.* Vgl. oben Nr. 279, S. 37–67. — K. *Hubert:* ⟨*De seruanda ecclesię vnitate*⟩.

[4] Jacob[us] Bedrot[us] [Pludentinus]. Vgl. oben Nr. 271, S. 6, Anm. 9.

[5] *Non esse ferendas [...]*, eine Übersetzung Bedrots von Bucers *Das einigerlei Bild [...]*. Vgl. oben, Nr. 277, S. 28, Anm. 6f. — K. *Hubert:* ⟨*De imaginibus Bedrotus vertit*⟩.

[6] Martin Bucer: *Epistola apologetica [...]*. Vgl. oben Nr. 273, S. 15, Anm. 28. — K. *Hubert:* ⟨*Apologia contra Eras[mum]*⟩.

tres; eos proximo nuncio tradam[7]. Quo es studio in gloriam Christi fortiter
adserendam, tum etiam concordiam in eos, quibus Christus seruator est,
seruandam, non dubito praecipua haud damnabis. Erit tamen in quo mihi
ipsi, satis sci[o], videbor susceptae personae, hoc est candidi et pure Christi
gloriam quęrentis, parum dextre seruijsse; iam quot me fugient loci, in qui- 5
bus idem vsu uenit? Tuae igitur et aliorum fratrum partes erunt huius dor-
mitantiae, vbicunque eam deprehenderint, amice, hoc est aperte, admonere[8].
    Apud ⌊nos⌋ nihil noui est. Perseuerant minae; migrant aliquot sacrifici;
munitur vrbs; cogitatur de defendenda in[n]ovatione <cerimoniarum< apud
Caesarem. Id curant quidam. Vtinam omnes precibus Deum pulsare[nt][a], vt 10
adueniat ipsius regnum [*Mt 6, 10; Lk 11, 2*]! Quod si obtinere[n]t, adijce-
rentur alia affatim [*Mt 6, 33; Lk 12, 31*]. Commenda me fratri[9] et Zvikio[10]
alijsque, qui commune nobiscum euangelij negocium agunt. Arg[entorati] 18
Aprilis.
                                        M[artinus] Bucerus tuus ex animo 15

Adresse [S. 16]: Ambrosio Blaurero, ecclesiastae Constantiensi, viro vnde-
quaque pientiss[imo] et eruditiss[imo], fratri in primis obseruando.

*Oa AST 151 (Ep. Buc. I), Nr. 5, S. 15f. (mit Siegelspur) — C Zürich ZB, S
25,105; TB III, S. 219. — P Blaurer Bw. I, Nr. 162, S. 209.*

---

[a] *O* pulsare.

[7] Dies geschieht am 26. April. Vgl. unten Nr. 291, S. 89, Z. 5.
[8] Ob Blaurer Stellung genommen hat, ist nicht bekannt; ein entsprechender Brief von ihm
an Bucer konnte jedenfalls nicht ermittelt werden.
[9] Thomas Blaurer. Vgl. oben Nr. 273, S. 15, Anm. 24.
[10] Johannes Zwick. Vgl. oben Nr. 272, S. 7, Anm. 1.

291 [1530][1] April 26. Straßburg. — Bucer an Ambrosius Blaurer[2]

*Trop occupé par les préparatifs de la Diète d'Augsbourg, Capiton a oublié
de lui montrer la dernière lettre de Blaurer. Bucer fait part de ses efforts*

---

[1] Die Jahreszahl 1530 ergibt sich aus der Erwähnung des Augsburger Reichstages (vgl.
Anm. 4) und der *Confessio Tetrapolitana* (vgl. Anm. 11), sowie aus der Erwähnung von Bucers
Epistola apologetica [...] gegen Erasmus (vgl. Anm. 12).

relatifs à Memmingen auprès du Sénat de Strasbourg. Il a aussi écrit en ce sens à Simprecht Schenck. Soucis au sujet de la constance de Philippe de Hesse. Que Blaurer fasse en sorte que ceux de Memmingen se joignent aux nôtres. Bucer lui adresse les feuillets manquants de son Epistola apologetica *contre* Erasme.

Wolfgang Capito ist mit Vorbereitungen für den Augsburger Reichstag so beschäftigt, daß er vergessen hat, Bucer den letzten Brief Blaurers aus-zuhändigen. Bucers Bemühungen beim Straßburger Rat zum Schutz Mem-mingens, die Abschaffung der Messe betreffend. Brief in dieser Angelegen-heit an Simprecht Schenck. Sorge um die Wachsamkeit Philipps von Hessen. Blaurer soll sich in Memmingen für das gemeinsame Bekenntnis [die spätere Confessio Tetrapolitana] *verwenden. Bucer schickt die fehlenden Seiten seiner Apologie gegen Erasmus mit.*

Salue! Capito³ occupatus ijs, quibus nostra defendentur in commitijs⁴, nescio qua negligentia literas⁵ mihi non ostendit, nec ipse rem curauit, donec iam abiret hic nuncius, quem e via reuocaui, ˂cum in eum forte fortuna inci-dissem˂, quo vel aliquid scriberem, licet in simili negotio detentus. Tentaui
5   apud nostros, sed verentur boni, cum nostri alias soleant promissorum par-cos esse, propter non facile posse tale obtineri, obstrepentibus ijs, qui ἐν τῇ βουλῇ ἀλλόφυλοι sunt⁶. Ego itaque Symperto⁷ scripsi⁸. Haud dubito tamen, si quid illis accidat, nostros cum alijs officio suo non defuturos. Tum enim viderent proximum parietem ardere. Hic quoque dici non potest, quam
10   vigilans sit pientiss[imus] ille princeps Hessorum⁹. Perge itaque, vt apud alios efficias, quod nos modo hic nequiuimus, praesertim in tanta temporis

2   Ambrosius Blaurer [Blarer, Blorer]. Vgl. oben Nr. 273, S. 9, Anm. 3.
3   Wolfgang Capito [Köpfel]. Vgl. oben Nr. 271, S. 6, Anm. 8.
4   Der Reichstag zu Augsburg, der am 21. Januar 1530 ausgeschrieben worden war und am 20. Juni 1530 um 7 Uhr morgens eröffnet wird. Vgl. HDTG II, S. 93–99; LUTZ, KAISER, S. 7–35; NEUHAUS, REICHSTAG, S. 167–211 (mit Bibliographie); ROTH, REFORMATIONSGESCHICHTE I, S. 328–368.
5   Dieser Brief Blaurers an Capito oder Bucer ist nicht erhalten. Die wesentlichen Inhalte lassen sich aber aus dem Schreiben von Bürgermeister und Rat der Stadt Memmingen an Blaurer vom 20. April 1530 (BLAURER Bw. I, Nr. 164, S. 210f.) erschließen. Memmingen bittet Blaurer, seine Forderung nach Abschaffung der Messe schriftlich zu begründen: Die Priester wollen „doch mit der mündlichen Antwort sich nicht zufrieden geben und halten sich darin für benachteiligt, daß sie dieselbe bisher nicht haben schriftlich erhalten könen. Damit sie nun sich nicht weiter darüber klagen können und damit die Gutgesinnten bei uns eine Waffe zur Hand haben, bitten wir Euch, uns die vor der Priesterschaft und auf der Kanzel mündlich erteilte Belehrung schriftlich zu geben und zu übersenden" (Ebd., S. 211, Z. 11–17).
6   Wörtlich: die die Stadtfremden im Rat sind.
7   Simprecht [Simpert] Schen[c]k. Vgl. oben Nr. 269, S. 1, Anm. 3.
8   Dieser Brief Bucers an Simpert Schenck ist nicht erhalten. Vgl. zum Inhalt oben Anm. 5.
9   Landgraf Philipp von Hessen. Vgl. oben Nr. 270, S. 3, Anm. 3.

angustia. Vnam tantum horam enim agendi habui heri hora quinta, quarta enim accęperam literas tuas[10]. Tu cura, vt se nostris Memingenses adiungant et consilia communicent[11]. Toti in eo boni erunt, vt rem tantam ad se dignos arbitros, ad iustum tempus, differant, vt queat tractari, vt oportet. Intelligis quae velim. Argent[orati] VI. calend[as]ᵃ Maii. Mitto reliqua Apologiae[12].   5

          M[artinus] Bucerus tuus

Adresse [S. 28]: Ambrosio Blaurero, ecclesiastae Constantiensi, viro integerrimo et pientiss[imo], fratri chariss[imo].

Oa AST 151 (Ep. Buc. I), Nr. 9, S. 27f. (mit Siegelspur) — C Zürich ZB, S 25,110; TB III, S. 221. — P / R Blaurer Bw. I, Nr. 165, S. 211f.

ᵃ *gestrichen* Ap[rilis].

[10]   Dieser Brief Blaurers an Bucer ist nicht erhalten. Vgl. zum Inhalt oben Anm. 5.
[11]   Jene Beschlüsse, die zur Abfassung der *Confessio Tetrapolitana* durch Bucer unter Mitwirkung von Kaspar Hedio und Wolfgang Capito führten. Die *Confessio Tetrapolitana* wird im Juni 1530 von Memmingen mitunterzeichnet und am 9. Juli 1530 auf dem Augsburger Reichstag übergeben. Vgl. BDS III, S. 13–185; FRIEDRICH, BUCER, S. 67–69; URKUNDENBUCH AUGSBURG 1530 II, S. 21–70.
[12]   Martin Bucer: *Epistola apologetica [...].* Vgl. oben Nr. 273, S. 15, Anm. 28. Bucer hatte in seinem Brief an Blaurer vom 18. April 1530 (vgl. oben Nr. 290, S. 86, Z. 8 – S. 87, Z. 1) bereits angekündigt, die noch fehlenden „forsan quaterniones tres" alsbald nachzuschicken.

292   [1530. Ende April][1]. [Zürich]. — Huldrych Zwingli an Bucer und Wolfgang Capito[2]

Zwingli leur recommande Hans Jakob Brennwald afin qu'il apprenne, chez Peter Butz et à la chancellerie, le métier de secrétaire. À Zurich, tout va bien, si ce n'est que l'on souffre de la disette.

---

[1]   Briefschluß und Datum fehlen. Erdös (ERDÖS, BRIEF, S. 498f.) nennt 1530 als Jahr der Dürre und Teuerung und den 4. Mai 1530 als terminus ante quem; unter diesem Datum schreibt Bucer an Zwingli (siehe unten Nr. 297, S. 96, Z. 2f.): „Hac ora accepi literas et coronatos 7 per puerum, quem mihi commendasti. Curabo omnia ex fide." Köhler (ZWINGLI Bw. IV, Nr. 1014a, S. 557, Anm. 12) lehnt eine derart enge Datierung ab und nennt „die Jahre 1530/31". Millet (MILLET, CORRESPONDANCE CAPITON, S. 132f.) übernimmt ohne Kommentar die Datierung von Erdös. Als gewichtigstes Argument erscheint hier die Erwähnung des „puer" in Nr. 297, die als unmittelbarer Reflex auf Nr. 292 zu werten ist. Mit gutem Grund kann also die Datierung auf Ende April 1530 festgelegt werden.
[2]   Wolfgang Capito [Köpfel]. Vgl. oben Nr. 271, S. 6, Anm. 8.

Zwingli empfiehlt den Straßburgern Hans Jakob Brennwald. Dieser soll bei
Peter Butz und in der Straßburger Kanzlei das Schreiberhandwerk erlernen.
In Zürich wäre alles in Ordnung, wenn nicht Not durch die Teuerung
herrschte.

Gratiam et pacem a Domino!

Est apud nos adolescens patricię gentis[3], cuius auus[4] non paucos consu-
latus gessit, cuius parens[5] (is est prępositus Imbriaci), ut scriptum facere
adprobe recteque discat, cupit Argentoratum locare ei, qui uobis est a secre-
5   tis[6]. Adolescens ipse ingenuus est specie atque animo; et quod ad scriptum
attinet, belle iam fingit apices, ut iam describendo magno possit usui esse.
Vobis ergo inuitus id oneris impono, ut rem peragatis; tamen, quia neque
parenti illius, qui mihi fratris loco est, neque Iodoco Brenvaldio[7], qui frater
cuiusque liberi meorum consobrini sunt ac necessarii[8], quicquam negare
10   debeo, ad ista uos cogo.

Oro igitur, et si uultis, rogo etiam, ut, quomodocumque fieri possit, com-
ponatis, ut is adolesces aut ipsi a secretis aut alii proximo illi locetur, qui rei-
publicę scripta faciat[9]; video enim parentis consilium hoc esse, ut primum in
aliqua christianę ciuitatis urbe instituatur, deinde ut ad faciendum reipublicae

---

[3] Hans Jakob Brennwald (* um 1510 Männedorf am Zürichsee). Sohn von Heinrich Brennwald. Vgl. ERDÖS, BRIEF, S. 499f.; LUGINBÜHL, QUELLEN II, S. 606; ZWINGLI Bw. IV, Nr. 1014a,
S. 556, Anm. 1, 2.

[4] Felix Brennwald (1441–1492). Großvater des Hans Jakob Brennwald, Obervogt in
Regensdorf, Zeugherr und Landvogt in Wiburg, Züricher Ratsherr, 1483–1486 ständiger Ver-
treter Zürichs bei den eidgenössischen Tagsatzungen, 1489–1492 Bürgermeister von Zürich.
Vgl. FARNER, ZWINGLI, S. 99; LUGINBÜHL, QUELLEN II, S. 588f.; ZWINGLI Bw. IV, Nr. 1014a,
S. 556, Anm. 3.

[5] Heinrich Brennwald (Männedorf am Zürichsee 1478 – 26. April 1551 Zürich). 1500–1517
Chorherr und 1517–1524 Propst in Embrach, 1525 Obmann und Finanzverwalter der Züricher
Klöster, 1528 Pfleger des Klosters Töß, Verfasser einer Chronik der Schweizer Geschichte. Vgl.
BCor II, Nr. 141, S. 181, Anm. 1; EGLI, REFORMATIONSGESCHICHTE, S. 108, 168, 334; ERDÖS,
BRIEF, S. 499; KÖHLER, ZWINGLI, S. 117, 121; LOCHER, REFORMATION, S. 139, 153; LUGINBÜHL,
QUELLEN II, S. 587–607.

[6] Peter Butz († 1531 Straßburg). Straßburger Stadtschreiber. Seine Bedeutung für die
Einführung der Reformation in Straßburg ist noch nicht hinreichend untersucht. Vgl. BCor I,
Nr. 42, S. 185, Anm. 6; BRADY, STRASBOURG, S. 91, Anm. 81, 117, 167f., 191, 206–242; KAUF-
MANN, ABENDMAHLSTHEOLOGIE, S. 277, 322, 374; ROTT, CONTACTS ET CONTRASTES, S. 108f.,
Anm. 13.

[7] Jost Brennwald, Sohn des Heinrich und Bruder des Hans Jakob Brennwald, bis 1531
Chorherr, bis 1541 Schaffner in Embrach. Vgl. BCor II, Nr. 141, S. 181, Anm. 1; LUGINBÜHL,
QUELLEN II, S. 606; ZWINGLI Bw. II, Nr. 457, S. 538, Anm. 8; ZWINGLI Bw. IV, Nr. 1014a,
S. 557, Anm. 7.

[8] Verwandtschaftliche Beziehungen durch Kinder der Frau Zwinglis aus erster Ehe. Vgl.
ERDÖS, BRIEF, S. 500; QSRG I, S. 33, Anm. 3.

[9] Die Urkunden über das Personalwesen der Straßburger Kanzlei sind für diesen Zeitraum
lückenhaft; über eine Tätigkeit Hans Jakob Brennwalds liegen keine Nachrichten vor. Vgl.
ZWINGLI Bw. IV, Nr. 1014a, S. 557, Anm. 9.

scripta. Componetis autem usque in florenos viginti. Mauult enim apud uos dare pecuniam parens, qui scriptorum iudicium habet[10], quam apud quosdam nihil dare. Animum atque consilium boni viri iuuetis uolo et quam primum, quid ęgeritis, significetis.

Res apud nos percommode habent per Dei bonitatem, quam quod annona   5
laboramus[11]. Deinde quod [...][12]

Adresse [auf der Rückseite]: Capitoni ac Bucero, fratribus ac dominis obser-uandissimis.

Oa Cambridge, Corp. Chr. Coll., ms. 119, Nr. 61, S. [171]. — P Zwingli Bw. IV, Nr. 1014a, S. 556f. — R Millet, Correspondance Capiton, Nr. 408, S. 132f.

---

[10] Heinrich Brennwald: *Schweizer Chronik bis 1503*, verfaßt 1508–1516, herausgegeben von R. Luginbühl. Vgl. LUGINBÜHL, QUELLEN II, S. 607.

[11] Getreideknappheit in Zürich von September 1529 bis August 1531, Abhilfe durch teure Getreidelieferungen aus Straßburg. Vgl. CORRESPONDENZ STRASSBURG I, Nr. 715, S. 434f.; ebd., Nr. 717, S. 435; ERDÖS, BRIEF, S. 498; ROTT, BUCER UND DIE SCHWEIZ, S. 476, Anm. 59; WYSS, CHRONIK, S. 151, Anm. 2.

[12] Der Rest des Satzes ist unleserlich. Ein Briefschluß fehlt.

293   [1530. Ende April oder Anfang Mai][1]. [Straßburg]. — [Bucer, Wolf-gang Capito und Jakob Sturm im Namen des Straßburger Rates an Kaiser Karl V.]

Réponse à la convocation à la Diète : Strasbourg expose sa position au sujet de la religion et de la vérité chrétienne, en exprimant l'espoir que la Diète d'Augsbourg soit suivie par un Concile destiné à clarifier tous les points de désaccord. Cet exposé ne saurait témoigner de leur désobéissance envers l'Empereur ; il a pour fonction d'exposer et de fonder les changements (abo-lition de la messe et des images) qui se sont produits à Strasbourg, dans la foi en Dieu par Jésus-Christ. Aussi les rédacteurs prient-ils l'Empereur de prendre la chose en bonne part, vu que tout ce qui s'est produit, par la foi chrétienne, est honorable et agréable à Dieu.

---

[1] Zur Datierung vgl. BDS III, S. 339f.

Straßburg antwortet auf das Reichstagsausschreiben mit einer Darlegung der eigenen Position zu Religion, heiligem Glauben und christlicher Wahrheit und hofft, im Anschluß an den Augsburger Reichstag könne ein Konzil zur Klärung aller strittigen Fragen einberufen werden. Diese Darlegung hat nichts mit Ungehorsam gegen den Kaiser zu tun, sondern soll nur die im Glauben an Gott durch Jesus Christus geschehenen Veränderungen in Straßburg dokumentieren und begründen. Bitte um gnädige Entgegennahme, da alles aus christlichem Glauben heraus ehrlich und gottgefällig geschehen sei.

Incipit: Als E. Kay. Mt. vnser guttdunckhenn [...] (sog. ,Ratschlag D', Fassung A, Vorarbeit zur Confessio Tetrapolitana).

K AMS, AA 420, f° 14 r° – 30 r°. — P BDS III, S. 339–364 (Anlage 2 zur Confessio Tetrapolitana).

294   [1530. Ende April oder Anfang Mai][1]. [Straßburg]. — [Bucer, Wolfgang Capito und Jakob Sturm im Namen des Straßburger Rates an Kaiser Karl V.]

Même contenu que la lettre précédente.

Nachdem sich der Kaiser erboten hat, die Straßburger Position zu Religion, heiligem Glauben und christlicher Wahrheit anzuhören, überreichen die Herren und der Rat der Stadt Straßburg diese Darlegung. Sie hat nichts mit Ungehorsam gegen den Kaiser zu tun, sondern soll nur die im Glauben an Gott durch Jesus Christus geschehenen Veränderungen in Straßburg dokumentieren und begründen. Bitte um gnädige Entgegennahme, da alles aus christlichem Glauben heraus ehrlich und gottgefällig geschehen sei.

Incipit: Als E. Key. Mat: sich vsß gantz [...] (sog. ,Ratschlag D', Fassung B, Vorarbeit zur Confessio Tetrapolitana).

K AMS, AA 415, f° 1 r° – 24 v°; AST 170 (Var. eccl. V) f° 69 r° – 81 r°; AA 420, f° 31 r° – 40 r°. — P BDS III, S. 364–392 (Anlage 2 zur Confessio Tetrapolitana).

---

[1] Zur Datierung vgl. ebd.

295   [1530 Mai][1] [Basel]. — Simon [Grynäus][2] an Bucer

*Grynaeus loue le style de Bucer, ainsi que son habileté à négocier. Il con-
fesse être l'ami d'Erasme, dont il critique cependant allusivement l'*Epistola
contra pseudevangelicos *Si Erasme ne modifie pas ses vues, Grynaeus pourrait mettre un terme à cette amitié. Salutations.*

*Simon Grynaeus lobt Bucers rhetorische Begabung und sein Verhandlungs-
geschick. Er bekennt sich zur Freundschaft mit Erasmus von Rotterdam, die
jedoch Grenzen hat und aufhören wird, wenn Erasmus seine Ansichten nicht
ändert. Grüße an die Straßburger Brüder.*

S[alue]!
Esse te flexibili et copioso ad omnem vsum ingenio facile nuper a
congressu tuo et lectionibus paucis animaduerti[3]: Visus[a] es ad dicendum
natura factus. Plena et copiosa oratio est, quam si astringere fluentem et
periodis includere voluisses, laudem quam mereris amplissimam. Amplifi-   5
care nostra et tua cum[b] vtilitate ingenti potuisses. Nam quod [his?] omnib[us]
positis, cum eo[4], qui plenis contumelia vocibus nos [lacesivit?], expositione
et sermone propemodum familiari rem omnem transegis[ti, arbi]tror non
plane ex ingenio tuo, quod nec salibus nec ira [cop]iosa illa et ad agendum
necessaria vacat, sed causae, quae nulla ratione tranquillitate[c] abiecta defendi   10
potest, inseruis. Itaque nec oratio tibi Bucere, nec sapientia desit; adeoque
dissertus es vere, qui christianam causam ita circumspecte defendis, vt fiduciae plus[d] in veritate quam in oratione, cujus tanta tibi copia contigit, tamen[e]
positum esse ostendas. Michi necessitudinis quoddam cum[f] viro[5] intercessit
non multum quidem, sed amplius tamen, quam vt solui sine culpa possit, nisi   15
permittere sibi continuo magis magisque in euangelij cursum videatur. Certe,
quam scribit, *ʃincredibili securitate*[z] [g], mirum est, si non omnes veritatis studiosos aduersum se excitarit. Michi persuadere non possum, vt amicitiam

---

[a] *gestrichen* tui – [b] *gestrichen* cum. – [c] *anstatt* ... – [d] *gestrichen* positum. – [e] *gestrichen*
ostendas. – [f] *gestrichen* illo. – [g] *zuerst* incredibilis illo securitas.

[1]   Die Datierung des Briefes ergibt sich aus der Erwähnung der *Epistola contra pseudevangelicos [...]* und der *Epistola apologetica [...]* (vgl. unten Anm. 4).
[2]   Der Brief ist nur mit Simon unterzeichnet. Der Inhalt des Briefes weist eindeutig auf
Simon Grynaeus [Grynäus, Grüner]. Vgl. oben Nr. 274, S. 21, Anm. 31.
[3]   Grynaeus traf auf der Durchreise nach Basel, wo er Anfang Mai 1529 ankam, in Straßburg mit Bucer zusammen. Vgl. BCor III, Nr. 236, S. 294, Anm. 2.
[4]   Gemeint ist offenkundig Erasmus von Rotterdam, dessen *Epistola contra pseudevangelicos [...]* im Januar 1530 erschienen war. Unter der Federführung Bucers antworteten die Straßburger Mitte April 1530 mit der *Epistola apologetica [...]*. Vgl. oben Nr. 273, S. 15, Anm. 28.
Vgl. Nr. 317, S. 153, Anm. 5; Nr. 339, S.284, Anm. 66.
[5]   Erasmus von Rotterdam.

probem eius, cuius intellectum tamen non probo. Itaque quod iam olim contendebam, qui in huius amicitiam insinuarer, nisi desinit id^h sentire, quod sentit^i, facile deince[ps] hac me cura lęuabo. Tu vero, mi Bucere, ʳquo te^ᴸ ʲ non obscure vocatum^k videmus, age quod cöpisti, fortiter veritatem defende,
5   cuius causa seculis omnibus cordi paucioribus fuit. De filiolo, quod me ludis, accipio libenter^6. Vale. Saluta amicos.

Simon tuus

Adresse [auf der Rückseite]: D[omino] Martino Bucero suo amico et fratri.

Oa Neuchâtel, Archives de l'Etat, Lettres des réformateurs (Dépôt de la Bibliothèque des Pasteurs), Brieftasche IV, Stoß VII, Nr. 11 (mit dunkelgrüner Siegelspur; auf der rechten Seite durch Feuchtigkeit stark beschädigt, z.T. äußerst schwer bzw. nicht mehr lesbar).

---

^h *zuerst* sentiret. – ^i *O* aut. – ^j *zuerst* quoniam. – ^k *gestrichen* ad istam veritatem.

^6   Nicht mehr rekonstruierbare Anspielung auf einen verlorenen Brief von Bucer an Grynaeus, dessen Abfassung in die Zeit der Veröffentlichung der *Epistola apologetica [...]* fiel.

296^1 [1530. Anfang Mai]^2. [Straßburg]. — [Bucer im Namen des Straßburger Rates für Philipp von Hessen]

À l'aide d'exemples bibliques, Bucer montre que, dans l'Église primitive, des divergences n'ont pas mené pour autant à la séparation, dans la mesure où les chrétiens s'en sont tenus aux points principaux de la doctrine chrétienne et aux commandements de l'amour de Dieu et du prochain. Les partisans respectifs de Zwingli et de Luther ne doivent pas se laisser entraîner trop loin par leur propre interprétation des paroles d'institution de la Cène : les premiers, quoique convaincus de l'erreur des seconds, doivent les reconnaître comme des frères, eu égard à leur foi profonde ; de même les Luthé-

---

^1   Dieser sogenannte ‚Ratschlag A', wurde von Bucer im Namen des Straßburger Rates für Landgraf Philipp von Hessen als eine Grundlage für dessen Verhandlungen auf dem Augsburger Reichstag verfaßt. Als Vorarbeit zur *Confessio Tetrapolitana* (vgl. unten Nr. 311, S. 137) gehört dieser Ratschlag in einen unlösbaren Zusammenhang mit den Fassungen A und B des sogenannten ‚Ratschlags D' (vgl. oben Nr. 293f., S. 91f.) und wird daher hier aufgenommen, obwohl verschiedene Merkmale eines Briefes fehlen.
^2   Zur Datierung vgl. BDS III, S. 321f.

riens doivent-ils reconnaître les Zwingliens, même si ces derniers inter-
prètent différemment Jean 6 et s'ils rejettent la présence corporelle réelle.
En effet, hormis ces points débattus, il y a union entre les deux partis. Le
Christ, réellement présent dans la Cène, est vraiment mangé, et il porte du
fruit : cette manducation véritable de la Cène agit sur l'homme tout entier et
lui procure résurrection et vie éternelle. Ni le colloque de Marbourg ni les
écrits publiés jusqu'à présent par les deux partis ne sont propres à mettre un
terme à la controverse. Bucer appelle à discuter cette question non pas lors
de la Diète, mais à l'occasion d'un Concile libre et national.

Belege aus der Heiligen Schrift für Unstimmigkeiten in der Urgemeinde, die
— wegen konsequenter Orientierung an den Hauptstücken der christlichen
Lehre und den Geboten der Gottes- und Nächstenliebe — nicht zur Spaltung
geführt haben. Die Anhänger Zwinglis und die Anhänger Luthers dürfen sich
nicht zu sehr von ihrer eigenen Interpretation der Einsetzungsworte Jesu
leiten lassen. Trotz ihrer Überzeugung, die Abendmahlslehre der Lutheri-
schen sei ein Irrtum, sollen sich die Zwinglianer von deren tiefer Gläubig-
keit überzeugen lassen und sie als Brüder anerkennen. Entsprechend sollen
die Lutherischen die Zwinglianer trotz ihrer andersartigen Auslegung von
Joh 6 und ihrer Ablehnung der leiblichen Realpräsenz anerkennen. Abgese-
hen von diesen Punkten besteht ohnehin Einigkeit. Christus, der im Abend-
mahl wahrhaft gegenwärtig ist, wird wirklich genossen und bringt Frucht:
Dieser wahre Genuß des Abendmahles wirkt auf den ganzen Menschen und
gewährt ihm Auferstehung und ewiges Leben. Weder das Marburger
Religionsgespräch noch die bisherigen Schriften der Lutherischen und
Zwinglianer sind zur Beilegung der Abendmahlskontroverse geeignet. For-
derung, die Angelegenheit nicht auf dem Reichstag, sondern auf einem freien
Nationalkonzil zu verhandeln.

Incipit: Ain Rechter, warer Crist soll [...] (sog. ‚Ratschlag A‘, Vorarbeit zur
Confessio Tetrapolitana).

C Konstanz StA, Urk. z. Gesch. d. Ref., Fasz. 11 (1530–1538), S. 62a–76a. —
P / E Bizer, Butzer, S. 205–217. — P BDS III, S. 321–338 (Anlage 1 zur
Confessio Tetrapolitana).

297   [1530][1] Mai 4. Straßburg. — Bucer an Huldrych Zwingli

Bucer accuse réception de la lettre et des 7 couronnes que lui a remises Hans Jakob Brennwald [voir n° 291]. Ici, les "bons" se réjouissent de ce que Philippe de Hesse veille sur les intérêts des Zurichois. Bucer adresse à Zwingli les deux derniers cahiers de son Epistola apologetica, *afin qu'il les transmette à Christophe Froschauer. On annonce qu'à la Diète l'Empereur fera couronner roi de Rome son frère Ferdinand Ier. Bucer a écrit cette lettre du bain, qu'il est contraint de prendre à cause de la gale.*

Bucer hat 7 Kronen Unterhaltsleistung für Hans Jakob Brennwald erhalten. Die ‚Wohlgesinnten' in Straßburg freuen sich darüber, daß Landgraf Philipp von Hessen die Interessen der Züricher vertritt. Bucer schickt Zwingli den letzten Teil seiner „Epistola apologetica…" zur Weiterleitung an Christoph Froschauer. Vorbereitungen auf den Reichstag und Gerüchte, Ferdinand I. von Österreich solle auf dem Reichstag zum römischen König gekrönt werden. Bucer schreibt seinen Brief aus dem Bade, das er aufgrund einer unerträglichen Krätze nimmt.

Salue quam plurimum, Zvingli obseruande!

Hac hora accępi literas[2] et coronatos septem per puerum, quem mihi commendasti[3]. Curabo omnia ex fide.

Gaudebunt hic boni vestros rationem habuisse Catti[4]. Nemo enim om-
5   nium Christi negocium maiore et synceritate et dexteritate curat, quapropter iam non pap[istarum] tantum, sed ↓etiam↓ male consultorum Lutheranorum odio flagrat.

Mitto duos vltimos quaterniones apologiarum[5], quos illo Christophorus[6] vexit.

10   Augurantur quidam in futuris comitijs[7] primum omnium Caesari curae futurum, vt fratrem[8] regem faciat, qua occasione consident ira quidam. Gratia Domino nostri satis sibi constant.

---

[1]   Die Jahreszahl 1530 ergibt sich aus den Sachzusammenhängen (vgl. Anm. 1, 2, 6, 7).
[2]   Vgl. oben Nr. 292, S. 89–91.
[3]   Die 7 Kronen stellen eine Unterhaltsleistung für Hans Jakob Brennwald dar. Vgl. oben Nr. 292, S. 89, Anm. 1.
[4]   Landgraf Philipp von Hessen. Vgl. oben Nr. 270, S. 3, Anm. 3.
[5]   Martin Bucer: *Epistola apologetica [...].* Siehe oben Nr. 273, S. 15, Anm. 28.
[6]   Christoph [Christoffel] Froschauer der Ältere, Zwinglis Drucker in Zürich. Vgl. oben Nr. 287, S. 81, Anm. 4.
[7]   Der Reichstag zu Augsburg, der am 20. Juni 1530 um 7 Uhr morgens eröffnet wurde. Vgl. HDtG II, S. 93–99; LUTZ, KAISER, S. 7–35; NEUHAUS, REICHSTAG, S. 167–211 (mit Bibliographie); ROTH, REFORMATIONSGESCHICHTE I, S. 328–368.
[8]   Ferdinand I. von Österreich. Zu dem Gerücht, Ferdinand solle auf dem Augsburger Reichstag gekrönt werden, vgl. KÖHLER, POLITIK; ZWINGLI Bw. IV, Nr. 1019, S. 566, Anm. 6;

Bene vale! Ex balneo, quo vtor contra scabiem, ipsa scabie fere moles-
tiore.

Arg[entorati] quarta Maii.

M[artinus] Bucerus tuus

Adresse [f° 323 v°]: Hulderycho Zvinglio, Tigurinorum pastori vigilan-   5
tiss[imo], praeceptori suo obseruando.

*Oa Zürich SA, E II 339, f° 323 r°/v°. — C Zürich ZB, S 25,123. — P
Schuler/Schultheß, Zw. W. VIII, S. 449; Zwingli Bw. IV, Nr. 1019, S. 567.*

Nr. 1022, S. 572f. Die Krönung zum römischen König erfolgte tatsächlich aber erst am 5. Januar
1531. Vgl. BERGMANN, RELIGIONSPOLITIK, S. 30–52; HDTG II, S. 88–90, 98f.

298   1530 Mai 14. Straßburg. — Bucer an Huldrych Zwingli

*Bucer lui recommande longuement le porteur de la lettre, Andreas Karl-
stadt. Autrefois "un peu hardi", il s'est adouci, et il n'y a plus rien à
craindre de ses opinions doctrinales, même sur le baptême ou la Cène. Il n'y
a rien à écrire sur les fureurs des Luthériens ; Bucer espère qu'à la Diète,
Philippe de Hesse, Jacques Sturm et d'autres amoindriront leur autorité. À
Breslau, Johann Heß a défendu la vraie doctrine au sujet de la Cène. Le duc
Albert de Prusse a commencé à lire leurs écrits. Jean Ier de Saxe se trouve à
Augsbourg avec Johann Agricola ; les Luthériens s'attendent à ce que
Charles Quint leur soit favorable, ce en quoi ils se trompent ; Billican par-
tage leur espoir, et a écrit n'être ni luthérien, ni zwinglien, ni anabaptiste, ni
papiste. Nouvelle recommandation pour Karlstadt, que les Luthériens accu-
sent faussement de parjure pour avoir quitté la Saxe électorale ; Karlstadt
prépare une réplique à l'écrit de Mélanchthon, Sententiae veterum... Bucer
rappelle à Zwingli le sort des évangéliques qui ont fui Rottweil. Bucer a dicté
une partie de cette lettre de son bain.*

*Der Straßburger Rat weist Andreas Karlstadt in die Schweiz aus. Karlstadts
Stellung in der Abendmahlskontroverse. Vorbereitungen auf den Reichstag
durch Philipp von Hessen, Albrecht von Preußen, Johann von Sachsen,
Jakob Sturm, Johann Agricola und Theobald Billican. Karlstadt plant eine
Entgegnung auf Melanchthons Abendmahlsschrift „Sententiae veterum ...".
Hilfe für die Rottweiler Religionsflüchtlinge. Bucer schreibt einen Teil des
Briefes im Bade.*

Salue in Domino, obseruande Zwingli!

Quandoquidem apud nos nulla sit spes huic fratri nostro[1] prospiciendi, visum est eum ad te mittere, cui obtigit messis amplior. Oramus igitur te, vt illum commendatum habeas tanquam non solum cruce probatissimum, sed
5 etiam vita et moribus sic nobis exploratum, vt non dubitemus in nos recipere, te Christi gloriae egregie inseruiturum, si ⌄eum⌄ ecclesiae ministerio inserueris. Feroculus olim erat, vt ferebat, et Lutheri ferocissimi conuictus et incredibilis insolentium ceptorum successus, qui quemlibet modestum insolescere facere potuit. Iam diutina persequutione et grauissimorum casuum
10 tolerantia ita fractus et cicuratus est, tum Christo dignissimis opinionibus imbutus, vt certo sciamus eum admirationi tibi futurum. Nec est, quod dogmatum in eo peregrinitatem verearis; per omnia ὁμόψηφος καὶ ὁμόδοξος est, etiam circa baptisma. Quod te insalutato Tiguro discesserit, cum ante aliquot annos illic fuisset, eam causam dicet, ex qua satis intelliges, nequa-
15 quam id factum tui fastidio, multo minus factionis, quae tum suppullulabat, studio. Iam non dubitamus haud leue apud te momentum habiturum, quod cum primis renati euangelij adsertoribus operam admodum strenuam nauauit, tum praecipue, quod primus, et si non tam consulto quam fortiter, basim omnis superstitionis, errorem illum circa eucharistiam, expugnare
20 adortus est[2], eaque causa hactenus ea pertulit et, quod vnice vrere solet a fratribus, quae nemo verbis satis explicauerit.

Certe, si quisquam Christi nomine amice nobis et benigne excipiendus est, hic excipiendus est tum amantiss[ime] tum prolixissime, hac maxime aetate, tam constanti et syncera pietate, tot crucibus exercitus et propter
25 Christum vbique gentium fere exul, odio denique flagrans[a] maiore quam quisquam alius, etiam apud eos, qui Christo in primis ordinibus merere sibi videntur. Sed haec satis superque tibi, qui etiam Christiani exercitus calones, nedum talem triarium, beneuolentia inusitata accipere et fouere soleas.

---

[a] *zuerst* flagrantem.

[1] Andreas Bodenstein von Karlstadt (Karlstadt am Main um 1480 – 24. Dezember 1541 Basel). Am 9. Mai 1530 hatte der Rat von Straßburg den Beschluß gefaßt, Karlstadt zur Abreise nach Basel oder Zürich zu bewegen. Als Begründung gab man Karlstadts Streitigkeiten mit dem sächsischen Kurfürsten an. Karlstadt findet am 17. Mai Aufnahme bei Oekolampad in Basel. Vgl. unten Nr. 299, S. 102, Z. 5f.; BARGE, KARLSTADT II, S. 411–420; BCOR III, Nr. 233, S. 288, Anm. 6; Nr. 235, S. 293, Anm. 10; BUBENHEIMER, KARLSTADT, S. 1, Anm. 2; NDB 2, S. 356f.; LOOSS/STRÄTER, KARLSTADT; MERKLEIN, BODENSTEIN (mit Bibliographie); ZWINGLI BW. IV, Nr. 1023, S. 574, Anm. 1.
[2] Bucer bezieht sich hier auf die Traktate zum Abendmahl, die Karlstadt 1524 in Basel veröffentlicht hatte, und in denen er die Gegenwart Christi im Abendmahl bestritt. Vgl. BUBENHEIMER, ANDREAS KARLSTADT, S. 179; KÖHLER, ZWINGLI UND LUTHER I, S. 67f.; LOCHER, REFORMATION, S. 294; SIDER, KARLSTADT; ZORZIN, KARLSTADT, S. 101–106.

De Lutheranis furoribus, quoniam omnium bonorum opinione maiores sunt, non est, quod scribam; sua ipsi mole ruent. Cattus[3] et Sturmius[4] ac alij quidam, spero, plurimum illorum authoritatem hisce comitijs[5] imminuent.

Opinor antehac nos tibi scripsisse, Vuratislauiae tertium ex primis concionatoribus pro concione rectam de Eucharistia fidem defendisse[6]. 5

Hisce diebus scriptum est et ducem Prutenorum[7], illum, qui Teutonici ordinis, quem vocant, primus magister fuit, incepisse nostra legere cum significatione animi ad veritatem iam inclinantis.

Saxonem Augustae esse[8] puto te non ignorare cum suo Islebio[9] germanorum paroemiographo[10], quem cum alijs Lutheranis ferunt agere insolentius; 10 mira enim sibi pollicentur de Caesaris fauore, quem plane suum futurum augurantur, sed augurio vanissimo, quod miror nasutos istos non olfacere.

Billicanum[11] haec spes ita inflauit, vt cuidam hic scripserit: Expectamus Caesarem fessis rebus consultorem. Hic mire sibi placet, quod nec Lutheranus ⌐nec⌐ Cinclianus, ⌐ita ipse scribit,⌐ nec anabaptista sed nec papista sit; 15 gloriatur nanque eisdem in literis se nolle vel Iulium[12] vel Pompeium[13], sed

---

[3]   Landgraf Philipp von Hessen. Vgl. oben Nr. 270, S. 3, Anm. 3.

[4]   Jakob Sturm [von Sturmeck]. Vgl. oben Nr. 269, S. 2, Anm. 9.

[5]   Der Reichstag zu Augsburg, der am 20. Juni 1530 um 7 Uhr morgens eröffnet wurde. Vgl. HDTG II, S. 93–99; NEUHAUS, REICHSTAG, S. 167–211 (mit Bibliographie); ROTH, REFORMATIONSGESCHICHTE I, S. 328–368.

[6]   Johann Heß (Nürnberg 1490 – 5. Januar 1547 Breslau). Von 1524 bis zu seinem Tod war Heß Prediger an der Maria-Magdalena-Kirche in Breslau. Eine Abendmahlsschrift Heß', auf die hier angespielt werden könnte, ist nicht nachweisbar. Vgl. FLEISCHER, HESS, S. 234f.; KRETSCHMAR, BRESLAU, S. 8, Anm. 4; WAGNER, SCHLESIEN, S. 5–27.

[7]   Herzog Albrecht von Preußen [von Brandenburg-Ansbach] (Ansbach 17. Mai 1490 – 20. März 1568 Schloß Taipau). Letzter Hochmeister des Deutschen Ordens. Er bekannte sich ab 1523 zum Luthertum und wandelte den Deutschordensstaat in Preußen in ein weltliches Landesfürstentum um. Diese Schaffung eines geschlossenen evangelischen Territoriums außerhalb der Reichsgrenzen stellte einen ersten wichtigen Erfolg der Reformation dar. Albrecht übte als erster deutscher Landesfürst konfessionelle Toleranz. Vgl. GUNDERMANN, ALBRECHT VON BRANDENBURG-ANSBACH (mit Bibliographie); HUBATSCH, ALBRECHT VON BRANDENBURG-ANSBACH, S. 139–183; SCHUHMANN, MARKGRAFEN, S. 58–61, 79f., 94–96, 614–616; 632.

[8]   Kurfürst Johann I. von Sachsen (Meißen 30. Juni 1468 – 16. August 1532 Schloß Schweinitz). Johann war mit seinem Gefolge am 2. Mai 1530 in Augsburg eingetroffen. Er erreichte gegen den Willen Zwinglis und der süddeutschen Städte die Verlesung der *Confessio Augustana* am 25. Juni 1530 auf dem Reichstag. Vgl. KUNST, GLAUBE UND VERANTWORTUNG S. 225–261; JUNGHANS, JOHANN VON SACHSEN, S. 103–106; WALTER, REICHSTAG, S. 1–90.

[9]   Johann Agricola [Schneider, Schnitter, Magister Eisleben] (Eisleben 20. April 1492 [1494?] – 22. September 1566 Berlin). 1525-1536 Schulrektor in Eisleben, 1530 zum dritten Mal als Reichstagsprediger des kurfürstlichen Hofes berufen. Vgl. ROGGE, ANFÄNGE, S. 30–33; KAWERAU, AGRICOLA; KJELDGAARD-PEDERSEN, AGRICOLA, S. 10.

[10]   Johann Agricola war Sammler deutscher Sprichwörter.

[11]   Theobald Billican[us] [Gerlach, Gerlacher, Gernolt]. Vgl. oben Nr. 273, S. 11, Anm. 6.

[12]   Gaius Iulius Caesar (Rom 13. Juli 102 oder 100 v. Chr. – 15. März 44 v. Chr. Rom). Römischer Schriftsteller, Feldherr und Staatsmann.

[13]   Gnaeus Pompeius Magnus (106 v. Chr. – 48 v. Chr.). Römischer Feldherr und Staatsmann.

Catonem[14] agere adeoque certum esse cum republica se casurum vel statu-
rum. Agnoscis exiguo in corpore spiritus ingentes, qui se Iulijs et Pompeijs
inserat et[b] Catonem agere se credat. O confidentem hypocrisim, quanto adhuc isti suffundentur pudore!

5   Vnum praeterea te magnopere [f° *326 v*°] [15]oro, innocenti huic fratri
nostro adsis, quo scripto[16] publico depellat calumniam Lutheranorum, qui
illum passim periurij infamant, quasi iurasset principi, inscio et inuito ipso
ditionem eius non eggressurum, quod purum, putum mendacium est.

De reliquo scripto vos curabitis. Si vxor eius cum liberis non tam mature
10   aduenisset[17], moderati ipsi illud fuissemus, ne quis iure eo potuisset offendi,
sicque moderatum vestrae quoque censurae idem obtulissemus. Nunc cum
visum sit maturius ad vos concedere, si forsan citius ipsi dominus prospectu-
rus sit, quo contingat, vnde vxorem et liberos alat, oramus, et hac in re adsi-
tis.

15   Rotvilensium[18] exulum scio te satis memorem; alioqui te orarem, vt, si
qua via posses, curares ipsorum aliquando rationem haberi. Nec dici enim
potest, quantum furiant oligarchae ipsius oppidi.

Bene vale. Arg[entorati] M D xxx. xiiii Maij.

Vtor balneo; hinc factum, vt alij dictarim ex balneo epistolae partem, reli-
20   quam scripserim ipse; auocatus enim fuit alio amanuensis.

M[artinus] Bucerus tuus

---

[b] *gestrichen* E.

[14] Markus Porcius Cato Uticensis [der Jüngere], (95 v. Chr. – 46 v. Chr. Utica). Römischer Staatsmann.
[15] Von hier bis zum Schluß Bucers Handschrift, vorher Abschrift eines Sekretärs (nicht
identifizierbar).
[16] Geplante Entgegnung Karlstadts auf die Abendmahlsschrift Melanchthons *Sententiae
veterum aliquot scriptorum de Coena Domini [...], März 1530* (vgl. oben Nr. 287, S. 81,
Anm. 6), in deren Einleitung Melanchthon scharfe Kritik an Karlstadt äußert. Vgl. BARGE,
KARLSTADT II, S. 418; ZWINGLI Bw. IV, Nr. 1023, S. 577, Anm. 10.
[17] Wegen der zunächst überaus freundlichen Aufnahme in Straßburg ließ Karlstadt seine
Familie aus Sachsen nach Straßburg kommen. Vgl. BARGE, KARLSTADT II, S. 416; Zwingli Bw.
IV, Nr. 1023, S. 577, Anm. 11.
[18] In Rottweil hatten sich seit Anfang 1527 kleine evangelische Hausgemeinden gebildet,
an deren Spitze sich bald Konrad Stücklin, seit Sommer 1527 Pfarrer der Kirche zum Heiligen
Kreuz, setzte. Unter dem Einfluß des Dominikaners Georg Neudorffer und auf Druck Ferdinands von Österreich ging der Rat von Rottweil unnachsichtig gegen Stücklin und die Evangelischen vor; 1528 und 1529 waren Jahre schärfster Verfolgung. Die im Juli 1529 zugesicherte
Freiheit der Religionsausübung wurde nur wenige Wochen gewährt; bereits im August erfolgten wieder Verhaftungen und Ausweisungen evangelischer Bürger. Bucer weist Zwingli hier auf
Rottweil hin, weil auf der am 16. Mai 1530 in Baden beginnenden Tagsatzung Hilfsprogramme
für die Rottweiler Religionsflüchtlinge beschlossen werden sollten. Zürich machte seine Hilfe
für die aus Wil Vertriebenen von entsprechenden Regelungen für die Rottweiler abhängig. Vgl.
EIDGENÖSSISCHE ABSCHIEDE IV (1b), S. 639, 643; KEIM, REFORMATIONSGESCHICHTE,
S. 105–113; LOCHER, REFORMATION, S. 436–438; ZWINGLI Bw. III, Nr. 892, S. 249f., Anm. 1.

Adresse [f° 326 v°]: Hulderycho, Tigurinorum pastori vigilantissimo, observando praeceptori.

O (von der Hand eines Sekretärs) und der Schluß Oa Zürich SA, E II 339, f° 326 r°/v°. — C Zürich ZB, S 25,129 (Die Kollationierung wurde von Hottinger vervollständigt). — P Hottinger, Historiae ecclesiasticae VIII, S. 252–254; Schuler/Schultheß, Zw. W. VIII, S. 452f.; Zwingli Bw. IV, Nr. 1023, S. 574–578.

299   1530 Mai 19. Basel. — Andreas [Karlstadt][1] an Bucer

Karlstadt annonce à Bucer qu'il lui a adressé une lettre. Il le remercie, lui et son épouse, pour leur hospitalité à Strasbourg. La hâte du messager a empêché Œcolampade de répondre à Bucer. Salutations de Louis Olivétan. Œcolampade travaille à un dialogue, Quid de eucharistia veteres …, *contre Philippe Mélanchthon. Demain, Karlstadt sera convoqué devant l'assemblée des pasteurs ; à n'en pas douter, Œcolampade lui apportera son soutien. Il recommande Bucer à Dieu, et salue Louis Olivétan.*

Andreas Karlstadt ist nach seiner Ausweisung aus Straßburg in Basel angekommen, wurde von Johannes Oekolampad aufgenommen und dankt Bucer und dessen Frau für die bisherige Unterstützung. Grüße von Louis Olivier. Oekolampad schreibt an seinem Dialogus „Quid de eucharistia veteres …" gegen Philipp Melanchthon. Am nächsten Tag wird Karlstadt in Begleitung Oekolampads an der wöchentlichen Zusammenkunft der Baseler Pfarrer teilnehmen.

Graciam Dej per Jesum Christum!

Quę sub inglande per nuncium ad te scripsi, aut accepisti[a] aut breui accipies[2]. Nunc non habeo, quam[b] ut gracias agam[3], quamuis hec prouincia multo sit amplior, quam ut occupatio mea eam ferat. Tu[c] semper me tuum

---

[a] *gestrichen* ut. – [b] *zuerst* neque. – [c] *zuerst* Tuque.

[1] Der Brief ist nur mit Andreas unterzeichnet. Der Inhalt des Briefes weist aber eindeutig auf Andreas Karlstadt [Bodenstein]. Vgl. oben Nr. 298, S. 98, Anm. 1.

[2] Ein solches Schreiben Karlstadts an Bucer ist nicht erhalten.

[3] Karlstadt dankt Bucer für Aufnahme, Unterstützung und Hilfe während seines Straßburger Aufenthaltes von Februar bis 16. Mai 1530. Vgl. BARGE, KARLSTADT II, S. 411–420; NDB 2, S. 356f.; LOOSS/STRÄTER, KARLSTADT; MERKLEIN, BODENSTEIN (mit Bibliographie); ZWINGLI Bw. IV, Nr. 1023, S. 574, Anm. 1; S. 577, Anm. 11.

habebis. Testabor hoc illis signis, quibus possum. Uellem autem ⊥et⊥ paribus
et maioribus, nisi deesset facultas. Ego te ex animo diligo, et quod ob uere-
cundiam non fui ausus pręsens, declarabo, vbi potuero, absens. Vxori tuę
immortales gratias age[4].

5   Oecolampadius[5] ob festinationem vectoris[6] iam[d] non potuit respondere,
sed respondebit. Humaniter me excepit[7]. Visus est mihi grauatim ferre Philippi[8] tot ac tanta conuicia[9]. Ludowicus hospes meus[10] quoque tibi[e] salutem
suam repartit[f]; dixit dialogum iam ab Oecolampadio aduersus Philippum
scribi[11]. Cras[12] vocabor ad conuentum fratrum[13]. Oecolampadius officium

---

[d] *gestrichen* re[spondebit]. – [e] *gestrichen* gra[tiam]. – [f] *zuerst* departit.

[4]   Elisabeth Bucer, geborene Silbereisen, hatte sich Karlstadts in Straßburg besonders
angenommen. Vgl. oben Nr. 283, S. 73, Anm. 7; BARGE, KARLSTADT II, S. 416; FRIEDRICH,
BUCER, S. 8; GRESCHAT, BUCER, S. 52–54, 67.
[5]   Johannes Oekolampad [Hensgen]. Vgl. oben Nr. 271, S. 5, Anm. 6.
[6]   Gemeint ist, daß der Kutscher, der Karlstadt und seine Familie nach Basel zu Oekolampad gebracht hatte, nicht warten wollte, bis Oekolampad einen Brief nach Straßburg geschrieben und ihm mitgegeben hätte.
[7]   Oekolampad mag ihn freundlich aufgenommen haben. Über Karlstadts sonstige Aufnahme in Basel schreibt aber drei Jahre später Pierre Toussain an Wilhelm Farel: „Si le bon et
sainct Carolostade m'eût dit comme il avoit esté traicté en ceste ville, je ne pense point que je
y eusse jamais mys le pied" (vgl. HERMINJARD, CORRESPONDANCE III, Nr. 403, S. 6, Z. 1–3).
Man habe Karlstadt und seine Familie „in größerer Not gelassen, als es je Hunde gewesen"
seien; seine Frau Anna und seine drei Söhne Johannes, Andreas und Adam hätten in Basel auf
der Straße betteln gehen müssen (vgl. ebd. S. 6f.).
[8]   Philipp Melanchthon. Vgl. oben Nr. 273, S. 15, Anm. 27.
[9]   Philipp Melanchthon: *Sententiae veterum aliquot scriptorum de Coena Domini [...]*,
März 1530. Vgl. oben Nr. 287, S. 81, Anm. 6.
[10]   Hermann Barge (BARGE, KARLSTADT II, S. 418–422, 587) und Ernst Staehelin (OEKO-
LAMPAD BW. II, Nr. 744, S. 441) sahen in „Ludowicus hospes" den Gastgeber Karlstadts und
seiner Familie in Basel. Doch konnte weder ein Theologe noch ein anderer, als hospes in Frage
kommender, Bürger Basels mit Namen Ludwig nachgewiesen werden. Zudem ist bekannt, daß
Karlstadt im Hause Oekolampads, der kaum bei einem Ludwig zur Miete gewohnt haben dürfte,
Aufnahme gefunden hat. Vgl. BARGE, KARLSTADT II, S. 411–420; BUBENHEIMER, KARLSTADT;
NDB 2, S. 356f.; GÄBLER, OEKOLAMPAD, S. 29–36; GÄBLER, REFORMATION, S. 14–17; GAUSS,
BASILEA, S.117f.; GUGGISBERG, BASEL, S. 13, 22–24, 31–38; GUGGISBERG, OEKOLAMPAD,
S. 117–128; LOCHER, REFORMATION, S. 300–305. Der benannte „Ludowicus hospes" ist vielmehr Louis [Pierre Robert] Olivier [Olivétan] in Straßburg (vgl. oben Nr. 283, S. 73, Anm. 8),
in dessen Haus Bucer die Familie Karlstadt untergebracht hatte und dessen Grüße an Bucer nun
den Umweg über Basel nehmen. Karlstadt selbst wird Louis am Ende des Briefes nach Straßburg grüßen (unten S. 103, Z. 3).
[11]   Johannes Oekolampad: *Quid de eucharistia veteres tum Graeci, tum Latini senserint,
dialogus, in quo epistolae Philippi Melanchthonis et Ioannis Oecolampadii insertae*, 2. Juli
1530. Vgl. VD 16, Nr. O 381.
[12]   Also am Samstag, 20. Mai 1530.
[13]   Ein Mandat des Rates von Basel hatte am 5. Januar 1529 eine wöchentliche Zusammenkunft aller Baseler Pfarrer angeordnet. Vgl. OEKOLAMPAD BW. II, Nr. 704, S. 398,
Anm. 2.

su[um] pręstabit, qua de re nihil ambigo[14]. Deus pacis et consolationis sit
t[ecum]. Dat[um] Basileę, die Maij 19, anno M D XXX.
Saluus sit Ludowicus[15].

Tuus obsequibilis Andreas

Adresse [f° 76 v°]: Eximio viro Martino Bucero, pręceptori charissimo.

*Oa Zürich SA, E II 358, f° 76 r°/v°. — C Zürich ZB, S 25,132. — R Oeko-
lampad Bw. II, Nr. 744, S. 441. — P Barge, Karlstadt II, Nr. 30, S. 587.*

---

[14]   Alle Bemühungen und aller Beistand sind aber vergebens. Am 22. Mai 1530 muß
Oekolampad an Zwingli schreiben: „Carlstadius cum suis advenit, uxore, inquam, et liberis,
quibus hic relictis te propediem inviset, cum quo plura" (Zwingli Bw. IV, Nr. 1028, S. 589,
Z. 4f.). Wenige Tage später reist Karlstadt nach Zürich und bittet Zwingli erfolgreich um Aufnahme. Am 25. Juni 1530 kehrt er für wenige Tage nach Basel zurück, um seine Familie nach-
zuholen. Vgl. BARGE, KARLSTADT II, S. 422–424.
[15]   Louis [Pierre Robert] Olivier [Olivétan], in dessen Straßburger Haus Karlstadt Unter-
kunft gefunden hatte. Vgl. oben Anm. 10.

300   1530 Mai 23. Oldersheim. — Ulrich von Dornheim[1] an Bucer, Wolfgang Capito[2], Kaspar Hedio[3] und Martin Cellarius[4]

*Dornheim accuse réception de la lettre de Karlstadt et de celle des Stras-
bourgeois. Il leur fait part de sa situation critique, pour avoir défendu, face
au comte de Frise orientale, les prédicateurs qui refusaient l'élévation de
l'hostie. Espoir que les lettres de Philippe de Hesse, du Sénat de Strasbourg
et d'autres lui seront utiles. Il exhorte longuement à prier Dieu qu'il chasse
la crainte de l'Empereur du cœur du comte. Dans l'attente de la félicité de
la Jérusalem céleste, Dornheim veut être l'allié de ses correspondants, dans
leurs joies et leurs peines. Salutations à leur église, ainsi qu'à celles de
Zurich et de Bâle, et particulièrement à Zwingli et à Œcolampade.*

---

[1]   Ulrich von Dornum [von Dornheim] (um 1470 – 12. März 1536 Oldersum). Ostfriesi-
scher Häuptling und Herr von Dornum, Esens, Wittmund und Oldersum. Ulrich ließ ab 1524
seinen Kaplan Heinrich in Oldersum und den umliegenden Orten evangelisch predigen und
veranstaltete 1526 in der Kirche von Oldersum zwischen namentlich nicht bekannten Anhän-
gern der evangelischen Lehre und dem Jakobitenmönch Laurenz von Groningen ein Religionsgespräch. Vgl. BARGE, KARLSTADT II, S. 400–430; CORNELIUS, ANTEIL; GRAMBERG, JEVERLAND,
S. 11; WAGNER, ULRICH, S. 246–248.
[2]   Wolfgang Capito [Köpfel]. Vgl. oben Nr. 271, S. 6, Anm. 8.
[3]   Kaspar Hedio [Heyd, Bock, Böckel]. Vgl. oben Nr. 272, S. 8, Anm. 5.

Ulrich von Dornheim hat einen lang erwarteten Brief Karlstadts erhalten und dankt den Straßburgern für einen Brief, den er von ihnen erhalten hat. Verfolgungen und drohende Vertreibungen in Ostfriesland, Gefahren für Dornheim-Oldersheim-Wittmund-Esens, Hoffnung auf Erfolge durch Briefe Philipps von Hessen, des Straßburger Rates und anderer. Grüße an die Gemeinden von Straßburg, Zürich und Basel, an Huldrych Zwingli und Johannes Oekolampad.

Gratia, pax et charitas a Deo Patre nostro per Jesum Christum!

Cum vehementer literas Carolstadij[5] mei quottidie expectarim (amici ac fratres in Christo charissimi) et maximam tandem caepissem laetitiam ex earum aduentu, tum vero grauissimae christianissimaeque literae vestrae
5   cumulum mihi gaudij attulerunt. Sunt enim ad consolandum[a] cum me, tum fratres omnes, qui hic persecutiones patiuntur propter justitiam, accomoda-tae[6].

Quo in discrimine nuper versaretur salus mea, fratrum predicatorum atque vniversae ecclesiae nostrae, partim ex Carolstadio, partim ex literis ad
10   eundem scriptis intelligere potuistis. Equidem ut caput exerere coepit Satan, euestigio haud destiti scribere, consulere, facere, que ad veram pietatem et ad euangelii negotij prosperum successum pertinere putaui. At mirus inuaserat furor comitem[7] et ipsos qui eidem a consilijs sunt, ut mox patria expellerent eos, qui excelsum illud maximum[8] colere noluerunt. Monui comitem,
15   quanta potui sedulitate, ut omnipotentis Dei cuncta cernentis judicium ob oculos versaret, ut rationem haberet et sui proprij nominis et decoris[b] ⌐etc.⌐, quemadmodum testantur literarum copiae, quae adhuc extant. Multum laboraui, promoui ⌐autem⌐ parum. Promoui tamen non omnino nihil, nam impijs hoc proprium est etiam eos, quos oderint, pios reuereri ac metuere (et si dis-
20   simulent), dum ab ipsis ob scelera et flagitia arguuntur et admonentur suae

---

^a *gestrichen* me. – ^b *O* decori.

4   Martin Borrhaus [Burress, genannt Cellarius] (Stuttgart 1499 – 1564 Basel). 1512 Immatrikulation an der Artes-Fakultät in Tübingen, 1515 Magister artium, 1519–1521 in Ingolstadt Kontakt zu Johannes Eck und Johannes Reuchlin. 1521–1524 in Wittenberg Freundschaft mit Melanchthon und Bekenntnis zur Reformation. Traf 1526 zusammen mit Ludwig Hätzer in Straßburg ein und fand Aufnahme bei Capito. Gelegentlich, vor allem 1528, wird er täuferischer Tendenzen verdächtigt. Vgl. ADAM, STRASSBURG, S. 114f; BACKUS, BORRHAUS, insbes. S. 11–14; BCor II, Nr. 142, S. 184f., Anm. 3.
5   Andreas Karlstadt [Bodenstein]. Vgl. oben Nr. 298, S. 98, Anm. 1.
6   Zu den Verfolgungen in Ostfriesland vgl. BARGE, KARLSTADT II, S. 413.
7   Enno I., Graf von Ostfriesland, reg. 1528–1530. Vgl. BARGE, KARLSTADT II, S. 403–405, 409–415; WAGNER, ULRICH, S. 248.
8   Gemeint ist die Elevation der Hostie, die die Lutherischen im Gegensatz zu den 1521/22 in Wittenberg durchgeführten Reformen Karlstadts (bis zu dessen Tod 1541) beibehielten. Vgl. BARGE, KARLSTADT II, S. 414, Anm. 40.

tyrannidis[9]. Speramus, quod literae illustrissimi principis Hassiae etc.[10] et senatus Argentoratensis et multorum doctissimorum virorum haud parum profuturae sint. Hoc verum est cor seducti et jrati comitis mei nonnihil emollitum esse et mitius hodie cuncta geri, ut scripsi Carolstadio[11]. Orandum igitur nobis, ut imperator ille coelestis terreni imperatoris formidinem e corde comitis penitus propellat[12] et sui timorem castum, sanctum, syncerum illargiatur, vtque ostium verbi rursus aperiatur, ut sermo hactenus impeditus bene currat, ut ecclesiae suae sanctae deuastationem misericorditer auertat, ut Dei ac Christi Spiritus corda euangelistarum ne paueant aut fugiant corroboret. Porro, si ipsius Patris nostri voluntas facit, ut patiamur et disturbemur, persuasum habeamus hanc summam esse professionis nostrae (ut scribitis) tormenta nostri causa subeuntem Christum sequi etc., anchoram spei nostrae [*vgl. Hebr 6, 19*] esse nihil accidere inuito Deo. Reliquum est, fratres mei, ut Vlrichum vestrum[13] cupientem socium esse gaudij et passionum [*vgl. II Kor 1,7*] vestro catalogo adscribatis. Corpore absentem animo praesentem habetote, donec carnis sarcina deposita concurramus omnes in vnam caelestis Hierusalemi habitationem, non manufactam [*vgl. II Kor 5,1*], ubi omnia erunt tranquilla, laeta, iucunda. Fraterni, ecclesiam Jesu Christi vestris doctrinis ac libris (quantum potestis) adiuuate. Vniuersam ecclesiam, quae isthic est, plurimum saluere jubeo, ecclesiam quoque Tigurinam et eam, quae est Basileae, salutari cupio; praecipue antistites earum Vlrichum Zuinglium, alterum ego, et Oecolampadium[14], viros cum doctrina tum pietate praeclaros, mihi ex cordis penetralibus dilectos, officiosissime ex me salutabitis. Gratia Domini nostri Jesu Christi cum spiritu vestro. Amen. Ex Olderßum, 23 die Maij, Anno 1530.

Vlrichus de Dornheim, Esenzę, Vithmundę et Olderßum, dominus

Adresse [S. 350]: Doctissimis ac juxta pijssimis viris Wolfgango Capitoni, Martino Bucero, Caspari Hedioni et Martino Cellario et reliquis fratribus […][15].

Oa AST 155 (Ep. s. 16, II), Nr. 145, S. 349f. — C Zürich ZB, S 25,135; TB III, S. 225. — P Barge, Karlstadt II, Nr. 31, S. 587f. — R Millet, Correspondance Capiton, Nr. 411, S. 133.

---

9 Zu dieser Formulierung vgl. BARGE, KARLSTADT II, S. 413f.
10 Landgraf Philipp von Hessen. Vgl. oben Nr. 270, S. 3, Anm. 3.
11 Dieser Brief Ulrichs von Dornheim an Karlstadt konnte nicht ermittelt werden.
12 Sinngemäß: Wir müssen daher beten, daß Gott die Furcht vor dem Kaiser aus dem Herzen des Grafen vertreibt […].
13 Der Verfasser spricht hier von sich selbst.
14 Johannes Oekolampad [Hensgen]. Vgl. oben Nr. 271, S. 5, Anm. 6.
15 Nachtrag Bucers: Literas has Cellarius mihi exhibuit, 28. Julij anno xxx.

301 1530 Mai 23. Augsburg. — Gereon Sailer[1] an Matthias Zell[2], [Martin Cellarius[3], Wolfgang Capito[4] und Bucer]

Sailer excuse ses courriers trop rares par l'absence de messager. Rapport sur les forces en présence à Augsbourg : Philippe Mélanchthon, Justus Jonas, Spalatin et Agricola travaillent nuit et jour pour attester la vérité de l'Évangile ; de même, Philippe de Hesse et Erhard Schnepf ; leurs ennemis, semblables à l'armée des ténèbres : Georges de Saxe, Cochlaeus, Joachim Ier de Brandebourg ; on attend Johannes Eck, qui a envoyé à l'empereur 404 thèses afin d'accroître son hostilité envers l'Évangile. Exhortation à la prière. Philippe de Hesse a convoqué Michael Keller et Urbanus Rhegius afin d'apaiser leur querelle. Les Saxons. À Augsbourg, les hommes sincères souhaitent que durant la Diète on ne ressasse pas sans cesse la rengaine sacrementaire. Sous sa version latine, l'écrit de Bucer sur l'abolition des images, Das einigerlei Bild …*, circule à Augsbourg avec succès. L'Empereur fera traiter en premier de la Cène afin de diviser les évangéliques ; vantardise et triomphe prématuré des papistes, mais Dieu mènera son affaire à bien. François Lambert est mort de la peste à Marbourg. Salutations aux frères susnommés, à qui on montrera cette lettre, et à Schwenckfeld. Exhorter Bucer à répondre. Sailer donnera des nouvelles par le prochain messager.*

Gereon Sailer berichtet vom Beginn des Augsburger Reichstages. Rühriges Wirken von Philipp Melanchthon, Justus Jonas, Georg Spalatin und Johann Agricola. Landgraf Philipp von Hessen hat Erhard Schnepf, Herzog Georg von Sachsen Johannes Cochlaeus und Kurfürst Joachim I. von Brandenburg Konrad Wimpina mitgebracht. Johannes Eck, der erwartet wird, hat für den Kaiser 404 Artikel mit den Irrtümern der Evangelischen verfaßt. Philipp von Hessen zieht Michael Keller und Urbanus Rhegius als Berater hinzu. Sailer äußert den Wunsch, daß der Abendmahlsstreit auf dem Reichstag keine Rolle spielt; ist in Sorge, daß diese Kontroverse vom Kaiser mit Vorrang behandelt wird. Bucers Schrift „Das einigerlei Bild …" kursiert in Bedrots lateinischer Übersetzung in Augsburg. Die papistische Seite fühlt sich wegen der Uneinigkeit des evangelischen Lagers sicher. Sailer bittet dringend um die

---

[1] Gereon Sailer [Sayler] (Blumenthal bei Aichach um 1500 – 1563 Augsburg). Studium der Medizin in Ingolstadt, 1527 Promotion zum Dr. med., 1530 Niederlassung in Augsburg als Arzt, verhandelt im Auftrag des Augsburger Rates mit Ambrosius Blaurer, Urbanus Rhegius und anderen über Übernahme von Predigtämtern in Augsburg. Vgl. ROTH, REFORMATIONSGESCHICHTE I, S. 343, 353, 360f., Anm. 71; VOGT, SAYLER, S. 426–464.
[2] Matthias [Matthäus] Zell. Vgl. oben Nr. 278, S. 35, Anm. 40. Der Brief ist eigentlich an Matthias Zell gerichtet; da aber Sailer wünscht, daß der Inhalt des Briefes auch Cellarius, Capito, Bucer und den anderen Straßburger Prädikanten mitgeteilt werden soll (siehe unten S. 107, Z. 4f.), wird er in die Bucer-Korrespondenz aufgenommen.
[3] Martin Borrhaus [Burress, genannt Cellarius]. Vgl. oben Nr. 300, S. 104, Anm. 4.
[4] Wolfgang Capito [Köpfel]. Vgl. oben Nr. 271, S. 6, Anm. 8.

Entsendung einer Delegation aus Straßburg. Franz Lambert ist an der Pest gestorben. Grüße an die Brüder in Straßburg, Fürbitte für Kaspar Schwenckfeld.

Quod tamdiu nihil litterarum a me acceperis, optime mj Mathia[5], nuntiorum penurię, non meę in te obliuionj jmputabis. Non potui iam mihi temperare, quin vnam ad te darem lineam, nuntio etsi jamjam abeunte. Quod igitur animo quantum uis jmpręmeditato ad te scribo, Cellario meo[6], Capitonj item[7] atque Bucero reliquisque fratribus meo nomine communicabis. Non   5
vacabat namque singulis scribere, quippe qui pre festino atque primum cognito nuntij abitu hoc ipsum vix scribere potui. Agunt apud nos Philippus[8], Jonas[9], Spalatinus[10] et Euslebius[11], homines vt multarum rerum scientissimj, ita laboriosissimj, diu noctuque nihil aliud agentes, nisi vt evangelicam veritatem ab obtrectatorum calumnijs asserant. Euslebius concionatur quotidie   10
reddens fidej suę rationem. Dux Hessorum[12], pientiss[imus] atque veritatis sitientiss[imus] propugnator, Schnepfium[13] secum adduxit, qui non minus digne coram populo declamat. Opus nobis est atque adeo totius Rei p[ublicae] christianę quibusuis consultissimis nestoribus, qui Christj libertatem a tot pontificijs laqueis excutiant. Non enim contra vnum aut alterum   15
logodędalum[14] pugnandum iam est, sed contra totam tenebrarum legionem

---

5 Vgl. oben Anm. 2.
6 Vgl. oben Anm. 3.
7 Vgl. oben Anm. 4.
8 Philipp Melanchthon (vgl. oben Nr. 273, S. 15, Anm. 27) hielt sich vom 3. April bis 11. Oktober 1530 anläßlich des Reichstages in Augsburg auf und bereitete hier die endgültige Formulierung der *Confessio Augustana* vor. Vgl. FRIEDRICH, BUCER, S. 69–77; MAURER, MELANCHTHON II, S. 455–511; SCHEIBLE, MELANCHTHON, insbes. S. 57–85, 100–136; STUPPERICH, MELANCHTHON.
9 Justus [Iodocus] Jonas [Koch] (Nordhausen 5. Juni 1493 – 9. Oktober 1555 Eisfeld). Studium der Jurisprudenz und der Theologie in Erfurt und Wittenberg, Rektor der Universität Erfurt, 1523 bis 1533 Dekan der Theologischen Fakultät in Wittenberg, 1529 Teilnahme am Marburger Religionsgespräch; traf am 2. Mai 1530 zum Reichstag in Augsburg ein. Vgl. DELIUS, JONAS, S. 5–70; GROLL, JONAS, Sp. 636f.; LEHMANN, JONAS; PRESSEL, JONAS, S. 18–45, 61–77; ROSIN, JONAS, S.352f.
10 Georg Spalatin [Burckhardt] (Spalt b. Nürnberg 17. Januar 1484 – 16. Januar 1545 Altenburg). Geheimsekretär und Bibliothekar Friedrichs des Weisen, ab 1525 Pfarrer in Altenburg und Berater Johanns von Sachsen; traf am 1. oder 2. Mai 1530 zum Reichstag in Augsburg ein. Vgl. ADB 35, S. 1–29; HÖSS, GEORG SPALATIN, S. 96–99; HÖSS, SPALATIN, insbes. S. 292–364, 423–437, 441–463 (Bibliographie).
11 Johann Agricola [Schneider, Schnitter, Magister Eisleben]. Vgl. oben Nr. 298, S. 99, Anm. 9. Agricola war am 2. Mai 1530 im Gefolge des sächsischen Kurfürsten in Augsburg eingetroffen.
12 Landgraf Philipp von Hessen. Vgl. oben Nr. 270, S. 3, Anm. 3. Philipp war am 12. Mai 1530 in Augsburg eingetroffen.
13 Erhard Schnepf[f]. Vgl. oben Nr. 278, S. 31, Anm. 9. Schnepf war am 12. Mai 1530 im Gefolge Philipps von Hessen in Augsburg eingetroffen.
14 = Wortkünstler.

exercitus essent comparandj. Dux Saxonię Georgius[15] Cocleum[16], Joachi-
mus vero Marchio[17] monachum quendam aduexit gygantęum[18]. Expectatur
Eccius[19] aper ille chelidonius[20] cum magna sophistarum caterua. Eccius ad
Cęsarem misit propositiones jam excusas 404[21], quibus nominatim atque

---

[15]   Georg [der Bärtige, der Reiche], Herzog von Sachsen (Meißen 27. August 1471 – 17.
April 1539 Meißen). Erziehung und geistliche Ausbildung in Wien, 1484 Domherr in Mainz,
1500 Herrscher des albertinischen Sachsen. Er wurde zu einem eifrigen Gegner Luthers, versuchte
1525, diesen zur Rückkehr zum alten Glauben zu bewegen. Mit Albrecht von Mainz, Kurfürst
Joachim I. von Brandenburg und den Herzögen von Braunschweig schloß er 1525 das Dessauer
Bündnis zum Schutz der Altgläubigen. Georgs Tochter Christina heiratete Landgraf Philipp von
Hessen, seine Tochter Magdalena heiratete Kurfürst Joachim II. von Brandenburg. Vgl. FLATHE,
GEORG, S. 684–687; WELCK, GEORG, insbes. S. 102–175; WERL, GEORG, S. 224–227.
[16]   Johannes Cochlaeus [Dobeneck] (Raubersried b. Nürnberg 1479 – 10. [11.] Januar
1552 Breslau). Hofkaplan Herzog Georgs von Sachsen, Kanonikus in Dresden und Mainz.
Intensive literarische Betätigung gegen Luther, den er als eigentlich Schuldigen am Ausbruch
des Bauernkrieges sah: *Antwort auf Luthers Schrift ,Wider die räuberischen und mörderischen
Rotten der Bauern'* (1525), *Der siebenköpfige Luther* (1528), *Dialog über den Krieg gegen die
Türken* (1529). Cochlaeus war am 15. Juni zum Reichstag in Augsburg eingetroffen. Er wird
mit der Widerlegung der Artikel I – III der *Confessio Augustana* beauftragt; nach deren Ablehnung durch den Kaiser verfaßt er mit anderen die *Confutatio Confessionis Augustanae*. Vgl.
BÄUMER, COCHLAEUS, S. 28–40; MACHILEK, COCHLAEUS, S. 51–69; WOLF, COCHLÄUS, S. 45–58.
[17]   Joachim I., Kurfürst von Brandenburg (Cölln a. d. Spree 21. Februar 1484 – 11. Juli
1535 Cölln a. d. Spree). Erziehung in Franken, gute humanistische Schulbildung, nach dem
Tode des Vaters Johann 1499 Kurfürst von Brandenburg. 1506 gründete Joachim eine Landes-
universität in Frankfurt a. d. Oder, 1521 wirkte er auf dem Wormser Reichstag am Edikt gegen
Luther mit, 1525 trat er dem Dessauer Bündnis bei (vgl. oben Anm. 15). Vgl. HEINRICH,
KURFÜRST, S. 336–351; HIRSCH, JOACHIM I., S. 71–78; SCHULTZE, JOACHIM I., S. 434–436.
[18]   Konrad Wimpina [Koch] (Buchen 1460 – 1431 Amorbach). Von 1505 bis 1530 Professor in Frankfurt a. d. Oder. Kenner und Verfechter der scholastischen Theologie und Philosophie. Wimpina war am 15. Juni 1530 zum Reichstag in Augsburg eingetroffen. Er ist in Augsburg an der Erarbeitung der *Confutatio Confessionis Augustanae* und an den Ausgleichsverhandlungen zwischen den evangelischen und altgläubigen Ständen beteiligt. Vgl. BECKER,
VERHANDLUNGEN, S. 137; RISCHAR, ECK, S. 28–40; BRINKMANN-BROWN, WIMPINA, S. 275.
[19]   Johann[es] Eck (Egg a. d. Günz 13. November 1486 – 10. Februar 1543 Regensburg).
Theologische Studien in Heidelberg, Köln und Freiburg i. Br., 1508 Priesterweihe in Straßburg,
1510 Professor der Theologie in Ingolstadt. Mit Ecks Bemerkungen zu den Ablaßthesen Luthers
1517 begann eine Reihe zum Teil heftiger Auseinandersetzungen zwischen Eck und Luther.
Vermutlich auf Veranlassung der bayerischen Herzöge stellte Eck zum Augsburger Reichstag
für den Kaiser eine Liste mit 404 Irrtümern der Protestanten zusammen. Er war am 15. Juni zum
Reichstag in Augsburg eingetroffen. An den Schriften zur Widerlegung der *Confessio Augustana*, *Responsio Catholica* und *Confutatio*, ist Eck maßgeblich beteiligt. Vgl. ISERLOH, ECK;
LOCHER, REFORMATION, S. 182–187, 340; MÜLLER, ECK, S. 205–242; RISCHAR, ECK, S. 82–86,
88–108; ZOEPFL, ECK, S. 186–216.
[20]   Der kalydonische Eber. König Oineus von Kalydon hatte anläßlich des Erntefestes allen
Gottheiten Hetakomben geopfert, Artemis aber leer ausgehen lassen. Darüber war die Göttin
derart erzürnt, daß sie einen wilden Eber sandte, der in Kalydon furchtbare Verwüstungen
anrichtete. Zusammen mit Jägern und Hunden aus zahlreichen Städten versuchte des Königs
Sohn Meleagar, den kalydonischen Eber zu vernichten. Doch mußten erst viele ihr Leben
lassen, bis es gelang, den Eber zu töten. Vgl. die Erzählung des Phoinix im IX. Buch der Ilias;
PAULY, REALENCYCLOPÄDIE 15, Sp. 446–488; ROSCHER, MYTHOLOGIE, Sp. 2591–2622.
[21]   Johannes Eck: *Sub domini Jesu et Mariae patrocinio articulos 404 [...]*, 14. März 1530
(Druck vor dem 13. April 1530). Vgl. VD 16, Nr. E 270; GUSSMANN, QUELLEN II, S. 10–28, 99–230.

mordicus exprimit et perstringit, quicunque hactenus jn verba jurarunt
Christj. Videres turpissimam hominis virulentiam, hoc vnum molientem, vt
Cęsarem reddat euangelio jnfensissimum. Nil habent propositiones illę nisi
gladios, furcas, hęreses, tumultus et tota conuitiorum plaustra.

Operę precium iam esset euangelij partes a mutuis cessare conuitijs atque   5
totam aciem in centauros illos[22] vertere. Nihil iam magis nobis objicitur,
quam quod atrocissimis morsibus vtrinque dirigimur. Hessorum princeps,
aetate adulescens, moribus autem atque[a] prudentia canus, Michaelem[23] et
Vrbanum[24] vicissim accersiuit, sedulo annisus, vt hanc jnter eos, etsi tollere
non posset, ad tempus tamen sopiret logomachiam, charitatis plus offen-   10
siuam quam edificatiuam. Quod vt foeliciter succedat, faxit Deus, qui solus
estuantissimos potest arcere affectus. Vrbanum hortatus est, vt quantum
posset, suorum comilitonum remolliret animos. Saxones hactenus nihil
concionatj sunt, quod ad sacramentariam litem attineret; sermones faciunt nil
nisj metum [*fᵒ 75 vᵒ*] christianis[si]mum spirantes. Auidissime audiuntur ab   15
omnibus, quotquot sunt jnter Augustanos cordatiores quibusque Christus
non tam ore quam corde celebratur. Quicunque euangelio syncerius fauent,
ex animo optant, ne durantibus hisce comitijs [in] sacramentariam cantile-
nam recurrant. Fastidiunt enim pij fere omnes atrocem hanc digladiationem,
re ipsa edoctj, quot quantaque offendicula jnde emergant. Circumfertur apud   20
nos libellus de simulachris ab Argentinensibus editus[25], cui juncta est Bucerj
epistola[26] neminj non accidens, multis etsi nominibus multiiugis eruditione
commendata, hoc tamen potissimum grata, quod charitatem prefert jnex-

---

[a] *gestrichen ?.*

[22]   Kentauren. Vierbeinige, aus Mensch und Pferd gebildete Wesen, die in Bergwäldern
hausen. Sie vertreiben sich die Zeit mit Raub, wilden Kämpfen und Trinkgelagen. Vgl. PAULY,
REALENCYCLOPÄDIE 11, Sp. 172–178; ROSCHER, MYTHOLOGIE, Sp. 1032–1088.
[23]   Michael Keller [Cellarius, Reuß, Ryß] (Burgheilen b. Rain a. Lech oder Burgheim b.
Neuburg a. d. Donau um 1495 – [Februar?] 1548 Augsburg). Verließ 1524 aus Glaubensgrün-
den Bayern und kam über Wittenberg nach Augsburg, wo er Prediger an der Barfüßerkirche
wurde. Beim Augsburger Abendmahlsstreit stellte er sich auf die Seite Zwinglis, am 16. Juni
1530 wird er, wie die anderen Prediger, entlassen, schon 1531 aber wieder als Prediger an die
Barfüßerkirche berufen. Vgl. GUENTHER, CELLARIUS, S. 287; LOCHER, REFORMATION,
S. 465–469, ROTH, KELLER, insbes. S. 149–153; ZWINGLI Bw. II, Nr. 527, S. 715, Anm. 1.
[24]   Urbanus Rhegius [Rieger] (Langenargen b. Lindau 20. [23.?] Mai – 1541 Celle).
Studium in Freiburg, Ingolstadt und Basel, Domprediger in Augsburg. Nach seiner Entlassung
aus den Diensten der Reichsstadt Augsburg am 16. Juni 1530 nimmt ihn Herzog Ernst von
Braunschweig-Lüneburg in seine Dienste auf und überträgt ihm die kirchliche Leitung in
seinem Herzogtum. Vgl. HENDRIX, RHEGIUS, S. 429f.; LIEBMANN, RHEGIUS, S. 174–197,
201–302, 435–467 (Bibliographie); VINKE, RHEGIUS, S. 151–153.
[25]   Martin Bucer: *Das einigerlei Bild [...]*. Vgl. oben Nr. 277, S. 28, Anm. 6. Sailer hatte
offenbar Jacob Bedrots lateinische Übersetzung der deutsch abgefaßten Schrift vorliegen: *Non
esse ferendas [...]*. Vgl. ebd., S. 28, Anm. 7.
[26]   Wohl der Brief der Straßburger Prediger an die Gemeinde vom 6. März 1530. Vgl. oben
Nr. 277, S. 26–29.

haustis illis atque verbosis disceptationibus; que si jn germana habetur lingua[27], mihj eam impertj, quod si prę negociorum vndis vacasset, ipse eam vertissem.

Velim non ego modo, sed alij plures, qui euangelio fauent, vt vnus aut
5   alter ex doctissimo sodalitio vestro comitia illa accederet, vt si Cęsar statim ab jnitio rem sacramentariam tractare vellet, adessent qui defendendj dogmatis istius ⌐munus⌐ commode subire possent. Multis namque coniecturis certo diuinamus hunc articulum primum fore, quem Cęsar papistarum jnstinctu tratacturus sit, hac potissimum ratione, vt partes euangelij jnter se diuisę et
10   eo modo labefactatę concidant. Papistę jntrepidj aduolant turmatim, putantes se ob hoc vnum foelices, quod jnter aduersarios suos non vsque adeo conueniat. Audires gloriosos Thrasones tot tantasque victorias jactantes, quę lachrymas extorquere possent pio cuique, nisi spes esset Dominum suum negotium tractaturum. Persuasissimum apud nos multis est certo aliquem ex
15   vestris esse venturum[28], quod si secus euenerit, offendiculum pariet non cito oblitterandum.

Franciscus Lampertus[29] ex peste obijt Marpurgj[30]. Plura scribendj tempus non datur, nuncio iamiam itinerj accincto. Salutabis meo nomine fratres supra memoratos omnes, quibus hasce meas litteras communes esse volo.
20   Hortare Martinum meum[31], vt scribat[32]. Ego proximo nuntio rescribam, que apud nos agantur[33]. Schwenkhfeldio[34] bene precor. Vale ocyssime. Augustę xxiij Maij, Anno M.d.xxx.

Geryon Sayler, tibj deuotus

Tuum fuerit dare operam, ne nuntius vestrj sodalicij literis vacuus ad me
25   redeat.

---

[27]   Dieser Brief wurde nicht in deutscher Sprache veröffentlicht.
[28]   Zur Straßburger Gesandtschaft vgl. unten Nr. 302, S. 113, Anm. 15.
[29]   Franz [François] Lambert [von Avignon]. Vgl. oben Nr. 278, S. 29, Anm. 2.
[30]   Vgl. ebd., S. 36, Anm. 49.
[31]   Martin Bucer.
[32]   Ein Antwortbrief Bucers an Sailer konnte nicht ermittelt werden.
[33]   Ein weiterer Brief Sailers über die Geschehnisse in Augsburg konnte nicht ermittelt werden.
[34]   Kaspar von Schwenckfeld (Ossig i. Hzgt. Liegnitz 1489 – 10. Dezember 1561 Ulm). Wirkte seit 1521 für die Ausbreitung der Reformation, überwarf sich wegen seines Abendmahlsverständnisses aber 1525 mit Luther. Seine religiösen Anschauungen machten ihn als ‚Schwärmer' und ‚Täufer' verdächtig; im Juni 1529 mußte er nach Drohungen Ferdinands von Österreich seine schlesische Heimat verlassen. Er floh nach Straßburg, wo er sich bis zur Synode 1533 aufhielt; das Verhältnis zu Bucer ist in diesen Jahren gespannt. 1533 geht Schwenckfeld nach Augsburg, 1534 nach Ulm, 1540 in die freybergische Herrschaft Justingen, 1547 nach Esslingen, 1550 bis zu seinem Tode wieder nach Ulm. Vgl. EBERLEIN, KETZER ODER HEILIGER, insbes. S. 93–112; MCLAUGHLIN, SCHWENCKFELD, S. 21–24; SCHULTZ, SCHWENCK-FELD, insbes. S. 159–179, 205–219; WEBER, SCHWENCKFELD, insbes. S. 6–8.

Adresse [f° 75 v°]: Ad Mathiam [Zellium] et ceteros Argentoratensium ministros.

Oa Zürich SA, E II 358, f° 75 r°/v°. — C Zürich ZB, S 25,134.

302   [1530]¹ Mai 25. [Straßburg]. — Bucer an Huldrych Zwingli

À Augsbourg, l'Électeur de Saxe est accompagné de Philippe Mélanchthon, de Jonas, de Spalatin et de Johann Agricola ; Schnepf est également présent. Jugement sur ces Luthériens, ardents à attaquer Michael [Keller]. Auparavant, régnait en Saxe électorale la liberté dans les rites ; on punit désormais d'exil celui qui oublie ce que Luther a prescrit ; on y a repris les chants latins et les vêtements sacrés. Les Saxons, semblables à Fabri ou à Cochleus, et leur obstination. Bucer, lui, préférerait se torturer que d'être un chrétien de cette sorte. Philippe de Hesse est ennuyé davantage par ses alliés que par ses ennemis. Les envoyés de Strasbourg parviendront sous peu à Augsbourg. Nouvelle recommandation pour Karlstadt. Salutations de Capiton, de Hédion et de Bernard Ottfriedrich.

Zusammen mit Kurfürst Johann von Sachsen sind Philipp Melanchthon, Justus Jonas, Georg Spalatin und Johann Agricola in Augsburg, außerdem Erhard Schnepf. Urteil über die Lutherischen, die Michael [Keller] heftig angreifen. Herrschte in Sachsen bisher eine freizügige Handhabung hinsichtlich der Zeremonien, werden nun diejenigen, die Luthers Vorschriften nicht beachten, ausgewiesen. Die Wiederaufnahme lateinischer Gesänge und heiliger Gewänder. Johann Fabri und Johannes Cochlaeus verteidigen eifrig ihre Anliegen. Landgraf Philipp von Hessen ist mehr über die Verbündeten als über die Feinde beunruhigt. Die Straßburger Gesandten Mathis Pfarrer und Jakob Sturm sind nach Augsburg abgereist und werden dort in Kürze erwartet. Bericht über die elenden Lebensumstände Andreas Karlstadts, erneute Empfehlung an Zwingli. Grüße von Wolfgang Capito, Kaspar Hedio und Bernhard Ott-Friedrich.

---

¹   Die Jahreszahl 1530 ergibt sich aus den Sachzusammenhängen (vgl. Anm. 3, 4, 10, 11, 13, 14).

Salue in Domino, chariss[ime] Zvingli!

Saxo[2] habet secum Philippum[3], Ionam[4], Spalatinum[5], Islebium[6]; adest et Schnepfius[7]. H[i] omnes sunt fortiss[imi] Lutherani et in oppugnando Michaele[8] n[ostro], imo Christo, impigri. Nemo horum Michaelem appellare
5 amice sustinuit, Vrbano[9] interim, Rana[10] et Agricola[11] sese oblectant. Isti ciuilem iustitiam, quam pridem a fidei iustitia separaverunt, sic tractabunt, vt hostibus non solum ludibrio, id enim perparum referret, sed vsui quoque ad oppugnandu[m] christianismum futuri sint. Antehac libertas erat ceremonia[e] in Saxonibus; nunc exilio mulctatur[a], qui ex ijs vel tantillum omiserit,
10 praeter ea, quae omittenda censuit Lutherus. Hinc latinae resumuntur cantiones, repetuntur s[acrae] vestes, oblationes etiam per viatorem pub[licum] extorquentur, et id, vbi aliquandiu nihil harum nugarum vsurpabatur. Id, putas, latere Fabros[12] nec animaduerti vicinis Cochlęis[13]? Bis autem terque stolidi, si vltro efferentibus A. non etiam B. extorqueant, quod citra nego-
15 cium facturi videntur, siquidem consyderes constantiam, tam eorum, qui religionis caussa, quam qui prophanae ditionis consuluntur. Sed Christus viderit

---

[a] *zuerst* mulnatur.

2 Kurfürst Johann I. von Sachsen. Vgl. oben Nr. 298, S. 99, Anm. 8.
3 Vgl. oben Nr. 301, S. 107, Anm. 8.
4 Justus [Iodocus] Jonas [Koch]. Vgl. ebd., S. 107, Anm. 9.
5 Georg Spalatin [Burckhardt]. Vgl. ebd., S. 107, Anm. 10.
6 Johann Agricola [Schneider, Schnitter, Magister Eisleben]. Vgl. oben Nr. 298, S. 99, Anm. 9.
7 Erhard Schnepf[f]. Vgl. oben Nr. 278, S. 31, Anm. 9. – Diese und viele andere Informationen zu den Geschehnissen auf dem Reichstag bezieht Bucer aus einem Brief Gereon Sailers aus Augsburg vom 23. Mai 1530 (vgl. oben Nr. 301, S. 106–111), den er vermutlich am 25. Mai erhalten hat.
8 Michael Keller [Cellarius, Reuß, Ryß]. Vgl. ebd., S. 109, Anm. 23.
9 Urbanus Rhegius [Rieger]. Vgl. ebd., S. 109, Anm. 24.
10 Johannes Frosch [Rana] (Bamberg um 1480 – 1533 Nürnberg). Ab 1518 Prior des Karmelitenordens an der St.-Anna-Kirche in Augsburg, Führer der Reformation in Augsburg, enger Freund Luthers, am 16. Juni 1530 im Zusammenhang mit dem Reichstag aus Augsburger Diensten entlassen, kann durch Fürsprache Luthers aber schon 1531 seine Tätigkeit in Augsburg wieder aufnehmen. Vgl. COLE, FROSCH, S. 149f.; SIMON, FROSCH; SIMON, PFARRERBUCH, S. 362.
11 Stephan Agricola [d. Ä., Kastenbauer] (Abensberg i. Niederbayern 1491 [?] – 10. [11.?] April 1547 Eisleben). Mitglied des Augustinerordens, durch Frosch und Rhegius 1524 Berufung als Prediger nach Augsburg, die Berufung nach Ansbach durch Georg von Brandenburg 1528 lehnte er ab; 1529 Teilnahme am Marburger Religionsgespräch und 1530 am Augsburger Reichstag, ab 1531 in Hof. Vgl. HAMMANN, AGRICOLA; MÜLLER, GEORG VON BRANDENBURG, S. 23f.
12 Johann Fabri [Faber, Heierlein] (Leutkirch im Allgäu 1478 – 1541 Wien). Generalvikar in Konstanz, nach Lektüre der wichtigsten Lutherschriften Veröffentlichung des *Malleus [...] in haeresim Lutheranam* (1522, [2]1524) mit dem Ziel einer vollständigen Widerlegung Luthers. Für den Augsburger Reichstag bereitete er mehrere Häresienkataloge vor und arbeitete an einer Kürzung und Mäßigung der *Confutatio Confessionis Augustanae*. Ab 3. Juli 1530 Bischof von Wien. Vgl. ANGST, FABRI, S. 285–295; HELBLING, FABRI, insbes. S. 13–45, 97–101; IMMENKÖTTER, FABRI; LOCHER, REFORMATION, S. 102f. Anm. 116.
13 Johannes Cochlaeus [Dobeneck]. Vgl. oben Nr. 301, S. 108, Anm. 16.

haec. Ego me cuiuis addicere lanienae quam sic christianus esse malim. Cattus[14] inter sacrum et saxum stat et de socijs magis quam hostibus solicitus est.

Nostros legatos[15], quarto hinc die egressos, Augusta excipiet, volente D[omino], post diem tertium[16]. A quibus tu in tempore nescies, quae erunt e   5 re nostra, si non effecta, cognita tamen.

Carolstadium[17] tanta Christi caussa perpessum et rebus vitae omnibus, excepta uxore et tribus filijs, destitutum tuae antea charitati commen[da]vimus[18]. Eum iterum ac iterum tibi commendamus; persuasi nunquam fore, ut te beneuolentiae illi exhibendae pęniteat.   10

Bene vale. Salutant te fratres, nominatim Cap[ito][19], Hedio[20] et alii, item Bernardus Fridrich[21], qui identidem tui meminit perquam amanter.

                              M[artinus] Bu[cerus] tuus

Adresse [f° 327 v°]: Hulderycho Zvinglio, Tigurinae ecclesiae pastori cordatiss[imo], observando praeceptori s[uo]. 25 Maij.   15

Oa Zürich SA, E II 339, f° 327 r°/v° (Das Manuskript ist am Rand z. T. beschädigt.). — C Zürich ZB, S 25,138. — P Schuler/Schultheß, Zw. W. VIII, S. 457; Zwingli Bw. IV, Nr. 1030, S. 592f.

---

[14]   Landgraf Philipp von Hessen. Vgl. oben Nr. 270, S. 3, Anm. 3.

[15]   Mathis Pfarrer und Jakob Sturm. Mathis Pfarrer (24. Februar 1489 – 19. Januar 1568 Straßburg). Tuchhändler in Straßburg, seit 1525 Mitglied der Dreizehn (XIII), 1527, 1533, 1539, 1545, 1551, 1557 und 1563 Ammann, vertrat zusammen mit Jakob Sturm Straßburg auf dem Augsburger Reichstag. Vgl. BCor III, Nr. 194, S. 156, Anm. 144; BRADY, STRASBOURG, insbes. S 340; FICKER/WINCKELMANN, HANDSCHRIFTENPROBEN, S. 2b. — Zu Jakob Sturm vgl. oben Nr. 269, S. 2, Anm. 9.

[16]   Pfarrer und Sturm sind am 21. Mai aus Straßburg abgereist und am 26. Mai in Augsburg angekommen. Vgl. CORRESPONDENZ STRAßBURG I, Nr. 726, S. 445.

[17]   Andreas Karlstadt [Bodenstein]. Vgl. oben Nr. 298, S. 98, Anm. 1.

[18]   Vgl. oben Nr. 298, S. 100, Z. 9f.

[19]   Wolfgang Capito [Köpfel]. Vgl. oben Nr. 271, S. 6, Anm. 8.

[20]   Kaspar Hedio [Heyd, Bock, Böckel]. Vgl. oben Nr. 272, S. 8, Anm. 5.

[21]   Bernhard Ott[-]fri[e]drich. Vgl. oben Nr. 269, S. 2, Anm. 10.

303   [1530]¹ Mai 26. Straßburg. — Bucer an Huldrych Zwingli

*Bucer recommande le porteur, un frère qui a "préféré l'exil à l'esclavage
des cérémonies". Capiton le connaît mieux que Bucer. Nouvelle recommandation pour Karlstadt.*

*Obwohl Wolfgang Capito ihn besser kennt als er, empfiehlt Bucer [Jakob
Hilarius?], der fleißig, aber erfolglos versucht hat, seinen Lebensunterhalt
zu verdienen, für die Evangeliumsverkündigung an Zwingli. Setzt sich erneut
für Karlstadt ein.*

Salue in Domino!
    Hic frater² Euangelion in marchia Badensi adnunciauit atque cum alijs
fratribus, quorum aliquos apud vos habetis, exilium praetulit seruituti ceremoniarum. Tentauit varia, si posset sua industria et labore victum sibi parare;
5   sed parum hactenus successit, etsi non nihil ex patrimonio habuerit. Capito³
eum melius quam ego nouit, et nouit, qui inter mediocres possit verbum Dei
non absque fructu sperare, quantum homo hominem nosse valet. Et mihi
tamen videtur, praesertim sic cruce exercitus, Euangelij munus obiturus
haudquaquam inepte. Sic te grauamus nostris exulibus, inter quos, oro et
10 obsecro, primas habeat Carolstadus⁴, vir, nisi omnia fallant, pure pute christianus.
    Vale. Arg[entorati] 26 Maij.
                         M[artinus] Bucerus tuus

15 *Adresse [f° 311 v°]:* Hulderycho Zvinglio, episcopo Tigurinorum vigilan-
tiss[imo], praeceptori suo observando.

*Oa Zürich SA, E II 339, f° 311 r°/v°. — C Zürich ZB, S 25,142. — P
Schuler/Schultheß, Zw. W. VIII, S. 458; Zwingli Bw. IV, Nr. 1032, S. 594.*

---

   ¹ Die Jahreszahl 1530 ergibt sich aus den Sachzusammenhängen (vgl. Anm. 4).
   ² Wen Bucer hier meint, ist nicht mit Sicherheit zu bestimmen. Vermutlich handelt es sich
aber um jenen Iacobus Hilarii, der am 24. Mai 1530 durch Capito an Zwingli empfohlen wird
(vgl. ZWINGLI Bw. IV, Nr. 1029, S. 590 und Nr. 1030, S. 591). Schon Köhler (Ebd., Nr. 1030,
S. 591, Anm. 1) vermutet zu recht hinter Iacobus Hilarii den evangelischen Prediger Jakob Hilarius aus Worms. Hilarius wurde im Januar 1527 zusammen mit Jakob Kantz für die Täufer
gewonnen, mußte sich für seine Anschauungen vor dem Wormser Rat verantworten und wurde
aus der Stadt gewiesen. Konkrete Hinweise über sein weiteres Schicksal sind nicht bekannt.
Vgl. HEGE, TÄUFER, S. 34f.; LAUBE, FLUGSCHRIFTEN, S. 704f.; ZIJP, HILARIUS.
   ³ Wolfgang Capito [Köpfel]. Vgl. oben Nr. 271, S. 6, Anm. 8.
   ⁴ Andreas Karlstadt [Bodenstein]. Vgl. oben Nr. 298, S. 98, Anm. 1.

304 [1530]¹ Juni 1. Straßburg. — Bucer an Huldrych Zwingli

Bucer recommande le porteur, fonctionnaire de Georges de Frundsberg âgé
de soixante ans et exilé pour sa foi ; il pourrait être apte à être pasteur. Rien
de nouveau sur la Diète, sinon que les Luthériens se déchaînent. Le porteur
lui parlera de l'abbé de St. Gall. Salutations des Strasbourgeois à Zwingli et
aux siens, ainsi qu'aux frères de Zurich.

Bucer empfiehlt einen Beamten Georgs von Frundsberg [Adam Reißner?]
an Zwingli für den kirchlichen Dienst. Keine Neuigkeiten aus Augsburg,
außer dem ungestümen Auftreten vieler Lutherischen. Grüße von den Straß-
burgern an die Brüder in Zürich, an Zwingli und die Seinen.

Frater hic² rarae fidei et constantiae nec non eximiae prudentiae est. Frons-
pergijs multis annis domi et militiae magna fide et dexteritate inseruiuit, sed
dum illi Christi doctrinam et vitam ferre ⌄diutius⌄ non potuerunt et ipse eam
nequaquam in illorum gratiam deserere, coactus est exulare vir sexagenario³
maior. Eum, quęso, humaniter, vt soles, excipias ac iuues. Sic enim consti-   5
tutum animum et morem habet, vt sit ecclesiae ministerio maxime idoneus.
   E comitijs⁴ nihil dum audimus praeter Lutheranorum furores et multorum
stultiss[imas] adulationes nec minus re[i] publ[icae] noxias, et si omnia ad eum
modum habeant, vt, quod ille⁵ dixit, nihil expectandum sit, denn eyn Richstag.
   Bene vale.   10
   De Abbate S[ancti] Gall[ensi]⁶ dicet tibi aliquid hic frater.

----

   ¹ Die Jahreszahl 1530 ergibt sich aus den Hinweisen auf den Augsburger Reichstag (vgl.
Anm. 4) und auf den Abt von St. Gallen (vgl. Anm. 6).
   ² Es handelt sich um einen Beamten Georgs von Frundsberg, vermutlich um den Geschichtsschreiber und Dichter geistlicher Lieder Adam Reißner [Reisner, Reusner] (Frundsberg
1471 [um 1500] – 1563 [um 1572] Mindelheim), 1526–1528 als Landsknecht in Italien, um
1530 in Straßburg, Begegnungen mit Jakob Ziegler und Kaspar Schwenckfeld. Verfasser einer
Beschreibung Jerusalems und der *Historia Herrn Georgen und Herrn Caspar von Frundsberg*.
Vgl. ADB 28, S. 150–152; ZWINGLI Bw. IV, Nr. 1037, S. 607, Anm. 1.
   ³ Handelt es sich um Adam Reißner, wirft der Hinweis Bucers, Reißner sei sechzig Jahre
alt, Probleme mit den allgemein überlieferten Lebensdaten auf, die auch Köhler (ZWINGLI Bw.
IV, Nr. 1037, S. 607, Anm. 1) erkannt hat. Die bislang gängige Annahme der Zeit um 1500 für
die Geburt Reißners stammt von Johann Martin Schamel, der 1724 in seinem *Evangelischen
Liedercommentarius* das bis dahin geltende Geburtsjahr Reißners 1471 für falsch erklärt. Legt
man aber 1471 zugrunde, erscheint Bucers Bemerkung sinnvoll. Das dann unwahrscheinliche
Sterbedatum um 1572 geht ebenfalls auf Schamel zurück, der hier die Jahreszahl 1563 korrigiert
hat. Vgl. ADB 18, S. 152; ADB 30, S. 571; SCHAMEL, LIEDERCOMMENTARIUS I, Anhang S. 63.
   ⁴ Der Reichstag in Augsburg, der am 20. Juni 1530 um 7 Uhr morgens eröffnet wurde.
   ⁵ Jener Beamte Georgs von Frundsberg (vgl. Anm. 2), der offensichtlich über Augsburg
gereist war.
   ⁶ Kilian [Köiffi] German[n] (Lütisburg um 1480 – 30. August 1530 Bregenz). Als Nachfolger Franz Geißenbergs seit 25. März 1529 Abt von Sankt Gallen. Vgl. ARBENZ, VADIAN,
S. 14f.; LOCHER, REFORMATION, S. 350, 401–405; ZWINGLI Bw. IV, Nr. 828, S. 87, Anm. 3.

Bene vale.

Argen[torati] Calend[is]ᵃ Iunijs.

Saluta fratres. Salutant, qui hic sunt, te et tuos.

M[artinus] Bucerus tuus

5   *Adresse [f° 293 v°]:* Hulderycho Zvinglio, Tigurinorum pastori cordatiss[imo], praeceptori s[uo] obseruando.

Oa Zürich SA, E II 339, f° 293 r°/v°. — C Zürich ZB, S 25,148. — P
Schuler/Schultheß, Zw. W. VIII, S. 459f.; Zwingli Bw. IV, Nr. 1037, S. 607.

_____

ᵃ *gestrichen* Iul[ijs].

305   [1530 Juni 18. oder 19.]¹ [Straßburg]. — Bucer an Huldrych Zwingli

Daniel Mieg les retient dans l'attente d'une nouvelle lettre d'Augsbourg, où
Bucer espère se rendre au plus tôt. Luther a fait paraître une exhortation aux
clercs, Vermahnung an die Geistlichen ..., *où il flatte l'Empereur et les*
princes et excite la haine contre les Strasbourgeois et les Suisses. Jugements
dépréciatifs sur Luther. Johann Agricola se déchaîne contre Michael Keller
et contre nous tous ; seul Philippe de Hesse écoute Keller. Bucer se réjouit
du jugement de Zwingli sur Karlstadt ; que Zwingli le salue. Salutations de
Bernard Ottfriedrich.

Bucer wünscht, so schnell wie möglich zum Reichstag nach Augsburg ab-
zureisen. Luther hat seine Schrift „Vermahnung an die Geistlichen ..."
herausgegeben, in der er dem Kaiser und den weltlichen Fürsten schmei-
chelt und sich gleichzeitig von den Schweizern und den Straßburgern dis-
tanziert. Johann Agricola verleumdet Michael Keller und die „Unseren".
Bucer freut sich über Zwinglis positives Urteil über Karlstadt. Grüße von
Bernhard Ott-Friedrich.

_____

¹   Der Brief ist nicht datiert. Die Jahreszahl 1530 ergibt sich aus den Sachzusammenhängen. Da der Brief aus Augsburg vom 16. Juni (vgl. Anm. 3) schon eingetroffen, Bucer aber noch
nicht abgereist ist (das geschah am 19., wahrscheinlicher am 20. Juni), kommen der 18. oder 19.
Juni als Abfassungsdatum in Betracht. Damit ist auch Straßburg als Absendeort zu bestimmen.

Gratia et pax!

Consul noster[2] nos detinuit iam dies aliquot expectans, vt iterum ab Augusta scribatur, cum sit scriptum tertio[3]. Spero tamen cras literas adfore[4]. Nihil aeque cupio atque illo aduolare quam primum. Edidit Lutherus hisce diebus exhortationem ad ecclesiasticos[5], in qua Caesari et profanis principibus satis blanditur nosque suo more in inuidiam trahit[6] et sibi omnia tribuit; adeo tamen cum ingenio suo pugnare non potuit, ut nihil solitorum conuiciorum in illos non euomuerit, faciens eos praedones, christiani sanguinis effusores, omnis pietatis[a] expugnatores, et nihil non. Protestatur quoque, si quid eorum, quae nos scriptura freti contra eorum placita vsurpauimus, in his commitijs concesserint, se id nequaquam[b] recepturum, tanquam ipsorum concessione factum sit licitum, verum illud vindicaturum, vt quod vi verbi Dei ipsis sacrilegis et homiͤͨ ci ͤͨ dis extorserit, nec satis habiturum, donec id confessi fuerint et ad satisfactionem sese exhibuerint. Videtur sibi persuasisse bonus vir se paulo formidabiliorem esse ecclesiasticis et plus gratiae habere apud profanos, quam experturus sit. Nam praeterquam quod se nostra et ecclesiasticorum inuidia ͤprophanis ͤ insinuat, <viam eis indicans ad opes ecclesiasticas,< et ea fere tantum incessit, quae vulgo iam improbantur, more suo omnia velut e sublimi loco superbe,[c] procaciter et truciter agit.

Islebius[7] furit in Michaelem[8], atque adeo in nos omnes, et totum Christum negare palam coram principibus[d] aliquot et solenni auditorio mentitur. Solus Hessus[9] eum non audit, sed Michaelem. Vnde dici non potest, quam

---

[a] *anstatt* pietatatis. – [b] *zuerst* quam. – [c] *gestrichen* pro[…]. – [d] *O* principus.

[2]   Laut Straßburger Bürgerbuch, Bd. II, ad annum 1530, war im Juni 1530 Daniel Mieg (vgl. oben Nr. 269, S. 2, Anm. 11) Bürgermeister von Straßburg.

[3]   Bucer bezieht sich hier auf drei Schreiben aus Augsburg mit der Bitte, ihn zum Reichstag nach Augsburg zu entsenden: Am 2. Juni 1530 schrieben Jakob Sturm und Mathis Pfarrer in dieser Angelegenheit an den Rat von Straßburg. In Schreiben vom 8. und vom 16. Juni wurde die Bitte mit größerer Eindringlichkeit wiederholt. Vgl. CORRESPONDENZ STRASSBURG I, Nr. 728, S. 446f.; Nr. 737, S. 453; Nr. 741, S. 455f.; LIENHARD/WILLER, STRASSBURG, S. 216.

[4]   Am 21. Juni 1530 schreiben Jakob Sturm und Mathis Pfarrer an den Straßburger Rat: „[…] deshalben nochmals unser beger, wo her Martin Butzer noch nit abgefertigt, in hiehar zu uns zum furderlichsten abzufertigen […]" (CORRESPONDENZ STRASSBURG I, Nr. 746, S. 458). Ausschlaggebend für Bucers Entsendung nach Augsburg kann dieser Brief aber nicht gewesen sein, da Bucer Straßburg spätestens am 20. Juni 1530 verläßt und in Augsburg am 23. Juni 1530 ankommt.

[5]   Martin Luther: *Vermahnung an die Geistlichen, versammelt auf dem Reichstag zu Augsburg* (1530). Vgl. WA 30/II, S. 237–356.

[6]   Bucer bezieht sich hier auf Luthers polemische Äußerungen gegen Thomas Müntzer und die Schwärmer: „so solt jhr wissen, das des Müntzers geist auch noch lebt, und meins besorgens mechtiger und ferlicher, denn jhr gleuben oder itzt begreiffen kůnd, Es gilt euch mehr denn uns, wiewol er uns feinder ist denn euch, Aber wir haben einen trotz wider jhn […]" (vgl. ebd., S. 276, Z. 16–19).

[7]   Johann Agricola [Schneider, Schnitter, Magister Eisleben]. Vgl. oben Nr. 298, S. 99, Anm. 9.

[8]   Michael Keller [Cellarius, Reuß, Ryß]. Vgl. oben Nr. 301, S. 109. Anm. 23.

odiose de eo loqui illi cęperint, indubie plurimum incommodaturi, sicubi poterunt.

Valde nos exhilarauit tuum de Carolostadio[10] iudicium[11]. Nobis plane pius et candidus visus est. Salutabis eum, si adhuc tecum fuerit; commendare
5   sic charum non est opus[12].

Salutat te singulari affectu Bern[ardus] Fridrich[13], apud quem heri cenatus audiui mira tua praeconia. Dicebat, si aetate minor esset, non admissurum, quin singulis annis te saltem semel inuiseret.

M[artinus] Bucerus tuus

10   *Adresse [f° 307 v°]:* Hulderycho Zvinglio, Tigurinae ecclesiae pastori vigilan[tissimo], praeceptori.

Oa Zürich SA, E II 339, f° 307 r°/v°. — C Zürich ZB, S 26,7. — P Schuler/Schultheß, Zw. W. VIII, S. 463–468; Zwingli Bw. IV, Nr. 1042, S. 617–619.

---

9   Landgraf Philipp von Hessen. Vgl. oben Nr. 270, S. 3, Anm. 3.
10   Andreas Karlstadt [Bodenstein]. Vgl. oben Nr. 298, S. 98, Anm. 1.
11   Bucer bezieht sich hier auf ein Urteil Zwinglis über Karlstadt, das dieser Anfang Juni 1530 in einem verlorenen Brief an Oecolampad gefällt haben muß. Vgl. ZWINGLI BW. IV, Nr. 1040, S. 614f.; Nr. 1041, S. 616.
12   Bucer hatte den aus Straßburg ausgewiesenen Karlstadt Zwingli empfohlen. Vgl. oben Nr. 298, S. 98, Z. 2–7; Nr. 302, S. 113, Z. 6–8.
13   Bernhard Ott[-]fri[e]drich. Vgl. oben Nr. 269, S. 2, Anm. 10.

306   [1530 Juli 5. oder 6.][1] Augsburg. — [Bucer][2] an Huldrych Zwingli

Bucer est arrivé à Augsbourg le 23 juin, Capiton le 26. Ils ont rédigé leur confession de foi, la Tétrapolitaine, *en latin et en allemand pour la présenter à l'Empereur ; seuls ceux de Constance, de Lindau et de Memmingen y*

---

1   Der Brief ist nicht datiert. Die Jahreszahl 1530 ergibt sich aus den Sachzusammenhängen. Der Abfassungstag muß zwischen der Übergabe der *Confessio Augustana* am 25. Juni (die vorausgesetzt wird) und der Fertigstellung der *Confutatio der Confessio Augustana* am 9. Juli (die noch nicht erfolgt ist) liegen. Außerdem setzt der Brief zwar die Fertigstellung der *Confessio Tetrapolitana* (nach dem 28. Juni) voraus, weiß aber noch nichts von ihrer geplanten Überreichung am 8. Juli. Berücksichtigt man, daß Melanchthons Unterredungen mit Campeggio

souscriront : Ulm se contente d'avoir réclamé un concile, Nuremberg et Reutlingen ont signé celle des princes, la Confession d'Augsbourg, *qui est "douce". La* Tétrapolitaine *n'a pas encore été acceptée ; la confession des Saxons a été soumise à une commission d'une vingtaine théologiens, dirigée par Eck, Fabri et Köllin. Mélanchthon a été convoqué par l'Empereur, le cardinal de Salzburg et Lorenzo Campeggio : on pense qu'il cédera le reste, après avoir adouci tant de choses ! Face à la malhonnêteté des ennemis et la haine des Luthériens, seule la main de Dieu pourra défendre les chrétiens, et non sans miracle. Seul Philippe de Hesse est un instrument de la gloire du Christ ; les autres princes sont tributaires de leurs clercs. Bucer veut obtenir un entretien avec Philippe Mélanchthon. Il exhorte Zwingli à prier Dieu pour qu'il leur soit aussi favorable que l'Empereur aux pontifes. Salutations de Capiton. Salutations aux frères de Zurich.*

Bucer ist am 23. Juni in Augsburg eingetroffen, Capito am 26. Juni. Die Confessio Tetrapolitana liegt in lateinischer und deutscher Fassung vor; nur Konstanz, Lindau und Memmingen werden sie mitunterzeichnen. Die Ulmer begnügen sich damit, ein Konzil verlangt zu haben. Nürnberg und Reutlingen haben die Confessio Augustana unterzeichnet. Diese wurde zur Abfassung einer Widerlegung an eine theologische Kommission unter Leitung von Johannes Eck, Johann Fabri und Konrad Köllin gegeben. Philipp Melanchthon wurde vom Kaiser, dem Salzburger Kardinal Matthäus Lang und Lorenzo Campeggio vorgeladen; über die Inhalte der Unterredung ist nichts bekannt. Andreas Osiander ist anwesend. Urbanus Rhegius hat sich Herzog Ernst von Braunschweig-Lüneburg-Celle angeschlossen. Allein Gott vermag die Christen zu schützen, und nicht ohne Wunder; denn die Unredlichkeit der Feinde ist groß und nichts so unversöhnlich und furchtbar wie der Haß der Lutherischen „uns" gegenüber. Landgraf Philipp von Hessen erweist sich als mutiger Bekenner seines Glaubens. Bucer wünscht eine Unterredung mit Melanchthon. Grüße von Wolfgang Capito, Grüße an die Brüder in Zürich.

Salue quam plurimum obseruande Zvingli!

Venimus huc, ego pridie solennitatis d[ivi] Johannis, Cap[ito] die dominico sequenti[3]. Nostri vsus hactenus nullus fuit, nisi quod summam fidei

---

(vgl. S. 120, Z. 14 – S. 121, Z. 2) frühestens am 4. Juli begonnen haben, ergibt sich für die Datierung der 5. oder 6. Juli 1530.

[2] Der Brief ist nicht unterzeichnet. Der Inhalt des Briefes weist aber eindeutig auf Bucer als Verfasser.

[3] Bucer war am 19. oder 20. Juni aus Straßburg abgereist und am 23. Juni in Augsburg eingetroffen, Wolfgang Capito am 26. Juni; beide nahmen zusammen mit den Straßburger Gesandten Jakob Sturm und Mathis Pfarrer, die bereits am 26. Mai eingetroffen waren, Quartier in Augsburg. Vgl. oben Nr. 305, S. 117, Anm. 4; LIENHARD/WILLER, STRASSBURG, S. 217; Zwingli Bw. V, Nr. 1056, S. 6.

nostrae latine et germanice conscripsimus Caesari offerendam[4]. Ei soli
Constan[tienses], Lindauenses et Memmingenses subscribent. Vlmenses
satis habebunt petijsse concilium[5]. Nurn[berga] et Reutlinga subscripserunt
principibus, Saxoni et ↓eius↓ socijs[6]. Horum conf[essio] perquam lenis est,
5   etsi adhuc magis mascula, quam ferant pontificij. Nostra nondum admissa
est, et haud scimus, an adm[ittenda] sit. Plus minus viginti theologis eius
farinae, vt prim[as] inter eos habeant Eccius[7], Faber[8], Köllin[9], commissa est
confess[io] Saxonum. Bis die conuenire dicuntur. Nonnunquam accedit eos
et Hildesemensis[10]. Reliquis proceribus feriae sunt. Nam antequam de reli-
10   gione definiatur, nolunt consultare de rebus alijs et c[ausam] religionis dis-
cutiendam Caesari commiserunt. Inter ecclesiaticos quidam augurantur
scisma futurum, alijs nihil e receptis rebus concedendum, alijs secus[a] arbi-
trantibus.
    Melanchthon a Caesare, Salisburgensi[11] et Campegio[12] vocatus est; quid

---

[a] *zuerst* necus.

[4]   Bucer bezieht sich hier auf die *Confessio Tetrapolitana*, das Vier-Städte-Bekenntnis in
23 Artikeln mit Vor- und Schlußwort, das im Auftrag des Straßburger Rates in Frühsommer
1530 von Bucer unter Mitwirkung von Hedio und Capito verfaßt und von den Städten Straßburg,
Memmingen, Lindau und Konstanz unterzeichnet und am 9. Juli 1530 in Augsburg übergeben
wurde. Vgl. BDS III, S. 13–185; FRIEDRICH, BUCER, S. 67–69; URKUNDENBUCH AUGSBURG 1530
II, S. 21–70.
[5]   Ulm hatte eine eigene Confessio mitgebracht und teilte mit, sie bereits dem Kaiser übergeben zu haben. Dies ist tatsächlich aber nie geschehen. Vgl. ebd., S. 22.
[6]   Auch Nürnberg und Reutlingen hatten zunächst eigene Entwürfe verfassen lassen, unterzeichneten dann aber die *Confessio Augustana*. Vgl. LIENHARD/WILLER, STRASSBURG, S. 216.
[7]   Johann[es] Eck. Vgl. oben Nr. 301, S. 108, Anm. 19.
[8]   Johann Fabri [Faber]. Vgl. oben Nr. 302, S. 112, Anm. 12.
[9]   Konrad Köllin (Ulm um 1476 – 26. 8. 1536 Köln). Ab 1507 Professor an der Theologischen Fakultät in Heidelberg und Prior des dortigen Dominikanerkonvents; ab 1511 Leiter des
Dominikanerstudiums sowie Universitätsprofessor in Köln, 1517 Dekan der Theologischen
Fakultät, 1523, sowie1526–1528 Prior des Kölner Dominikanerklosters in Köln; ab 1527 Nachfolger Jakob Hochstratens als Inquisitor. Köllin war Mitglied der Kommission für die Abfassung der *Confutatio der Confessio Augustana*. Vgl. FRANCK, KÖLLIN, S. 479f.
[10]   Balthasar Merklin von Waldkirch (Waldkirch im Br. 1479 – 1531 Konstanz). Studium
in Schlettstadt, Trier, Bologna und Paris, Kanonikus in Trier, Brixen und Konstanz, 1508 bis
1514 Propst von St. Margarethen in Waldkirch, Berater und Reichsvizekanzler Kaiser Karls V.,
wird auf dem Augsburger Reichstag am 3. Juli 1530 zum Bischof von Hildesheim und gleichzeitig zum Bischof von Konstanz geweiht (vgl. unten Nr. 308, S. 129, Z. 11f.). Vermutlich Verfasser der kaiserlichen Proposition zum Reichstag in Speyer 1529. Unterrichtete im Februar
1530 Kaiser Karl V. in Bologna über die Situation in Deutschland. Vgl. BECKER, VERHAND-
LUNGEN, S. 145, Anm. 67; MAY, BISCHÖFE, S. 289f., 304f.; RABE, RELIGIONSPOLITIK,
S. 106–108; REINHARD, VORSTELLUNGEN, S. 73f.; ROLL, REICHSREGIMENT, S. 482–487; ROLL,
REICHSTAGS-ABSAGE, insbes. S. 293–300; WILLBURGER, BISCHÖFE, S. 139–170; ZWINGLI BW.
III, Nr. 735, S. 501, Anm. 7, 10.
[11]   Matthäus Lang, Erzbischof von Salzburg, Kardinal von Salzburg und Gurk, Mitglied
des Ausschusses für Glaubensartikel. Vgl. BECKER, VERHANDLUNGEN, S. 144; CORRESPONDENZ
STRASSBURG I, Nr. 748, S. 460f.

autem cum eo actum nos latet, et si pertentatum putemus, vt cum mitigarit tam multa, cedat et reliqua[13].

Adest Osiander[14]. Vrbanus[15] sic fidit Augustanae r[ei] p[ublicae], vt se adiunxerit duci Lunenburgensi[16] <delitias Augustanas vlterioris Saxoniae asperitate commutaturus, sed indubie haud volens.<   5

Scribis personas esse[17]. At pueri per[sonis] etiam exanimantur. Sic res habent, vt sola Dei manus christianos defensura sit, et non sine miraculo.

---

12   Lorenzo Campeggio (Mailand 1474 – 20. Juli 1539 Rom). Jurastudium in Padua und Venedig, 1500 Professor beider Rechte in Bologna. Nach dem Tode seiner Frau 1509 wurde er 1511 in Rom Auditor der Rota und von 1511 bis 1532 in wechselnden Missionen päpstlicher Nuntius. 1517 Kardinal, 1518 Kardinalprotektor für Deutschland, 1523 Kardinalprotektor für England. Inhaber der Bistümer Feltre, Bologna, Salisbury, Huesca, Parenzo und des Erzbistums Kreta. In der Beurteilung seines Wirkens 1530 in Augsburg reichen die Einschätzungen von Handeln im „friedenswilligen Geiste des Erasmus" (Peter Rassow) bis zur Darstellung als „Gegner der Ausgleichsverhandlungen" (Hubert Jedin). Auf dem Reichstag gelingt es Campeggio nicht rechtzeitig, den Papst zu ausreichenden Konzessionen an die Lutherischen zu bewegen. Die Entscheidung des Papstes, ein Konzil zwar nicht abzulehnen, aber durch unannehmbare Bedingungen zu verhindern, geht auf einen Vorschlag Campeggios zurück. Vgl. HONÉE, VORGESCHICHTE; JEDIN, GESCHICHTE I, S. 208; LOCHER, REFORMATION, S. 508–510; MÜLLER, CAMPEGGIO S. 604–606; MÜLLER, KARDINAL, S. 133–152; RASSOW, KAISER-IDEE, S. 39.

13   Melanchthon stand seit dem 4. Juli in Verhandlungen mit Campeggio. Vom Zusammentreffen Melanchthons mit Campeggio berichtet am 6. Juli 1530 auch der venezianische Gesandte Nicolò Tiepolo (vgl. TIEPOLO, DEPESCHEN, S. 56, Z. 8 – S. 57, Z. 17). Bucer betont hier Melanchthons Neigung zu Ausgleich und Nachgiebigkeit. Mathis Pfarrer schreibt am 7. Juli in ähnlicher Weise an Peter Butz (vgl. CORRESPONDENZ STRASSBURG I, Nr. 755, S. 467). Über Melanchthons Verhandlungen mit Matthäus Lang berichtet Justus Jonas in einem Brief an Luther vom 25. Juni 1530 (vgl. WA Bw. V, Nr. 1601, S. 388–391).

14   Andreas Osiander (Gunzenhausen 19. Dezember 1498 – 17. Oktober 1552 Königsberg). Studium bei Eck in Ingolstadt, 1520 Priesterweihe in Nürnberg, 1522 Prediger an St. Lorenz, seitdem lutherische Predigten, stand im Abendmahlsstreit auf Luthers Seite. Die theologischen Berater der protestantischen Fürsten hatten den Rat von Nürnberg am 21. Juni ersucht, die Nürnberger Prediger und allen voran Osiander nach Augsburg zu schicken, um an der Schlußbearbeitung der Confessio Augustana mitzuwirken. Nachdem am 25. Juni das Bekenntnis überreicht worden war, schrieben die Gesandten nach Nürnberg, die Entsendung Osianders sei nun nicht mehr erforderlich. Osiander aber war bei Eintreffen des Schreibens bereits abgereist, der Nürnberger Rat rief ihn nicht mehr zurück. Vgl. CORRESPONDENZ STRASSBURG I, Nr. 755, S. 467; SEEBASS, BIBLIOGRAPHIA OSIANDRICA; SEEBASS, OSIANDER, insbes. S. 137–143; ZWINGLI Bw. V, Nr. 1056, S. 8.

15   Urbanus Rhegius [Rieger]. Vgl. oben Nr. 301, S. 109, Anm. 24. Rhegius hatte in Augsburg engen Kontakt zu Landgraf Philipp von Hessen und zu den sächsischen Delegationen. Nach seiner Entlassung als Prediger aus Augsburger Diensten am 16. Juni 1530 nahm ihn Ende Juni oder Anfang Juli Herzog Ernst von Braunschweig-Lüneburg-Celle in seine Dienste. Vgl. LIEBMANN, RHEGIUS, S. 211–239, 309–312.

16   Ernst der Bekenner, Herzog von Braunschweig-Lüneburg-Celle (Ülzen 26. Juni 1497 – 11. Januar 1546 Celle). Nach seiner Teilnahme am Reichstag in Speyer 1526 stellte er die Landesklöster unter seine Verwaltung, unterschrieb 1529 die Protestation der evangelischen Stände und begründete eine lutherische Landeskirche. Seine theologischen Berater auf dem Augsburger Reichstag, bei dem er der Confessio Augustana beitrat, waren sein Kanzler Johann Furster und Urbanus Rhegius. Vgl. FRIEDLAND, ERNST, S. 608.

17   Der hier vorausgesetzte Brief Zwinglis an Bucer ist nicht erhalten.

Quod scio plane futurum; tanta est hostium improbitas. Nihil potest fingi Lutheranorum in nos odio implacabilius, nihil aeque at[rox] et dirum.

De reliquis non est, quod scribam. Vnus Cattus[18] est, qui idoneum videatur gloriae Christi organum. Is an[imo] et religione fidem suam confitetur, et
5 confessus est eam[b] coram Cae[sare] ipso, tum alijs. Reliqui principes addictiores sunt suis ecclesiastis, caetera satis pij et fortes.

Nos iam volu[mus], si Christo placet, a Philippo[19] et suis impetrare colloquium. Si succe[sserimus], agemus quidem modeste, sed sic tamen, vt videant et nobis curae esse gloriam Christi; plus enim, quam dici queat, illi
10 aduersatur [f° 342 v°] Cato tertius[20].

Bene vale, et ora Deum, vt tantum nobis faueat, quantum Caesar pont[ificiis]; imo impium id esset petere, nam oporteret ipsum totius orbis gubernacula nobis concedere.

Cap[ito] salutat te ex animo. Saluta fratres.
15 Augustae.

Adresse [f° 342 v°]: Hulderycho Zvinglio, suo obseruando praecept[ori].

Oa Zürich SA, E II 339, f° 342 r°/v°. — C Zürich ZB, S 26,25. — P Schuler/Schultheß, Zw. W. VIII, S. 472f.; Zwingli Bw. V, Nr. 1056, S. 6–9.

O eum.

18 Landgraf Philipp von Hessen. Vgl. oben Nr. 270, S. 3, Anm. 3.
19 Philipp Melanchthon. Vgl. oben Nr. 273, S. 15, Anm. 27.
20 Ganz gleich, ob man in den vorauszusetzenden ‚Cato primus‘ und ‚Cato secundus‘ Markus Porcius Cato d. Ä. und Markus Porcius Cato d. J. sehen möchte oder zwei besonders unerbittliche und nicht kompromißbereite Gestalten der Reformationsgeschichte, muß es sich bei ‚Cato tertius‘ um einen besonders strengen Gegner der Zwinglianer handeln. Nach Melchior Schuler und Johannes Schultheß (SCHULER/SCHULTHESS, Zw. W. VIII, S. 473, Anm. 1) ist mit ‚Cato tertius‘ Theobald Billican (vgl. oben Nr. 273, S. 11, Anm. 6) gemeint. Nach Emil Egli (ZWINGLI Bw. V, Nr. 1056, S. 9, Anm. 16) handelt es sich um eine Charakterisierung Melanchthons, der damit als sittenstrenger Mensch dargestellt werde. Aber auch Luther mit seiner unerbittlichen und strengen Abweisung der Zwinglianer kommt als ‚Cato tertius‘ in Betracht (vgl. ZWINGLI Bw. V, S. 652).

307   [1530 Juli ca. 7. Augsburg][1]. — [Bucer an Peter Butz][2]

Memmingen et Lindau ont signé notre confession, la Tétrapolitaine. *Isny a approuvé son contenu, sans pour autant la signer.*

Memmingen und Lindau haben die Confessio Tetrapolitana unterschrieben. Isny erklärt die inhaltliche Übereinstimmung mit Straßburg, unterschreibt die Tetrapolitana aber nicht.

Die von Memmingen vnd Lindaw haben sich vnser Confession[3] vnder-schr[iben], die von Isni[4] wollen auch bey derselbigen bleiben, ob sie wol nicht vnderschriben haben. Dise meinten, christliche lieb solle so vil vermö-gen, dasz man sich ir auch anneme. Ob sie schon nit so grosses vermögens sind, wolten sie doch gern das ir thun; verhoffen auch, angesehen ire gele- 5
genheit vnd guter willen ires landtvolcks, sie wolten für ire theil gemeinem handel Gottes auch wol dienstlich seyn. Sie sind auch gentzlich der hoff-nung, vnsere herren solten sie an gelegen malstatt beschriben[5] vnd in zu gemeinem verstandt verhelffen, dann sie solichs gern offent[lich] fürnemen wolten, dasz man eiglich sehe, wohin sie ir datum gesetzet hetten. Lindaw 10
ligt im See, vnd haben die vnsern[6] nit übern See zwo meyl zu inen; von Isni sind vier meyl gen Memmingen, von Memmingen sechs gon Ulm[7].

---

[1]   Die Jahreszahl, das Datum und der Absendeort ergeben sich aufgrund von Anm. 3: Der Brief wurde wenige Tage vor Übergabe der *Confessio Tetrapolitana* geschrieben.
[2]   Absender und Adressat ergeben sich aufgrund der Quellenangabe: Bucers Brief ist eine Beilage zu einem Schreiben von Mathis Pfarrer an Peter Butz (vgl. unten Anm. 7). Zu Peter Butz vgl. oben Nr. 292, S. 90, Anm. 6.
[3]   Die *Confessio Tetrapolitana*, das Vier-Städte-Bekenntnis in 23 Artikeln, das im Auftrag des Straßburger Rates im Frühsommer 1530 von Bucer unter Mitwirkung von Hedio und Capito verfaßt, von den Städten Straßburg, Memmingen, Lindau und Konstanz unterzeichnet und am 9. Juli 1530 in Augsburg übergeben wurde. Vgl. BDS III, S. 13–185; FRIEDRICH, BUCER, S. 67–69; URKUNDENBUCH AUGSBURG 1530 II, S. 21–70.
[4]   Über die frühen Jahre der Reformation in Isny gibt die spärliche Überlieferung wenig Aufschluß. Ostern 1525 wurde durch Wilhelm Steudlin erstmals das Abendmahl in beiderlei Gestalt ausgeteilt, was zu Steudlins Verhaftung führte. 1529 schloß sich Isny auf dem Reichs-tag zu Speyer der Protestation der evangelischen Stände an. Isny unterschrieb die *Confessio Augustana* nicht, erklärte stets, mit Straßburg inhaltlich übereinzustimmen, unterschrieb aber auch die *Confessio Tetrapolitana* nicht. Am 2. Februar 1531 tritt Isny dem Schmalkaldischen Bund bei. Die Städte der Tetrapolitana (ohne Straßburg), vermehrt um Ulm, Biberach und Isny, unterzeichnen am 1. März 1531 die ‚Memminger Artikel‘. Vgl. BDS III, S. 22; BRECHT/EHMER, REFORMATIONSGESCHICHTE, S. 166f.; DOBRAS, RATSREGIMENT, S. 179f; KAMMERER, ISNY, S. 134–149; KAMMERER, REFORMATION, S. 16–21.
[5]   An einen geeigneten Ort einladen.
[6]   Gemeint sind die Konstanzer, Mitunterzeichner der *Confessio Tetrapolitana.*
[7]   Das vorliegende Brieffragment ist ein Anhang *an den Auszug aus einem Brief von Mathis Pfarrer an Peter Butz:* Idem ahn Peter Butzen, dem fürnemen vnd achtbaren herren Peter Butzen, stadtschr[eiber] zu Str[aszburg] etc. Ibi. „Die von Lindau belangend kan ich uch noch kain eigenschafft schriben; aber dasz sie vom Evangelio gestanden vnd K[aiserlicher]

C Wencker AST 176 (Var. eccl. XI), f° 405 r°.

M[ajestät] vmb gnad gebetten, do ist nitzt an, dann dasz Dr. Tuber [= Fabri] von irentwegen
vszgeschlagen hat hie zu Augpurg" etc. Dat[um] vff mittwoch den 5. Octobris anno 30. Darinn
ligt ein halber bogen von Dr. Buceri hand, also lautend: [...]

308   [1530]¹ Juli 7. Augsburg — [Bucer und Wolfgang Capito an die Prediger in Straßburg]²

*L'Empereur a reproché à Philippe de Hesse de désobéir à l'Édit de Worms
et de défendre une compréhension hétérodoxe de la Sainte Cène. Réplique
de Philippe de Hesse, qui demande à être convaincu par l'Écriture ; le Landgrave estime que les vrais croyants reçoivent véritablement le corps et le
sang du Christ, pour la vie éternelle. À l'Empereur et à Balthasar Merklin
von Waldkirch, Philippe de Hesse a répondu que la grâce de Dieu – et la
crainte de son jugement, s'il venait à le renier – lui importait plus que la
faveur du monde. Bucer et Capiton craignent que Mélanchthon ne soit trop
enclin à des compromis ; les conséquences de cette attitude, notamment sur
la question de la messe. Que les prédicateurs lisent leur confession, la* Tétrapolitaine *; développement sur l'article relatif à la Cène. Aujourd'hui, l'Empereur a convoqué les princes qui défendent la foi traditionnelle ; un certain
nombre de villes et de princes lui ont promis de rester fidèle à cette foi. Certains évêques sont disposés à des réformes, et désireux d'éviter une guerre,
mais l'Empereur est soumis aux papistes, qui ne veulent céder sur rien.
Exhortation aux Strasbourgeois à protéger leur troupeau contre les loups, et
à cultiver la communion des saints. Urbanus Rhegius se rendra à Lüneburg,
et Johann Agricola à Nuremberg. On a interdit à Michael Keller et à deux
de ses collègues d'apparaître en public. Capiton, qui prend la plume à cet
endroit de la lettre, a tenté, en vain jusqu'à présent, d'obtenir un entretien
avec Albert de Mayence. Philippe de Hesse tente la même chose avec les
Luthériens, mais ces derniers le tiennent pour zwinglien. Exhortation à la
prière d'intercession. Éloge du travail de Jacques Sturm et de Mathis
Pfarrer. Michael Keller est en danger.*

---

¹   Die Jahreszahl fehlt. Aufgrund der Bezüge zum Augsburger Reichstag kommt aber nur
1530 in Betracht.
²   Der Brief ist nicht unterzeichnet und enthält keine Adressenangabe. Der Inhalt des
Briefes weist aber eindeutig auf Bucer und Capito als Verfasser und die Prediger in Straßburg
als Empfänger. Zu Wolfgang Capito [Köpfel] vgl. oben Nr. 271, S. 6, Anm. 8.

*Der Kaiser hat Landgraf Philipp von Hessen Ungehorsam gegen das
Wormser Edikt und einen irrigen Abendmahlsglauben vorgeworfen. In
seiner Entgegnung nennt Philipp einen Gegenbeweis aus der Heiligen
Schrift als einzige Möglichkeit, ihn umzustimmen. Er achtet das Abendmahl
und glaubt, daß die ernsthaft Gläubigen wahrhaft mit dem Leib und Blut
Christi zum ewigen Leben genährt werden. Er wird keinesfalls irdisches
Wohlleben und die Gunst weltlicher Mächte der Gnade Gottes vorziehen.
Ähnlich und mit dem Hinweis auf Gottes Gericht äußert er sich gegenüber
einem zweifelhaften Angebot von Balthasar Merklin von Waldkirch. Bucer
und Capito befürchten übertriebene Kompromißbereitschaft Melanchthons
und schildern die schlimmen Folgen der Nachgiebigkeit der sächsischen
Seite. Nach dem Straßburger Rat sollen auch die Straßburger Prediger die
Confessio Tetrapolitana lesen. Die altgläubigen Fürsten sind vom Kaiser
vorgeladen worden. Einige Reichsstädte und Fürsten haben dem Kaiser
zugesagt, beim alten Glauben zu bleiben. Zwar gibt es einige Bischöfe, die
einen Glaubenskrieg vermeiden wollen und offen für Reformen sind, der
Kaiser ist aber in der Hand der Papstgetreuen, die einen kompromißlosen
Konfrontationskurs eingeschlagen haben. Ermahnung an die Straßburger
Brüder, die ihnen anvertraute Herde gegen die Wölfe zu verteidigen; stürzt
die Gemeinschaft des Glaubens, stürzt alles. Urbanus Rhegius wird von
Augsburg nach Lüneburg, Johann Agricola nach Nürnberg gehen. Michael
Keller und zwei seiner Kollegen wurden daran gehindert, öffentlich aufzu-
treten. Capito hat bei Erzbischof Albrecht von Mainz um ein Gespräch nach-
gesucht, das bislang noch nicht zustandegekommen ist. Landgraf Philipp
von Hessen bemüht sich um ein Gespräch mit den Lutherischen. Bitte um
Fürbitte. Jakob Sturm und Mathis Pfarrer leisten vorzügliche Arbeit.
Michael Keller ist in Gefahr.*

Mirum adhuc silentium est, quam in partem casura sit Caesaris definitio[3]. Ut
vos conjiciatis, scitote Candidum[4] ante paucos dies Caes[arem] adijsse, cui

---

[3] Am Samstag, 25. Juni 1530, hatten sich um 15 Uhr in der bischöflichen Kapitelstube
Fürsten und Stände versammelt, um der Verlesung und Übergabe der *Confessio Augustana* bei-
zuwohnen. Schon am nächsten Tag traten auf Befehl des Kaisers die katholischen Stände
zusammen, um über die nun zu ergreifenden Maßnahmen zu beraten. Drei Lösungswege wurden in den Blick genommen: Ein sofortiger Widerruf der Protestanten, eine Prüfung durch Sach-
verständige und, darauf fußend, eine Entscheidung des Kaisers, die Behandlung auf einem
Konzil. Von evangelischer Seite wurde dagegen ein schriftliches Bekenntnis der katholischen
Seite verlangt. Am Abend desselben Tages beschloß die Mehrheit der Stände, eine Widerlegung
der *Confessio Augustana* verfassen zu lassen. Am 27. Juni 1530 wurden Johannes Eck, Johann
Fabri, Konrad Wimpina, Johann Cochlaeus und 15 weitere Theologen mit der Anfertigung einer
Widerlegung beauftragt. Vor dem 13. Juli äußert sich der Kaiser zur Sache, dann bescheinigt er
dem ersten Entwurf der *Confutatio* zu große Weitläufigkeit und zu strenge Schärfe. Vgl. DRE-
SCHER, REICHSTAG, S. 39–43; FICKER, KONFUTATION; URKUNDENBUCH AUGSBURG 1530 II,
S. 133–176.
[4] Landgraf Philipp von Hessen. Vgl. oben Nr. 270, S. 3, Anm. 3.

inter caetera edicti Worm[atiensis][5] inobedientia objecta est, simul non recta
fides de eucharistia et quod misso in Italiam Caesari libello continenti
summam christianae religionis[6] maiestatis[a] eius celsitudinem lęsisset.
Respondit inobientiam illam edicti sibi cum alijs statibus communem, quamquam edicti illius rigor in sequentibus comitijs remissus sit, nihil uero se
designasse, nihil quoque dogmatum recepisse de quibus non sit persuasus ea
sic esse a Deo instituta et praecepta. Quare, si queat per scripturas sibi
ostendi a ueritate suam sententiam de religione abesse, perlibenter in uiam se
rediturum. Id autem si non fiat aut fieri non possit, sperare se Caes[aris]
m[ajestat]em haudquaquam postulaturam, ut contra conscientiam contra Dei
jussa, quę quidem ipse certe crederet, quippiam vel credat[b] vel amplectatur.
In reliquis nihil debere majestatem eius addubitare se ipsi singulari studio
morigerum exhibiturum.

De eucharistia respondit: Se illam haudquaquam contemnere et credere
uere credentes uere corpore et sanguine Christi in uitam aeternam pasci[c]. Id
postea gloriatus est apud nostrum haudquaquam intellexisse uel Caes[arem]
uel eius consiliarios, quorum nemo praeter Hildesheimensem[7] et secretarium
Alexandrum Schweyß[8] aderat. Diutina itaque deliberatione habita, responsum tulit eiusmodi: Hortari Caesarem, ut suae de religione decisioni, quam
facturus esset, non repugnaret et obedientiae suae se non subduceret, exper-
turum se sibi fore propitium Caesarem, sin, facturum officium Caesaris
Romani. Rursus excusat Candidus religionem et scripturarum authoritatem,

---

[a] *zuerst* majestatis. – [b] *zuerst* cedat. – [c] *O* passi.

[5] Die Reichsacht über Luther, die Kaiser Karl V. am 8. Mai 1521 verhängte und die als
nicht im Reichstagsabschied enthaltenes ‚Wormser Edikt' am 26. Mai 1521 proklamiert wurde.
Vgl. BCor I, Nr. 34f., S. 162–166f.; Nr. 37, S. 169–173; Nr. 39f., S. 177–181; BRECHT,
WORMSER EDIKT, S. 475–489; KALKOFF, WORMSER REICHSTAG, S. 358–410; RTA, JR II, Nr. 92,
S. 640–659; Nr. 93, S. 659–661; STUPPERICH, VORGESCHICHTE, S. 459–474; WOHLFEIL,
WORMSER REICHSTAG, S. 148–151.
[6] Am 5. Mai 1529 publizierte Landgraf Philipp von Hessen im Anschluß an den Reichstag von Speyer das Appellationsinstrument mit der von den fürstlichen Räten verfaßten
Appellationsschrift, der Beschwerdeschrift vom 12. April 1529, dem Bescheid von König Ferdinand I., den Protestationsschriften vom 19. und 20. April 1529, dem Antrag des Königs, der
Antwort der evangelischen Fürsten, dem Schluß der Kommissarien, Kurfürsten und Stände und
der Antwort der evangelischen Fürsten. Auf einem Konvent in Nürnberg am 26. Mai 1529
wurden der Memminger Bürgermeister Johann Ehiger, der Sekretär Georgs von Brandenburg,
Alexius Frauentraut, und Michel von Kaden aus Nürnberg abgeordnet, um dem Kaiser in Italien
das Appellationsinstrument zu überbringen. Die Gesandtschaft erreichte den Kaiser am 7.
September 1529 in Piacenza, wurde aber sogleich gefangengesetzt und vom Kaiser erst am 12.
September empfangen, der die Appellation sofort zurückwies. Vgl. DRESCHER, PROTESTATION,
S. 60–62; EGER, REFORMATION, S. 105–141; NEY, APPELLATION, S. 23f.; NEY, GESCHICHTE,
S. 281–283.
[7] Balthasar Merklin von Waldkirch. Vgl. oben Nr. 306, S. 120, Anm. 10.
[8] Alexander Schweiß, kaiserlicher Sekretär seit 1524. Vgl. ADB 33, S. 365f.; LUT-
TENBERGER, SCHWEISS, S. 235f.

se[d] alioqui in ea esse et aetate et fortuna, ut delicijs uitae huius atque magna-
tum adplausibus frui forsan et posset et non abhorreret; sed quia simul certo
crederet Deum esse suum fictorem et uindicem, non posse mundi gratiam
tam fallacem gratiae praeponere Dei. Sic cum esset animatus, se prorsus de
Caes[aris] m[ajesta]te confidere eam se haudquaquam eo, ut Deum offende-   5
ret, impulsuram, praesertim caetera tam morigerum ac etiam in religionis
negotio adeo docilem, si modo res gereretur per scripturas; quas nisi ipse
peruestigasset idque consultis[e] diuersis uersionibus (nihil enim aeque cauisse
quam humanae authoritatj fidem habere de rebus Dei) omnia explorasset,
nunquam huc usque progressurum fuisse. Ad haec responsum est: Caesarem   10
ad haec non alia quam prius respondere[9].

Interea vero cum consultaretur et Candidus foris expectaret — prima sui
excusatione exposita, egressus fuit —, Hildeshemen[sis] illumque his fere
uerbis allocutus est: „Heus domine, audi me, dabo tibi consilium cumprimis
salubre: Subduc modo te a Lutherana peruersitate — Germ[anice]: von der   15
lutherschen buberey —, et habebis non Caesarem solum, sed et alios summe
propitios atque fauentes. Dabimus operam et efficiemus, ut causa Nas-
sauiensis[10] componatur tuo commodo, quin et in regem te euehendum curabimus." Respondit Candidus: „Non inutile foret hoc consilium, si non esset
adeundum tribunal Dei. Ne una quidem hac hora certus uitae sum. Si iam hoc   20
curarem, ut hic agerem commode, ob illud abjectis iussis Dei, de quibus
certo ⌐per⌐ diuinas literas persuasus sum, quae, queso, sors me maneret euo-
catum hinc ad iudicium Dei? Certe non sum is quem uitae praesentis com-
moditas offendat, sed indignatione Dei illam comparare, quaeso, an tu
consulis." Ille relicto Candido et in animo indubie deriso abijt.   25

---

[d] *gestrichen* non. – [e] *gestrichen* Di […].

[9]   Über das Zusammentreffen Philipps von Hessen mit dem Kaiser berichtete am 6. Juli
1530 der venezianische Gesandte Nicolò Tiepolo: „Essa intenderà, come hauendo fatto la
Maestà del Imperatore nelli giorni passati a Lantgrauio di Hassia una graue reprehensione per
hauere contrafatto allo editto suo Wormaciense e fattosi dare per forza di arme dal Cardinale
Maguntino et un' altro Episcopo di Alemagna, che non mi ricordo hora il nome, piu di fiorini
100 mila et dimonstrandosi di uolere in ogni modo prouedere a tutti questi disordini causati da
simili in Alemagna e contra li ostinati seueramente procedere, esso con li altri Lutherani stanno
molto sopra di se e pare, che cominciano ad humiliarse et remetterse molto" (TIEPOLO, DE-
PESCHEN, S. 55f.).
[10]   Bereits seit 1507 schwelte zwischen Landgraf Philipp von Hessen und dem Nassaui-
schen Geschlecht ein Erbfolgestreit um die Grafschaft Katzenelnbogen. 1523 und 1528 hatten
kaiserliche Kommissare die Herausgabe der Grafschaft an die Nassauer befohlen, Karl V.
drängte nun auf Umsetzung. In einer Audienz am 1. Juli 1530 ließ er Philipp von Hessen aber
wissen, er sei geneigt, die Sache in hessischem Sinne zu entscheiden, wenn gleichzeitig Entgegenkommen Hessens in der Glaubensfrage signalisiert würde. Vgl. GRUNDMANN, PHILIPP VON
HESSEN, S. 58–65.

Nos ueremur, ut plurimum animi aduersarijs adiecerit Saxonum demissio.
Fuit Philippus[11] apud Caes[arem], Saltzburgensem[12] et alios quosdam,
demum et Campegium[13] legatum Romanum[14],[f] apud quos si se ita habuit, ut
articulos composuit quos Caes[ari] obtulerunt nomine apologiae[15], non dubi-
5 tamus quin multum olei camino adiecerit. Nam in articulis confitentur, imo
jactant se missam non abrogasse, [f° 309 v°] sed priuatas ultro esse aboli-
tas[16], edoctis ueritatem scilicet per euangelium ijs, qui habere illas solebant,
cum constet quamplurimos auctoritati principali a missis et alijs ceremonijs
abstentos esse plusquam inuitos. Sed et alia multa sic exposuerunt, ut uidean-
10 tur ea non ingrati cessuri. Haec forsan illi causa cauendae offensae et occasionem concordiae objiciendae ad hunc modum moderari uoluerunt; reuera
autem nihil aliud effecerunt, quam ut sint iam hostes in ipsos et nos animo-
siores, quippe quos uideant fugere, tum etiam hoc ipso illorum timiditatis
argumento sua illis contra nostram ueritatem mendacia confirment, taceo
15 multorum offendiculum: Et qui a nobis stant nondum plane confirmati, et qui
adhuc in illorum castris agentes ad nostras tamen partes nonnihil inclinant.
Quid enim aeque infamet et suspectam reddat ueritatem Christi, pro qua
millies moriendum est quam eam profiteri sic varie, sic formidulose?
Nostram confessionem[17] ubi senatus legerit et uos legite! Copiam secre-
20 tarius[18] non negabit. Multa oportuit dicere mollius, quam non modo nos sed
etiam nostri legati maluissent, si nostro tantum nomine fuisset exhibenda,
cum propter Saxo[num] confessionem[19] plus nimio mollem, tum propter tres
illas urbes Constan[tiensem], Memming[ensem] et Lindauen[sem], quorum

---

[f] gestrichen quos.

[11] Philipp Melanchthon [Schwarzerd]. Vgl. oben Nr. 273, S. 15, Anm. 27.
[12] Matthäus Lang. Vgl. oben Nr. 306, S. 120, Anm. 11. Über Melanchthons Verhandlungen mit Matthäus Lang berichtet Justus Jonas in einem Brief an Luther vom 25. Juni
1530 (vgl. WA Bw. V, Nr. 1601, S. 388–391).
[13] Lorenzo Campeggio. Vgl. oben Nr. 306, S. 121, Anm. 12.
[14] Vom Zusammentreffen Melanchthons mit Campeggio berichtete am 6. Juli 1530 auch
der venezianische Gesandte Nicolò Tiepolo. Vgl. TIEPOLO, DEPESCHEN, S. 56f.
[15] Um die Apologie der Confessio Augustana kann es sich hier nicht handeln; erste Entwürfe Melanchthons dazu können frühestens auf den 4. August 1530 datiert werden (vgl.
BRECHT, GESTALT, S. 51–63; PETERS, APOLOGIA, S. 4–16, 58–60). Gemeint sind vermutlich die
Artikel der Confessio Augustana, die anfangs noch als ‚Apologie‘ bezeichnet werden konnte
(vgl. BSLK, S. XVIf.).
[16] Vgl. Confessio Augustana, Art. 24, De missa (ebd., S. 91–95).
[17] Die Confessio Tetrapolitana. Vgl. BDS III, S. 13–185; FRIEDRICH, BUCER, S. 67–69;
URKUNDENBUCH AUGSBURG 1530 II, S. 21–70.
[18] Peter Butz. Vgl. oben Nr. 292, S. 90, Anm. 6.
[19] Die Confessio Augustana. Vgl. BSLK, S. XV–XXI, 31–137; DRESCHER, REICHSTAG,
S. 21–38; FRIEDRICH, BUCER, S. 69–77; KUNST, GLAUBE UND VERANTWORTUNG, S. 225–261;
WALTER, REICHSTAG, S. 1–90.

legati aegre tamen nobiscum subscripserunt[20]. Articulus de eucharistia[21] immutatus est[g], etsi ea immutatione magis ipsis imposuerimus socijs quam hostibus. Expresse enim affirmamus spiritualem manducationem solam prodesse et solam a Christo spectatam, quo satis exclusa est corporalis[22], id quod Faber[23] et collegae eius facile quoque prodent, neque nos inficiabimur ubi rogarint. In hac enim adiectum est nos paratos de omnibus circa hoc sacramentum quaestionibus cum modestia et ueritate responsuros[24]. Hodie ad nonam[25] conuocati sunt principes fidei veteris. Quid proponendum eis sit, nescitur. Auguramur autem nos breui Caesarem suam de religione sententiam propositurum, quam credunt plus minus uiginti magistri nostri, inter quos noti uobis Faber, Cocleus[26], Winpina[27], Köllen[28] et Hildeßheym[29]. Hic die dominico ingenti solemnitate unctus est[30]. Ferunt bonam iam partem oppidorum imperialium Caes[ari] promisisse se in fide patrum permansuros; idem fecerunt non pauci principes. Hac ratione in arctum cogemur et numerum minutissimum. Ex omnibus enim Imperij urbibus solae tres, et id non tam prompte quam sperassemus, ausae sunt nostrae se inuidiae affinas facere. Sed nemo propterea metuat, memor Gedionis [*vgl. Jdc 7, 1–8, 3*], memor illius dicti Seruatoris: „Confide grex pusille, quia complacitum est Patri tibi dare regnum" [*Lk 12, 32*]. Vna haec uidetur superesse via, ne uis

5

10

15

---

[g] *gestrichen* ut.

[20] Nämlich die *Confessio Tetrapolitana*. Am 30. Juni hatten die Straßburger die Gesandten der Städte Isny, Kempten, Konstanz, Memmingen und Lindau zu sich gebeten und ihnen ihren Entwurf der *Confessio* vorgelegt. Doch erschien den übrigen Städten der Zusammenschluß mit Straßburg zu gefährlich, auch war der Abendmahlsartikel so detailliert und kompliziert formuliert, daß sich niemand darin wiederfinden konnte. Nach entsprechenden Korrekturen des Entwurfs unterschrieben zunächst Konstanz und Lindau, schließlich auch Memmingen. Kempten und Isny blieben lange unschlüssig und unterschrieben letztlich nicht. Am 9. Juli 1530 wurde die *Confessio Tetrapolitana* auf dem Reichstag übergeben. Vgl. BDS III, S. 13–24; DOBEL, MEMMINGEN IV, S. 33–41; FRIEDRICH, BUCER, S. 67–69; URKUNDENBUCH AUGSBURG 1530 II, S. 21–70.

[21] Vgl. CT Ms. dt. (A) XVIII: *Von dem sacrament des Leibs vnd pluets Christi*; CT Ms lat. (A) 20: *De Eucharistia* (BDS III, S. 123–127).

[22] Vgl. CT Ms. dt. (A) XVIII: *Von dem sacrament des Leibs vnd pluets Christi*; CT Ms lat. (A) 20: *De Eucharistia* (BDS III, S. 125, Z. 7–19).

[23] Johann Fabri [Faber]. Vgl. oben Nr. 302, S. 112, Anm. 12. Fabri war am 3. Juli zum Bischof von Wien ernannt worden.

[24] Vgl. CT Ms. dt. (A) XVIII: *Von dem sacrament des Leibs vnd pluets Christi*; CT Ms lat. (A) 20: *De Eucharistia* (BDS III, S. 127, Z. 16–23).

[25] Um 15 Uhr.

[26] Johannes Cochlaeus [Dobeneck]. Vgl. oben Nr. 301, S. 108, Anm. 16.

[27] Konrad Wimpina [Koch]. Vgl. ebd., S. 108, Anm. 18.

[28] Konrad Köllin. Vgl. oben Nr. 306, S. 120, Anm. 9.

[29] Balthasar Merklin von Waldkirch. Vgl. oben Anm. 7.

[30] Balthasar Merklin wurde am 3. Juli in Augsburg zum Bischof von Hildesheim und gleichzeitig zum Bischof von Konstanz geweiht. Vgl. oben Nr. 306, S. 120, Anm. 10.

fiat: metus belli apud quosdam fidei ueteris. Augustanus[31] id quidem ita
metuit, ut totis uiribus cupiat persuadere quaedam apud nos emendanda, a
qua sententia forsan nec Maguntinus^h [32] nec Coloniensis[33] ac alij nonnulli,
quamquam non multi, abhorrent. Palatinus[34], Brunschwicensis[35] et quidam
5   alij uidentur id etiam ursuri. Iam sic est deuotus sedi sanctae Caesar, sic
habetur ratio Hispaniarum, Italiae, sic Caesarem habent totum pontificij, ut
uideatur non posse cedere nisi quae ipse pontifex uelit. Quanta^i uero haec
futura putatis? Si tantum ergo non effecerit pontificiorum improbitas, nihil
ex confessis quoque abusibus remittentium, ut medij illi principes bellum
10   auertant, nihil uidetur illo expectandum certius. Quicquid tamen huius
futurum sit, nos propter eucharistiam, praesertim sic furentibus contra nos
ipsis quoque^j Lutheranis, putant singuli nullo pacto ferendos, tum etiam ob
abolitam missam. Nam et Lutherani dicunt, nobis haudquaquam licuisse.
      Haec in hoc scribimus, fratres chariss[imi], ut uideatis, quid mundus
15   moliatur utque ad multa uideatur Dominus illi hactenus conniuere, sed quid
contra promiserit nobis praedicatis alijs. Huc igitur et ipsi respicite et respi-
cere plebem nostram hortamini, sic tamen, ut nihil metus illi incutiatis!
[f° 309 a r°] Vidimus et antea admodum atras nubes absque fulminibus eua-
nuisse, et si nunc Dominus percussurus sit, non poterit tamen suos ferire, nisi
20   ut saluet. Hoc quo melius sperari queat, sitis ipsi consordes, fortes, urgentes,
quae sunt ipsissima Christi! Defendite gregem nobis commissum a lupis

---

^h *O* Maguntinus. – ^i *zuerst* Quantula. – ^j *gestrichen* ipsis.

31   Christoph von Stadion (Burg Schelklingen März 1478 – 15. April 1543 Augsburg).
1490 Immatrikulation an der Artes-Fakultät in Tübingen, 1494 Magister artium, 1497 Promotion zum Dr. theol. in Tübingen, 1497 bis 1506 Studium beider Rechte in Bologna, 1506 Zu-
weisung einer Domherrenpfründe am Augsburger Dom, 1517 Erhebung zum Bischof von Augsburg. Seine Vermittlungsversuche auf dem Augsburger Reichstag scheitern. Vgl. BECKER,
VERHANDLUNGEN, S. 137–140; RISCHAR, ECK, S. 38; SCHMAUCH, VON STADION, insbes. S. 3–21,
131–150; SCHRÖDER, BULLE, S. 144–172.
32   Erzbischof Albrecht von Mainz. Vgl. oben Nr. 278, S. 33, Anm. 19.
33   Dietrich von Manderscheid (1501–1551), Vertreter Kurkölns, der anstelle des Kölner
Erzbischofs Hermann von Wied am Reichstag teilnahm. Vgl. BECKER, VERHANDLUNGEN,
S. 136, Anm. 32; ROTT, INVESTIGATIONES II, S. 339–352.
34   Pfalzgraf Friedrich II. (Schloß Winzingen b. Neustadt Dezember 1482 – 26. Februar
1556 Alzey). 1500–1504 in Diensten Erzherzog Philipps von Österreich, 1504–1506 in Diensten Kurfürst Philipps in Heidelberg, 1506–1519 in Diensten Kaiser Maximilians. 1513–1544
Residenz in Neumarkt i. d. Opf.; 1520–1523 in Nürnberg und 1528 in Speyer Vorsteher des
Reichsregiments als Vertreter Kaiser Karls V.; 1521 Begegnung mit Bucer in Neumarkt. 1529
und 1530 ist Friedrich Oberbefehlshaber des Reichsheeres gegen die Türken, im Januar 1530
entsandten ihn die Reichsstände nach Italien, um den Kaiser nach Deutschland zu bitten. Auf
dem Augsburger Reichstag ist er Vorsitzender des Kaiserlichen Rates. Vgl. RÄDLE,
REICHSFÜRST, S. 19–128, 131–137.
35   Heinrich der Jüngere von Braunschweig-Wolfenbüttel (1489–1568). Er regierte seit
1514 und war ein treuer Anhänger Kaiser Karls V. Die konfessionspolitischen Gegensätze ver-
schärften die Auseinandersetzungen in seinen Städten Braunschweig und Goslar. Vgl. BECKER,
VERHANDLUNGEN, S. 139f., Anm. 47.

[*vgl. Act 20, 28f.*]! Lupos uero esse non dubitate, qui illum a ueritate quam docetis auocant, qui scindunt, qui eo deducunt, ut nulla colatur in Domino fraternitas! Communionem sanctorum si uere creditis, studiose colite. Hic effectum per illos turbatores est, ut quamplurimi coetus sacri et concionum nullam habeant curam. Aduersarij id effecerunt[k], ut omnis nostra spes ceci-   5
derit praedicandi hic publice posthac euangelij, et non solum futurum, quod modo est, euangelij silentium perpetuum, sed simul secuturam tyrannidem reliquam, nempe ut a[d] papistica singuli adigantur. Hoc ita timetur, ut pri-mores quidam e senatu migrare hinc cogitent. Considerate, quanti Paulo, quanti sanctissimis patribus fuerit cultus fraternitatis coetusque sacri quoque   10
studio utrique contra hereticos pugnarint! Haec autem non scribimus, ut quemquam uelimus ex ijs, qui timent Deum, temere pertubari, nedum abjici aut propter externa quemquam digladiari; uerum hoc spectamus, cum unus Deus, unus Christus, unum baptisma, unam oporteat esse ecclesiam, ita ut cuncta certo ruant, ubi negligi cęperit religionis communio, ne hanc unitatem   15
et colere et tueri posthabeatis in gratiam forsan paucorum hominum se ipsos plusquam ecclesiam, tot milia, pro quibus Christus sanguinem fudit, aman-tium. Vere enim ubi timor Dei, ibi Christus, utcunque imperfecta multa supersint. Scitis, quales ecclesias habuerint et ipsi apostoli. Nolite sic sperare futura, ut praesentia negligatis, sed sic praesentia displiceant, ut ad ulteriora   20
semper urgeatis!

Urbanus[36] hinc migrat ad Luneburgensem. Agricolam[37] aiunt concessu-rum Norimbergam. Michael[38] cum duobus suis collegis[39] prodire in publi-cum prohibentur. Hic solet esse finis scismatum, quod forsan ferendum, si non simul eo etiam apud ardentissimos quosdam lotos recideret[40], ut ad res   25
seculi huius conuersi omnia iam susque deque habere inciperent, quo et plebs reliqua ruit.

Moguntino[41] scripsi heri[l] ego Capito. Responsum est humaniter et uoca-tus ad colloquium, sed cum[m] eius hora adesset, renuntiatum ei est non uacare per hospites et timeri inuidiam. Ambiuimus colloquium secundo; an impe-   30
traturus sim, nescio; aegre tamen uideor impetraturus. Moliti sumus et per

---

[k] *O* effecerint. – [l] *gestrichen* he. – [m] *gestrichen* per hospites.

[36]   Urbanus Rhegius [Rieger]. Vgl. oben Nr. 301, S. 109, Anm. 24.
[37]   Johann Agricola [Schneider, Schnitter, Magister Eisleben]. Vgl. oben Nr. 298, S. 99, Anm. 9.
[38]   Michael Keller [Cellarius, Reuß, Ryß]. Vgl. oben Nr. 301, S. 109. Anm. 23.
[39]   Es handelt sich um Johannes Schneid und Johannes Seyfried. Vgl. Roth, Refor-MATIONSGESCHICHTE I, S. 128, 203, 242, 295–298, 311, 337–343, 352.
[40]   Diese Redewendung ist so zu verstehen: Wenn damit nicht zugleich auch bei etlichen (im Glauben) brennendsten Leuten die Fruchtbarkeit abnähme (also: ihre Schaffenskraft zum Erliegen käme).
[41]   Vgl. oben Anm. 32.

Hessum[42] colloquium cum Lutheranis, sed desperat ille ipse, qui etiam nihil iam apud eos potest, propterea quod eum plane pro Zwingliano habeant. Bene valete et Deum pro ecclesia ac nobis sedulo orate! Augustę, septima Julij.

5   Orate pro legatis nostris[43], qui fortissime et dexterrime negotium Domini agunt! Vtinam audiretis Sturmium[44] modo ueritatis causam identidem defendentem! Agnosceretis esse causam, cur quidam de eo princeps et primarius dixerit daemonium illum habere et daemonium ex eo loqui; adeo urgent eius uerba. Nihil est eo magis inuisum propter Christum apud hostes; nihil
10   charius apud Christi studiosos. Matthias[45] quoque officio suo mira gratia et fortitudine fungitur.

Noster Michael[46] in periculo est, quod hac hora nuntiatur.

O Zürich SA (Abschrift Bedrots), E II 349, f° 309 r° – 309a r°. — C Zürich ZB, S 26,35; TB III, S. 301–303; Zürich ZB, F 50, f° 3 r° – 5 v° (17. Jahrhundert). — R Millet, Correspondance Capiton, Nr. 414, S. 134f.

---

42   Landgraf Philipp von Hessen. Vgl. oben Nr. 270, S. 3, Anm. 3.
43   Die Straßburger Gesandten Mathis Pfarrer und Jakob Sturm. Vgl. oben Nr. 269, S. 2, Anm. 9; Nr. 302, S. 113, Anm. 15.
44   Jakob Sturm.
45   Mathis Pfarrer.
46   Vgl. oben Anm. 38.

309   1530 Juli 7. Augsburg. — [Bucer][1] an Nikolaus Kniebs[2]

Nous ne savons rien de plus que ce que nos envoyés Jacques Sturm et Mathis Pfarrer ont écrit au Sénat. L'Empereur est soumis aux seuls papistes, et ses conseillers sont uniquement des évêques. Des villes et des princes, convoqués par lui, lui ont promis fidélité à la foi de l'Église romaine. Cependant, certains évêques, notamment celui d'Augsbourg Christoph von Stadion, Albert de Mayence et le représentant de Cologne sont prêts à des concessions pour éviter la guerre. La tournure de nos affaires dépendra de notre amour de Dieu. Nous avons écrit aux prédicateurs de Strasbourg au sujet de

---

1   Der Brief ist nicht unterzeichnet. Bucer als Verfasser ergibt sich aufgrund der Handschrift und der Adressenangabe.
2   Nikolaus Kniebs. Vgl. oben Nr. 278, S. 36, Anm. 43.

*la remarquable confession de Philippe de Hesse ; Hédion lui montrera cette
lettre. Bucer recommande Kniebs et ses enfants à Dieu. Salutations à
Michael Rot. Bucer lui recommande son épouse et ses enfants. Salutations
de Capiton. Lettres à Conrad Joham et à Bernard Ottfriedrich. Bucer loue
le zèle et la compétence de Jacques Sturm et de Mathis Pfarrer.*

*Der Kaiser ist völlig der päpstlichen Seite ergeben und hat nur Bischöfe als
Berater. Einige Fürsten und Reichsstädte haben ihm zugesagt, beim alten
Glauben zu bleiben. Einige Bischöfe, allen voran der Augsburger, aber auch
der Mainzer und der Vertreter des Kölner, lassen, besonders dem unnach-
giebigen Johann Fabri gegenüber, erkennen, daß sie kompromißbereit sind
und eine kriegerische Konfrontation vermeiden wollen. Das künftige
Ergehen hängt vor allem von der Liebe zu Gott ab. Landgraf Philipp von
Hessen hat ein hervorragendes Glaubensbekenntnis abgelegt, über das
Bucer den Straßburger Brüdern schon geschrieben hat. Grüße an Michael
Rot. Bitte an Kniebs, Bucers Familie beizustehen. Grüße von Wolfgang
Capito. Briefe an Konrad Joham und Bernhard Ott-Friedrich. Jakob Sturm
und Mathis Pfarrer leisten vorzügliche Arbeit.*

Gratiam et pacem atque meum obsequium, vir ornatissime!

Praeter ea, quae legati nostri senatui scripserunt[3], nihil habemus noui.
Latitamus[4] enim; et si maxime prodiremus, eo tamen loco sumus, vt nihil
possemus explorare, nisi quod iam in foro et tonstrinis iactetur. Caesar addic-
tissimus est pontificijs nec alios quam episcopos habet a consilijs. Quos   5
potuit et principes et vrbium legatos sibi deuinxit atque huc adduxit, vt pro-
miserint constantiam in fide ecclesiae Romanae. Aliquot tamen episcopi
sunt, praecipuus inter eos Augustanus[5], qui mallent remittere non nihil, ne[a]
ad bellum res veniat. Hic Fabro[6] contendenti nihil prorsus remittendum, ne

---

[a] *zuerst* nec.

[3] Ebenfalls am 7. Juli 1530 übersandten die Straßburger Gesandten Jakob Sturm und
Mathis Pfarrer an den Rat die *Confessio Tetrapolitana*, berichteten über die Vorbereitungen zu
deren Übergabe an den Kaiser, die Weitergabe der *Confessio Augustana* durch den Kaiser an
seine Theologen, des Kaisers Warnung an Köln und Metz, sich auf Bündnisse gegen ihn ein-
zulassen, und über Beratungen mit den altgläubigen Fürsten beim Kaiser. Vgl. CORRESPONDENZ
STRASSBURG I, Nr. 754, S. 465–467.
[4] Bucer war am 19. oder 20. Juni aus Straßburg abgereist und am 23. Juni in Augsburg eingetroffen. Um zunächst unerkannt zu bleiben und zusammen mit Capito ungestört die *Confessio
Tetrapolitana* vorbereiten zu können, nahm er Quartier bei den Straßburger Gesandten Jakob
Sturm und Mathis Pfarrer, die bereits am 26. Mai eingetroffen waren. Vgl. oben Nr. 302, S. 113,
Anm. 16; Nr. 306, S. 119, Anm. 3; LIENHARD/WILLER, STRASSBURG, S. 217; ZWINGLI Bw. V,
Nr. 1056, S. 6.
[5] Christoph von Stadion, Bischof von Augsburg. Vgl. oben Nr. 308, S. 130, Anm. 31.
[6] Johann Fabri [Faber]. Vgl. oben Nr. 302, S. 112, Anm. 12.

videatur ecclesia cessisse putido isti monacho Luthero, respondit: „Vos pro
vestra fortuna consulitis. Qui? Si non succederet, nobis commissis et rebus
Germaniae perturbatis, omni vestra substantia in peram congesta, Romam
vel alio abiretis, non minus commode ↓illic↓ quam hic victuri, nihil moran-
5 tes, quamlibet multi occisi interim homines, quantum agri et oppidorum[b]
vastatum esset. Nobis autem, quibus amplae ditiones sunt et multa hominum
milia[c] credita, alia ineunda consilia sunt." Ab huius sententia creditur nec
Maguntinus[7] nec Coloniensis[8] abhorrere. Hi si bellum non auerterint, verendum est, nihil pontificios omissuros, quo id excitent, quanquam sunt
10 domino[d] innumerae viae[e] aliae. Nobis res non poterit cadere male, si Deum
diligimus [vgl. Röm 8, 28], non bene, si non diligimus. Id ergo, vnde reliqua
omnia pendent, ante omnia queramus. De insigni confessione Hessi[9] scripsimus fratribus[10]; eas litera[s] legat et d[omi]n[atio] t[ua]; Hedio[11] exhibebit.
Dominus[f] conseruet d[ominationem] t[uam] et liberos. Salutem meis verbis
15 dicito d[omino] d[octori] Michaeli[12], sororio tuo. Augustae 7 Iulij anno
M.D.XXX.
    Commendo d[ominationi] t[uae] vxorem meam et liberos, vt, si quando
consilio tuo opus haberent, pro tua in eos bonitate illis adsis. Salutat te
Capito[13].
20   Domino Chunrado Joham[14] et Bernardo Fridrich[15] scripsimus[16]; quae
legat, si libeat, d[ominatio] t[ua].
    Dici non potest, quanta fide, fortitudine et dexteritate Sturmius[17] nego-
cium Christi gerat, in quo est illi fidissimus et promptissimus collega
d[ominus] Matthias[18].

---

[b] anstatt locorum, *dann gestrichen.* – [c] *zuerst* millia. – [d] *gestrichen* a[liae]. – [e] *zuerst* a[liae]. –
[f] *zuerst* eas.

[7] Erzbischof Albrecht von Mainz. Vgl. oben Nr. 278, S. 33, Anm. 19.
[8] Dietrich von Manderscheid, Vertreter Kurkölns. Vgl. oben Nr. 308, S. 130, Anm. 33.
[9] Landgraf Philipp von Hessen. Vgl. oben Nr. 270, S. 3, Anm.3. Am 4. oder 5. Juli 1530
hatte Philipp den Kaiser aufgesucht und vor ihm ein Bekenntnis zur Abendmahlsfrage abgelegt.
Vgl. oben Nr. 308, S. 126, Z. 14f.
[10] Vgl. Bucers und Capitos Brief an die Prediger in Straßburg vom selben Tag, oben
Nr. 308, S. 125, Z. 28 – S. 127, Z. 25.
[11] Kaspar Hedio [Heyd, Bock, Böckel]. Vgl. oben Nr. 272, S. 8, Anm. 5.
[12] Michael Rot, Doktor der Medizin, Arzt in Straßburg, Bruder von Kniebs' Frau Ottilia.
Vgl. BRADY, STRASBOURG, S. 146, 231f., 326.
[13] Wolfgang Capito [Köpfel]. Vgl. oben Nr. 271, S. 6, Anm. 8.
[14] Konrad Joham von Mundolsheim. Vgl. oben Nr. 278, S. 36, Anm. 44.
[15] Bernhard Ott[-]fri[e]drich. Vgl. oben Nr. 269, S. 2, Anm. 10.
[16] Diese Briefe konnten nicht mehr ermittelt werden.
[17] Der Straßburger Gesandte Jakob Sturm [von Sturmeck]. Vgl. oben Nr. 269, S. 2,
Anm. 9.
[18] Der Straßburger Gesandte Mathis Pfarrer. Vgl. oben Nr. 302, S. 113, Anm. 15. — Zu
Bucers hoher Meinung über die Straßburger Gesandten vgl. oben Nr. 308, S. 132, Z. 5-7.

Adresse [f° 1 v°]: Clarissimo viro domino Nicolao Kniebs, senatori consulari integerrimo, domino suo colendo (mit der Bemerkung von Kniebs: Bucerus scribit).

Oa Kopenhagen Bibl. Roy, ms. Thott 497 2⁰, f° 1 r°/v° (mit Siegelspur).

310   [1530]¹ Juli 9. Augsburg. — [Bucer]² an Huldrych Zwingli

Nouvelles de la Diète d'Augsbourg : devant les dangers qui menacent les leurs, exclamations eschatologiques de Bucer, qui exhorte à la prière. Remise de la Tétrapolitaine *; la décision appartient à l'Empereur, qui demandera soit de revenir à la situation antérieure, soit d'attendre la décision d'un concile futur. On peut craindre une guerre, mais aussi une connivence entre les Luthériens, qui viennent de remettre la* Confession d'Augsbourg, *ainsi que l'Empereur. Réflexions sur les princes et sur les affaires religieuses, et sur la conformité des leurs, en butte à la haine des ennemis, avec le Christ. P. S. : Bucer invite Zwingli à interpréter ce qu'il lui écrit comme de pures conjectures. Salutations.*

Den Altgläubigen scheint alles zu gelingen, sie erringen einen Sieg nach dem anderen, die Unterzeichner der Confessio Tetrapolitana rechnen mit dem Schlimmsten. Der Name Gottes muß verherrlicht werden, sei es im Leben, sei es im Tod. Die Confessio Tetrapolitana ist übergeben worden. Der Kaiser wird entweder eine Rücksetzung aller Dinge in den alten Stand anordnen oder die Einberufung eines Konzils ankündigen, auf dem alles entschieden werden soll. Seine Abhängigkeit von den Altgläubigen läßt aber nichts Gutes hoffen. Dies alles ist Bucers eigene Anschauung und nicht als objektiver Bericht zu verstehen. Grüße an die Brüder in Zürich. Grüße von den Gesinnungsgenossen in Augsburg.

Gratia Domini!

Omnia minantur nobis dira, quum ij nihil non possint, qui nihil minus quam nos ferre possunt³. Incensi sunt quoque ij, quorum opera tot partae victoriae sunt, ut nihil supra⁴. Caesari res cordi est, plusquam dici queat, nec

---

¹   Die Jahreszahl fehlt. Aufgrund der Bezüge zum Augsburger Reichstag kommt aber nur das Jahr 1530 in Betracht.
²   Der Brief ist nicht unterzeichnet. Der Inhalt des Briefes und die Handschrift weisen aber eindeutig auf Bucer als Verfasser.
³   Gemeint sind wohl die Lutherischen.
⁴   Gemeint sind die Altgläubigen.

vlla re alia atque religione incitari videtur. Tempus itaque est clamandi ad
Dominum, vt gloriae suae in nobis faueat ac submoueat quicquid ipsi displi-
cet, quo idonei simus ad illustrandum nomen eius siue ⁺vita⁺ siue morte.
Cauendum est cum primis, ne quid nostri huic caussae admisceamus et sic
5 geramus omnia, vt nihil praeter Dei regnum et iustitiam quęsisse videamur
[*vgl. Mt 6, 33*]. Cruce probanda fides est. Haec modo probatio instat, nisi
fallant omnia⁵. Sed vt tu alias scripsisti, ad sanctam in Domino constantiam
omnis mundi impetus frangatur necesse est⁶. Nequeunt enim portae inferorum praeualere ecclesiae Christi [*Mt 16, 18*]. Atqui haec tum erimus, cum
10 caro et sanguis reuelationi cedet Patris [*Mt 16, 17*]. Hanc augeri nobis pre-
cabimur, et suo quisque officio pro virili incumbet; caetera per Christum
seruatorem, cuius gloriam solam querimus, securi. Spes mitioris exitus esse
poterat, si de morumᵃ publicaeque iustitiae restitutione in communi actum
fuisset. Iam reddita est expositio religionis⁷. Eam cum examinarint hactenus
15 summi aduersarij, tandem petitum est, si quid [*f° 229 v°*] velint ⁺nostri⁺
adijcere⁸. Vbi responsum fuerit datum, expectatur, ut postulet Caesar sibi
omnem caußam committi decidendam, aut certe vt restituantur omnia in eum
statum, in quo erant, autᵇ expectetur decisio concilij statim indicendi. Quod
si neutrum obtinere poterit, nihil aliud augurantur, quicunque aliquid hic
20 augurari posse creduntur, quam armis rem tentaturum. Ibi verendum, ne qua
conniuentiae Lutheranis spes in speciem fiat, quo minore nos negocio sub
iugum mittamur. Sic certe animatum Caesarem nemo dubitat, quin cupiat
quam clementiss[ime] omnia perficere, sed vt in suumᶜ locum restituat dignitatem ecclesiasticam et ceremonias, alioqui vitam, nedum regna cessurus
25 citius, quam vt hic suo, vt sibi videtur, officio desitᵈ. Dolendum est optimi
principis, vt omnia abunde indicant, animum sic praestringi obnoxiumque
esse istis hominibus, qui nihil minus quam eius salutem et dignitatem
querere videntur. At simul perpendendum, quid valeat haec de nobis in
animo tam innocenti et religioso persuasio, non viuere homines magis, quam
30 nos simus, impij, nec sectam, quam maiori cum laude oppresserit et foediore
dedecore superesse patiatur. Ad haec quid valeat illa fiducia, tot tamque

---

ᵃ *gestrichen* pl[...]. – ᵇ *O* et. – ᶜ *zuerst* suo. – ᵈ *anstatt* defuturus.

⁵ Diesem düsteren Bild, das Bucer hier von der Situation auf dem Reichstag zeichnet, entspricht die Einschätzung Jakob Sturms und Mathis Pfarrers, die sie in ihrem Brief nach Straßburg vom 7. Juli zum Ausdruck bringen. Vgl. Correspondenz Strassburg I, Nr. 754,
S. 465–467.
⁶ Diese Aussage Zwinglis (brieflich an Bucer oder in einer seiner Schriften) konnte nicht
ermittelt werden.
⁷ Gemeint ist die Übergabe der *Confessio Tetrapolitana* am 9. Juli 1530. Vgl. oben
Nr. 306, S. 120, Anm. 4; Correspondenz Strassburg I, Nr. 758, S. 469–471; Urkundenbuch
Augsburg 1530 II, S. 21–70.
⁸ Vgl. den Bericht der Straßburger Gesandten Sturm und Pfarrer vom 12. Juli an den
Straßburger Rat (Correspondenz Strassburg I, Nr. 758, S. 469).

praeclaris victorijs collecta, quid indicibilis multorum, quorum manu haec res [f° 230 r°] perficiunda est, ardor et promptitudo, quis nesciat? Sed nec illud nullum momentum habebit, quod gens tua vna videtur hactenus monarchiae obstitisse, vt taceamus odium, quo necesse est vestros flagrare ob auxilia hostibus identidem lata[9]. Has in hoc coniecturas consyderasse forsan   5
referet, vt, quo certius hostium insultus expectatur, eo feruentius ad Christi opem confugiamus indeque maiori studio ad eius voluntatem omnia nostra conformemus. Neminem enim christianum aliud perturbabit, quam offendisse eum, a quo nihil non expectat.

Vale.   10

9 Iulij.[e]

Quae hic scripsi, caue aliter quam auguria et coniecturas accipias, quae in horam possunt mutari et forsan mutabuntur. Ne quicquam te lateret eorum, quae hic non dicuntur tantum et geruntur, sed etiam conijciuntur, volumus[f] haec tibi perscribere.   15

Salutant te qui hic sunt, quorum communi nomine haec scripta puta.

Adresse [f° 230 v°]: Dem erwyrdigen, hochgelerten [...] Huldry[chen Zwingli,] myn[em ... herrn und] fre[und].

Oa Zürich SA, E II 349, f° 229 r° – 230 v°. — C Zürich ZB, S 26,36. — P Schuler/Schultheß, Zw. W. VIII, S. 474f.; Zwingli Bw. V, Nr. 1058, S. 12–14.

---

[e] *eingefügt (von fremder Hand):* ↑(30)↑. – [f] *gestrichen* de ↓his↓ certiorem reddere. Saluta amicos.

[9]   Vgl. zu diesen Vorgängen Schubert, Bekenntnisbildung, S. 224–236.

311   1530 Juli 9. Augsburg. — Bucer und Wolfgang Capito[1] an Kaiser Karl V.

Incipit: Nachdem E. Kay. Mt. an gemain Stennd [...] (Confessio Tetrapolitana).

P BDS III, S. 13–185 (in BDS III, S. 31f. sind sämtliche Handschriften und Drucke aufgelistet).

---

[1]   Wolfgang Capito [Köpfel]. Vgl. oben Nr. 271, S. 6, Anm. 8.

312   1530 Juli 12. Augsburg. — Bucer und Wolfgang Capito[1] [an die Straßburger Prediger und weiter an Huldrych Zwingli][2]

Bucer et Capiton sont toujours à Augsbourg, dans la clandestinité. Mauvaise réputation des évangéliques, et plus particulièrement des sacramentaires et des villes de la ciuitas christiana, *le* Burgrecht. *Le 8 juillet, Zwingli a fait parvenir à l'Empereur sa* Fidei ratio. *Le lendemain, l'Empereur a fait demander aux princes évangéliques s'ils avaient oublié d'ajouter quelque chose à la* Confession d'Augsbourg *; aujourd'hui ils lui soumettront ce que l'Église dit sur le pouvoir du Pape et de son église. Le 9 juillet aussi, les états qui avaient protesté à la Diète de Spire ont dû s'en expliquer. Le même jour, les leurs ont présenté la* Tétrapolitaine *; ceux de Constance, de Memmingen et de Lindau l'ont signée aussi. Menaces de la part de l'entourage de l'Empereur, mais la vérité de Dieu est plus forte. Aujourd'hui, les princes et les villes ont répondu en même temps à l'Empereur. Selon une rumeur, des envoyés de l'Empereur et du roi de Hongrie auraient demandé aux Turcs la paix ou une trêve de trois ans, dans l'espoir de venir à bout de l'Évangile entre-temps. Exhortation à continuer à enseigner la vérité. Bucer se réjouit de la destruction du rétable de l'autel de St. Pierre-le-Jeune. Salutations à Symphorien Altbiesser. Leur santé ; expression de confiance de Dieu ; exhortation à la prière. Ils écriront à nouveau dans les jours prochains, qui s'annoncent riches en événements.*

Bucer und Capito treten aus Sicherheitsgründen noch nicht öffentlich auf. Zwingli hat seine ‚Fidei ratio' an den Kaiser gesandt. Die evangelischen Fürsten erhielten Gelegenheit, der Confessio Augustana noch etwas hinzuzufügen. Die Reichsstände der Speyrer Protestation wurden aufgefordert, die Gründe ihrer Appellation vorzubringen. Die Confessio Tetrapolitana wurde außer von Straßburg von Konstanz, Memmingen und Lindau unterzeichnet und am 9. Juli 1530 dem kaiserlichen Vizekanzler Balthasar Merklin übergeben. Gerüchte, der Kaiser wolle lieber sein Leben lassen, als den Ungehorsam der Vier Städte zu dulden. Aber Gottes Wahrheit ist stärker als solche Drohungen. Gerüchte, der Kaiser habe eine Delegation zu Friedens- oder Waffenstillstandsverhandlungen mit den Türken abgeordnet.

---

[1]   Wolfgang Capito [Köpfel]. Vgl. oben Nr. 271, S. 6, Anm. 8.

[2]   Der Brief enthält keine Adressenangabe. Empfänger waren die Straßburger Amtsbrüder, die (vielleicht auf Wunsch der Briefschreiber) das Schreiben in Abschrift an Zwingli weitersandten. Vgl. dazu einen Bericht des Memminger Stadtschreibers Georg Maurer an Zwingli vom selben Tag: „Ich bin auch erst vor 3 tagen von Augspurg komen […], doctor Capito und Martinus Bucero, die ich wol wais haimlich da sein, sampt den von Straßburg haben euch, was von notten und vorhanden, nach leng geschriben […]" (ZWINGLI Bw. V, Nr. 1060, S. 17, Z. 5–9).

Aufforderung, in der Verkündigung der wahren Lehre und Frömmigkeit
beständig fortzufahren. Zustimmung zum Abbruch des Altares von Jung-St.-
Peter in Straßburg. Grüße an Symphorian Altbiesser.

Gratiam et pacem, charissimi fratres!

Qua conditione hic agamus, inde facile conijcitis, quod nondum nos
domini palam exire nobis permiserunt³. Euangelium audit pessime, praecipue autem quos vocant sacramentarij et ciuitas illa nostra christiana⁴. Octauo
die julij Zwinglius rationem fidei siue masculam ad Caesarem proprio nuntio   5
misit⁵; quo omine sit excepta, facile videtur expendenti coniunctos papistarum animos. Nono die a principibus euangelicis Cesar per Georgium Druck-
sessen⁶, praefectum ducatus Wirtenbergensis, petijt, vt responderent, an
libello oblato⁷ sint aliquid addicturi⁸; hodie subiungent, quae scriptura
sentiat de potestate pontificis Rhomani et ecclesiae illius⁹. <Fecerunt hoc per   10
epilogum et paucis blandissime<. Nam timent ex insidijs rogatos, vt autoritate pontificis, quem libello non attigerant, totam fidei suae confessionem
vacillandam. Eodem die 9. reb[us] pub[licis] (quae a definitionib[us] senatus
imperij Spirae habiti prouocauerant ad Cesarem) dictum est, vt causam affe-
rant, quur apellarint; quam communiter ex instructione Cesari in Italia   15
perlata¹⁰ dederunt¹¹, nimirum se persuasos verbum Dei esse quod sequantur,

³ Bereits in ihrem Schreiben an die Straßburger Dreizehn (XIII) vom 8. Juni 1530
empfehlen Jakob Sturm und Mathis Pfarrer die Anordnung besonderer Sicherheitsvorkehrungen
für Bucer, wenn dieser nach Augsburg entsandt würde (CORRESPONDENZ STRASSBURG I, Nr. 737,
S. 453).
⁴ *Civitas Christiana*, das Christliche Burgrecht.
⁵ Vgl. Huldrych Zwingli: *Fidei ratio*, 3. Juli 1530 (ZWINGLI W. VI/2, Nr. 163, S. 806, Z. 6,
11).
⁶ Truchseß Georg von Waldburg († 1531), Heerführer des Schwäbischen Bundes gegen
Ulrich von Württemberg, bis 1531 Verwalter Württembergs als Statthalter. Vgl. BRECHT/EHMER,
REFORMATIONSGESCHICHTE, S. 93, 104, 110; ZWINGLI Bw. V, Nr. 1291, S. 643f., Anm. 3.
⁷ Nämlich der *Confessio Augustana*.
⁸ Am 9. Juli 1530 schreiben Justus Jonas, Johannes Agricola und Philipp Melanchthon in
ihrem *Bedenken für den Kurfürsten von Sachsen über die Frage: ob dem Kaiser noch mehr*
Artikel übergeben werden sollten: „Unser vntertenigs bedencken ist, doch auf menniglichs ver-
besserung, das man itzt keynns wegs eynig mer artickel Kayʳ. Māt. furbringe [...]" (URKUN-
DENBUCH AUGSBURG 1530 II, Nr. 111, S. 13). Vgl. auch *Dr. Sebastian Heller's Bedenken, was*
für Antwort auf des Kaisers Anfrage, ob die Euangelischen noch mehr Artikel zu übergeben
hätten, zu antworten sey (ebd., Nr. 112, S. 13–16).
⁹ Vgl. dazu die Neufassung von Art. 28 der *Confessio Augustana* in Melanchthons *Editio*
princeps von 1530 (BSLK, S. 133, Anm. 1).
¹⁰ Die dem Kaiser im Anschluß an den Reichstag von Speyer 1529 am 7. September 1529
in Piacenza übergebene Nachricht von der Protestation. Vgl. DRESCHER, PROTESTATION,
S. 60–62.
¹¹ Die *Antwort der Städte Straßburg, Nürnberg, Constanz, Ulm, Reutlingen, Heilbronn,*
Memmingen, Lindau, Kempten, Windsheim, Isny und Weissenburg auf das Vorhalten des
Kaisers Karl V., in den Speier'schen Reichs=Abschied vom Jahr 1529 zu willigen (vgl. URKUN-
DENBUCH AUGSBURG 1530 II, Nr. 109, S. 5–8).

sibi non licere, vt consentiant, quod alijs adimatur, quae sibi ad salutem
futu[ram] necessaria viderentur et id genus[12]. Heri sub noctem vbi vestrae
commodum perlatae essent[13], huiusmodi responsum suum electori
resp[ublicae][14] ostenderunt. Nam omnibus modis se rationi illorum amicitiae
5 insinuant. Deinde a legatis ciuitatum exegerunt nomine Cesaris, vt mandata
sua quod vocant, hoc est literas, quibus ius cuique factum agendi pro sua
rep[ublica] Caesari offerant[15]. Eodem die[16] Walckilchensi praeposito[17], qui
episcopus modo Constantiensis palam vocatur[18], oblatus est per nostros
libellus nomine senatus nostri, quo fidei suae rationem satis aperte astruunt.
10 Vtinam auspitio Domini fiat! Constantienses, Memmingenses et Lindouienses simul subscripserunt.

Sub idem tempus minae ex intimis Caesareanis amicis adferuntur, nempe
Cesarem potius vitam esse amissurum, quam quod sit admissurus, vt in[a]
nostra perstemus inobedientia[19]; sed minae sunt, fortior enim est Domini
15 veritas. Hodie principes [f° 2a v°] simul et respub[licae] Caesari respondebunt, id quod supra indicauimus[20]. <Antequam literas has obsignauimus,
resciuimus principes pridie respondisse, vt supra indicauimus<. Heri rumor

---

[a] *gestrichen* no[n].

[12] Am 12. Juli 1530 berichten die Nürnberger Gesandten Kreß, Volkamer, Koler und
Baumgartner an den Nürnberger Rat: „So wäre Kaiserlicher Majestät Befehl und ernstlich
Begehren, daß sie ihrer Majestät die Ursachen und Artikel, warum sie solchen Abschied nicht
annehmen möchten, verzeichnet übergeben. Auf solches haben die Städte auch Bedachts
begehrt. Darauf ihnen gesagt: Kaiserliche Majestät würde ohne Zweifel der Bedacht nicht wider
seyn; doch daß sie vor dem Dienstag [12. Juli 1530] Antwort gäben. […] So haben wir von
Städten, auf genommenen Bedacht uns auch einer Antwort entschlossen, die auf heut Dienstag
Kais. Maj. Verordneten zu übergeben, […] welcher Antwort es auch Sachsen und die andern
Fürsten, die wir zuvor um Rat darin ersucht haben, bleiben lassen, mit Meldung, Ihr Chf. und
F. G. wüßten sich zu erinnern, daß die Ursache, in dieser Antwort angezeigt, fast dem gemäß
hievor in der Protestation wider den Speyerschen Abschied auch dargethan wären." (CR II, Nr.
779, Sp. 190).
[13] Die Gesandten Jakob Sturm und Mathis Pfarrer melden am 12. Juli dem Straßburger
Rat, das Schreiben des Rates vom 9. Juli sei „uf gestern mentag den 10 [richtig: 11.] julii zu 7
uren noch mittag" eingegangen. Vgl. CORRESPONDENZ STRASSBURG I, Nr. 758, S. 469.
[14] Kurfürst Johann I. von Sachsen. Vgl. oben Nr. 298, S. 99, Anm. 8.
[15] Die sog. Gewaltsbriefe. Vgl. ZWINGLI Bw. V, Nr. 1291, S. 644, Anm. 6.
[16] Samstag, 9. Juli 1530; an diesem Tag wurde die *Confessio Tetrapolitana* übergeben.
Vgl. oben Nr. 306, S. 120, Anm. 4; BDS III, S. 13–185; CORRESPONDENZ STRASSBURG I,
Nr. 758, S. 469, Anm. 2; URKUNDENBUCH AUGSBURG 1530 II, S. 21–70.
[17] Balthasar Merklin von Waldkirch (vgl. oben Nr. 306, S. 120, Anm. 10). Nachdem die
Abgesandten der unterzeichneten Städte am 8. Juli 1530 vergeblich vor den kaiserlichen Gemä-
chern gewartet hatten, bestimmte der Kaiser für die Überreichung der *Confessio Tetrapolitana*
den 9. Juli 1530. Als die Abgesandten erneut erschienen, war der Kaiser auf die Jagd geritten.
Die *Tetrapolitana* konnte also nur dem Vizekanzler übergeben werden. Vgl. CORRESPONDENZ
STRASSBURG I, Nr. 758, S. 469.
[18] Balthasar Merklin wurde am 3. Juli in Augsburg zum Bischof von Hildesheim und
gleichzeitig zum Bischof von Konstanz geweiht. Vgl. oben Nr. 308, S. 129, Z. 11f.
[19] Dieses Gerücht überliefert auch DRESCHER, REICHSTAG, S. 50f.
[20] Vgl. Anm. 11. Eine Antwort der Fürsten konnte nicht ermittelt werden.

fit, sed minime vanus, abmandatos ad Turcam, qui Cesari et regi Hungaro-
rum[21] aut pacem aut indutias triennes impetrent[22]; interea enim confidit se
posse Cesar conficere inuisum istud euangelium. Adeo spectant omnia ad
motus puplicos, qui mitiores omnino futuri sunt, quam cogitatione et imagi-
natione percipimus. Illud nobis agendum, vt pergamus nos veram pietatem   5
docere[b] fortiter, quo firmiores toleremus primam contionem[23], quae acerrima
est. Si cęperint arma hostes, diuturnum enim non erit quidquid erit, et si
caute(?) admodum agendum, ne animi nostrorum deijciantur ante tempus.[c]
Id enim accenderet aduersarios, qui serenitate et offitijs credantur.

Quod altare diui Petri[24] demolitum est nono huius mensis die, gaudemus;   10
simulatione enim nihil proficeretur. Fratrem nostrum Symphorianum[25] ex
nobis salutate, qui[d] crimina ferat patienter[26]. Nam et nos valetudine
vtcumque integra cogimur in his motibus incertissimis saepius expallescere,
non tam mala quam mali expectatione, donec indur[a]uerimus(?) animum,
hoc est simpliciter nos permiserimus sub manu Domini. Quae scribimus[e],   15
adiutitium vestrum detulimus; nolumus enim, vt inde quisquam frangatur,
quamquam praestat vos scire omnia, quo timore Domini et inexpugnabili spe
de paterna clementia Dei vos atque ecclesiam diligentius praemuniatis. Precibus praeterea iugibus insistendum, qua in re gloria ad autorem Deum solide
refertur. Breui scribemus, quae hodie et sequentibus tribus diebus videntur   20
euentura, dum iterum scribemus[27].

Auguste 12 Iulij anno 1530.

Martinus Bucerus, Wolffgangus Capyto

---

[b] *gestrichen* fortiter. – [c] *gestrichen* id. – [d] *zuerst* quae – [e] *gestrichen* adiuticium.

[21]   Johann Zápolya (1487 – 1540), seit 1526 König von Ungarn. Vgl. LIENHARD/WILLER,
STRASSBURG, S. 199, 230; SCHIMERT, ZÁPOLYA, S. 306f.
[22]   Am 16. Juli berichten die Straßburger Gesandten: „Es soll koniglich wurde von
Hungern [Ungarn] und Beheim den Weichselberger, so vormols auch bi dem turken bot-
schaftsweis gewesen, hie abgefertigt haben sampt andern, wider bi bem turken umb anstand zu
werben; so soll herzog Jerg von Sachsen sich erbieten, zwisen dem konig und waidar gutlich
auch umb friden zu handlen." (CORRESPONDENZ STRASSBURG I, Nr. 762, S. 472f.).
[23]   Die von Bucer mit Spannung erwartete Verlesung einer Konfutation der *Confessio
Tetrapolitana*. Tatsächlich wird der Kaiser den Abgeordneten der vier Städte die Widerlegungsschrift aber erst am 25. Oktober 1530 vorlesen lassen.
[24]   Gemeint ist der Altar der Kirche Jung-St.-Peter (Saint-Pierre-le-Jeune) in Straßburg,
über den Sebald Büheler in seiner Petite chronique berichtet: „Auch in disem jar [1530] do hat
man angefangen, die altär zum Jungen S. Peter und zu S. Thoman und auch die taflen abzubre-
chen". Die Kirche Jung-St.-Peter geht zurück auf das 7. Jhdt.; um 1030 und um 1290 gescha-
hen umfassende Neubauten. Vom Hochaltar der 1524 evangelisch gewordenen Kirche ist nur
die gemalte Mitteltafel mit einer Kreuzabnahme von 1518 erhalten. Vgl. HOTZ, HANDBUCH,
S. 245f.
[25]   Symphorian Altbiesser [Althiesser, Pollio]. Vgl. oben Nr. 278, S. 35, Anm. 39.
[26]   Wegen seiner Angriffe auf die Messe hatte Altbiesser wiederholt Unannehmlichkeiten
erfahren. Vgl. BCOR II, Nr. 231, S. 284, Anm. 3; ZWINGLI BW. V, Nr. 1291, S. 645, Anm. 13.
[27]   Ein solches Schreiben von Bucer und Capito an die Prediger in Straßburg konnte nicht
ermittelt werden.

C Zürich SA (Abschrift Bedrots ?), E I 2a, f° r°/v°; Zürich ZB, S 26,40; TB III, S. 276. — P Unschuldige Nachrichten, S. 307; Zwingli Bw. V, Nr. 1292, S. 643–646. — R Strickler, Actensammlung II, Nr. 1458, S. 583; Millet, Correspondance Capiton, Nr. 415, S. 135f.

313   [1530 Juli 15[1]. Augsburg]. — Philipp Melanchthon[2] an Bucer und die übrigen Straßburger Gesandten.

Brenz lui a rapporté son entretien avec Bucer et Capiton. Mélanchthon voudrait que leur divergence fût dépourvue de haine et d'amertume. Il ne souhaite pas s'entretenir avec eux, mais se déclare prêt à discuter par lettre. Zwingli a envoyé à l'Empereur sa Fidei ratio, *par laquelle il veut surtout l'exciter contre nous tous ; son esprit est plus suisse que chrétien. Mélanchthon serait heureux d'apaiser la controverse sur la Cène, et répondra volontiers à des écrits.*

Johannes Brenz hat Melanchthon von seiner Unterredung mit Bucer und Wolfgang Capito berichtet. Melanchthon kann einer persönlichen Unterredung mit Bucer nicht zustimmen, schlägt aber einen Austausch auf dem Schriftweg vor. Zwingli hat seine ‚Fidei ratio' an den Kaiser gesandt, Melanchthon findet Form und Zeitpunkt unpassend. Er wünscht eine Beilegung des Abendmahlsstreites.

[3]S[alutem] d[icit]!
Brentius[4] exposuit mihi summam colloquii vestri[5]. Neque ego recusarem

---

[1]   Die Datierung dieses nur in Abschrift und späten Drucken überlieferten Briefes ist schwierig. Die Drucke bieten kein Datum oder den 25. Juli. In der Mitteilung Capitos und Bucers vom 22. Juli 1530 (vgl. unten Nr. 319, S. 162, Z. 15f.) werden aber der vorliegende Brief sowie Capitos und Bucers Antwort darauf erwähnt. Eine Abschrift des Briefes in Konstanz (vgl. ROTT, CORRESPONDANCES, S. 287, Anm. 3) trägt das Datum 18. Juli 1530. Bringt man dieses Datum mit dem Schluß des Briefes von Bucer und Capito an Melanchthon vom 18. Juli 1530 (vgl. unten Nr. 317, S. 157, Z. 12) in Verbindung, läßt sich der 15. Juli als Empfangstag des vorliegenden Briefes errechnen. Als Entstehungstag käme also der 14. oder 15. Juli 1530 in Betracht; das überlieferte Datum „25. Iulii" kann dann in 15. Juli korrigiert werden.
[2]   Philipp Melanchthon [Schwarzerd]. Vgl. oben Nr. 273, S. 15, Anm. 27.
[3]   Der Brief wird nach der MSA VII/2, S. 220–224 ediert, die sich nach der am besten überlieferten Textgrundlage bei Cölestin orientiert.
[4]   Johann[es] Brenz (Weil der Stadt 24. Juni 1499 – 11. September 1570 Stuttgart). Studium in Heidelberg, dort Begegnung mit Bucer, 1522 Prediger in Schwäbisch Hall, führte ab 1525 Reformen des Gottesdienstes durch und feierte das Abendmahl in beiderlei Gestalt. 1525 verfaßte er die Schrift *Synagramma Suevicum [...]* gegen Oekolampads Abendmahlsauffassung, 1528 einen ersten Katechismus. Im Gefolge von Markgraf Georg von Brandenburg nimmt er

vobiscum coram colloqui, si nunc per certa negocia liceret[6]. Nam ita velim, persuadeatis vobis me, sicubi dissentio a vestris dogmatibus, sine ulla acerbitate animi, sine odio dissentire[7]. Mihi non videtur utile reipublicae aut tutum meae conscientiae nostros principes onerare invidia vestri dogmatis[8], quod neque mihi neque aliis persuadere possim contra ecclesiae autoritatem[9]. Si tamen mecum per literas colloqui volueritis, promitto me illas ita asservaturum esse, ne quid inde periculi vobis possit oriri[10]. Cinglius huc misit ἐξομολόγησιν[11], in qua certe non vult videri verbis discrepare a nostra sententia[12] et praeter rem tumultuatur in aliis quibusdam articulis, ut magis etiam irritet adversus nos omnes τὸν αὐτοκράτορα[13]. Videtur in homine magis Helveticus quidam quam christianus esse spiritus, qui impulerit eum tam ferociter scriptam confessionem minime in tempore huc mittere. Magnopere vellem posse controversiam περὶ δείπνου κυριακοῦ sedari, de qua, si quid ad me scripseritis[14], libenter respondebo[15]. Valete. 25. Iulii[16].

---

am Augsburger Reichstag teil. Entgegen seiner Empfehlung nimmt Schwäbisch Hall die *Confessio Augustana* nicht an. Die Begegnung mit Melanchthon in Augsburg, die Brenz nachhaltig prägt, führt 1531 zu einem ausführlichen Briefwechsel mit Melanchthon und Luther. Vgl. BIBLIOGRAPHIA BRENTIANA; BRECHT, BRENZ, S. 170–181; BRECHT, NEUGESTALTER, insbes. S. 36–52; BRECHT, REICHSTAG, S. 9–28; BRECHT, THEOLOGIE, insbes. S. 23–63, 100–111, 255–260; CR II, Nr. 777, Sp. 185–187; FRIEDRICH, BUCER, S. 69–77; MAURER/ULSHÖFER, BRENZ, insbes. S. 11–15; MAURER/ULSHÖFER, REFORMATION, insbes. S. 48–80.

[5] Am 12. Juli 1530 schrieb Johannes Brenz dem Schwäbisch Haller Pfarrer Johannes Isenmann über eine Unterredung, die er am selben Tag mit Bucer und Capito geführt hatte: „Bucerus et Capito superioribus diebus huc ad Augustam venerunt [nämlich am 23. und 26. Juli 1530], quibuscum ad aliquot horas de Sacramento contuli. Ambeunt et colloquium cum Philippo. Sed hic hactenus recusavit, et petit, rem agi literis, ne suo colloquio aperto nostram causam gravet. Affirmant constanter nos tantum verbis et modo loquendi dissentire, re ipsa autem convenire; nos constanter illud negamus" (CR II, Nr. 777, Sp. 187, Z. 34–41).

[6] Über ihren Versuch, mit Melanchthon persönlich zu sprechen, berichten Bucer und Capito am 22. Juli 1530 an die Straßburger Prediger und Zwingli: „ … per eum vt cum Philippo quoque liceret colloqui, ambiuimus" (vgl. unten Nr. 319, S. 162, Z. 14). Zu persönlichen Unterredungen Bucers mit Melanchthon kommt es erst zwischen dem 22. und 24. August 1530 (vgl. unten Nr. 324, S. 195, Anm. 28).

[7] Auf diese Worte gehen Bucer und Capito in ihrer Antwort vom 18. Juli 1530 ein (vgl. unten Nr. 317, S. 156, Z. 13).

[8] Hierauf gehen Capito und Bucer im ersten Teil ihrer Antwort vom 18. Juli 1530 ein (unten Nr. 317, S. 152, Z. 2 – S. 153, Z. 26).

[9] Melanchthon spielt hier auf die von ihm gesammelten Väterstellen zur Abendmahlsfrage an, die er in seiner Schrift *Sententiae veterum aliquot scriptorum de Coena Domini [...]*, März 1530, veröffentlicht hatte. Vgl. oben Nr. 287, S. 81, Anm. 6.

[10] Darauf antworten Bucer und Capito am 18. Juli 1530 (unten Nr. 317, S. 155, Z. 18–23).

[11] Huldrych Zwingli: *Fidei ratio*, 3. Juli 1530 (ZWINGLI W. VI/2, Nr. 163, S. 806, Z. 6, 11).

[12] Darauf antworteten Bucer und Capito am 18. Juli 1530 (unten Nr. 317, S. 154, Z. 21 – S. 155, Z. 2).

[13] Gemeint ist Kaiser Karl V. Vgl. LOCHER, REFORMATION, S. 508–511, 541; REINHARD, VORSTELLUNGEN, S. 62–100; KOHLER, KARL V., S. 208–218.

[14] In ihrem Antwortschreiben vom 18. Juli bemühen sich Capito und Bucer, Melanchthon für ein „familiare colloquium" zu gewinnen (unten Nr. 317, S. 157, Z. 3).

Adresse [S. 220]: Philippus Melanthon Martino Bucero cum suis.

C (zeitgen.) Konstanz StA, Urk. z. Gesch. d. Ref., Fasz. 11 (1530–1538), Nr. 3, S. 23a. — C Gotha, Forsch. Bibl., Cod. chart. B 185, S. 282f.; B 186, S. 207; B 190, S. 186f.; BMS, ms. 644, f° 116b v° (A. Jung). — P Coelestin, Historia II, S. 297b; Chytraeus, Historia, S. 666; Hospinian, Historia II, S. 109b; Walch, Luther Schr. 17, Nr. 48, Sp. 1991f. (deutsche Übersetzung); CR II, Nr. 797, Sp. 221f.; MSA VII/2, Nr. 186a, S. 220–224. — R Melanch-thon Bw. I, Nr. 972, S. 406; Millet, Correspondance Capiton, Nr. 416, S. 136.

---

[15] Dieses Versprechen löst Melanchthon nicht ein. Darüber beklagt sich Bucer am 14. August 1530 bei Ambrosius Blaurer (unten Nr. 324, S. 195, Z. 6–8).
[16] Muß wohl heißen: „15. Iulii" (vgl. oben Anm. 1).

314   [1530 Juli 15. Augsburg]. — [Bucer und Wolfgang Capito[1] an Philipp Melanchthon][2].

Bucer et Capiton acceptent la proposition de Mélanchthon, que Brenz leur a transmise, de discuter de la Cène par écrit, même s'ils préféreraient débattre oralement. Ils affirment leur souci de la doctrine originelle du Christ et de la concorde ; ils n'ont pas révoqué leurs positions ; l'opposition entre le Christ et Bélial. Ils réaffirment qu'il y a consensus sur le mode de présence et de manducation du Christ, et que c'est la compréhension vulgaire qu'ont combattue Zwingli et Œcolampade ; la formule "fidei contemplatione" employée par Zwingli dans sa Fidei ratio *veut exclure seulement une pré-sence semblable à celle du Christ dans son incarnation et sa passion ; il en va de même pour Œcolampade, dans son ouvrage* Quid de eucharistia *au sujet d'une union de substance entre le corps du Christ et le pain.*

---

[1] Wolfgang Capito [Köpfel]. Vgl. oben Nr. 271, S. 6, Anm. 8.
[2] Der Brief liegt als Fragment vor, das nicht abgeschickt wurde. An seine Stelle tritt der Brief vom 18. Juli 1530 (vgl. unten Nr. 317, S. 152–157). Bucer gibt dort als Grund für die Verzögerung wichtige Geschäfte an. POLLET, BUCER II, S. 113–115 datiert den Brief in das Jahr 1531 und gibt als Adressaten Osiander an. Daß der Empfänger nicht Osiander sein kann, sondern Melanchthon sein muß, hat ROTT, CORRESPONDANCE BUCER, S. 200, nachgewiesen. Die Datierung auf den 15. Juli 1530 ergibt sich aus dem Zusammenhang mit den Briefen Nr. 313 und Nr. 317, hier insbesondere aus der Formulierung „Interuenit negotium nobis, alioqui quarto hinc die ista scripsissemus […]" (ebd., S. 157, Z. 9f.). Vgl. MSA, Nr. 186a, S. 220–224, Anm. 2.

Bucer und Capito würden über die Abendmahlsfrage mit Melanchthon lieber persönlich verhandeln, schlagen das Angebot des schriftlichen Austausches aber nicht ab. Die Straßburger versuchen nichts, als dem Sieg der reinsten Lehre Christi Bahn zu brechen. Über das Abendmahl herrscht Übereinstimmung, die mangelnde Kenntnis der Positionen führt aber zu sinnlosen Gefechten. Erläuterung der Positionen Zwinglis und Oekolampads.

[3]S[alutem] d[icit]!

Literis tuis, vir doctiss[ime], quas Brencius[4] exhibuit, inuitas nos, vt si quid libeat disputare de controuersia caenae sedanda[5], id per literas tecum agamus[6]. Non detrectabimus et hoc, quamquam mallemus coram verbis de hac re commentari, cum quod latius pateat quam vt literis facile queat trans- igi, tum quod eo animi vtrimque raptos uideamus, ut haud semper id, quod scribitur, intelligant.

Deus nobis in illo die, cum arcana cordium patebunt [*vgl. Lk 2, 35*], tes- timonium perhibebit nihil prorsus ᐸnosᐸ hic ↓querere↓ (vt et in reliquis de reli- gione quęstionibus), quam ut ipsissima Christi doctrina[a] ↓possit↓ obtinere. Subducta quoque nobis ratio est impendij, quod hoc bellum poscit, nec aliud nobis pridem persuasimus, quam mundi perferendam esse inimicitiam [*vgl. Jak 4, 4*], siquidem Christi gratia nitamur. Quare, quod et ante hac de resti- tuenda inter nos sancta concordia soliciti fuimus, non certe caussa declinan- dae apud ↓eos↓ inuidiae[7], quj soli videntur metuendi, factum est, sed tollendi, si fieri potuisset, offendicula, quae objjciuntur bonis Deoque timentibus. Hic nobis animus adhuc perseuerat certus ᐸnosᐸ, si etiam diserte id, quod uos, hic adfirmaremus, adde palinodiam quoque, quam Eccius[8] praescribere posset, caneremus[9], non tamen euasuros periculum, in quo sumus[10], nisi in totum

[a] *zuerst* doctrinam.

[3] K. Hubert: ᐯVidetur circa annum 1531 uel [...], puto ad Osiandrumᐯ (vgl. Anm. 2). ᐸNuper fert de controuersia sacramentariaᐸ.
[4] Johann[es] Brenz. Vgl. oben Nr. 313, S. 142, Anm. 4.
[5] K. Hubert: ᐸCandor et religio Bucerj in caussa concordiaeᐸ.
[6] Vgl. dazu den Brief Melanchthons an Bucer und Capito vom 15. Juli 1530 (oben Nr. 313, S. 143, Z. 6).
[7] Vgl. ebd., S. 143, Z. 4.
[8] Johann[es] Eck. Vgl. oben Nr. 301, S. 108, Anm. 19. In den 404 Artikeln zu den Irrtü- mern der Protestanten zitiert Eck unterscheidungslos die seiner Meinung nach falschen Sätze aller bekannten evangelischen Theologen zum Abendmahl (Art. 235–243). Vgl. GUSSMANN, QUELLEN II, S. 131.
[9] Die Auffassung, die oberdeutschen Zwinglianer und die Schweizer hätten widerrufen, war von lutherischer Seite schon nach dem Religionsgespräch von Marburg geäußert worden. Vgl. zu Luther KÖHLER, ZWINGLI UND LUTHER II, S. 142, zu Melanchthon ebd., S. 144, und zu Osiander ebd., S. 148.
[10] Melanchthon hatte in seinem Brief vom 15. Juli 1530 Bucer und Capito versprochen, ihre Briefe sicher zu verwahren, um sie nicht in Gefahr zu bringen (oben Nr. 313, S. 143, Z. 6f.).

Christi doctrinam proderemus antichristis. Quid enim commune Christo et
Belial [*II Kor 6, 15*]? <u>Et nos certe ita animatj nobis, gratia Christo,
uidemur,</u>[11] <u>vt qui publicam pacem, sed quae vera sit</u> ^f <u>(hoc est in Christo)</u>[1] ^b,
<u>morte nostra redimere si liceat, nihil addubitaturj</u> simus. Sed haec ne Christj
5   quidem morte pararj potuit mundo, ita principj tenebrarum [*vgl. Kol 1, 13*]
obnoxio eoque malitia absorpto. [*S. 636*]

[12]<u>Verum ad institutum</u>[13]: <u>Hoc coram Deo testamur nobis aliter non</u> videri
[14]quam nobis reipsa conuenire, non solum de Christi in caena praesentia, sed
etiam de praesentiae huius et manducationis modo, nec dum statum huius
10   controuersiae plane ab vtrisque cognitum, eoque in permultis andabatarum
more pugnari. Non ignorat tua prudentia, quam isthuc sępe doctissimis etiam
viris accidat, ut caussae statum vix sero et post multam contentionem
videant. Nostrj quoque Zvinglius et Oecolampadius non tam contra tuam et
similium quam eam vulgi sententiam, quam ex vestris^c videtur verbis colli-
15   gere, cum vos nihil minus agnoscatis, stylum stringunt. [15]Zvinglius certe,
cum in hac vltima confessione sua ad Ceasarem negat naturale Christi corpus
in coena manducari et praesens esse, corpus Christi intelligit dimensionibus
suis et loco praesens[16], quo modo uos illud nec adesse nec edi affirmatis[17].
Quod vero tantum ,fidej contemplatione' adesse illud fatetur[18], nihil aliud^d
20   dicit, quam quod fidej beneficio vera et viuifica Christj in caena manducatione et praesentia potia[mur]. Id nec vos inficias itis. Ita, quod ait, omnem
rem per Christum gestam nobis fidei contemplatione uelut praesens fieri[19],
nihil aliud per hoc (uelut)^e excludere voluit quam localem et sensibilem illam
incarnationis et passionis exhibitionem, ita ut Christus Dominus in uisibili^f

---

^b *zuerst mit Kommata versehen, dann in Klammern gesetzt. –* ^c *zuerst* verbis. *–* ^d *zuerst*
alium. *–* ^e *gestrichen* excedere. *–* ^f *zuerst* uisibile.

[11]   *K. Hubert:* ^{<}*Mori paratus.*^{<}
[12]   *K. Hubert:* ^{<}*NOTA. Re ipsa conuenire nos arbitror.*^{<}
[13]   Gemeint ist die Einsetzung des Abendmahles.
[14]   *K. Hubert:* ^{<}*Reipsa conuenire nos arbitror.*^{<}
[15]   *K. Hubert:* ^{<}*Defenditur Zuinglius.*^{<}
[16]   Huldrych Zwingli: *Fidei ratio*, 3. Juli 1530 (ZWINGLI W. VI/2, Nr. 163, S. 806,
Z. 6–17).
[17]   Vgl. z. B. Luther: *Vom Abendmahl Christi, Bekenntnis*, 1528 (WA 26, S. 335, Z. 9–28;
S. 339, Z. 14 – S. 340, Z. 34).
[18]   Huldrych Zwingli: *Fidei ratio*, 3. Juli 1530 (ZWINGLI W. VI/2, Nr. 163, S. 806, Z. 7,
11). Bereits in seiner *Amica exegesis*, 1527, schreibt Zwingli: „[…] Christum vere esse in nobis,
si modo credimus, et nos esse in coelis; sed illum praesentia, deus enim est, nos autem sola
contemplatione, fide, spe, charitate" (ZWINGLI W. V, S. 670, Z. 13–15). In seinem Brief vom 1.
April 1527 schreibt Zwingli an Luther, der Leib Christi sei im Abendmahl „in mentibus" und
„sola contemplatione" (ZWINGLI Bw. III, Nr. 602, S. 80, Z. 24–27). Vgl. KÖHLER, ZWINGLI UND
LUTHER I, S. 484, 491.
[19]   Huldrych Zwingli: *Fidei ratio*, 3. Juli 1530 (ZWINGLI W. VI/2, Nr. 163, S. 806,
Z. 10–12).

carne sua illa semel exhibuit. [20]Leges in libello, quem misimus[g], cum illis
duntaxat pugnare Oecolamp[adium], qui affirmant Christi corpus cum pane
in vnam eandem naturalem substantiam vniri aut certe in eo, vt in continente
contentum, naturaliter eoque non absque loci complexu concludi[21]. Atque
neutrum uestrum dogma est, et si videatur et Oecolampadio ex[h] vestris verbis   5
consequi. Christum seruatorem secundum humanam naturam credimus
quidem [...][22]

Oa AST 153 (Ep. Buc. III), S. 635f. (der Schluß fehlt). — C Zürich ZB, S
30,127. — P Pollet, Bucer II, S. 113–115. — R Melanchthon Bw. I, Nr. 974,
S. 406; Millet, Correspondance Capiton, Nr. 417, S. 136.

---

[g] *O* minsimus. – [h] *gestrichen* vers.

[20] K. Hubert: <*Oecolampadius, quid tantum impugnet.*<
[21] Johannes Oekolampad: *Quid de eucharistia veteres [...]*, 2. Juli 1530: „Nos vero
contradicimus et elementum nequaquam in talem honorem evectum asserimus, ut omnium
dignissima creatura in unam naturalemque illius substantiam se uniat vel ita naturaliter in eo
contineatur, ut per ipsum, tanquam per medium cannalem, transfundatur gratia, quam ipse spiritus sanctus fidelibus concedit, et contactu vel gustu eius etiam impii ipsum verum corpus
Christi contingant ac edant gratiaeve participes fiant" (f° 1 v°). Zur Schrift vgl. oben Nr. 298,
S. 102, Anm. 11.
[22] An dieser Stelle bricht der Brief ab.

315   [1530 Juli 17. Augsburg]. — [Bucer][1] an Jakob [Bedrot][2]

L'Empereur leur ayant demandé pourquoi elles n'avaient pas accepté le
rescrit de la seconde Diète de Spire, les villes qui avaient protesté ont
invoqué le motif de conscience ; les quatre articles qui blessent leur
conscience. Hostilité des Luthériens envers nous ; ils voudraient faire la paix
à nos dépens ; mieux vaut mourir que de céder un iota. Aujourd'hui, l'Em-
pereur a répondu aux princes luthériens et aux villes. Exhortation à la
prière. Relation sur les envoyés de Lucerne et de Zug, et sur Max Sittich von

---

[1] Der Brief enthält keine Angaben zu Jahr, Datum, Ort und Absender. Aufgrund der
Bezüge zum Augsburger Reichstag, der Handschrift Bucers und der Angaben eines Kommentators (vgl. Anm. 17) kommt nur Bucer als Absender, Augsburg als Abfassungsort und der 17.
Juli 1530 als Datum in Betracht.
[2] Der Adressat ist nur mit Jakob bezeichnet. Aufgrund des Briefinhaltes und den Angaben
eines Kommentators (vgl. Anm. 17) kann es sich nur um Jakob Bedrot handeln. Zu Jakob
Bedrot[us] [Pludentinus] vgl. oben Nr. 271, S. 6, Anm. 9.

148   [BUCER] AN JAKOB [BEDROT]   [17. Juli 1530]

Ems. On rapporte que l'Empereur a envoyé un ambassadeur auprès des Turcs. Bucer recommande l'épouse de Bedrot à Dieu, et lui demande de prendre soin de sa famille.

Auf die Frage des Kaisers an die Städte der Speyerer Protestation nach ihren Gründen für die Ablehnung des Reichstagsabschieds antworteten diese, ihr Gewissen habe dagegen gestanden. Im einzelnen seien folgende vier Bestimmungen des Abschieds unannehmbar: Wer bisher dem Wormser Edikt gehorcht habe, müsse ihm auch in Zukunft gehorchen; die evange-lische Lehre müsse unterbunden werden, wo dies ohne Aufstand geschehen könne; jede Neuerung sei zu unterbinden; die Messe dürfe nicht abgeschafft werden. Niemand ist „uns" gegenüber feindseliger als die Lutherischen, die einen Frieden auf Kosten der Straßburger anstreben. Heute hat der Kaiser den altgläubigen Fürsten seine Gedanken über die Verhandlungen mit den lutherischen Fürsten eröffnet, ebenso über das Nachgeben der Städte. Berichte über die Gesandten von Luzern und Zug und Marx Sittich von Ems. Gerüchte, der Kaiser habe eine Delegation zu Waffenstillstandsverhandlun-gen mit den Türken abgeordnet. Segenswünsche für Bedrots Frau. Bitte, sich um Bucers Familie zu kümmern.

Salue charissime Jacobe!
    Interea hęc acta sunt[3]: Caesar a ciuitatibus rogauit caussam, cur non rece-perint decretum comitiorum Spirensium[4], quę proxime habita sunt. Respon-derunt obstitisse conscientiam[5]. Iterum rogauit iam sabatho, quibus articulis
5 ejus decreti offenderentur. Respondebitur cras. Quatuor: Primus est, quod in eo cauetur, vt qui edicto Wormacensi[6] hactenus paruissent, deinceps quoque parere deberent suosque subditos ad eiusdem obedientiam adigere[7], quod nobis nihil aliud est, quam vt qui euangelij cursum hactenus remorati sunt, porro quoque remorentur. Alter: Quod iubet intercipere doctrinam, vbi id
10 possit fieri citra periculum euidens seditionis[8]. Tertius: Quod vetat quippiam nouum[9]. Quartus: Quod[a] missam abrogare prohibet[10]. Consulti sunt hac

---

[a] *gestrichen* mi[ssam].

[3] Vgl. zum folgenden Abschnitt auch oben Nr. 312, S. 139, Z. 13–16.
[4] Zum Speyerer Reichstagsabschied von 1529 vgl. DRESCHER, PROTESTATION, S. 54–67; EGER, REFORMATION, S. 57–141; NEY, APPELLATION, insbes. S. 1–26; NEY, GESCHICHTE, S. 255–267.
[5] Antwort der evangelischen Reichsstädte vom 7. Juli 1530 in schriftlicher Form. Vgl. TIEPOLO, DEPESCHEN, S. 57.
[6] Das ‚Wormser Edikt' (beschlossen am 8. Mai 1521, proklamiert am 26. Mai 1521). Vgl. oben Nr. 308, S. 126, Anm. 5.
[7] Im Speyerer Reichstagsabschied von 1529. Vgl. EGER, REFORMATION, S. 67.
[8] Ebd., S. 67.
[9] Ebd., S. 67.

nocte Lutherani principes[11], sed noluerunt consulere.[b] Nihil est hodie nobis
infestius Lutheranis, sperantque adhuc, cum omnia diuersum clament, nostro
excidio sibi posse consuli. Audiui hac nocte Philippum[12] scripsisse cuidam
non posse pacem restitui Germanię, nisi nobis internicioni datis[13]. O euangelistas eius, qui venit querere et saluum facere quod perierat [*vgl. Mt 18, 11;*   5
Lk 19, 10]! Sed gratia Christo, qui nobis dedit hactenus synceriter in negotio
suo versari, pro cuius nomine millies praestat mori quam vel jod vnum
cedere ex doctrina eius[c] mundo [*vgl. Mt 5, 18*]. Caesar hodie principibus non
Lutheranis suam dedit sententiam de negotio Lutheranorum principum, item
ciuitatum supplicationem[14]. Adijcietur cras nouissima quoque ciuitatum re-   10
sponsio[15]. Principes illi selegerunt, qui disputant, quid Caesari respondendum quidue eum velint contra Lutheranos decernere[16]. Orate Dominum, vt
omnia bene vertant! Mundus nihil omittet, vt nos perdat[17]. [*f° v°*]

Agunt hic Lucernani[18] et Zugenses[19] legati, nec est quisquam Marco ab
Ems[20] charius, item Constantiensi[21]. Petijt tuus hic Marcus, vt tantum sibi   15

---

[b] *gestrichen* Ni[hil]. – [c] *gestrichen* num.

[10] Ebd., S. 68.
[11] Kurfürst Johann I. von Sachsen, Kurprinz Johann Friedrich, Herzog Franz von Braun-
schweig-Lüneburg, Herzog Georg von Münsterberg, Herzog Ernst von Braunschweig-Lüne-
burg, Fürst Wolfgang von Anhalt, Markgraf Georg von Brandenburg-Ansbach, Landgraf
Philipp von Hessen, Landgraf Georg von Leuchtenberg, Graf Berthold von Henneberg, Graf
Ernst von Henneberg, Graf Philipp von Waldeck, Graf Philipp von Solms, Graf Wilhelm von
Fürstenberg, Graf Albrecht von Mansfeld, Graf Justus von Mansfeld, Graf Ernst von Gleichen,
Graf Wolfgang von Henneberg und Graf Balthasar von Hanau. Vgl. DRESCHER, REICHSTAG,
S. 11f.; GUSSMANN, QUELLEN I, S. 89.
[12] Philipp Melanchthon [Schwarzerd]. Vgl. oben Nr. 273, S. 15, Anm. 27.
[13] Bereits am 15. Juli 1530 an Martin Luther. Vgl. CR II, Nr. 783, Sp. 197.
[14] Vgl. oben Nr. 312, S. 139, Z. 7–9.
[15] Vgl. ebd., S. 140, Z. 4–7.
[16] Der erste Entwurf zur *Confutatio pontificia Confessionis Augustanae* war am 9. Juli
1530 fertiggestellt, vom Kaiser aber am 13. Juli abgelehnt worden. Vgl. oben Nr. 306, S. 120,
Anm. 4; FICKER, KONFUTATION, S. 1–140; IMMENKÖTTER, CONFUTATIO; URKUNDENBUCH AUGS-
BURG 1530 II, S. 133–176. Die öffentliche Verlesung der von Karl V. genehmigten Fassung
durch den kaiserlichen Sekretär Alexander Schweiß findet erst am 3. August 1530 statt. Vgl.
DRESCHER, REICHSTAG, S. 41–43; URKUNDENBUCH AUGSBURG 1530 II, S. 133–176.
[17] *Anmerkung eines namentlich nicht genannten Kommentators: ^1530, [17. Juli] [Bucer
an Bedrot] (Abschrift)^.*
[18] Die Gesandten Luzerns auf dem Augsburger Reichstag waren Jakob am Ort, Baptist De
Insula von Genua und der Sohn des Luzerner Schultheißen Hans Hug. Vgl. EIDGENÖSSISCHE
ABSCHIEDE IV (1b), S. 706f., 717–723.
[19] Die Gesandten Zugs auf dem Ausburger Reichstag waren Ulrich Bachmann, Erni Bran-
denberg und Heinrich Zigerli. Vgl. ebd., S. 712f.
[20] Marx [Markus] Sittich I. von Ems zu Hohenems (um 1470 – 1533). Landvogt in Vorarl-
berg, Vorkämpfer der habsburgischen Intervention zugunsten der Schweizer altgläubigen
Kantone. Vgl. BCor III, Nr. 185, S. 119, Anm. 8; WYSS, SITTICH I. VON EMS, S. 152–154.
[21] Gemeint ist wohl der Konstanzer Bischof Balthasar Merklin von Waldkirch. Vgl. oben
Nr. 306, S. 120, Anm. 10.

pateant oppida Austriaca et suo se marte bellum Tigurinis illaturum. Fertur autem legatus missus a Caesare ad Turcam pro inducijs[22]. Id si verum est, vt certo verum esse id quidam affirmant, forsan erunt nobis inducia, donec impetratę fuerint Turcicae. Dominus adsit vxori tuę[23]. Cura nostram domum.

C Zürich SA (Abschrift Bedrot), E I 2a, f° r°/v°; Zürich ZB, S 26,45; TB III, S. 281.

---

22 Vgl. oben Nr. 312, S. 141, Z. 1f.
23 Der Name von Bedrots Frau konnte nicht ermittelt werden.

316   [1530]¹ Juli 17. Augsburg. — Bucer an Joachim Vadian²

Haine du monde, mais aussi des Luthériens à l'endroit des Strasbourgeois – que Bucer compare à Gédéon. Bucer exprime néanmoins sa confiance en Christ. Le reste, de vive voix, par Christian Fridbolt. Constance de Philippe de Hesse. Que Vadian transmette à Zwingli ces nouvelles, ainsi que les propos du porteur. Salutations des amis et des frères.

Wüten der ganzen Welt, auch der Lutherischen gegen die Straßburger. Trotzdem Siegeszuversicht im Vertrauen auf Christus. Philipp von Hessen erweist sich als standhaft. Grüße von den Freunden und Brüdern.

Salue in Domino, Vadiane doctiss[ime]!
   Si vnquam declaratum est penes nos esse euangelion Christi, hodie id declaratur patentiss[ime]. Ita furit in nos mundus, non solum in ijs, qui eius sunt ex professo, sed etiam in quibus partem duntaxat, vt speramus, obtinet.
5 Nam praeter Lutheranorum Vatinianum in nos odium³ ruunt etᵃ comminan-

---

ᵃ *zuerst* qui.

¹ Die Jahreszahl 1530 ergibt sich durch den Abfassungsort, die Bezüge zum Augsburger Reichstag und die Erwähnung des St. Gallener Gesandten Christian Fridbolt (vgl. Anm. 5).
² Joachim von Watt [Vadianus]. Vgl. oben Nr. 271, S. 5, Anm. 2.
³ Publius Vatinius, ein Anhänger Cäsars, wurde wegen seiner Verbrechen so gehaßt und angegriffen, daß ,crimina Vatiniana' und ,odium Vatinianum' für besonders abscheuliche Verbrechen und grenzenlosen Haß sprichwörtlich gebraucht werden. Vgl. PAULY, REALENCY-CLOPÄDIE 8 A, Sp. 494–520.

tur, qui videbantur ferro[b] duriores. Gideonis exemplum[4] experiemur, vt et Christianus hic noster[5] diuinat. Sed confidamus. Fortior est is, qui in nobis est. Ecquid[c] timeat Christo dicatus, quum nihil nisi personae, et eae impurissimae, nos oppugnent? Sic certe res comparatae sunt gratia Christo, vt aut vincendum ↓sit↓ in Domino aut in perditiss[imis] hominibus seruiendum   5
Satanae.

Reliqua Christianus[6]. Vnus Cattus[7] est, qui proponit propter Dominum experiri extrema, cui par erat manum porrigi. Haec et quae Christianus narrabit, optamus scribi Zvinglio. Augustae 17 Iulij.

Salutant te amici et fratres.   10

T[uus] ex animo Bucerus

Adresse [auf der Rückseite]: Doctiss[imo] et pientiss[imo] viro d[omino] Ioachimo a Vatt, senatori Sancto Gallen[si] integerrimo, domino suo cum primis colendo.

Oa St. Gallen StB, Vad. Br. slg. XI 124. — C Zürich ZB, S 26,46. — P Vadian Bw. VII, Nr. 30, S. 39.

---

b *O* forro. – c *O* Eccquid.

4   Gideon, Sohn des Joas aus dem Stamm Manasse, einer der Großen Richter des Alten Testamentes. Gideon wehrte als Führer eines israelitischen Heeresaufgebotes einen Angriff des Nomadenstammes der Midianiter gegen die Israeliten in Mittelpalästina ab (Jdc 7, 1–22), versöhnte die rivalisierenden Ephraïmiten (Jdc 8, 1–35) und bekämpfte den Baalskult (Jdc 6, 25–32). Gideons Midianitersieg wurde später sprichwörtlich (Jes 9, 3 etc.). Vgl. HAMLIN, JUDGES, S. 90–105; HERTZBERG, JOSUA/RICHTER/RUTH, S. 182–199.

5   Christian Fridbolt († um 1538 Sankt Gallen). Zunächst Schreiber, seit 1529 Zunftmeister in Sankt Gallen. Fridbolt war bis 17. Juli 1530 als Gesandter Sankt Gallens auf dem Augsburger Reichstag und erhielt dort Kenntnis über Johann Ecks Schrift *Repulsio articulorum Zuuinglii Ces. Maiestati oblatorum […]*, 17. Juli 1530 (vgl. KÖHLER, ZWINGLI UND LUTHER II, S. 212–219; RISCHAR, ECK, S. 82–86, 88–108). Aufgrund von Beziehungen zum Umfeld des Kanzlers Ferdinands von Österreich konnte er die wesentlichen Inhalte der Schrift noch vor Drucklegung an Bucer, Vadian und Zwingli weiterleiten. Vgl. VADIAN Bw. IV, Nr. 608, S. 216–218; Nr. 609, S. 218f.; V, Nr. 12, S. 677–679; VII, Nr. 30, S. 39; ZWINGLI Bw. V, Nr. 1076, S. 64–67.

6   Christian Fridbolt. Vgl. Anm. 5.

7   Landgraf Philipp von Hessen. Vgl. oben Nr. 270, S. 3, Anm. 3.

317 1530 Juli 18. Augsburg. — Bucer und Wolfgang Capito[1] an Philipp
Melanchthon[2]

*Bucer et Capiton souhaitent que Mélanchthon leur accorde un entretien, en
l'assurant qu'ils sont mûs par l'amour et le souhait de ne pas taire la vérité
évangélique. Mélanchthon ne devrait pas s'inquiéter de la* Fidei ratio *de
Zwingli, qui n'ajoute rien à ce que ce dernier avait dit auparavant. Eux-
mêmes ne voient pas de différence entre la* contemplatio fidei *défendue par
Zwingli et la présence réelle mais non locale des Luthériens ; il renvoient à
leur entretien du 12 juillet avec Brenz ; ils estiment inconcevable que des
personnes conduites par le même Esprit Saint divergent sur de telles questions. Le colloque de Marbourg se serait déroulé avec plus de succès, si
toutes les parties avaient exposé leur point de vue de manière plus calme et
claire. Ils ont appris que Mélanchthon aurait affirmé – à tort – à Albert de
Mayence que Zwingli et Bucer avaient renié les points sur lesquels ils
s'étaient accordés à Marbourg. Ils redemandent à Mélanchthon de leur
accorder un entretien, en affirmant leur désir de paix ; le nombre des parti-
cipants, parmi lesquels Brenz et Jacques Sturm, serait limité. D'autres
affaires les ont empêchés d'écrire plus tôt.*

*Bucer und Capito wünschen eine persönliche Unterredung mit Melanchthon.
Auch wenn der Untergang droht, darf die Wahrheit des Evangeliums nicht
verraten werden. Zwinglis ‚Fidei ratio‘ gibt keinen Anlaß zur Sorge; sie
handelt von nichts, was Zwingli nicht schon vorher geschrieben hätte. Die
Meinungen zur Abendmahlsfrage unterscheiden sich nur sehr geringfügig.
Es erscheint unmöglich, daß Leute, die derselbe Geist leitet, in wichtigen
Fragen zu verschiedenen Antworten kommen. Hätten 1529 in Marburg alle
Parteien ruhiger und klarer ihre Position dargelegt, wäre das Religionsgespräch noch erfolgreicher verlaufen. Gerüchte, Melanchthon habe verbrei-
tet, Zwingli und Bucer hätten alles widerrufen. Erneute Bitte um ein persön-
liches Gespräch. Der Teilnehmerkreis sollte eng begrenzt werden: Johannes
Brenz und Jakob Sturm sollten anwesend sein.*

S[alutem] d[icit]!
    Quod colloqui tecum optamus[3], vir doctiss[ime], non jnde est (Deum tes-
tamur), vt jn vos, qua apud mundum flagramus [*vgl. Joh 15, 18*], jnuidie

---

[1] Wolfgang Capito [Köpfel]. Vgl. oben Nr. 271, S. 6, Anm. 8.
[2] Philipp Melanchthon [Schwarzerd]. Vgl. oben Nr. 273, S. 15, Anm. 27.
[3] Johannes Brenz hatte am 14. Juli 1530 Melanchthon den Wunsch der Straßburger nach
einer persönlichen Unterredung übermittelt. Melanchthon lehnte dieses Ansinnen am 15. Juli
(vgl. oben Nr. 313, S. 142, Z. 2 – S. 143, Z. 1) ab, um nicht in den Verdacht zu geraten, dem
Zwinglianismus anzuhängen (vgl. ebd., S. 143, Z. 7–10). Stattdessen bot Melanchthon die
Kommunikation auf dem Schriftweg an.

partem deriuemus[4]. Satis namque nouimus mundum nihil prorsus Christi
ferre, quacumque jllud ratione administres, jd quod non tu solum, sed etiam
Erasmus[5], quo nemo veritatem profitetur ciuilius, abunde experitur. Stat
dictum Christi [*Lk 17, 33; Mt 10, 39; Joh 12, 25*] ei animam perdendam esse,
qui apud ipsum jllam jnuenire cupit, vnum profecto anime seruatorem. Et   5
nos alioqui a publica rerum perturbatione vt quicumque alii abhorremus. Sed
cum Dei amor ac studium omnibus rebus anteferrj debeat, si etiam extrema
rebus humanis jmmineant, non licebit tamen prodere veritatem euangelicam,
tacere que loqui jubet Deus [*Act 18, 9*], relinquere lupis [*vgl. Joh 10, 12*], pro
quo grege sanguinem Christus fudit [*vgl. Act 20, 28*]. Vides modo id, quod,   10
qua es jnnocentia et bonitate, haud-[*S. 23b*]-quaquam suspicabaris nempe
veritatj adeo nihil vspiam locj esse reliquum. Haud enim multj sunt, quibus
datum est sese penitus abnegare et deuouere crucj [*vgl. Mt 16, 24 parr*]. Hec
cum pridem nobis persuaserimus, non possumus a mundo aliud quam exitum
expectare, etiamsi jllum circa eucharistiam nihil offendissemus et arctissime   15
quoque jnter nos coniunctj essemus, quotquot Christj esse volumus. Quantula enim nostrum omnium ad eos, qui Romanum pontificem agnoscunt,
portio? Ab vno Christo et fide omnem petendam justitiam et salutem, cetera
fucum esse: jd vero est, quod jn nos vt mundi principem [*vgl. Joh 12, 31
parr*] jta et mundum comouet. Quid enim jllos conturbet quadem ratione   20
negare Christum jn pane, qui ne jn celo quidem esse ipsum credunt? Nulla
igitur nobis causa est, cur quenquam nedum vestros principes tam pios tam
sanctos nostri dogmatis jnuidia onerare cupiamus[6]. Ad hec tam abest, vt
petamus aliquem profiterj de quo non sit per verbum Dei certe persuasus, vt
vehementer etiam, si quis jd ausit, detestemur. Nusquam enim magis abesse[a]   25
temeritatem conuenit quam jn negotio Dei.

Porro quantum ad Zuinglij apologiam vel confessionem[7] attinet, putamus
te posse securum esse. Preter enim id, quod nemo jgnorat, quam nihil nobis

---

[a] *gestrichen* veritatem.

[4] Vgl. dazu Melanchthons Brief an Bucer und Capito vom 15. Juli 1530: „Mihi non videtur
utile reipublicae aut tutum meae conscientiae nostros principes onerare invidia vestri dogmatis
[…]" (oben Nr. 313, S. 143, Z. 3f.).
[5] Erasmus von Rotterdam. — Zur Kritik der Altgläubigen an Erasmus vgl. AUGUSTIJN,
ERASMUS, S. 136–142; BAINTON, ERASMUS, S. 242–245. In seiner Liste mit 404 Irrtümern der
Protestanten greift Johannes Eck auch Erasmus an (Art. 399–402). Vgl. GUSSMANN, QUELLEN
II, S. 191 Anm. 390–393. — Zum Verhältnis der Straßburger zu Erasmus bis zum Augsburger
Reichstag vgl. BOL I, S. 61–67. Bucer selbst schätzte Erasmus bei aller Kritik hoch. Vgl.
Bucers Antwort an Erasmus: *Epistola apologetica […]*, April 1530 (BOL I, S. 77, 171,
Z. 14–16); vgl. auch KRÜGER, BUCER UND ERASMUS, S. 60.
[6] Vgl. Anm. 4.
[7] Gemeint ist Zwinglis Schrift *Fidei ratio* vom 3. Juli 1530 (ZWINGLI W. VI/2, Nr. 163,
S. 753–817), deren Erhalt Melanchthon am 15. Juli 1530 erwähnt (vgl. oben Nr. 313, S. 143,
Z. 7f.).

cum jllo comune sit, vides ipse jam vnum hoc esse, quod Cesarem nobis omnibus jrritat[8], quod Christum posthabere pontificj nequimus. Ceterum quo hic vir spiritu scripserit[9], judicabit spirituum ponderator [*Prov 16, 2*]. Nos nemini aut certe perpaucis datum arbitramur, dum hac carne grauantur,
5 aliquid ita ex dei spiritu gerere, vt ei caro nihil sue pruriginis adfricet. Non desunt etiam, optime Philippe, quod tua pace scribere liceat, qui putent et Lutherum aliter fuisse admoniturum ecclesiasticos nupero jllo libello[10], si scribentj caro nihil sui adflasset, vt multa alia taceamus, que jn eo et aliis suis scriptis jn nos sub nomine fanaticorum et hereticorum preter verum torquere
10 videtur. Atqui de quibus aliis articulis preter rem Zuinglius hoc suo scripto tumultuetur, non videmus. Nam nihil attigit, quod non antea editis libris orbis juditio obtulerit. Ea modo, cum tanto monarche jn presentj theatro fidei reddenda ratio fuit, dissimulasse, quid queso [*S. 24a*] aliud, quam male jpsum conscientie jnsimulasset et hostes ad persequendum vltro fugientem
15 animasset? Nobis profecto videtur, si vnquam fortiter et jngenue veritatem adseruimus, hoc jn presentiarum, cum judicare jllam mundus jnstituit, precipue fatiendum esse. Jta sane solebant martires priscj. Vtinam vero, quam paulo ante cepimus, meditarj modestiam jnitio et progressu huius negotij prestitissemus nec adeo tumultuarj paradoxis, si non contra certe preter
20 nostram professionem libuisset!

At vero, quod scribis Zuinglium nolle viderj verbis tantum dissidere[11], fatemur, sed cum ijs, qui crassius, quam tu nobis facere videris, Christi corpus vel pani vniunt vel jn panem collocant. Jpsum autem seruatorem nostrum testamur nos jnter eius jn cena presentiam, quam ille constare scribit
25 contemplatione fidei[12] et vos realem[13] quidem, sed non localem statuitis, aut

---

[8]   Vgl. Melanchthons Brief an Bucer vom 15. Juli 1530 (oben Nr. 313, S. 143, Z. 9f.). Vgl. auch Melanchthons Brief an Veit Dietrich vom 13. Juli (MSA VII/2, Nr. 161, S. 172, Z. 11–15).

[9]   Bucer und Capito beziehen sich hier auf Melanchthons harte Äußerung gegen Zwingli, in diesem wohne eher ein helvetischer denn ein christlicher Geist (oben Nr. 313, S. 143, Z. 11f.).

[10]   Martin Luther: *Vermahnung an die Geistlichen, versammelt auf dem Reichstag zu Augsburg*, 1530 (WA 30/II, S. 237–356).

[11]   Vgl. dazu Melanchthons Brief an Bucer und Capito vom 15. Juli 1530 (oben Nr. 313, S. 143, Z. 8f.).

[12]   Vgl. Huldrych Zwingli: *Fidei ratio*, 3. Juli 1530 (ZWINGLI W. VI/2, Nr. 163, S. 806, Z. 6, 11).

[13]   Bucer und Capito führen hier den Begriff der Realpräsenz ein, wohl im Rückgriff auf Melanchthons Formulierung in seinen *Sententiae veterum aliquot scriptorum de Coena Domini [...]*: „quod non tantum significet panis corpus domini, sed re ipsa corpus Christi detur in coena" (CR 23, Sp. 743). Die Realpräsenz scheint auch ein Thema des Gespräches zwischen Bucer und Johannes Brenz am 12. Juli 1530 gewesen zu sein. Justus Jonas berichtet jedenfalls tags darauf an Luther: „Tandem eo evaserunt, ut coram Brencio confessi sint se nunc sentire vere, realiter, corporaliter adesse Christi corpus, ut verba sonant" (WA Bw. V, S. 474, Z. 22f.). Bucers Einschränkung „non localem" deutet darauf hin, daß er, wie auch Melanchthon, die Realpräsenz des Leibes Christi nicht als Vereinigung mit dem Brot versteht.

nullum aut certe pertenue, quodque dum queritur euanescat, discrimen
cernere. Longius abesse a nobis de veritate humanitatis jn Christo[14] videri
possitis cum ex proximo jllo Brentzii colloquio[15] tum ex quibusdam eiusdem
et aliorum scriptis. Verum si quis et hic remotis adfectibus veroque pacis
studio vtramque sententiam excutiat, dispereamus, si aliam deprehensurus sit   5
controuersiam, quam quod conuenirj nondum potuit de verbis, quibus hoc
mysterium exponendum sit. Qui namque fieret, vt tantis jn rebus non idem
sentirent, quos jdem docet agitque spiritus? De te nullum nobis dubium est,
cum tantj patrum auctoritatem, et quidem merito, facias ad horum loquendi
formam, si de isto tibi mysterio disserendum sit, propius adcedere. Nec   10
Lutherus sane Marpurgi[16] jta jnconsiderate vt quidam loqui videbatur. Hec
omnia videt tua prudentia, vir doctiss[ime], quam late pateant. Ad hoc
abunde expertus es, quam parum scriptis hactenus ad restituendam jnter nos
concordiam profecerimus. Cum colloquio jllo Marpurgico quamlibet tumul-
tuario ac longe quam oportebat jn tanto negotio breuiorj[17] aliquid tamen dis-   15
sensionis positum sit, et reliquum (vt nostra fert sententia) positum jndubie
fuisset, si licuisset alteros alteris(!), suam [S. 24b] sententiam certius et dilu-
cidius[b] exponere. Perturbatis sic animis raro jd legitur, quod scribitur, et si
legj contingat, fere alio, quam scriptum est, jnterpretatione jncommoda
rapitur. De fide alioqui tua jn adseruandis literis nihil dubitamus[18], quan-   20
quam eo quoque periculorum nos ipsos pridem ob Christj nomen, vt nos
quidem nobis conscij sumus, adduximus, vt haud videamus, quid jllis queat
adiicj.

Ne dubites autem et tu nos prestituros, vt colloquium non minus absque
fraude tua habeatur, quam queat absque nostra agi literis. Stultorum siqui-   25
dem rumusculos contemnere decet, quum effugere non liceat, quacumque
demum ratione res jnstituatur. Vix nuper ad alteram horam cum Brentzio[19]
de concordia collocutj sumus, vt eo statim die magnus quidem gloriatus est

---

[b] *an dieser Stelle ist ein zweites, aber überflüssiges* suam sententiam *eingefügt.*

[14]   Vgl. Bucers Schrift *Vergleichung D. Luthers und seins gegentheyls vom Abentmal
Christi. Dialogus. Das ist eyn freündtlich gesprech,* 1528: „Das alles eygentlich und stracks
wider die warheit were menschlicher natur in Christo" (BDS II, S. 381, Z. 4f.).
[15]   Die Unterredung mit Brenz hatte am 12. Juli 1530 stattgefunden. Vgl. oben Nr. 313,
S. 143, Anm. 5.
[16]   Auf dem Marburger Religionsgespräch vom 1. bis 4. Oktober 1529. Vgl. oben Nr. 273,
S. 11, Anm. 4.
[17]   Das Marburger Religionsgespräch dauerte nur vier Tage (vgl. Anm. 16). Darüber
berichtet Justus Jonas am 13. Juli 1530 Luther (WA Bw. V, S. 474, Z. 23–26).
[18]   Vgl. den Brief Melanchthons an Bucer vom 15. Juli 1530 (oben Nr. 313, S. 143, Z. 6f.).
Melanchthon wußte, daß Bucer und Capito nicht über Begleitbriefe verfügten und daher in
Augsburg nicht öffentlich auftreten konnten (vgl. MSA VII/2, S. 210, Anm. 5).
[19]   Zur Unterredung mit Brenz am 12. Juli vgl. oben Anm. 15.

nos huc venisse, vt recantemus[20]. Christo viuimus [*vgl. Röm 14, 8*], cui nemo
verba dabit, tum bonis dumtaxat probarj cupimus. Jam hos vel nuge iste nihil
monent vel, si prestringj illis oculos ad tempus contingat, veritas breui istius-
modj fumos dispellens rursum ad se reuocat. Insolentem esse christianum
5   oportet, quem jsta ab jnquirenda pace saluteque fratrum remorentur. Proinde
te per Christum oramus, nisi omnem de nobis spem desponderis, tui ad colloquium copiam nobis facere digneris. Veniemus, quo et quando tu voles, ac
eos prestabimus, de quibus nihil dubitaturus sis Christi gloriam ex animo
querere abesseque longe ab omnj hac jn causa fuco fraudeue. In reliqua vita,
10   quamlibet veri esse studeamus, id nobis vsu venit, quod hominibus, vt etiam
nos ipsos sepe fallamus. Hac in re autem et jn omni negotio doctrine chris-
tiane sic nos excussimus, vt deierare liceat nihil aliud nos quam Christi
placita querere. Scribis te sine acerbitate animj dissentire[21]. Crede: hic nihil
tibi cedimus; addis te nihil hic contra nos egisse, nos hic et alibj vos et vestra
15   etiam defendimus. Queque defendere non licet, vel tacemus vel lenimus.
Omnia, que jn nos dira admodum et dicuntur et scribuntur;[c] [*S. 25a*] procul
vero zelo tamen Dei, sed intempestiuo adscribimus. Nec vllj nostram sic
causam comendamus, vt non simul comendemus et vestram. Publicam
pacem et nos nostro sanguine redimere optamus, sed que solida sit quanque
20   nemo dederit nisi Christus [*vgl. Joh 14, 27*], cui Pater dedit omnem potestatem jn celo et jn terra [*Mt 28, 18*] quique veris tantum, candidis et minimo-
rum etiam rationem habentibus delectatur [*vgl. Mt 25, 40, 45*].

Vide ergo, jn quam longos logos responsio ad vnum epistolium deduxe-
rit! Quid futurum putas, si res tantas per epistolas tractare velimus? Sunt
25   enim et alia, vt aiunt, de quibus tibi errare videmur. Et hodie narrauit quidam
dixisse te primario cuidam partis aduerse theologo[22] Zuinglium et me,
Bucerum, recantasse, jn que Marpurgi consensimus, omnia — id quod
absque causa dixistj, si modo dixistj. Nam omnibus jllis adhuc adhereo, et
quidem ad sensum[d] Lutheri. Nec discessit ab eis Zuinglius, quod tibi et omnj,

---

[c] *gestrichen* procul. – [d] *gestrichen* Lutheri.

[20]   Der Brief des Justus Jonas an Luther vom 13. Juli 1530 (vgl. oben Anm. 13) legte ein
solches Urteil nahe. Bereits Anfang Juli hatte Johann Rurer an Andreas Althamer berichtet:
„Philippus [Melanchthon] hat mit Osiander vmb ein damscater wammes gewettet, die Strass-
burger wern noch lutherisch werden, hoc est, accedere nostrae sententiae de sacramento, ubi
Caesar urgebit" (KOLDE, REDAKTION, S. 111, Z. 4–7).
[21]   Bucer und Capito nehmen hier Bezug auf den Brief Melanchthons vom 15. Juli 1530
(oben Nr. 313, S. 143, Z. 2f.).
[22]   Melanchthon hatte am 3. Juni 1530 an Erzbischof Albrecht von Mainz in Augsburg geschrieben: „Multi nova dogmata parturiunt, Argentinenses aliquoties iam significaverunt se de
divinitate filii impie et contra catholicam ecclesiam sentire" (MSA VII/2, S. 166, Z. 41–44).
Vgl. auch unten Nr. 319, S. 163, Anm. 22.

qui juditio aliquo preditus fuerit, facile comprobabo, si ad colloquium admittere nos videbitur.

Oro paucis arbitris velis esse contentus, quia familiare colloquium ambimus! Brentzium et similes adesse etiam optamus. Nos preter Sturmium[23] neminem adhibebimus, et si libet etiam hunc mittemus. Dilectio   5
namque vetat aliud a vobis, quam quod viros candidos decet, expectare, vtcumque jactent nonnulli voces quasdam et dici et scribi parum sinceras, queque non queant nisi ex sinistro et preposterο nostrj juditio nascj. Bene vale et, quod te dignum hac jn re arbitratus fueris, significa! Interuenit negotium nobis, alioqui quarto hinc die ista scripsissemus; ne putes volentes re-   10
sponsum hactenus distulisse.

Ex diuersorio legatorum vrbis Argentoratj. xviii Julij anno MDxxx.

Tui Capito et Bucerus

Adresse [S. 23a]: Philipp Melanchthoni

C (zeitgen.) Konstanz StA, Urk. z. Gesch. d. Ref., Fasz. 11 (1530–1538), Nr. 13, S. 23a–25a. — P Coelestin, Historia II, S. 297b–299a; Chytraeus, Historia, S. 666f.; CR II, Nr. 810, Sp. 235–239; Walch, Luther Schr. 17, Nr. 49, Sp. 1992–1997 (deutsche Übersetzung) — E Gotha, Forsch. Bibl., Cod. chart. B 186, S. 210–213; Hospinian, Historia II, S. 109b–110b. — R Melanchthon Bw. I, Nr. 980, S. 408; Millet, Correspondance Capiton, Nr. 418, S. 136.

---

23   Jakob Sturm. Vgl. oben Nr. 269, S. 2, Anm. 9.

318   [1530][1] Juli 22. Augsburg. — Bucer und Wolfgang Capito[2] an
        Ambrosius Blaurer[3]

Bucer et Capiton joignent à leur missive la copie d'une lettre à Zwingli renfermant les nouvelles les plus récentes. Il n'y a rien à attendre, sinon ce que décrétera le Pape ; mais Dieu, le vainqueur du monde, lui résistera. La malhonnêteté des Luthériens et le délire des papistes ne leur laissent guère d'espoir en la paix ; mais le Christ leur rendra raison, à eux qui recherchent sa

---

1   Die Jahreszahl fehlt. Wegen der Bezüge zum Augsburger Reichstag kommt aber nur 1530 in Betracht.
2   Wolfgang Capito [Köpfel]. Vgl. oben Nr. 271, S. 6, Anm. 8.
3   Ambrosius Blaurer [Blarer, Blorer]. Vgl. oben Nr. 273, S. 9, Anm. 3.

*seule gloire et le salut des hommes. Ils expriment toutefois leurs craintes, à
cause à la fois de la guerre et de l'insouciance et de la tiédeur des leurs.
Leur situation est semblable à celle de l'Église avant la persécution de Dioclétien, punition due à ses divisions. Salutations à Johannes Zwick, à
Thomas Blaurer et aux frères de Constance.*

*Bucer und Capito berichten über einen Brief an Zwingli mit den neuesten
Nachrichten aus Augsburg, den Blaurer zu lesen bekam. Alle Welt steht auf
der Seite des Papstes. Die Unredlichkeit der Lutherischen und die Wut der
Papisten lassen keine Hoffnung auf Frieden zu. Anlaß zur Sorge geben auch
die eigene Nachlässigkeit und Kälte im Glauben: Der Zustand ähnelt dem
der frühen Christenheit vor der diokletianischen Verfolgung. Grüße an
Johannes Zwick, Thomas Blaurer und die Konstanzer Brüder.*

S[alutem] d[icit]!
    Pridem scripsissemus, nisi satis constaret de Zuickij[4] fide et diligentia,
qui nihil latere vos patitur. Quae modo rescire potuimus, Zuinglio scripsimus[5]; ea[a] legendi potestatem tibi fecimus, ne sint nobis repetenda[6]. Summa
5   omnium est: Mundus stat a pontifice; igitur nihil ab vllo nobis expectandum
aliud, quam quod decreuerit pontifex. Si autem is, qui mundum vicit [*vgl.
Joh 16, 33*], huius consilijs obuiare, vt hactenus fecit, velit, grati expectabi-
mus. Eius tamen nos fidei sic committere decet, ut et in morte victoriam
repositam esse [*vgl. I Kor 15, 57*] nihil addubitemus. Est ea Lutheranorum in
10 nos improbitas et eiusmodi papistarum furor, vt in hominibus quidem nihil
videamus, quod aeque pacem polliceatur. Cum enim nobis aliter conscij[b] non
simus quam nobis solam et Christi gloriam et hominum salutem queri,
habebit Christus hactenus nominis sui rationem, vt nos ijs, qui nihil aliud
querunt, quam ut illud vel in nobis obscuretur et execrabile habeatur, haud-
15 quaquam permittat. Deinde immissum etiam belli metum episcopis aliquot
videmus non vulgarem[7]. Caesari quoque ea videntur consilia esse, vt et in
illis apareat vis Christi nolentis suos penitus opprimi, vtcunque alio spectent
remiges.< Nam etsi nihil aliud videatur queri quam nostri extinctio, sic tamen
res instituitur, vt non minus apareat virtus Christi consilia haec confunden-

---

ª *zuerst* eas. – ᵇ *gestrichen* nobis.

    [4] Konrad Zwick, der zusammen mit dem Konstanzer Ratsmitglied Sebastian Gaisberg
zum Augsburger Reichstag abgeordnet war. Vgl. BLAURER Bw. I, Nr. 168, S. 213, Anm. 5.
    [5] Vgl. Bucers Brief an die Straßburger Prediger und weiter an Zwingli vom 22. Juli 1530
(unten Nr. 319, S. 160–164).
    [6] Auf welchem Wege Blaurer den Brief an Zwingli erhielt, kann nicht mehr rekonstruiert
werden.
    [7] Vgl. Bucers und Capitos Brief an die Prediger in Straßburg vom 7. Juli 1530 (oben
Nr. 308, S. 130, Z. 1).

tis.< Nihil est, quod aeque terreat atque nostra socordia et frigus. Dominus accendat et doceat, *ᶠ*fortiter in² ᶜ *ᶠ*sui nominis² ᵈ <gloriam< et vivere et mori. <Si nos non pessundabit - nostri, qui ab euangelio stare videri volumus, tam miseranda sectio! - mirum, si mundo Christus aliquid crudelius in nos permittat. Sed scis, vt detestetur ille suos inter se dissidere et vt hac caussa olim   5 quoque persecutiones suis immiserit [*vgl. Joh 15, 17–20*]. Plus nimio similis est nostrae, qui purioris christianismi sectatores haberi volumus, ecclesiae status ei, quem fuisse imperante Diocletiano, antequam sͼuire tam atrociter incͼpisset[8], ecclesiastica historia memorat.< Augustae XXII. Iulij. Saluta Zviccium[9] et fratres reliquos, inprimis germanum tuum[10]!   10
T[ui] Cap[ito] et Buc[erus]

Adresse [f° v°]: Ambrosio Blaurero, ecclesiastae Constantiensi, viro pietatis et eruditionis eximiae, fratri charissimo.

Oa AST 151 (Ep. Buc. I), Nr. 11, S. 35f. (mit Siegelspur). — C Zürich ZB, S 26,35; TB III, S. 286. — P Blaurer Bw. I, Nr. 168, S. 213f. — R Millet, Correspondance Capiton, Nr. 419, S. 136.

ᶜ *anstatt* grauiter pro – ᵈ *zuerst* suo nomine.

[8]   Gemeint ist die Christenverfolgung, die unter dem römischen Kaiser Diokletian (Gaius Aurelius Valerius Diocletianus, um 245 — 313 Split, reg. 284–305) im Jahre 303 begann. Unter dem Einfluß des Galerius plante Diokletian die Wiederherstellung des „mos maiorum". Er entfernte Christen aus öffentlichen Ämtern, enteignete die Gemeinden, bestrafte die Geistlichen und leitete Zwangsmaßnahmen zur Rückkehr zum alten Glauben ein. Im Osten erlitten zahlreiche Christen das Martyrium. Der Erfolg dieser Christenverfolgung blieb gering. Vgl. STADE, DIOKLETIAN, insbes. S. 157–183; WILLIAMS, DIOKLETIAN, S. 153–200.
[9]   Johannes Zwick. Vgl. oben Nr. 272, S. 7, Anm. 1.
[10]   Thomas Blaurer. Vgl. oben Nr. 273, S. 9, Anm. 3.

319　[1530]¹ Juli 22. Augsburg. — Wolfgang Capito² und Bucer an
Huldrych Zwingli

*Par la menace, l'Empereur a tenté de ramener le margrave Georges de
Brandebourg et le prince-électeur Jean de Saxe dans le sein de l'Église ; ils
ont répondu ne pouvoir le faire sans avoir été convaincus d'erreur par
l'Écriture ; pour sa part, Philippe de Hesse n'a pas été convoqué. Après la
lecture de la réfutation de la* Confession d'Augsbourg, *certains princes de la
foi traditionnelle souhaitent éviter la guerre, et ont proposé le compromis
suivant : dans les lieux gagnés à la foi évangélique, les prêtres mariés seront
tolérés jusqu'à un concile ; ceux qui le désirent prendront la Cène sous deux
espèces ; la messe ne sera ni exigée ni interdite. Les avis divergent sur les
réactions de l'Empereur vis-à-vis de ces concessions : pour les uns, il est
soumis au Pape ; pour d'autres, il est sensible à la menace turque et au
danger d'un soulèvement populaire. Bucer et Capiton sont sortis de leur
cachette pour se réclamer ouvertement de la Tétrapolitaine. Par l'intermédiaire de Brenz, ils ont sollicité un entretien avec Mélanchthon ; ils cher-
chent à exposer leur foi aux princes luthériens, lesquels dépendent de leurs
théologiens. Bucer et Capiton ont discuté avec deux théologiens de la cour
d'Albert de Mayence, mais ces derniers ne leur ont proposé que le retour
dans le giron de l'Église. La* Fidei ratio *a offensé notamment les Luthériens,
mais pas les Strasbourgeois ; la vérité ne peut être défendue que hardiment,
en évitant toutefois l'insolence et les moqueries. Bucer et Capiton espèrent
être constants, et exhortent Zwingli à prier pour que le Christ les assiste.
Post-scriptum : Salutations de Jacques Sturm. La correspondance de
Zwingli avec Philippe de Hesse.*

*Der Kaiser versucht mit Drohungen und Versprechungen, Markgraf Georg
von Brandenburg-Ansbach und Kurfürst Johann von Sachsen zur Rückkehr
zum alten Glauben zu bewegen, nicht jedoch Landgraf Philipp von Hessen.
Nach Verlesung der* Confutatio Confessionis Augustanae *sind nun auch altgläubige Fürsten an Kompromissen mit den Evangelischen in deren Gebieten interessiert: Bis zu einem Konzil sollen bestehende Priesterehen geduldet werden; das Abendmahl soll denen, die es so begehren, in beiderlei
Gestalt gereicht werden; die Messe darf weder erzwungen noch verboten
werden. Doch wird man damit, wie es heißt, auf Widerstand des militärisch
überlegenen Kaisers stoßen. Bucer und Capito sind aus ihrem Versteck an
die Öffentlichkeit getreten und haben sich zur* Confessio Tetrapolitana

---

¹ Die Jahreszahl fehlt. Wegen der Bezüge zum Augsburger Reichstag kommt aber nur
1530 in Betracht.
² Wolfgang Capito [Köpfel]. Vgl. oben Nr. 271, S. 6, Anm. 8.

bekannt. Versuche, ein persönliches Gespräch mit Melanchthon zu erwirken. Zwinglis „Fidei ratio" hat vielfach Unmut erregt. Die Wahrheit kann nur mutig und tapfer vertreten werden, jedoch ohne Unverschämtheit und Verspottungen. Grüße von Jakob Sturm. Der Briefwechsel von Zwingli mit Philipp von Hessen.

S[alutem] d[icit]!

Caesar graui legatione Georg[ium] Brandenburgium³ et Saxo[nem]⁴ appellauit, vt ad ecclesiam reuertantur, minas diras promissis ingentibus adijciens⁵. Respondit vterque fortiter a receptis se desciscere non posse, quicquid immineat, nisi scripturis conuincantur errare⁶. Cattum⁷ modo non   5
appellauit, quod forsan spem de illo ex priori confessione⁸ desponderit. Quamquam non desint, qui putent hunc iam poenae destinatum, ita vt nollent eum resipiscere. Interea principes fidei veteris, cupientes auertere bellum, constituerunt, qui dispiciant de mediis inter euangelicos et papistas. Audierunt enim confutationem, qua papistae principum confessionem confuta-   10
runt⁹. Spargi incipit inter media haec fore: Ferendos ⁺ecclesiasticos⁺ vsque ad

---

³ Georg der Fromme [der Bekenner], Markgraf von Brandenburg-Ansbach-Kulmbach (4. März 1484 – 27. Dezember 1543). Entschlossener Förderer der Reformation in Oberschlesien, Einführung der Reformation in seinen fränkischen Landen durch eine Kirchenvisitation 1528, Teilnehmer an den Reichstagen von Speyer 1529 und Augsburg 1530, Einführung der Brandenburgisch-Nürnbergischen Kirchenordnung 1533. Vgl. JORDAN, REFORMATION, S. 183–244; KIRCHENORDNUNG BRANDENBURG-NÜRNBERG 1533; MÜLLER, GEORG VON BRANDENBURG, insbes. S. 20–24; PFEIFFER, GEORG VON BRANDENBURG, S. 204f.

⁴ Kurfürst Johann von Sachsen. Vgl. oben Nr. 298, S. 99, Anm. 8.

⁵ Am 15. Juli 1530 hatte der Kaiser Markgraf Georg von Brandenburg-Ansbach und Kurfürst Johann von Sachsen einbestellt und versucht, sie zur Abkehr von der Reformation und Rückkehr zum Glauben zu bewegen, „wie er vor 100 Jahren gewest sey" (CR II, Nr. 788, Sp. 206). Mit Versprechungen und Drohungen „in mehr bedrohlichen Worten" (ebd.) suchte der Kaiser seinen Forderungen Nachdruck zu verleihen. Darüber berichten auch Jakob Sturm und Mathis Pfarrer an den Rat von Straßburg (vgl. CORRESPONDENZ STRASSBURG I, Nr. 762, S. 472f.).

⁶ Am 19. Juli lehnte Georg von Brandenburg das kaiserliche Ansinnen ab. Vgl. die *Antwort des Markgrafen Georg von Brandenburg* (URKUNDENBUCH AUGSBURG 1530 II, S. 93–100). Am 21. Juli lieferte Johann von Sachsen sein von Kanzler Gregor Heinse, genannt Brück, verfaßtes *Bekenntniß der christlichen Lehre und Glaubens* ab (URKUNDENBUCH AUGSBURG 1530 II, S. 113–119). Zu Brück vgl. unten Nr. 320, S. 165, Anm. 2.

⁷ Landgraf Philipp von Hessen. Vgl. oben Nr. 270, S. 3, Anm. 3. — Jakob Sturm und Mathis Pfarrer schrieben am 16. Juli an den Straßburger Rat: „Mit dem landgraven ist noch nichts gehandelt dan das in anlangt, wo er abston werde, wolt man herzog Ulrich von Wirtemberg wider restituieren, derglichen in mit Nassaw underston zu vertragen" (CORRESPONDENZ STRASSBURG I, Nr. 762, S. 472f.).

⁸ Anfang Juli 1530 hatte Landgraf Philipp von Hessen vor Kaiser Karl V. ein Glaubensbekenntnis abgelegt. Vgl. den Brief Bucers und Capitos an die Prediger in Straßburg vom 7. Juli 1530 (oben Nr. 308, S. 126, Z. 4 – S. 127, Z. 11).

⁹ Die *Confutatio pontificia Confessionis Augustanae.* Vgl. FICKER, KONFUTATION, S. 1–140; IMMENKÖTTER, CONFUTATIO; URKUNDENBUCH AUGSBURG 1530 II, S. 133–176.

concilium, qui duxerunt vxores, ne quis tamen ↓eorum↓ posthac ⌐maritus
fiat⌐ ᵃ; vtraque specie communionem permittendam petentibus, sic tamen, vt
alteram volentibus aeque obsecundetur; missam neque exigendam neque
prohibendam, haec tamen nonᵇ nisi in ijs locis, vbi euangelion obtinuit. Qua-
5   liacumque vero haec sunt, multi putant a Caesare impetrari non posse, cum
nihil queat concedere, nisi quae velit pontifex. Alij existimant tantum effecturos eos, qui delirijs suis timentes numquam non incutiuntᶜ metum et a
Turcis¹⁰ et plebibus, vt ↓ea vel↓ inuito extorqueantᵈ. Nemo enim principum
sic instructus est, vt ferre bellum queat, solo Caesare excepto, cui ingentem
10   vim pecuniae in hoc sacrum bellum contra haereticos Anglus¹¹ promisisse
fertur. Habet enim hic legatum suum.ᵉ Nos latereᶠ pridem desijmus et scripto
fidei rationem, quam Argentoratensium, Constantiensium, Lindouensium et
Memmingensium legati obtulerunt¹², complexi sumus. Cum Brentio item
collocutiᵍ ¹³ per eum, vt cum Philippo¹⁴ quoque liceret colloqui, ambiuimus.
15   Is rescripsit et humaniter¹⁵, sed aliter agere ↓eum in nos apud episcopos↓
multi ferunt. Respondimus et secundo colloquium petiuimus¹⁶. Quid impe-
traturi simus, nondum licuit rescire¹⁷. In eo quoque sumus, vt fidei nostrae
rationem reddere quaeramus coram principibus Lutheranis [f° 315 v°].
Veremur autem, vt nos principes illi admissuri sint; ita obnoxij doctis suis
20   sunt Saxo¹⁸ et Brandenburgensis¹⁹; Lunenburgensis²⁰ non ita. Cattus illis

---

ᵃ anstatt vtraque [...]. – ᵇ gestrichen nisi. – ᶜ gestrichen [...]. – ᵈ zuerst extorqueantur. –
ᵉ gestrichen Huc. – ᶠ zuerst laterent. – ᵍ gestrichen sumus et.

10   Erstes Thema der Eröffnungsrede zum Reichstag, am 20. Juni 1530 gehalten vom
päpstlichen Nuntius Vincentius Pimpinelli, war die Türkengefahr. In karikierender Weise gab
Pimpinelli hier sogar den Türken den Vorzug vor den Deutschen, die täglich neue Religionen
erdächten und die hergebrachten Werte umstießen, wohingegen die Türken bei ihrem Glauben
blieben (vgl. DRESCHER, REICHSTAG, S. 15f.). Im weiteren Verlauf des Reichstages wurde die
Türkengefahr vor allem vom Erzbischof von Mainz beschworen. Die Ausschußverordneten
hatten dem Reichstag soeben, am 21. Juli, über dieses Thema berichtet. Vgl. die Antwort der
zum Ausschuß Verordneten wegen der Hülfe zu dem Zuge wider die Türken (URKUNDENBUCH
AUGSBURG 1530 II, S. 108–113).
11   Heinrich VIII., König von England (Greenwich 28. Juni 1491 – 28. Januar 1547
Windsor Castle). Heinrich VIII. verfaßte 1521 die Schrift Assertio septem sacramentorum
contra M. Lutherum. Trotz kirchlicher Reformen im eigenen Reich bleibt ihm der mitteleu-
ropäische Protestantismus zeitlebens fremd. Auf dem Augsburger Reichstag war Heinrich VIII.
durch seinen Gesandten Nicholas Harvey vertreten. Vgl. LOCHER, REFORMATION, S. 647–649;
MACKIE, EARLY TUDORS, S. 124–157; POLLARD, HENRY VIII., insbes. S. 278–301.
12   Gemeint ist die Confessio Tetrapolitana. Vgl. oben Nr. 306, S. 120, Anm. 4; Nr. 311,
S. 137; BDS III, S. 13–185; CORRESPONDENZ STRASSBURG I, Nr. 758, S. 469–471; URKUNDEN-
BUCH AUGSBURG 1530 II, S. 21–70.
13   Zur Unterredung mit Brenz am 12. Juli vgl. oben Nr. 313, S. 143, Anm. 5.
14   Philipp Melanchthon [Schwarzerd]. Vgl. oben Nr. 273, S. 15, Anm. 27.
15   Am 15. Juli hatte Melanchthon an Bucer geschrieben. Vgl. oben Nr. 313, S. 142–144.
16   Vgl. oben Nr. 317, S. 156, Z. 6f.
17   Eine mündliche Verhandlung findet nicht statt, doch schickt Melanchthon eine Zusam-
menfassung der wesentlichen Streitpunkte an Bucer. Vgl. unten Nr. 325, S. 199, Z. 20 – S. 200,
Z. 26.

iam noster habetur, eoque per eum nihil amplius apud duos illos impetrare
licet. Collocuti sumus et cum Moguntinae aulae duobus, Capito cum primo
consiliario[21], ego cum theologo[22]. Non sunt ᶠhi, sicutᴸ ʰ nec princeps eorum,
adeo feri vt alij. Vna tamen omnium vox: Revertimini ad ecclesiam, hoc est,
admittite rursus frenum, quo ducamini nostro arbitrio! Miram enim ecclesiae   5
reformationem pollicentur, ubi nos illis deuoueremus, qui nihil minus ᶜquam
reformationemᶜ ferre possunt.

Tua confessio[23] quosdam offendit, et potiss[imum] duobus locis: altero,
cum dicis quosdam respectare ad ollas Aegyptiacas [*Ex 16, 3*], quod vrit
Lutheranos[24]; altero, cum scribisⁱ pedatum et mitratum genus episcoporum id   10
esse in ecclesia, quod gibbi et strumae in corpore[25]. Sed qui recte rem
omnem perpendunt, tibi et haec facile condonant. Nam vt adhuc res habent,
non apparet, quid aequi ab vtrisque expectari queat. Caetera, quibus fidem
ipsam exponis, non audiui, quos offendissent, ex ijs maxime, quorum nobis
sit habenda ratio. Res ipsa hactenus nos docet non esse aliam rationem cum   15
fructu adserendae veritatis, quam ingenue ac fortiter, citra procaciam tamen
et sannas, id fateri et dicere, quod res est. Vt cum docendi homines sunt,
prudens verbi dispensatio eum ordinem obseruatʲ, quem omnes rite docentes,
vt ab ijs nempe ordiatur, quae captu faciliora sunt discentibus, ita cum res est
cum mundo et coram illo veritas confitenda, nihil non quam simplicissime   20
exponet et testabitur, eorum maxime, quae antea asserta [*f° 315 a r°*] sunt. Si

---

ʰ *zuerst* hic, si. – ⁱ *anstatt* pedratum. – ʲ *zuerst* obseruam.

18   Kurfürst Johann von Sachsen. Vgl. oben Nr. 298, S. 99, Anm. 8.
19   Markgraf Georg von Brandenburg-Ansbach-Kulmbach. Vgl. oben Anm. 3.
20   Ernst der Bekenner, Herzog von Braunschweig-Lüneburg-Celle. Vgl. oben Nr. 306,
S. 121, Anm. 16. — Ernst war bemüht, in der Abendmahlsfrage eine Einigung mit Bucer her-
beizuführen.
21   Kaspar von Westhausen (Meiningen 1497 – 31. Juli 1535 Mainz). Ab 1497 Studium in
Erfurt, Doktor beider Rechte, Propst der Liebfrauenkirche in Erfurt. Seit 1513 Rektor der
Mainzer Universität und Berater in Hofdiensten Albrechts von Mainz, 1524 auf dem Reichstag
zu Nürnberg, 1525 auf dem Reichstag zu Regensburg. Am 29. Juni 1530 verkündete er als
Mainzer Kanzler auf dem Augsburger Reichstag die am 24. Februar 1530 erfolgte Krönung
Kaiser Karls V. durch Papst Clemens VII. Vgl. GÖNNA, ALBRECHT, S. 464; KNODT, DE MOGUN-
TINA II, S. 12f.; ROTH, GELEHRTE, S. 17–19.
22   Michael Vehe (Biberach/Württemberg um 1490 — 1539 Halle a. d. Saale). Mitglied des
Dominikanerordens, Studium in Heidelberg, 1517 Prior des Dominikanerkonvents in Heidelberg. Um 1528 berief Albrecht von Mainz ihn als Propst an das Stift ‚Ad velum aureum' nach
Halle a. d. Saale und ernannte ihn zu seinem Geistlichen Rat. Auf dem Augsburger Reichstag
wird Vehe vom Kaiser mit der Mitarbeit an der *Confutatio Confessionis Augustanae* betraut.
Vgl. BÄUMLER, VEHE, S. 529.
23   Huldrych Zwinglis Schrift *Fidei ratio*, 3. Juli 1530 (ZWINGLI W. VI/2, Nr. 163,
S. 753–817). Vgl. BAUR, ZWINGLI II, S. 643–667, 707; LOCHER, REFORMATION, S. 339f.,
510–513.
24   Huldrych Zwingli: *Fidei ratio*, 3. Juli 1530 (ZWINGLI W. VI/2, Nr. 163, S. 806,
Z. 12–17).
25   Ebd. S. 814, Z. 4–7.

namque suo spiritu feratur mundus, nihil foret veritatj, quamlibet id ciuiliter dispenses vel agnoscas dispensatum. Cum ergo hic solo Christi spiritu nitendum sit, praestat agere simpliciter.

Bene vale! Nos, spero, constantes erimus; sed orent fratres, vt id cum 5 nobis tum omnibus Christus donet.

Augustae 22. Iulij. Vtinam vero Dominus det, ne praeter vos! In nobis si situm arbitrium fuerit, haud alia ibitur. Fertur quosdam vicinos vestros optare, vt suas ditiones in Boemis haberent[26].

Tui Cap[ito] et Buc[erus]

10 Salutat te comes noster[27], qui praeter haec, quod scriberet, nihil habuit. Catto literas heri reddidit[28]; respondebitur fusius[k] proximo nuncio[29].

Adresse [f° 315 a v°]: Hulderycho Zvinglio, Tigurinorum ecclesiastae, pastori fidiss[imo].

Oa Zürich SA, E II 339, f° 315 r° – 315a v°. — C Zürch ZB, S 26,54. — P Schuler/Schultheß, Zw. W. VIII, S. 484f.; Zwingli Bw. V, Nr. 1068, S. 37–41.

 ᵏ *gestrichen* alio.

26 Gemeint sind die Fünf Katholischen Orte. Die Formulierung bezieht sich wohl auf ihre Bündnispläne mit Ferdinand von Österreich-Böhmen, oder bedeutet, daß sie, angesichts eines drohenden Angriffs der Züricher, möglichst weit entfernt in Böhmen sein möchten. Vgl. Zwingli Bw. V, Nr. 1068, S. 41, Anm. 11; Nr. 1069, S. 42f., Anm. 4.

27 Jakob Sturm. Vgl. oben Nr. 269, S. 2, Anm. 9.

28 Gemeint ist der Brief Zwinglis an Landgraf Philipp von Hessen vom 13. Juli 1530. Vgl. Zwingli Bw. V, Nr. 1061, S. 21f.

29 Dieser Brief Philipps von Hessen an Zwingli konnte nicht ermittelt werden, der nächste erhaltene Brief stammt erst vom 4. September 1530. Vgl. ebd., Nr. 1088, S. 111–113.

320   [1530] Juli [23. oder 24.]¹ [Augsburg]. — Bucer an Gregor Brück²

*Bucer résume, conformément à leur entrevue de la veille, sa position sur
la Cène ; la querelle entre Luther et eux "réside seulement dans les mots".
Bucer témoigne de sa bonne volonté, et reconnaît que Luther et ceux qui
refusent de les reconnaître comme des frères chrétiens recherchent l'hon-
neur de Jésus. Réflexions sur l'action du prince de ce monde contre
les – rares – élus. Pour Luther et les siens d'un côté, les Strasbourgeois,
Œcolampade et Zwingli de l'autre, le conflit se résume en trois points : 1.
L'interprétation des paroles d'institution "ceci est mon corps" [Mt 26, 26
et parr]. Contrairement à ce que pense Luther, et avec Augustin, les deux
partis affirment la présence réelle du Christ, et combattent l'idée, défendue grossièrement par le commun, que le pain lui-même est le corps du
Christ. 2. La manière dont, dans la Cène, le corps du Christ est présent et
mangé. Les Zwingliens enseignent une manducation par la foi ("contemplatione fidei"), laquelle ne se réduit pas au souvenir d'un absent : le
Christ est bien présent, par la parole de Dieu et l'action du Saint-Esprit ;
ils refusent les termes* realiter *et* corporaliter, *qui expriment une compréhension purement spatiale que Luther lui-même rejette. Pour ce dernier
aussi, le corps du Christ n'est présent que dans l'union sacramentelle avec
le pain et le vin, et on ne le mange pas comme du pain ordinaire. Il n'y a
donc pas de dissension entre les deux compréhensions. 3. Les impies
peuvent-ils manger le corps du Christ ? C'est à l'attention de ses disciples
véritables que le Christ a prononcé les paroles d'institution. Tous les
Pères ont appliqué Jn 6[, 54] à la Cène ; pour Augustin, les disciples*

---

¹ Landgraf Philipp von Hessen war es gelungen, ein Gespräch zwischen Bucer und
Kanzler Georg Brück zu arrangieren. Dieses Gespräch kann frühestens am Abend des 22. Juli
1530 stattgefunden haben: Am 22. Juli erwähnt Bucer in seinem Brief an Zwingli (vgl. oben
Nr. 319, S. 160–164) das Treffen mit Brück nicht. Falls das Gespräch schon am 22. Juli statt-
fand (vgl. CORRESPONDENZ STRASSBURG I, Nr. 783, S. 488, Anm. 1; FRIEDRICH, BUCER, S. 70),
muß der Termin sehr kurzfristig anberaumt worden sein, ansonsten ist vom 23. Juli auszugehen.
In dem Gespräch bat Brück Bucer um eine schriftliche Darlegung seiner Abendmahlslehre, um
sie Melanchthon übergeben zu können. Aus Bucers Aussage „Alß ich gestern ewer achtpar
weyßheyt zugesagt, yn kurtzen articulen zu stellen die rede […]" geht hervor, daß der Brief am
Tag nach der Unterredung geschrieben wurde, also vermutlich am 24. Juli 1530.
² Gregor Hein[t]z[e] [Heinse, genannt Pontanus, genannt Brück] (Brück i. Brandenburg
um 1483 – 15. [20.?] Februar 1557). Brück studierte 1502-1509 Jurisprudenz in Wittenberg und
Frankfurt a. d. Oder, wurde von Friedrich dem Weisen zum kursächsischen Hof berufen; nach
der Promotion zum Dr. beider Rechte wurde Brück 1520 Kanzler in Weimar und 1521 in Wittenberg. Im Januar 1529 übergab er das Kanzleramt an Christian Beyer und diente seinen
Kurfürsten zunächst als ‚täglicher Hofrat', von Juni 1529 an von Wittenberg aus als ‚Rat von
Hause aus' auf Lebenszeit. Erst nach Aufgabe des Kanzleramtes, als Vermittler zwischen säch-
sischem Hof und den Reformatoren, erreichten Brücks Einfluß und Bedeutung ihren Höhe-
punkt. Vgl. BRÜCK, HANDLUNGEN I, S. XVI–XXII; FABIAN, BRÜCK, S. 653f.; FABIAN, GREGOR
BRÜCK, S. 212–216; FABIAN, CRANACH-BILDNISSE, S. 266–280; FRIEDRICH, BUCER, S. 69–77;
MENTZ, CHARAKTERISTIK, S. 299–322.

mangent le pain du Seigneur, Judas le pain du Seigneur contre le Seigneur. La querelle pourrait être surmontée grâce à une distinction établie par saint Bernard : les impies ne mangent que le pain ; les croyants qui mangent le corps du Christ sans s'être recueillis ni rendre grâces le mangent sans fruit, et les autres croyants le mangent avec fruit. Bucer répète qu'ils n'ont pas encore pu s'entendre sur les mots, et assure ne pas édulcorer sa position. Il demande à Brück de lui obtenir un entretien avec Mélanchthon, en arguant notamment du scandale que leur désaccord provoque chez les croyants.

Die Auseinandersetzung über das Abendmahl ist lediglich als Wortstreit zu erachten, der möglichst bald beendet werden sollte. Auch Luther und die Seinen, welche die Straßburger und ihre Verbündeten nicht als christliche Brüder anerkennen, streben nach der Ehre Christi. Bucer glaubt, die Abendmahlsauffassung der Lutherischen und die von Zwingli und Oekolampad erklären zu können. Schriftliche Darlegung seiner Sicht der Abendmahlskontroverse in drei Abschnitten: 1. Die rechte Auslegung der Einsetzungsworte ,Das ist mein Leib'. Beide Parteien bekennen eine Realpräsenz und sind sich einig, daß die Abendmahlsworte nicht buchstäblich verstanden weden können, also der Auslegung bedürfen. 2. Wie der Leib Christi im Abendmahl gegenwärtig ist und gegessen wird. Die Zwinglianer lehren ein Essen des Leibes Christi ,contemplatione fidei'; auch für die Lutherischen ist der Leib Christi nur durch die sakramentale Einheit mit Brot und Wein gegenwärtig; der Leib Christi wird nach Überzeugung beider Seiten nicht wie gewöhnliches Brot gegessen. 3. Ob auch die Gottlosen den Leib Christi empfangen. Christus hat das Abendmahl für seine Jünger eingesetzt. Leib und Blut Christi können nur im Glauben empfangen werden; die Gottlosen haben keinen Anteil am Leib Christi, während die Gläubigen ihn ohne Andacht vergebens essen. Bucer wünscht ein persönliches Gespräch mit Melanchthon.

[3]Die gnad Christi, vnsers Herren, vnd meyn gantz willige dienst zu vor, wyrdiger achtparer herr! Alß ich gestern ewer achtpar weyßheyt zugesagt, ᶜyn kurtzen articulen zu stellen< die rede[4], so ich mit euch von dem gehebt, das ichs vor Gott anders nit erkenne, dann das der span[5] vom h[eiligen] sacrament des obentmals Christi, der sich zwischen do[ctor] ↓Martin↓ Luther

---

[3]   K. Hubert: ^Notandum scriptum. Articulj^. ᶜPost scriptum dialogum Oecolampadij quem citat pagina 8< (darunter, teils unleserlich: ᶜCirca ... Augu[sti] ex capita literis [?]. Nach des Landgr[afen] verreiten beschehen circa 24 Augu[sti]ᶜ).
[4]   Vgl. oben Anm. 1.
[5]   Auseinandersetzung, Streit.

vnd[a] vnß haltet, alleyn yn worten seye, hab ich solliche in aller eynfalt vnd warheyt, alß[b] ichs yn meynem gewissenn vor den augen des Almechtigen befind,[c] ˂in hienach geschribene articel verfasset, die ich e[uer] achtp[aren] w[eisheit] dienstlicher meinung vberschicke, ongezweyfelt, jr werdet die selbigen˂ [d] do zu[e] gebrauchen, do zu ich sy gesetzet hab, nemlich[f] das, so vnß   5 Gott so gnedig seyn wolte, dyß vberauß ergerlich spaltung abgestellet oder zum wenigsten etwas gemiltert werden möchte.[g]

˹So ich[h] wölte ansehen, wie vnfreundtlich myr solcherley furnemen nun etliche mal gedeutet worden ist, were wol vrsach gewesen,[λ] [i] den handel recht[j] beruwen ↓zu↓ lassen. Aber die[k] weyl ichs ˹anders nicht halte[λ] [l], dann   10 das do[ctor] ↓M[artin]↓ Luther vnd andere, ˂die mit jm vns[m] christeliche bruderschafft abschlagen˂ [n] [6], die ehr Christe Jesu, ↓wie sie ioch[7] gegen vns faren,↓ von hertzen vnd mit allenn treuwen suchen, kan ich mich solichs[o] ↓dorann nicht↓ irren lassen, das ich nicht alles vnderstan vnd versuchen solte, welches[p] ich yn einigen weg da zu dienstlich erachten mag, das solicher miß-   15 verstandt vnd[q] zweyung ↓doch↓ dermal eyns eyn end nemen möchte. [S. 158]

Dem creutz, weyß ich wol, werde ich hiermit nit entgohn, sonder mir das selbig meer vff den halß legen. Dann von nötwegen der furst der welt [Joh 12, 31 parr] so fil meer wuten wirdt, so fil wyr ernstlicher zu erhalten das reych Christi ˂vnd ergernuß abzustellen˂ trachten. So wirdt allweg war   20 seyn, das der erwelthen wenig sind [Mt 22, 14]. Ob dann diße gleych[8] yn allen dingen gantz eynhellig[r] weren[s], mußten sy doch alleyn durch die wunder Gottes von[9] ↓den↓ vbrigen filen, die der Satan zu seinem willen gefangen hatt [vgl. II Tim 2, 26], errettet werden. Diß hat aber e[uere] a[chtbare] w[eisheit] alß eyn ervbter yn christlichem thun[t] lengest[10] ˹bei   25

---

[a] gestrichen den vnsern. – [b] anstatt wie. – [c] gestrichen ˂vber schicke ich die selbigen e[wer] a[chtparen] wey[sheit] wie ich auß˂. – [d] gestrichen gethon […] ongezweyffelt sy werden […]; über diesem gestrichenem und deshalb unleserlich gewordenen Text ist auf einem überklebten Zettel zu lesen: Nota: Isti mihi videtur esse Articulj illj, quorum Bucerus sępiss[ime] mentionem passim facit in suis scriptis. Scriptum Auguste ad d[ominum] Pontanum (darüber steht: Brick). – [e] gestrichen wyr. – [f] gestrichen wo gott. – [g] gestrichen So ich; darüber gestrichen was ists so ich. – [h] gestrichen […] hette. – [i] anstatt So ich mich (gestrichen mich) vnd die vnsren hette sehen […] mich seytemal (hinzugefügt und gestrichen wyr; wie leybs wyr) warlich solicher handlung also gem. – [j] gestrichen war so in solcher. – [k] zuerst da. – [l] anstatt seh. – [m] gestrichen die. – [n] gestrichen wie sy ioch gegen vnß faren. – [o] gestrichen nit. – [p] anstatt do durch das. – [q] gestrichen vor zweyung. – [r] gestrichen seyn; darüber gestrichen weren. – [s] anstatt wurden. – [t] gestrichen by ym selb.

[6]   Vgl. Bucers sog. ‚Ratschlag A' zum Abendmahl: „Vrsach deß Spanns halb, So sich vom h. Sacrament Deß Leybs vnnd bluts vnnsers herren vnnd Haylands zwischen den Lutherischen vnnd Zwinglischen etc. haltet, das kainem Christen gebüre, Dem andern, so hierinn mißhellig, Christennlich lieb vnnd bruderschafft abzuschlagen […]" (BDS III, S. 322, Z. 2 – S. 323, Z. 2).
[7]   Auch immer, immer wieder.
[8]   Sinngemäß: Selbst dann, wenn diese […].
[9]   Vor.
[10]   Seit langem, längst.

jhr^{ʟ u} selb¹¹ ⌄genugsam⌄ bedacht vnd erkennet, ia wol auch durch^v filfeltig
erfarnüß befunden.
^ſDie Articel seind diese^{ʟ w}.
Erstlich: Alles, das ich hienach setzen^x werde, will ich alß von myr selb
5   vnd auß meynem gewissen, wie das vor Gott steht, thun vnd do mit keynes^y
anderen glauben meer, dann myr gepüret vnd möglich ist, gevrteylet,^z auch
niemand etwas ⌄wider seynen glauben⌄ begeben¹² oder behalten^{aa} haben.
Doch acht ichs eygentlich dar fur, das es sich alles, wie ichs werde anzey-
gen, bede, by [⟨]do[ctor] M[artin] Luther vnd den seinen vnd by den^{⟨ ab}
10   vnseren, Zwingli vnd Oecolampadi¹³, halte. [S. 159]
Zum andren: Wie ichs erkennen mag, stoht aller span yn dreyen puncten:
1. Wie dise wort: „Das ist meyn leyb" [Mt 26, 26 parr] zu verstohn syen; 2.
wie der leyb Christi ym obentmal zu gegen sye vnd gessen werde, vnd 3. wer
doch den selbigen leyb entpfahe¹⁴.
15   Der erste span^{ʟ ac 15}.
Die Wort: ⌄„Das ist meyn leyb" etc.⌄ [Mt 26, 26 parr] bekennen wyr, wie
d[octor] Luther, wor¹⁶ seyn, schlecht¹⁷ wie sy luthen, ob sy gleych wol die
vnseren alßo außgelegt haben, das sy das ‚ist' fur ‚bedeutet' oder ‚leyb' fur
‚figur des leybs', [⟨]welchs bede, alß d[octor] Luth[er] selb yn seiner ⌄grosser⌄
20   bekenntnuß sagt¹⁸, eyns sind^{⟨ 19}, genomen haben.
[⟨]4[⟨] Nun so ich hieryn will bedencken die vrsach, dorumb die vnseren dise
wort alßo außgelegt vnd d[octor] Luth[er] solich außlegung verworffen ⌄hat⌄,
find ich kein mißhelligung.
[⟨]5[⟨] Dann die vnseren hat ⌄zu solichem außlegen⌄ bewegt, das der gemeyn
25   eynfaltig verstandt ⌄by filen⌄ do hyn komen ist, das man haltet^{ad}, das brot sye
der leyb ⌄Christi⌄ selb; vnd wer das brot niesse, der niesse Christum [⟨]vnd
seyne^{ae} gnad des^{af} woren glaubens vngedacht^{⟨.ag} Do wider ^ſist aber^{ʟ ah}

---

^u zuerst by ihm. – ^v gestrichen die. – ^w von K. Hubert eingefügt; zuerst von Bucer in klei-
neren Buchstaben die articel sind do dise. – ^x gestrichen will. – ^y gestrichen menschs. – ^z gestrichen wider. – ^{aa} anstatt vermeynet. – ^{ab} gestrichen den. – ^{ac} von K. Hubert eingefügt. –
^{ad} anstatt gemeynt. – ^{ae} anstatt seyer. – ^{af} gestrichen des. – ^{ag} gestrichen alß das war hymel-
brot vnd leben der seelen, vnd gibt alßo das heyl der seelen den vßerlichen sacrament zum. –
^{ah} anstatt nun.

¹¹   Bei sich selbst.
¹²   Preisgegeben, aufgegeben.
¹³   Johannes Oekolampad [Hensgen]. Vgl. oben Nr. 271, S. 5, Anm. 6.
¹⁴   K. Hubert: [⟨]Summa alles spans in iij puncten.[⟨]
¹⁵   K. Hubert: [⟨]Der erste spahn[⟨].
¹⁶   Wahr.
¹⁷   Einfach, schlicht.
¹⁸   Vgl. Martin Luther: Vom Abendmahl Christi, Bekenntnis, 1528 (WA 26, S. 241–509,
insb. S. 401, Z. 11 – S. 412, Z. 10).
¹⁹   Sinngemäß: auf dasselbe hinausläuft.

do[ctor] Luth[↓]ers lere[↓] alweg [↓]gangen[↓] vnd[ai] noch,[aj] wie ym bericht der Visi-
tation[20] vnd sunst gelesen wirdt. Noch[ak] sind aber, die do dise red: „Das ist
meyn leyb" [*Mt 26, 26 parr*] (vom brot verstanden), haben diser red vergleychen wöllen: Dis ist meyn gelyebter son [*Mt 3, 17*], welchs zum furne-
mesten Oecolampadium[al] zu schreyben vervrsacht hat, alß er in synem   5
Dialogo[21] bezeugt[22]; vnd hie[↓]her[↓] ists, das [↓]die[↓] vnseren[am] verneynet haben,
das brot Christus leyb substantive [↓]et corporaliter,[↓] das ist wesentlich vnd
leyplich, seyn[23]. [ʃ]Diß aber verneynet auch[ɩ] [an] do[ctor] M[artin] Luther yn der
grossen Bekentnuß,[ao] dann er frey[24] schreybet, [↓]brot vnd der leyb Christi[↓]
syen zweyerley wesen vnd natur vnd werden eines [↓]nur[↓] sacramentelicher   10
eynigkeyt[25]. [*S. 160*]

<6< [ap]Das aber [τ]do[ctor] M[artin] Luther[τ] soliche der vnseren außlegung[aq]
<verworffen hat,< [↓]ist,[ar] so fil ich seyn schreyben verstande,[↓] die furneste
vrsach,[as] das er meynet,[at] die gegenwurtigkeyt Christi [↓]werde da durch[↓] im
obentmal[au] hyngenomen[26]; dann[av] der halben setzte [↓]er des orts[↓] den tropum   15
synecdochen dem tropo metaphorae fur[27].

<7< Nun wöllen aber die vnseren gar nicht, das das brot eyn solich zey-
chen[aw] des leibs Christi <sye,< das der leyb [↓]Christi[↓] dorumb nicht do[ax] [↓]sye[↓]
oder genossen werde, wie sy das an fil orten hell bezeuget haben[28].

<8< So ists auch offenbar, das auß dem, das man sagt, das brot sy eyn figur   20
vnd zeychen des leybs Christi, nicht folgt, das drumb der leyb[ay] Christj

---

[ai] *gestrichen* ist. – [aj] *gestrichen* goht. – [ak] *anstatt* Nun. – [al] *gestrichen* do. – [am] *anstatt* man. –
[an] *anstatt* welchs nun auch. – [ao] *gestrichen* verneinet. – [ap] *davor gestrichen* Nun so fil ich;
darüber gestrichen Vrsach aber. – [aq] *gestrichen* schrifft verstanden, sy ist. – [ar] *anstatt* ist. –
[as] *anstatt* vrsach; *danach gestrichen* darumb er gedachte, der vnseren außlegung verwirffet. –
[at] *gestrichen* man wölle dadurch [↓]werden[↓]. – [au] *gestrichen* by hynemen. – [av] *gestrichen* das
gibt. – [aw] *gestrichen* sye. – [ax] *gestrichen* sy. – [ay] *gestrichen* nicht.

---

20   Vgl. Martin Luther: *Unterricht der Visitatoren an die Pfarrherrn im Kurfürstentum zu
Sachsen […]*, 1528 (WA 26, S. 217, Z. 7–18).
21   K. Hubert: <Dialogi Oecol[ampadii] mentio<.
22   Vgl. Johannes Oekolampad: *Quid de eucharistia veteres […]*, 2. Juli 1530 (f° o r°). Vgl.
oben Nr. 299, S. 102, Anm. 11.
23   Vgl. Johannes Oekolampad: *Quid de eucharistia veteres […]*: „Nemo beatior erit, qui
crediderit illic esse accidentia absque subiecto; vel panem substantialiter esse corpus Christi, et
corpus Christi praesens esse pani, ut ipsi dicunt" (f° n7 r°/v°); „Si ita est, ut vere est, non iam
continetur in pane corporaliter, neque ut locum illic habeat neque ut quantitatem" (f° m7 r°).
24   Geradewegs, unverblümt.
25   Vgl. Martin Luther: *Vom Abendmahl Christi, Bekenntnis*, 1528 (WA 26, S. 442,
Z. 20–25, 32–38).
26   Hinweggenommen.
27   Vgl. Luther ebd. (S. 444, Z. 1 – S. 445, Z. 17).
28   So z. B. in Artikel XVIII der *Confessio Tetrapolitana* (BDS III, S. 123, Z. 18 – S. 125,
Z. 19; URKUNDENBUCH AUGSBURG 1530 II, S. 35f.), in Zwinglis *Fidei ratio*, 3. Juli 1530
(ZWINGLI W. VI/2, Nr. 163, S. 806, Z. 6–16), und in Johannes Oekolampads *Quid de eucharistia veteres […]*, 2. Juli 1530 (f° 9 r°).

nicht do sye; dann sust muste man[az] auch dem h[eiligen] Augustino[ba] zugeben[29], das er ⌊gehalten hette,⌋ nur brot ym[bb] nachtmal[bc] seyn, ‹so des gegenteyl doch yn seinen buchern[bd] vberflussig gefunden wirdt. Dann alßo hat er geschriben aduersus Adimantum: „Christus non dubitauit dicere: Hoc

5   est corpus meum, cum daret signum corporis suj." [30]

‹9‹ So dann nun die vnseren die gegenwurtigkeyt Christi durch yre auß-legung nicht haben ⌊wöllen⌋ [be] hynnemen, das[bf] auch genugsam ⌊yn yren büchern⌋ bezeuget, ‹ia folget auch nicht fur sich selb auß yrer außlegung,‹ sonder ⌊haben⌋ alleyn das zu erkennen geben, das nicht das brot der leyb selb

10 substantiue seie, vnd alßo das gemuete von ⌊sichtbarlichen⌋ brot vff ⌊den vnsichtbarlichen⌋ Christum [S. 161] geweysen[31], so sehe ich nichs dann wort ⌊vbrig⌋, darumb man streytet.

Die weyl ⌊dann⌋ von den alten vnd ietzigen lerern eben fil ort[32] anderes vnd anders außgelegt werden vnd doch darumb keyner den anderen verdam-

15 met, so lang ⌊man⌋ in der meinung vnd synn der wort nit[bg] fehlet,[bh] kan ichs anders nit verstohn, dann das die christliche lieb solichs auch yn disem fal vermögen solte [vgl. I Kor 13, 7].

‹11‹ Nemlich, so ⌊man⌋ doch ‹eynmal bekennen muß, das dise rede[bi]: „Hoc est corpus meum" [Mt 26, 26 parr] nit simplex, sonder tropica ist, wie

20 das niemand verstendigs leugnet, vnd doher muß ein außlegung haben,[bj] auch von schul vnd anderen lerern nicht vff ein weyß außgelegt wirdt vnd dann auch‹ Augustinus, Hieronymus vnd andere vetter[33] ⌐soliche der vnseren⌐ [bk] außlegung[bl] gebrauchet, meer[bm] die vnseren yre sach nie vff weyß der außlegung gesetzet haben, sonder alleyn das wieder fechten, das das brot

25 nit selb sye ⌊der leyb Christi⌋ oder das der leyb Christj leyplicher weyß ⌊da sye solcher massen,⌋ wie es der gemeyn ⌊grob⌋ verstandt[34], den[bn] auch do[ctor] Luther nie verteidiget hat[35], achtet.

[az] *gestrichen* solicher meinung. – [ba] *zuerst* Augustinum. – [bb] *gestrichen* seynem. – [bc] *ge-strichen* gehalten do; *darüber gestrichen* gereym. – [bd] *gestrichen* vßl[egung]. – [be] *gestrichen* hyngenommen. – [bf] *gestrichen* diß vnd das ⌊selbig⌋; *darüber gestrichen* das sy dann. – [bg] *ge-strichen* [...]. – [bh] *gestrichen* wirdt. – [bi] *gestrichen* Diß. – [bj] *gestrichen* vnd dann. – [bk] *anstatt* soliche. – [bl] *gestrichen* auch. – [bm] *anstatt* vnd. – [bn] *gestrichen* meinet.

[29]   Vorwerfen, unterstellen.
[30]   Aurelius Augustinus: *Contra Adimantum*, lib. 1, XII, 3 (MPL 42, Sp. 144); zitiert in Artikel XVIII der *Confessio Tetrapolitana* (BDS III, S. 128, Z. 28 – S. 129, Z. 1) und in Zwing-lis *Fidei ratio* (ZWINGLI W. VI/2, Nr. 163, S. 811, Z. 27–29).
[31]   Vgl. z. B. Huldrych Zwingli: *Eine klare Unterrichtung vom Nachtmahl Christi [...]*, 1526 (ZWINGLI W. IV, S. 793, Z. 13 – S. 810, Z. 7); Martin Bucer: *Vergleichung D. Luthers [...]*, 1528 (BDS II, S. 309, Z. 9–23).
[32]   Bibelstellen.
[33]   Vgl. Oekolampads Vorrede zu seiner Schrift *Quid de eucharistia veteres [...]*, 2. Juli 1530 (Oekolampad Bw. II, Nr. 748, S. 445f.).
[34]   Vgl. Anm. 20; KÖHLER, ZWINGLI UND LUTHER II, S. 117.
[35]   Vgl. Martin Luther: *Das diese Wort Christi [...] feststehen [...]*, 1527 (WA 23, S. 145, Z. 22–32).

Der ander spahn$^{\iota\ \text{bo}}$ <12<

Des ander span haltet sich ob dem,^{bp} wie der leyb vnd das blut Christi zu
gegen sye. Do sagen^{bq} die vnseren, $^{\downarrow}$er sye zu gegen vnd werde gessen$^{\downarrow}$
„contemplatione fidej" ^{36} yn anschawung des glaubens. Das will nun $^{\downarrow}$von
etlichen$^{\downarrow}$ do hyn gedeutet werden, alß ob es^{br} nichts meer were, dann wie   5
eyner seyn abwesenden freundt ym gemut zu gegen hat^{37}. Die^{bs} vnseren
strecken $^{\downarrow}$aber$^{\downarrow}$ soliche^{bt} gegenwurtigkeyt gar fil weyter,^{bu} alß die durch das
$^{\downarrow}$vnfelend$^{\downarrow}$ wort Gottes vnd $^{\downarrow}$gewaltige$^{\downarrow}$ wurckung des heyligen geysts
bestoht^{38}.

<13< Vnd das sye^{bv} ab den wörtlin realiter^{39} et corporaliter $^{\downarrow}$etwas   10
schewen,$^{\downarrow}$ ist alleyn do her, das der gemein hauff [S. 162] <alß< durch die sel-
bigen^{bw} verstohn will eyn solche gegenwurtigkeyt, die durch bewegnuß vnd
raum seye, vff welche weyß sie do[ctor] Luther selb nicht gebrauchet$^{40.\text{bx}}$

<14< Zwar do[ctor] Luther bekennet selb, wenn die vnseren auß demm,
das der Herr gehn^{by} hymel gefaren vnd die welt verlossen hat, schliessen, er   15
möge darumb nicht leyplich im brot seyn, das sy alleyn von der weyß reden,
die raum fordert^{41}.

<15< Nun so ich $^{\downarrow}$dann$^{\downarrow}$ hie gegen halte vnd erwege, wie^{bz} d^{ca}[octor]
Luther von diser gegenwertigkeyt redet, nemlich das er die on bewegnuß vnd
raum^{42} wie auch die schullerer^{43} setzet. <Item, das er dise rede ‚ym brot ist   20
der leyb' nicht bestreyten will, sonder genug haben, das Christus leyb $^{\downarrow}$vnd

---

^{bo} *von K. Hubert eingefügt.* – ^{bp} *gestrichen* seyen. – ^{bq} *gestrichen* die. – ^{br} *gestrichen* bey
der. – ^{bs} *zuerst* die. – ^{bt} *gestrichen* ab[erl. – ^{bu} *gestrichen* alßo das sy. – ^{bv} *gestrichen* schewen. –
^{bw} *gestrichen* alß. – ^{bx} *gestrichen* Nun, so ich hie gegen bedencke. – ^{by} *zuerst* geen. – ^{bz} *anstatt*
das. – ^{ca} *zuerst* do.

^{36} Huldrych Zwingli: *Fidei ratio*, 3. Juli 1530 (ZWINGLI W. VI/2, Nr. 163, S. 806, Z. 6,
11). Bereits in seiner *Amica exegesis*, 1527, schreibt Zwingli: „Dudum est ab omnibus agnitum
et Christum vere esse in nobis, si modo credimus, et nos esse in coelis; sed illum praesentia,
deus enim est, nos autem sola contemplatione, fide, spe, charitate" (ZWINGLI W. V, S. 670,
Z. 12–15). In seinem Brief vom 1. April 1527 schreibt Zwingli an Luther, der Leib Christi sei
im Abendmahl „in mentibus" und „sola contemplatione" (ZWINGLI Bw. III, Nr. 602, S. 80,
Z. 24–27). Vgl. KÖHLER, ZWINGLI UND LUTHER I, S. 484, 491.
^{37} Vgl. z. B. Melanchthons Brief an Oekolampad vom April 1529 (MSA VII/2, Nr. 130,
S. 72, Z. 49–52; S. 73, Z. 81–85).
^{38} Vgl. unten Nr. 326, S. 203, Z. 15–18.
^{39} Bucer verwendet hier, wie schon in seinem Brief an Melanchthon vom 18. Juli 1530
(vgl. oben Nr. 317, S. 154, Z. 24), den Begriff der Realpräsenz, wohl im Rückgriff auf Melanch-
thons Formulierung in dessen *Sententiae veterum [...]*: „quod non tantum significet panis
corpus domini, sed re ipsa corpus Christi detur in coena" (CR 23, Sp. 743).
^{40} Vgl. Martin Luther: *Das diese Wort Christi [...] feststehen [...]*, 1527 (WA 23, S. 145,
Z. 22–32).
^{41} Vgl. Martin Luther: *Vom Abendmahl Christi, Bekenntnis*, 1528 (WA 26, S. 335,
Z. 35f.).
^{42} Vgl. Luther ebd., S. 335, Z. 38 – S. 336, Z. 7.
^{43} Z. B. Gabriel Biel, Bartholomäus Arnoldi von Usingen und Jodocus Trutvetter. Vgl.
Luther ebd., S. 327, Z. 2 – S. 328, Z. 1.

blut⌐ do sye vnd nicht nur eytel brot vnd weyn⌐. Item, das er bekennet, wan
schon Christus an eynem ort des himels dem raum nach seye, das er^cb nicht
dest weniger möge ym sacrament durchs wort gegenwirtig fürgestellet
werden, wie das blesslin⁴⁴ oder fünklin ym christall nur an eynem ort ist vnd
5   doch an allen enden gegenwürtig gesehen ⌐wurdt.⌐⁴⁵ Item, das er vnd die sei-
nen^cc alle^cd sagen, das dise gegenwurtigkeyt durchs wort geschehe⁴⁶. Item,
das <u>Brentius⁴⁷ geschriben, der mundt des leybs niesse das brot, der mundt
des glaubens den leib Christj</u>⁴⁸. Item das m[agister] Philippus⁴⁹ Hedioni⁵⁰ zu
Marpurg hat zu fördernuß der einigkeyt geben zu bedencken, das selbig
10 haltet sich alßo von wort zu wort: „Paulus non reformidat" etc.⁵¹ [*S. 163*]
    ⌐16⌐ Wenn ich dann nun diß alles recht ansehe, kan ichs anders ⌐nicht⌐
finden, dann das auch^ce d[octor] ⌐Mar⌐[tin] Luther vnd ⌐die⌐ seinen bekennen, das niemand Christus leyb zu gegen habe vnd esse anders dann ym vnd
durchs wort vnd alßo^cf yn anschawung des glaubens, welcher dann das wort
15 fasset vnd durch das selbig den leyb Christi.
    ⌐17⌐ Dann ⌐ob do[ctor] M[artin] Luther⌐ ^cg wol auch schreybt, das man
bekennen musse, das man Christus leyb mundlich^ch esse, mit den zenen zer-
beysse ⌐vnd der gleychen⌐⁵², welcherley reden sich offt auch Chrysostomus
gebrauchet⌐ ^ci, so bekennet er doch do bey, das Christus leyb fur sich selb
20 weder gessen noch zerbissen werde, wie man sichtbarlich ander fleysch isset
vnd zerbeysset, sonder was man dem brot thue, werde recht vnd wol dem
leyb Christi zugeeygnet vmb der sacramentlichen^cj eynigkeyt willen⁵⁴.

---

^cb *gestrichen* nicht dennoch. – ^cc *gestrichen* in. – ^cd *gestrichen* […]. – ^ce *gestrichen* die
gegenwurtig[keyt]. – ^cf *O* aßo. – ^cg *anstatt* aber. – ^ch *gestrichen* vnd. – ^ci *anstatt* vnd yn seinem
ym alles das thue, das dem brot geschicht. – ^cj *zuerst* sacramentlichenchen.

⁴⁴   Fleck.
⁴⁵   Vgl. Luther ebd., S. 337, Z. 9–20.
⁴⁶   Vgl. KÖHLER, ZWINGLI UND LUTHER I, S. 503.
⁴⁷   *K. Hubert:* ⌐*Brentius*⌐. — Johann[es] Brenz. Vgl. oben Nr. 313, S. 142, Anm. 4.
⁴⁸   Vgl. Johannes Brenz: *Exegesis in Ev. Johannis*, 1527, zu Joh. 6 (BDS III, S. 381,
Z. 32–35). Vgl. KÖHLER, ZWINGLI UND LUTHER I, S. 442.
⁴⁹   Philipp Melanchthon [Schwarzerd]. Vgl. oben Nr. 273, S. 15, Anm. 27.
⁵⁰   *K. Hubert:* ⌐*Hedion*⌐. — Kaspar Hedio [Heyd, Bock, Böckel]. Vgl. oben Nr. 272, S. 8,
Anm. 5.
⁵¹   Aus den ‚Axiomata' Philipp Melanchthons: „1. Paulus non reformidat has figuras:
‚Christus habitat in nobis' [Eph 3, 17]; quare nec nobis credo reformidandas esse has locutiones:
Christum vere adesse in Sacramento, quandoquidem agit ibi. 2. Ne Christus quidem ipse dubitat
dicere: ‚Veniemus et mansionem apud eum faciemus' [Joh 14, 23]. 3. Item Augustinus dixit,
filium hominis in unitate personae in coelo fuisse, cum tamen in terra ageret" (BDS IV, S. 351,
Z. 14–20).
⁵²   Vgl. Martin Luther: *Vom Abendmahl Christi, Bekenntnis*, 1528 (WA 26, S. 442, Z. 39
– S. 443, Z. 7).
⁵³   Vgl. z. B. Johannes Chrysostomos: *In Ioannem, Hom. 46*, zu Joh 6,41f. (MPG 59,
Sp. 260).
⁵⁴   Vgl. Martin Luther: *Vom Abendmahl Christi, Bekenntnis*, 1528 (WA 26, S. 442,
Z. 29–39).

<18< Wen mann dann der ⌊h[eiligen]⌋ vetter spruch,ᶜᵏ wo sy von disem
h[eiligen] sacrament handeln, recht besehen will, findet <man< auch,ᶜˡ wie sy
gemeynlich bekennen, den leyb vnd <das blut< Christi warlich ym obentmal
gegenwertig seyn vnd gessen werden, ⌊das sy⌋ alßo auch allemal den leyb
vnd das blut Christiᶜᵐ dem ⌊gemut vnd⌋ glauben gegenwertig machenᶜⁿ vndᶜᵒ   5
das brot vnd weyn dem leybe.

<18<[!] Diß zeyget zu mal hell an Chrysostomus in Libro de dignitate
sacerdotalj: „Quando enim" etc.⁵⁵ [S. 164]

<19< Auß disem allem kan ich aber meer zweyung nicht finden, dann so
fil diser wort halb möchte geachtet werden: ‚wesenlich', ‚leyblich' vnd der   10
gleychen. Dann wie sy die vnseren schewen, nemlich noch dem groben verstand des gemeinen hauffens, do von gesagt⁵⁶, alßo willᶜᵖ sy do Luther nitᶜ۹
setzen⁵⁷. Vnd wie sy d[octor] Luther setzet, do mit er anzeyge, das im nachtmal zu gegen sye und gessen werde der ware leybe Christi, der fur vnß gelit-
ten hatt, alßo mögen sye ⌊die⌋ unseren auch gedulden, welchs   15
Oecolamp[adius] yn seinem Dialogo⁵⁸ selb bezeuget.

<20< Vnd zwar, so man will vor Gott handeln, muß man bekennen, das
dise wort: „Das ist mein leyb" [Mt 26, 26 parr] auch nicht meer schliessen
mögen, dann das, wo gehandlet werdt, wie der Herr befolhen,ᶜʳ seyn leyb
und blut warlich ˢzu gegen gehabt vnd⌋ ᶜˢ genossen werde,ᶜᵗ wie ⌊das⌋ vom   20
gleubigen hertzenᶜᵘ vnd yn anschawung des glaubens geschicht. Diß
reimbtᶜᵛ sich ⌊dann⌋ auch mit dem, das m[agister] Philippus zu anleyten yn
verstand diser wort: „Das ist meyn leyb" [Mt 26, 26 parr] d[omino]
Hedioni⁵⁹ furgehalten hat: „Christus habitat in vobis" [Eph 3, 17] et „mansionem apud eum faciemus" [Joh 14, 23]⁶⁰.ˢ   25

Der dritte spahnˡ ᶜʷ

<21< Der dritte span ist, ob die gottlosen auch den leyb Christj niessen⁶¹.
Hie haben die vnseren angesehen, [S. 165] das Christus zu denen gesagt hatt:
„Esset, das ist meyn leyb" etc. [Mt 26, 26 parr],ᶜˣ zu welchen er auch her-

---

ᶜᵏ gestrichen so. – ᶜˡ gestrichen das. – ᶜᵐ gestrichen den gleubigen hertzen. – ᶜⁿ gestrichen
vnd das. – ᶜᵒ anstatt wie. – ᶜᵖ anstatt setzet. – ᶜ۹ gestrichen sy be. – ᶜʳ gestrichen das der. –
ᶜˢ anstatt von ym gegeben, vnd dar gestellt werde vnd wirdt […] weyter gegenwurtigkeyt, die
durchs. – ᶜᵗ gestrichen wie das. – ᶜᵘ gestrichen beschehen. – ᶜᵛ gestrichen ⌊dann⌋. – ᶜʷ von
K. Hubert eingefügt. – ᶜˣ gestrichen vff.

⁵⁵   Johannes Chrysostomos: De sacerdotio, lib. 3, 4 (MPG 48, Sp. 642). — K. Hubert:
<Nota […]<.
⁵⁶   Vgl. oben S. 168, Z. 24–27.
⁵⁷   Vgl. Martin Luther: Das diese Wort Christi […] feststehen […], 1527 (WA 23, S. 145,
Z. 22–32).
⁵⁸   Vgl. oben Anm. 23. — K. Hubert: <Dialogus Oecolamp[adius] citatus<.
⁵⁹   K. Hubert: <Hedio<.
⁶⁰   Vgl. oben Anm. 51.
⁶¹   K. Hubert: <de impiorum manducatione<.

naher sagt: „der für euch gegeben" [*Lk 22, 19*], „das fur euch vnd fil ver-
gossen wirdt" [*Mt 26, 28, Lk 22, 20; Mk 14, 24*], das ist ⁵zu den˪ ᶜʸ rechten,
woren iungern Christj. Dann die weyl er gesagt hat: ‚fur fil‘ vnd nicht: ‚fur
alle‘, so wirdt er alleyn die gemeinet haben, die seins leydens worlich teyl-
5   hafft werden.

<22< So haben auch alle vetter, das der Herr Johan[nis] sexto [*Joh 6, 54*]
von essen seyns leybs ⁺vnd drincken seyns bluts⁺ gesagt hat, ob er wol do
selbet nichs vom sacramentlichen essen gemeldet, vff das nachtmal gezo-
genn⁶², wie dann auch, das der Herr im nachtmal geredt, mit ienen gehand-
10 let, außᶜᶻ dem sy auch zu verstohn geben, das sy erkennet haben, Christum
⁺ym obentmal⁺ ᵈᵃ nicht das sacramentlich, sonderᵈᵇ by vnd mit ⁵den selbi-
gen˪ ᵈᶜ das essen vnd drincken seyns leybs vnd bluts ⁺fürnemlich⁺ gemeynet
haben,ᵈᵈ des man selig wirdt. <u>Dorumb S[ankt] Augustin schreybt: „Discipu-
los manducasse panem dominum, Judam panem dominj contra dominum.</u>" ⁶³

15 Vnd ob ⁵die vetter˪ ᵈᵉ wol offt auch sagen⁶⁴, das Judas vnd andere bosen
Christus leyb niessen⁶⁵, lossen sich doch soliche ⁺yre reden⁺ ansehen, alß
hettenᵈᶠ sye das selbige alleyns der sacramentlichen eynigkeyt halb ⁺also ge-
schriben⁺ ᵈᵍ, die weylᵈʰ <soliche< das brot des Herren vnd kelch mitᵈⁱ emp-
fiengen.

20 <24< Jedoch möchte man dises spans vber ein komen, wann man wolte
reden vff die weyse wie Berna[r]dus⁶⁶, [*S. 166*] welcher dryerley essen
setzet: eyns, so alleyn das sacrament genossen wurdt; alßo, sagt er, issets
auch eyn klayne mauß; <u>das ander</u>, so auch der leyb Christi, doch on frucht,
genossen wurdt; <u>das dritt</u>: mit frucht. Daßᵈʲ essen, <so er das ander machet⁶⁷,<
25 wurde aber dann nicht deren seyn, die vberal nichs⁶⁸ glaubten, sonder deren,

---

ᶜʸ *anstatt* vff re. – ᶜᶻ *gestrichen* dem s[y]. – ᵈᵃ *gestrichen* jn m. – ᵈᵇ *gestrichen* das. –
ᵈᶜ *anstatt* den. – ᵈᵈ *gestrichen* das. – ᵈᵉ *anstatt* sy. – ᵈᶠ *anstatt* redden. – ᵈᵍ *gestrichen* d[ie]. –
ᵈʰ *gestrichen* sy das; *darüber gestrichen* die gottlosen. – ᵈⁱ *anstatt* niessen. – ᵈʲ *gestrichen* ander.

⁶²   Vgl. Bucers sog. ‚Ratschlag A‘ zum Abendmahl: „Vnnd aber vor, Johannis 6, hat er
geleert, wie er das ware himelbrot sey, wie sein flaysch vnnd blut müß genossen werden, vnnd
das es, genossen im gayst, das Ewig leben bringe. Es habenn auch alle hayligonn vätter diß
gaystlich essen, dauon der Herr Johannis 6 gerett, auff das abenndmal getzogen" (BDS III,
S. 331, Z. 1–6).
⁶³   Aurelius Augustinus: *In Joannis Evangelium*, Tract. 59, 1 (MPL 35, Sp. 1796); zitiert
im Artikel XVIII der Ersten Fassung (Handschrift B) der *Confessio Tetrapolitana* (BDS III,
S. 130, Z. 11–14).
⁶⁴   Vgl. z. B. Aurelius Augustinus: *Enarrationes in Psalmos*, Ps. 3,1 (MPL 36, Sp. 73).
⁶⁵   Genießen, essen.
⁶⁶   *K. Hubert:* <Bernardus hat dreierley niessen<. — Vgl. (Pseudo)-Bernhard von Clair-
vaux: *Sermo de excellentia SS. Sacramenti et dignitate sacerdotum*, 15 (MPL 184, Sp. 989f.).
Vgl. auch Oekolampad: *Quid de eucharistia veteres [...]* (f⁰ 8 r⁰/v⁰).
⁶⁷   An zweiter Stelle nennt.
⁶⁸   Gar nichts.

die on andacht vnd rechte dancnkbarkeyt do erschynen, ob sie wol glaubten, das Christus diß also eynigesetzet vnd seynen leyb do zu essen gebe.

<25< Das ichs aber dar für achte, das d[octor] ↓M[artin]↓ Luther vnd die seynen auch des orts^dk im grundt nicht mitt vnß vneinß syen, ist die vrsach, das sye^dl sagen, das der leyb vnd das blut Christi durchs wort, ↓welchs je nur   5
der glaub fasset,↓ dargeben^dm vnd durch den mundt des glaubens genossen werde. So schreybt ↓do[ctor] M[artin]↓ Luther[69], das wyr nichs dann^dn eytel brot vnd weyn yn vnserem abentmal haben, wie^do wol wyr die wort Christi do nit anders dann er vnd die seynen erzelen, dorumb das wyr die selbigen durch falsche gloßen verkeren[70]. Wo dann nun seind, die sy gar vernichten,   10
wie die gottlosen thun, denen alles, das Christi ist, ↓ym↓ hertzen eyn lauter gespött ist, wie sollen ʳdann die selbigenˡ ^dp teyl haben am leyb Christi?

<26< Alßo wann ichs alles vffs fleyssigest vnd getrewest ansehe, bedencke, ermesse, erwege, kan ich doch, alß myr Christus, der herre, wölle genedig seyn, nit finden, warinn wyr doch ↓recht↓ <vnd yn der sachen selb<   15
misshellig syen, alleyn das [S. 167] ʳman sichˡ ^dq biß her vber den worten nit hatt vergleychen konden. Und so d[octor] Luther besorgt, man wölle ym nachtmal nur brot vnd weyn lossen, hatt er rede gefürt, dye manchen ʳhaben angesehen, alß wolten sy denˡ ^dr groben yrthumb^ds, der sich by disem heyligen sacrament durch die papisten erhalten[71], stercken,^dt durch den die leut   20
vom glauben^du vff eusserlich pfaffen werck^dv vnd von rechter ehre dis sacraments vff die gottlosen pompen vorfuret sind. Herwider so die vnseren disem yrthumb begeren zu begegnen^dw, haben sye auch wort gebrauchet, auß denen do[ctor] ↓M[artin]↓ Luther gemeinet hat, das man die wort des herren verkere vnd nichs im obentmal von im warte^dx dann nur eytel brot vnd weyn, das sy   25
doch nie gewölt haben.

<27< Jn disem allem, beruffe ich mich vff das gericht Christi, das ich nichs begere zu verstreychenn[72], nichs zu linderen, sonder, wie es by myr vor Gott steht vnd, so lang der handel geweret, gestanden ist, das myr meyne schrifften ym anfang^dy vnd hernaher zeignüß geben, auch die, mit denen ich   30
ie^dz von disen sachen geredt hab^ea. Hab auch allemal hertzlich begeret, mit

---

^dk *anstatt* arts. – ^dl K. *Hubert gestrichen* ↓[…]↓. – ^dm *gestrichen* werdet. – ^dn *anstatt* nur. – ^do *darüber geschrieben* ↓ob↓. – ^dp *anstatt* die. – ^dq *anstatt wir* vnß. – ^dr *anstatt* do durch filicht mogen yres. – ^ds *zuerst* yrthumbs. – ^dt *gestrichen* vnd alßo. – ^du *zuerst* glaubens. – ^dv *gestrichen* ver. – ^dw *zuerst* begegeg. – ^dx K. *Hubert gestrichen* ↓[…]↓. – ^dy *gestrichen* mittel. – ^dz *gestrichen* do. – ^ea *gestrichen* Diß […].

69　K. *Hubert:* <nota<.
70　Vgl. Martin Luther: *Vom Abendmahl Christi, Bekenntnis,* 1528: „[…] wie die itzigen Sacraments feynde thun, welche freylich eytel brod vnd wein haben, denn sie haben auch die wort vnd eingesetzte ordnung Gottes nicht, sondern die selbigen nach yhrem eigen dunckel verkeret vnd verendert" (WA 26, S. 506, Z. 27–29).
71　K. *Hubert:* <scilicet transsubstantiationem<.
72　Auszustreichen, zu leugnen.

m[agister] Philippo vnd anderen der lenge nach (hingestellet alle affectus[73])
freundtlich vnd yn aller eynfalt, wie sichs dan gepüret yn gottlichen sachen[eb],
von disem zu handlen, hatt myr aber nie gepuren mögen[74]. Gott geb nun, was
↓er↓ zu seynen eheren dienstlich erkennet. Vsert halb solt es warlich alßo
5   stehn, das vnß[ec] zu beden teylen[ed] nichs höhers anlege, angesehen die
grausam ergernüß, die so [S. 168] filen guthertzigen[ee] durch solich spaltung
wurdt furgeworffen. Der welt haß [vgl. Joh 15, 18; 17, 14], die alles guts
hasset vnd verfolget, solte do gar nicht angesehen werden.
       <28< Diß ↓alles↓ wölle e[uer] ach[tbare] weyß[heit] ym besten von myr
10 verstohn vnd,[ef] wie sie es zu friden in Christo dienstlich erachten wurdt[eg],
gebrauchen vnd, wo es seyn möchte, verhelffen, das ich mit[eh] m[agister] Philippo, meynem lieben herren, zum gesprech komen möchte. Der almechtig
wölle e[uer] a[chtbare] w[eyßkeit] zu[ei] allem guten gnediglich bewaren,
deren ich mich[ej] begere befolhen zu seyn[75].

Ka AST 38 (20,1), Nr. 8, S. 157–168. — C Konstanz StA, Urk. z. Gesch. d.
Ref., Fasz. 11 (1530-1538), Nr. 10a/b, S. 58b (Fragment); Tübingen UB, Ms.
Germ. fol. 15, S. 157a–163a; TB III, S. 287–290. — P Coelestin, Historia II,
S. 294a–297a; Chytraeus, Historia, S. 659–665; Hospinian, Historia II,
S. 107b–109b; Schirrmacher, Marburger Religionsgespräch, S. 353–361. —
R Walch, Luther Schr. 17, Nr. 46, Sp. 1984–1990.

[eb] *anstatt* handlen. – [ec] *anstatt* wyr. – [ed] *gestrichen* liebers thun sollen. – [ee] *gestrichen* fur. –
[ef] *gestrichen* sich. – [eg] *anstatt* wird. – [eh] *gestrichen* m[agister] im. – [ei] *im Manuskript ein Wort*
ausradiert. – [ej] *gestrichen* vff dienstigest.

[73]   Melanchthon schrieb am 15. Juli 1530 an Bucer und Wolfgang Capito: „Nam ita velim,
persuadeatis vobis me, sicubi dissentio a vestris dogmatibus, sine ulla acerbitate animi, sine odio
dissentire" (oben Nr. 313, S. 143, Z. 1–3). Auf diese Worte gehen Bucer und Capito in ihrer
Antwort vom 18. Juli 1530 ein (oben Nr. 317, S. 156, Z. 13).
[74]   Zu den vergeblichen Versuchen Bucers, Melanchthon zu einer Unterredung über die
Abendmahlskontroverse zu bewegen, vgl. oben Nr. 313, S. 142, Z. 2 – S. 143, Z. 1; Nr. 314,
S. 145, Z. 2–4; Nr. 317, S. 156, Z. 6f.
[75]   K. Hubert: <Scriptum a Bucero sub finem comitiorum Augustae Anno 1530 circa diem
24<.

321   [1530]¹. August 2. Augsburg. — [Bucer]² an Johann Pfrund³

Demain, la réfutation de la Confession d'Ausgbourg *sera lue aux princes évangéliques. Opiniâtreté des princes luthériens ; convoqués par l'Empereur, l'Électeur Jean de Saxe et le margrave Georges de Brandebourg-Ansbach ont affirmé que, vivants, ils n'abandonneraient pas la foi qu'ils avaient confessée ; Philippe de Hesse et Ernst de Lüneburg n'ont pas été convoqués, Charles Quint n'ayant pas d'espoir qu'ils se repentent. Luther se déchaîne ; Bucer envoie à Pfründ un exemplaire de la lettre que ce dernier a adressée à Albert de Mayence. L'Empereur condamne sévèrement les Luthériens, et il n'est aucunement disposé au compromis. L'action de Johann Fabri et de Johannes Eck, qui a écrit contre la* Ratio fidei *de Zwingli. De nombreux princes redoutent une guerre. Rumeur selon laquelle l'Empereur a envoyé au Turc une délégation afin de solliciter une trêve de plusieurs années. Charles Quint a signé des contrats de féodalité avec les ducs de Poméranie et le Grand Maître de l'ordre teutonique, mais pas avec Jean de Saxe, le duc Ernst de Brunswick-Lüneburg ni le margrave Georges de Brandebourg-Ansbach. Rumeur selon laquelle l'Empereur projette de soumettre les villes suisses ; quatre jours de suite, les envoyés de Lucerne ont été convoqués à son Grand Conseil. Réflexions sur les relations entre Mélanchthon et Luther. Salutations des envoyés strasbourgeois.*

Am nächsten Tag wird die Confutatio Confessionis Augustanae *verlesen werden. Die lutherischen Fürsten bleiben hartnäckig; Kurfürst Johann von Sachsen und Markgraf Georg von Brandenburg–Ansbach bekennen sich auf Lebenszeit zum evangelischen Glauben. Luther rast in üblicher Weise und hat einen Brief an Albrecht von Mainz geschrieben. Der Kaiser wendet sich scharf gegen die Lutherischen und zeigt sich in keinem einzigen Punkt kompromißbereit. Johann Fabri und Johannes Eck, der eine Gegenschrift zu Zwinglis ‚Fidei ratio' verfaßt hat, agieren eifrig. Kriegsfurcht mancher Fürsten. Gerüchte, der Kaiser habe eine Delegation zu Waffenstillstandsverhandlungen mit den Türken abgeordnet. Der Kaiser hat eine Reihe von Lehensverträgen geschlossen, solche aber Kurfürst Johann von Sachsen,*

---

¹ Die Jahreszahl fehlt. Aufgrund der eindeutigen Bezüge zum Augsburger Reichstag kommt aber nur das Jahr 1530 in Betracht.
² Die Unterschrift fehlt. Aufgrund der Handschrift und des Briefinhaltes kommt aber nur Bucer als Absender in Betracht.
³ Johann Pfrund [Pfronde]. Über ihn ist fast nichts bekannt. Geboren wurde er um 1480 in Lindau, immatrikuliert im Sommer 1493 in Heidelberg. Seit 1527 ist er Pfarrer an der Kirche Unserer Lieben Frau (Kollatur des Abtes von Weißenau) in Ravensburg. Mit der Einführung der Reformation in Ravensburg (erste evangelische Predigt am 29. Juni 1544) verliert sich seine Spur. Vgl. DREHER, RAVENSBURG I, S. 382–388; HAFNER, RAVENSBURG, S. 436; TÖPKE, HEIDELBERGER MATRIKEL I, S. 408.

Herzog Ernst von Braunschweig-Lüneburg-Celle und Markgraf Georg von
Brandenburg-Ansbach verweigert. Gerüchte über Pläne des Kaisers, die
Schweizer zu unterwerfen. Grüße von den Straßburger Gesandten.

S[alutem] d[icit]!

Perplacent fortes epistolae tuae[4]; fortes quoque sunt principes et nostri
qui perstiterunt hactenus. Caesaris de religionis reparatione sententiam principibus catholicis heri expositam ferunt, sed ut hodie illi suum consilium
5   referant. Hinc videtur eandem cras proponendam Lutheranis[5]. Horum principes adhuc in sua peruicacia perseuerant. Saxonem[6] et Brandeburgium[7]
aiunt, qui id nosse creduntur, Caesari mira contumacia respondisse viuos se
nolle ab ea fide, quam confessi sunt, discedere. Hessus[8] non est appellatus
denuo, nec Lunenburgius[9], quod minus sit de horum resipiscentia spei; imo
10   putant multi ab Hesso alios etiam incitari. Diuersum sibi de Philippo[10]
quidam pollicentur. Lutherus suo more furit, cuius tibi mitto exemplum
insigne, epistolam ad r[everendissimu]m Maguntinum[11] et aliquot propositiones, quas [*f° 253 v°*] scribit se sustinere[12] et interim fingit se agere in
deserto. Porro sententiam Caesaris aiunt fortissimam, nimirum qualem decet
15   tanta victoria auctum Augustum sanctaeque matri ecclesiae tam addictum.
Ne gry quidem remittit ex omnibus et dogmatis et ritibus hactenus receptis;
damnat quoque seuerissime totam illam Lutheranorum lernam[13]. Et si legati
prudentia non mitigasset quaedam, fuisset sententia illa multo atrocior.

---

4   Über die genannten Briefe Johann Pfrunds konnte nichts in Erfahrung gebracht werden.
5   Am nächsten Tag, dem 3. August 1530, wird auf einer Versammlung der Stände der kaiserliche Sekretär Alexander Schweiß die *Confutatio Confessionis Augustanae* verlesen. Im
Anschluß daran erbitten die protestantischen Fürsten und Städte eine Abschrift der *Confutatio*
zu sorgfältiger Prüfung. Nach einem Tag Bedenkzeit macht der Kaiser die Aushändigung einer
Abschrift aber von dem Zugeständnis der Protestanten abhängig, die Angelegenheit nicht weiter
zu erörtern und nun auf sich beruhen zu lassen. Auf diese Bedingung können die Protestanten
nicht eingehen, woraufhin eine Abschrift nicht ausgehändigt wird. Vgl. DRESCHER, REICHSTAG,
S. 41–43; URKUNDENBUCH AUGSBURG 1530 II, S. 133–176.
6   Kurfürst Johann von Sachsen. Vgl. oben Nr. 298, S. 99, Anm. 8.
7   Markgraf Georg von Brandenburg-Ansbach-Kulmbach. Vgl. oben Nr. 319, S. 163,
Anm. 3.
8   Landgraf Philipp von Hessen. Vgl. oben Nr. 270, S. 3, Anm. 3.
9   Ernst der Bekenner, Herzog von Braunschweig-Lüneburg-Celle. Vgl. oben Nr. 306,
S. 121, Anm. 16.
10   Philipp Melanchthon [Schwarzerd]. Vgl. oben Nr. 273, S. 15, Anm. 27.
11   Luthers Brief an Erzbischof Albrecht von Mainz vom 6. Juli 1530 (WA 30/II,
S. 397–412). Zu Albrecht vgl. oben Nr. 278, S. 33, Anm. 19.
12   Martin Luther: *Propositiones adversus totam synagogam Sathanae et universas portas*
inferorum, Juli 1530 (WA 30/II, S. 413–427).
13   Das „Lernäische Ungeheuer", eine nach Stadt, Fluß und See Λέρνη bei Argos auf dem
Peloponnes benannte vielköpfige Schlange. Herkules tötete sie und den ungeheuren Krebs, der
ihr zur Hilfe kommen wollte. Vgl. VERGIL, AEN. 6, 287; 12, 518.

Faber[14] noster munus suum strenue obit. Idem facit et Eccius[15]. Hic librum in Zvinglij <confessionem, quam misit Caesari< [16], scripsit, cuius iam primus quaternio excusus est[17]. Essent excusi plures, nisi exemplar, nescio qua causa, a typographis[18] [f° 254 r°] <autor< repetijsset. Sunt quidam principes nimium timidi, inter quos aiunt et Augustanum[19] esse, nescio quid sibi a bello metuentes. Si, qui huiusmodi sunt, nihil morae iniecerint, putant omnes cras depromendam, de qua memini, sententiam[20]. Nec diu post sequetur ex- ecutio, nisi, quod omen auertant beatissimi apostolorum principes Petrus et Paulus, Turca nobis negocium facessat. Sed missam ad hunc et Woyuodam[21] legationem, qui haec nosse solent, affirmant, vt impetr[et] aliquot annorum inducias[22]. Quid enim contra hos Turcas effici queat, nondum oppressis, qui intra viscera nostra in omnia sacra sẹuiunt? Timent quidam sibi a plebe, non expendentes, quae sit [f° 254 v°] potentia Caesaris victoris Galli et pacatoris Italiae. Solemni pompa octauo hinc die Caesar feuda contulit Pomeranis ducibus, duobus fratribus[23], et magistro Theutonicorum, quem creauit[a] magnum magistrum Prussiae[24], vnde olim negocium erit illi, qui se ducem illius regionis fecit[25]. Electori Saxoniae[26] et Lunenburgio[27] negata sunt, vt et Georgio Brandeburgio[28]. Videbis in Caesare nihil defore, quo minus respon- deat pontificis de se spei. De vrbibus alias scripsi, inter quas ut audacior ita

---

[a] gestrichen ducem.

14   Johann Fabri [Faber]. Vgl. oben Nr. 302, S. 112, Anm. 12. Die Formulierung „Faber noster" ist ironisch gemeint.
15   Johann[es] Eck. Vgl. oben Nr. 301, S. 108, Anm. 19.
16   Huldrych Zwingli: *Fidei ratio*, 3. Juli 1530. Vgl. oben Nr. 312, S. 139, Z. 4–6.
17   Johannes Eck: *Repulsio articulorum Zuuinglii Ces. Maiestati oblatorum [...]*, 17. Juli 1530. Vgl. VD 16, Nr. E 417; KÖHLER, ZWINGLI UND LUTHER II, S. 212–219; RISCHAR, ECK, S. 82–86, 88–108.
18   Gedruckt in Augsburg bei Alexander Weißenhorn. Vgl. VD 16, Nr. E 417.
19   Christoph von Stadion, Bischof von Augsburg. Vgl. oben Nr. 308, S. 130, Anm. 31.
20   Sententia Caesaris. Vgl. oben S. 178, Z. 3.
21   Der ‚Woiwode' Johann Zápolya (1487 – 1540), seit 1526 König von Ungarn. Vgl. LIENHARD/WILLER, STRASSBURG, S. 199, 230; SCHIMERT, ZÁPOLYA, S. 306f.
22   Vgl. oben Nr. 312, S. 141, Anm. 22.
23   Die Brüder Georg I. und Barnim XI., Fürsten von Pommern, empfingen am 26. Juli 1530 in Augsburg die feierliche Belehnung mit ihrem Land. An den Religionsverhandlungen auf dem Augsburger Reichstag hatte sich Pommern in Erwartung der kaiserlichen Belehnung sicherheitshalber nicht beteiligt. Vgl. LEDER/BUSKE, REFORM, S. 107.
24   Ebenfalls am 26. Juli wurde Walter von Cronberg (vor 1480 – 4. April 1543) in feier- licher Form mit den Regalien des Hochmeisteramtes und dem Deutschordensland Preußen belehnt. Vgl. HÖSS, PREUSSEN, S. 150f.
25   Herzog Albrecht von Preußen (vgl. oben Nr. 298, S. 99, Anm. 7). Er war bis 1525 Hochmeister des Deutschen Ordens. Vgl. HÖSS, PREUSSEN, S. 141–150.
26   Vgl. oben Anm. 6.
27   Vgl. oben Anm. 9.
28   Vgl. oben Anm. 7.

ınuisior est Argentoratum. Sed cum alioqui Eluetij sub iugum Caesari mit-
tendi sunt, dabit haec forsan huic facinori, quod Caesaris gloriae restat apud
suos, initium. [f° 254 a r°] Viam^b iam muniri ad haec quidam putant; legati
enim Lucernatium[29] quatuor diebus cottidie ad magnum Caesaris consilium
5   vocati sunt et adhuc detinentur. Haec sunt, quae noua interim acciderunt.^c
Instat hostile certamen. Sed, heus tu: Dum ille noster[30] hic agit, videtur, si
adhuc invulgatum^d non esset de societate eius vobiscum contrahenda, caela-
retur, donec haec comitia finirentur, ne illi fraudi sit, si resciat id dominus
eius[31]. Magna enim alioqui illius indignatione laborat et posset tali occasione
10 hic periclitari. Neque enim vulgaria sunt, quae illi alioqui intentantur. Salutant te nostri, qui sibi pulcherissime constant. Augustae 2 Augusti.

T[uus] quem nosti

Adresse [f° 254 a v°]: Eximio viro domino [J]ohanni Pfrund, doctorj in
Rauen[s]purg.

*Oa Zürich SA, E II 349, f° 254 r° – 254a v° (Handschrift mit Großbuch-
staben). — C Zürich ZB, S 26,65; TB III, S. 296.*

---

^b *gestrichen* primus. – ^c *gestrichen* Ludetur. – ^d *O* inulgatum.

[29]   Die Gesandten Luzerns auf dem Augsburger Reichstag waren Jakob am Ort, Baptist de
Insula von Genua und der Sohn des Luzerner Schultheißen Hans Hug. Vgl. EIDGENÖSSISCHE
ABSCHIEDE IV (1b), S. 706f., 717–723.
[30]   Vermutlich Philipp Melanchthon [Schwarzerd]. Er galt, ungeachtet der Differenzen mit
Bucer und den Seinen, auf dem Augsburger Reichstag als Verhandlungsführer aller Protestan-
ten.
[31]   Vermutlich Martin Luther, der die Geschehnisse auf dem Reichstag von der Veste
Coburg aus verfolgte und kommentierte.

322   [1530 August]¹ 8. Augsburg. — [Bucer an die Straßburger Prediger]²

*L'Empereur a convoqué les princes évangéliques pour leur remettre la réfu-
tation écrite de la* Confession d'Augsbourg, *mais à des conditions qu'ils ont
jugées inacceptables ; ils y répondront donc à partir de ce qu'ils en ont
entendu. Des princes de la foi traditionnelle, parmi lesquels Joachim Iᵉʳ de
Brandebourg et Ernst de Brunswick-Lüneburg se sont offerts de négocier
avec l'Empereur ; mais les évangéliques, qui ont affirmé reconnaître
Charles Quint comme leur suzerain, n'ont pas besoin de médiateur ; la dissension a trait à l'Évangile. Philippe de Hesse a quitté Augsbourg en secret ;
depuis, l'Empereur a fait renforcer les mesures de sécurité, à l'insu et au
grand dam des princes évangéliques. Les villes ayant signé la* Tétrapolitaine
*attendent une réponse ; elle sera beaucoup plus dure que celle adressée aux
Luthériens. Exhortation à prier et à jeûner. Jacques Sturm et Mathis Pfarrer
attendent une réponse du Magistrat. Nouvelle exhortation à la prière ; ils
espèrent l'aide de Dieu, dont la puissance surpasse celle de l'Empereur.
Réflexions pessimistes sur le monde. Eux resteront fidèles. Exhortation à la
repentance. Il n'y a rien à attendre des princes — sinon peut-être du landgrave Philippe de Hesse —, mais de Dieu seul. Aujourd'hui, on annonce
qu'une trêve a été concédée aux princes évangéliques, afin d'opprimer plus
facilement Strasbourg et les Suisses ; d'autres espèrent qu'à cause des
Turcs, l'Empereur accordera aussi une trêve aux villes. Exhortations à la
vigilance. Qu'on les informe sur la manière dont leur Église se prépare à
une telle tempête.*

Der Kaiser hat die Übergabe der Confutatio Confessionis Augustanae *an die
evangelischen Fürsten angekündigt, allerdings zu unannehmbaren Bedingungen. Die evangelischen Fürsten sehen sich nicht als Feinde des Kaisers,
bedürfen bei ihm also keiner Vermittler. Landgraf Philipp von Hessen hat
Augsburg heimlich verlassen; der Kaiser hat daraufhin die Sicherheitsmaßnahmen verstärken lassen. Die Unterzeichnerstädte der* Confessio Tetrapolitana *warten auf Antwort. Aufruf zum Beten und Fasten. Bucer rät zum Vertrauen allein auf Gott; so groß die Macht des Kaisers auch ist, vermag sie
doch nichts gegen Gott. Es wird berichtet, den evangelischen Fürsten werde
ein Waffenstillstand angeboten, wodurch sich die Situation für die Städte des
Christlichen Burgrechts verschlechtern würde. Aufruf zur Wachsamkeit.*

---

¹   Jahreszahl und Monatsangabe fehlen. Aufgrund der Bezüge zum Augsburger Reichstag
kann es sich nur um das Jahr 1530 und den Monat August handeln.
²   Absender und Adressat fehlen. Aufgrund des Briefinhaltes handelt es sich eindeutig um
Bucer als Verfasser des Briefes und die Straßburger Kollegen als Empfänger.

Gratia Christi!

Sexta septimanae superioris[3] hora quarta pomeridiana[4] vocauit ad se Caesar principes euangelicos[5], et post aliquantam deliberationem respondit se scriptum, de quo nuper, quo illorum confessionem confutauit[6], illis
5 daturum, vt petijssent, verum ea lege, vt nihil deinceps de religionis negocio cum illis disputaturus sit. Satis enim causam vtrinque excussam esse. Requisiuit quoque ab eis, ne vel suum vel ipsius scriptum cuiquam communicarent, idque ita requirebat, vt religione iurisiurandi, quo addicti sunt imperio et sibi, eos obstringeret. Hoc grauiter adeo tulerunt principes, vt scriptum hac
10 lege recipere noluerint, responsuros tamen se Confutationi Caesareanae, quantum ex hac auditu consequi potuerint, testati sunt. Ibi principes quidam Joachimus marchio[7], Brunsuicensis[8] ac alij nonnulli adierunt euangelicos seseque aiebant, si velint, intercessuros et dispecturos de medijs, quibus ipsis et Caesari posset conuenire. Responderunt euangelici se agnoscere Caesarem
15 vt suum principem, quare nollent eius haberi aduersarij, vt consiliatore et sequestro ipsis opus sit. Dissidium, de quo ageretur, esse inter ecclesiastas et principes ac populos Germaniae, qui pro ecclesiastarum diuersitate scinderentur, eoque se aduenisse, vt, si qua ratione liceret, illud tolleretur. Huius se animi adhuc esse; vt autem Caesaris adversarij sint, non esse vel animi sui
20 vel officij. Tandem autem cum nollent euangelici illos rogare, vt sequestros agerent, vltro sibi id muneris sumpserunt, sicque illi nostri dimissi sunt.

Sabbato sub vesperam[9] abijt Hessus[10] paucis comitatus, inuisurus vxorem laetaliter aegrotantem[11]. Quamquam autem id significarit quibusdam Caesari

---

3 Am Freitag, 5. August.
4 Um 16 Uhr.
5 Kurfürst Johann I. von Sachsen, Kurprinz Johann Friedrich, Herzog Franz von Braunschweig-Lüneburg-Celle, Herzog Georg von Münsterberg, Herzog Ernst von Braunschweig-Lüneburg, Fürst Wolfgang von Anhalt, Markgraf Georg von Brandenburg-Ansbach-Kulmbach, Landgraf Philipp von Hessen, Landgraf Georg von Leuchtenberg, Graf Berthold von Henneberg, Graf Ernst von Henneberg, Graf Philipp von Waldeck, Graf Philipp von Solms, Graf Wilhelm von Fürstenberg, Graf Albrecht von Mansfeld, Graf Justus von Mansfeld, Graf Ernst von Gleichen, Graf Wolfgang zu Henneberg und Graf Balthasar zu Hanau. Vgl. oben Nr. 315, S. 149, Anm. 11.
6 Die *Confutatio pontificia Confessionis Augustanae*. Vgl. ebd., S. 149, Anm. 16.
7 Joachim I., Kurfürst der Mark Brandenburg (1484–1535). Vgl. oben Nr. 301, S. 108, Anm. 17.
8 Herzog Heinrich der Jüngere von Braunschweig-Wolfenbüttel. Vgl. oben Nr. 308, S. 130, Anm. 35.
9 Am Samstag, 6. August, etwa um 20 Uhr.
10 Landgraf Philipp von Hessen. Vgl. oben Nr. 270, S. 3, Anm. 3.
11 Diese offizielle Begründung entspricht nach Auskunft der Quellen nicht den Tatsachen. Seiner Frau Christine gab Landgraf Philipp von Hessen am 1. August 1530 detaillierte schriftliche Anweisungen, wie sie sich krank zu stellen habe: „Liebes weyb. meyn fründtlich byt ist an dych, wolst dich kranckeyt annemen und stets dich halten, als seyst du kranck […] und wan du zu Cassel kumbst, so nym dych noch mher kranckeyt an" (GRUNDMANN, PHILIPP VON HESSEN,

indicandum et forsan indicatum sit, tamen, quidquid incederit, Caesar nocte
sequenti satellites suos conuocauit, et fertur ipse quoque in armis fuisse.
Misit quoque ad consules vrbis, ne qua porta ea nocte cuiquam, vel principi
vel alij, reseraretur. Orto die et portis reseratis, fecit singulas forti manu
obseruari. Hinc mira in vrbe fuit perturbatio, praesertim cum ante aliquot   5
hebdomadas Caesar effecerit, vt senatus mandarit ciuibus ne quis prodiret, si
contingeret conclamari tintinnabulis vel ob incendium vel alium publicum
motum. Circa prandij[12] tamen tempus Caesar portarum custodiam remisit.
Circa secundam[13] adierunt eum principes euangelici ciuiliter questum de
concursu militum et obseruatis portis, praesertim quod haec ipsis clam ordi-   10
nauerit, cum eo loco isti principes haberi merito debeant, vt quibus nemo
plus cupiat salutem Caesaris defensam. Se haud meminisse id vnquam a
praedecessoribus illius factum. Respondit Caesar se istud non fecisse
ipsorum causa aut cuiusquam principis, sed ob homicidium perpetratum
Sabatto[14] sub quintam horam[15], et post hac nihil tale se permissurum; et si   15
necessitas quid tale posceret, id ante electori Saxonum[16] vt primo magistro
equitum[17] indicaturum, jussitque de sua m[ajesta]te nihil aliud exspectare
quam consilia pacis[18].
    Circa sept[imam] horam[19] mane alij principes habito sacro de Spiritu
Sancto conuocarunt ad se in locum capitularem primi templi euangelicos   20
principes et dixerunt se consulturos, qua ratione possit constare pax Germaniae, eoque hortari illos, ne quo pacto paci obstent, multa memorantes de
bellorum incommodis et Italiam pro exemplo proponentes. Ad haec cras
respondebunt euangelici liberque [S. 2] indicabunt, vtri bella vel pacem
querant. Nec est qui dubitet vel tantillum cessuros. Nobis et tribus ciuitatibus 25
socijs[20] parata est responsio multo durior, reddenda cum conuentum fuerit
cum principibus. Negocium extrahetur. Vtinam hic articulus[21] possit absolui
hebdomada sequenti! Interea autem, fratres, vigilandum vobis est et precibus

---

S. 80). Dem sächsischen Kurfürsten schrieb Philipp in einem eigenhändigen Abschiedsbrief von
der Krankheit seiner Frau und deutete die wirklichen Gründe für seine Abreise nur an: „Darzu
hab ich sust auch ursachen, die mych dahin bewegen […]" (ebd., S. 52). — Zur Landgräfin
Christine von Hessen († 15. 4. 1549) vgl. ebd., S. 5, Anm. 1; S. 78–80.
    [12] Etwa um 6 Uhr.
    [13] Etwa um 8 Uhr.
    [14] Am Samstag, 6. August.
    [15] Zwischen 10 und 11 Uhr.
    [16] Kurfürst Johann I. von Sachsen. Vgl. oben Nr. 298, S. 99, Anm. 8.
    [17] D. h. als seinem Stellvertreter.
    [18] Vgl. zu den Umständen der vorzeitigen Abreise Philipps von Hessen und den beglei-
tenden Ereignissen GRUNDMANN, PHILIPP VON HESSEN, S. 5–9; 49–58.
    [19] Etwa um 13 Uhr.
    [20] Die Unterzeichnerstädte der *Confessio Tetrapolitana*: neben Straßburg, Konstanz,
Lindau und Memmingen.
    [21] Die Verlesung der *Confutatio* der *Confessio Tetrapolitana* und die Entgegnung der vier
Städte.

et sanctis exhortationibus. Cum enim Caesar suum nobis quoque decretum
aperuerit[22], id respondendum erit, quo apud nostros religio Christi vel cadet
tota vel stabit viribus Caesaris probanda, nisi id Deus miraculo auertet. Mit-
tetur itaque ad senatum[23] decretum, et petent legati[24] responsum supremum
5 et, vt medice loquar, decretorium. Vere itaque orandus Deus, et huc ecclesia
inuitanda, quo dignum detur Christo responsum. Tepidi nimis sumus omnes,
ieiuniorum et precum vsus obliteratus est; excitate itaque et vos et plebem!
Certe veteres in minoribus periculis stata ieiunia statasque preces indixerunt.
Nostri quoque legati dolent frigidiorem esse nostram ecclesiam, quam vt
10 talia sua sponte susciperet. Non est fidendum liberis vocibus, quae inconsy-
derato periculo iactantur nulloque pietatis affectu natae videntur. Caesaris
potentia profecto ingens est, at nihil potest contra Deum, fateor. Qui autem
sperabimus Deum nobis adfuturum, quem non querimus aut tepide querimus?
15   Videtur itaque mihi consultum, vt summam fidei, de qua contenditur,
probe inculcetis, nimirum a Christo salutem expectandam per fidem, non a
sacrificulis per eorum ceremonias, bona opera per dilectionem impendenda
esse proximis, non per superstitionem insumenda in ligna, lapides, ociosos
homines. Tum haec mundo ferri non posse, et mundum semper mundum
20 fore. Nostram quoque fidem probandam esse, verum Deum fideliorem esse,
quam vt quemquam tentet supra quam eius auxilio fretus possit ferre [*vgl.
I Kor 10, 13*]. Admonite ne quoquam, quam in vnum Deum respiciant! Nullas
alias vires cogitent! Quid enim vna et altera vrbs contra regnum papae? A
principibus quoque nihil expectandum, nisi forsan a Candido[25]; ita faciunt
25 eos abhorrere a nobis quos scitis. Vulgo, nostis, quam nihil tribuat quisque
communi sensu praeditus, nedum christianus. Haec autem non eo scribo,
quod causae diffidam, imo videor mihi certus Deum incognita adhuc nobis
via hac vice bellum amoliturum, vt satis eius bonitatem in nos admirari non
possimus. Sed valde timeo, imo vnicum est quod nonnunquam trepidare
30 facit, ne quid ad humanas vires respectetur, ne temere hostis contemnatur,
ne[a] non toto pectore ab vno Deo omnes pendeant, ne non sic audeant, vt
tamen cruci sese addictos sciant. Fortes iuuat Deus, non audaces! Fortis
autem nemo est, nisi qui sancta prudentia obfirmatus pericula adit. Perpen-

---

[a] *anstatt* non.

[22] Johannes Eck und Johann Fabri waren am 9. Juli 1530 vom Kaiser mit der Widerlegung
der *Confessio Tetrapolitana* beauftragt worden und werden ihre *Confutatio* dem Kaiser am 10.
August 1530 vorlegen. Der Kaiser wird sie aber erst am 25. Oktober 1530 den Abgeordneten
der vier Städte vorlesen lassen. Vgl. oben Nr. 312, S. 141, Anm. 23.
[23] D. h. den Straßburger Rat.
[24] Die Straßburger Gesandten Mathis Pfarrer und Jakob Sturm. Vgl. oben Nr. 269, S. 2,
Anm. 9; Nr. 302, S. 113, Anm. 15.
[25] Vgl. oben Anm. 10.

ditis indubie haec melius, quam ego queam scribere, et habetis, vt spero, iam Capitonem[26], qui vidit vt res habeant; attamen impulit me studium Christi et solicitudo pro nostra ecclesia, vt haec monerem. Salua siquidem perstare nequit, nisi ope Dei; hanc ergo debet sedulo inuocare et sola niti.

Hodie certo nunciatum est rem ad primum illud consilium redijsse, vt   5
principibus concedantur induciae, quo facilius nos cum socijs Heluetijs[27] opprimamur[28]. Sperant alij, cum viderit nos Caesar constantes [*S. 3*] vt principes, et nobis inducias concedendas, donec a Turcis induciae impetrentur. Quid tandem futurum sit, nouit Christus, huic nos committemus. Vos tandem vigilate, vt confirmetis labantia genua [*Jes 35, 3*]! Frequentes estote cum fra-   10
tribus, qui Deum agnouerunt! Cauete astus Satanae inanes metus ingessuri! Octaua Augustae.

Scribite, vt ecclesia ad imminentem tempestatem habitura videtur! Memores sitis, cum respondendum erit ad decretum Caesaris, statuendum esse de toto religionis negocio! Vigilate [*vgl. Mt 26, 41; Mk 13, 33*]![29]   15

C (zeitgen.) Zürich SA, E II 349, Nr. 332b, S. 1–4. – C Zürich ZB, S 26,69; TB III, S. 304–306.

---

26   Wolfgang Capito [Köpfel]. Vgl. oben Nr. 271, S. 6, Anm. 8. Nach seiner Abreise aus Augsburg Mitte Juli 1530 hatte Capito einige oberdeutsche Städte besucht und war am 5. August 1530 nach Straßburg zurückgekehrt. Vgl. BAUM, CAPITO UND BUTZER, S. 472.
27   Insbesondere die Städte des Christlichen Burgrechts: Straßburg, Zürich, Bern, Basel und Konstanz.
28   Am 8. August 1530 berichten die Straßburger Gesandten Jakob Sturm und Mathis Pfarrer dem Rat der Dreizehn (XIII) über eine in Augsburg umgehende Nachricht, das kaiserliche Kriegsheer mache sich in Florenz bereit, um gegen Oberdeutschland zu ziehen. Diese Meldung und der vorliegende Brief Bucers bewegen Martin Herlin, Bernhard Ottfriedrich und Konrad Joham, dem Rat der Dreizehn (XIII) zu empfehlen, in Straßburg Notvorräte an Lebensmitteln anzulegen. Vgl. CORRESPONDENZ STRASSBURG I, Nr. 778, S. 482–484.
29   Anmerkung von Hedios Hand: Allatę literae 11. augusti ex Augusta anno 30. [Nr. 331b, S. 4].

323   [1530]¹ August 9. Augsburg. — [Bucer]² an Huldrych Zwingli

La réfutation de la Confession d'Augsbourg, *que l'on attribue à Johann Fabri, à Johannes Eck et à leurs alliés, a été lue le 3 août ; elle n'a visé les Strasbourgeois que sur un point, relatif à la messe ; pour eux, la réponse sera beaucoup plus dure. Autres remarques sur le contenu de la* Confutatio. *Les évangéliques ont demandé une copie ; on la leur aurait donnée à condition notamment qu'ils ne la communiquent pas, ce qu'ils ont refusé. Certains princes, dont Joachim Iᵉʳ de Brandebourg, le duc Ernst de Brunswick-Lüneburg et Albert de Mayence, se sont proposés d'intercéder auprès de l'Empereur ; mais les princes évangéliques l'ont reconnu pour leur suzerain, et n'ont donc pas besoin d'intermédiaire ; la querelle a pour cause la doctrine et la religion. Mêmes informations qu'au n° 322 sur le départ de Philippe de Hesse (qui avait prétexté que son épouse était malade), les mesures prises par l'Empereur et la réaction des princes évangéliques. Exhortation à la prière. Nul ne doute que l'Empereur persistera dans sa décision, et les évangéliques dans leur confession ; Charles Quint accordera une trêve aux princes évangéliques pour qu'ils reviennent vers l'Église. On diffère la réponse à donner aux signataires de la* Tétrapolitaine. *On rapporte que le Pape aurait donné Florence à l'Empereur pour qu'il persiste dans la foi traditionnelle. Réflexions sur la situation dramatique des Strasbourgeois et des Suisses, et sur un possible martyre. Exhortation à la prière et à l'espérance en Dieu. Salutations de la part des "nôtres". Wolfgang Capiton est rentré sain et sauf à Strasbourg.*

Die Confutatio Confessionis Augustanae wurde am 3. August 1530 während einer Versammlung der Stände verlesen. Mitteilungen über ihre Verfasser und wesentlichen Inhalte. Die Evangelischen haben um eine Abschrift gebeten, doch sind die vom Kaiser dafür gestellten Bedingungen nicht akzeptabel. Die evangelischen Fürsten sehen sich nicht als Feinde des Kaisers, bedürfen bei ihm also keiner Vermittler. Landgraf Philipp von Hessen hat Augsburg heimlich verlassen; der Kaiser hat daraufhin die Sicherheitsmaßnahmen verstärken lassen. Er wird mit den evangelischen Fürsten, die an ihrem Bekenntnis festhalten, einen Waffenstillstand lediglich unter der Vorraussetzung schließen, daß sie zur altgläubigen Kirche zurückkehren. Die Lage der Städte des Christlichen Burgrechts ist dramatisch. Grüße von den Mitstreitern. Wolfgang Capito ist wohlbehalten nach Straßburg zurückgekehrt.

---

¹   Die Jahreszahl fehlt. Wegen der Bezüge zum Augsburger Reichstag kommt aber nur 1530 in Betracht (vgl. Anm. 3, 8–15).
²   Die Unterschrift fehlt. Aufgrund der Handschrift und des Briefinhaltes kommt aber nur Bucer als Absender in Betracht.

Salue!

Tertia Augusti fecit Caesar legi decisionem suam in negocio religionis[3], in qua damnauit, quicquid hactenus theologi damnarunt, et easdem cum scripturas, tum rationes adduxit[4]. Creditur enim confutatio ea esse opus Fabri[5], Eccij[6] et sociorum[7]. Nos in ea non perstrinxit, nisi vno in loco, ubi   5
missae mentio erat[8]. Ibi invocauit[a] electores et alios principes contra abominationem, quae in aliquibus ecclesijs obtinuisset, certa praenuncia Antichristi iuxta Danielis vaticinium [*Dan 12, 10f.*], nempe omnimodam missae[b] abolitionem et in locum eius pistorij panis erectionem, tum altarium demolitionem, statuarum confractionem. Et hanc adiecit caussam, ne adventui   10
ᵀAntiᵀchristi caussam dent, si ista ferant[9]. Paratam autem aiunt nobis responsionem multo duriorem[10]. Et si enim in hac nihil Caesar prorsus concedat, nisi quae concedit pon[tifex], ᶜa minis tamen severioribus sibi temperauit.ᶜ [c] Testatus est se non posse [non] mirari quur principes sacerdotibus matrimonium petant, cum constet eos ab apostolorum vsque tempore celibes   15
assumptos fuisse, et si aliquando legantur assumpti in hunc ordinem mariti,

---

[a] *O* inocauit, *danach gestrichen* contra. – [b] *gestrichen* ablegat. – [c] *gestrichen* Nam.

[3]   Die *Confutatio pontificia Confessionis Augustanae.* Vgl. oben Nr. 322, S. 182, Anm. 6.
[4]   Gemeint ist die Zusammenkunft der Stände am 3. August 1530, über die am 8. August auch Mathis Pfarrer und Jakob Sturm an den Straßburger Rat berichten (vgl. CORRESPONDENZ STRASSBURG I, Nr. 776, S. 480–482). Nach einer Einleitung von Pfalzgraf Friedrich verlas der kaiserliche Sekretär Alexander Schweiß die von Kaiser Karl V. genehmigte Fassung der *Confutatio Confessionis Augustanae.* Im Anschluß daran erbaten die protestantischen Fürsten und Städte eine Abschrift der *Confutatio* zu sorgfältiger Prüfung. Nach einem Tag Bedenkzeit machte der Kaiser die Aushändigung einer Abschrift aber von dem Zugeständnis der Protestanten abhängig, die Angelegenheit nicht weiter zu erörtern und nun auf sich beruhen zu lassen. Diese Bedingungen wurden von ihnen als inakzeptabel abgelehnt; daraufhin wurde ihnen keine Abschrift ausgehändigt. Vgl. DRESCHER, REICHSTAG, S. 41–43; URKUNDENBUCH AUGSBURG 1530 II, S. 133–176.
[5]   Johann Fabri [Faber]. Vgl. oben Nr. 302, S. 112, Anm. 12.
[6]   Johann[es] Eck. Vgl. oben Nr. 301, S. 108, Anm. 19.
[7]   Ein Gremium von etwa 20 Theologen, unter ihnen Konrad Wimpina, Johannes Cochlaeus, Konrad Köllin, Johannes Mensing, Arnold von der Wesel, Wolfgang Redorfer, Michael Vehe, Prior Kilian Leib von Rebdorf und Bischof Balthasar von Hildesheim.
[8]   Vgl. *Confutatio*, pars 2, De missa privata (FICKER, KONFUTATION, S. 94, Z. 10 – S. 102, Z. 13); vgl. auch den Auszug der deutschen Übersetzung der *Confutatio* (URKUNDENBUCH AUGSBURG 1530 II, S. 139f.).
[9]   Vgl. *Confutatio*, pars 2, De missa privata: „Quia angelus dixit Danieli: Eligentur et dealbabuntur et quasi ignis probabuntur multi et impie agent impii neque intelligent omnes impii. Porro docti intelligent, et a tempore cum ablatum fuerit iuge sacrificium et posita fuerit abhominatio in desolationem dies mille ducenti nonaginta, Daniel 12" (FICKER, KONFUTATION, S. 94, Z. 17–21); vgl. auch den Auszug der deutschen Übersetzung der *Confutatio* (URKUNDENBUCH AUGSBURG 1530 II, S. 140).
[10]   Die von Bucer mit Spannung erwartete Verlesung einer *Confutatio* der *Confessio Tetrapolitana*. Vgl. oben Nr. 322, S. 183, Anm. 21; CORRESPONDENZ STRASSBURG I, Nr. 776, S. 483: Bericht der Straßburger Gesandten Sturm und Pfarrer vom 8. August 1530. Tatsächlich wird der Kaiser den Abgeordneten der vier Städte die Widerlegungsschrift aber erst am 25. Oktober 1530 vorlesen lassen.

id factum esse inopia cęlibum. Nunc autem esse horum copiam[11]. ˢItem contra communionem sub vtraque˥ ᵈ specie etiam illa de incommoditate vasorum et periculis effusionis argumenta adducta sunt. Item Christum id Emaunte ea communione vsum fuisse [*Lk 24, 30*], et huius typum praeces-

5   sisse in posteris Eli, qui ad particulam panis duntaxat admittebantur [*I Sam 2, 36*]. Sic olim episcopos damnari solitum fuisse ad communionem laicam. Hac tamen laicis non fieri iniuriam, cum illa utantur in aegritudine etiam pont[ifex] et cardinales[12]. Ex his tu conijce reliqua. Conclusio autem fuit, vt ˥principes illi et ciuitates˩ ad ecclesiam [*f° 291a r°*] reuertantur Ro[manam];

10   quod ni faciant, ipsos posse agnoscere se cogi, vt officium praestet ˥aduoca-ti˩ ecclesiae[13]. Porro mitigationem hanc creduntur impetrasse principes reliqui[14].

Euangelici, lecta decisione Caesaris, quam testatus est se fecisse lectis a se ˥scriptis˩ vtriusque partis,ᵉ petierunt exemplar[15]. Caesar respondit se deli-

15   beraturum. Quinta itaque Augusti respondit se exemplar daturum, verum nullam tamen vlteriorem disputationem admissurum; prohibuit ˥illis˩ quoque per ius iurandum, quo ipsi et imperio addicti sunt, ne vel suum vel ipsius scriptumᶠ cuiquam communicarent[16]. Sic obstricti exemplar recipere noluerunt, ne ipsis imputaretur, si contingeret id inuulgariᵍ.

20   Dum vero de his disputabatur, obtulerunt se quidam principes, marchio Ioachimus, dux Brunsuicensis, episcopus Mog[untinus][17] et nescio qui alij,

---

ᵈ *anstatt* Ex his tu conijce reliqua. – ᵉ *gestrichen* scriptis respondit. – ᶠ *gestrichen* ille. – ᵍ *gestrichen* aut iam in ear[um].

[11]   Vgl. *Confutatio*, pars 2, De celibatu (FICKER, KONFUTATION, S. 82, Z. 4 – S. 84, Z. 5); vgl. auch den Auszug der deutschen Übersetzung der *Confutatio* (URKUNDENBUCH AUGSBURG 1530 II, S. 138).
[12]   Vgl. *Confutatio*, pars 2, De communione (FICKER, KONFUTATION, S. 76, Z. 9 – S. 82, Z. 2); vgl. auch den Auszug der deutschen Übersetzung der *Confutatio* (URKUNDENBUCH AUGS-BURG 1530 II, S. 137f.).
[13]   Vgl. *Confutatio*, pars 2, Ad inducta concionatorum (FICKER, KONFUTATION, S. 129, Z. 24 – S. 140, Z. 11); vgl. auch den Auszug der deutschen Übersetzung der *Confutatio* (URKUN-DENBUCH AUGSBURG 1530 II, S. 141).
[14]   Gemeint: die katholischen Fürsten. Am 3. August 1530 schrieben Jakob Sturm und Mathis Pfarrer an den Straßburger Rat: „Also hat kai. mt. die beiden ingelegten Schriften besehen lassen, und wie man sagt gon Rome auch geschickt und mit rat des babstlichen legaten sich einer Antwort entschlossen, dieselb antwort den babstischen fursten uf mentag nechst verschinen prima Augusti furgehalten; die sollen etlich ding im ingang und beschlusz, wie uns anlangt, geen-dert haben, und namlich soll im beschlusz bi peen der acht mandiert sin worden, dem zu gehor-samen: das soll gemiltert sin worden" (CORRESPONDENZ STRASSBURG I, Nr. 776, S. 481).
[15]   Nach Verlesung der *Confutatio* hatten die evangelischen Fürsten und Städte um eine Abschrift gebeten. Vgl. oben Anm. 4.
[16]   Vgl. die *Antwort des Kaisers Karl V. durch Pfalzgraf Friedrich den euangel. Fürsten und Städten gegeben auf ihre Bitte um Mittheilung einer Abschrift der Confutation*, 5. August 1530 (URKUNDENBUCH AUGSBURG 1530 II, Nr. 137, S. 179f.).
[17]   Kurfürst Joachim von Brandenburg (vgl. oben Nr. 301, S. 108, Anm. 17), Heinrich der Jüngere von Braunschweig-Wolfenbüttel (vgl. oben Nr. 308, S. 130, Anm. 35) und Erzbischof Albrecht von Mainz (vgl. oben Nr. 278, S. 33, Anm. 19).

ad intercedendum apud Caesarem et dispiciendum, si inuenire possent[h] media, quibus concordia inter ipsos et Caesarem seruaretur. His responderunt euangelici se agnoscere Caesaris subiectos; ideo nolle se illi constituere aduersarios et recipere sequestros, qui [f]illi se reconcilient[l i]. Dissidium, de quo agatur, esse doctrinae et religionis et vigere inter ecclesiastas eosque qui 5 illos sequuntur, seque ad tollendum hoc aduocatos, ad quod libenter operam suam impenderent; Caesari alioqui facturos se, quaecumque ille cum Deo petere possit. Cum itaque istos[j] euangelici rogare nollent, vt sequestros agerent, vltro id sibi sumpserunt[18].

Postridie sub vesperam[19] dilapsus est pauciss[imis] comitibus accinctus 10 Hessorum princeps[20]. In ea nocte circa secundam conuocati [f° 291a v°] sunt milites Caesareani, obseruatae portae vrbis per eosdem, ita vt multum turbae expectaretur. Aiunt quidam et Caesarem in armis fuisse. Verum sub prandium sequenti die reuocata est a portis custodia Caesaris[21]. Eo die[22] mane fecerunt reliqui principes sibi fieri sacrum de Spiritu Sancto; quo finito aduo- 15 carunt ad se principes euangelicos et hortati sunt multis ad pacem, Italiae exemplum obijcientes, quae natio[k] intestinis bellis tam diu adflicta esset, etc. Se consulturos de medijs, quibus possit pax constare, ad ea orarent et admonerent, sic se comparare vellent vt qui paribus votis salutem Germaniae querant[23]. Ad hanc admonitionem hodie respondent et, vt quidam ferunt, 20 mascule <ostendentes quinam bellis caussas dare cupiant[24].<

Eodem [↓vero↓] die dominico circa secundam[25] adierunt Caesarem principes euangelici ac ciuiliter quęsti sunt de concursatione militum et custodia portarum. Non meminisse a praedecessoribus c[aesareae] m[aies]t[atis] tale quid factum. Sique periculum Caesari immineat, se primos debere eius 25 admoneri, vt etiam parati sint pro salute illius omnia impendere. Respondit Caesar nihil huius ipsorum caussa factum, sed nescio quid turbae inter

---

h *anstatt* queant. – i *anstatt* concordiam restituant. – j *anstatt* […]. – k *anstatt* nato.

18   Am 14. August 1530 wird Bucer an Ambrosius Blaurer schreiben: „Cattus tamen, cum adhuc adesset, effecerat, ne id ab illis euangelici orarent; vltro itaque sibi hoc sumpserunt" (unten Nr. 324, S. 194, Z. 1f.).
19   Am Samstag, 6. August, etwa um 20 Uhr.
20   Vgl. oben Nr. 322, S. 182, Anm. 10f.
21   Vgl. zu diesen Ereignissen ebd., S. 183, Anm. 18.
22   Am Sonntag, 7. August.
23   Anspielung auf eine im Namen der katholischen Fürsten gegen Kurfürst Joachim von Brandenburg ausgesprochene Rüge, er sei sich über die aus der Spaltung der Kirche resultierenden Nachteile für die deutsche Nation nicht im Klaren. Vgl. URKUNDENBUCH AUGSBURG 1530 II, Nr. 138, S. 182.
24   Am Vortag, dem 8. August 1530, schrieb Bucer an seine Kollegen in Straßburg: „Ad haec cras respondebunt euangelici libereque indicabunt, vtri bella vel pacem querant" (oben Nr. 322, S. 183, Z. 23–25); vgl. auch URKUNDENBUCH AUGSBURG 1530 II, Nr. 138, S. 182f.
25   Am Sonntag, 7. August, etwa um 8 Uhr.

milites Germanos et Hispanos obortum fuisse et sabbatho[26] perpetratum homicidium. Se curaturum, ne quid tale post hac fiat; et si quid eiusmodi necessitas posceret, in tempore electori Sax[onico][27] vt primo magistro equitum[28] indicaturum. Id orare, vt permaneant ad finem vsque comitiorum;
5   se nihil omissurum, quod ad pacem Germaniae facere queant. Atque ideo graue sibi esse, quod Hessus abijsset, se non salutato. Nam etsi is principi Fridericho Palatino[29] indicasset se abiturum ac petijsset ab eo, vt abitum suum excusaret apud Caesarem, letaliter enim vxor sua aegrotans vrgeret abitionem, dicebat tamen Caesar sibi nondum indicatum fuisse[30]. Quod
10   quidam putant [f° 291c r°] inde accidisse, quod Caesar^l sabbatho fuerit in venatione et princ[eps] Frid[erichus] putarit non statim adeo elapsurum illum. Hinc autem non nulli suspicantur Caesarem timuisse et reliquos furtim abituros eoque illa nocte ⟨et mane⟩ portas observasse,^m donec certior fuerit, quid^n illi consilij cępissent. Siue autem haec siue alia caussa motus huius
15   fuerit, magnam dedit perturbationem, maxime quod ante aliquot hebdomadas senatus ⟨hic⟩ ciuibus prohibuerit prodire ex edibus, si ad incendium vel aliam turbam conclamaretur, idque Caesare exigente[31].

Nunc tranquilliores res sunt, et expectantur media reliquorum principum[32], et quidem magna animorum suspensione. Nam nemo dubitat Caesa-
20   rem nihil cessurum de sua decisione, praesertim cum secundo eam confirmarit[33]; item nemo dubitat quin et principes perstituri sint in sua confessione et eam exposituri liberius quam hactenus. Facile conijcitur principes illos sequestros, concilium, de quo Caesar hactenus fortiter tacuit oblaturos, sed vt viuendum sit dum illud celebretur, vehementer mirantur prudentiores,
25   quid inuenturi sint, quod euangelicis recipi possit. Praesertim cum ad hoc negotium selecti sint pontifici addictiss[imi], tam ex prophanis quam ecclesiasticis. Qui itaque coniectando valent, putant de dogmatis neutros aliquid cessuros[34], Caesarem autem euangelicis principibus daturum inducias, vt ad

---

^l *gestrichen* ea vt. – ^m *gestrichen* et. – ^n *gestrichen* alij.

26   Am Samstag, 6. August.
27   Vgl. oben Nr. 322, S. 183, Anm. 16.
28   Vgl. ebd., S. 183, Anm. 17.
29   Pfalzgraf Friedrich II. Vgl. oben, Nr. 308, S. 130, Anm. 34.
30   Vgl. oben Nr. 322, S. 182, Anm. 11.
31   Vgl. ebd., S. 183, Z. 4–8.
32   Die Vermittlungsbemühungen mancher altgläubiger Fürsten. Vgl. oben S. 188, Z. 20 –
S. 189, Z. 2.
33   Am 5. August 1530. Die öffentliche Verlesung der von Karl V. genehmigten Fassung der *Confutatio pontifica Confessionis Augustanae* durch den kaiserlichen Sekretär Alexander Schweiß hatte am 3. August 1530 stattgefunden.
34   Am 8. August 1530 schrieben Jakob Sturm und Mathis Pfarrer an die Straßburger Dreizehn (XIII): „so sind wir gewisz, würt der wege mit den fursten funden, das si unserthalb nichts underwegen werden lassen anzunämen oder zu bewilligen, domit si friden behalten mogen, wiewol wir nit anders noch vermerken konnen, dan das die fursten nichts nachgeben werden

ecclesiam redeant, sed ea lege, vt nobis se non coniungant, tum omnem vim
in nos conuersurum, quibus sub iugum missis, illos quoque facile imperata
facere cogeret. Id enim palam quidam nobis minari dicuntur. Atque ideo°
responsio nobis danda differtur[35]. Omnes quoque circumstantiae[p] hanc
coniecturam confirmant[36]. Quid enim profectum esset, etiam principibus in   5
ordinem coactis, si Heluetijs sua [f° 266 r°!] permaneret libertas? Pontifex
fertur Florentinos Caesari donasse propter constantiam in fide et sedulitatem
in hoc negocio[37]. Is miles, et pecuniae a Florentinis, item illae a Franco per-
solutae[38], multis videntur animos addere. Itaque nihil superesse omnes praedicant, quin pereamus. Et nos certe praeter Dei opem nihil reliquum   10
videmus. Verum dum hac confidimus, confundemur nunquam, praesertim
cum et mori nobis lucro sit et possit Dei nomen in nobis et per mortem glo-
rificari [Phil 1, 20f.]. In hominibus multum est quos metuas, in Christo nihil
non salutem pollicetur. Nos hic optime de Domini beneuolentia speramus.
Hanc autem vtinam sedulis precibus fratres vbique orent, aduersarios nulli   15
contemnant, viribus humanis nihil tribuant, sed omnem spem in vno Deo col-
locent, ea denique[q] semper ob oculos habeant, quae sunt prudentiae et forti-
tudinis christianae! Bene vale! Salutant te nostri. Meus collega[39] saluus
domum peruenit[40]. Augustae, 9 Augusti.

                                        T[uus] to[tus] ex animo   20

Adresse [f° 266 v°]: Johanni Abbacellio[41], suo amico incomparabili.

° *anstatt* nostra. – [p] *gestrichen* id. – [q] *anstatt* deque.

die hauptartikel irs glaubens und ubergebnen bekantnusz betreffen. so konnen wir auch nit
gedenken, das kei. mt. etwas in denselben auch uber ir gegeben antwort nachlosen werde, also
das wir uns nit versehen, das hierin ein vergleichong funden werde. aber in dem mochten mittel
funden werden, das die fursten etwas in eusserlichen ceremonien und gebruchen nachgeben und
die andern puncten von inen bis uf ein kunftig concilium geduldet würden [...]" (CORRESPON-
DENZ STRASSBURG I, Nr. 778, S. 483).
    [35]   Vgl. oben Anm. 10.
    [36]   Am 14. August 1530 wird Bucer an Ambrosius Blaurer schreiben: „Nobis iam per
quinque dies expectata est responsio ad nostram confessionem, quam omnes dicunt atrocissimam futuram, quam etiam non minus atrox secutura sit executio; nam nemo fere non diuinat
inducias dandas principibus, donec nos opprimamur" (unten Nr. 324, S. 194, Z. 12–15).
    [37]   Dies berichteten auch Jakob Sturm und Mathis Pfarrer am 8. Augsut 1530 an die Drei-
zehn (XIII) in Straßburg: „Es got ein sage hie, als ob Florenz vertragen were und das kriegsvolk
als uf Teutschland ziehen solte; doch hat es nun wol drei tag geweret, und haben die koufleut
noch kein schriften davon" (CORRESPONDENZ STRASSBURG I, Nr. 778, S. 484). Zur Übergabe der
Stadt Florenz vgl. den Bericht der Straßburger Gesandten vom 31. August und 31. Oktober 1530
(ebd., Nr. 786, S. 492; Nr. 829, S. 535).
    [38]   Vgl. ebd., Nr. 796, S. 502: „so ligt das kriegsvolk noch in Italia, nemlich die Teutschen
Knecht vor Florenz, und müssen die Florentiner die versolden" (Bericht der Straßburger
Gesandten vom 28. September 1530).
    [39]   Wolfgang Capito [Köpfel]. Vgl. oben Nr. 271, S. 6, Anm. 8.
    [40]   Vgl. oben Nr. 322, S. 185, Anm. 26.

Oa Zürich SA, E II 339, fº 291 vº; fº 291a rº/vº; fº 291c rº + E II 349, fº 266 rº/vº (Briefschluß, Datum und Adresse). — C Zürich ZB, S 26,70. — P Egli, Analecta Reformatoria I, S. 46–49 (Schluß fehlt); Zwingli Bw. V, Nr. 1073, S. 51–57; Pollet, Bucer I, S. 28–33.

---

41   Pseudonym für Huldrych Zwingli.

324   [1530] August 14. [Augsburg][1]. — [Bucer][2] an Ambrosius Blaurer[3]

La réfutation de la Confession d'Augsbourg *a été lue ; l'Empereur a assorti sa remise par écrit aux princes évangéliques de conditions inacceptables. Ces derniers sont néanmoins disposés à négocier, et ont demandé que l'on désigne des médiateurs. Le 8 août, les évangéliques ont été exhortés à souscrire au verdict de l'Empereur et à abandonner les doctrines séditieuses. Les villes qui ont signé la* Tétrapolitaine *attendent toujours une réponse, que tous prévoient dure ; crainte d'une guerre ; exhortation à la prière et au jeûne, afin qu'advienne la gloire du Christ. Jusqu'à présent, Philippe Mélanchthon n'a pas encore répondu par écrit à Bucer, ni accepté de s'entretenir personnellement avec lui – ce qu'a fait en revanche Gregor Brück. Les adversaires de Bucer caricaturent sa conception de la Cène, alors qu'il confesse que le corps du Christ est présent, donné par la parole et reçu par l'âme dans la foi. Luther juge que Mélanchthon fait trop de concessions aux papistes. Crainte que la situation de l'Église ne devienne comme sous Dioclétien : de nombreux fuyards émigrent en Prusse. Salutations à Johannes Zwick, Thomas Blaurer et aux autres amis et frères de Constance. Bucer prie Blaurer de transmettre sa lettre à Zwingli, dont il attend la réponse. Salutations de Jacques Sturm, de Mathis Pfarrer. Nouvelles d'[Augustin Blaurer].*

Die Confutatio Confessionis Augustanae *wurde verlesen. Der Kaiser hat ihre Übergabe in schriftlicher Form an die evangelischen Fürsten von unan-*

---

1   Die Jahreszahl und der Absendeort fehlen. Aufgrund der Bezüge zum Augsburger Reichstag kommen aber nur das Jahr 1530 und Augsburg in Betracht.
2   Die Unterschrift fehlt. Aufgrund der Handschrift und des Briefinhaltes kommt aber nur Bucer als Absender in Betracht.

nehmbaren Bedingungen abhängig gemacht. Die Evangelischen beharren auf dem Bekenntnis ihres Glaubens, sind aber zu Vermittlungsverhandlungen bereit. Die Unterzeichnerstädte der Confessio Tetrapolitana warten auf Antwort. Befürchtung einer kriegerischen Auseinandersetzung. Philipp Melanchthon hat bisher weder schriftlich geantwortet noch in ein persönliches Gespräch mit Bucer eingewilligt. Über die Abendmahlslehre Bucers werden Unwahrheiten verbreitet. Luther wettert gegen die Papisten. Melanchthon hingegen erweist ihnen zuviel Ehre, obwohl doch offensichtlich ist, daß man mit ihnen nicht übereinstimmen kann, ohne den ganzen Christus zu verleugnen. Wenn es zum Gespräch mit Melanchthon kommt, will Bucer dem christlichen Frieden dienen, da man in den Hauptpunken einig ist. Zahlreiche Flüchtlinge wandern nach Preußen aus. Grüße an Johannes Zwick, Thomas Blaurer und die übrigen Freunde und Brüder in Konstanz. Bitte, die Briefe an Huldrych Zwingli weiterzuschicken. Hoffnung auf dessen baldige Antwort. Grüße von Jakob Sturm und Mathis Pfarrer.

[4]Gratia Christi tibi augeatur, frater obseruande!

Cruce probandam fidem nostram diu iam praedicauimus; iam ergo tempus est, per facta vt fidem dictis arrogemus, quod tu alias scripsisti[5]. Quae in fragmento, quod transcripsisti[6], continentur, ita habent, excepto illo, quod Lutheranorum errores in scripto illo Caesaris[7] per Dei verbum confutati sint, nisi ex eo, quod posteri Eli ad partem panis admitti orabant [*vgl. I Sam 2, 36*], comprobari queat laicis tantum panem eucharistiae communicandum[8], et male missam sublatam ex uaticinio Danielis de sublatione iugis sacrificij [*vgl. Dan 8, 11; 11, 31*], item intercessio[a] sanctorum ex ijs, quae leguntur de viuorum pro se inuicem habitis precibus. Scripturae plurimae adductae sunt[9], sed ita apposite, vt vulgari nolint librum adeo, ut detrectarit Caesar dare exemplar principibus, nisi iureiurando, quo[b] addicti[c] imperio sunt, reciperent se cauturos, ne cuiquam alij communicaretur, quo effecit, vt poscere illud desierint[10]. Interim alij principes obtulerunt se sequestros[11].

5

10

---

[a] *zuerst* incessio. – [b] *zuerst* quod. – [c] *O* adedicti.

3 Ambrosius Blaurer [Blarer]. Vgl. oben Nr. 273, S. 9, Anm. 3.
4 *K. Hubert:* [V]*Tria ex Augustanis comitijs scripta Ambr. Blaurero*[V]. [<]*1530 - 14 Augusta. Notanda*[<].
5 Dieser Brief Ambrosius Blaurers an Bucer konnte nicht ermittelt werden.
6 Um welches Fragment es sich handelt, konnte nicht ermittelt werden.
7 *K. Hubert:* [<]*De confutatorio scripto aduersariorum Eccij et aliorum Augustae*[<]. — Die *Confutatio pontificia Confessionis Augustanae*. Vgl. oben Nr. 322, S. 182, Anm. 6.
8 Vgl. oben Nr. 323, S. 188, Z. 6–8 mit Anm. 12.
9 *K. Hubert:* [<]*NOTANDA: Caesar quid*[<].
10 Vgl. die *Antwort des Kaisers Karl V. durch Pfalzgraf Friedrich den euangel. Fürsten und Städten gegeben auf ihre Bitte um Mittheilung einer Abschrift der Confutation*, 5. August 1530 (URKUNDENBUCH AUGSBURG 1530 II, S. 179f.).

Cattus[12] tamen, cum adhuc adesset[13], effecerat, ne id ↓ab illis euangelici↓ orarent; vltro itaque sibi hoc sumpserunt[14]. Verum expectatur, quae media excogitarint.

Die lunae[15] longa oratione hortatj sunt euangelicos, ut Caesaris sententiae subscribant et receptae doctrinae, seditionis, schwermerorum atque anabaptistarum parenti, valedicant. Ad haec euangelici heri[16] responderunt fidem suam iterum professi et cum depulsione criminum, quae alij impegerant[17]. Id medij[18] ad restituendam concordiam obtulerunt, si[d] aliquot proceres et doctj[e] ↓vtrinque↓ seligerentur[f], qui negocium inter ↓se↓ excutte[rent] atque de sententia Christi dispicerent. Hoc cum [*S. 30*] quoddam disputationis genus foret, haud arbitror principes illos nostris consensuros.

Nobis iam per quinque dies expectata est responsio ad nostram confessionem[19], quam omnes dicunt atrocissimam futuram, quam ↓etiam↓ non minus atrox secutura sit executio; nam[g] nemo fere non diuinat inducias dandas principibus, donec nos opprimamur[20]. Magnus quidam[21] cuidam Nurnbergensi[22] dixit: „Vobis haudquaquam bellum inferemus.“ Id ‚vobis‘ ↓autem↓ dixit cum emphasi, significans nobis inferendum. Dominum igitur oremus: Adsit suae gloriae siue vita siue morte in nobis illustrandae. Praeter Lucernanios[23], qui iam supra mensem hic sunt, aduenit et schultheiss Hebel von Solathur[24]. Aiunt praetexi confirmationem quorundam priuilegiorum;

---

d *gestrichen* illi. – e *zuerst* doctos. – f *O* seligirentur. – g *gestrichen* omnes.

11 Vgl. oben Nr. 323, S. 189, Z. 3f., 8f. mit Anm. 18.

12 Landgraf Philipp von Hessen. Vgl. oben Nr. 270, S. 3, Anm. 3.

13 Landgraf Philipp von Hessen hatte den Augsburger Reichstag am 6. August 1530 verlassen. Vgl. oben Nr. 322, S. 183, Anm. 18.

14 Vgl. oben Nr. 323, S. 189, Z. 9 mit Anm. 18.

15 Das wäre Montag, 8. August 1530. Der *Bericht über das, was an den nächsten Tagen nach der Antwort des Kaisers vom 5. August geschah* (URKUNDENBUCH AUGSBURG 1530 II, S. 182) und eine Depesche des Venezianischen Gesandten Nicolò Tiepolo vom 7. August 1530 (TIEPOLO, DEPESCHEN, S. 63) nennen aber übereinstimmend als Datum dieser „longa oratio“ Sonntag, 7. August 1530.

16 Am Samstag, 13. August 1530.

17 Vgl. die *Antwort der evangelischen Fürsten und Städte auf des Gegentheils Antrag vom 11. August*, 13. August 1530 (URKUNDENBUCH AUGSBURG 1530 II, S. 201–217).

18 Die um Vermittlung bemühten Fürsten. Vgl. oben S. 193, Z. 29.

19 Zur erst am 25. Oktober gegebenen Antwort des Kaisers auf die *Confessio Tetrapolitana* vgl. oben Nr. 322, S. 184, Anm. 22.

20 Vgl. oben Nr. 323, S. 190, Z. 28.

21 Johann[es] Eck. Vgl. oben Nr. 301, S. 108, Anm. 19. Vgl. BECKER, VERHANDLUNGEN, S. 136.

22 Christoph Kreß, Gesandter Nürnbergs auf dem Augsburger Reichstag. Vgl. ebd.

23 Zu den Gesandten Luzerns auf dem Augsburger Reichstag vgl. oben Nr. 321, S. 180, Anm. 29.

24 Peter Hebolt, Schultheiß von Solothurn, der vom Kaiser eine Bestätigung der Freiheiten seiner Stadt erlangte. Vgl. EIDGENÖSSISCHE ABSCHIEDE IV (1b), S. 1595; LEU, HELVETISCHES LEXIKON X, S. 3.

verum dum toties ad magnum Caesaris consilium ↓Lucernianj↓ vocantur, suspicantur quidam alia. Certi tamen nihildum resciri potuit, nisi quod nemo nobis non extrema minatur. Clamemus ergo ad Dominum, ieiunemus, humiliemus animos nostros, excitemus credentium pectora, vt nostris peccatis veniam ita nominis Christi exaltationem[h] indesinentibus precibus oremus!   5

Cum Phi[li]ppo[25] nihil collocutus sum; nam ut sui copiam mihi faceret, impetrare nondum potuj, etsi multis modis ambierim[26]; imo ne rescribere quidem dignatus[i] est, etsi id sit suis literis pollicitus[27]. Cum doctore Gregorio Pontano[28], magnae ↓apud Electorem Sax[oniae]↓[29] authoritatis viro, collocutus sum et scripto egi[30], quod videbis; sed ne ab illo quidem [S. 31]   10 respondetur. Magno redimendum esset quouis modo hoc dissidium esse mitigatum[31]; plus enim, quam quisquam credat, negocio Christi obest. Sed sic visum Domino est. Eccius[32], quem mittit tibi consobrinus tuus[33], id scribit, quod consultatur, quod moliuntur aduersarij, quod ipse et similes vrgent. Respondere non dubito illi pro dignitate, non ipsius, sed responden   15 tis et caussae, quam agimus. Cumque fateamur omnes spiritu et per fidem in coena geri, quod verbis et signis repraesentatur, velim id nostros diligenter inculcare[34]. Video enim bonos multos hoc solo a nobis alienari, quod aduersarij de nobis falso scribunt nihil ↓nos↓ nisi panem et vinum in coena fateri[35]. Considerant enim, quod Dominus dixit: „Accipite, edite; hoc est corpus   20

---

[h] *gestrichen* indens. – [i] *zuerst* dedignatus.

[25] Philipp Melanchthon [Schwarzerd]. Vgl. oben Nr. 273, S. 15, Anm. 27. — *K. Hubert:* ⌐De Philippo colloquium refugienti⌐.
[26] Vgl. oben Nr. 313, S. 142, Z. 2 – S. 143, Z. 1; Nr. 314, S. 145, Z. 2–4; Nr. 317, S. 156, Z. 6f.
[27] Vgl. oben Nr. 313, S. 143, Z. 14; Nr. 314, S. 145, Z. 2–4. Erst eine Woche später kommen drei persönliche Gespräche Bucers mit Melanchthon zustande: Am 22. oder 23. August 1530 fordert Melanchthon Bucer auf, seine Abendmahlslehre schriftlich niederzulegen, um sie an Luther senden zu können. Die zweite Begegnung findet am 24. August 1530 statt. Bucer legt Melanchthon den Entwurf seiner Abendmahlsartikel und einen Begleitbrief an Luther vor (unten Nr. 327, S. 207–212). In der Nacht zum 25. August überarbeitet Bucer die Artikel; nach einer weiteren Unterredung mit Melanchthon am 25. August schickt er sie am selben Tag mit einem Begleitbrief an Luther (unten Nr. 328, S. 212–219). Vgl. CR II, Nr. 863, Sp. 314f.; Nr. 864, Sp. 315f.; CORRESPONDENZ STRASSBURG I, Nr. 783, S. 488; FRIEDRICH, BUCER, S. 71f.; KÖHLER, ZWINGLI UND LUTHER II, S. 220–226; ROTT, BUCER UND DIE SCHWEIZ, S. 464.
[28] Gregor Heinse, genannt Brück. Vgl. oben Nr. 320, S. 165, Anm. 2. — *K. Hubert:* ⌐D. Gregorius Pontanus⌐.
[29] Kurfürst Johann I. von Sachsen. Vgl. oben Nr. 298, S. 99, Anm. 8.
[30] Vgl. oben Nr. 320, S. 166, Z. 2f.
[31] *K. Hubert:* ⌐De eucharistia⌐.
[32] Johann[es] Eck. Vgl. Anm. 22. — *K. Hubert:* ⌐Eccius⌐.
[33] Augustin Blaurer, Sohn von Ambrosius Blaurers Bruder Thomas. Vgl. PFISTER, BLARER, S. 217–220.
[34] *K. Hubert:* ⌐De Eucharistia⌐.
[35] *K. Hubert:* ⌐Nihil nisi panem et vinum etc. calumnia⌐.

meum" [*Mt 26, 26 parr*], vt, etsi agnoscant Spiritu docente panem non esse
Domini corpus nec conuenire, vt dicatur in eo contineri corpus, tamen datum
esse agnoscunt et horrent dici hic nihil nisi panem exhiberi et vinum, praesertim cum tam auguste omnes patres de hoc mysterio locuti sint. Hi mirum
5   ⌐dicto⌐ quam placentur nobis, cum audiunt et nos faterj dari et adesse Domini
corpus, nec illibenter recipiunt illud: Vt verbo dari, ita fide ab animo recipi,
non a corpore, pastumque hunc fidei esse. Quae cum in coelos sese attollat,
nihil iam recipit, nihil Christi corpori tribuit, quod veritati eius pugnet, vt
sunt, quae vulgo iactantur.
10   Cum Vrbano[36] et alijs quibusdam contuli et Deum testor: Solam verborum pugnam[37] video nos inter vigere[38]. Sed nostra pars inuisa est plus nimio;
id plures a nobis abalienat quam sententiae diversitas. Libenter mederer plerisque; sed [*S. 32*] video nondum tempus esse. Lutherus iam nostri oblitus
totus, inuehitur contra papistas, vt videbis in libello de purgatorio[38], qui mit-
15   titur. Aiunt huic non bene conuenire cum Philippo[40], vt ille male iam audit
apud omnes cordatiores, ⌐etiam inter⌐ j suos; plus nimio enim papistis defert,
cum nemo tamen non videat haudquaquam cum illis posse nos in gratiam aut
quenquam alium redire nisi toto Christo abnegato. Pro hoc nos extrema
fecimus, et hactenus tamen in colloquium nos admittere grauatus est[41], cum
20   ad legatos, ad episcopos, ad papistas quoslibet vltro etiam accurrat, nostram
caussam satis superque aggrauans. Sed ita a notis et amicis suis exceptus et
Christus est. Nobis ferenda bonique consulenda sunt omnia; Christus viderit.
Quidam boni vrgent illum, vt mecum colloquatur. Id si fiat, sic me geram, vt
qui christianae paci cum illis nihil praeferam; in summis enim conuenit,
25   vtcunque sic inuicem collidamur. Refert certe quam plurimum, vt nunc quam
purissime omnia ex Christi sententia geramus, nusquam nostri rationem
habentes.
     Instat siquidem, nisi eam[k] miraculo Christus auertat, eiusmodi sanctorum
laniena, qualis vix Diocletiani tempore fuit[42]. Iam turmatim ex inferiori Ger-
30   mania migratur in Prussiam[43] ob solum aduentus Caesareanj rumorem. Dedit

---

    j *anstatt* et apud. – [k] *anstatt* id.

36   Urbanus Rhegius [Rieger]. Vgl. oben Nr. 301, S. 109, Anm. 24. — *K. Hubert:*
⟨*Vrbanus Regius*⟨.
37   Ähnlich hat sich Bucer z. B. bereits am 24. Juli an Brück geäußert (oben Nr. 320,
S. 166, Z. 4 – S. 167, Z. 1).
38   *K. Hubert:* ⟨Λογομαχία⟨.
39   Martin Luther: *Widerruf vom Fegfeuer*, Juli 1530 (WA 30/II, S. 360–390).
40   *K. Hubert:* ⟨*Philippus*⟨. — Philipp Melanchthon. Vgl. oben Nr. 273, S. 15, Anm. 27.
41   *K. Hubert:* ⟨*Colloquium [gestrichen: et] negauit etc.*⟨.
42   Gemeint ist die Christenverfolgung, die unter dem römischen Kaiser Diokletian im
Jahre 303 begann. Vgl. oben Nr. 318, S. 159, Anm. 8.
43   *K. Hubert:* ⟨*Migratio ex Belgico in Prussiam*⟨.

namque dux ille <Albertus, qui magister fuit ordinis Theutonici[44],< regionem quandam prope Küngsspruck[45] desolatam hactenus[l] incolere exulibus[m] Christi, quorum in eam concesserunt iam supra quatuor millia[n]; his dedit suas leges et rempublicam[46]. Vnum est, quod adhuc sanctos illos angit: Fere omnes solam spiritualem Christi manducationem agnoscunt; princeps autem   5 ille[47] [*S. 33*] a Luthero stat. Si dogmatis suj libertatem ↓illi↓ obtinuerint ab hoc principe, putant duplicandum exulum illorum numerum. Haec hodie quidam mihi minister comitis a Beuren vel Isselsteyn[48] narrauit. Eum huc[o] uxor illius[p] comitis[49] misit sola caussa inuestigandi, vt Christi negocium habeat; pientissima enim est et suum concionatorem[50] hactenus habuit.   10

Resaluta amicos et fratres omnes, d[ominum][q] Zuickium[51], germanum[52] et quicquid est fratrum. Confirma, vtj facis, Memmingenses lectasque literas mitte illi, cui et proximo misisti[53]; ab illo hodie per Quirinum[54] epistolam accępi[55], sed nihil praeter ea habeo, quae hic scripsi, quare omnia uobis communia sint: Legat et ipse haec. Scripsimus et per alium[56]; velim, rescribat, an   15 eas literas accęperit[57]. Resalutant illum et te legati nostri, pectora fortissima crucique plane deuota, Stur[mius][58] et Matth[ias] Pharrer[59]. Hic est et tuus consobrinus, immortalitate dignus iuuenis[60]. 14. Augusti. Mitto hic literas.[r]

Adresse [S. 34]: Ambrosio Blaurero, viro doctiß[imo] et pientiss[imo].   20

---

[l] *gestrichen* quam. – [m] *zuerst* exules. – [n] *gestrichen* homi[num]. – [o] *gestrichen* domina eius. – [p] *gestrichen* c […]. – [q] *gestrichen* Z […]. – [r] *gestrichen* Au[gustae].

44   Herzog Albrecht von Preußen, ehemals Hochmeister des Deutschen Ordens. Vgl. oben Nr. 321, S. 179, Anm. 25.
45   Königsberg.
46   Zu diesen Ereignissen und den Maßnahmen Herzog Albrechts Vgl. Höss, Preussen, S. 145–157.
47   Herzog Albrecht von Preußen.
48   Floris d' Egmont Graf von Büren, Freiherr von Isselstein († 1539). 1513 Ernennung zu einem der Vormunde Karls V., ab 1515 Statthalter in Friesland, ab 1523 Kaiserlicher General. Vgl. Brandi, Karl V. I, S. 45, 65, 65–67, 169.
49   Konnte nicht ermittelt werden.
50   Konnte nicht ermittelt werden.
51   Johannes Zwick. Vgl. oben Nr. 272, S. 7, Anm. 1.
52   Thomas Blaurer. Vgl. oben Nr. 273, S. 9, Anm. 3.
53   An Huldrych Zwingli. Vgl. Blaurers Brief an Zwingli vom 18. August 1530 (Zwingli Bw. V, Nr. 1078, S. 71f.).
54   Vermutlich nicht als Eigenname, sondern als Bezeichnung zu verstehen. Die Identität dieses „Kriegerischen" konnte nicht ermittelt werden.
55   Dieser Brief konnte nicht ermittelt werden.
56   Wahrscheinlich am 9. August 1530 an Zwingli. Vgl. oben Nr. 323, S. 186–192.
57   Bucer schreibt noch einmal am 25. August an Zwingli (vgl. unten Nr. 329, S. 220–228), Zwingli antwortet schließlich am 31. August 1530 (vgl. unten Nr. 334, S. 250–256).
58   Der Straßburger Gesandte Jakob Sturm [von Sturmeck]. Vgl. oben Nr. 269, S. 2, Anm. 9.
59   Der Straßburger Gesandte Mathis Pfarrer. Vgl. oben Nr. 302, S. 113, Anm. 15. — *K. Hubert:* <Sturmius & Pharrerus<.
60   Augustin Blaurer. Vgl. oben Anm. 33.

Oa AST 151 (Ep. Buc. I), Nr. 10, S. 29–34 (mit Siegelspur). — C Zürich ZB, S 26,72; TB III, S. 307–309. — P Blaurer Bw. I, Nr. 169, S. 214–217; Zwingli Bw. V (Beilage zur Nr. 1078), S. 73–75.

325   [1530 August ca. 15.][1] Augsburg. — Gregor Brück[2] an Bucer

Brück a transmis à Mélanchthon l'exposé écrit de Bucer, auquel il adresse la réponse du premier. Brück en déduit que, pour les termes comme pour la matière, un profond désaccord subsiste, et demande à Bucer de s'exprimer franchement sur l'écrit de Mélanchthon. Il ne comprendrait pas que Bucer taise sciemment le fait que le désaccord concerne aussi la matière, et lui demande de prendre la lettre en bonne part.

Brück hat Bucers Darlegung zum Abendmahl an Melanchthon weitergeleitet; dessen Antwort (die Christologie der Zwinglianer in ihren Auswirkungen auf die Abendmahlslehre; Zwinglis ‚contemplatione fidei' bedeutet nichts als eine Erinnerung an den abwesenden Christus) schickt Brück an Bucer. Brück glaubt nicht, daß derartige Meinungsunterschiede nur aufgrund eines Streites um Worte bestehen können, sieht vielmehr auch inhaltliche Differenzen. Bitte, ihm seine Offenheit nicht zu verübeln.

Wirdiger lieber her!

   Jch heb dem Philippo Me[lanchthoni][3] vweren bericht, ˹den jr˺ ᵃ mir nechst[4] jnᵇ schrifften hept vberantworten lassen[5], zugestellt vnd bericht artickels wyß[6] wider von jme empfangen, wie jr beiligend finden werdet[7]. Diewyl jch
5   dann daraus verstee, das baide, der wort vnd auch der substantz halben[8],

---

ᵃ *anstatt* dahin. – ᵇ *zuerst* die.

[1]   Brück schickt zusammen mit diesem Begleitschreiben die Artikel Melanchthons (als Anhang zu diesem Brief abgedruckt, unten S. 199, Z. 20 – S. 200, Z. 26) an Bucer. Im Brief an Ambrosius Blaurer vom 14. August (unten Nr. 326, S. 201–207), ebenso in seinem Briefentwurf an Luther vom 22. bzw. 23. August (unten Nr. 327, S. 207–212) zitiert Bucer bereits daraus. Brück wird die Artikel Melanchthons wahrscheinlich um den 14. August erhalten und umgehend an Bucer weitergeleitet haben.
[2]   Gregor Heinse, genannt Brück. Vgl. oben Nr. 320, S. 165, Anm. 2.
[3]   Philipp Melanchthon [Schwarzerd]. Vgl. oben Nr. 273, S. 15, Anm. 27.
[4]   Vor kurzem, jüngst.
[5]   Vgl. oben Nr. 320, S. 165, Anm. 1.
[6]   In der Gestalt von Artikeln.
[7]   Siehe unten S. 199, Z. 20 – S. 200, Z. 26 (Anhang zum vorliegenden Brief).
[8]   Brück sieht einen Dissens in den Worten und in der Sache und fordert von Bucer eine Erklärung, inwieweit er und die Seinen in der Sache mit den Lutherischen einig seien. Bucer spricht von „Worten" in der Bedeutung sinnverwandter Begriffe, über die eine Verständigung zu erzielen sei, da in der Sache Einigkeit bestehe. Vgl. dazu Bucers Brief an Brück vom 24. Juli (oben Nr. 320, S. 166, Z. 4 – S. 167, Z. 1).

noch ain grosse zwayung ist, hab jch v[wer] w[irdigen], wie die abred zwischen vns gewesen, Phi[lippi][9] bericht zuzestellen nit vnderlassen wellen, ob
jr vch wyter erklern welltet, das man versteen mochte, das jr jn der substantz
mit jme vnd den andern nit von ainandern[10]. Dann wo sollichs verstanden
kundt werden, hette es glych wol by mir ain beschwerlich ansehen, das sol-   5
liche zwayung allain der wort halben steen vnd von vch auch nit dermassen
von den sachen geredt solte werden, wie zuuoran by vnsern zyten daruon
zureden der gepruch geweßt. Wo aber vwer maynung auch der substantz
halben an jr selbs ist, wie Phi[lippus] anzaigt, achte jch vss vrsachen, so jch
vch hienächst[11] vermelldet[12], ainet[13], ⌐vch⌐ mit wytern schrifften zubeladen.   10
Kondt[14] auch nit versteen, warzu es nutz oder dinstlich, so jr wusten[15], das jr
der substantz halb mit vns nit ainig, vnd vwer^c dargeben[16] sollt glychwol
allain mit den worten schynen, alls were man jm grundt ainer maynung vnd
bekandnus.

Das wellt v[wer] w[irden] von mir nit vnfrindtlich versteen.^d Verdienlich   15
gantz willig. Gregorius Brugk doctor.

Adresse [S. 58a]: ^VHern Martin Butzer^V

*C (zeitgen.) Konstanz StA, Urk. z. Gesch. d. Ref., Fasz. 11 (1530-1538),
Nr. 10c, S. 58a.*

[17]<1< Cingliani senciunt corpus Christi tantum in vno loco esse posse[18].   20
<2< Item: Corpus Christi non posse alicubi esse nisi localiter; et valde
contendunt, quod repugnet nature corporis alicubi esse non localiter; item,
quod repugnet nature corporis simul in diuersis locis esse[19].

---

^c *anstatt* nur. – ^d *gestrichen* v[wer] w[irdigen] dienlicher.

9   Melanchthon. Vgl. Anm. 3.
10   Sinngemäß: voneinander getrennt seid.
11   Vor kurzem, jüngst.
12   Bezieht sich auf das Gespräch, das Bucer und Brück am 22. oder 23. Juli 1530 mitein-
ander führten. Vgl. oben Nr. 320, S. 165, Anm. 1.
13   Nicht.
14   Könnte.
15   Wüßtet.
16   Darlegung, Erläuterung.
17   An dieser Stelle folgen die Artikel Melanchthons, die er über Brück an Bucer sandte.
18   Vgl. z. B. Martin Bucer in der *Vierten Schlußrede der Berner Disputation:* „Darumb so
wirdt er nach art des menschlichen lybs nur an eym ort syn mogen" (BDS IV, S. 133, Z. 29f.)
und Aurelius Augustinus: *De praesentia Dei ad Dardanum,* Epist. 187, 41: „Christum [...] in
loco aliquo coeli propter veri corporis modum" (MPL 33, S. 848).
19   Vgl. z. B. Martin Bucer: *Vergleichung D. Luthers und seins gegentheyls vom Abentmal
Christi. Dialogus. Das ist eyn freündtlich gesprech,* 1528 (BDS II, S. 319, Z. 24 – S. 320, Z. 11).

<3< Et propterea senciunt, quod corpus Christi sit in loco certo, circumscriptum in coelo, ita quod simul nullo modo possit alibi esse[20] et quod vere ac realiter distet a pane nec in pane nec cum pane sit[21].

<4< Ergo manifeste fallit Bucerus, cum disputet, quod idem senciant
5   nobiscum.

Nos enim dicimus, quod non sit necesse corpus Christi in vno loco esse.

Item nos dicimus, quod possit simul in diuersis locis esse, siue id^e fiat localiter siue alio arcano modo,^{f} quo diuersa loca ^{f}persone Christj^l ^{g} simul, tanquam vnum punctum[22], presencia sunt. [f° 358 v°]

10   Ideo veram et realem corporis Christi presenciam cum pane[23] ponimus.

Bucerus nunquam audet dicere, si velit sentenciam Cinglij[24] aut Oecolampadij[25] sequi, corpus Christi realiter esse cum pane sine distantia geometrica[26].

Nos possumus has sentencias allegare de presentia corporis: Ego sum jn medio eorum etc. [Mt 18, 20], quia^h non alligamus corpus Christj simpliciter
15   ita, ut necesse sit in vno loco tantum esse circumscriptum.^{i}

Hec verba „contemplatione fidei" [27] nihil significant ipsis nisi absentis Christj^j recordacionem.

Et Bucerus ipse offundit nebulas, cum dicit de his verbis „contemplacione fidej": [f° 359 r°] „Das wil nu von ettlichen dahin gedeutet werden, als ob es
20   nicht mehr wer, denn wie eyner seyn abwesenden frund im gemut zugegen hatt. Die vnsern aber streken solch gegenwertikeyt gar viel weiter, als die durch das vnfelend wort Gottes vnd gewaltig wirkung des heiligen geists bestehet." [28]

Ecce hic significat presenciam tantum intelligi de^k efficacia et Spiritu
25   Sancto. Nos autem requirimus^l non solum presenciam potencie, sed corporis. Hoc collide dissimulat Bucerus.

---

^{e} *gestrichen* f[iat]. – ^{f} *gestrichen* […]. – ^{g} *anstatt* […]. – ^{h} *gestrichen* quamuis. – ^{i} *gestrichen* […].
chen [5.?]. – ^{j} *gestrichen* manum. – ^{k} *gestrichen* opinat. – ^{l} *gestrichen* ne […].

20   Vgl. oben Anm. 18.
21   Vgl. Philipp Melanchthon: *Articuli de quibus egerunt per visitatores in regione Saxoniae*, 1527: „Primum sic doceant, iuxta verbum Christi esse cum pane verum corpus Christi […]. Item: Panis, quem frangimus, est communicatio corporis Christi, non ait: est communicatio spiritus Christi" (CR 26, Sp. 19).
22   Vgl. z. B. Luther: *Vom Abendmahl Christi, Bekenntnis*, 1528 (WA 26, S. 336, Z. 32–34).
23   Vgl. oben Anm. 21.
24   Huldrych Zwingli.
25   Johannes Oekolampad [Hensgen]. Vgl. oben Nr. 271, S. 5, Anm. 6.
26   Vgl. oben Z. 2.
27   Melanchthon bezieht sich hier auf ein Schreiben Bucers und Capitos vom 18. Juli 1530. Vgl. oben Nr. 317, S. 154, Z. 25.
28   Brief Bucers an Georg Brück vom 23. oder 24. Juli 1530 (oben Nr. 320, S. 171, Z. 4–9).

*Ka Wolfenbüttel HAB, cod. Aug. 8.6, f° 358 r° – 359 r°. — C Konstanz StA,
Urk. z. Gesch. d. Ref., Fasz. 11 (1530-1538), Nr. 10d, S. 59b; Greifswald,
Vorpomm. LA, Rep. 40 III, Nr. 50a, S. 4f. — P Chytraeus, Historia, S. 673f.;
Hospinian, Historia II, S. 110b–111a; Schirrmacher, Marburger Religions-
gespräch, S. 349f.; CR II, Nr. 798, Sp. 222f. — R Melanchthon Bw. Nr. 987,
S. 411f.*

326   [1530 August 16. oder 17. Augsburg]¹. — [Bucer an Gregor Brück]²

*Bucer remercie Brück d'avoir obtenu une réponse de Mélanchthon. Comme
Luther le dit dans sa confession* Vom Abendmahl, Bekenntnis, *même si le
Christ occupe un seul lieu au ciel, sa présence ne diffère pas de celle que
l'on a* contemplatione fidei *; il offre son corps par la parole, et il est reçu
par la foi. Bucer aussi interprète les passages bibliques relatifs à cette question de la même manière que les Pères. Il rappelle que la* contemplatio fidei
*signifie plus que le souvenir d'un absent. Il utilise les mêmes paroles qu'Œ-
colampade et Chrysostome pour parler de la présence réelle et de l'Esprit
Saint. Bucer résume sa foi en neuf points, en se référant notamment à Augustin, à Bonaventure et à Thomas d'Aquin. Le Christ "verus et totus" est là où
sont les chrétiens, car il habite en eux. Etre présent en plusieurs endroits à
la fois est contraire à la nature d'un corps ; il faut par conséquent rejeter la
présence simultanée au ciel et dans le pain. Les paroles du Christ relatives
à la Cène sont véridiques ; par conséquent, il est présent dans la Cène véritablement et essentiellement. Au sujet des propriétés de la nature humaine
du Christ, Bucer est en accord avec les Pères. L'expérience montre que des
querelles de mots peuvent engendrer des disputes au sujet de la matière.
Bucer rappelle qu'au début, les siens ont combattu la compréhension gros-
sière du peuple, que semblait supporter Luther. Depuis, Luther et Brenz ont
écrit de manière plus pure au sujet de ce mystère ; Dieu dira que les uns et
les autres ont imité justement le Christ et affirmé sa gloire avec pureté.
Bucer affirme n'avoir rien cru ou enseigné faussement, et il exprime le
souhait que les Luthériens ne leur attribuent pas des doctrines erronées.
Bucer se recommande à Brück.*

---

¹ Der Brief ist nicht datiert. Gregor Brück hat die Artikel Melanchthons, die ihn um den
14. August 1530 erreicht haben (vgl. oben Nr. 325, Anm. 1), sicher sofort an Bucer weitergeleitet; dieser wird ebenfalls unverzüglich seine Antwort an Brück gesandt haben. Deshalb ist der
Brief wahrscheinlich am 16. oder 17. August entstanden.
² Der Brief ist nicht unterzeichnet und enthält keine Adressenangabe. Aufgrund der Handschrift und des Briefinhaltes kommen aber nur Bucer als Absender und Brück als Empfänger in
Betracht. Zu Gregor Heinse, genannt Brück, vgl. oben Nr. 320, S. 165, Anm. 2.

Dank für die Erwirkung einer Antwort Melanchthons. Auch Bucer versteht die herangezogenen Schriftstellen im Sinne der Kirchenväter. ‚Contemplatione fidei' ist ihm viel mehr als bloßes Gedächtnis des abwesenden Christus. Er versteht die Gegenwart Christi allein von ihrer Kraft und Wirkung und vom Heiligen Geist her. Der wahre und ganze Christus ist dort, wo Christen sind, denn er wohnt in ihnen. Gleichzeitig an mehrern Orten zu sein, widerspricht der Natur eines wahren Leibes; das gleichzeitige leibliche Sein im Himmel und im Brot muß abgelehnt werden. Die Worte Christi vom Abendmahl sind wahrhaftig, seine Gegenwart im Abendmahl ist also wahrhaftig und wesentlich. Bezüglich der Eigenschaften der menschlichen Natur in Christo herrscht Einigkeit mit den Kirchenvätern. Die Erfahrung, daß es nur um der Worte willen zum Streit kommen kann, haben vorzeiten auch die heiligsten Männer gemacht. Der unglückliche Verlauf des Abendmahlsstreites hat dazu geführt, daß jetzt mit mehr Bedacht und in größerer Einigkeit geschrieben wird, wie dies auch die letzten Schriften von Luther und Brenz unter Beweis stellen. Bucer dankt Christus, daß er ihn alle Mittel, die zur Verständigung führen könnten, hat versuchen lassen. Christus möge den Lutherischen die Erkenntnis geben, daß Bucer nichts Unrechtes glaubt und lehrt. Bucer wünscht ihnen die Aufrichtigkeit, daß sie ihm nicht die Lehren und Ratschläge anderer unterstellen.

[3]Salue in Domino, vir ornatiss[ime]!

 Habeo gratia tuae d[ominationi], quod responsionem a m[agistro] Philippo[4] mihi impetrauit. Verum, si hic ↓vir↓ mea voluisset probe expendere, haudquaquam adiecisset me de industria dissimulare ipsum cum suis requirere praesentiam corporis. Noui hoc pridem, et si non nouissem antea, Mar-

5 purgi tamen ab ipso[a] id in cubiculo d[omini] Lutheri licuisset discere[5], cum eadem, quę ᶜhic scripsit, coramᶜ mihi diceret. De eo autem in praesentiarum disputo, quam ipsi corporis praesentiam requirunt[6], nimirum quae nihil motus, nihil loci requirat constareque possit (vt Lutherus in sua confessione

10 colligit[7]), etiamsi Christus vnum in caelo locum occupet, non esse aliam,

---

[a] *gestrichen* Philippo.

[3] K. Hubert: ᵛDe Eucharistia Bucerusᵛ. ᶜCirca Annum 1530ᶜ.
[4] Philipp Melanchthon [Schwarzerd]. Vgl. oben Nr. 273, S. 15, Anm. 27.
[5] Dieses Gespräch Bucers mit Melanchthon in Luthers Zimmer hat vermutlich am 1. Oktober 1529 in Marburg stattgefunden. Vgl. dazu Kaspar Hedio: *Itinerarium ab Argentina Marpurgum super negotio Eucharistiae*, 1529 (BDS IV, S. 333, Z. 16 – S. 334, Z. 5); KÖHLER, ZWINGLI UND LUTHER II, S. 129.
[6] K. Hubert: ᶜQualis praesentia requiraturᶜ.
[7] Vgl. Martin Luther: *Vom Abendmahl Christi, Bekenntnis*, 1528 (WA 26, S. 335, Z. 9–28; S. 339, Z. 14 – S. 340, Z. 34).

quam quae habetur[b] contemplatione fidei[c] [8]. Verbo enim[d] offerri[e] <Christi corpus et< fide[f] percipi[g] adserunt[9]. Ecquis alius presentiae modus, quo diuersa loca personae Christi simul, tanquam vnum punctum, praesentia sunt, id quod fatentur in articulis[10], quos d[ominationi] t[uae] modo misit? Sed quid opus verbis? M[agister] Phi[lippus][h] <fatetur sic esse corpus Christi   5
cum sacramento, sicut adest nobis iuxta haec sua promissa<: „Mansionem apud eum faciemus" [Joh 14, 23][11]; „ero in medio illorum" [Mt 18, 20][12]; „ero vobiscum vsque ad consummationem seculi" [Mt 28, 20][13]; item iuxta illud Pauli: „Christus habitat in uobis" [Eph 3, 17][14]. Iam idem et nos agnoscimus et adducta loca intelligimus ita vt[i] sanctj patres. Horum itaque autho-   10
ritatem[j] cum <m[agister]< Philippus[k] tanti faciat[15], quid mirum, si videatur mihi[l] re ↓ipsa nobis↓ conuenire? Iterum namque dico[16], nec ob id offundo nebulas, ꝗhaec verba↲ [m] „contemplatione[n] fidei" [17] nobis plus quam absentis recordationem significare, id quod in [S. 142] dialogo suo Oecolampadius[18] abunde testatus est[19]. Miror autem, cur offendat, ꝗquod scripsi↲ [o] [20]: „Die   15
vnseren strecken aber solich gegenwürtigkeyt gar fil wyter, alß die durch das vnfehlend wort Gottes vnd gewaltig wirckung des Hayligen Geysts bestehet"[21], cum ipsi ↓quoque↓ ita loqui soleant per verbum Christi corpus offerri

---

[b] gestrichen fidei. – [c] anstatt habetur. – [d] gestrichen praesens. – [e] gestrichen illud: Hoc. <Hoc<. – [f] gestrichen praesens. – [g] gestrichen Christi corpus. – [h] gestrichen nec Christus habitat in vobis. – [i] gestrichen omnes. – [j] anstatt sententiam. – [k] anstatt tanti. – [l] gestrichen res. – [m] anstatt haec quam fatemur praesentiam quae fidei. – [n] gestrichen constat. – [o] anstatt haec verba.

[8]   Zum Ausdruck ‚contemplatione fidei' vgl. Huldrych Zwingli: Fidei ratio, 3. Juli 1530 (ZWINGLI W. VI/2, Nr. 163, S. 806, Z. 6, 11). Vgl. oben Nr. 320, S. 171, Anm. 36.
[9]   Vgl. Philipp Melanchthon: Annotationes zum Johannesevangelium, 1523, zu Joh 6, 63: „verbo manducatur Christus ideoque fide, non carnali esu" (CR 14, Sp. 1105). Bucer zitiert Melanchthon 1526 in seiner Apologia Martini Buceri qua fidei suae atque doctrinae circa Christi caenam [...], 1526 (f° 20 r°). Vgl. VD 16, Nr. B 8848.
[10]   Zitat aus den Artikeln Melanchthons: „Item nos dicimus, quod possit simul in diuersis locis esse, siue id fiat localiter siue alio arcano modo, quo diuersa loca persone Christj simul, tanquam vnum punctum, presencia sunt" (oben Nr. 325, S. 200, Z. 6–8).
[11]   Zu Joh 14, 23 vgl. Melanchthons Marburger Unionsformel (Axiomata Philip[pi] Melancht[honis] im Itinerar Kaspar Hedios: BDS IV, S. 351, Z. 17f.).
[12]   Zu Mt 18, 20 vgl. Melanchthons Artikel für Bucer (oben Nr. 325, S. 200, Z. 12–14).
[13]   Mt 28, 20 hat Bucer nicht bei Melanchthon gefunden; Oekolampad zitiert den Vers in seiner Schrift Quid de eucharistia veteres [...], 2. Juli 1530 (f° 5 v°).
[14]   Zu Eph 3, 17 vgl. Melanchthons Marburger Unionsformel (Axiomata Philip[pi] Melancht[honis] im Itinerar Kaspar Hedios: BDS IV, S. 351, Z. 14–16).
[15]   Vgl. Philipp Melanchthon: Sententiae veterum [...], März 1530. Vgl. oben Nr. 287, S. 81, Anm. 6.
[16]   Vgl. oben Anm. 8.
[17]   K. Hubert: <Contemplatione fidei adesse, quid sciet<.
[18]   Johannes Oekolampad [Hensgen]. Vgl. oben Nr. 271, S. 5, Anm. 6.
[19]   Auf den Vorwurf Melanchthons hatte Oekolampad im Sommer 1529 geantwortet (OEKOLAMPAD Bw. II, Nr. 680, S. 347, Z. 35 – S. 348, Z. 12).
[20]   K. Hubert: <Verba Bucerj<. Das folgende Zitat ist am Rand von Hubert zusätzlich mit Anführungszeichen als Zitat markiert.

et patres passim per virtutem Spiritus Sancti hic Christum praesentem fieri
testentur. Si ᶠequidem hisˡ ᵖ significo praesentiam tantum intelligi de efficacia et Spiritu Sancto, idem et ipsi significant, cum�q ijsdem verbis vtantur²².
Sed quid? Et <u>Oecolampadius</u>²³ satis superque testatus est ipsum quoque
5   Domini corpus nobis in caena praesens exhiberi²⁴, verumʳ ita, vt Chrysostomus etˢ patres ↓reliqui↓ crediderunt²⁵: nudae animae et purae menti eique in
celestia subleuatae²⁶.
    <1<ᵗ Caeterumᵘ credimus Deo possibile omne verbum [*vgl. Lk 1, 37*], ve-
rum cum Christi corpus ᶠtam post resurrectionem quam anteˡ ᵛ in vno sem-
10 per loco ↓corporis modo↓ et nunquam simul in pluribus scripturae ostendunt
[*vgl. z.B. Mt 24, 24–26; Mk 16, 19; Joh 12, 26*],ʷ non ausim affirmare diuersum.
    <2< ˣCorpus Christi non esse alicubi nisi localiter²⁷ non est nostra senten-
tia, nisiʸ esse alicubi modo corporis, uel iuxta proprias dimensionesᶻ intelli-
15 gas. Verum enim et totum Christum fatemur esse, vbicumqueᵃᵃ christianj
sunt; habitat enim in illis [*vgl. Eph 3, 17*]. [*S. 143*]
    <3< Corporis naturae repugnare dicimus, alicubi esse corporis modo, nec
tamen localiter, sed non modo quouis²⁸.
    <4< Repugnare naturae corporis, simul in diuersis locis esse²⁹, affirma-
20 mus, sed ita vt Augustinus, vt Thomas, Bonauentura ac multj alij³⁰, ᶠquos
nemo vnquam non interˡ ᵃᵇ orthodoxos (quantum ad hanc quidem sententiam
attinet) habuit.

ᵖ *anstatt* certe. – q *über der Zeile mit deutlichen Buchstaben wiederholt.* – ʳ *anstatt* sta. –
ˢ *gestrichen* omnes. – ᵗ *gestrichen* <ad primum<. – ᵘ *gestrichen* quod. – ᵛ *anstatt* corporis modo. –
ʷ *gestrichen* ego. – ˣ *gestrichen* Nec. – ʸ *gestrichen* de. – ᶻ *gestrichen* lo[caliter]. – ᵃᵃ *gestrichen* d[…]. – ᵃᵇ *anstatt* pauperi inter.

21   Oben Nr. 320, S. 171, Z. 6–9.
22   Vgl. Martin Luther: *Sermon von dem Sakrament des Leibs und Bluts Christi, wider die
Schwarmgeister*, 1526: „Denn so bald Christus spricht ‚Das ist mein leib‘, so ist sein [Leib] da
durchs wort vnd krafft des heyligen geists" (WA 19, S. 491, Z. 13f.). Ders.: *Das die worte
Christi […] feststehen*, 1527: „Haben wir nicht also gelert durch viel bucher, das ym abendmal
zwey stück sind zu merken, Eins das aller hohest vnd nottigst, das sind die wort, Nemet, esset,
das ist mein leib etc. das ander ist das sacrament odder leiblich essen des leibs Christi" (WA 23,
S. 178, Z. 24–27). Vgl. KÖHLER, ZWINGLI UND LUTHER I, S. 503.
23   Vgl. oben Anm. 18.
24   Vgl. Johannes Oekolampad: *Quid de eucharistia veteres […]*, 2. Juli 1530: „Corpus
enim Christi esse praesens in coena, id est in mysterio, non arguit [Augustinus] localem praesentiam. […] Vidisti enim quomodo corpus Christi praesens confiteantur [patres], sed in mysterio; hoc non arguit localem praesentiam" (f° 2 v°).
25   *K. Hubert:* <NOTA: Nudę animae purę menti et in caelestia subleuatę<.
26   Vgl. Johannes Chrysostomos: *De sacerdotio*, lib. 3, 4 (MPG 48, Sp. 642). Vgl. oben
Nr. 320, S. 173, Anm. 55.
27   Vgl. Melanchthons Artikel für Bucer (oben Nr. 325, S. 199, Z. 21).
28   Vgl. ebd., S. 200, Z. 6f.
29   Vgl. ebd., S. 199, Z. 23.
30   Vgl. BOL II, S. 281, Anm. 321.

<5< Haec verba Augustini „Christum esse in loco aliquo caeli propter veri corporis modum"[31] vera credimus, et eo modo, quo in caelis agit[32], simul alibi ⌄eum⌄ esse <in pane vel cum pane<[33], ⌄secundum scripturas⌄ cum omnibus et patribus et scholasticis negamus.[ac]

<6< Porro cum ᶠhaecᴵ ad d[iui] Augustinj[ae] sententia, <a qua ne pilum latum discedimus,< et agnoscat eum nihilominus[af] m[agister] Philippus ⌄sibi⌄ in negocio eucharistiae consentientem[ag] propterea, quod passim fateatur jn caena verum Domini corpus vere praesens[34], qui fit, vt non et nos sibi consentire agnoscat eadem fatentes?

<7< De proprietate corporis Christi fateor: Nobis non conuenit cum quibusdam, <qui d[omini] Lutherj sententiam defendunt,< sed haud scimus, an et m[agiser] Phi[lippus] cum illis faciat[ah][35]; ᶠsed in praesenti de ea dun-taxatᴵ [ai] controuersia ᶠdisputauj, quaeᴵ [aj] circa caenam est. [*S. 144*]

<8< Huius verba vera agnoscimus, et tantam Christi praesentiam fatemur, quantam verba exprimunt et quantam ex eis omnes patres intellexerunt, nempe veram et realem[36].[ak] Quid ergo est, cur nos abijciant vestrj?

<9< De[al] proprietate autem naturae humane in Christo et ascensione in caelos ea credimus, quae[am] s[ancti] patres, <quotquot extant,< tradiderunt et scholastici secutj sunt. Cum his pugnant quidam uestrum[37]; dum autem illos[an] christianorum albo ob id non expungunt, ᶠcur nonᴵ [ao] et nos in illo ferunt?

De hoc autem non dubitet ⌄d[ominati]o t[u]a⌄: Sententiam hic quorundam partis vestrae s[ancti] patres nequaquam tulissent. Id testantur illorum[ap] scripta. Nec dubio, si haec ⌄de eucharistia⌄ contentio non interuenisset, et

---

[ac] *gestrichen* neque in pane vel cum pane ⌄adesse⌄ ad hunc ⌄quidem⌄ modum ⌄nempe⌄ localiter scilicet(?) adesse fatemur. Terram enim, inquit Fulgentius, localiter disserunt. – [ad] *anstatt* ita sentiat. – [ae] *zuerst* Augustinus. – [af] *gestrichen* item. – [ag] *gestrichen* agnoscit. – [ah] *gestrichen* Vtcumque. – [ai] *anstatt* Deinde de ea (*anstatt* hac). – [aj] *anstatt* nihil attigi de. – [ak] *gestrichen* non aiunt lo[caliter]. – [al] *gestrichen* adsensio[ne]. – [am] *gestrichen* omnes. – [an] *gestrichen* hoc eius. – [ao] *anstatt* certe nos. – [ap] *anstatt* horum.

[31] Aurelius Augustinus: *De praesentia Dei ad Dardanum*, Epist. 187, 41 (MPL 33, Sp. 848).
[32] Zur Wendung „in caelis agit" vgl. Melanchthons Marburger Unionsformel (Axiomata Philip[pi] Melancht[honis] im Itinerar Kaspar Hedios: BDS IV, S. 351, Z. 14–16, 19f.).
[33] Vgl. oben Nr. 325, S. 200, Z. 3.
[34] Bucer hat hier Melanchthons *Sententiae veterum [...]*, März 1530, vor Augen, wo es mehrfach heißt: „corpus Christi adesse in coena" (CR 23, Sp. 479, 747).
[35] Bucer denkt hier wohl an sein Gespräch mit Johannes Brenz und Andreas Osiander am 4. Oktober 1529 (BDS IV, S. 355, Z. 34 – S. 356, Z. 5; vgl. auch S. 350, Z. 26–33).
[36] Vgl. Melanchthons Artikel für Bucer (oben Nr. 325, S. 200, Z. 10).
[37] Gegen die Lehre einer räumlichen Himmelfahrt und eines räumlichen Sitzens Christi zur Rechten Gottes hat sich z. B. Luther 1523 in seiner Schrift *Von Anbeten des Sakraments des heiligen Leichnams Christi* geäußert (WA 11, S. 417–456).

illos nunquam in eam fuisse[aq] discessuros. Certe d[ominus] Martinus diuersa in postilla docuit[38], libro suo optimo[39].

Quod autem[ar] d[ominatio] t[ua] ⁺scribit⁺ [as] rem molestam sibi videri, si ob sola verba sit dissensio, pium id animum testatur. Verum isthuc[at] tum ⁺olim⁺ 5 vsu venit etiam sanctissimis viris. Nostros autem de hisce rebus non loquj, vt antea fuerit solitum, mirari d[ominatio] t[ua] non debet, [*S. 145*] cum negarj nequeat, ex vulgarj de hoc sacro loquendi more, vulgum credidisse pleraque absurda et panj tribuisse, quae sunt Christi. Nostri certe initio tantum contra vulgi errorem scripserunt, sed quia videbantur Carolstadio[40] accedere et a 10 d[omino] Luthero deficere[41], scripta a Luthero et alijs sunt, quae iure debuisse nostros confutare, in eo praesertim sensu, quo vulgus illa accipit[au], agnoscet olim d[ominatio] t[ua] cum omnibus Deum timentibus. Posteriora quoque Lutheri et Brentij scripta purius de hoc mysterio[42] quam priora[43] loquuntur[44]. Vnde nihil insolens ex posterioribus plus[av] concordiae[aw] 15 cognosci. Sed visum Domino est nunc sic nos conflictari. Dies ⁺autem⁺ declarabit [*vgl. I Kor 4, 5*], vtrj purius Christj gloriam adseruerint et vtrj[ax] Christum rectius fuerint imitati[ay]. Huic equidem gratias ago, quod dedit tentare quęcumque vllo modo ad concordiam factura sperauj. Reliquum item, spero, dabit siue vita siue morte testarj me hic Christi sensum [*vgl.* 20 *I Kor 2, 16*] synceriter secutum esse. ᐸViderint illi, quem spiritum sequantur[45], dum ne colloquio [az] nos quidem dignantur[46] et multa impingunt[ba], quę nemo vera hic faciet.ᐸ [bb]

[aq] *gestrichen* descensuros. – [ar] *gestrichen* ⁺scribit⁺. – [as] *gestrichen* grauiter naturae sit cum graue sibi videri. – [at] *anstatt* id. – [au] *anstatt* rapunt intelligit. – [av] *anstatt* magis cognosci. – [aw] *zuerst* concordiam. – [ax] *gestrichen* christianorum officium dignum. – [ay] *zuerst* imitari. – [az] *gestrichen* diagnantur. – [ba] *zuerst* impinergunt(?). – [bb] *gestrichen* T. D.

38 Vgl. Martin Luther: *Kirchenpostille 1522*, Ev. in der Christmeß, zu Luk. 2, 1–14: „Wyr kunden Christum nit szo tieff ynn die natur und fleysch tzihen, es ist unß noch tröstlicher" (WA 10/I,1, S. 68, Z. 6f.). In seiner Schrift *Vergleichung D. Luthers [...]*, 1528, schließt Bucer daraus auf ein leibliches Sitzen Christi zur Rechten Gottes (BDS II, S. 330, Z. 18–22).

39 Bucer zitiert hier Luther, der 1527 in seiner Schrift *Daß diese Worte Christi [...] feststehen [...]* geschrieben hatte: „mein aller bestes buch, das ich yhe gemacht habe, die Postillen" (WA 23, S. 279, Z. 13f.).

40 Andreas Karlstadt [Bodenstein]. Vgl. oben Nr. 298, S. 98, Anm. 1.

41 Vgl. Martin Bucer: *Apologia Martini Buceri qua fidei suae atque doctrinae circa Christi caenam [...]*, 1526 (f° 2 r°, f° 10 r°). Vgl. oben Anm. 9; KÖHLER, ZWINGLI UND LUTHER I, S. 289.

42 Vgl. Anm. 24. Zum Verständnis dieses Begriffes durch Zwingli vgl. unten Nr. 334, S. 253, Z. 8–17.

43 *K. Hubert:* ᐸ*Nota: Posteriora Lutheri et Brentij scripta puriora prioribus*ᐸ.

44 Bucer denkt wohl an den möglichen Kompromiß, der sich z. B. in Luthers Schrift *Vom Abendmahl Christi, Bekenntnis*, 1528 (WA 26, S. 241–509) abzuzeichnen schien. Vgl. KÖHLER, ZWINGLI UND LUTHER I, S. 439–442.

45 Luther hatte 1529 in Marburg zu Bucer gesagt: „ [...] so reymet sich vnnser gayßt vnnd euer gayßt nichts zusamen, sonnder ist offennbar, das wir nicht ainerlay gayßt haben, dann das kann nicht ainerlay gayßt sein, da man an ainem ort die wort Christj ainfeltigklich glaubt vnd

ᶠD[ominatio]nem t[uam]ˡ ᵇᶜ Christus cum illustriss[imis] principibus
seruet et prouehat ad gloriam nominis sujᵇᵈ et donet id olimᵇᵉ in nobis ↓ac
tota hac caussa↓ agnoscere, quod ᶠChristjˡ ᵇᶠ est! Quod cum dabit, fatebimi-
njᵇᵍ nos nihil perperam ↓hic↓ credidisse autᵇʰ docuisse. Interea uelim doctj
vestrj tantum candoris haberent, vt nonᵇⁱ [nos] aliorum dogmatum et consi-   5
liorum insimularent, quęᵇʲ scirent non sequi. D[ominatio] [tua] haec bonj
consulat. Nouit enim Christus me illa nulla alia quam caussaᵇᵏ nominis
Christi illustrandi [S. 146] scripsisse. In hoc feliciter valeat et me sibi in
Domino habeat commendatum!

*Ka AST 38 (20,1), Nr. 6, S. 141–146. — C Konstanz StA, Urk. z. Gesch. d.
Ref., Fasz. 11 (1530-1538), Nr. 10, S. 60a–61a; Gotha, Forsch. Bibl., Cod.
chart. B 190, S. 180–186; TB III, S. 299f. — P Coelestin, Historia II,
S. 301a–302b; Chytraeus, Historia, S. 674–677; Hospinian, Historia II,
S. 111a–112b; Walch, Luther Schr. 17, Nr. 51, Sp. 1998–2001 (deutsche
Übersetzung).*

ᵇᶜ *anstatt* Bene valeat. – ᵇᵈ *gestrichen* Erit commenda nobis. – ᵇᵉ *gestrichen* id. – ᵇᶠ *anstatt*
verum est. – ᵇᵍ *anstatt* agnoscetis. – ᵇʰ *zuerst* autem. – ᵇⁱ *gestrichen* plurimum nos insimulent
quam re ea alijs dissenta. – ᵇʲ *anstatt* quam. – ᵇᵏ *anstatt* Christj.

am anndern denselben glauben tadelt, ihm widerfichtet, lügstrafft vnd mit allerlay frefeln les-
terworten antasstet" (BDS IV, S. 355, Z. 12–16).
⁴⁶ Vgl. oben Nr. 313, S. 142, Z. 15 – S. 143, Z. 1; Nr. 314, S. 145, Z. 7–9; Nr. 317, S. 156,
Z. 6f.

327 [1530 August 22. oder 23. Augsburg]¹. — [Bucer an Martin Luther]²

*Projet d'une lettre non expédiée à Luther, mais soumise à Mélanchthon.
Luther devrait regretter que les faibles soient scandalisés par la discorde sur
la Cène. Bucer se fonde sur le dialogue d'Œcolampade* Quid de eucharistia
veteres..., *qui contient de nouvelles formulations relatives à la présence du
Christ et aux signes sacramentels, pour réaffirmer que le désaccord repose*

---

¹ Am 22. und 23. August 1530 fanden Gespräche zwischen Melanchthon und Bucer über
das Abendmahl statt. Melanchthon empfahl Bucer, umgehend an Luther zu schreiben, so daß
der vorliegende Brief an diesen Tagen entstanden sein muß.
² Es handelt sich um einen Entwurf von Bucers Hand, der nicht abgesandt wurde (vgl.
Anm. 3). Vgl. die abgesandte Brieffassung vom 25. August (unten Nr. 328, S. 213, insb.
Anm. 1).

sur une querelle de mots plus que de matière. Bucer rejette la transsubstan-
tiation et la présence locale du corps du Christ dans le pain. Cependant, il
croit et confesse la présence dans la Cène du corps du Christ, offert realiter *:*
non pas le souvenir d'un absent, mais la contemplation et la jouissance d'un
présent. Offert dans la foi, il est rendu présent par la force d'un pacte, et le
pain est l'instrument avec lequel le corps est offert. Bucer affirme son accord
avec les formules de Nicée et avec les Pères de l'Église. Il rappelle son désir
de concorde, parce que la scandaleuse discorde a empêché les progrès de
l'Évangile en Allemagne. Bucer a écrit ici en son nom et en celui des Stras-
bourgeois ; il demandera, si besoin, à Zwingli et Œcolampade de donner un
témoignage de leur foi qui satisfasse Luther.

Anlaß für Bucers erneute Bemühungen ist das Erscheinen von Oekolampads
Dialogus „Quid de eucharistia veteres ...", der neue Ausdrucksformen für
die sakramentale Gegenwart Christi enthält. Bucer verneint eine lokale
Anwesenheit des Leibes Christi im Brot. Dennoch ist der Leib Christi im
Abendmahl wahrhaft gegenwärtig und wird ‚realiter' gereicht. Bucer
bekräftigt seine Übereinstimmung mit den Abendmahlsformeln von Nicäa
und den Kirchenvätern. Er erneuert seinen Wunsch nach einer Konkordie,
weil der unheilvolle Abendmahlsstreit den Fortschritt des Evangeliums in
Deutschland hemmt. Bucer schreibt dies in seinem und der Straßburger
Namen. Er wird von Zwingli und Oekolampad fordern, falls es möglich ist,
ihren Glauben so zu bezeugen, daß Luther zufriedengestellt wird.

[3]Gratia Christi, praeceptor obseruande!

Quo es in ecclesiam Christi amore et studio, haud dubito adeo tibi dolere
tantum offendiculorum infirmioribus objci, nobis circa eucharistiam dissi-
dentibus, ut nullam sis extinguendi huius dissidij occasionem praeteriturus,
5   quantum quidem per conscientiam licere tibi fueris arbitratus. Cum ergo
huiuscemodi occasionem ⌐haud intempestiuam⌐ [a] dialogus[4] Oecolampadij,
quo veterum de eucharistia sententias excutit[5], offerre videatur ⌐eo, quod⌐ [b]
⌐non diserte modo, uerum etiam multis adeo corporis et sanguinis Christi in
sacra coena presentiam adserat[c], animum iterum sumpsi cum doctis alioquot,
10   qui a tuis partibus sunt[6], dein et cum doctiss[imo] uiro m[agistro] Philippo

---

[a] *anstatt* offerre mihi videatur. – [b] *anstatt* ingenue nimissime corporis [*darüber ergänzt und*
gestrichen et disertis ⌐adeo⌐ verbis corporis]. – [c] *anstatt* fatetur.

[3]   K. Hubert: ⌐I. Literae Luthero non missae, a Philippo tamen probatae. Alterę sequentes
sunt missae⌐. ⌐Anno 1530 circa Augustum. De restituenda ecclesiaę concordia⌐.
[4]   K. Hubert: ⌐Oecolampadij Dialogus⌐.
[5]   Johannes Oekolampad: *Quid de eucharistia veteres [...]*, 2. Juli 1530. Vgl. oben Nr. 299,
S. 102, Anm. 11.

de restituenda inter nos sancta concordia commentandi[7], postremo et ad te de eadem re scribendi[8].

[9]Id, obsecro, credas syncero a me pectore ac nulla alia quam gloriae Christi illustrandae caussa fieri. Si quid aliud in corde meo latet[10], oro, manifesta illud ultione Christus orbj etiam prodat. ⌜Et ab⌝ [d] initio quidem huius [5] dissensionis, quoties statum huius controuersiae diligentius inquirere volui, visus mihi est inter querendum euanescere et ⌜de verbis⌝ [e] magis quam re pugnarj inter nos apparuit[11]. Nunc relecto Oecolampadij dialogo iurare quoque ausim, quicquid inter nos disputatum est, haud ex alia caussa accidisse, quam quod de modo exponendi haec verba: „Accipite, edite, hoc est [10] corpus meum" etc. [Mt 26, 26 parr] [S. 148] et de alijs quibusdam loquendi de hoc mysterio formulis conueniri non↓dum↓ potuit. Et si ⌜enim hic⌝ [f] in prioribus quoque libellis[g] nobiscum, qui euangelion Argentorati praedicamus, testatus sit verum Christi corpus verumque sanguinem ↓vere↓ atque re ipsa[12] in[h] caena praesentia esse[13], in hoc tamen nouissimo non modo id et apertius [15] ↓dicit↓ planeque[i] inculcat[14], verum etiam recipit ac subscribit eas patrum sententias, quae, quantam omnino exigitis, Christi cum sacramento praesentiam exprimunt, ac fatetur se nihil aliud ↓hoc in negocio↓ vnquam negasse[j] quam[k] Christi corpus ⌜cum pane vniri⌝ [l] naturaliter aut cum eo continerj localiter[15].[m]

---

[d] anstatt Ab. – [e] anstatt verborum. – [f] anstatt ille. – [g] gestrichen testatus sit. – [h] gestrichen sacra. – [i] anstatt et clarissime pluribus verbis. – [j] anstatt ipse. – [k] gestrichen non vniri. – [l] anstatt non vniri pani. – [m] gestrichen collocari.

[6] Zunächst in Gesprächen mit Johannes Brenz am 12. Juli (oben Nr. 313, S. 143, Anm. 5) und Kanzler Gregor Brück am 22. oder 23. Juli 1530 (oben Nr. 320, S. 166, Z. 3).

[7] Zu den Unterredungen Bucers mit Melanchthon vgl. oben Nr. 324, S. 195, Anm. 27.

[8] Vgl. Melanchthons Brief an Veit Dietrich vom 26. August 1530 (unten Nr. 328, S. 214, Anm. 9).

[9] K. Hubert: ⌜Nota: Sincero animo Bucerum in hac controuersia conuersatum esse⌝.

[10] Bucer war über die Vorwürfe Melanchthons, die dieser Mitte August 1530 in seinen Artikeln (vgl. oben Nr. 325, S. 199, Z. 20 – S. 200, Z. 25) geäußert hatte, orientiert, und ging bereits in seinem Brief an Gregor Brück vom 16. oder 17. August 1530 auf diese ein (vgl. oben Nr. 326, S. 204, Z. 8 – S. 205, Z. 21).

[11] Ähnlich hat sich Bucer schon vorher geäußert. Vgl. z. B. Bucers Brief an Brück vom 24. Juli (oben Nr. 320, S. 166, Z. 4 – S. 167, Z. 1) und Bucers Brief an Ambrosius Blaurer am 14. August 1530 (oben Nr. 324, S. 196, Z. 10f.).

[12] In seiner Schrift Sententiae veterum [...], März 1530 (vgl. oben Nr. 326, S. 203, Anm. 15) betont Melanchthon besonders die Worte ‚re ipsa' (CR 23, Sp. 738).

[13] Johannes Oekolampad hatte in seiner Schrift De genuina verborum Christi [...] (vgl. BCor II, Nr. 101, S. 35, Anm. 10; Nr. 104, S. 40, Anm. 6) dem Sakrament des Abendmahls heilsvermittelnde Bedeutung zugeschrieben. In seiner Gegenschrift zum Schwäbischen Syngramma, dem Antisyngramma, 1526, lehrte Oekolampad eine Gegenwart Christi nach seiner Wirkung im Abendmahl (vgl. KÖHLER, ZWINGLI UND LUTHER I, S. 135). Erst in seiner Schrift Quid de eucharistia veteres [...], 2. Juli 1530 (vgl. Anm. 5) lehrt Oekolampad deutlich eine geistliche Gegenwart Christi im Abendmahl.

[14] K. Hubert: ⌜Verum Christj corpus, verus sanguis datur⌝.

[15] Vgl. Johannes Oekolampad: Quid de eucharistia veteres [...], 2. Juli 1530 (fᵒ 1 vᵒ).

Iam neutrum a ˢte et ijs, quos tu probas, vnquam[z] [n] adsertum est, et si impe-
ritiores ↓nonnulli↓ [o] eo[p], quod <u>contenderetur nullus inesse hisce verbis</u>: „Hoc
<u>est corpus meum</u>" ↓tropus↓ [16], <u>ausi fuerint dicere</u> panem ipsum esse corpus
Dominj substantialiter[17]. Alij ex eo, quod adfirmaretur esse Christi corpus in
5   pane, intellexerint hoc localiter. Quandoquidem igitur in confessione tua[18]
nihil quam ueram corporis et sanguinis Christi ↓cum sacramento↓ praesentiam exigis atque agnoscis[19]. Si etiam vno in loco Christus naturaliter existat,
hanc nihilominus posse haberj, dum nimirum ˢcorpus et sanguis Christi[z] [q]
per verbum et sacra symbola offeruntur, nos vero talem praesentiam
10   nunquam negauimus, oro te per Christum, remittere velis, quod te in nobis
ac nostris scriptis offendit, ↓et sarciendae↓ [r] concordiae te facilem praebere.
    De vna persona [*S. 149*] et duabus naturis, ne dubita, id sentimus et prae-
dicamus, quod et diuinae literae et s[ancti] patres tradiderunt, imo quod <u>tu</u>
<u>ipse in postilla de hoc mysterio praescripsisti</u>[20]. Scimus „Deo omnia possi-
15   bilia" [*Mt 19, 26; Mk 14, 36*], at interim fieri circa Christum, seruatorem
nostrum, verum Deum et verum hominem; illa merito fatemur, quae tradunt
diuinae literae[21]. Cumque tu ipse scripseris[s] [22], etiam si Christo proprium in
caelis locum, sed cęlestem propter veri corporis modum, vt Augustini verbis
vtar[23], ˢtribuamus, posse nihilominus[z] [t] in caena sacra praesentia haberi
20   ↓eius↓ corpus et sanguinem,[u] satis habeas nos huiusmodi praesentiam et
credere et confiteri[v]. Quod enim vobiscum dicimus verbis illud offerri et

---

[n] *anstatt* vobis vnquam affirmari credo, et si. – [o] *gestrichen* cum quidam. – [p] *zuerst* eoque. –
[q] *anstatt* uerbis(?). – [r] *gestrichen* nos quoque verissime. – [s] *anstatt* fatearis. – [t] *anstatt* ad hunc
vere praesentia haberi. – [u] *gestrichen* Domini. – [v] *anstatt* edisserere.

[16]   K. Hubert: ˂*Tropus negatus*˂.
[17]   In seiner Schrift *Quid de eucharistia veteres [...]*, 2. Juli 1530 wendet sich Oekolampad mehrfach gegen die Aussage „panem esse substantialiter corpus", die er als der römisch-
katholischen Lehre entsprechend verwirft (f° 2 v°).
[18]   Gemeint sind Luthers Schwabacher Artikel. Vgl. BSLK, S. XVI, 51–135; WA 30/III,
S. 172; ZEEDEN, SCHWABACHER ARTIKEL, Sp. 527f.
[19]   Zu Artikel 10 der Schwabacher Artikel vgl. BSLK, S. 65, Z. 8–13.
[20]   Vgl. Martin Luther: *Kirchenpostille 1522*, Epist. am Christtag, zu Hebr. 1, 1–12 (WA
10/I,1, S. 148, Z. 19 – S. 150, Z. 8). Diese ‚Verba lutherj Jnn postilla' zitiert Bucer in seinem
Gutachten über die Schwabacher Artikel Anfang November 1529 (BDS III, S. 448, Z. 11–28,
S. 450, Z. 1–9). Außerdem äußert sich Bucer über diesen Text ausführlich in seinem Brief an
Zwingli vom 30. April 1528 (BCor III, Nr. 190, S. 133–135).
[21]   Auf dem Marburger Religionsgespräch vom 1. bis 4. Oktober 1529 waren die Straßburger der antitrinitarischen Irrlehre verdächtigt worden. Bucer verwahrt sich am 3. Oktober
gegen diesen Verdacht. Vgl. KÖHLER, ZWINGLI UND LUTHER II, S. 82, 112.
[22]   Vgl. Martin Luther: *Kirchenpostille 1522*, Epist. am Christtag, zu Hebr. 1, 1–12: „Das
ist nach der menschlichen natur gesagt, [...] das gottis szon sitzt tzu der rechten hand der Maiestet, wiewol das alleyn nach der menschheytt geschicht; denn nach der gottheytt ist er auch selb
die eynige Maiestet mit dem vatter, tzu wilcher rechten hand er sitzt" (WA 10/I,1, S. 162,
Z. 11–17).
[23]   Vgl. Aurelius Augustinus: *De praesentia Dei ad Dardanum*, Epist. 187, 41: „Christum
[...] in loco aliquo coeli propter veri corporis modum" (MPL 33, Sp. 848).

fide[24] <vel, ut Chrysostomus ait[25], nuda mente< recipi[w] haud intelligi volumus tantum absentis nos recordationem, sed[x] praesentis potius contemplationem ac fruitionem habere[26]. Fatentur sane cum veteribus et scholasticj Christi corpus animae tantum cibum esse[27], cumque dicitur manibus tenerj, ore sumj, dentibus terj, in viscera traijci[28], hasce actiones in symbolis finiri 5 et corpori ac sanguini Christi tantum (vt tu quoque scripsisti[29]) ob sacramentalem vnionem tribuj. A voce „substantialiter'[30] ideo nostrj abhorruerunt, quod ex eo multj intelligant panem affirmari idem esse quod corpus Dominj; ab his vero[y] ‚corporaliter et realiter' [31], quod per eas videatur vulgo statuj praesentia Christj naturalis et localis. Caeterum si quis[z] istis dictionibus[aa] 10 tantum [⌄]ad exprimendam[⌄] praesentiae veritatem utatur, ⌐utj Paulus eam scripsit[⌐] [ab]: [S. 150] „in quo habitat diuinitas corporaliter" [Kol 2, 9], nemo nostrum contradicet[32]. Porro quo nostrae concordię maior sit authoritas, valde vellem tibi probarj, vt in verba[ac], quibus <u>Concilium Nicenum</u>[33] fidem <u>suam de hoc sacro exposuit, conspiraremus</u>[34]. <u>Quantam enim tu</u> credis prae- 15 sentiam exprimit, et paratus erat Oecolampadius ante haec[ad] eandem profiteri. Digladiationis, qua inter nos conflictatum est, excusationem dictabit facile syncera dilectio iustumque liberandj [⌄]ecclesiam tot[⌄] offendiculis[ae] studium.

Haec habuj, quae in <u>praesentia de restituenda inter nos concordia scribe-</u> 20 <u>rem</u>[35], Deum testor, haud in aliud, quam vt cum syncera Christj cognitione

---

[w] *gestrichen* ob. – [x] *gestrichen* etiam. – [y] *anstatt* verbis. – [z] *anstatt* dicitur. – [aa] *gestrichen* quis. – [ab] *anstatt* In illa acta Paulus. – [ac] *gestrichen* de. – [ad] *gestrichen* talem. – [ae] *gestrichen* ecclesiam.

[24] Bucer zitiert hier aus Artikel 10 der Schwabacher Artikel. Vgl. oben Anm. 18.
[25] Vgl. Johannes Chrysostomos: *De sacerdotio,* 3, 4 (MPG 48, Sp. 642). Vgl. oben Nr. 320, S. 173, Anm. 55.
[26] *K. Hubert:* <Oralis manducatio<.
[27] Vgl. dazu die *Confessio Tetrapolitana* (BDS III, S. 123, Z. 30–34; S. 125, Z. 3–7; S. 126, Z. 24–26; S. 132, Z. 8–10; S. 132, Z. 20–32).
[28] Zu diesen drastischen Formulierungen der Realpräsenz vgl. die Bekenntnisformel, zu deren Unterschrift Berengar von Tours gezwungen wurde. Vgl. Luther: *Vom Abendmahl Christi, Bekenntnis,* 1528. Die *Professio Berengarii* war Bestandteil des Kirchenrechtes geworden (WA 26, S. 442, Z. 29–38).
[29] Vgl. ebd., S. 336, Z. 37f.
[30] *K. Hubert:* <substantialiter<.
[31] *K. Hubert:* <Corporaliter. Realiter<.
[32] In seiner Schrift *Sententiae veterum [...]* März 1530, führt Melanchthon *Cyrillus in cap. XV. Ioannis* an, der den Begriff ‚corporaliter' nach Kol 2, 9 mit Joh 6, 57 verbinde und das In–Christus–Sein nicht allein auf ‚charitas' beziehe, sondern es auch als eine ‚participatione naturali' verstehe (CR 23, Sp. 733, Z. 13 – Sp. 734, Z. 2).
[33] *K. Hubert:* <Verba Canonis Niceni formula concordię proponit<.
[34] Oekolampad hat die Abendmahlsformel der Synode von Nicäa 325 in deutscher Sprache (ebenso in griechischer Sprache) in seiner Schrift *Quid de eucharistia veteres [...]* abgedruckt (f° 4 r°). Vgl. zur Formel auch unten Nr. 328, S. 215, Z. 13–16; Neudecker, Urkunden, S. 157.
[35] *K. Hubert:* <Quid Bucerus spectarit<.

sancta quoque dilectio inter nos,[af] qui huic militamus, obtineat tollanturque
pernitiosa illa scandala[ag], quibus euangelij cursus apud Germanos tot iam
annis misere[ah] impeditus ↓est↓ et in Gallijs tantum non penitus interceptus.[ai]
Donet Dominus, vt[aj] haec ↓eo animo↓ accipias, quo scripsi,[ak] et indubie
5   respondebis, quae pacem nobis conficient. Quodsi euenerit, scriptis et, si
opus sit ac per Dominum licuerit, coram a fratribus nostris Zuinglio et Oecolampadio impetrabo, vt ipsi tibi de sua fide testentur, ʳquae tibi satisfa-
cient˥ [al]. Quae enim modo ago, meo ipsius et symmystarum Argentoratensium nomine ac nullius alterius [am] ago.
10   Vale!

*Ka AST 38 (20,1), Nr. 7, 1, S. 147–150. — P Scripta Anglicana, S. 611f.; WA
Bw. XII, S. 126–132, Nr. 4243a.*

[af] *gestrichen* ut. – [ag] *gestrichen* offendicula. – [ah] *gestrichen* apud. – [ai] *gestrichen* est. –
[aj] *gestrichen* ita. – [ak] *gestrichen* quod si dederit, haud dubito. – [al] *anstatt* quibus contentus sis. –
[am] *gestrichen* eadem.

328   1530 August 25. Augsburg. — Bucer an Martin Luther

*Contenu semblable à celui de la lettre précédente. Bucer affirme, suite à la
lecture du dialogue d'Œcolampade* Quid de eucharistia veteres…, *qu'il n'y
a pas de désaccord entre eux ; le pain est le signe et la figure du Christ
présent et non pas absent. Il a écrit à ce sujet à Mélanchthon, qui lui a donné
son avis, et adresse maintenant des articles de foi à Luther. Les deux partis
enseignent une présence mystérieuse du Christ dans la Cène, et le désaccord
n'est en fin de compte qu'une querelle de mots. Bucer rejette la transsubstantiation et la présence locale du corps du Christ dans le pain, mais
affirme une présence "vere et re ipsa". Ce n'est pas le corps essentiel du
Christ qui est offert, mais sa puissance. Il est rendu présent par la force d'un
pacte, et le pain est l'instrument avec le lequel le corps est offert. Bucer
rejette la conception zwinglienne selon laquelle le corps du Christ est toujours présent en un endroit localiter. Il est reçu par la simple foi d'une âme
et d'un cœur purs. Les Strasbourgeois ont reçu une lettre de France qui
relate que l'Évangile s'accroît, mais que le désaccord relatif à la Cène s'oppose à sa course ; le Roi de France n'est pas éloigné de la vérité ; Margue-
rite de Navarre ; on appelle la Normandie la "petite Allemagne". Leur
désaccord fournit des armes aux adversaires. Bucer affirme rechercher la
seule gloire du Christ et l'édification de l'Église, et prie Luther de ne pas*

troubler plus longtemps l'Église pour une querelle de mots. Bucer recom-
mande Luther à Dieu. Il a écrit dans le même sens à Zwingli, et espère que
toutes les églises de Suisse, de même que Constance, Lindau et Strasbourg
souscriront à la concorde. Lui-même a écrit au nom de sa seule église.

Die Differenzen im Verständnis der Einsetzungsworte scheinen Bucer durch
Ökolampads Schrift „Quid de eucharistia veteres ..." vollkommen aus-
geräumt. Nach seinen Unterredungen mit Melanchthon hat dieser Bucers
Meinung in Artikel gefaßt, die er Luther zusenden wird. Bucer hat diese
Artikel abgeändert und legt sie seinem Schreiben bei. Grund der Änderung
ist, daß nun auch Zwingli und Oekolampad ihnen zustimmen können, was zu
den von Melanchthon abgefaßten Thesen nicht möglich gewesen wäre. Beide
Seiten lehren eine geheimnisvolle Gegenwart Christi im Abendmahl. Bucer
verneint eine lokale Anwesenheit des Leibes Christi im Brot. Dennoch ist der
Leib Christi im Abendmahl wahrhaft gegenwärtig und wird ‚realiter'
gereicht. Bucer bittet, den unfruchtbaren Streit zu beenden und zu einer Eini-
gung zu gelangen. Er bekräftigt seine Übereinstimmung mit den Abend-
mahlsformeln von Nicäa und den Kirchenvätern. Die Straßburger haben
einen Brief aus Frankreich erhalten, der ausführlich berichtet, wie das
Evangelium dort rasche Verbreitung findet, aber der Abendmahlsstreit diese
positive Entwicklung hemmt. Der König von Frankreich ist nicht weit von
der Wahrheit entfernt; Nachrichten über Margarete von Navarra; man
nennt die Normandie ‚Klein-Deutschland'. Die Zwietracht der Evangeli-
schen stärkt die Feinde. Bucer bekräftigt, allein die Ehre Christi und die
Erbauung der Kirche zu suchen und bittet Luther, die Kirche nicht länger
wegen eines Wortstreites zu verwirren. Im gleichen Sinn hat er an Zwingli
geschrieben und hofft, daß die Schweizer Kirchen, wie auch Konstanz,
Lindau und Straßburg, eine Einigung gutheißen.

[1]Gratia Domini augeatur tibi, praeceptor obseruande![a]

Semper quidem visum est haud[b] tantum inter nostrorum[c] et tuam de [↓ve-
ritate praesentiae↓] Christi in caena[d] sententiam interesse, [↓quantum uulgo
creditur.↓] At[e] nuper lecto dialogo Oecolampadij[2], in[f] quo veterum de hac re

---

[a] *gestrichen* Vt. – [b] *zuerst* non. – [c] *zuerst* nostram. – [d] *gestrichen* praesentiam. – [e] *anstatt*
ita. – [f] *O* in in (!).

[1] Als Vorlage des Briefes diente der Entwurf oben Nr. 327, S. 207–212. Da Bucer
Melanchthons Abendmahlsthesen nochmals abänderte, damit auch Zwingli und Oekolampad
hätten zustimmen können, und da er nochmals entschiedener als im Briefentwurf betonte, daß
durch Oekolampads Schrift alle Meinungsverschiedenheiten ausgeräumt seien, benutzte er den
ursprünglichen Brief lediglich als Vorlage. — K. Hubert: [v]Literae Luthero missae. die 25
Augusti[v]; [<]1530. 25 Augusti[<] (linker Rand); [<]Augusta Anno 1530[<] (rechter Rand).
[2] K. Hubert: [<]Mentio fit Dialogo Oecolampadij.[<].

sententias excutit[3], ʃcertus mihi factus uideorʅ [g] prorsus nihil ↓inter nos↓ uariare. Nam cum tu nolis contendere[h] Christum in pane esse localiter et agnoscas, etiamsi ↓Christus↓ in vno ↓coeli↓ loco, corporis modo, existat[i] [4], posse tamen per verba et[j] symbola vere praesens ↓in cęna˅ exhiberj, plane[k] non video, quid tuae sententiae pugnet,[l] quod ↓nostri vel↓ panem corporis Christi signum ↓et figuram↓ esse vel ʃipsum in aliquo caeli loco agereʅ [m] [5] affirmant. ʃAgnoscunt siquidem panem praesentisʅ [n] Christi signum ↓ac figuram↓ esse[6], non absentis[o], et sacris symbolis ↓non tantum eius recordationem, sed ipsum etiam Christum↓ vere praesentem sistj. De his contuli[7] cum doctiss[imo] viro domino Philippo[p],[8] qui sententiam meam in articulos ↓digessit↓ [q], quos tibi mittit[9].

Mitto[r] et ego articulos,[s] quibus eandem sententiam ʃcomprehendj, adiecta tamen ratione, qua Christus in caena praesens percipitur, <nempe oculis mentis<. Item, ipsius ↓Christj↓ praecipue opus esse, ut[t] nobis suum corpus et sanguinem ↓in caena praesentia↓ exhibeat, licet ad id nostro utatur ministerioʅ [u]. Scio enim nostros[10], <quibus oportuit hosce articulos transmittere< [11], nihil aliud a tuo loquendi modo absterruisse, quam quod ↓putent↓ [v], eam operi

---

[g] *anstatt* videri cępi. – [h] *anstatt* urgere. – [i] *anstatt* contendere. – [j] *gestrichen* symbola. – [k] *anstatt* prorsus. – [l] *gestrichen* vel. – [m] *anstatt* corpus esse in caelis nostri. – [n] *anstatt* Praesentis siquidem. – [o] *gestrichen* ↓sed praesentis↓. – [p] *zuerst* philippo. – [q] *gestrichen* comprehendit. – [r] *zuerst* mitto. – [s] *gestrichen* quo misi nostris in. – [t] *gestrichen* se. – [u] *anstatt* digessi tantum hanc tantum studii exprimere Christum ipsum esse, qui se praesentem statuat, vt animis oculis contemplandam, et si ministerio nostro ad id vtatur. – [v] *gestrichen* putari te Christi; ↓ex his verbis↓.

[3] Johannes Oekolampad: *Quid de eucharistia veteres [...]*, 2. Juli 1530. Vgl. oben Nr. 299, S. 102, Anm. 11.

[4] Vgl. oben Nr. 327, S. 210, Z. 17f.

[5] Johannes Oekolampad: *Quid de eucharistia veteres [...]*, 2. Juli 1530 (f° m6 v° – m7 r°).

[6] Vgl. ebd., f° n6 r°.

[7] *K. Hubert: <Bucerus contulit cum Philippo.<*.

[8] Zu den Unterredungen Bucers mit Melanchthon vgl. oben Nr. 324, S. 195, Anm. 27; Melanchthons Bericht zum Gespräch vom 23./24. August 1530 (CR 2, Nr. 798, S. 223–225) und Melanchthons Entgegnung auf Einwände Bucers vom 24./25. August (Dresden LB, C 351, f° 107 v°).

[9] Zu den Artikeln Melanchthons vgl. unten Anm. 26. Vgl. auch Melanchthons Brief an Veit Dietrich (bei Luther) vom 26. August 1530: „Misi Luthero Buceri literas, in quibus quid ille scripserit ignoro. Tantum hoc scio, quod profitetur se velle accedere ad nostram sententiam. Ego ei proposiciones composui de ipsius sentencia, non mea. Has mitto tibi, ut ostendas Doctori. Ego arbitrar eum has ipsas proposiciones missurum esse, praesertim cum affirmaret hanc esse suam sentenciam [...] Omnino non videntur quadrare proposiciones illae, quas misit, ad has, quas ego scripsi de ipsius sentencia [...].“ (CR II, Nr. 863, Sp. 314). — *K. Hubert: <Articulorum suorum mentio subijciuntur<*.

[10] Huldrych Zwingli und Johannes Oekolampad.

[11] Vgl. Bucers Brief an Zwingli vom 25. August 1530 (unten Anm. 23). Der Brief an Oekolampad konnte nicht mehr ermittelt werden (unten Nr. 330, S. 230, Z. 17 mit Anm. 20; Nr. 332, S. 237, Z. 14 mit Anm. 18).

ministri et[w] symbolis[x] id tribuere, ↓quod solius Christj est↓, tum etiam
[S. 152] [y]pani ↓Christi corpus↓ vel naturaliter vnire[z] vel localiter includere[aa],
id quod abunde Oecolampadius testatus est in dialogo ↓suo↓ [ab] [12]. Ne autem
ʃhaec te adiectio[ɩ] [ac] offenderet, verbis vsus sum Cyrilli et Chrysostomi, qui
haec[ad] omnia νοητά faciunt[ae] [13]. Cum itaque[af] tu[ag] pro ↓vera↓ Christi in   5
caena[ah] praesentia potiss[imum] pugnaris[ai], ↓quam fatemur,↓ obsecro te per
huius gloriam [vgl. I Kor 10, 31], quae infausto hoc nostro dissidio plus
nimio obscuratur, patiaris inter nos sanctam concordiam restituj. Nostros
dicimus (ʃid, quod[ɩ] [aj] et res ↓ipsa↓ est) ʃnihil aliud oppugnasse quam
dicere[ɩ] [ak]: <Christi corpus pani< vel naturaliter vnirj vel includi localiter[al], te   10
vero hoc <nunquam affirmasse< solumque[am] ↓improbasse dicere↓: nihil nisi
panem et vinum exhiberi in coena, et negare: ipsum Christi corpus et sanguinem per verba et sacramenta vere praesentia sisti[14]. Tum, quo maiorem
authoritatem habeant verba, in quae conspiremus,[an] profitebimur[ao] vtrimque
nostram ↓de hoc mysterio↓ fidem[ap] et doctrinam <esse ac< deinceps fore,   15
ʃquam tradit[ɩ] [aq] Canon Consilij Niceni[15] ↓et sequntur omnes ueteres↓.
    Accepimus nuper literas[ar] a fratribus <ex< Gallijs[16], ʃqui scribunt
admodum feliciter apud se[ɩ] [as] euangelion gliscere[at], ʃsed ita cursui eius
obstare infelix hoc nostrum dissidium, ut, nisi componatur[ɩ] [au], <haud sperent
unquam futurum, vt Galliae euangelion publicitus audiant. At, si contingeret   20
illud sedari< [av], bona eis spes est breui fore[aw], vt Christus[ax] publicum ʃapud
ipsos obtineat[ɩ] [ay]. [S. 153] <Nam rex< [az] [17] a veritate alienus ↓non est,↓ et iam

---

[w] gestrichen externis. – [x] gestrichen plus aequo. – [y] gestrichen <statui, verbis per corpus
↓Christi↓ vel ministrum veritatis tantum missae virtutem<. – [z] anstatt vniret. – [aa] zuerst include-
ret. – [ab] gestrichen illo, cuius memini. Huic. Quo. – [ac] anstatt id te. – [ad] gestrichen qui ↓scribit↓
te his […]. – [ae] anstatt esse. – [af] anstatt igitur. – [ag] gestrichen potiss[imum]. – [ah] gestrichen
vera. – [ai] zuerst pugnasse. – [aj] anstatt ut. – [ak] anstatt tantum hoc impugnasse, quod pauci. –
[al] anstatt Christum. – [am] anstatt vero; gestrichen ↓hoc↓. – [an] gestrichen statuatur deinceps. –
[ao] zuerst profiteatur. – [ap] gestrichen esse. – [aq] anstatt sicut […]. – [ar] gestrichen ex. – [as] anstatt
ille feliciter ↓ille↓. – [at] gestrichen nihil ↓non↓. – [au] anstatt ita cursui eius obstare aliud esse quis. –
[av] anstatt numquam […] publico […] sedari […] contingerent. – [aw] anstatt futurum. –
[ax] zuerst Christum. – [ay] anstatt Galliae admirari audiant. – [az] anstatt non sit (?).

[12]   Vgl. oben Nr. 327, S. 209, Anm. 15.
[13]   Vgl. unten Anm. 29, 30.
[14]   Vgl. dazu Bucers Brief an Landgraf Philipp von Hessen vom 27. August 1530 (unten
Nr. 332, S. 238, Z. 24–27).
[15]   Vgl. oben Nr. 327, S. 211, Anm. 34. — K. Hubert: <Canon Nicenus<.
[16]   Dieser Brief der Brüder in Frankreich an Bucer ist verloren. Er wird außerdem erwähnt
in einem Brief Bucers an Zwingli vom 25. August 1530: „Mitto quod nuper fratres ex Gallijs
scripserunt" (unten Nr. 329, S. 225, Z. 4f.). Im Schreiben Bucers an Landgraf Philipp von
Hessen vom 27. August 1530 finden sich Andeutungen auf den Brief (unten Nr. 332, S. 240,
Z. 18–23).
[17]   Franz I. von Orléans-Angoulême (1494 – 1547). 1515 bis 1547 König von Frankreich.
Vgl. WOLF, FRANZ I., S. 385–389.

recuperatis liberis[18] non adeo^{ba} a Pont[ifice] et Caesare, hac ⸢quidem in
⸗caussa⸗, pendebit⸶. ⸶Tum nunquam suo officio deest christianiss[ima] illa
heroina, regis soror[19]. Quin et^{ι bb} procerum^{bc} magnus numerus^{bd} iam veritati
accessit. ⸢In quadam Normandiae regione adeo multi iam euangelium profi-
5   tentur[20], vt hostes coeperint eam vocare paruam Alemaniam⸶. ⸶Interim autem
dum^{ι be}, ⸢vt⸶ fieri solet, nobis dissentientibus, alij^{bf} nostram, alij uestram ⸗de
eucharistia⸗ sententiam, ⸢quae tamen reuera eadem est, licet discrepantibus
verbis proponj hactenus consueuerit⸶, sequuntur^{bg}, ⸶multj alioqui sanabiles
ab euangelio abalienantur, et praebetur telum hostibus, quo veritatem ⸗nupe-
10 ram⸗ impugnent^{ι bh}. Ipsi ⸗tamen⸗, inquiunt^{bi}, inter se non consentiunt, quod
ij non solent, quos agit spiritus Christi [Röm 8, 14]. Hac ergo de caussa
⸗fratres, qui illic sunt et redemptionem Israelis expectant⸗ ^{bj} [Lk 2, 38], per-
sancte nos hortati sunt,^{bk} idque iussu^{bl} reginae Nauarrae, ⸗ut quam⸗ liceat^{bm}
diligentem ⸗operam demus⸗, vt hoc ⸗tandem⸗ dissidium sopiatur, ⸶in quo
15 certe vltro currentibus calcar addiderunt.

Spes quoque est, et te, cum articulos, quos mitto, legeris, eodem propen-
surum, praesertim cum non ignores, quantum et nostrates nobis hostes hac de
caussa insultent et pusillos fide offendant^{ι bn} [vgl. Mt 18, 6]. Gloriam Christi
et ecclesiarum aedificationem solam quęro[21]; nouit is, quem nihil latet [vgl.
20 Mt 6, 6]. Hunc precabor, vt eam tibi et nostris mentem adspiret, ne ob verba,
cum re idem sentiamus^{bo}, nostra^{bp} dissensione^{bq} ecclesias ⸗diutius⸗ turbemus.

Dominus sit cum spiritu tuo [II Tim 4, 22], fortissime christianismj
vindex! Vtinam hic esses,^{br} ⸢et Christi negotium⸶ ⸶tu administrares contra
hostes, quos nulla^{bs} alia virtute quam^{ι bt} carnis et sanguinis [vgl. Mt 16, 17;
25 Gal 1, 16] instructos experimur ^{bu}!

---

^{ba} *anstatt* tantum penderet. – ^{bb} *anstatt* fore ut euangelio plusculum libertatis ⸗reginae nauar-
rae⸗ concess[…] concedat, licet suis et nostris, pellente eum sorore muliere sanctiss[ima]. Etiam. –
^{bc} *gestrichen* ⸗quanti⸗. – ^{bd} *anstatt* numerus. – ^{be} *anstatt* Cum autem vt. – ^{bf} *gestrichen* vobis-
cum ⸢fieri⸶ ⸗solent, alij⸗. – ^{bg} *anstatt* praeferant; *gestrichen* offendetur; ⸗abalienemus⸗. –
^{bh} *anstatt* multi alioqui ab euangelio, multi alioqui praebetur, alij qui sanabiles sunt et datur
⸗vere⸗ occasio telum suum omnium veritatem, doctrinam putentur, putent impugnandis hostibus. –
^{bi} *gestrichen* tantum. – ^{bj} *gestrichen* ⸗fines⸗. – ^{bk} *gestrichen* qui illic sunt ⸗degunt et redemptio-
nem Iisraelis expectant⸗ idque iussu sororis, regae sororis. – ^{bl} *gestrichen* christianissime
dominae, sororis regis, reginae Nauarrae, vt omnem demus quam operam, quam. – ^{bm} *anstatt*
licerent. – ^{bn} *anstatt* Haec […]. – ^{bo} *zuerst* sentiarunt. – ^{bp} *anstatt* simus. – ^{bq} *gestrichen* ostenda
nostra. – ^{br} *gestrichen* […]. – ^{bs} *anstatt* carnis – ^{bt} *anstatt* fortitudine euangelion adseruaretur. –
^{bu} *anstatt* experiuntur.

[18]   Zwei der Söhne Franz' I. wurden in Spanien als Geiseln gefangengehalten. Vgl. ebd.,
S. 387.
[19]   Gemeint ist Margarethe von Alençon, Königin von Navarra. Vgl. LEBEAU/VALENTIN,
ALSACE, S. 135.
[20]   In der Normandie trat besonders der Pfarrer von Condé, Etienne le Court, als Prediger
hervor. Seine Lehre wird am 1. Februar 1532 von der Sorbonne verdammt. Vgl. ENDERS Bw.
VIII, Nr. 1761 Beilage, S. 214, Anm. 10.
[21]   K. Hubert: ⸢Quid Bucerus hic quęrat.⸶

Vale optime! Augustae ex comtiis, anno 1530. 25 die Augustj.

                Tui studiosissimus Martinus Bucerus.

[*S. 154*] Ad eundem fere modum scripsi Zvinglio[22] ac alijs, qui nobiscum faciunt[23]; bonaque spes est, si te exorari — quae hic oro — passus fueris, fore, vt omnes Heluetiorum ecclesiae, quarum multae et frequentes sunt,   5 item Constantienses, Lindouienses, nostrates aliaeque Rhenanae omnes subscribant[24]. Solius enim nostrae Ecclesiae nomine rem modo cepi. Non dubito quoque, quin, quod tu receperis, recepturae sint etiam quotquot hactenus te hac in re secutj sunt. Iterum vale. 1530. 25 Aug [ustij].

Adresse [S. 154]: Doctrinae purioris amatori primario, dom[ino] Martino   10 Luthero, suo in Domino praeceptori plurimum colendo.

[*S. 155*]
[25]<1< Transsubstantiationem negamus.

---

[22]   Das Schreiben von Bucer an Zwingli vom 25. August 1530. Vgl. unten Nr. 329, S. 220–228.
[23]   Bucers *Abendmahlsartikel* wurden von Wolfgang Capito in die Schweiz gebracht. Vgl. unten Nr. 337, S. 265, Z. 20f.
[24]   Im Anschluß an seine Gespräche mit Luther auf der Veste Coburg am 26. und 27. September unternimmt Bucer eine Reise nach Nürnberg, Ulm, Memmingen, Isny, Lindau, Konstanz, Zürich (dort am 12./13. Oktober 1530) und Basel (14. bis 17. Oktober 1530). Vgl. FRIEDRICH, BUCER, S. 74–77, Anhang S. 89, Anm. 1–4; KÖHLER, ZWINGLI UND LUTHER II, S. 241–243.
[25]   Wir fügen an dieser Stelle die Thesen Bucers, die er Luther gesandt hat, an. Luther hat vermutlich eine gekürzte Fassung erhalten, darauf deuten die deutschen Übersetzungen (in Konstanz und in Wolfenbüttel, vgl. die Quellenangaben) hin. *K. Hubert:* ᵛ*1530. Articulj missi Luthero et a Philippo recepti. Contuli cum alio manuscripto exemplo. Manus Buceri est*ᵛ.
Zum Vergleich mit Bucers Thesen werden an dieser Stelle im Anmerkungsapparat auch die Thesen Melanchthons angefügt (Oa München SB, Clm 10355, f° 93 r°), um deutlich zu machen, welche gemeinsamen, aber auch welche unterschiedlichen Anschauungen in die jeweiligen Thesen eingeflossen sind:
Bucerus transsubstanciacionem negat. Item negat corpus Christi localiter esse in pane, vt si quis imaginetur ita contineri in pane corpus sicut vinum in vase aut flammam in ferro candentj.
Interim tamen affirmat corpus Christi vere adesse et exhiberi in coena Domini, non tantum adesse virtualiter, sed realiter.
Et ponit talem modum: panis et vinum instituta sunt, ut testentur adesse verum corpus et exhiberi. His igitur propositis et consecratis, iam ex ordinacione Christi, vere est ibi corpus Christj.
Sicut alioqui dicimus sacramenta esse pactionales causas, hoc est ex pacto efficientes, ita hic sentit pactum esse, vt pane et vino proposito sistatur nobis et adsit et porrigatur Christi [corpus]. Non quod panis sit quasi vas continens corpus. Sed sit pactionale vehiculum seu instrumentum cum quo exhibetur corpus.
Sicut eciam de verbo aut baptismo dicimus, quod certum sit adesse Spiritum S[anctum] et operari, cum fit ablucio [*vgl. I Kor 6, 11; Act 22, 16*], ita hic sentit corpus vere et realiter adesse.
Interim concedit corpus Christj in celo localiter esse.
Et tamen praesens esse, non quidem localiter, sed abscondito modo creaturis et sacramentis. Sicut et Lutherus dicit non oportere localiter esse in sacramento Christum, sed posse illo modo adesse, quo omnes creature Christo praesentes sunt, arcano modo.

<2< Item negamus corpus Christi localiter esse in pane, vt si quis imaginetur ita contineri in pane corpus sicut vinum in vase²⁶ aut flamma in ferro candenti²⁷.

<3< Interim autem adfirmamus Christi corpus in caena vere adesse et
5 Christum re ipsa praesentem vero suo corpore ueroque sanguine et nos pascere verbis ad hoc suis, quae ministri recitant, et sacris symbolis pane et vino vtentem.

<4< Vt enim baptismo virtutem regeneratricem [vgl. Tit 3, 5], ita symbolis eucharistiae ipsum Christi corpus et sanguinem exhiberi confitemur.
10 <5< Percipi vero haec dicimus μόνῃ καὶ φιλῇ καὶ ἀζητήτῳ πίστει, ut d[ivus] Cyrillus inquit²⁸; etsi non abhorreamus etiam ab his d[omini] Chrysostomi verbis²⁹: „O, ingens miraculum, o magnam Dei benevolentiam erga nos! Is, qui sedet supra cum Patre, illa hora omnium manibus detinetur et dat se volentibus circumdare et complecti"; etsi quae apud hunc vel alios similia
15 reperiuntur. Verum ea, quemadmodum hic idem docet, intelligimus, ut abiecta omni carnali cogitatione in caelestibus haec geri et „nuda anima puraque mente" cerni dicamus. [S. 156]

<6< Fatemur quidem cum d[ivo] Augustino: „Christum esse in loco aliquo caeli propter ueri corporis modum"³⁰; nihilominus tamen et in caena vere ac
20 re ipsa³¹ praesentem agnoscimus, non localiter tamen, sed modo huic sacramento proprio, qui constat per verba, sed credita, et symbola, sed fide per-

---

Cinglius videtur sic sentire, quod corpus Christj sit in vno loco localiter nec possit vsquam aliter esse, nisi localiter.

Sed hanc posteriorem sentenciam non approbat Bucerus, qui affirmat Christi corpus posse alicubi esse alio modo quam localiter.

Sentit igitur panem et vinum signa praesentis corporis Christi esse, non absentis. Nec esse μεταφοράν, qualis est, cum dico de annulo donato amice: „Ecce hic habes animum meum". Vbi annulus significat absentem animum. Sic vnio sacramentalis figuras habet, non ad significandum res absentes, sed res praesentes.

Christus corporaliter est in coena, accipiendo corporaliter non de dimensionib[us], sed pro eo, quod est vere et essencialiter.

Sed tamen hi tantum accipiunt D[omini] corpus, qui credunt; isti, qui non credunt, nihil accipiunt nisi panem, quia sacramentum videtur institutum ad vsum credencium.

Buceri sentencia περὶ δείπνου κυριακοῦ.

²⁶ Vgl. dazu ablehnend Martin Luther: Das diese Wort Christi [...] feststehen [...], 1527: „ [...] Christus leib sey ym brod auff die grobe sichtbarliche weise, wie brod ym korbe odder wein ym becher [...]" (WA 23, S. 145, Z. 22f.).

²⁷ Dieses Bild vom feurigen Eisen, von Augustin übernommen, gebraucht Luther z. B. in seiner Schrift Vom Abendmahl Christi, Bekenntnis, 1528 (WA 26, S. 444, 16–20).

²⁸ Cyrill von Alexandrien: Apologeticus pro XII capitibus contra Orientales, XI, 193 (MPG 76, Sp. 376).

²⁹ Johannes Chrysostomos: De sacerdotio, lib. 3, 4 (MPG 48, Sp. 642).

³⁰ Aurelius Augustinus: De praesentia Dei ad Dardanum, Epist. 187, 41 (MPL 33, Sp. 848).

³¹ Vgl. zu den Begrifflichkeiten Bucers Brief an Landgraf Philipp von Hessen vom 27. August 1530 (unten Nr. 332, S. 238, Z. 2). Vgl. oben Z. 4f.

cepta[32]. Vtrumque enim confitemur sacramenta tantum esse, cum in vsu sunt[33].

<7< Pactum[34] siquidem, quo credimus pane et vino proposito sisti nobis, adesse et porrigi Christi corpus et sanguinem, isthuc cum his solum esse initum(!), pro quibus illa imolata sunt, verba euangelistarum testantur [*vgl.* 5 *Mt 26, 28; Lk 22, 20*].

<8< Fatemur tamen etiam eos, qui fide praediti sunt, ita se posse circa haec sacra non ex fide habere, ut nihilominus rei euadant corporis et sanguinis, non absentium, sed praesentium[35], id quod vsu venit Corinthijs [*I Kor 11, 27*]. 10

<9< Omnino enim christianorum sacramenta praesentis Christi, non absentis signa sunt et testimonia.[36]

Ka AST 38 (20,1), Nr. 7,1 u. 7,3, S. 151–156 (mit Bucers Thesen, lateinische Fassung). — C Zürich ZB, S 26,93f.; St. Gallen StB, ms. 41 (Vad. Br. slg. XII), f° 257r° (Bucers Thesen, lateinische Fassung); Zürich SA, E II 337, f° 85 r° (Bucers Thesen, lateinische Fassung); Zürich SA, E II 341, S. 3365 (Bucers Thesen, lateinische Fassung an Oekolampad gesandt); Konstanz StA, Urk z. Gesch. d. Ref., Fasz. 11 (1530-1538), Nr. 29, f° 239 r° – 240 r° (Bucers Thesen, deutsche Fassung); Wolfenbüttel, HAB, ms 61,13, Hg. 8°, f° 247 r° – 248 r° (Bucers Thesen, deutsche Fassung); Stuttgart, Württemb. LB, Cod. theol. 297, f° 314 r°/v°. — P Scripta Anglicana, S. 692f.; Kolde, Analecta Lutherana, S. 149–151; Enders Bw. VIII, Nr. 1761, S. 209–215; WA Bw. V, Nr. 1696, S. 566–572; Herminjard, Correspondance II, Nr. 305, S. 271f. (Teilüberlieferung); Walch, Luther Schr. 21 (deutsche Übersetzung), Nr. 1673, Sp. 1552–1557.

---

[32] In den Luther übersandten Artikeln hat Bucer die Worte ‚qui constant — percepta' auf Wunsch Melanchthons gestrichen.
[33] Auch Martin Luther beschränkt die Präsenz auf den Gebrauch: „so man communicirt", z. B. in seiner Schrift *Unterricht der Visitatoren an die Pfarrherren im Kurfürstentum Sachsen*, 1528 (WA 26, S. 213, Z. 38).
[34] Zur ex-pacto-Kausalität vgl. HAMM, PROMISSIO, S. 479–489.
[35] Schon 1527 hatte Luther in seiner Schrift *Daß diese Worte Christi [...] feststehen [...]* die Gegner bezichtigt, ein „Zeichen eins abwesenden oder zukünftigen dings" zu lehren (WA 23, S. 211, Z. 16).
[36] Das ursprüngliche Konzept bricht an dieser Stelle ab. In den ‚*Scripta Anglicana*' (S. 693) findet sich folgender Zusatz: „Hactenus autographon Buceri; quaedam exemplaria et haec habent: Loqui de hoc sacramento, ut praescribit subiectus Concilii Nicaeni Canon, etiam Marburgi probabant hodieque probant. Canon: ‚Iterum etiam hic in divina mensa ne humiliter intenti simus ad propositum panem et poculum, sed exaltata mente, fide consideramus situm esse in sancta illa mensa agnum Dei tollentem peccatum mundi, qui non victimarum modo a sacerdotibus sacrificatur, et nos vere pretiosum illius corpus et sanguinem sumentes credamus, haec esse nostrae resurrectionis symbola. Nam propter hoc neque multum accipimus, sed parum, ut sciemus, quod haec non satietati, sed sanctimoniae serviant'. Huic autem decreto reliqui S. Patres omnes consentiunt".

329 [1530 August 25. Augsburg]¹. — [Bucer an Huldrych Zwingli]²

Bucer informe Zwingli de ses récentes tentatives de parvenir à un accord avec Luther, et s'appuie notamment sur le Quid de eucharistia veteres... *d'Œcolampade. À Augsbourg, les partisans de Luther sont nombreux. Bucer prie Zwingli d'examiner l'ouvrage de Eck,* Repulsio articulorum Zuuinglii*..., Bucer rappelle que la discorde sur la Cène afflige des Églises et des territoires entiers. Il se fonde sur les paroles d'institution et sur la doctrine de la Sainte Cène de Paul et des Pères de l'Église pour affirmer la présence réelle du Christ dans la Cène, et la manducation du corps et du sang. Il faudra, à l'avenir, éviter des allégories susceptibles de provoquer des malentendus. À l'aide de Jn 6, Bucer montre que la Cène ne consiste pas seulement en des paroles, mais aussi en des symboles du mystère de notre rédemption ; il faut éloigner les âmes des éléments matériels, mais non pas du Christ lui-même. La Cène est, pour les chrétiens, la plus divine des choses extérieures. Bucer adresse à Zwingli une lettre de France : l'Évangile y progresse, mais la discorde sur la Cène entravera sa course. Avec Œcolampade, Bucer affirme que les Pères ont parlé de présence* vere et realiter *(bien que non pas* naturaliter*), ou, comme le dit Zwingli,* contemplatione fidei, *de manière mystique ou dans le mystère. Bucer fait valoir à Zwingli que les Luthériens n'exigent pas une présence locale, qu'il y a parmi eux beaucoup d'hommes bien intentionnés, et il insiste sur l'attention à porter aux faibles ; une concorde est possible, sans sacrifier la vérité. Lui-même en a traité avec Mélanchthon, avant d'écrire à Luther. La malhonnêteté des papistes les rendra peut-être plus doux. Bucer prie Zwingli de prendre son écrit en bonne part. Il le prie à nouveau de répondre à Eck.*

Bucer bittet Zwingli, er möge in der Antwort an Eck, der mit seiner Widerlegung der ,Fidei ratio' nur den Kaiser gegen sie aufhetzen wollte, maßvoll sein und auch die Pflicht des Kaisers zur Wiedervereinigung der Kirche herausstellen. Übersendet Zwingli einen Brief der französischen Brüder, aus dem hervorgeht, daß die erfolgreiche Verbreitung des Evangeliums durch den Abendmahlsstreit gehemmt wird. Auf der Grundlage der Einsetzungsworte, der Abendmahlsaussagen des Paulus, der Kirchenväterlehre und der Formulierungen Oekolampads, Zwinglis und Luthers in deren Abendmahls-

---

¹ Der Brief ist nicht datiert. Seine Abfassung steht aber in zeitlichem wie inhaltlichem Zusammenhang zu Bucers Brief an Luther vom 25. August 1530 (vgl. oben Nr. 328, S. 213, Anm. 1) und zu Bucers Brief an die Straßburger Prediger vom gleichen Tag (vgl. unten Nr. 330, S. 228, Anm. 1), deshalb ist davon auszugehen, daß der Brief ebenfalls am 25. August abgefaßt wurde.
² Der Brief ist nicht unterzeichnet und enthält keine Adresse. Aufgrund des Briefinhaltes kommen aber nur Bucer als Absender und Zwingli als Adressat in Frage.

schriften, versucht Bucer in langen und breiten Ausführungen, die unter-
schiedlichen Lehrmeinungen einander anzunähern und eine wahre Gegen-
wart Christi im Abendmahl zu begründen. Er prägt die Formel: Christus ist
anwesend, nicht im Brot, nicht mit dem Brot vereinigt, sondern mit dem
Sakrament im Abendmahl, doch nur für die Seele. Die ganze Auseinander-
setzung ist lediglich ein Streit um Worte. Er hat die Konkordienverhandlun-
gen wieder aufgenommen und mit Melanchthon ein Gespräch geführt.
Dieser hat ihn veranlaßt, an Luther zu schreiben.

[3]Salue, vir praestantissime!

Alias scripsi[4], me jlla tua libertate haudquaquam esse offensum[5], et si
quędam abesse scomata atque acerbius dicta maluissem, quo jn nullo possit
ministerium nostrum culpari, constantię et spiritus libertatj nihil volo detrac-
tum. Angustię sumus, fateor; adeo tamen non anguste confessi sumus, vt, qui   5
de responso nobis dando aliquid sciunt[6], non queant satis exagerare jllius
acerbitatem. Ingens est numerus vere bonorum jn partibus Lutheri. Hos non
sine causa, vt ecquidem arbitror, capti et comites[7] atque nos ipsi jnuitarj mallemus quam repelli. Sed mittamus[a], quod scriptum est, et agamus de eo, quod
est scribendum.   10

Hic magnopere te oro, primum vt, cum excutias Ekij consilium[8], qui toto
libro nihil aliud quam accendere jn nos Cesarem atque nostrum exitium acce-
lerare studet, nullas humanas vires jactes, nihil vicissim miniteris aut etiam
diuines; satis sit diuinam opem obiecisse et quam preclare, jlla pijs contra
impios adesse soleat, exposuisse citra tamen significationem bellj. In eo   15
autem velim te diligentem esse, vt et Cesaris offitium, quantum ad defensio-
nem ecclesie et restituendam religionis vnitatem attinet[9], luculenter, modeste
tamen, describas et vestram erga imperium fidem jmperante Maximiliano ac
etiam postea jnsigniter declaratam commemores, tum auaritie et violentie

---

[a] *zuerst* mitamus.

[3]   *Fremde Hand:* ᵛ*Butzer — Vlricho Zuinglio*ᵛ.
[4]   Vermutlich wird hier auf den Brief vom 22. Juli 1530 Bezug genommen, in dem Bucer
an Zwingli schreibt: „Sed qui recte rem omnem perpendunt, tibi et haec facile condonant" (oben
Nr. 319, S. 163, Z. 11f.).
[5]   Gemeint ist Zwinglis Schrift *Fidei ratio,* 3. Juli 1530. Vgl. oben Nr. 319, S. 163,
Anm. 23.
[6]   Gemeint ist die *Confessio Tetrapolitana.* Vgl. oben Nr. 306, S. 120, Anm. 4.
[7]   Jakob Sturm und Mathis Pfarrer. Vgl. oben Nr. 169, S. 2, Anm. 9; Nr. 302, S. 113,
Anm. 15.
[8]   Johannes Eck: *Repulsio articulorum Zuuinglii Ces. Maiestati oblatorum [...],* 17. Juli
1530. Vgl. VD 16, Nr. E 417; KÖHLER, ZWINGLI UND LUTHER II, S. 212–219; RISCHAR, ECK,
S. 82–86, 88–108. Zwingli antwortete darauf am 27. August 1530, also wahrscheinlich vor Eintreffen des vorliegenden Briefes, mit der *Epistola de convitiis Eckii [...],* 27. August 1530
(ZWINGLI W. VI/3, Nr. 167, S. 231–291).
[9]   Vgl. das Reichstagsausschreiben Karls V. (FÖRSTEMANN, URKUNDENBUCH I, S. 7).

crimina[10], quorum passim vos jnfamant multi et magni, christiana mansuetudine depellas. Et vtinam, quicumque euangelium regni celorum profiten-
tur, sic se jn rebus huius seculi haberent, ne culpari possent [ob] cupiditatem
terrenorum! Nobis certe dictum est, duo miliaria eundum esse cum eo, qui
5 adigit ad vnum, tunicam cum pallio relinquendam, et alteram maxillam[b]
obuertendam [*vgl. Mt 5, 39–42 parr*]. Nec certe ad priuatos hec sic pertinent,
vt non et a rebus publicis ac principibus merito requirantur. Dici non potest,
ʼmi Zuingli, vt hoc nomine vos male audiatis, et Bernates, si quidem patrie
est. Vt [id] vindicari aliqua ratione potest, jta semper cauendum, ne male
10 audiat jn nobis nomen euangelij.

Porro quantum autem eucharistiam attinet, magnopere te obsecro, expendas apud te diligenter, num sit oportunum, quod hic scribo. Video non solum
multos priuatos, sed etiam totas ecclesias totasque regiones miserum jn
modum[c] ob hoc de eucharistia dissidium affligi, jnter se diuidi et tantum non
15 collabi. Cumque expendo, quid nam jn causa sit, vt nostra veritas [*S. 2b*]
ᶜbonisˀ tantum det damnj, tantum etiam cordatos exerceat, nec paucos sane
inter sincerissimos christianos a nobis alienet, video aliud nihil quam quod
jnfamamur, jn nostris cenis nihil nisi panem habere et vinum. Iam, qui reli-
giose verbis Dominj attendunt, vident plane, plus Dominum dedisse quam
20 panem, cum dixit: „Accipite, edite, hoc est corpus meum" [*Mt 26, 26 parr*].
Idemque profecto confirmant jllis et jlla Pauli: „Panis, quem frangimus" etc.
[*I Kor 10, 16*]; „reus erit corporis et sanguinis" [*I Kor 11, 27*], et: „non diiu-
dicans corpus Dominj" [*I Kor 11, 29*]. Tum omnium patrum concors de hoc
mysterio loquendi modus: Et si enim hi satis jndicent, panem et vinum jn se[d]
25 nihil nisi symbola esse atque corpus et sanguinem Christi tantum represen-
tare, attamen, dum spectarunt, quid jn animis virtus Christi gerat, quid vere
pij sentiant, quid experiantur, ipsum Christum presentem veramque nos
carnem eius et sanguinem percipere, constanter omnes adfirmant. Hinc
autem, cum multum adeo errorum secutum sit, prestaret sane loqui purius et
30 temperare ab angustioribus istis allegoriis, vnde imperitj errandi occasionem
acceperunt. Sed vt jn aliis rebus fatiendum est, jta et hic videtur sic istam
oportere Scyllam vitare, ne jncidamus in perniciosiorem Charybdim[11].
Nempe ne preter tam multorum ex asse christianorum alienationem, et tam
exitialem ecclesiae scissionem, etiam frigidiorem quam par sit vsum sacre

---

ᵇ *gestrichen* reliquendam. – ᶜ *gestrichen* vt. – ᵈ *gestrichen* h.

[10] Bucer spielt hier wohl auf den Umgang mit den Klostergütern in Zürich an. Vgl.
Körner, Réforme, S. 205–224; Schweizer, Klostergüter, S. 161–188.
[11] Skylla und Charybdis, zwei die Schiffahrt bedrohende Ungeheuer, vermutlich zu beiden
Seiten der Straße von Messina zwischen Kalabrien und Sizilien, in der Odyssee des Homer
(XII.) mythologischer Erklärungsversuch für Untiefen und Strudel. Vgl. Pauly, Realency-
clopädie 3, Sp. 1140; Pauly, Realencyclopädie 3 A, Sp. 647–655.

cene reddamus, vt hodie multis jlla non solum frigide celebratur, sed etiam plane negligitur. At non frustra hanc jnstituit Christus, et jndubie, vbi Christj spiritus vere obtinet, non minor erit jn nostris ceremoniis fervor, quam olim fuit Dauidj et sanctis aliis jn ceremoniis legis veteris. Iam Dauidj quoties arca federis ipsa Dei faties, ipse Dominus, ad quem, vt ceruus ad fontem   5 aquarum anhelabat,^e vocatur [*vgl. Ps 42, 2; II Sam 6, 4f., 12–17*]! Quoties jlli jnteresse sacris ceremoniis idem erat atque coram ipso Domino [*II Sam 6, 5, 16f.*] versarj! Certe res jngentis et mirifice energie est, sanctis jn sacro cetu tantum Christi benefitium nostrique redemptionem verbis et symbolis representarj. Atqui si jdem jn animis nostris, quod sancti jlli, patiamur, jdem   10 quoque loquemur. Paulus Corinthiis nihil nisi euangelion predicauerat [*vgl. I Kor 1, 17*], hoc est: Verbis Christi redemptionem credendam obtulerat, jdque tantum significando, quantum huius quidem ipsius erat [*I Kor 15, 13*]. Nihilominus tamen dum spectaret, quid Dominus effecisset apud jllos suo ministerio, ausus est scribere, se jllos genuisse viuam epistolam, digito Dei   15 jnscripsisse [*vgl. II Kor 3, 2f.*], Christo virginem despondisse [*II Kor 11, 2*]. Galathis Christum ob oculos crucifixit [*vgl. Gal 3, 1*], eosdem peperit et jterum parturiuit [*vgl. Gal 4, 19*] [*S. 3a*] propter fidem in Christum; non se jam, sed jn se Christum viuere [*vgl. Gal 2, 20*]; et nos esse carnem de carne eius, os de ossibus eius [*Eph 5, 30*] testatus est. Christus denique cum Patre   20 mansionem apud tales facit [*vgl. Joh 14, 23*], sic cum diuine litere loquantur et sancti tantum diuine virtutis experiantur, vt id nequeant satis exprimere, nisi ipsum Christum jn se habitantem [*vgl. Eph 3, 17*]^f, se ipsi jnsitos [*vgl. Röm 6, 5*] et membra eius factos [*vgl. I Kor 12, 27; Eph 5, 30*] glorientur. Hincque manauit, quicquid de presentia Christi jn cena sanctj patres locuti   25 sunt. Videtur plane satis cause, vt nihil jllorum temere reiitiamus, sed comode potius omnia jnterpretemur, atque jn loco usurpemus. Vtcumque sane Dominus in sermone jllo Ioann[is] 6° [*Joh 6, 50–58*] de fide jn se, non de symbolica sue manducationis, quam postea jnstituit [*vgl. Mt 26, 26 parr*], disputauerit[12]. Nihil tamen, et cum symbolicam jnstitueret, aliud quam   30 eandem jn se fidem excitare et prouehere voluit, eamque jn se non Deum solum, sed etiam, quo mediator noster est, hominem. Quod ipsum et Johannis 6° jn ea pericope egit [*vgl. Joh 6, 41–48*], cum offensis Judeis, quod sibi filio Ioseph (vt putabatur [*vgl. Lk 3, 23; Joh 6, 42*]) eoque homini, qui caro est et sanguis, tantum sumeret, panem celestem et viuificum se vocans   35 diceret: „Ego sum panis, qui de celo descendj; si quis ex pane edit, viuet in eternum; et panis, quem ego dabo, caro mea est, quam dabo pro mundi vita"

---

^e *gestrichen* vocabatur. – ^f *gestrichen* et.

[12]   Vgl. dazu Bucers Auslegung von Joh 6, 52 in der zweiten Ausgabe seines Evangelienkommentars von 1530 (BOL II, S. 253–255, 257–259, 263–272).

[*Joh 6, 51f.*]. Carnem jlli contemnebant; carnis ergo vtilitatem predicabat, adeo vt negaret, posse viuere, qui hanc non comedisset, hoc est, non hac vt hostia, qua redemptj sumus, fretus, de patris benevolentia certo confideret. Hinc jtaque factum, vt nemo omnium patrum cene negotio ea, que Dominus

5 apud Johann[em] disputauit, non admiscuerit, et cum hec tractaret, jllud quoque adhibuerit; et merito quidem. Cena siquidem, vbi rite agitur, redemptionis nostre mysterium non verbis tantum predicatur, sed et symbolis representatur. Nec auditur tantum et videtur, verum symbolorum quoque susceptione percipi gerique significatur; immo re ipsa jn^g animos percipitur et

10 geritur. Nihil itaque cena dominica diuinius est, quo externe quidem jnter christianos geri queat. Quid igitur mirum, quod augustius de hoc sacro verbis ecclesia semper locuta sit, et quod nos multi boni auersentur, dum audiunt^h, panis tantum et vini conuiuium pro Christi [*S. 3b*] cena offerre? Omnjno igitur nostri offitii fuerit, sic jnolitas circa hec superstitiones conuellere, vt

15 maiestatem tamen eorum non jmminuamus, sic ab elementis [*vgl. Kol 2, 8*] animos reuocare, vt non et ab ipso Christo contemplando deducantur, sic jmposturam jmpiorum in hijs sacris detegere, vt bonis tamen et piis nullam demus a nobis ad impostores resiliendj occasionem. Prestiterit sane, aliquousque veritati illos adducere, dum totam nondum possunt capere, quam

20 horridiore verborum cultu jllam offerendo efficere, vt propter nos ipsam perosi iam nihil nisi jmposturas ferant audire. Id quod certe innumeris iam vsu venit. Fateor id quidem potissimum deberi mendatiis aduersariorum, quibus jlli persuasi sunt nos nequaquam esse audiendos. Optarim tamen a nobis nihil vel dicj vel scribi, quo hostes suis mendatiis verisimilitudinem

25 jnducant. Hec apud me eo jam plus valent, quod videam, quam lucrosum sibi Sathan hoc nostrum dissidium fatiat. Neque enim obscurum est, vt jlle et Lutheranorum, qui certe jnnumeros jnter se bonos habent, authorita$^↓$te$^↓$ nostrj oppressionem querat et tantum non obtinuerit, quantum quidem ex ijs, que geri^i sinit Deus, secundum que nos solum et afficj et judicare consueuimus,

30 suspicari licet. Id vero vt opprimamur, et si nostra causa merito pro nihilo habeatur (quid enim glorie Dei jn nobis tam frigidis situm sit), non potest tamen mihi non summe dolere, tam luculentam hinc fidei jacturam expectari; haud enim obscure coniicj potest, que sit religionis puritas obtentura, dum videmus, apud quos sit futura rerum summa. Vidi et audiui Sathanam jnter

35 nos, qui euangelion profitemur, plane jd moliri et agere, quod tyranni solent, qui libertatis amantiores ciues a reliquis seiungere cum primis curant, quo jllis submotis his vt oscitantioribus libertatem facilius eripiant. Sic homines sumus, ut vbi abest crux, adest authoritas, adest vite huius comoditas, jmprudentibus nobis jnita obrepat socordia et detestabilis jnsolentia. An non igitur

---

^{g} *gestrichen* diuinius. – ^{h} *O* adiunt. – ^{i} *gestrichen* sunt.

bonorum et cordatorum ciuium sit, etiam jngratis se ciuibus adiungere, cedere [*S. 4a*] et deferre omnia, ne tyranno sua consilia procedant? Intelligis, quid velim. Mitto jam, quod ex nostro dissidio factum est, vt hic[13] et multis aliis jn locis nulla forsan[j] posthac ecclesia futura sit. Mitto, quod nuper fratres ex Galliis scripserunt[14]. Vix sperandum esse, vt vnquam, quamlibet gliscat, euangelion publicum apud eos jnuadat, dum steterit hec circa euchariam dissensio.

His jtaque consideratis, ea videtur via, quam et alias ostendit Oecolampadius[15] et nupero libello[16] expiditiorem[!] fecit, ad concordiam enitendum esse, nimirum vt et nos fateamur, in cena christianis Christum bene presentem et corpore et sanguine suo illos pascentem; certe in medio suorum est verus Deus, verus homo, quoties jn ipsius nomine conuenerint [*vgl. Mt 18, 20*]. Satisque habeamus, hoc anime et fidej proprium fecisse et negasse naturali ratione Christum e celis deuocarj panique includj. Lutherus jn sua confessione quodam in loco scribit[17], etiam si Christus sit jn vno celi loco, nihilominus dicj posse, eum per verbum et symbolum[k] exhiberj presentem. Et adducit exemplum de cristallo, jn quo nubecula vno jn loco consistens, quacumque in parte lapis jnspiciatur, jta presens apparet, ac si jn jlla, quo jnspicitur, fixa esset, vt quisque adspitientium demonstrata cristalli parte, quam ipse jntuetur, dicere queat: hic nubecula est. Ad hunc igitur modum cum loquatur, manifestum est, eum nullam, quam que verbo exhibetur et fide recipitur, Christi presentiam statuere; et si (vt solet) ex contentione absurda ˹multa˺ simul admisceat. Certe, patres si recipimus, jd, quod Oecolampadius ab jnitio fecit[18], fatendum est carnem Christi et sanguinem jn cena vere et realiter esse presentia, quamquam non naturaliter, sed, vt tu[l] loqui soles, ‚contemplatione fidej'[19] et, vt patres[20], ‚mystice' vel ‚in mysterio'. Iam hunc

---

[j] *gestrichen* posthac. – [k] *gestrichen* est. – [l] *O* te.

[13]   Zu den Vorgängen in Augsburg vgl. MAURER, ABENDMAHLSARTIKEL, S. 187–193.
[14]   Dieser Brief der Franzosen an Bucer konnte nicht mehr ermittelt werden. Er wird außerdem erwähnt in einem Brief Bucers an Luther vom 25. August 1530 (oben Nr. 328, S. 215, Z. 17). Im Schreiben Bucers an Landgraf Philipp von Hessen vom 25. August 1530 finden sich weitere Informationen über den Brief der Franzosen (unten Nr. 332, S. 240, Z. 18–28).
[15]   Johannes Oekolampad [Hensgen] (Weinsberg 1482 – 23. November 1531 Basel). Vgl. oben Nr. 271, S. 5, Anm. 6.
[16]   Johannes Oekolampad: *Quid de eucharistia veteres [...]*. Vgl. oben Nr. 299, S. 102, Anm. 11.
[17]   Vgl. Martin Luther: *Vom Abendmahl Christi, Bekenntnis*, 1528 (WA 26, S. 336, Z. 28 – S. 337, Z. 31).
[18]   Johannes Oekolampad: *De genuina verborum Christi [...]*. Vgl. BCor II, Nr. 101, S. 35, Anm. 10; Nr. 104, S. 40, Anm. 6.
[19]   Huldrych Zwingli: *Fidei ratio*, 3. Juli 1530 (ZWINGLI W. VI/2, Nr. 163, S. 806, Z. 6, 11).
[20]   Vgl. oben S. 222, Z. 23–28; Nr. 324, S. 196, Z. 1–4; Nr. 328, S. 215, Z. 3–16.

modum et Ekius recepit[21], vti videbis. Philippus[22] non alium statuit quam qui hijs sententiis expressus est[23]: „Christus habitat jn vobis" [*vgl. Eph 3, 17*]; „ero jn medio eorum" [*Mt 18, 20*]; „mansionem apud eum fatiemus" [*Joh 14, 23*]. Hinc fit, Deum testor, vt non videam, quenam sit jn re ipsa
5 controuersia; tantum [*S. 4b*] de vocibus, quibus mysterialis ista presentia[m] vocetur, conuenire hactenus non potuit, Luthero eo, quod putat, nos omnem Christi e cena presentiam tollere, sic loquente, vt visus sit crassam jllam vulgoque creditam presentiam affirmare. De humanitate Christi absurda multa Lutheranj scripserunt; sed hec missa faciunt, si Philippum audient, satisque
10 habebunt, nos Christum presentem fateri non jn pane, non pani vnitum[n], sed cum sacramento, jn cena, ‚nude (vt Crisostomus habet) anime‘, ‚pure mentj‘[24]. Cum jtaque hec omnia Oecolampadius dederit, vt omnino danda erant, nisi voluisset ferre aduersum nos testantem vniversam veterum ecclesiam, ac etiam presentibus quibusque optimis pureque christianis videri,
15 ipsis domini et Paulj verbis aduersari, magnopere te oro, obseruande Zuingli, rem totam, ablegata jnterim justa jndignatione jn aduersarios, lucj meridiane nulla adeo causa nebulas offundentes et multa preterea agentes jnhumaniter, tecum expendas atque cogites, non tam quid optandum sit, sed quid possit obtinerj jn presens. Non ignoras, quid Paulus piis ceremoniarum sectatori-
20 bus, tantum non contra euangelium suum, concesserit [*vgl. Gal 1, 6–9*], cum alias, tum suscepta purificatione Ierosolimis exigente id Jacobo [*vgl. Act 15, 1–32; 21, 15–26; Gal 2*]. Hic certe nec jn decretum illud Ierosolemitani concilij consensisset, si non maluisset quadamtenus progredj quam subsistere. Dilectio sane totius legis jmpletio est [*Röm 13, 10*]. Huius prima merito
25 cura habetur. Iam cum localem presentiam Lutherani non exigunt, Christum vnum celj locum occupare non jnfitiantur, sacramentum non nisi in vsu situm agnoscunt, externa omnia absque fide noxia esse fatentur[25], denique jngenue scribunt[26], sacramenta nihil quam excitare animum, omneque fidei

---

[m] *gestrichen* ista. – [n] *O* initum.

21 Vgl. oben Anm. 8.
22 Philipp Melanchthon [Schwarzerd]. Vgl. oben Nr. 273, S. 15, Anm. 27.
23 Gemeint ist Melanchthons Marburger Unionsformel. Vgl. BDS IV, S. 351.
24 Vgl. Johannes Chrysostomos: *De sacerdotio*, lib. 3, 4 (MPG 48, Sp. 642). Die Textstelle wird von Oekolampad in seiner Schrift *Quid de eucharistia veteres [...]*(f° 7r°/v°) verwendet; Bucer übernimmt das Zitat von Oekolampad in seine Abendmahlsartikel, die er, mit dem Begleitbrief, am 25. August 1530, an Luther schickt (vgl. oben Nr. 328, S. 215, Z. 2–5).
25 Vgl. Martin Luther: *Unterricht der Visitatoren an die Pfarrherrn im Kurfürstentum zu Sachsen [...]*, 1528 (WA 26, S. 217, Z. 10–18).
26 Artikel 13 der *Confessio Augustana, De usu sacramentorum*, auf den Bucer hier anspielt, bestimmte: „De usu sacramentorum docent, quod sacramenta instituta sint, non modo ut sint notae professionis inter homines, sed magis ut sint signa et testimonia voluntatis dei erga nos, ad excitandam et confirmandam fidem in his, qui utuntur, proposita" (BSLK, S. 68).

jncrementum spiritui Christi tribuunt, ita vt clare in Visitatione Saxonica Lutherus nuper° scripsit[27].

Hec cum jta se [*S. 5a*] habeant, digni sane videntur, si etiam nulla preter-ea causa vrgeret, sique tanta offendicula, non germanos solum nihil solici-tarent, vt quedam illis ad seruandam cum ipsis pacem condonemus, que 5 alioqui puriora vsurpare mallemus. Dices, si quid fuerit concessum, jacta-bunt victoriam et turbabunt jnfirmiores apud nos, suos jn errore fortius conti-nebunt. Primum, mi Zuingli, jmperitj tantum in sacris jnexcertitatj[!] hoc fatient. Alios meliora docebit sarta jn Domino concordia. Sunt namque, ne dubites, jnter eos multj et boni et graues. Deinde licebit nostros liberius de 10 his rebus jn sacris contionibus docere, modo scriptis paci seruiatur, quam-quam et his queat sic res exponj, vt quam minimum offendiculi detur nostris. Multum autem accedat momentj ad cognoscendam veritatem ijs, quos jlli modo ita sibj obnoxios tenent, vt nostra non legant. Restituta enim jnter nos concordia, et nostra sustinebunt legere. Postremo, vt omnino aliquid jnco- 15 modj expectandum sit apud jnfirmiores, sicut nihil fere ᵓuenariᵓ tam pruden-ter potest, quod jmperitioribus non det aliquid damnj; conferatur id vasto jlli mari offendiculorum, quo modo omnis ecclesia jnundatur et perditur. Sic jnter nos grassante hoc dissidio et mirabor, si non lucro, quisquis Christo rite studet, apositurus sit, aliquot dies nos non optime audire, alios encomia sibi 20 canere, jnfirmiusculos aliquot consternarj, modo dissidium istud pestilentis-simum finem accipiat. Etenimᴾ hoc Dominus dederit jntra vnum et alterum mensem, mederi facillime poterit his, quos eiusmodi concordia lesisse vide-bitur. Sic iam sentiunt, quotquot audire licuit, de hac re disserentes [*S. 5b*] bonos et cordatos[28]. Sic videtur exigere studium Christi, sic docere diuine 25 litere et apostolorum exempla. Hinc ergo passus sum adducj me, vt cum qui-busdam ecclesiastis, dein et cum Philippo[29] de hac jnter nos restituenda concordia agerem. Is cum satis comodum se exhibuisset ac jnuitasset, vt Luthero de eadem re scriberem[30], effecit, vt et Luthero et tibj meam jn his sententiam aperiendam duxerim. Papistarum forsan jmprobitas reddit jllos 30 nobis mitiores[31]. Tu jn meliorem partem omnia accipias; a veritate, quam

---

° *anstatt* ipse. – ᴾ *gestrichen* Cum.

27 Vgl. Martin Luther: *Unterricht der Visitatoren an die Pfarrherrn im Kurfürstentum zu Sachsen [...]*, 1528 (WA 26, S. 213, Z. 19 – S. 217, Z. 27).
28 Bucer spielt wohl auf Johannes Brenz (vgl. oben Nr. 313, S. 142, Anm. 4) und Urbanus Rhegius (vgl. oben Nr. 301, S. 109, Anm. 24) an.
29 Melanchthon. Vgl. oben Nr. 273, S. 15, Anm. 27.
30 Der Brief Bucers an Luther vom 25. August 1530. Vgl. oben Nr. 328, S. 212–219.
31 Die Gesandten Hessens, Lüneburgs und Nürnbergs hatten gegen die Nachgiebigkeit der lutherischen Vertreter im Sechserausschuß gegenüber der päpstlichen Seite protestiert und erwarteten das Scheitern der Verhandlungen. Vgl. CORRESPONDENZ STRASSBURG I, Nr. 786, S. 491f.; IMMENKÖTTER, EINHEIT, S. 51f.

professus sum propitio Christo, nunquam defitiam. Constanter quoque agam libereque id, quod res est, confitebor. Hoc solum jn presenti negotio efficere cupio, vt nos jnuicem rectius accipiamus et alter jn gratiam alterj quasdam loquendi formulas missas fatiat, quasdam vsurpet, quo tamen citra pietatis
5   jacturam mitti et vsurparj possint. Prouide, oro te per Christum, in responsione Eccij³², presentem esse et edj in mysterio Christum, tuum quoque facias, pugnareque cum tua sententia neges. Nam reuera naturalem tantum tu Christi presentiam oppugnastj. De his hactenus³³.

C Konstanz StA, Urk. z. Gesch. d. Ref., Fasc. 11 (1530-38), Nr. 1, S. 2a–5b. —
P E. Egli, Analecta Reformatoria I, S. 49–56; Zwingli Bw. V, Nr. 1082,
S. 82–89.

---

³² Huldrych Zwingli: *Epistola de convitiis Eckii [...]*, 27. August 1530 (vgl. oben Anm. 8): „Et nos numquam negavimus corpus Christi sacramentaliter ac in mysterio esse in coena, tum propter fidei contemplationem, tum propter symboli, ut diximus, totam actionem." (ZWINGLI W. VI/3, Nr. 167, S. 264, Z. 23 – S. 265, Z. 3).
³³ Der Schluß des Briefes fehlt. Jean Rott (ROTT, BUCER UND DIE SCHWEIZ, S. 476, Anm. 60) vermutet in Zwinglis Satz: „Quae de Regis conjuge deque A[ndrea] Doria nunciavi, ex Gallorum legatis nunciata acceperam, ni qui retulerunt, non fideliter reddiderint mandata" (vgl. unten Nr. 334, S. 255, Z. 5–7) eine Antwort auf diesen fehlenden Abschnitt.

330   [1530 August 25. Augsburg]¹. — [Bucer an die Prediger in Straßburg]²

Sur l'interdiction de vendre de la viande durant le Carême. Bucer suppose que l'on retient aussi Luther à la forteresse de Cobourg afin de laisser le champ libre à Philippe Mélanchthon et aux juristes Gregor Brück et Sebastian Heller. Exhortation à la prière pour l'Église. Par l'entremise d'Argula von Stauffen, Bucer a pu s'entretenir avec Mélanchthon sur la Cène, mais leur dialogue a achoppé sur les termes corporaliter *et* essentialiter. *Aussi*

---

¹ Der Brief ist nicht datiert. Von Kaspar Hedios Hand stammen aber folgende Anmerkungen: ^„*Abcopirt aus dem latein uff den 27. tag Augusti anno XXX*"^ (AMS, AA 425a, f° 8 r°) und „*Auß den briefen von Augspurg de dato 25. Augusti, uberantwort 27. Augusti Anno XXX*" (AMS, AA 425a, f° 8 v°). Der Brief Bucers war also ursprünglich in lateinischer Sprache abgefaßt (Original verloren). Hedio hat den Brief übersetzt, der am 25. August 1530 in Augsburg von Bucer geschrieben worden war. Die Unterstreichungen und Marginalien im Text (mit roter Tinte) stammen von der Hand Kaspar Hedios.
² Der Brief ist nicht unterzeichnet und enthält keine Adressenangabe. Aufgrund des Briefinhaltes kommen aber nur Bucer als Verfasser und die Straßburger Kollegen als Adressaten in Betracht.

Bucer a-t-il rédigé d'autres articles, qu'il leur adresse ; Bucer les a trans-
mis à Luther, à Zwingli et à Œcolampade. Johannes Eck a déclaré, à propos
d'une éventuelle concorde entre les évangéliques, qu'il leur préférait encore
les Turcs. La réponse à la Tétrapolitaine *continue de se faire attendre.*
Exhortation à prier pour Johann Schneidt, arrêté par les troupes impériales
comme séditieux. Pourvoi des paroisses de Dettwiller et de Dossenheim. Il
faut exhorter le Sénat et les Treize à leur écrire : Jacques Sturm et Mathis
Pfarrer désirent savoir si leur confession lui a plu. Bucer craint de devoir
quitter précipitamment Augsbourg.

Unterredung zwischen Philipp Melanchthon und den beiden sächsischen
Juristen Gregor Brück und Sebastian Heller. Aufruf zum Gebet für die
Kirche. Durch Vermittlung Argulas von Stauffen kam endlich ein Gespräch
mit Melanchthon über das Abendmahl zustande. Melanchthon hat sich
freundlich gezeigt; nach wiederholter Diskussion über die wahre Gegenwart
Christi im Abendmahl hat Bucer seine Artikel überarbeitet, die er ihnen
zusendet. Melanchthon will sie Luther schicken, dem Bucer — ebenso wie
Huldrych Zwingli und Johannes Oekolampad — geschrieben hat. Johannes
Eck hat geäußert, selbst die Türken seien ihm lieber als die Evangelischen.
Noch immer liegt keine Antwort auf die Confessio Tetrapolitana vor. Aufruf
zur Fürbitte für Johann Schneidt. Bitte, Dettweiler und Dossenheim mit Pre-
digern zu versehen. Bitte an den Rat, zügiger zu antworten. Bucer fürchtet,
aus Augsburg fliehen zu müssen.

³Auß dem Brief, der nit gantz kummen ist.
In der vasten⁴ zu verpieten, das fleisch nit offenbar⁵ verkauft werde, vnd
das die vast vmb der armen willen geteilt werde. Diß, sprechen sy,ᵃ habens
vmb fridens willen angenommen, nit damit Got zu dienen oder yemans
gwissen damit zu beschwern. O lieben bruder, mit dem reich des wider-   5
christs solte man etwas ernstlicher vnd strenger gehandlet haben. Ich mochte
auch wol des fleischs manglen vnd vil beschwerniß tuldenᵇ, wo diß dem
euangelio furderlich were, das die widerpart dem gemeinen man sust auch
das euangelion zuliesse. Philippo⁶ vndᶜ den zweyen juristen⁷ werden diße

---

ᵃ *gestrichen* haube[ns]. – ᵇ *gestrichen* zu. – ᶜ *mit Rotstift anstatt* ut.

³ *Fremde Hand:* ˂1530. Buceri schreiben aus Augspurg ahn seine mitprediger alhie˂.
⁴ *Hedio:* ˂Vast˂.
⁵ Nicht öffentlich.
⁶ Philipp Melanchthon [Schwarzerd]. Vgl. oben Nr. 273, S. 15, Anm. 27.
⁷ Der sächsische Kanzler Gregor Heinse, genannt Brück, und der brandenburgische
Kanzler Sebastian Heller. Zu Brück vgl. oben Nr. 320, S. 165, Anm. 2. Zu Heller vgl. NDB 30,
S. 28f.

ding alle zugemessen, welche im gesprech sint gewesen. Den guthertzigen
von den lutherischen[8] mißfallen diße ding uffs höchst. Es sint auch[d] sust
grosse leutt, die nit bewilligt haben, vnter welchen sint die jhenen, so den
Lantgrauen[9] verweßen.[e] Vil gutthertziger besorgen, das Luther[10], den dißes
5   gar ubel vertreüßt, nit gefenglich gehalten werde, damit er yn kein vnrug
mache. Bitten, lieben bruder, dan die kirch ist in notten!
    Was ich mit dem hern Bruck[11] gehandlet,[f] hat neutt mogen verfahen[12]. Zu
letst hat fraw Argula von Stauffen[13] bey Philippo erlangt ein stund zum gesprech, darzu er aber vormals bewilligt hat. Im gesprech hat er sich gar frunt-
10 lich bewyßen vnd sich vernugen lasszen[14], das ich bekant ym nachtmal die
warlich gegenwertikeit Christi vnd begert das wortlin corporaliter nit anderst
zu nemmen, dan in disem sprüch Pauli: „Die gotheit wonet leiplich[15] in
Christo" [Kol 2, 9]. Zuletst, als wir solten artickel begreiffen, wolt er mich
mit disem wortlin essentialiter[16], das ist wesenlich[17], vnd mit etlichen andern
15 vnruwig machen. Darumb hab ich andere artickel begriffen, welche ich uch
zuschick; dieselbigen hat er zugesagt Luthero zu schicken, welchem ich auch
geschriben hab[18]. Hab auch Zuinglio vnd Oecolampadio[19] geschriben[20]; dem

---

[d] gestrichen f. – [e] gestrichen Entlich. – [f] gestrichen haben.

[8]   Hedio: ⟨Es mißfallet Luthern⟩.
[9]   Landgraf Philipp von Hessen. Vgl. oben Nr. 270, S. 3, Anm. 3.
[10] Hedio: ⟨Luther in sorgen⟩.
[11] Gregor Brück. Vgl. Anm. 7. — Hedio: ⟨Saxisch Cantzler⟩.
[12] Hat nichts ausgerichtet, hat zu keinem Ergebnis geführt.
[13] Argula von Stauffen [Stauff], verheiratete von Grumbach (Burg Ernfels b. Beratzhausen
1492 – 1554 Zeilitzheim oder um 1565 Köfering b. Straubing). 1508 Hofdame der Erzherzogin
Kunigunde in München, 1516 Heirat mit dem Pfleger von Dietfurt, Friedrich von Grumbach.
Reges Interesse am Zeitgeschehen in ihrer näheren Umgebung und im Reich, 1523 bis 1524
Autorin zahlreicher Flugschriften. Briefwechsel mit bedeutenden Persönlichkeiten ihrer Zeit,
insbesondere auch während des Augsburger Reichstages 1530 mit Luther, den sie am 2. Juni
1530 auf der Veste Coburg besuchte. Vgl. HALBACH, ARGULA, insbes. S. 83–101; ZIMMERLI-
WITSCHI, FRAUEN, S. 90–103. Auf Vermittlung von Urbanus Rhegius, Gereon Sailer und Argula
von Stauffen kommen im August 1530 drei persönliche Gespräche Bucers mit Melanchthon zustande: Am 22. oder 23. August fordert Melanchthon Bucer auf, seine Abendmahlslehre schriftlich niederzulegen, um sie an Luther senden zu können. Die zweite Begegnung findet am 24.
August statt. Bucer legt Melanchthon den Entwurf seiner Abendmahlsartikel und den Begleitbrief an Luther vor (oben Nr. 327, S. 207–212). In der Nacht zum 25. August überarbeitet Bucer
die Artikel; nach einer weiteren Unterredung mit Melanchthon am 25. August schickt er sie am
selben Tag mit dem Begleitbrief an Luther (oben Nr. 328, S. 212–219). Vgl. CR II, Nr. 863,
Sp. 314f.; Nr. 864, Sp. 315f.; CORRESPONDENZ STRASSBURG I, Nr. 783, S. 488; FRIEDRICH, BUCER,
S. 71f.; KÖHLER, ZWINGLI UND LUTHER II, S. 220–226; ROTT, BUCER UND DIE SCHWEIZ, S. 464.
[14] Und sich zufrieden gezeigt.
[15] Hedio: ⟨Corporaliter leiplich⟩.
[16] Vgl. zu diesem Begriff Bucers Brief vom 27. August 1530 an Landgraf Philipp von
Hessen (unten Nr. 332, S. 237, Z. 23).
[17] Hedio: ⟨Essentialiter id est wesenlich⟩.
[18] Vgl. Bucers überarbeitete Abendmahlsartikel vom 24./25. August und sein Schreiben
an Luther vom 25. August 1530 (oben Nr. 328, S. 212–219).

wolts uffs furderlichest uberschicken vnd handlen mit ym, so uch bedunckt
diser radt auß Gott sein, das er auch sich nit beschwere in <u>der erkantniß des
Nicenischen Concilij</u>[21] zu bewilligen, welches er zu Marpurg willig was zu
thon.

Dem Eckio[22] hat der handel dermassen gefallen, das er uff hutt[23] eim kei- 5
serischen, der im sagt, wie das wir vnd die lutherischen ym sacrament vns
vereinigt, geantwort hat: „<u>Das weren böse nuwe mehr</u>[24]<u>, ey, das were der
teuffel selber! Der Turck köme mir vil lieber.</u>" Dannenher wir achten, sy den
handel dermassen angericht haben, das so sy mit den fursten friden möchten,
alle macht nachmals wider vns verwendten. 10

Vff hutt[25] solte vns widerumb antwort worden sein; weiß aber nit, was
gehindert hat.

Bitten fur Johannem Schneydt[26], pfarher zum heligen[!] creutz zu Augspurg, welcher[g], als er auß vnbedacht, doch gantz gutter meinung, etliche
burger verwarnet, das die keiserischen in der nacht, als der Heß[27] hinweg 15
geritten, züsamenlieffen[h], vom keiser, als einer, so uffrür gwölt erwecken,
gefangen worden ist. Got geb, das er nit behalten werde[28] biß nach dem fest
den obersten priestern zu uberantwortten [*vgl. Mt 26, 5*].

Wo die kirchen zu Detwyler[29] vnd Dossenheim[30] noch nit versehen[31],
verschaft, das den armen leutten geholffen werde. [*f° 5 v°*] 20

---

[g] *O* welchen. – [h] *mit Rotstift anstatt* verwarnet.

[19]   Johannes Oekolampad [Hensgen]. Vgl. oben Nr. 271, S. 5, Anm. 6.
[20]   Bucers Brief an Zwingli (oben Nr. 329, S. 220–228). Das Schreiben an Oekolampad
konnte nicht ermittelt werden.
[21]   Vgl. oben Nr. 327, S. 211, Anm. 34.
[22]   Johann[es] Eck. Vgl. oben Nr. 301, S. 108, Anm. 19. — *Hedio:* ⟨*Ecken hüpsche red*⟩.
[23]   Heute.
[24]   Böse neue Mär, schlechte Nachrichten.
[25]   Heute.
[26]   Johann Schneid[t] war 1530 Pfarrer der Kirche zum Heiligen Kreuz in Augsburg und
hegte Sympathien für die Täufer. Am Abend des 17. August 1530 wurde er auf kaiserlichen
Befehl verhaftet und im Vogelturm gefangengesetzt. Nach ergebnislosen Verhören unter der
Folter am 19. August wurde er am 23. August in das Gefängnis der Kaiserpfalz verlegt. Vgl.
ROTH, REFORMATIONSGESCHICHTE I, S. 128, 203, 242, 295–298, 311, 337–343, 352. —
Hedio:⟨*Johannes Schneydt*⟩.
[27]   Landgraf Philipp von Hessen. Vgl. oben Nr. 270, S. 3, Anm. 3; zu den Ereignissen vgl.
oben Nr. 322, S. 183, Anm. 18.
[28]   Am 21. September gelingt Johann Schneid — auf bis heute ungeklärtem Wege — die
Flucht aus dem Gefängnis der Kaiserpfalz. Vgl. ROTH, REFORMATIONSGESCHICHTE I, S. 340.
[29]   *Hedio:* ⟨*Pfarrer zu Detwyler*⟩.
[30]   Dettweiler und Dossenheim, zwei Dörfer des Amtes Herrenstein, seit Mitte des 15.
Jahrhunderts im Besitz der Stadt Straßburg.
[31]   Die Stadt Straßburg hatte seit 1525 regelmäßig Bonifacius Wolfhart (vgl. oben Nr. 274,
S. 18, Anm. 7) als Prediger nach Dossenheim entsandt, die Domherren von Neuweiler sandten
seit 1527 dorthin einen Kaplan. Dieser unterhielt in Dossenheim ein Verhältnis mit einer verhei-

Ermanen die hern³², das sy nit so lang verzyhen hieher zu schreiben³³. Es bekummert die theuren menner, welche hye in arbeit vndⁱ geuerlikeit sint³⁴, das ynen so langsam geschriben wurt³⁵.

Sy verwundern sich auch wie vnser bekantniß vnd der fursten eim ratt
5   gefallen habe.

Gewarsam³⁶ sollen wir schreiben³⁷, dan also sint wir hie, das wir kum yn eim monat werden uffbrechen³⁸, vnd warten doch alle stund, das wir entlauffen mussen.

AMS, AA 425a, f° 5 r°/v° (deutsche Übersetzung von K. Hedio). — C BMS, ms. 644, f° 119 r°/v° (A. Jung).

ⁱ *O nit.*

rateten Frau. Daraufhin kam der Straßburger Magistrat zur Auffassung, die Dossenheimer Untertanen dürften „nit so bösslich von den reissenden wölffen verfürt werden", und stellte den Kaplan vor die Alternative, „die von Dossenheim mit christlicher ordnung zuversehen" oder seine Stellung aufzugeben. Möglicherweise gab der vorliegende Brief den letzten Anstoß, eine Weisung des Straßburger Magistrates vom 25. Mai 1530, „mit den von Dettweiler und Dossenheim der Pfarr halben zu handeln", zu ratifizieren. Ende August 1530 wurde jedenfalls Jörg Biermann, unter Matthias Zell Helfer am Straßburger Münster, als Pfarrer nach Dossenheim entsandt. Die Bewohner des Dorfes Dettweiler hatten am 20. April 1525 dem Straßburger Magistrat schriftlich erklärt, die Messe abschaffen und der Stadt Straßburg allen schuldigen Gehorsam leisten zu wollen. Da jedoch Graf Philipp III. von Hanau das Pfarrbesetzungsrecht für Dettweiler innehatte und während der Bauernaufstände seine reformationsfreundliche Gesinnung gewandelt hatte, war zunächst an die Einrichtung einer evangelischen Pfarrei nicht zu denken. Zwar ging erst 1547, unter Philipp IV. von Hanau, das Besetzungsrecht für Dettweiler de jure auf Straßburg über, de facto aber schickte der Straßburger Magistrat bereits im Sommer 1530 Valentin Emmel als Pfarrer nach Dettweiler. Vgl. ADAM, ELSÄSSISCHE TERRITORIEN, S. 66–73; BORNERT, RÉFORME, S. 41, 188f., Anm. 99.
   ³² Gemeint sind der Rat und die Dreizehn (XIII) der Stadt Straßburg.
   ³³ *Hedio:* ᒥBald zu schreiben gon Augspurgᒧᐳ.
   ³⁴ Jakob Sturm und Mathis Pfarrer. Vgl. oben Nr. 269, S. 2, Anm. 9; Nr. 302, S. 113, Anm. 15.
   ³⁵ Der Straßburger Rat hatte zum letzten Mal am 7. August an die Gesandten in Augsburg, Jakob Sturm und Mathis Pfarrer, geschrieben. Die Dreizehn (XIII) hatten sich mit der Antwort auf einen Brief aus Augsburg vom 8. August bis zum 17. August Zeit gelassen. Vgl. CORRESPONDENZ STRASSBURG I, Nr. 777, S. 482; Nr. 782, S. 486f.
   ³⁶ Sorgsam, vorsichtig.
   ³⁷ *Hedio:* ᒥGwarsam zu schreibenᐳ.
   ³⁸ Bucer sollte tatsächlich noch fast vier Wochen in Augsburg bleiben; am 19. September 1530 reist er nach Coburg ab, um dort am 26. und 27. September Luther zu treffen. Vgl. unten Nr. 340, S. 282, Z. 1; FRIEDRICH, BUCER, S. 74f.

331 [1530 August 25. Augsburg]¹. — [Bucer an die Straßburger
Prediger]².

*Dieu décidera de l'issue de la Diète ; nous sommes ses instruments, qui
cherchons la paix plus que les papistes. Bucer craint la persécution et
déteste la guerre, mais le pire serait de concéder quelque chose de la pureté
de l'Évangile. Le prince-électeur Jean de Saxe, le Margave Georges de
Brandebourg-Ansbach, Nuremberg et d'autres villes sont du côté des Luthériens ; Ernst de Lünebourg et Philippe de Hesse ne se sont pas encore
décidé. Espoirs en Philippe de Hesse. La plupart des princes évangéliques
n'ont pas conservé la fermeté affichée lors de la lecture de la* Confutatio. *La*
Tétrapolitaine *n'a toujours pas reçu de réponse.*

*Alles liegt nun in Gottes Hand. Bucer lehnt Verfolgung und Krieg ab, will
aber nichts von der Reinheit des Evangeliums preisgeben. Kurfürst Johann I.
von Sachsen, Markgraf Georg von Brandenburg-Ansbach, Nürnberg und
andere Städte sind auf die altgläubige Seite zugegangen, Herzog Ernst von
Braunschweig-Lüneburg-Celle und Landgraf Philipp von Hessen haben sich
noch nicht entschieden. Noch immer liegt keine Antwort auf die Confessio
Tetrapolitana vor.*

Auß eim andern brief.

Der handel zeucht sich uff auß Gots schickung; darzu braucht Got mehr die
vnsern zum werckzeüg dan die vom gegenteil. Also suchen sy in alle weg
friden³ mit den papisten. Mir gefallet, das sy mißfallen haben ab vnrug. Es
ist aber sorg von notten, das auch alle ding zur eeren Gots dienstlich sint. Ich   5
bin^a nye mehr bekummert gwesen, <u>dan sorglicher ist Got</u>^b dan die menschen^c
zornig wider sich haben. Ich hab als wol als ein anderer abschuwens von ver-
volgung; krieg ist mir mehr dan einig ding verhasset. Doch so ist diß <u>das aller
schwörest: von der reynikeit des euangelij den finden Christi etwas nachzü-</u>

---

^a *gestrichen* y[e]. – ^b *gestrichen* zornig. – ^c *gestrichen* haben.

¹ Der Brief ist nicht datiert. Von Kaspar Hedios Hand stammen aber folgende Anmerkungen: ^„*Abcopirt aus dem latein uff den 27. tag Augusti anno XXX*"^ (AMS, AA 425a, f° 8 r°)
und „*Auß den briefen von Augspurg de dato 25. Augusti, uberantwort 27. Augusti Anno XXX*"
(AMS, AA 425a, f° 8 v°). Der Brief Bucers war also ursprünglich (wie der vorhergehende Brief,
oben Nr. 330, S. 228–232) in lateinischer Sprache abgefaßt (Original verloren). Hedio hat den
Brief übersetzt, der ebenfalls am 25. August 1530 in Augsburg von Bucer geschrieben worden
war. Die Unterstreichungen und Marginalien im Text (mit roter Tinte) stammen von der Hand
Kaspar Hedios.
² Der Brief ist nicht unterzeichnet und enthält keine Adressenangabe. Aufgrund des Briefinhaltes und des vorhergehenden Briefes (oben Nr. 330, S. 228–232) kommen aber nur Bucer
als Verfasser und die Straßburger Kollegen als Adressaten in Betracht.
³ *Hedio:* ᶜ*Frid*ᶜ.

geben[4]. Ich hoff, Christus soll mich verhutten, das ich deren ding keins thue, noch, so sy beschehen, dareyn bewillige. Dieweil aber der kurfurst von Saxen[5], Brandenburg[6], Nornberger[7] vnd andere stett dahin getretten sind, wer wurt dan bestendig pleyben? Leynenburg[8] setzt sich noch darwider; Heß[9] hat noch nit bewilligt. Was will aber entlich daruß werden? Wiewoll ich hoffe bessers vom Hessen. Ich hab nestmols[10] gesehen, als der keiser sein sententz gab, wie das yederman leichtlicher Christum bekanten, als ynen die weld den gantzen Christum gwolt entzücken[11], dan so man ynen nümmen[12] ein stuck nemmen will. Dan denzumal was nieman, der nit vil lieber das creitz Christi begert uff sich zü nemmen, dan diß gegenwertige gutter besitzen. Sobald man aber zu mitlen kummen ist, sind wenig die ynen selbs gleich sint. O Christe, hilff du vnserm vnglauben [Mk 9, 24][13]! Vnß ist noch kein antwort worden[14].

AMS, AA 425a, f° 8 r° (deutsche Übersetzung von K. Hedio). — C BMS, ms. 644, f° 121 r° (A. Jung).

---

4   *Hedio:* ᐸMittelᐳ.
5   Kurfürst Johann I. von Sachsen. Vgl. oben Nr. 298, S. 99, Anm. 8 — *Hedio:* ᐸSaxenᐳ.
6   Markgraf Georg von Brandenburg-Ansbach-Kulmbach. Vgl. oben Nr. 319, S. 161, Anm. 3. — Hedio: ᐸBrandenburgᐳ.
7   Die Nürnberger.
8   Lüneburg, d. h. Ernst der Bekenner, Herzog von Braunschweig–Lüneburg–Celle. Vgl. oben Nr. 306, S. 121, Anm. 16. — *Hedio:* ᐸLynenbürgᐳ.
9   Landgraf Philipp von Hessen. Vgl. oben Nr. 270, S. 3, Anm. 3.
10   Neulich, kürzlich.
11   Entreißen.
12   Nur.
13   *Hedio:* ᐸVngläubᐳ.
14   Zur erst am 25. Oktober gegebenen Antwort des Kaisers auf die *Confessio Tetrapolitana* vgl. oben Nr. 322, S. 184, Anm. 22.

332 1530 August 27. Augsburg. — Bucer an Landgraf Philipp von Hessen[1]

Bucer informe Philippe de Hesse, qui a montré jusqu'alors son zèle pour la cause évangélique, de son entrevue avec Brück, ainsi que de sa correspondance avec Mélanchthon et Luther. Après de longues négociations, il a obtenu un entretien avec Mélanchthon, qui lui a conseillé d'exposer par écrit ses positions sur la Cène, puis de les lui soumettre avant de les adresser à Luther. Ces articles ayant, à l'exception de points de détail, plu à Mélanchthon, Bucer s'est tourné vers Luther pour le prier de mettre un terme à une querelle de mots qui nuit à la diffusion de l'Évangile. Il faut s'en tenir à la présence réelle et pleine du Christ dans la Cène sans situer le corps localement dans le pain ; le vrai corps et le vrai sang du Christ sont présentés dans la Cène et saisis et reçus par l'âme par la foi seule. Bucer se fonde sur le Quid de eucharistia… d'Œcolampade, et se réfère aux Pères de l'Église et aux formules du symbole de Nicée relatives à la Cène — dont il envoie à Philippe de Hesse copie d'une traduction allemande. Bucer prie le Landgrave de lui indiquer ce qu'il faut faire de plus pour maintenir la paix chrétienne. Il rappelle que leurs dissensions ont blessé beaucoup d'Allemands, mais aussi de Français ; ces derniers les ont exhortés, au nom de la reine de Navarre, à faire cesser la discorde ; Bucer exprime l'espoir que François Ier promeuve l'Évangile, maintenant ses enfants retrouvés, et rappelle qu'on appelle désormais la Normandie "petite Allemagne". Bucer prie Philippe de prendre sa longue lettre en bonne part.

Landgraf Philipp von Hessen hat sich als ernsthafter Förderer der Einigungsbestrebungen im Abendmahlsstreit erwiesen, deshalb informiert ihn Bucer über die neuesten Entwicklungen. Er hat über den sächsischen Kanzler Gregor Brück Artikel zum Abendmahl an Philipp Melanchthon geschickt, dieser hat daraufhin Bucer auf gleichem Wege seine Artikel zum Abendmahl übersandt. Nach langen Vorverhandlungen kam endlich ein persönliches Gespräch mit Melanchthon zustande. Beide haben Abendmahlsartikel verfaßt; Bucer hat seine Artikel, damit sie auch für Zwingli und Oekolampad akzeptabel sind, geändert und mit einem Begleitschreiben Luther überbringen lassen. Er betont, daß auch die ,Unseren' eine besondere, ,geheimnisvolle' Gegenwart Christi im Abendmahl lehren. Bucer schickt dem Landgrafen eine deutsche Übersetzung der Abendmahlsformel der Synode von Nicäa, die sich aufgrund ihrer Formulierung für eine Einigung als hilfreich erweisen könnte. Er will alles versuchen, was der Förderung des christlichen Friedens dienen könnte. Die Abendmahlskontroverse

---

[1] Landgraf Philipp von Hessen. Vgl. oben Nr. 270, S. 3, Anm. 3.

schadet der evangelischen Sache in Frankreich. Die französischen Brüder bitten mit Nachdruck, den Abendmahlsstreit endlich beizulegen.

Durchleüchtiger, hochgeborner Fürst, gnediger Herr!

Ewrer fürstlichen Gnaden wünsche ich merung deß gaysts Cristj, mit erbiettung meines ganz vnderthenigen geflißnen diensts zuuor. Diewyl E[uer] f[ürstliche] G[naden] bisher mit so hohem ernst christennlichen frid
5 vnder vnns, die das haylig Euangelium predigen, gern gefürdert hette und jungst zuwegen gebracht, daß ich mit doctor Bricken[2] zu red kommen bin[3], hab ich gedacht, E[uer] f[ürstlichen] G[naden], was seydther in dieser sach gehanndelt, vnndertheniger mainung zuzeschreyben. Vnnd haltet sich sollichs allso:
10 Als ich doctor Bricken die red, so ich mit jme von dem gehabt, daß wir mit doctor Luther jn der substanntz deß hanndels vom sacrament ains sind, diewyl doch auch wir bekennen, Christus leyb vnd blut jm abenndtmal warlich zugegen sein vnd genossen werden, vff sein beger in schrifft gestelt vnnd jm, mayster Philippo[4] zu vbergeben, zugeschickt hab[5], sind mir durch
15 jn wider articel, von m[ayster] Philippo gesetzet, zugeschickt worden[6], wölcher sum dahin lenndet[7]: Diewyl ich mit Zwinglio vnnd Oecolampadio[8] bekenne, Christum dem leyb nach jm himmel sein vnd daselbig sein raum habe vnd kain leyb annders dann an ainem ort sein möge, so werde ich nit bekennen, daß Christus leyb warlich im abenndtmal zugegen seye. Darauff
20 ich geantwurt[9], daß wir Christum nicht anders jn himmel setzen [*Bl. 5b*] dann wie der haylig Augustin vnd andere vätter. So dann Philippus derhalb denselbigen nicht zugibt, das sy [die] ware gegenwürtigkayt deß Herren jm abenndtmal verleugnen, sölte er söllichs auch vns wider vnsere freye bekanntnuß nicht zumessen, dan wir gleych wie dise vätter bekennen, daß
25 der ware leyb Cristj jm abenndtmal warlich zugegen seye vnnd genossen werde.

---

2   Gregor Heinse, genannt Brück. Vgl. oben Nr. 320, S. 165, Anm. 2.
3   Landgraf Philipp von Hessen war es gelungen, ein Gespräch zwischen Bucer und Kanzler Gregor Brück zu arrangieren. Dieses Gespräch hat am Abend des 22. Juli oder am 23. Juli 1530 stattgefunden. In dem Gespräch bat Brück Bucer um eine schriftliche Darlegung seiner Abendmahlslehre, um sie Melanchthon übergeben zu können. Vgl. ebd. Nr. 320, S. 165, Anm. 1; CORRESPONDENZ STRASSBURG I, Nr. 783, S. 488, Anm. 1; FRIEDRICH, BUCER, S. 70.
4   Philipp Melanchthon. Vgl. oben Nr. 273, S. 15, Anm. 27.
5   Bucers Brief an Brück vom 23. oder 24. Juli 1530 (oben Nr. 320, S. 165–176).
6   Brücks Brief an Bucer vom ca. 15. August 1530 mit den beigelegten Artikeln Melanchthons (oben Nr. 325, S. 198–201).
7   Dahin neigt, dazu tendiert.
8   Johannes Oekolampad [Hensgen]. Vgl. oben Nr. 271, S. 5, Anm. 6.
9   Bucers Brief an Brück vom 16. oder 17. August 1530 (oben Nr. 326, S. 201–207).

Vff söllichs, wiewol ich abermal vmb ain munntlich gesprech mit jm, m[ayster] Philippo, zehalten gebetten[10], ist mir doch kain antwurt widerfahren bis vber ettlich tag; haben anndere leut souil bei jme geschaffet[11], das er gesagt, ich sölle zu jm kommen, so ich wölle. Das ich an statt[12] gethan, vnd haben alsbald ainander vnser mainung dermassen berichtet, daß yeder am 5 anndern ain vernugen gehabt[13] vnnd er mir sagte, jch sölte an doctor Martin Luther sollich mein mainung in schrifft stellen, die wölte er dann besehen vnnd mit schreyben, wölchs er mich auch wölte vor sehenn lassen, vnnd solte alle solliche hanndlung unvergriffennlich[14] sein. Darauf hab ich an doctor Luther geschriben[15] vnnd dasselbig m[ayster] Philippum besehen 10 lassen, wöllichs er wol nit verwarff, sagte aber, wir wöllenn die sach jn proposiciones stellen, wölchs er auch alsbald thet[16]. Derselbigen proposicionen hett ich mich für mein [Bl. 6a] person nit beschweret[17]. Diewyl ich aber muste Zwinglj vnnd Oecolampadio sy zuschicken[18] vnnd jn jnen nicht ausgedruckt was, vff wölliche weys der leyb Christj jm abenndtmal zugegen 15 gehabt vnnd empfanngen würt, nemlich nur von der seel durch den glauben, ob jm gleychwol auch das leyblich hanndlen vnnd essen, wölchs sich am brot enndet, von wegen der sacramentlichen ainigkayt mit dem brot zugeben wirt, wie doctor Luther jn seiner bekanntnuß selber schreybet[19], so hab ich anndere proposiciones gestellet[20], in wöllichen ich auch dises austrucke, 20 doch dasselbig mit kainenn anndern worten, dann deren sich der haylig Cyrillus[21], Chrisostomus[22] vnnd anndere vätter gebrauchen; vnnd seydtenmal[23] sich die vnnsern vilicht auch der wörtlin essentialiter vnnd realiter, das ist wesenntlich[24], möchtenn beschweren, darumb daß der gemain mann

---

[10] Vgl. Bucers Brief an Ambrosius Blaurer von 14. August 1530 (oben Nr. 324, S. 195, Z. 6f.).
[11] Argula von Stauffen (vgl. oben Nr. 330, S. 230, Anm. 13), Urbanus Rhegius (vgl. oben Nr. 301, S. 109, Anm. 24) und Gereon Sailer (vgl. ebd., S. 106, Anm. 1).
[12] Sogleich.
[13] Jeder mit dem anderen zufrieden war.
[14] Sinngemäß: ohne dem Urteil des anderen vorgreifen zu wollen.
[15] Bucers erster Brief an Luther (nicht abgesandt) vom 22. oder 23. August 1530 (oben Nr. 327, S. 207–212).
[16] Melanchthons Artikel (oben Nr. 328, S. 217, Anm. 25).
[17] An diesen Artikeln hätte ich, was meine Person betrifft, keinen Anstoß genommen.
[18] Bucers Brief an Zwingli vom 25. August 1530 (oben Nr. 329, S. 220–228). Das Schreiben an Oekolampad konnte nicht ermittelt werden.
[19] Vgl. Martin Luther: *Vom Abendmahl Christi, Bekenntnis*, 1528 (WA 26, S. 442, Z. 20–25, 32–38).
[20] Bucers Artikel (oben Nr. 328, S. 217, Z. 13 – S. 219, Z. 12, im Anhang).
[21] Cyrill von Alexandrien: *Apologeticus pro XII capitibus contra Orientales*, XI, 193 (MPG 76, Sp. 376). Vgl. ROTT, BUCER UND DIE SCHWEIZ, S. 472, Anm. 45.
[22] Johannes Chrysostomos: *De sacerdotio*, lib. 3, 4 (MPG 48, Sp. 642). Vgl. ROTT, BUCER UND DIE SCHWEIZ, S. 472, Anm. 45.
[23] Sintemal, da.
[24] Vgl. Bucers Brief an die Prediger in Straßburg vom 25. August 1530 (oben Nr. 330, S. 230, Z. 14).

yemer ettwas gröbers durch dieselbigen verstan will, dann doctor Luther selb
leret, hab ich an jr statt gesetzet „vere et re ipsa", das ist „warlich vnnd selb-
lich", wölche mit jhenen eben ain teutung habenn[25]. Dise meine proposiciones hat m[ayster] Philippus jm gefallenn lassen vnnd bekennet, das sie
5 eben den synn, wölchen er jn die seinen verfasset, gebennd. Allein in der
sechsten proposicion, als ich vff dise wort „doch diß [Bl. 6b] nit raumlich,
sonnder vff weys, die diesem sacrament aygen ist" gesetzt hab[a]: „wölche
weys stat jn den worten, aber so jnen geglaubet", vnnd „sacramenten, aber
so die mit glauben empfanngen werden"[26], ließ er mich söllich erklärung der
10 sacramentlichen weys austhun[27], wölchs ich jm bewilliget, diewyl doch solliche erklerung jn der fünfften proposicion genugsam gesetzet ist[28].
     Also hab ich demnach an doctor M[artin] Luther ain anndere schrifft ge-
stellet[29], jn deren ich ˩jn˩ gar geflissen bitte, diewyl ich annderß nit befinden
könndte, dann das wir jn der substanntz des hanndels ains seyen vnnd aller
15 spann sich nur ob den worten haltet, nemlich: wie doch die gegenwürtigkayt
Cristj jm abenndtmal, die wir zu beyden taylen gleych bekennen, zu nennen
seye: leyblich oder gaystlich, das er sich wölte, zu fürderen den lauff deß
hayligen Euanngely, so güttig finden lassen, daß wir vnns auch der worten
halb vergleychen vnnd zu ainem satten friden jm Herren kommen möchten.
20 Dasselbig, achtet ich, sölte vff dise weys fugclich geschehen, das wir vnns
sollicher wort verainbarten, wölche die warhafftige vnnd satte gegenwürtigkayt Cristj jm abenndtmal gnugsam austruckten vnnd doch nicht lauteten, als
ob sy vß dem leyb Christj vnd brot natürlicher weys ain ding macheten oder
den leyb [Bl. 7a] ins brot raumlich setzeten, sonnder geben zuuerstohn, das
25 der ware leyb vnnd wares blut Christj mit den worten vnd sacramenten brots
vnnd weyns dargestellet vnnd gerayched vnnd von der seel alein durch den
glaubenn gefasset vnnd empfangen werden[30]. Dann es hat die vnseren bisher
jn d[octor] M[artin] Luthers schreyben nichtzit so hoch geirrt, als das sy ver-

---

[a] O hat.

[25] Die deutsche Übersetzung seiner Artikel hat Bucer dem Landgrafen mitgesandt. Vgl.
NEUDECKER, URKUNDEN, S. 156f.
[26] Bucers Artikel (oben Anm. 20).
[27] Tilgen.
[28] Vgl. ebd., S. 218, Z. 10–17.
[29] Bucers Brief an Luther vom 25. August 1530 (oben Nr. 328, S. 212–217).
[30] Vgl. dazu im Artikel *Von dem Sacramente des leybs vnd bluets Christi* der Ersten
Fassung (Handschrift B) der *Confessio Tetrapolitana*: „Dem nach aber schreibt er [Johannes
Chrysostomos] gar vyl, vß welchem guett zusehen, das er alles diß essen vnnd nyessen Christi
der seele zugeeygnet hat. Dann freylich, So er alß bald her naher setzet: ‚Daß bluet machet, das
die khöniglich bildnuß in vns bluee, Diß pluet leset die schöne vnnd den Adel der seelen,
Welche sy dann sättigs feuchtet vnnd neret, nymmermeer Abnemen', vnd vyl der gleychen
[…]" (BDS III, S. 132, Z. 26–31).

mainet, vß seinen worten vollge, das der leyb Christj natürlich mit dem brot
verainiget oder aber jns brot raumlich eingeschlossen werde, allso das, wer
dasselbig esse, Christum esse, was er joch[31] glaubet, vß wöl[c]hem dann die
papisten alle jre abergläubische mißbreuch, die sy bey disem hayligen sacrament eingefüret, gezogen haben. So wirt auch diß vß d[octor] Luthers   5
schrifften clarlich gesehen, das jn an den vnnsern zum fürnembsten verletzet
hat, daß er achtet, sy halten nichts im abenndtmal sein, dann nur eyttel brot
vnnd wein, vnnd bekennen da kain ander essen Cristj fürgeben werden, dann
das gemain gaystlich essen[32], wölliches wir auch on diß sacrament haben jm
glauben an Christum. Nun bekennen aber die vnnsern, vnnd hat diß Oeco-   10
lampadius jn seinem Dialogo[33], jungst zu latein jm druck ausganngen, jn
wölchem er der alten sprüch von dieser sachen fürtregt, gar hell vnnd [Bl. 7b]
mit vil schonen klaren worten ausgedruckt, das jm nachtmal etwas wyters ist,
da dann Christus sonderer weys, wölche die alten nennen jn mysterio[34], das
ist jn gehaymnuß, sein leyb vnnd blut seinen jungern durch seine wort vnnd   15
die sacramenten darraychet, daher die seel crefftigclich gespeyset, jm
glauben vnnd ganzen christennlichen lebenn gestercket werde.

Nun ist vorhanden ain beschluß oder satzung, die sach betreffend, deß
großen Concily Niceni, wölche ich E[uer] f[ürstlichen] G[naden] — ⟨samt
den articeln an doctor M[artin] Luther vberschickt⟨ — verteutschet hiermit   20
vberschick[35]. In dieselbige hette sich Oecolampadius auch zu Marpurg gern
verglichen. Seydtenmal dann dise satzung allso steet, das sy bayde, die ware
gegenwürtigkayt Christj jm abenndtmal vnnd auch, daß der leyb vnnd das
blut Christj alain von der seel empfangen werde, mit gar claren worten
bekennet vnnd sie m[ayster] Philippus als wol gesetzet gegen mir bekennet   25
vnnd gelobet hat, hab ich d[octor] Martinum Luther jn meinem schreyben
gebetten[36], er wölle sich an sollicher bekanntnuß auch benügen lassen, so
wer ich der hoffnung, es sölten jn sölliche bewilligen alle kirchen, so jn der
Eydtgnosschafft vnnd am Reyn sind, deren etwauil vnnd an leuten reych
sind. Sollich mein [Bl. 8a] schreybenn vnd articul hat m[ayster] Philippus,   30

---

31   Auch immer.
32   Vgl. z. B. Huldrych Zwingli: *Fidei ratio*, 3. Juli 1530 (ZWINGLI W. VI/2, Nr. 163,
S. 809, Z. 20).
33   Johannes Oekolampad: *Quid de eucharistia veteres [...].* Vgl. oben Nr. 299, S. 102,
Anm. 11.
34   Zu Bucers Gebrauch des Wortes ‚mysterium' vgl. oben Nr. 324, S. 196, Z. 1–4;
Nr. 328, S. 215, Z. 3–16; Nr. 329, S. 222, Z. 23–28.
35   Oekolampad hat die Abendmahlsformel der Synode von Nicäa 325 in deutscher
Sprache (ebenso in griechischer Sprache) in seiner Schrift *Quid de eucharistia veteres [...]*
abgedruckt (f° 4 r°). Zur Formel vgl. oben Nr. 327, S. 211, Anm. 34; NEUDECKER, URKUNDEN,
S. 157.
36   Im Brief vom 25. August 1530 (oben Nr. 328, S. 216, Z. 16–18).

doctor M[artin] Luther sampt seinem schreyben zu vberschicken, angenommen vnnd, als ich hoff, doctor Vrbano[37], der vff freytag nechst verschinen[38]
von hinnen verritten, jme zu vberanntwurten beuolhen, wöllicher mir auch
zugesagt, für sich selb das best zur sach zereden. Dann auch er meiner
5 bekantnuß gennzlich vergnugt ist. Got geb nun, was er wayst, das zu seinen
eeren dienstlich sein wirt.

   Also haltet sich, was in diser sachen, seydtdem E[uer] f[ürstliche]
G[naden] mir zu doctor Bricken verholffen, gehanndelt ist, wölliches ich
E[uer] f[ürstlichen] G[naden] vnndertheniger mainung hab wollen zuschrey-
10 ben, ob sy vilicht aus dem vernemen möcht, was vnns zu fürdernuß chris-
tennlichs fridenns weyters zethun sey; dann wir alles, das mit Gott yemer
möglich, vnnsers tayls gern an die hannd nemen welten, damit dise so grau-
samme ergernuß abgestellet wurde. Es soll vnns ye billich bekümberen, das
souil tausent nicht alein in teutscher nacion, sonnder auch jn Frannckreych,
15 die ware kinder Gottes sind, diser vnnser Spaltung halb gar schwerlich verletzet werden; vnnd besonnder yetz jn Frannckreych wirt der lauff deß hayligen Evanngely kaum yergent [Bl. 8b] mit so gewaltig verhindert. Darumb
vns daselbsther die brüder jn kurzem gar ernnstlich geschriben[39] vnnd vß
beuelh der christennlichen Kunigin von Nauarren[40] getrewlich ermanet, das
20 wir nichts vnnderlassen sölten, damit diser span möchte hingelegt vnnd den
widersächern der warhayt diß schwert, wir seyen der sach selb nit ains,
genommen werde. Dann sy genntzlich hoffen, wo das geschehe, es sölte dem
Euanngelio, das gar herrlich bey jnen herfür breche, grosse fürdernuß geben;
dann der Künig sich nunmer, so er die kinder wider hette[41], deß Kaysers
25 vnnd Bapsts nit so hoch als bisher enntsetzen werde; so fallen auch täglich
der warhayt zu vil herren vnnd anndere gute leut, vnnd zu Normanndy hat in
ainer gegend die warhayt allso eingerissen, das man sy klain Almanien
haybt[42].

   E[uer] f[ürstliche] G[naden] wölle mein lang schreyben gnädiglich ver-
30 stohn, die der Allmechtig zu fürganng seins hayligen worts lang friste[43] vnnd
glücklich beware, deren ich mich vffs vnndertheniget beger beuolhen zu
sein.

---

37 Urbanus Rhegius [Rieger]. Vgl. oben Nr. 301, S. 109, Anm. 24.
38 Am letzten Freitag, d. h. am 26. August 1530.
39 Dieser Brief der Brüder in Frankreich an Bucer ist verloren. Er wird auch erwähnt in
den Briefen Bucers an Luther vom 25. August 1530 (oben Nr. 328, S. 215, Z. 17) und an
Zwingli vom gleichen Tag (oben Nr. 329, S. 225, Z. 4f.).
40 Margarethe von Alençon, Schwester König Franz' I., Königin von Navarra. Vgl. oben
Nr. 328, S. 216, Anm. 19.
41 Zu den Söhnen des französischen Königs Franz I. vgl. ebd., S. 216, Anm. 18.
42 Vgl. ebd., S. 216, Z. 4f.
43 Bewahre, beschütze.

Datum Augustę, 27 Augustj Anno D[omini] 30°.

Ew[e]r f[ürstlichen] Gn[aden] vndertheniger Martin Butzer, prediger zu Straßburg.

O (Abschrift eines Sekretärs) Marburg SA, Politisches Archiv 2923, Bl. 5a–8b; K (mit Korrekturen von Bucer) AST 174 (Var. eccl. IX), Nr. 10, f° 107a–112b. — P Kuchenbecker, Analecta Hassiaca, Coll. X, S. 412–417; Neudecker, Urkunden, Nr. 61, S. 155–158; Philipp von Hessen Bw. I, Nr. 6, S. 21–25.

333   [1530][1] August 29. Augsburg. — [Bucer][2] an Ambrosius Blaurer[3] und Johannes Zwick[4]

Bucer a reçu la lettre de Blaurer du 24 août, qui lui apprend que Zwingli a pris connaissance de sa missive du 14 août. Notre salut est fondé sur le Christ, et non pas sur les succès ou les malheurs du monde ; expressions de confiance en Dieu, malgré la tiédeur des siens : Bucer concède que jusqu'à présent, dans les négociations avec les partisans de la foi traditionnelle, leur partie a défendu sa cause trop mollement. Parmi les sujets de controverse sur lesquels on ne s'est pas accordé, on trouve notamment la justification par la foi seule, la communion sous les deux espèces, la messe et les céré-monies qui y sont liées, le mariage des prêtres, le monachisme, l'autorité de l'Église et la confession de foi ; Bucer expose les exigences de la partie adverse sur ces questions, ainsi que les réponses des évangéliques : les membres de la commission des quatorze s'en tiennent aux affirmations de la Confession d'Augsbourg, et refusent tout compromis. Les ambiguïtés sont trop nombreuses pour que, comme l'a proposé Mélanchthon, chacun s'en aille en paix. Afin de poursuivre la discussion, a été constituée une commis-sion de six personnes (Johannes Eck, Johann Maier von Eck et Hieronymus Vehus pour la partie adverse ; Philippe Mélanchthon, Gregor Brück et Sébastien Heller pour les évangéliques), dont les premiers résultats ont enflammé l'Empereur de colère. Invitation à invoquer l'aide de Dieu. La réponse à la Tétrapolitaine se fait toujours attendre. Expressions dévelop-

---

[1] Die Jahreszahl fehlt. Aufgrund der Zusammenhänge mit dem Augsburger Reichstag handelt es sich aber eindeutig um das Jahr 1530.

[2] Der Brief ist nicht unterzeichnet. Aufgrund der Handschrift und der Sachzusam-menhänge kommt aber nur Bucer als Absender in Betracht.

[3] Ambrosius Blaurer [Blarer]. Vgl. oben Nr. 273, S. 9, Anm. 3.

[4] Johannes Zwick. Vgl. oben Nr. 272, S. 7, Anm. 1.

pées de confiance en Dieu. Toute la querelle relative à la Cène tourne autour de la présence et de la manducation mystiques du Christ dans la Cène ; Bucer résume les positions de Luther et d'Œcolampade. Il attend une réponse développée. Salutations aux frères de Constance, à Thomas Blaurer et à Konrad Zwick.

Bucer hat den Brief Blaurers [vom 24. August] erhalten und darin erfahren, daß sein Brief [vom 14. August] Huldrych Zwingli überbracht wurde. Das Heil liegt nicht in den Dingen der Welt, sondern ist allein in Christus begründet. Bucer beklagt, daß seine Seite ihre Anliegen bislang nicht energisch genug verteidigt hat, besonders in der Frage der Rechtfertigung allein durch den Glauben. Das Abendmahl in beiderlei Gestalt, die Messe, die Priesterehe, das Mönchtum, die Zeremonien, die Amtsgewalt der Kirche und die Beichte sind noch ungeklärte Streitpunkte. Die evangelischen Mitglieder des Viezehnerausschusses beharren auf den Artikeln der Confessio Augustana. Die Ergebnisse des Ausschusses sind so doppeldeutig, daß dem Wunsch seines Vorsitzenden Melanchthon, im Frieden auseinanderzugehen, nicht nachgegeben werden kann, ist doch in der Sache Christi wahrhaftig und eindeutig zu verfahren. Der Antichrist kann nicht genug an Zugeständnissen haben. Zur weiteren Beratung wurde ein Sechserausschuß gebildet, der aber vergeblich tagte; Melanchthon hätte die Seinen fast zum Nachgeben in der Meßfrage verführt. Doch haben die anderen auf eine Antwort gedrungen, die — gegenüber den Konzessionen im Vierzehnerausschuß — keine weiteren Zugeständnisse mehr machte und deshalb den Kaiser sehr erzürnte. Noch immer liegt keine Antwort auf die Confessio Tetrapolitana vor. Aufruf zur Hoffnung, zum Gebet und zur Festigkeit im Glauben und Bekennen. Dann wird sich Christus in ,uns' als Sieger über Welt und Satan erweisen. Eigentlich geht es bei allem Streit nur um die mystische Gegenwart Christi im Abendmahl. Bitte um ausführliche Antwort. Grüße an die Brüder in Konstanz, Thomas Blaurer und Konrad Zwick.

⁵Gratia Domini!

Literas tuas die Bartolomęiᵃ datas⁶ heri accępi⁷. Gaud[eo] quae scripsi⁸ perlata esse⁹ ad Gratianum¹⁰ nostrum. Historiae quam deᵇ Ἀνθεία¹¹ affinia

---

ᵃ *O* Barptolomęi. – ᵇ *gestrichen* Anthea.

5 K. Hubert: ⸀29. Augustj. Notanda⸌.
6 Vom 24. August 1530.
7 Dieser Brief Ambrosius Blaurers ist verloren.
8 Bucers Brief an Ambrosius Blaurer vom 14. August 1530 (oben Nr. 326, S. 201–207).
9 Am 18. August 1530 schreibt Ambrosius Blaurer an Huldrych Zwingli: „Mitto nunc eam epistolam, quam heri Bucerus ad me misit" (ZWINGLI Bw. V, Nr. 1078, S. 71, Z. 2).
10 Dem Huldreichen, also Huldrych Zwingli.

hic[12], at non eadem nunciata sunt. Vellem (quidem ⸂... stringen ...) [...] stare non adeo [...]ᶻ ᶜ. Nostra salus a Christo pendet, non a mundi uel successu uel calamitate. Parergorum loco, vt etiam in his Dominj consilia admiremur, nunciari forsan conueniat, at maiore videntur affectu, quam par sit, etᵈ recipi et narrari, ita vt grauitatem solitam nonunquam desideres, dum   5
admodum vanis rumusculis fides habetur[13]. Sed puto sic releuare conatur, quos inanibus laruis plus aequo consternari existimat. Nos autem pridem in hac senten[tia] sumus nullum nobis in mundo locum futurum, nisi miracu[lo]ᵉ seruet Deus; seruaturum autem huncᶠ, quantum satis erit ad gloriam suam illustrandam, quam mundo non cedet, ⸂haud dubitamus.⸃   10
Reliqua securus sum, vnumque hoc mihi precor, ne meo vspiam officio desim. Et video certe clementius Dominum nobis adesse, quam nostra merebatur frigiditas.

A nostris enim parum fortiter res[14] administrata est[15]. Lectos nostj vtrimque <u>septem viros</u>[16]. In horum colloquio effecit quidam[17], vt permulta   15
nostri adversarijs cesserint. Ex „sola fide iustificamur" ‚sola' cecidit[18]; sanctos, ⸂qui⸃ in alio seculo degunt, et angelos orare pro nobis concess[um] est; inuocare tamen eos periculosum esse, ut in scripturis non traditum retinuerunt[19]. Sic de libero arbitrio et alijs [f° 1 v°] quibusdam dogmatis lusum est. Quid enim aliud vocem: querere vt imponatur specie concordiae istis   20
versipellibus, qui nos irretiunt, dum nobis videmur ipsos capere. De com-

---

ᶜ *unleserliche Textpassage.* – ᵈ *gestrichen* rep. – ᵉ *gestrichen* nos. – ᶠ *gestrichen* quotqu[ot].

[11]   In der Homerischen Ilias wird „die zwischen hohen Wiesen gelegene Antheia" als eine der Städte genannt, die Agamemnon dem Achilleus als Sühne geben will; nach dieser Ankündigung fliehen die Bewohner ins messinische Exil. Vgl. Rupé, Homer, Ilias IX, 151, 293; Hitzig/Blümner, Pausanias IV, 31, 1; Aly, Strabon VIII, 360.
[12]   Bucer bezieht an dieser Stelle die Vorgänge von Antheia wahrscheinlich auf Florenz. Es handelt sich wohl um die noch unbekannte Nachricht von der Eroberung der Stadt durch die kaiserlichen Truppen.
[13]   Gemeint sind wohl Gerüchte über die Verhandlungen im Sechserausschuß (23. bis 28. August 1530), insbesondere über den letzten Tag, 28. August 1530, an dem die Antwort der evangelischen Ausschußmitglieder an die Gegenseite verlesen wurde. Vgl. Urkundenbuch Augsburg 1530 II, S. 306–310.
[14]   Die Verhandlungen im Vierzehnerausschuß, der vom 14. bis 22. August 1530 tagte. Vgl. Becker, Verhandlungen, S. 133–143, 152; Honée, Berichte, S. 263–267; Müller, Anhänger, S. 243–257; Tiepolo, Depeschen, S. 67–70; Urkundenbuch Augsburg 1530 II, S. 219–248.
[15]   K. Hubert: ⸂Aduersarijs plus datum conqueritur⸃.
[16]   Der Vierzehnerausschuß setzte sich aus sieben Vertretern der Altgläubigen und sieben Vertretern der Evangelischen zusammen. Jede Gruppe bestand aus zwei Fürsten, zwei Juristen und drei Theologen. Vgl. Tiepolo, Depeschen, S. 67–70; Urkundenbuch Augsburg 1530 II, S. 219–248.
[17]   Philipp Melanchthon [Schwarzerd]. Vgl. oben Nr. 273, S. 15, Anm. 27. Vgl. Urkundenbuch Augsburg 1530 II, S. 223–229, 241–244.
[18]   Vgl. ebd., S. 225–227. — K. Hubert: ⸂Sola cecidit⸃.
[19]   Vgl. ebd., S. 232f.

munione sub vtraque specie[20], de missa[21], connubio[g] clericorum[22], mona-
chatu, ceremonijs[h], de potestate ecclesiastica[23] <et confessione< conuentum
non est.

Petierant enim aduersarij circa communionem[24], vt doceretur apud
5 nostros Christi institutionem non exigere, vt et calix quibusque exhibeatur, et
illi satis fieri, dum laicis solus panis praebetur; vt nihil sanguinis seruaretur
vel ad aegrotos deferretur, ⌄nequid scilicet⌄ vel acesceret uel effunderetur,
sed apud missam duntaxat calix dispensaretur; vt nemini prohiberetur alibi
panis tantum communionem accipere. <His legibus permissuri erant commu-
10 nionem sub vtraque ⌄specie⌄ in ijs locis, in quibus iam annos aliquot illa obtinuit, idque tantum vsque ad concilium<. Circa connubium ⌄clericorum⌄
petierant[25], ne cui deinceps illud permitteretur; sed si quis auderet illi se
addicere, ut is pulsus sacerdotio etiam in exilium ablegaretur aut in corpore
multaretur; vt darent principes ⌄nostri⌄ operam, celibes, quam primum
15 liceret, maritis substituere, et si antea fieri non posset, saltem mortuis; <vt
nemini fraudi esset, vxorem ductam relinquere et coelibatum rursus
amplecti<. His legibus permissuri erant, ut qui vxores duxerunt, eas serua-
rent, non tamen approbato eorum connubio, quod ob votum praemissum
ratum esse nequeat, sed ex misericordia erga illorum vxores seductas et
20 liberos, qui alias commode educari non possent, tum ob[i] alias caussas. Pro-
mittebant vero vicissim se effecturos, ne posthac [f° 2 r°] concubinarijs
conniueretur. Circa monachatum[26], vt omnes professi in coenobia redire
compellerentur, nisi aliud a sede apostolica impetrarent; ob multitudinem
tamen horum satis esse voluerunt, eos mediocri poenitentia excipere a coe-
25 nobiarchis, vt superstitibus in coenobijs sua libertas per omnia restitueretur;
vt prouentus monasteriorum, quae vacua sunt, per deputatos ab ordinarijs et
praelatis ordinum colligerentur et ad futurum vsque concilium seruarentur.
Circa missam[j] [27], vt illa per omnia solitis ceremonijs haberetur cum canone
maiore et minore; vt priuatae quoque restituerentur. Circa reliquas ceremo-

---

[g] *gestrichen* sac[erdotum]. – [h] *gestrichen* et. – [i] *O* et. – [j] *gestrichen* ceri[moniae].

20 Vgl. ebd., S. 241f.
21 Vgl. ebd., S. 244.
22 Vgl. ebd., S. 227–229, 242–244.
23 Vgl. ebd., S. 227–229.
24 Vgl. *Confutatio*, pars 2, De communione (FICKER, KONFUTATION, S. 76, Z. 9 – S. 82,
Z. 2); vgl. auch den Auszug der deutschen Übersetzung der *Confutatio* (URKUNDENBUCH AUGS-
BURG 1530 II, S. 137f.).
25 Vgl. *Confutatio*, pars 2, De celibatu (FICKER, KONFUTATION, S. 82, Z. 4 – S. 84, Z. 5);
vgl. auch den Auszug der deutschen Übersetzung der *Confutatio* (URKUNDENBUCH AUGSBURG
1530 II, S. 138f.).
26 Vgl. *Confutatio*, pars 2, De votis (FICKER, KONFUTATION, S. 117, Z. 4 – S. 124, Z. 9);
vgl. auch den Auszug der deutschen Übersetzung der *Confutatio* (URKUNDENBUCH AUGSBURG
1530 II, S. 140).
27 Vgl. *Confutatio*, pars 2, De missa privata (FICKER, KONFUTATION, S. 94, Z. 10 – S. 102,

nias, vt vniuersae restituerentur iuxta obseruationem Romanae Ecclesiae. Circa potestatem episcoporum²⁸, vt ea quoque in integrum restitueretur.

Responsum est a nostrorum septem uiris²⁹, sed ᶠprincipibus eorumˡ ᵏ consentientibus, exceptis tamen legatis eius³⁰, cui petijt Fidrichus Land³¹ filium suum commendari (roga consobrinum³²). Hi, vt iussi sunt, perstant in prima confessione³³, ˂nihil admittentes mediorum˂. Circa communionem³⁴: nemini se hactenus negasse alibi communicare, cauisse ˡquoqueˡ illa pericula effusionis et acetositatis, reuerenter sacramenta administrasse, id et porro curaturos; sed iuxta confessionem suam agnoscere vtramque speciem a Christo institutam ˂sumendam christianis quibuslibet˂ ³⁵, diversum ergo docere non posse. Circa connubium³⁶: in confessione [f° 2 v°] sua adduxisse scripturas, quae ostendunt connubium omnibus licere³⁷; deinde etiam inde coactos fuisse maritos admittere in ministerium verbi, cum vere puros ex cęlebibus haberj non potuerint et ipsi quoque fateantur non ferendos concubinarios. De eo autem, quomodo vel viuis vel mortuis, qui modo ecclesijs ministrant, maritis cęlibes queant substituere, qui doctrina et moribus huic muneri sufficiant, se velle dispicere. Circa monachatum³⁸: professos esse se³⁹, quam scripturae liber[t]atem istis hominibus concedant, non posse ergo se illos contra hanc grauare; eos tamen, qui in monasterijs supersunt, velint ita vt nunc habent ferre; et prouentus coenobiorum, quae vacua sunt, facere per patronos colligi, ut ex eis parochijs, quarum pleręque per coenobia depauperatae sunt, et scholis ac alijs necessitatibus ecclesiae prospiciatur; quod vero superfuerit, id libenter se seruaturos vsque ad concilium. Circa

---

ᵏ *anstatt* nostris.

Z. 13); vgl. auch den Auszug der deutschen Übersetzung der *Confutatio* (URKUNDENBUCH AUGS-BURG 1530 II, S. 139f.)
²⁸   Vgl. *Confutatio*, pars 2, De potestate ecclesiastica (FICKER, KONFUTATION, S. 124, Z. 11 – S. 129, Z. 22); vgl. auch den Auszug der deutschen Übersetzung der *Confutatio* (URKUNDEN-BUCH AUGSBURG 1530 II, S. 141).
²⁹   K. Hubert: ˂*Responsio septem uirorum*˂. — Kurprinz Johann Friedrich, Markgraf Georg von Brandenburg, Georg Spalatin, Gregor Brück, Philipp Melanchthon, Johannes Brenz und Erhard Schnepf. Vgl. TIEPOLO, DEPESCHEN, S. 70.
³⁰   Welcher Fürst gemeint ist, kann nicht mehr festgestellt werden. Die Urkunden zum Reichstag berichten über diesen Sachverhalt nichts.
³¹   Wohl Friedrich von Landenberg, Konstanzer Patrizier. Vgl. RUBLACK, EINFÜHRUNG, S. 16–20, 72.
³²   Konrad Zwick, Schwager des Ambrosius Blaurer, Konstanzer Gesandter auf dem Augsburger Reichstag. Vgl. oben Nr. 318, S. 158, Anm. 4.
³³   Die *Confessio Augustana* (CA).
³⁴   Vgl. URKUNDENBUCH AUGSBURG 1530 II, S. 241f., 246, 251f., 256f.
³⁵   Vgl. CA XXII (BSLK, S. 85f.).
³⁶   Vgl. URKUNDENBUCH AUGSBURG 1530 II, S. 242–244, 246, 253, 257f.
³⁷   Vgl. CA XXIII (BSLK, S. 86–91).
³⁸   Vgl. URKUNDENBUCH AUGSBURG 1530 II, S. 246, 254f., 258f.
³⁹   Vgl. CA XXVII (BSLK, S. 110–113).

missam[40]: hanc in solitis kirchenkleyderen - etiam <chorock [!] intelligunt
per kirchenkleyder< - ac de[c]entibus ceremonijs, quaeque ex institutione
Christi ⌐susceptae sunt⌐, reuerenter celebrasse hactenus, id et in posterum
curaturos. De priuatis in confessione sua quid sentiant esse testatos[41]. Circa
5   reliquas cerimonias haec dederunt obseruaturos se haec festa[42]: Natalem cum
duobus diebus ⌐sequentibus⌐, sacram hebdomadam, vt populo Christi passio
adnuncietur, Pascha et[l] Pentecostes festum, vtrumque cum duobus diebus
sequentibus, [f° 3 r°] <Circumcisionis et Ascensionis<, praeterea festa
D[ivae] Virginis, omnia apostolorum, Michaelis et omnium sanctorum, item
10   Joannis Baptistae; in his receperunt[m] se officia, epistolas et lectiones solitas,
quae ⌐tamen⌐ ex scripturis desumptae sint, vsurpaturos; item curaturos, ut
singulis sextis ferijs et sabbathis, quatuor angarijs, profestis Natalis[n],
Paschae, Pentecostes, Johannis palam carnes non edantur[43]; quadragesimam
petunt diuidi propter pauperes; atque his temporibus solita officia in eccle-
15   sijs obseruare et ad populum solita euangelia[o] praedicare promiserunt. Circa
potestatem ecclesiasticam[44] plus satis concesserunt, nempe episcopis se
jurisdictionem suam permissuros, non tamen vt ⌐hoc pacto⌐ probent, quod
officio suo non incumbunt, quo pure doceretur, decenter sacramenta admi-
nistrarentur, sancte a ministris viueretur; nihilominus tamen curaturos, vt
20   ipsis ministri ecclesiarum praesententur et si delinquant ab eis puniantur et
caussas ad ipsorum forum pertinentes possint iudicare; de ijs[p] vero, quae ad
ipsos non pertinent, licet eas ad se pertraxerint, vna cum alijs principibus,
quid ferendum, consultaturos; excommunicationem quoque, si eam iuxta
scripturas exerceant, ipsis concessuros. Confessionem quoque secretam pro-
25   miserunt se[q] minime passuros ⌐abolerj⌐ [45].
Ambigua [f° 3 v°] in his pleraque sunt; in ea voluit consilij huius princeps[46] consentiri, vt hinc cum pace possint abire, deinde facile vnum-
quemque pro sua commoditate illa interpretaturum. Id autem boni ⌐et⌐ cordatiores haud probant, in negocio enim Christi ingenue agendum est et sim-
30   pliciter. Deinde vt ista ambigua potentioribus[r] illis principibus fraudi non
sint, erunt tamen ijs, quibus episcopi sunt potentiores. Quamlibet multa
autem haec sint, satis tamen Antichristo esse non potuerunt. <Sperauit

---

[l] gestrichen Ascensionis. – [m] anstatt reciperunt. – [n] gestrichen Pas[chatis]. – [o] gestrichen
praedicaturos. – [p] gestrichen q[uae]. – [q] gestrichen aboleri. – [r] anstatt potentibus.

40   Vgl. URKUNDENBUCH AUGSBURG 1530 II, S. 244, 246, 252f., 257.
41   Vgl. CA XXIV (BSLK, S. 91–97).
42   Vgl. URKUNDENBUCH AUGSBURG 1530 II, S. 261f.
43   Vgl. ebd., S. 261.
44   Vgl. ebd., S. 252f., 259f.
45   Vgl. ebd., S. 262f.
46   Philipp Melanchthon. Vgl. oben Anm. 17.

enim² ˢ, cum extorsisset ista, posse se plura extorquere, maxime si ageret cum facilioribus, seclusis ijs, qui veritatis suntᵗ tenaciores. Petitum itaque ⌄a nostris⌄ est, vt tres tribus committerentur⁴⁷, ⌄nempe⌄ vt duo vtrinque iure-cons[ulti] et vnus duntaxat theologus adesset⁴⁸. Satis enim praesciebant <adversarij<, quos essent a nostris accępturi. ˢTum fuit ipsis² ᵘ in manu <ex se< eligere, quos nouerant rei ⌄maxime⌄ appositos. At id ⌄apud⌄ nostro[s] sen-tientes quidam, effecerant, vt primum negaretur hoc colloquium; vbi autem secundo petijssent aduersa[rij], obtinuerunt quod volebant. ˢ <Conuenerunt itaque hi sex: ab aduers[ariis] duo Eccij⁴⁹ et Badensis Cancellarius⁵⁰, a nostris Philippus⁵¹, Brick⁵² et Heller⁵³; nec tamen quicquam effecerunt, nisi quod< ² ᵛ dies quatuor aut quinque ˢperdiderunt et² ʷ Philippus prope induxe-rat suos, vt canonem vtrumque et priuatas missas admisissent; Brand[enbur-gensis]⁵⁴ enim iam consenserat. Effecerunt tamen alij, ut et hic et alij recępto animo ⌄tandem⌄ consenserint [fᵒ 4 rᵒ] in responsum⁵⁵, quo testatj sunt se nihil praeter supra memorata posse concedere, ideo petere concilium⁵⁶, additis caussis ob quas non conuenit, ut interim in integrum episcopis⁵⁷ omnia restituantur. Hoc responsum est heri⁵⁸ praesentatum ⌄reliquis⌄ princi-pibus⁵⁹ et ab illis Caesari⁶⁰, vt aiunt, quem ⌄aiunt⌄ plus nimio ob id incan-

---

ˢ *anstatt* sperat autem. – ᵗ *gestrichen* sec[tatores]. – ᵘ *anstatt* Ipsis. – ᵛ *anstatt* Insumpti igitur sunt. – ʷ *anstatt* nec quicquam effecerunt nisi quod.

⁴⁷ Der Sechserausschuß wurde am 23. August 1530 gebildet und tagte vom 24. bis 28. August 1530. Vgl. BECKER, VERHANDLUNGEN, S. 138–152; HONÉE, BERICHTE, S. 263–267; URKUNDENBUCH AUGSBURG 1530 II, S. 290–310.
⁴⁸ Dem Sechserausschuß gehörten an: Der kölnische Kanzler Johann Maier von Eck, der badische Kanzler Hieronymus Vehus und Johannes Eck für die katholische Seite, der sächsische Kanzler Gregor Brück, der brandenburgische Kanzler Sebastian Heller und Philipp Melanch-thon für die evangelische Seite. Vgl. URKUNDENBUCH AUGSBURG 1530 II, S. 290f.
⁴⁹ Der Theologe Johannes Eck und der kurkölnische Kanzler Johann Maier von Eck. Vgl. oben Nr. 301, S. 108, Anm. 19; URKUNDENBUCH AUGSBURG 1530 II, S. 219f., 290. — Drescher (DRESCHER, REICHSTAG, S. 55) und Becker (BECKER, VERHANDLUNGEN, S. 137) vermuten hinter dem Kanzler Kurkölns Bernhard von Hagen. Dies paßt jedoch nicht zu Bucers Bemerkung der „duo Eccij". Schieß (BLAURER Bw. I, S. 221, Anm. 2) hat aus Bucers Formulierung den Schluß gezogen, es müsse sich um Leonhard von Eck handeln, der jedoch als Kanzler in Diensten Bayerns, nicht Kölns, stand. Zwar erwähnen die meisten Urkunden den „kölnischen Kanzler" nicht namentlich, doch ist mit Förstemann (URKUNDENBUCH II, S. 856) und aufgrund des vor-liegenden Briefes davon auszugehen, daß es sich um Johann Maier von Eck handelt.
⁵⁰ Der badische Kanzler Hieronymus Vehus. Vgl. HONÉE, BERICHTE, S. 263–270; HONÉE, VEHUS, S. 29–49.
⁵¹ Philipp Melanchthon [Schwarzerd]. Vgl. oben Anm. 17.
⁵² Der sächsische Kanzler Gregor Brück. Vgl. oben Nr. 320, S. 165, Anm. 2.
⁵³ Der brandenburgische Kanzler Sebastian Heller. Vgl. oben Nr. 330, S. 229, Anm. 7; URKUNDENBUCH AUGSBURG 1530 II, S. 219, 290f., 301, 420.
⁵⁴ Sebastian Heller.
⁵⁵ Vgl. URKUNDENBUCH AUGSBURG 1530 II, S. 306–310.
⁵⁶ Vgl. ebd., S. 310.
⁵⁷ Vgl. ebd., S. 311–313.
⁵⁸ Am Sonntag, 28. August 1530.

duisse. Philippus autem dum pacj nimium studet nec consyderat quis pacem
donet, nescio quid inscijs alijs iterum cum Eccio[61] et suis tentauit adiunctis
⌄ad id⌄ ˣ sibi d[ominis] Brick[62] et Heller[63]. Male haec res habet alios; nondum
autem rescire potuimus, quid id sit ⌄quod⌄ egit. Ita vndique exercemur[64].
5   Dominus nobis adsit! Hoc sane experimur verum, quod pridem Gratianus[65]
scripsit: sola constantia frangi posse omnes hostium conatus. Oremus ergo:
Domine auge nobis fidem [Lk 17, 5]!
    Nostra nobis responsio adhuc differtur[66]. Florentinas[67] ʸ res longe aliter
compositas hic narrant, quam ille scripserit historiam[68]. Idque animus meus
10 praesagiebat, cum eam ⌄historiam⌄ legerem.
    Animemus nos virtute Christj, non vel hostium calamitate vel eorum, qui
hostibus nostris hostes sunt, successu!ᶻ Conuertemur nos toto pectore ad
eum, cuj Pater dedit omnem potestatem in coelo et terra [Mt 28, 18]! Is
anima sua chariores nos habet, eoque et volet et poterit nos seruare. [f° 4 v°]
15 Hic ipsa vita, ipsa salus est; quid est alio respici[endum]? Hunc si nobis fide
seruauerimus et forti confessione celebrauerimus, demonstrabit ipse se ⌄in
nobis quoque⌄ victorem mundi et Satanae. Si christianj sumus, sperandum
est contra spem. At si iam videremus, quibus praesidijs hostibus superiores
esse possemus, non esset fides, non esset spes. Meremur quidem nos tam
20 ingrati, vt regnum Dei a nobis tolleretur; sed clemens est Dominus et oranti-
bus veniam exorabilis. Nec dum huc nos prolabi passus est, vt prorsus
nullam vineae creditae vsuram daremus aut etiam seruis, quos subinde mittit,
manus admoveremus [vgl. Mt 21, 33–44]. Quicunque inuocauerit nomen
eius, saluus erit [Act 2, 21]. Nobis dedit se inuocare, salutem igitur non
25 negabit. Tantum admoneamus horum nos inuicem, precemur sedulo, ardere
tandem incipiamus, qui plus quam tepidi hactenus fuimus! In reliquis satis
erit hactenus vigilasse, ne quid negligamus eorum, quae curare Dominus
voluit; et occasionem in horas subministrat.

ˣ gestrichen tantum. – ʸ gestrichen rebus. – ᶻ unleserlich gestrichene Textpassage.

59   Vgl. TIEPOLO, DEPESCHEN, S. 71f.; URKUNDENBUCH AUGSBURG 1530 II, S. 306–310.
60   Am Mittwoch, 31. August 1530. Vgl. DRESCHER, REICHSTAG, S. 60–65.
61   Johannes Eck. Vgl. oben Nr. 301, S. 108, Anm. 19.
62   Gregor Brück. Vgl. oben Anm. 47
63   Sebastian Heller. Vgl. oben Anm. 48.
64   Gemeint ist: Wir werden von zwei Seiten gebeutelt, nämlich von den Altgläubigen
unter der Führung Ecks und von den Lutherischen unter der Führung Melanchthons.
65   Vgl. oben Anm. 10. — K. Hubert: ᐸZuingliusᐸ.
66   Zur erst am 25. Oktober gegebenen Antwort des Kaisers auf die Confessio Tetrapolitana vgl. oben Nr. 322, S. 184, Anm. 22.
67   In Florenz.
68   Zu den Ereignissen und Berichten über Florenz vgl. Zwinglis Brief an Bucer vom 31.
August 1530 (unten Nr. 334, S. 255, Z. 5–8).

In hoc valete, fratres charissimi, et orate, si in gloriam Dej sit, donet, vt cum Lutheranis conuenire liceat! — non certe Philippi[69] et similium caussa, sed aliorum, quos hii optimos certe sibi habent obnoxios et a nobis interim alienant, quos, si alienatj a nobis non essent, possemus non parum aedificare. Video [f° 5 r°] omnem controuersiam esse de mystica Christi in coena prae-   5
sentia et manducatione[70]. Eam putat Lutherus a nostris negari solamque generalem illam fidei, quae etiam absque coena habetur, adseri eoque in coena nihil apud ˂nos˂ peculiare exhiberj praeter solum panem et vinum. Iam autem videt verba illa: „Accipite, edite, hoc est corpus meum" [Mt 26, 26 parr]; item: „Numquid est communicatio corporis Domini" [I Kor 10, 16];   10
et: „Reus erit corporis" [I Kor 11, 27] etc., tum patrum tam[aa] praeclaras[ab] de caena sententias plura pollicerj. Iam Oecolampadius[71] hanc mysticam [prae-sentiam et manducationem], quae in caena pijs exhibetur, agnoscit[ac] veramque et realem vocare non grauatur, etsi horreat dicere corporalem; haec enim derogat veritati corporis Christi[72]. Si itaque de nomenclatura   15
huius conuenirj posset, non dubitarem praecipuam huius pugnae partem fore sedatam. Sed legistis, quae scripsi Zvinglio[73], et haud dubito ipsos ˪vos˪ agnoscere, quid vetus ecclesia intellexerit, cum hunc pastum tam augustis verbis celebrarunt[!], sicut reuera pijs res est ingens et nequaquam solum id quod cernitur. Expecto prolixas a vobis literas. Valete 29. Augusti.   20

Gratiano[74] scribite ex his, quae conductura putabitis! Salutate fratres symmystas et dominos colendos[ad] fratrem[75] et consobrinum[76]!

Adresse [f° 5 v°]: Ambrosio Blaurero et Johanni Zviccio, ecclesiastis C[ons]tantiensibus, fratribus obseruandissimis.

Oa AST 151 (Ep. Buc. I), Nr. 12, S. 37–46 (mit Siegelspur). — C Zürich ZB, S 26,95; TB III, S. 312–315. — P / R Blaurer Bw. I, Nr. 172, S. 218–223.

[aa] *gestrichen* ple. – [ab] *gestrichen* patrum. – [ac] *zuerst* agnoscitque. – [ad] *gestrichen* mihi.

[69] Philipp Melanchthon. Vgl. oben Anm. 17.
[70] *K. Hubert:* ˂De eucharistia˂.
[71] Johannes Oekolampad [Hensgen]. Vgl. oben Nr. 271, S. 5, Anm. 6.
[72] In seiner Schrift *Quid de eucharistia veteres[...]*, 2. Juli 1530 (f° 2 v°). Vgl. oben Nr. 299, S. 102, Anm. 11.
[73] In seinem Brief vom 25. August 1530 (oben Nr. 329, S. 220–228).
[74] Vgl. oben Anm. 10.
[75] Thomas Blaurer. Vgl. oben Nr. 273, S. 9, Anm. 3.
[76] Konrad Zwick. Vgl. oben Anm. 32.

334   1530. August 31. [Zürich]. — Huldrych Zwingli an [Bucer]¹

Espoirs d'une concorde dans la querelle relative à la Cène. Si Bucer a rendu correctement la conception de Mélanchthon, les Luthériens pourraient accepter la formulation selon laquelle "le Christ est véritablement présent dans la Cène, non pas dans le pain ou uni au pain, non pas de manière naturelle (naturaliter) *ou corporelle, mais [...] par la* contemplatio fidei *et de manière sacramentelle", présence réelle que jamais Zwingli n'a niée. Lorsqu'il s'est accordé avec Luther pour affirmer qu'en sa matière le pain restait du pain, il a cependant toujours cru, avec certains Pères de l'Église, que ce pain allait dans le corps mystique du Christ. La terminologie des Pères relative au sacrement. L'image de l'anneau nuptial. Sans la foi, l'action des éléments est nulle. La signification du terme "mysterium" ; à cause de l'emploi du terme "Wahrzeichen", les Luthériens ont cru que Zwingli et ses partisans n'attribuaient aucune valeur religieuse au mystère de la Cène. Cela devra être éclairci par la préface à une concorde ; les conditions d'une telle concorde. Zwingli aurait aussi écrit amicalement à Mélanchthon s'il ne craignait pas que ce ne fût prématuré. Les accusations portées contre Berne et Zurich au sujet des biens d'Église, que Zwingli réfute pour Zurich. Zwingli n'accorde guère de crédit aux rumeurs relatives à François Ier [paix des Dames], au meurtre de Andrea Doria et à la libération de Florence. Salutations à Jacques Sturm, à Mathis Pfarrer et aux frères présents à Augsbourg. Zwingli adresse à Bucer son* Epistola de convitiis Eccii.

Aussichten für eine Verständigung in der Abendmahlsfrage. Vorausgesetzt, Bucer hat Melanchthons Auffassungen richtig wiedergegeben, könnte die Formel „Christus ist auf sakramentliche Weise und durch den Glauben im Abendmahl gegenwärtig" auch die Zustimmung der Lutherischen finden. Zwingli hat nie eine solche Realpräsenz verneint. Wenn er mit Luther behauptet hat, daß das Brot Brot bleibt, so hat er auch immer — wie manche Kirchenväter — geglaubt, daß dieses Brot in den mystischen Leib Christi hinübergeht. Der Sprachgebrauch der Kirchenväter in bezug auf das Sakrament. Das Bild des Traurings. Ohne Glauben haben die Elemente keine Wirkung. Wegen des Sprachgebrauches nahmen die Lutherischen an, daß die Anhänger Zwinglis dem Abendmahlsmysterium keinen religiösen Wert beilegten. Dies soll durch das Vorwort einer Konkordie geklärt werden. Die Bedingungen für eine solche Konkordie. Die Anschuldigungen gegen Bern und Zürich betreffend die Kirchengüter. Die gedruckte Antwort Zwinglis an

---

¹   Die Adresse am Briefschluß fehlt. Daß Bucer der Empfänger ist, ergibt sich durch Zwinglis Brief an Capito vom gleichen Tag (ZWINGLI Bw. V, Nr. 1085, S. 98f.) und Bucers Schreiben vom 25. August (oben Nr. 329, S. 220–228), das Zwingli mit seinem Brief beantwortet.

Johannes Eck. Grüße an Jakob Sturm, Mathis Pfarrer und die in Augsburg anwesenden Brüder.

Gratiam et pacem a Domino!

Grata sunt quae scribis[2], et, quod ad me attinet (non dubito quod ad Oeco-lampadium quoque), negotium omne mihi transactum esset. Nam ante bien-nium, si revocare in memoriam potes, ad te scripsi[3] locutiones et formulas nihil morari, dummodo liceat earum sensum et servare et exponere: Chris- 5 tum in coena vere adesse, non in pane, non unitum pani, non naturaliter aut corporaliter, sed nudae, divinae ac purae menti, fidei contemplatione et sacramentaliter[4]. Hanc summulam ferri posse et Lutheranis et nobis autumo, si modo Philippus[5] haec verba agnoscit, quae tu per epistolam significas[6].

Et profecto nos nunquam fuimus in hac sententia, ut in coena non agnos- 10 ceremus Christum praesentem, sed in pura ac religiosa mente. Quod autem papistae opprobrant nobis pistorium panem, frivolum et calumniosum [est]. Nam posteaquam in hoc cum Luthero consensimus, ut panis in coena maneat panis, ad materiam nudam respeximus, non ad sacramentum. Scis enim, ut sophistae quoque inquirant de materia sacramenti seorsim, et seorsim de 15 forma. Cum ergo panem utrique agnovimus, quod ad materiam pertinet, manere secundum substantiam panem nec transire in substantiam corporis, adhuc nunquam fuimus in hac sententia, ut panis non transiret in mysticum corpus Christi. Quomodo enim fieret sacramentum, nisi cum verbum acces-serit[a] ad elementum, elementum autem cum secundum substantiam maneret[b] 20 [elementum] in sacramentis? Ut enim aqua in baptismo manet aqua secun-dum substantiam, nihilo tamen minus cum sacris verbis fit sacramentum, sic in eucharistia manet elementi natura, sed non manet dignitas aut existimatio, verum alia fit.

---

[a] C accessit. – [b] C maneat.

[2] Vgl. oben Nr. 329, S. 220–228.
[3] Verlorener Brief, wahrscheinlich vom Sommer 1528, als Zwingli seine Entgegnung auf Luthers *Vom Abendmahl Christi, Bekenntnis* abfaßte.
[4] Zwingli verwendet den Satz „Christum […] sacramentaliter" wörtlich auch in seinem Brief an Capito vom gleichen Tag (ZWINGLI Bw. V, Nr. 1085, S. 99, Z. 4–6). Leicht variiert findet sich die Stelle in Zwinglis Gutachten vom 3. September 1530 über die Artikel, die Bucer am 25. August 1530 an Luther und die Schweizer gesandt hat (ZWINGLI Bw. V, Nr. 1090, S. 119, Z. 8–12), und nochmals in Zwinglis Brief an Vadian vom 12. September 1530 (ZWINGLI Bw. V, Nr. 1093, S. 124, Z. 7–12) mit dem Text des Abendmahlsbekenntnisses der Kirchen von Zürich, Basel, Bern und Straßburg.
[5] Philipp Melanchthon [Schwarzerd]. Vgl. oben Nr. 273, S. 15, Anm. 27. Am 22. oder 23., 24. und 25. August 1530 hatten Bucer und Melanchthon in Augsburg entsprechende Gespräche geführt. Vgl. oben Nr. 330, S. 230, Anm. 13.
[6] Vgl. oben Nr. 328, S. 214, Z. 9–14; Nr. 330, S. 230, Z. 9–17.

Et sic nonnunquam veteribus[7] quoque dictum arbitror ,naturam esse mutatam‘ pro mutata existimatione, nomine et magnitudine, ut qui jam panis fuerat, etiam pistorius, quantumvis papistae suum escent, jam non sit[c] pistorius, sed divinus, mysticus, sacramentalis, sacer, imo Christi corpus, sed
5   mysticum, ut eum [f° 114 v°] nemo ultra pistorium vocet, pistorium quem appellaverat ante consecrationem. Nolo autem consecrationem intelligi pro transitione in substantiam corporis Christi, sed pro transitione in sacramentum et mysticum illud corpus.

His junge, quod veteres, quantum ego apud ipsos vidi, jam[d] intellexerant,
10   Christum in coena, cum diceret: „Hoc est corpus meum“ [Mt 26, 26 parr.], non nudum panem neque etiam naturale corpus ad edendum praebuisse, sed symbolum sui ipsius cruci donati et in mortem pro nobis jamjam euntis, ut, quemadmodum panis et vinum praeberentur, sic ipse praebiturus esset se ipsum. Unde panem hunc, tam grandis rei symbolum, corpus suum appella-
15   vit, imo fecit mysticum, non substantiale corpus suum. Jam, inquam, veteres magnitudinem rei contemplati contenti fuerunt nominibus istis, corpus aut panis, sanguis aut poculum, quibus apostolum viderunt usum esse [I Kor 11, 24f.], ut corporis nomine rei ipsius granditas, quae alia voce inedicibilis est – perinde ac יהוה[e] voce fit Adonai, effertur, cum aliud etymon et sonum
20   etiam alium habeat –, significaretur. Symbolum etiam tantum appellasse humilius erat, quam ut amplitudinem rei complecteretur. Tantae igitur rei symbolum non potuerunt rectius quam illo nomine, quo Auctor[8] ipse appellaverat, vocare, quamvis agnoverint[f] aliud esse naturale corpus Christi, aliud vero mysticum. Quo et factum est, ut deinde sensum suum his vocibus:
25   signum, symbolum, mysterium, sacramentum corporis Christi, satis exposuerint, his quoque verbis: significat, repraesentat, fertur et similibus, quibus tamen ad elementi substantiam et significationem non aliter respexerunt quam et Paulus, cum panem vocat [vgl. I Kor 10, 17; 11, 28 parr].

Et sane symbolum est omnium symbolorum, quod nobis Christi pro nobis
30   in mortem traditionem sic repraesentat, quasi cum discipulis praesentem videamus, quemadmodum de anulo diximus in responsoria ad Principes epistola[9], qui maritum uxori repraesentat. Unde augustius merito fit credentibus quam ullum symbolum, imo tam augustum ut corpus Christi vocetur, eo quod nobis vice illius sit. Apostoli enim corpus naturale habuerunt prae-
35   sens, nos naturale corporis symbolum. At fides utrobique eadem. Attamen haec omnia quomodo aliter fiunt quam fidei contemplatione, quae jam in

---

  [c] C sic. – [d] C cum. – [e] C יהוא. – [f] C agnoverit.

  [7] Die Kirchenväter.
  [8] Christus.
  [9] Huldrych Zwingli: Epistola de convitiis Eckii [...], 27. August 1530. Vgl. oben Nr. 329, S. 221, Anm. 8.

coena non tantopere convertit ad hoc quod sensibus offertur, quantopere ad
hoc quod dudum in pectore praesens habuit? Imo quod offertur sensibile est,
quo et sensus fiunt obtemperantiores, et illud sensibile sola fides tanti facit
ac aestimat. Haec etiam ubi abest, jam nihili penditur Christi corpus, tam
naturaliter quod [f° *115 r°*] sursum est, quam mysticum quod hic in mente   5
est et simul symbolum est.

Huc egressus sum, frater, ut videas in nobis moram esse nullam propter
formulas veterum. Lotior enim Christus est, qui hoc mysterium corpus suum
appellavit propter arduitatem symboli, quod nobis omnimodam Christi traditionem, qua se totum nobis dedidit, repraesentat ac pollicetur. Modo quod est   10
mysterium? Hoc est sacrosancta significatio; est enim μυστήριον vox
augustior Graecis quam sacramentum Latinis, et Latinis augustior est sacramenti vox voce symboli, qua fere Germani cogimur uti: wahrzeichen. Nam
in ea voce sanctitas omittitur^g, quae in mysterio et sacramento continetur.
Mysterium, inquam, sinamus esse mysterium. Et forte factum est, ut, cum   15
germanica voce usi sumus: wahrzeichen, adversarii crediderint nos sanctimoniam mysteriis abjecisse, quod nunquam fecimus. Atque utinam licuisset
Marpurgi¹⁰ familiarius de illis aliisque rebus per quorundam¹¹ impatientiam
disserere! Sed crudius erat vulnus, quam ut hujusmodi malagmata reciperet.

Proinde, charissime frater, si quid nunc potes, vires ad consiliandam   20
concordiam exerce^h, imo ne patiaris Philippum, Brentium, Osiandrum¹² et
quotquot istic sunt Lutherani, imo christiani et orthodoxi, si sic sentiunt
quomodo exempla tua capio, abire, ni contentionis istud glaucoma detraxe-
ris! Nam apud nos adeo nulla est cujusquamⁱ petulantiae, qua nos asperserunt
memoria, ut, si veritatem ex aequo agnoscamus, jam simus non aliter quam   25
frater fratrem^j debeat agnituri.

Viam vero ad concordiam hanc puto fore compendiosissimam, ut tu, posteaquam Lutheri responsionem acceperis et expenderis, si nihil aliud quam
Philippus in tua epistola sentit, nempe quod Christus sit in coena quomodo
dictum est: „Christum ^rhabitare in vobis"^{ι k} [*vgl. Eph 3, 17*], „ero in medio   30
illorum" [*Mt 18, 20*], „mansionem apud eum faciemus" [*Joh 14, 23*], jam
mundo exponas quam paucissimis atque clarissimis^l [verbis] fieri potest, ten-
tationem fuisse ut neutri alios intellexerint: hanc Deo sic placuisse, ne quem-

---

^g *C* obmittitur. – ^h *C* excercere. – ⁱ *C* cujusque. – ^j *C* fratrum. – ^k *C* habitat in vobis. – ^l *C*
clarissimi.

¹⁰   Auf dem Marburger Religionsgespräch vom 1. – 4. Oktober 1529. Vgl. oben Nr. 273,
S. 11, Anm. 4.
¹¹   Luther und die Seinen. Vgl. Oekolampads Klage in dem an Melanchthon gerichteten
Vorwort seiner Schrift *Quid de eucharistia veteres [...]* (KÖHLER, ZWINGLI UND LUTHER II,
S. 204).
¹²   Zu Melanchthon, Osiander und Brenz vgl. oben Nr. 273, S. 15, Anm. 27; Nr. 306,
S. 121, Anm. 14; Nr. 319, S. 142, Anm. 4.

quam sua magnitudo, quae satis magna creverit per fratrum candorem, sic
efferret, ut Icari[m] [13] in modum decideret; haec vera esse ingenuitatis symbola
et divini Spiritus praesentiam testari, cum utraque pars luci ac vero candide
cedat; ipsos[14] veritos esse, ne conculcaremus sacramenta, nos vero, ne
5 nimium illis tribuendo gratiam et liberalitatem Dei alligarent et absurda corporis Christi manducatione papisticos errores reducerent; hac enim ratione
factum esse, ut scripturae, tum sacrae, tum veterum, utrique parti sint per-
spectiores[n] factae, [f° 115 v°] cautiusque in illis navigandum praebitum, tam
praesentibus quam posteris exemplum etc.
10 Quod si in Lutheri responsione illam summan, quam in principio posui[15],
non invenias, deinde reliquis quoque, quae ad sententiae nostrae expositionem non esse conformia aut aequabilia quae respondebit, jam suadeo mit-
tendum esse conciliandi studium. Nolumus enim ecclesiis denuo tumul-
tuandi occasionem obscuris placitis vel articulis praebere[16]. Si vero aequabi-
15 lia erunt, jam concordiae formulam exprimas, quam ad utramque partem,
priusquam excudatur, inspiciendam transmittas, postmodum vulges. Hoc
autem praestaret[o], ut Lutheri expositionem, nostram quoque nostris verbis
excuderes. Sed de hac re non est cur tantopere sollicitus sim; si enim Deus
volet hoc venenum ejici, consilium quoque suppeditabit et occasionem quo
20 expurgetur. Agnosco enim, plane agnosco, quod dissidium hoc τῷ ῥωμαϊκῷ
βασιλεῖ[17] viam adperit, perinde ac mylvio quondam mus et rana digla-
diantes[18] etc.
Scripsissem ipse ad Melanchthonem amice, nisi immaturum esse vererer.
Debet enim calumniarum quoque oblivio, etiamsi nos istis magis simus
25 obruti ab eis quam ipsi a nobis, induci et diserte conduci. Quae vero nuncias,
quam male nos cum Bernatibus audiamus super bonis monasteriorum[19], tam
vere de nobis quam alia mendacia narrantur; nam — de Bernatibus nihil
possum dicere[20] — at Tigurini ne unum quidem monasterium in aerarium

---

[m] C Icaci. – [n] C perpectiores. – [o] C praestare.

13 Ikaros, Sohn des Daidalos. Nach der im griechischen Drama ausgebildeten Sage kommt
Ikaros entgegen der Weisung seines Vaters mit seinem wächsernen Fluggerät der Sonne zu nahe
und stürzt auf einen Felsen. Vgl. PAULY, REALENCYCLOPÄDIE 9, Sp. 985–989.
14 Die Lutherischen.
15 Oben S. 251, Z. 10–23.
16 Dieser Wunsch Zwinglis nach Klarheit wird in einem Schreiben Capitos (im Namen
Zwinglis, Oekolampads und Meganders) an Bucer vom 4. September 1530 wiederholt (vgl.
unten Nr. 337, S. 265, Z. 17 – S. 266, Z. 2).
17 Kaiser Karl V. Vgl. LOCHER, REFORMATION, S. 508–511, 541; REINHARD, VORSTELLUN-
GEN, S. 62–100; KOHLER, KAISER KARL V., S. 208–218.
18 Zwingli spielt hier auf Äsops Fabel 244 Μῦς καὶ βάτραχος an.
19 Vgl. Bucers Brief an Zwingli vom 25. August 1530 (oben Nr. 329, S. 222, Z. 7–9).
20 Zum Berner Verfahren mit den Klostergütern vgl. QUERVAIN, ZUSTÄNDE, S. 72–96.

publicum, ut relatum[21]. Adde quod hac annonae angustia, qua laborare non cessabimus quandiu C(aesar) erit in Germania — causam dicam aliquando —, omnibus monasteriorum curatoribus mandatum est, ut quacunque via prospiciant, quo bonis ecclesiasticis laborantibus subveniatur[22]. Minari nunquam fuimus soliti, sed minacibus resistere ac pedem opponere. Quae de   5
Regis conjuge[23] deque A[ndrea] Doria[24] nunciavi, ex Gallorum legatis nunciata acceperam[25], ni qui retulerunt, non fideliter reddiderint mandata. Idem nunc fit de Florentiae liberatione[26], quod in rebus omnibus parum veri narratur. At in his omnisbus credo pauca, nec credulitate quicquam peccabo.

Sed jam fortis vale et memineris in Deum fiduciae certius esse signum   10
constantiam quam trepidationem. Libenter video epistolas, quae periculorum magnitudinem intrepide nunciant, male libenter, cum res sunt dubiae et epis-

---

[21] Zum Umgang mit den Klostergütern in Zürich vgl. HÜSSY, FINANZWESEN, Kapitel V, Abschnitt D; KÖRNER, RÉFORME, S. 205–224; SCHWEIZER, KLOSTERGÜTER, S. 161–188.

[22] Vielleicht Anspielung auf § 5 des Züricher Ratsmandats vom 26. März 1530 (vgl. EGLI, ACTENSAMMLUNG, Nr. 1636, S. 702–711). Vermutete Zwingli in dem anhaltenden Lebensmittelmangel einen Versuch des Kaisers, auf die Städte der Tetrapolitana Druck auszuüben? Vgl. dazu seinen Brief an Konrad Sam vom 26. September 1530 (ZWINGLI Bw. V, Nr. 1105, S. 156f.).

[23] Nach einer Initiative von Karls Tante Margarete von Habsburg und der Königinmutter Eleonore von Frankreich begannen am 5. Juli 1529 in Cambrai Verhandlungen, aufgrund derer am 3. August 1529 der ,Damenfrieden von Cambrai' (vgl. BRANDI, KARL V. I, S. 237–244; BRANDI, KARL V. II, S. 197–203; KOHLER, KARL V., S. 198–200; SCHIEDER, HANDBUCH III, S. 282, 528, 539, 875–881) geschlossen wurde. Aufgrund des Friedensschlusses heiratete Franz I. von Frankreich die Schwester Karls V., Eleonore von Portugal. Anfang September 1530 kursierte das Gerücht, sie sei schwanger (Zwingli Bw. V, Nr. 1087, S. 105, Anm. 9). Zwingli antwortet wohl auf den fehlenden Schlußabsatz in Bucers Brief vom 25. August 1530 (oben Nr. 329, S. 228, Anm. 33) oder auf einen früheren, verlorenen Brief Bucers.

[24] Gemeint ist wohl Zwinglis fälschliche Information, Andrea Doria sei ermordet worden, wie er sich schon am 13. Juli 1530 in einem Schreiben an Philipp von Hessen (vgl. Zwingli Bw. V, Nr. 1061, S. 21) geäußert hat. Andrea Doria war nicht in Sizilien ermordet worden, sondern starb erst 1560 eines natürlichen Todes. Vgl. EPSTEIN, GENOA, S. 292–318. — Andrea Doria (Oneglia 1466 – 25. November 1560 Genua). Genueser Admiral und Condottiere. Vgl. SCHIEDER, HANDBUCH III, S. 282, 629, 874–879. 1528 war unter Doria die genuesische Flotte, stärkste christliche Kriegsflotte im westlichen Mittelmeer, auf die Seite des Kaisers übergewechselt. Seit diesem Bündnis mit Karl V. genoß Doria ausgedehnte wirtschaftliche Privilegien in Spanien und erhielt Genua seine Unabhängigkeit zurück; am 12. September 1528 konnte Doria die Wiederherstellung der Republik verkünden.

[25] Es handelt sich um den ständigen Vertreter Frankreichs in der Schweiz, Louis Daugerant (Seigneur de Boisrigault, Ritter und Baron der Garde, Hauptmann und Kastellan von Usson, seit 1528 Kammerherr und ab 1531 Oberstallmeister, bis 1549 Ambassadeur ordinaire aux Ligues suisses), und um den Sonderbotschafter Lambert Maigret († 14. Juni 1533 Solothurn, Generalmeister, am 18. November 1529 als Nachfolger des Gesandten Morelet von Franz I. in die Schweiz entsandt). Vgl. LOCHER, REFORMATION, S. 340, 519f.; ROTT, HISTOIRE I, S. 305, 380; ZWINGLI Bw. IV, Nr. 979, S. 457, Anm. 1; Nr. 988, S. 484, Anm. 1.

[26] Entgegen anderslautender Gerüchte hatte vor kurzem, am 12. August 1530, nach einjähriger Belagerung durch päpstliche und kaiserliche Truppen zur Wiedereinsetzung der Medici, Florenz kapituliert. In seiner Antwort an Zwingli vom 9. September 1530 wird Bucer darauf und auf das falsche Gerücht, Franz I. habe den Bedingungen des ,Damenfriedens von Cambrai' nicht entsprochen (vgl. oben Anm. 23), eingehen (unten Nr. 337, S. 268, Z. 12–20).

tolae timidiores. At Deo [*f° 116 r°*] gloria, quod a nobis metus omnibus abest. Ipsa enim animi magnitudo ad res difficiles non aliter acuitur quam falx ad cotem. Idcirco omnia intrepido excipienda sunt animo. Comites[27] et collegae[p] [28] salvi sint in perpetuum. Amen. Ultima augusti.

5   Epistola, quam hic mittimus[29], scripta erat, priusquam tuam istam acciperem[30], et pagina prima excusa; attamen in fine quaedam pro tuo voto mutavi[31], alias nihil prorsum quam ad risum furore hominis motus. Citius excudi non potuit propter alia quae praela occupaverant. Successivis horis opellam istam suffurati sumus[q]; urgebant enim nundinae Franckfordinae[32].
10   Vale iterum. 1530.

Tuus etc.

C BMS, ms 644 (509a), f° 114 r° – 116 r° (A. Jung um 1829/30). Jungs Vorlage war der 1870 verbrannte „Vol. I mss. epistolarum theologicarum in causa maxime sacramentaria" des Oseas Schad (Anfang 17. Jahrhundert), der noch Zwinglis Autograph vor sich hatte, das seither verschollen ist. — P Rott, Bucer und die Schweiz, S. 471–478.

---

[p] *C* collegas. – [q] *C* simus.

[27] Die Straßburger Gesandten auf dem Reichstag Jakob Sturm und Mathis Pfarrer. Vgl. oben Nr. 269, S. 2, Anm. 9; Nr. 302, S. 113, Anm. 15.
[28] Die Augsburger Prediger, vermutlich außerdem die in Augsburg anwesenden lutherischen Reformatoren Melanchthon, Brenz und Osiander; vgl. oben Anm. 12.
[29] Vgl. oben Anm. 9.
[30] Bucers Brief an Zwingli vom 25. August 1530 (oben Nr. 329, S. 220–228).
[31] Vgl. dazu Bucers Briefe an Zwingli vom 9. und 18. September 1530 (unten Nr. 338, S. 271, Z. 8–10; Nr. 341, S. 288, Z. 13–15).
[32] Die in der ersten und zweiten Septemberwoche in Frankfurt a. Main stattfindende Messe.

335 1530 September 3. Zürich. — [Johannes Oekolampad]¹ an Bucer

Le reste oralement, par Capiton. Œcolampade rapporte ce qu'il a dit devant le collège des théologiens de Zurich. À partir d'exemples patristiques (Irénée, Cyprien, Lactance...) et bibliques, il traite la tolérance à l'égard des faibles, qui errent dans la compréhension des mystères du Christ. Notre but est de promouvoir la gloire du Christ ; nous ne pouvons rien pour ceux qui refusent de nous reconnaître comme des frères. Pour ce qui est de la Cène, nous rejetons à la fois ceux qui profanent le mystère de la Cène en n'y voyant que pain et vin, et les superstitions des défenseurs de la transsubstantiation, qui circonscrivent le corps du Christ comme le feu dans le fer incandescent. Par la consécration, le pain et le vin deviennent le corps et le sang du Christ, aliments pour l'âme de ceux qui croient. Le corps et le sang sont donnés et reçus, avec le pain et le vin, par la contemplation de la foi. Ceux qui méprisent le sacrement sont coupables de repousser non seulement le symbole, mais aussi Dieu en personne. Œcolampade estime qu'il peut aller à la rencontre des Luthériens jusqu'à ce point.

Oekolampad berichtet, wie er sich vor der Versammlung der Zürcher Theologen geäußert hat. Unterschiedliche Glaubensauffassungen haben in der ,Alten Kirche' auch nicht zu Spaltungen geführt. Menschliches Irren ist nicht verwerflich, gegenseitige Duldsamkeit ist unverzichtbar. Im Abendmahlsstreit ist Abgrenzung sowohl gegenüber denen erforderlich, die lästerlich über die Sakramente denken und reden, als auch gegenüber denen, die abergläubisch in den Elementen magische Kräfte vermuten. Bekenntnis, daß 1. alle am Leib und Blut Christi schuldig werden, die das Brot unwürdig verzehren, daß 2. die Seele des Menschen durch Leib und Blut Christi wahrhaft genährt und gestärkt wird, daß 3. mit Brot und Wein durch den Glauben Leib und Blut Christi (die mit dem Geist und der Gottheit Christi untrennbar verbunden sind) empfangen werden. Soweit können die Schweizer den Lutherischen entgegenkommen. Damit entrinnt man der für die Kirchen gefährlichen Dunkelheit.

Salue in Christo, mi Bucere!

    Caetera Capito², in cuius epistolam³ consentio; et ego alias fusius

---

¹   Johannes Oekolampad [Hensgen]. Vgl. oben Nr. 271, S. 5, Anm. 6. Der Brief ist nicht unterzeichnet. Aufgrund der Adressenangabe und des Briefinhaltes kommt aber nur Oekolampad als Absender in Betracht.

²   Wolfgang Capito [Köpfel]. Vgl. oben Nr. 271, S. 6, Anm. 8.

³   Der Brief von Wolfgang Capito an Bucer vom 4. September 1530. Vgl. unten Nr. 336, S. 261–264.

scribam[4]. Nunc quid ego apud fratres[5] responderim, legito, quo meam sententiam melius capias! Est autem haec:[6]

Cum omnibus, qui nobiscum confitentur et docent Jhesum Christum uerum Deum et uerum hominem ‹in unitate personę›, pacem libenter
5   habemus, et ‹fraternitatem›, quantum in nobis erat, nunquam soluissemus, tametsi ↓eos, qui↓ per infirmitatem aliquid ‹veritati non derogans› de proprietatibus uel diuinę uel humanę naturę eius minus assequuntur[a], tolerare parati simus[b] et eramus,[c] scientes diuinitatis excellentiam corporisque gloriosi dotes humanum captum transcendere[7]. Ferebat enim ↓et↓ Christus[d] dis-
10 cipulos crassiores adhuc et mysteriorum pondus gestare nondum ualentes. Cyprianus[8] martyr et ipse aliorum portabat errores, et ↓errans[e] a catholicis non negligebatur↓. In Irenęo[9] et Lactantio[10] desiderabant[f] ueteres non parum solidioris doctrinę, nec tamen eos abiiciebant[g]. Etenim didicerant[h] omnem, qui credit Jhesum Christum, ex Deo genitum esse [*I Joh 5, 1*] et in hac
15 confessione solidatam esse aduersus omnes insultus satanę ecclesiam. Quare[i] igitur[j] eum, quem Christo capiti iunctum confidimus, temere abiiceremus? Confidimus autem et nobis, si quid humanum patiamur, eandem beneuolentiam a nullis christianę charitatis amatoribus denegandam[k], quandoquidem pro nostro captu non nisi dignissima Christo et maxime consentanea scriptu-
20 ris sentire et docere persuasissimum habemus. Et quoniam congregare et non dispergere[l] et esse pro Christo, non contra Christum militare studemus, nobis

---

[a] *O* aasequentes. – [b] *zuerst* essemus. – [c] *gestrichen* fuissemus. – [d] *gestrichen* et. – [e] *zuerst* celebratus. – [f] *zuerst* deciderarunt. – [g] *zuerst* abiecerunt. – [h] *zuerst* didicerunt. – [i] *zuerst* Quę. – [j] *gestrichen* insan[...] nostra insanitas. – [k] *zuerst* denegari. – [l] *gestrichen* est.

4   Ein solches Schreiben Oekolampads ist nicht bekannt (vgl. OEKOLAMPAD Bw. II, S. 482, Anm. 2). Der nächste erhaltene Brief Oekolampads an Bucer datiert vom 17. Oktober 1530.
5   Die Versammlung der Züricher Theologen.
6   Hier beginnt das Gutachten Oekolampads, das er der Theologenkonferenz in Zürich vorlegte. Der vorausgehende Briefeingang und der Briefschluß (Ort und Datum, siehe unten S. 261, Z. 3) sind den EPISTOLAE OECOLAMPADII 1536 (f° 127 r° bzw. f° 128 v°) entnommen. In dieser Ausgabe folgen dem Abdruck des Textes Bemerkungen Bucers (f° 128 v°) unter dem Titel: *In precedentem epistolam haec sunt a M[artino] Bucero adiecta*. Diese Zusätze werden an den entsprechenden Stellen erwähnt.
7   Zusatz Bucers: *Quidam inter disputandum de praesentia corporis Christi visi sunt naturas duas in Christo confundere; his tamen, dum ambas in unitate personae confiterentur, voluit condonare, quod de proprietatibus utriusque naturae non loquerentur ad normam priscae ecclesiae et patrum orthodoxorum, quorum fuit ipse observandissimus.*
8   Cyprian von Karthago. Vgl. oben Nr. 279, S. 45, Anm. 9.
9   Irenaeus von Lyon. Vgl. oben Nr. 274, S. 19, Anm. 17.
10   Caecilius Firmianus Lactantius (Nordafrika um 250 – um 325 Trier oder Gallien). Apologet des Christentums. Um 290 wurde er von Diokletian als Lehrer der lateinischen Beredtsamkeit nach Nikomedia berufen, wo er 303 den Ausbruch der großen Christenverfolgung miterlebte und in diese asketischer Zurückgezogenheit überstand. Um 315 wurde er von Konstantin zur Erziehung seines Sohnes Crispus nach Gallien berufen. Vgl. FONTAINE/PERRIN, LACTANCE; WLOSOK, LAKTANZ, S. 176–188.

etiam curę est:[m] ut Christo capiti ita et eius membris gloriam illius promouere quęrentibus adhęrere. Jam[n] si[o] qui ⌐sunt, qui⌐ uicissim nos pro fratribus agnoscere nolunt et abiiciunt[11], sua culpa ut periclitentur, prohibere non
possumus, tametsi casum illorum deploremus.

Cęterum quod ad sacramentariam causam attinet, sicut[p] auersamur   5
tanquam sanctę ecclesię Christi hostes omnes, qui contemptim <ac pro-
phane<[q] sentiunt ac loquuntur de sacramentis a Christo institutis, quales sunt,
qui uulgarem cęnam ex diuina faciunt nihilque proponi pręter panem ac
uinum fidelibus[r] in cęna irridentes aiunt aut nudum absque[s] efficacibus[t] pro-
missionibus symbolum ac ludum arbitrantur, ita etiam[u] non possumus assen-   10
tiri, qui elementis supra id, quam decet[v] uel fidei analogia permittit, tribuunt.
Quoniam enim ⌐diuus⌐ Petrus non veritus est dicere: „Et nos seruat baptis-
mus, non qui maculas carnis deponit, sed conscientię bonę erga Deum
rogatio per resurrectionem Jhesu Christi" [*I Petr 3, 21*], ubi nimirum prouide
de baptismo et absque contemptu [*f° 3268 v°*] loquitur; et Paulus quoque ab   15
elementis auocans [*vgl. Kol 2, 8*] omnibusque renunciare audens [*vgl. Lk 14,
33*], ut ⌐quam⌐ amplissimam[w] cognitionem Christi mereatur, ubique nouam
creaturam [*vgl. II Kor 5, 17*] et gratiam nobis commendat. Pertinet igitur
etiam ad nos: Bonum est gratia stabiliri cor, non cibis, ʳe quibusˡ [x] nullam
utilitatem consequuti sunt patres, qui in illis conuersati sunt[12] [*Hebr 13, 9*].   20
Idcirco regiam uiam incedentes et nec ad dextram nec ad sinistram decli-
nantes, hinc[y] contemptores ac prophanatores mysteriorum relinquimus, inde
superstitiosulos, qui uel transsubstantiationem somniant[z], quasi elementum
panis uel uini non sit in cęna et sola illorum accidentia supersint, uel qui in
pane, tanquam ⌐in⌐ uasculo uinum,[aa] locali quę corporibus propria est conti-   25
nentia Christi corpus circumscribatur uel ut[ab] ignis in ferro candente.

Fatemur autem panem et uinum in cęna dominica principio ob institutionem Christi et ⌐claram exhibitę⌐ sacrosanctę mortis[ac] illius annunciationem
adeo[ad] sanctificari et[ae] consecrari, ut nihil augustius uel diuinius populus ille
Dei prior habuerit reique corporis et sanguinis Domini fiant, quotquot   30
indigne illo[af] uescantur pane [*vgl. I Kor 11, 27*]. Deinde ob fidem eorum, qui
uerbis Domini promittentis et uitam et remissionem peccatorum in sui cor-

---

[m] *gestrichen* ita. – [n] *anstatt* Quod. – [o] *gestrichen* illi. – [p] *anstatt* ut. – [q] *anstatt* de illis. –
[r] *anstatt* nobis. – [s] *gestrichen* fac. – [t] *gestrichen* symbolis. – [u] *gestrichen* nunc. – [v] *gestrichen*
tribuunt. – [w] *zuerst* amplius. – [x] *anstatt* per quos. – [y] *anstatt* inde. – [z] *zuerst* ponant. – [aa] *gestrichen* uel. – [ab] *gestrichen* flamma. – [ac] *gestrichen* dom[inicae]. – [ad] *anstatt* ita. – [ae] *zuerst*
ut. – [af] *zuerst* illis.

[11] In Marburg baten die Zwinglianer, trotz des Lehrunterschiedes als Brüder angenommen
zu werden, auch der Landgraf drängte Luther, doch dieser lehnte ab. Vgl. KÖHLER, ZWINGLI UND
LUTHER II, S. 118.
[12] Zusatz Bucers: *Hic vides hunc virum nullam aliam coniunctionem panis et corporis
Christi negasse quam naturalem et localem.*

poris pro nobis traditione et sui sanguinis effusione credunt, cum magna animi alacritate ac gratiarum actione[ag] asserimus uere pasci ↓et↓ refici[ah] animas uero illo corpore et sanguine, utpote corporum nostrorum ʃalimoniam afferentibusʅ [ai] et ad resurrectionem sui diuini spiritus uirtute inseparabili uegetantibus, atque ita[aj] semper testati sumus adesse Christum ipsum in cęna fidelium. Et quamuis non dicamus corpus illius panaceum uel pani vnitum[ak] uel labiis ac dentibus ↓proprie↓ premi, non tamen a spiritu diuino Christi separari propterea vnquam diximus, imo separationem illam realem uti summam pestem execramur. Non enim ideo separatur corpus uel humanitas Christi a deitate,[al] quia haec ubique est ac immensa, illa uero circumscripta et certum locum occupans. Cum pane etiam ac uino symboliκῶς nihilominus et contemplatione fidei corpus et sanguinem tradi et accipi dicimus[13]. Unde in tantum non abhorremus a modo loquendi ueterum, ut etiam non sine summa contumelia et dolore[am] audiamus non[an] accipisse uerum corpus, sed uel panem solum uel symbolum duntaxat corporis, quandoquidem hac iniuria[ao] nostrae fidei contradicitur. Asserimus item[ap] incredulos ac prophanos conspurcatores mysteriorum peccare [in] [*f° 3269 r°*] Christum ipsum et reos corporis ac sanguinis fieri [*vgl. I Kor 11, 27*], etiamsi nec corpus nec sanguinem Christi contingant[aq] nisi συμβολικῶς. Non solum enim spernunt panem ac uinum uel solum symbolum, sed quod in ecclesia sanctorum diuinum ac sacrosanctum est, in qua et Christus pręsens ↓est suis↓ [ar] utpote ʃDeus uegetans, pascens, regens et defendens a peccati, aʅ [as] mortis et ↓ab↓ inferni tyrannide. In qua confessione haud dubitamus nos et, quotquot sic sentiunt, Christo placere et illi placentes in conscientia pacem bonam seruare nihilque, quod uel ad fidem uel ad charitatem pertinet, omittere[14].

ʃEatenus, mi Bucere, accedere Lutheranis nos posse uideor. Intelliges autem et ex fratrum literis, quanta et ipsis sinceritatis cura[15]. Obscuritatem

---

[ag] *gestrichen* fa[temur]. – [ah] *gestrichen* et bonos spiritus ac. – [ai] *anstatt* uiuificantioribus. – [aj] *gestrichen* ut. – [ak] *gestrichen* non tamen. – [al] *gestrichen* uel. – [am] *gestrichen* accusa[mur]. – [an] *gestrichen* s[olum]. – [ao] *gestrichen* tota. – [ap] *gestrichen* ut. – [aq] *gestrichen* non. – [ar] *gestrichen* et cuius etiam symbola presentem testantur gratiam. – [as] *zuerst* Deum et uegetantem, uiuificantem, pascentem, regentem, defendentemque suos cum a peccati, tum.

[13] Zusatz Bucers: *Istud tradi et accipi συμβολικῶς et contemplatione fidei sic intellexit, quod proprium obiectum traditionis et acceptionis corporalis symbolum sit, fidei autem corpus Christi. Mox enim contumeliam summam et iniuriam fidei nostrae agnoscit, dicere nos in coena vel panem solum vel symbolum duntaxat accipere.*

[14] Hier endet das Gutachten Oekolampads, das er der Theologenkonferenz in Zürich vorlegte.

[15] Zusatz Bucers: *Timebant isti, ne solida expressione exhibitionis corporis Christi cum pane ingeretur [!] iterum vulgo localis et cum pane naturaliter uniti corporis Domini praesentia indeque revocaretur superstitio falsae fiduciae in hanc praesentiam citra veram in Christum fidem. Haec insynceritas fidei et obscuritas illa est, quam isti timuerunt, quorum etiam causa Oecolampadius illa συμβολικῶς et contemplatione fidei libenter usurpavit.*

ecclesijs nostris periculosam refugimus. Age, mi frater, ut de te fratres sibi persuadent! Vale!ˣ ¹⁶

Tiguri, 3. Septemb[ris] anno 1530.

Adresse [fº 3269 vº]: Ad Bucerum confessio de coena docens quatenus ↓Oe-   5
colamp[adius] et↓ Zuinglius cum Luthero conuenire possit¹⁷.

C Zürich SA, E II 341, fº 3268 rº – 3269 vº; Zürich ZB, S 26,99; S 26,103; TB III, S. 317–318. — P Epistolae Oecolampadii 1536 (1548), S. 127a – 128b; Epistolae Oecolampadii 1592, S. 582–584; Oekolampad Bw. II, Nr. 770, S. 480–483.

¹⁶ Dieser letzte Textabschnitt stammt von einer anderen Schreiberhand als der vorausgehende Text.

¹⁷ *Andere Hand:* Haec confessio Oecolampadio tribuitur v. Epist. Zuinglij et Oecolampadij libro III, epist. 12, p. 127.

336   [1530 September 3. oder 4.] [Zürich]. — [Huldrych Zwingli]¹ an Bucer

Zwingli rapporte les délibérations des théologiens de Zurich. Développements sur les deux natures du Christ, en référence à l'écrit d'Augustin De praesentia Dei ad Dardanum. *Pour Luther et les papistes, le Christ offre son corps à manger* corporaliter *ou* naturaliter ; *Zwingli parle de manducation spirituelle, car manger* (edere), *c'est croire* (credere). *Zwingli parle encore de vraie contemplation de la foi. Le Christ est* vere *dans la Cène, i. e., non dans le pain, ajouté au pain ou uni au pain, ni* naturaliter *ni* corporaliter, *mais donné et mangé* sacramentaliter *et* mysterialiter. *Avant que l'on se rapproche des Luthériens, il faudra discuter à fond l'article de Nicée relatif à la Cène.*

Zwingli berichtet über die Beratungen der Züricher Theologen. Für die Abendmahlskontroverse ist die Zweinaturenlehre, insbesondere in Augustins Brief „De praesentia Dei ad Dardanum", zu beachten. Der Glaube ist das

¹ Das Schriftstück ist nicht unterzeichnet. Aufgrund der Adressenangabe (wenn auch von fremder Hand), der Handschrift, des Briefinhaltes und des Kontextes, in dem dieses Gutachten übersandt wurde, kommt aber nur Zwingli als Absender in Betracht. Das Schriftstück wurde dem Brief Oekolampads an Bucer zum selben Thema vom 3. September 1530 (oben Nr. 335, S. 257–261) beigelegt. Zwingli wird dieses Gutachten am selben Tag oder kurz danach, also am 3. oder 4. September 1530, verfaßt haben. Am 12. September 1530 zitiert Zwingli in seinem Brief an Vadian (vgl. ZWINGLI Bw. V, Nr. 1093, S. 124f.) Passagen dieses Gutachtens.

*Entscheidende beim sakramentalen Essen; ohne ihn nützt das Sakrament
nichts. Beim Abendmahl geschieht geistlicher Verzehr im Glauben; was
gereicht wird, ist ein Mysterium. Brot und Wein stärken den Menschen, der
Glaube an Christus stärkt die Seele. Christus ist im Mahl wahrhaft
gegenwärtig, nicht natürlich und körperlich, sondern auf sakramentale und
mystische Weise. Vor einer Annäherung an die Lutherischen in der Abendmahlsfrage bedürfen die Aussagen zur Zweinaturenlehre der Synode von
Nicäa einer eingehenden Erörterung.*

Consilium nostrum[2] ut ad Bucerum scribatur.

Qum teste Augustino obseruandum est, cum ⌐uel⌐ Christus ⌐ipse⌐ ᵃ uel
cum scriptura de illo loquitur, quid secundum Dei filium, quid uero secundum filium Dauid, de vno tamen ac indiuiso Christo dicatur[3], omnino confi-

5   temur seruandum esse modum istum, ⌐in⌐ referendo utrique naturę, quod
suum est, cum de proprietate sermonis requirimur, quantumuis propter
personę vnitatem ea proprietas commutetur, istum, inquam, modum seruandum esse, quem Christus ipse cum passim, tum maxime in euangelio Ioannis
seruauisse deprehenditur, quemque veteres omnes seruarunt. Et hac in re

10   Augustinum „De pręsentia Dei ad Dardanum"[4] sequendum et obseruandum
esse ducimus.ᶠ

His praemissisˡ ᵇ sententiam verborum coenę Domini: „Hoc est corpus"
[*Mt 26, 26 parr*] etc. in breuia ista colligimus: Christus his uerbis prebuitᶜ
<corpus suum< aut corporaliter ⌐et naturaliter⌐ aut spiritualiter edendum. Non

15   corporaliter ⌐siue naturaliter⌐, nam hoc fatentur Luterani et papistę; ergo spiritualiter[5]. Cum ergo de spirituali manducatione dudum conuenerit nobis
cum Lutero, quod edere est credere, constat fidem in Christum <Iesum<

ᵃ *gestrichen* loquitur. – ᵇ *anstatt* His exceptis, *danach gestrichen* de. – ᶜ *gestrichen* se.

2   Die Versammlung der Züricher Theologen. Vgl. oben Nr. 335, S. 258, Anm. 5.
3   Vgl. Aurelius Augustinus: *De praesentia Dei ad Dardanum*, Epist. 187, 9: „Nec tamen
cum Filium Dei Christum dicimus, hominem separamus; aut cum eumdem Christum filium
hominis dicimus, separamus Deum. Secundum hominem namque in terra erat, non in coelo, ubi
nunc est [...] quamvis secundum id, quod Filius Dei erat, esset in coelo, secundum id vero, quod
filius hominis erat, adhuc esset in terra nondumque ascendisset in coelum" (MPL 33, Sp. 835).
4   Aurelius Augustinus: *De praesentia Dei ad Dardanum*, Epist. 187 (MPL 33,
Sp. 832–848).
5   In seiner *Fidei ratio* (Zwingli W. VI/2, Nr. 163, S. 753–817) betont Zwingli eine
Präsenz Christi ,contemplatione fidei'. Die Präsenz in den Elementen und im Mund wird davon
deutlich unterschieden und abgelehnt (vgl. ebd., S. 806, Z. 6–22). Bucer und Luther hatten
bereits den Ausdruck des ,sakramentalen Essens' verwendet, und zwar im Sinne des mündlichen Empfangs des Leibes Christi im Glauben an sein Wort, das aus einem Element ein Sakrament macht. Zwingli interpretiert den Ausdruck anders und unterscheidet ,geistlich essen und
glauben' von ,im eigentlichen Sinne sakramental essen': Die Seele des Menschen wird gestärkt
durch den Glauben, den er mit den Symbolen bezeugt. Vgl. Köhler, Zwingli und Luther II,
S. 210–213; Locher, Reformation, S. 334.

primam atque pręcipuam esse in eucharistia manducationem, quodque, dum illam pręcipuam habemus, sine qua sacramentalis nihil prodest, illa uero citra sacramentalem, dummodo non contemnatur, summa salutis est, iniuria e fratrum numero reiicimur, etiamsi in sacramentali manducatione errare- mus.

Cum ergo in coena naturale Christi corpus non edatur corporaliter et spi- ritualis aut fidei manducacio pręcipua sit, quę hic requiritur, iam constat, quod, quidquid hic sensibile[d] datur uel geritur, non sit nisi sacramentum. Cum enim fides[e] nulla re sensibili dari possit nec etiam naturale Christi corpus prębeatur, iam constat mysterium e[sse, quod] colligitur [vel] [f° 3267 v°] prebetur.

Cum autem in mysterio siue sacramento non debeamus, iuxta Nicenę[f] synodi pręceptum[6], pani ac poculo humilius esse intenti, sed fidem eleuare[g] <et hac< intueri agnum, qui mactatus mundi scelus sustulit, ac rursus cum ipsum sacramentum quantumuis non debeat nos sibi defixos habere humi- lius, summa tamen cum reuerentia tractandum ac peragendum est, cum quod Christus ipsum uice sui corporis <datum< corpus suum adpellauit, quo magnitudinem et rei, hoc est uerę redemptionis, et misterii[7],[h] quod fidei simi- litudinem prę se fert — ut enim elementa ista, panis et uinum, homines confortant, sic fides in Iesum[i] Christum animam reficit — commendaret, tum quod hęc sacramenta, sensibus quoque suo modo Christum repraesentantia, ueram istam fidei contemplationem, quę Christum pręsentem intuetur <verum< Deum et hominem, plurimum iuuant.

Hinc fit, ut Christum credamus uere esse in coena, [↓]quemadmodum dictum est: „Ibi in medio illorum sum"[↓] [Mt 18, 20]; non in pane, non adsumpto pane, non in se conuerso pane, non vnitum pani, non naturaliter nec corporaliter, sed religiosę, nudę, purę ac diuinę menti, sacramentaliter ac[j] mysterialiter. Tam abest, ut Christum profligemus e coena, ut, nisi quis dicto modo pręsentem habeat, aut nihil aut ęternam damnationem habeat.

Quod si Luterani, cum hac [↓]expressa[↓] exceptione, quod nobis iuxta supe- rius datam naturarum in Christo distinctionem liceat synodi[k] Nicenę tropicos sermones ψιλῶς ac nude exponere, permittant, iam nihil moror ad uerbum recipere eius synodi de eucharistia decretum[8], sin minus, iam nihil minus uolo, quam huiusmodi sermonibus loqui, qui ueritatis obscuratoribus patro- cinentur. Quamuis, si idem esset loquendi mos hodie, qui tum erat, neque in

---

^d gestrichen g[eritur]. – ^e gestrichen quę a. – ^f zuerst Niceni, danach gestrichen symboli. – ^g gestrichen atque illum. – ^h gestrichen communicando. – ⁱ zuerst D[ominum]. – ^j anstatt atque. – ^k anstatt symboli.

[6]   Zur Abendmahlsformel der Synode von Nicäa 325 vgl. oben Nr. 327, S. 211, Anm. 34.
[7]   Vgl. Bucers Brief an Zwingli vom 25. August 1530 (oben Nr. 329, S. 224, Z. 6–8).
[8]   Zum Abendmahlsartikel der Synode von Nicäa vgl. oben Anm. 6.

veritate propter antiquitatem error quęreretur, iam nihil periculi esse cense-
rem, si citra exceptionem fateamur hunc Nicenum articulum, [*f°* 3270 r°]
nunc autem citra liberam eius expositionem accipiendum non censemus[9].

Adresse [f° 3270 v° / fremde Hand]: Zuing[lius] Bucero.

*Oa Zürich SA, E II 341, f° 3267 r°/v° und f° 3270 r°/v°. — C Zürich ZB, S
26,99. — P Schuler/Schultheß, Zw. W. VIII, S. 552–554; Zwingli Bw. V,
Nr. 1090, S. 117–119.*

---

[9]   An dieser Stelle bricht der Brief ab. Der Schluß fehlt.

337   1530 September 4. Zürich. — Wolfgang Capito[1] an Bucer

*Capiton, Zwingli, la plupart des autres prédicateurs de Zurich, Œcolampade
et Kaspar Megander estiment possible une union avec les Luthériens.
Cependant, après le colloque de Marbourg déjà, nombreux sont ceux qui
n'ont pas prêché conformément à cet accord. Par ailleurs, les Luthériens
n'ont pas encore reconnu que les partisans de Zwingli admettaient la présence réelle du Christ, et le don réel, dans le mystère, de son corps et de son
sang. Capiton prie Bucer de faire en sorte que ces points soient clarifiés. Sur
l'attitude à adopter face aux accomodations que pourraient exiger Mélanchthon et les autres, Bucer reçoit un feuillet d'une série de thèses sur la Cène
en version allemande et latine. Capiton écrit et salue au nom de Zwingli,
d'Œcolampade et de Mégander.*

*Capito, Huldrych Zwingli, die meisten anderen Prediger Zürichs, Johannes
Oekolampad und Kaspar Megander halten eine Einigung mit den Lutherischen in der Abendmahlskontroverse für möglich, wenn man sich auf die
Formulierung einer ,sakramentalen' Gegenwart Christi im Abendmahl
einigen kann. Zwar hat sich schon nach dem Marburger Religionsgespräch
gezeigt, daß manche sich nicht an Vereinbarungen halten, doch will man
darüber gern hinwegsehen, wenn die Lutherischen künftig ,unsere' Auffassung von der Gegenwart Christi beim Abendmahl besser verstehen und man
so trotz noch bestehender Unklarheiten zu einer brüderlichen Einigkeit*

---

[1]   Wolfgang Capito [Köpfel]. Vgl. oben Nr. 271, S. 6, Anm. 8.

kommt. Darum soll sich Bucer bemühen. Für seine Verhandlungen mit
Melanchthon erhält Bucer Abendmahlsartikel in deutscher und lateinischer
Fassung.

Gratiam et pacem, charissime frater!

Quod Lutherani, ut scribis ad Zuinglium[2], contentionis materiam omnem
facile sint omissuri habiturique satis abunde nos Christum fateri non in pane
neque pani vnitum, sed cum sacramento[3], hoc est sacramentaliter in cęna
pręsentem nudęᵃ, utᵇ ↓Chrysostomus loquitur[4], menti etc., Zuinglio cum↓   5
praestantioribus ministris Tigurinę ecclesiae, Johan[ni] Oecolam[padio]
Basiliensi[5], Caspari Megandro Bernensi[6] et mihi cum symmystis nostris
maiorem in modum placet. Quibus quidem nihil facile adoptatius contingere
potest quam cum tantis fratribus eundem Christumᶜ contestantibus pax tuta
synceraque concordia, tametsi post Margpurgensem conuentum[7] varię voces   10
iactatę sunt longe aliud atque aliter praedicantes, quam vtrinque illic conuenerat[8]. Cuius modi nos cum superioribus gestis omnibus Domino libenter
condonamus, modo in posterum alij alios amantius amplexentur, vtrinque
dicta et scripta candidius interpretentur et membra esse eiusdem Christi cen-
seant, dum fidem in illum et puram et solidam haud obscuris coniecturis   15
vtrinque colligere dabitur. Quod nos esse facturos, ut in nobis fuerit, pręsen-
tibus pollicemur. Nam libenter credemus a dominis ac fratribus Lutheranis
hactenus non animaduersum nos Christum agnoscere in cęna vere pręsentem
vereque uerbo distribuentem in mysterio corpus et sanguinem suum, quę
dona credentium anima sola proprie accipiat, et cętera in hanc sententiam,   20
quę missis ad Lutherum articulis[9] continetur, si fideli examine depensa

---

ᵃ *gestrichen* et purę menti. – ᵇ *gestrichen* cum. – ᶜ *gestrichen* simul.

[2]   Am 25. August 1530. Vgl. oben Nr. 329, S. 220–228.
[3]   Ebd. S. 226, Z.10–12.
[4]   Vgl. Johannes Chrysostomos: *De sacerdotio*, lib. 3, 4 (MPG 48, Sp. 642). Vgl. oben
Nr. 329, S. 226, Anm. 24.
[5]   Johannes Oekolampad [Hensgen]. Vgl. oben Nr. 271, S. 5, Anm. 6.
[6]   Kaspar Megander [Großmann] (Zürich 1495 – 18. August 1545 Zürich). Studium in
Basel, 1518 magister theologiae, ab 1519 Kaplan am Züricher Spital, 1524 Heirat. Auf der Züricher Disputation 1525 und auf der Berner Disputation 1528 trat er als Anhänger Zwinglis auf.
1528 wurde er als Prediger und Professor an die Hohe Schule nach Bern berufen. Vgl. IM HOF,
HOHE SCHULE, S. 194–224; DERS., 1528-1834, S. 27–39.
[7]   Das Marburger Religionsgespräch vom 1. bis 4. Oktober 1529. Vgl. oben Nr. 273, S. 11,
Anm. 4.
[8]   Derselbe Vorwurf in umgekehrter Richtung war schon kurz nach dem Marburger Religionsgespräch von lutherischer Seite gegen die oberdeutschen und schweizerischen Zwinglianer gerichtet worden. Vgl. zu Martin Luther KÖHLER, ZWINGLI UND LUTHER II, S. 142, zu Philipp
Melanchthon ebd., S. 144, und zu Andreas Osiander ebd., S. 148.
[9]   Vgl. Bucers Abendmahlsartikel im Brief an Luther vom 25. August 1530 (oben Nr. 328,
S. 217, Z.13 – S. 219, Z.12).

fuerint. Sunt enim paulo implicatiores neque satis firmę adversus calumniam, ut nobis videtur. Quemadmodum non solum ex singulorum sententijs^d huic epistolę adiunctis[10] facile obseruandum^e, sed etiam pręclare testantur tam editi libri quam ecclesię nobis ministris et spiritu magistro eucharistię veritatem edoctę. Ergo da operam [f° 29 v°], mi Bucere, ut institutam hanc telam feliciter absoluas! In nobis quidem nihil morę nihilque simulationis erit, adeoque superiorum temporum ne memoriam quidem superesse deprehendent, quin mutuis officijs ardentique studio cursum illorum in Domino candide adiutabimus et vicissim illorum subsidia uel bene ominantibus votis,^f si minus rebus ipsis contigerit, expectamus.

Vale!

Tiguri, ex ędibus Zuinglij nostri hospitis, 4 Sept[embris] 1530.

Quod si omnino Philippo[11] et alijs videtur super certis articulis transigendum, etsi stabilior amicitia in Domino, quę libero spiritu nititur, quam quę quantiuis ingenij humani cancellis continetur, habebis his inclusam schedam quę duplicem rationem, alteram explicatiorem, alteram astrictiorem, continet. Tu iudica, vtra illis accomodatior equabiliorque futura sit[12]. Quodsi quid uel uerbis uel sententijs ab hoc pręscripto variandum, proprio nuncio Tigurum rescribas, ut omnium conscientia transigi possit, quo concordia in posterum firmior maneat; nam cauti timent offendicula pusillorum, alioqui satis fortes ad contemnendos inepti vulgi aduersos rumusculos, quales a Margpurgensi conuentu[13] plurimos pertulerunt.

Vale!

Capito nomine et iussu^g Zuinglij,
Oecolampadij et Casparis Megandri et sui ipsius.

Ka Zürich ZB, ms. D 197d, f° 29 r°/v°. — C Zürich ZB, S 26,98; TB III, S. 319; BMS, ms. 644, f° 122 r° – 123 v° (A. Jung, deutsche Übersetzung); AMS, AA 425a, f° 12 v° – 14 v° (Capito, deutsche Übersetzung) —

---

^d *gestrichen* his. – ^e *zuerst* obseruatur. – ^f *gestrichen* expecta[bimus]. – ^g *gestrichen* fratrum com[munium].

[10] Bei diesen ‚sententiae' handelt es sich um das Gutachten Huldrych Zwinglis (oben Nr. 336, S. 261–264), den Brief Johannes Oekolampads an Bucer aus Zürich vom 3. September 1530 (oben Nr. 335, S. 257–261) und zwei nicht erhaltene Gutachten von Leo Jud und Kaspar Megander. Diese beiden Gutachten erwähnt Capito in seinem Bericht an den Straßburger Rat vom 11. September 1530 (CORRESPONDENZ STRASSBURG I, Nr. 788, S. 494, Z. 23–25).
[11] Philipp Melanchthon. Vgl. oben Nr. 273, S. 15, Anm. 27.
[12] Vgl. *Ecclesiarum Tigurianae, Bernensis et Argentinensis fides de coena Domini*, 2./3. September 1530 (BMS, ms. 644, f° 116 r°/v°); *Der Kirchen zu Zurich, Bern, Basel und Straßburg glaub*, 4. September 1530 (BMS, ms. 644, f° 123 v° – 124 r°); zum Teil veröffentlicht im Brief Zwinglis an Vadian vom 12. September 1530 (ZWINGLI Bw. V, Nr. 1093, S. 124, Z. 5 – S. 125, Z. 8; VADIAN Bw. IV, Nr. 538, S. 132).
[13] Das Marburger Religionsgespräch. Vgl. oben Anm. 7.

*P Schuler/Schultheß, Zw. W. VIII, S. 506f.; Zwingli Bw. V, Nr. 1089,
S. 114–116; Staedtke, Original, S. 78. — R Oekolampad Bw. II, Nr. 771,
S. 483; Millet, Correspondance Capiton, Nr. 424, S. 138.*

338   [1530]¹ September 9. [Augsburg]. — [Bucer]² an Huldrych Zwingli

*Bucer exhorte Zwingli à avoir confiance en eux ; ils ne concéderont rien.
Exhortation à prier et à placer son espoir en Christ seul : certains se
confient dans les forces du peuple et le pouvoir du monde ; vanité des sécu-
rités mondaines. Contre toutes les rumeurs, l'Empereur a conclu un traité de
paix avec le roi de France, a imposé a l'Italie un tribut, à Florence sa constitution, et a gagné comme alliés de nombreuses principautés et villes d'Allemagne. Les partisans de la foi traditionnelle estiment qu'à l'exception de
Philippe de Hesse, les princes évangéliques sont prêts à accepter la paix.
Expressions développées de confiance et d'espérance en Dieu. Ceux qui
semblaient de fer sont désormais plus flexibles que le plomb, excepté Luther.
Ceux qui œuvrent pour la concorde sont trop peu nombreux, alors même que
la controverse repose sur une pure querelle de mots ; jugements sévères sur
les évangéliques et invitation à la repentance ; Dieu les châtiera par les
papistes ou par des ennemis pires ; c'est le début du jugement. Bucer a lu le
De convitiis Eccii de Zwingli ; il regrette que les Luthériens y soient égrati-
gnés, alors même qu'existe un espoir de concorde.*

*Zwingli möge ohne Sorge sein, Bucer und die Seinen stehen in ihrer Gesin-
nung fest. Es gibt keinen Anlaß, um die Sache [Christi] zu fürchten, doch
vertrauen manche zu viel auf ihre eigenen Kräfte oder die der großen
Menge. Entgegen aller Gerüchte hat der Kaiser einen Friedensvertrag mit
Frankreich geschlossen, Italien der Tributpflicht unterworfen, Florenz seine
Verfassung auferlegt, zahlreiche Fürsten und Städte in Deutschland als
Verbündete gewonnen. Auch nach dem Ersten Kappeler Landfrieden haben
sich die Dinge anders entwickelt, als von den meisten erwartet. Die Altgläu-
bigen ziehen einen Krieg, der sie wieder in ihre frühere Position bringt, dem
Status quo vor; die evangelischen Fürsten, mit Ausnahme Philipps von
Hessen, sind offensichtlich zu jeder Art von Frieden bereit. Alles liegt in
Gottes Hand, der freilich dem Satan Spielraum gegen solche gibt, die mehr*

---

¹ Die Jahreszahl fehlt. Aufgrund der Zusammenhänge mit dem Augsburger Reichstag
kommt aber nur 1530 in Betracht.
² Der Brief ist nicht unterzeichnet. Aufgrund der Handschrift und des Briefinhaltes kommt
aber nur Bucer als Absender in Betracht.

mit dem Mund als mit dem Herzen evangelisch sind. Die aus Eisen zu sein scheinen, sind jetzt biegsamer als Blei; fast nur Luther erweist sich als standhaft. Zu wenige unter den Evangelischen streben ernsthaft eine Beilegung der Abendmahlskontroverse an, die nur ein Streit um Worte ist. Bucer kritisiert Zwinglis Heftigkeit gegen die Lutherischen in dessen Schrift „De convitiis Eckii“, während doch eine berechtigte Hoffnung auf Einigung besteht. Im Vertrauen auf Christus ist eine Einigung mit den ‚Gutgesinnten‘ unter den Lutherischen im Abendmahlsstreit mit Rücksicht auf seine schädlichen Auswirkungen in Frankreich und Deutschland zu erzielen.

Salue!

Literas tuas 15. augusti datas[3] accẹpi heri. Iubeo vero te securum esse de nobis, dum hunc nobis animum Christus seruarit. Nihil cedemus, quod christianos et christianae ciuitatis ciues[4] ↓adserere↓ deceat[a]. Quod ad preces hortor
5   et spem in vnum Christum collocandum moneo, non ideo facio, quod caussae timeam aut mundi minas tanti faciendas ˂putem.˂ Id me mouet, quod videam quosdam[b] suis viribus, imo non suis, sed vulgi, quo nihil inconstantius est, non nihil fidere et mundi potentiam haud adeo certis coniecturis nec digna christianis ratione contemnere. Quam diu vanum[c] erat Caesarem
10 aduenturum in Germaniam? Quoties fides negata est ↓nunciantibus↓ pacem inter Franciam et Cesarem compositam esse, tamen liberos ↓illi↓ restitutos et addictam vxorem[5]? Quae victoriae tributae Florentinis[6]? Tum quid sibi quidam non ↓polliciti sunt↓ de principum et vrbium in adserenda nationis nostrae libertate ↓constantia?↓ Res autem declarauit Caesarem optatam
15 confecisse cum Gallo pacem, Italiam tenere tributariam, Florentinis leges dedisse, principes et ciuitates Germanorum sibi habere addictiss[imos], praeter pauculos quosdam, et eos nec inter se concordes, tamen maiori ex parte sic comparatos, vt contra Caesarem arma sumere nolint, quicquid tandem sẹuitiae ʃille etiam in eos, qui ipsorum fidei commissi sunt[ᴸ d], designet.
20 Vos nullam vrbem habetis, in quae[e] non multi[f] ciues et potentes agant[g], qui ↓non↓[h] Caesaris iugum potius quam nostram expetant libertatem. Certe vt res apud ↓vos↓ habeant, ad capellam superiori anno satis patuit[7]. De

---

[a] *zuerst* detur. – [b] *gestrichen* non nihil. – [c] *anstatt* vanuum. – [d] *anstatt* apud suos. – [e] *anstatt* quae. – [f] *zuerst* multis. – [g] *anstatt* habent. – [h] *anstatt* in.

[3] Ein Brief Zwinglis an Bucer vom 15. August 1530 konnte nicht ermittelt werden. Die ungewöhnlich lange Laufzeit des Briefes vom 15. August bis 8. September 1530 legt die Weiterleitung des Briefes an Bucer durch andere Empfänger nahe. Ein Brief Zwinglis vom 15. August an andere Empfänger konnte ebenfalls nicht ermittelt werden.
[4] Die Bürger der Städte des Christlichen Burgrechts.
[5] Vgl. oben Nr. 328, S. 215, Z. 22 – S. 216, Z. 2, mit Anm. 18.
[6] Vgl. oben Nr. 334, S. 255, Anm. 26.
[7] Der Erste Kappeler Landfrieden, der am 26. Juni 1529 geschlossen wurde. Vgl.

Venetis [f° *305a v°*] erant, qui nescio quid sibi promitterent[8]; at ij non contemnendum exercitum alent Caesari ad opprimendum Lutheranos. Mediolanensis[9] et Sabaudus[10] in aere Caesaris sunt. Quinque pagi ab ingenio non recedunt; his Caesar auxilia promisit[11]. Notum quoque habetis abbatem Sanctogallensem[12].

Haec non ideo memoro, quod ex[i] eis vel consilia ducenda nobis vel spem ponendam putem, sed vt videres, quanto coniecturis te potiores simus, et vt procliuius sit ecclesiasticos bellum moturos[j], si Caesaris authoritas ipsos non restituerit, quam extincturos (?). Si enim nos sic ferunt, sensim omnis eorum potestas labitur et perit, nec aliud sperare possunt quam inter paucos annos nihil penitus ipsis reliquum fore. Si bello rem tentent, non parua eis reposita spes est in tam potente et de ⌊tot⌋ victorijs plurimum[k] formidabili Imperatore, in tam luculentis auxilijs pontificis, Venetorum et Anglorum, vt Gallus[13] promissa non seruet et vicini vobis duces metu vestri se contineant. Principes euangelicos vident paratos, vt quamlibet pacem recipiant[14], vno Hesso[15] excepto, quem tamen desertum ab alijs[16] intra sua pomeria facile continebunt.

Verum qui haec ⌊in hoc⌋ confideret, vt inde animum sibi formet, is non minus stulte et impie fecerit, quam si quis ex tuis coniecturis spem sibi fige-

---

[i] *gestrichen* his. – [j] *O* moturum. – [k] *anstatt* tantis.

EIDGENÖSSISCHE ABSCHIEDE IV (1b), S. 1478–1486; ESCHER, GLAUBENSPARTEIEN, S. 99–122; WALDER, RELIGIONSVERGLEICHE I, S. 5.

[8]   Am 15. Februar 1530 hatte Ulrich von Württemberg an Zwingli geschrieben: „Es ist die handlung mitt den Venedigern ibel veracht worden, aber wie ich aus eiwerem schreiben vermerck, stünd es noch uff guten wegen" (ZWINGLI Bw. IV, Nr. 978, S. 455, Z. 3f.). Die Venezianer hatten eine folgenreiche Indiskretion begangen, indem sie Zwinglis Bemühungen um sie an die Öffentlichkeit brachten. Am 22. April 1530 berichtet Capito das vermeintliche Geheimnis in allen Einzelheiten an Zwingli (ebd., Nr. 1012, S. 546–551).

[9]   Francesco Sforza II. Ende 1529 war er gegen Zahlung hoher Geldsummen von Kaiser Karl V. mit Mailand belehnt worden. Vgl. PASTOR, PÄPSTE, S. 381.

[10]   Karl III., Herzog von Savoyen. Kaiser Karl V., sein Schwager, hatte ihm bei der Kaiserkrönung am 24. Februar 1530 in Bologna die Stadt Asti übergeben. Vgl. ebd., S. 389.

[11]   Vgl. dazu die *Antwort des Kaisers an die Fünf Orte auf deren Beschwerde gegen Zürich*, Anfang August 1530 (EIDGENÖSSISCHE ABSCHIEDE IV (1b), S. 717f.). Vgl. oben Nr. 319, S. 164, Anm. 26.

[12]   Kilian German, Abt des Klosters St. Gallen. Vgl. oben Nr. 304, S. 115, Anm. 6. Die Fünf Orte, vor allem Luzern, hatten sich bei Kaiser Karl V. besonders für ihn eingesetzt. Vgl. EIDGENÖSSISCHE ABSCHIEDE IV (1b), S. 719f.

[13]   Franz I. von Orléans-Angoulême (1494 – 1547). 1515 bis 1547 König von Frankreich. Vgl. WOLF, FRANZ I., S. 385–389.

[14]   Zu den Vergleichsverhandlungen zwischen Evangelischen und Altgläubigen vgl. *Spalatins Bericht über die Verhandlungen des Ausschusses der Vierzehn* (URKUNDENBUCH AUGSBURG 1530 II, Nr. 144, S. 219–230) und die *Erklärung, über welche Artikel man im Ausschusse der Vierzehn einig sey* (ebd., Nr. 145, S. 230–233); vgl. auch Bucers Brief an Ambrosius Blaurer und Johannes Zwick vom 29. August 1530 (oben Nr. 333, S. 243, Anm. 13f.).

[15]   Landgraf Philipp von Hessen. Vgl. oben Nr. 270, S. 3, Anm. 3.

ret[l] optatae vel pacis vel [*f° 305b r°*] victoriae. Deus viuus est, in quo
viuimus, mouemur et sumus omnes [*Act 17, 28*]. Interim autem regnat Satan
in ijs, qui non credunt, habetque illos pro sua libidine sibi obnoxios. Dum
itaque ingrati adeo sumus fictori et patri nostro caelesti, qui saluifico nos
5   euangelio tam clementer inuisit tantumque resipiscendi tempus indulsit, et
verbotenus magis quam ex animo euangelici sumus, quid, quęso, insolens,[m]
si Deus Satanae in nos aliquid concedat, cum id priscis seculis sęviss[imis][n]
sępe fecerit, quum ecclesia longe seuerior erat? Scies siquidem, cui Tertullianus[17], cui Cyprianus[18] et sancti alij persecutiones, quibus suis temporibus
10   ʳsęuitum estˡ [o], tribuerint. Hinc ergo dum apud nos ita scissa omnia sunt et
perpauci, qui in opere Domini iuste ferueant, puto nos haud iniuria nostris
rebus metuere, non ab hominibus, qui nihil possunt, sed deo, cui sunt in
manu omnia. Accedit, quod, qui ferrei videbantur, nunc plumbo flexibiliores
sunt[19], vno Luthero fere recte sibi constante. De his loquor, qui hic sunt.
15   Item merito et illud terret, quod sanctae concordiae inter nos, qui euangelion adnunciamus, restituendae tam pauci fauere videntur, cum tamen
omnis fere inter nos in verbis dumtaxat contentio sit[20]. Cum primis itaque
hoc curemus,[p] vt ad Deum[q] animi nostrorum respiciant, vt illi approbare se
ante omnia [*f° 305b v°*] studeant, vt peccatis et socordiae suae tribuant, quod
20   hostes tam impudenter et praefracte agunt, nostris animus tantum non in
pedes concidit, quod concordia inter nos adeo negligitur, quod
coniunctiss[imae] ˡinter seˡ ante hac vrbes vix se inuicem salutant. Tamen si
peccata agnouerimus et veniam sedulo orauerimus emendandaeque vitae
operam dederimus et ex animo dixerimus: „Non nobis, non nobis, Domine,
25   sed nomini tuo da gloriam [*Ps 115, 1*]! Nobis confusio, tibi decus debetur“,
et mihi optima spes erit Christum in nobis infirmis virtutem suam contra
mundum magnifice aperturum. At si nescio quae ex humanis coniecturis

---

[l] *gestrichen* vel. – [m] *gestrichen* in. – [n] *anstatt* tam sęue. – [o] *anstatt* sęuerunt. – [p] *gestrichen*
ad. – [q] *gestrichen* animi

[16]   Philipp von Hessen war am 6. August 1530 von Augsburg abgereist und seitdem von
der unmittelbaren Einflußnahme auf die Geschehnisse in Augsburg abgeschnitten. Vgl. oben
Nr. 322, S. 183, Anm. 18.
[17]   Quintus Septimius Florens Tertullianus (Karthago um 160 – nach 220 Karthago). Rhe-
torisch und juristisch gebildeter Theologe; Verfasser apologetischer, polemischer und praxisbe-
zogener lateinischer Werke. Vgl. CAMPENHAUSEN, TERTULLIAN, S. 97–120.
[18]   Cyprian von Karthago. Vgl. oben Nr. 279, S. 45, Anm. 9.
[19]   Gemeint ist vor allem Philipp Melanchthon. Am 4. September 1530 schrieb Landgraf
Philipp von Hessen an Huldrych Zwingli: „Philippus Melechton[!] gehet zuruck wie der krebs
und ist ein schedlicher man dem ewangelio Christy myt seyner blodykeyt, dan er ist yns
weychen komen [...] Got geb, das Philippus disses weychen alleyn uß blodykeyt thu“ (ZWINGLI
Bw. V, Nr. 1088, S. 112, Z. 5–7; S. 113, Z. 3). Zwingli antwortete am 20. September 1520:
„Melanchthons Handlung ist ser argwönig. [...] Nit wellen erkennen, das man irre, ist die größte
irrung“ (ebd., Nr. 1100, S. 144, Z. 14 – S. 145, Z. 2).
[20]   Zu dieser Auffassung Bucers vgl. z. B. oben Nr. 328, S. 216, Z. 20f.

nobis polliciti irato Patri celesti supplicare cessauerimus, vt sint tam peruersi
papistae, vt eis contra nos Deus hac vice nihil permissurus sit propter
gloriam nominis sui, indubie tamen nos vt suos grauiter castigabit per alios
forsan grauiores hostes. Iudicium sane a domo sua incipere solet[r] [*I Petr
4, 17*].   5

Caeterum, vt initio quoque dixi, dum hunc nobis ipsum Christus eripi non
sinet, videbis nec legatos nostros[21] nec me admissuros, quae nobis digna non
sint. Responsum tuum ad Eccij[22] convitia[23] legimus, et valde probamus,
quod maiestatem sacramentorum adeo extulisti. Dolet autem, quod Lutheranos attigeris[24], cum spes sit concordiae. Optauissemus etiam te fusius et   10
apertioribus atque recentioribus exemplis fidei vestratum in imperatorem et
domum Austriae tuos purgare[25]. Sed erit forsan huius alia occasio. [*f° 304 r°*]
Videre quam vanae minae hostium fuerint cupio, verum vt hoc videam,
orabo a Domino, non sperabo ab hostibus, quibus maior et potentia et animus
est, quam vt nobis conniueant, nisi obstet illis Deus. Malet certe, malet   15
Pont[ifex] Germaniam aliquamdiu vastam sibi nihil tributi pendere quam
saluam et florentem. Caesar quoque alias rationes in oculis necessario habet.
Et si sunt episcopi, qui tristem belli euentum metuant, vincuntur tamen
eorum numero, qui id solum sibi saluti fore iactitant. Sed quid haec omnia
efficient, si velit pacem donare Deus, quod fluctus illesus scopulo? Hunc   20
ergo nobis placandum cum primis demus operam; deinde eorum mediorum,
quae ipse obiecerit, nihil negligamus, vt hactenus factum est, vel erga Candidum[26].

De vrbibus, nisi eas denuo excitet Deus, nihil est quod expectes. Nos
patemus omnibus, inuitamus omnes, imo ambimus, sed frustra hactenus.   25
Christo igitur niti, Christo nos oblectare, Christo satiari oportet; et in hoc ipsi
gratia sit. Sic gaudemus, sic saturi sumus, sic regnamus, ut animo
aequis[simo] simus, vnum id iam anxij, si cum bonis ex Lutheranis possemus conuenire in eucharistia propter Gallos et plerasque Germaniae
regiones, quibus nostrum tantum obest dissidium, vt de hoc satis queri   30

---

[r] *anstatt* nisi iste.

[21]   Die Straßburger Gesandten Jakob Sturm und Mathis Pfarrer. Vgl. oben Nr. 269, S. 2,
Anm. 9; Nr. 302, S. 113, Anm. 15.
[22]   Johann[es] Eck. Vgl. oben Nr. 301, S. 108, Anm. 19.
[23]   Huldrych Zwingli: *Epistola de convitiis Eckii [...]*, 27. August 1530. Vgl. oben Nr. 329,
S. 221, Anm. 8.
[24]   Vgl. Bucers Brief an Zwingli vom 18. September 1530 (unten Nr. 340, S. 288,
Z. 13–15).
[25]   Zu diesem Wunsch Bucers vgl. Zwingli in seiner Schrift *Epistola de convitiis Eckii*
(ZWINGLI W. VI/3, Nr. 167, S. 288, Z. 4 – S. 289, Z. 5).
[26]   Landgraf Philipp von Hessen. Vgl. oben Anm. 15f.

nequeant literis crebritimiis²⁷. Vale! Salutant te nostri et bono [*f° 304 v°*] animo esse iubent.

In Domino fortes erunt [*vgl. Eph 6, 10*]. 9 Septemb[ris].

Adresse [f° 304 v°]: Magistro Hartrycho²⁸ primissario in Sempach, nunc agenti cellae apud inferiorem lacum.

Oa Zürich SA, E II 339, f° 305a r°/v° und f° 304 r°/v° (Schluß). — C Zürich ZB, S 32,120 (ad 1532); TB V, S. 141 (ad 1532). — P E. Egli, Analecta Reformatoria I, S. 56–59 (Schluß fehlt); Zwingli Bw. V, Nr. 1087a, S. 107–110 (Schluß fehlt).

---

²⁷ Vgl. Bucers Brief an Philipp von Hessen vom 31. August 1530 (oben Nr. 332, S. 240, Anm. 39).

²⁸ Pseudonym für Huldrych Zwingli aus Schutzgründen.

339   [1530]¹ September 9. [Augsburg]. — [Bucer]² an Vadian³

Bucer remercie Vadian pour sa lettre et pour des livres ; il demande de ne les confier à l'avenir qu'à des messagers très dignes de confiance. Bucer reconnaît la présence mystique (au milieu des siens) du Christ dans la Cène. Si la concorde est l'œuvre de Dieu, il la fera réussir. Les effets néfastes de leur discorde en France et ailleurs. Il s'agit seulement d'une querelle de mots : les Luthériens s'imaginent que nous ne voyons dans la Cène que le pain et le vin ; en revanche, les nôtres estiment que les Luthériens croient que le corps du Christ est transformé en pain et en vin. Salutations à Christian Fridbolt, à Andreas Eck et aux autres frères. Salutations de Jacques Sturm.

Bucer hat eine Büchersendung und einen Brief von Vadian erhalten und bittet, Briefe künftig nur noch besonders zuverlässigen Boten anzuvertrauen. Auf beiden Seiten wird die Anwesenheit Christi im Abendmahl anerkannt,

---

¹ Die Jahreszahl fehlt. Aufgrund der Zusammenhänge mit dem Augsburger Reichstag kommt aber nur das Jahr 1530 in Betracht.

² Der Brief ist mit einem Pseudonym unterzeichnet. Aufgrund der Handschrift und des Briefinhaltes kommt aber nur Bucer als Absender in Betracht.

³ Joachim von Watt [Vadianus]. Vgl. oben Nr. 271, S. 5, Anm. 2.

die Bucer eine mystische Präsenz nennt. Die bedrängten Brüder in Frank-
reich und in anderen Gebieten klagen über den Abendmahlsstreit. Er hemmt
den Durchbruch des Evangeliums, obwohl er doch nur ein Streit um Worte
und ein Kampf von Blindkämpfern ist. Grüße an Christian Fridbolt, Andreas
Eg und die anderen Brüder. Grüße von Jakob Sturm.

S[alutem] d[icit]. Vir ampliss[ime]!

Literas et libellos accẹpi[4] optarimque nih[il] deinceps literarum ijs committi, quos non certo confid[es] optima fide reddituros[a]; Coryceis[5] omnia
plena sunt et Prus[iis][6]. Quamlibet pie scripta exitialibus calumnijs interpre-
tari solent huius seculi quidam. Nullius hominis gratia de veritate aliquid
remitti volo; verum dum <u>vtrinque</u> vere in[b] caena <u>Christum praesentem</u>
agnoscimus, vt est ill[e] in medio suorum, vbicunque conuenerint in suo
nomine [*Mt 18, 20*], velim <u>mysticam</u> hanc <u>praesentiam</u> sic posse nominari,
vt et veritati nihil derogetur et in Christo amiciti[a] vtrinque constet. Si opus
ex Domino est, dabit ipse successum; sin, debebimus id peccatis nostris,
quod per nos <u>tantum offendiculum</u> passim ecclesijs objicietur, per quos cum
primis tolli, quae per alios objicerentur, oportebat. Vtinam nos audiremus,
quae mille calamitatibus pressi sancti apud Gallos[7] et in alijs regionibus de
hoc nostro dissidio ↓cottidie↓ queruntur! Mihi certe minimum hic est, quod a
papistis, si concordes essemus, tutius agere liceret. Hoc terret, hoc cruciat,
quod euangelij crisis tam nullo negocio per nos, plus quam dici queat, acce-
lerar[i], nedum expediri potest, et ipsi illi remoras objicimus. Nam aut ↓ego↓
nihil video, aut sola verborum inter nos pugna est[8]. Dum enim Lutherani iam
nullam aliam Christ[i] <in caena< praesentiam exigunt fateri, quam Paulus

5

10

15

---

[a] *zuerst* reddicuros. – [b] *gestrichen* Ch[risto].

[4] Über eine solche Sendung Vadians an Bucer mit Brief und Büchern ist nichts bekannt.
Offensichtlich wurden durch den Boten Geheimnisse aus diesem Brief verraten, was Bucer nun
Anlaß zur Vorsicht gibt und ihn im vorliegenden Brief Pseudonyme für Zwingli und die eigene
Person verwenden läßt.
[5] Eine Persönlichkeit entsprechenden Namens ist aus der antiken Welt nicht bekannt. Über
die in Kilikien und Lykien zu vermutenden Städte namens Κώρυκος ist zu wenig bekannt, als
daß hier auf ihre Einwohner angespielt werden könnte. Möglicherweise denkt Bucer hier an die
Pankratiasten und Faustkämpfer, die im κορύκειον zu Übungszwecken auf den Κώρυκος,
einen mit Sand, Korn, Mehl oder Feigen gefüllten Ledersack, einschlugen (vgl. sein späteres
Bild des kämpfenden Gladiators). Vgl. DECKER, SPORT, S. 86, 147; PAULY, REALENCY-
CLOPÄDIE 11, Sp. 1448–1453; SINN, SPORT, S. 24–29.
[6] Bucer denkt hier vermutlich an Prusias I. (um 250 – 182 v. Chr.), um 230 – 182 König
von Bithynien. Prusias nahm den geflohenen Hannibal auf, gründete zusammen mit ihm die
Stadt Prusa ad Olympum, verriet Hannibal aber später an die Römer und lieferte ihn aus. Vgl.
AMELING, PRUSIAS; PAULY, REALENCYCLOPÄDIE 23, Sp. 1071–1107.
[7] Vgl. oben Nr. 328, S. 215, Z. 17–20.
[8] Entsprechend bat Bucer am 25. August 1530 Luther, einzulenken, der Unterschied im
Verständnis der Einsetzungsworte sei recht gering, die ganze Auseinandersetzung lediglich ein
Wortstreit. Vgl. ebd., S. 216, Z. 20f.

expressit, dum scripsit Christum habitare in cordibus nostris per fidem [*Eph 3, 17*]: quid, quęso, variat? Fingunt illi sibi nos nihil in caena agnoscere praeter solum panem et vinum, ⁺quo nihil minus verum est.⁺ Nostri putant illos ↓credere↓ Christi corpus naturaliter pane vniri et gratiam pane et vino transfundi, quod꜀ minime agnoscunt. Quid iam est andabatarum more pugnare ᵈ, si [*f° v°*] hoc non est? Animis erectis sumus, sed in eum, cui Pater dedit in manus omnia. In hominibus enim nihil ᵉ nisi mendacium et vanitas est. At si quid Dominus ⁺et hominibus⁺ ꜠ contulerit, ut multis magna confert, id minime negligemus.

5

Tu et tui optime valeant. D[omino] Christanno⁹, dominico Andreae ᵍ Eccio¹⁰ ac alijs fratribus me commenda! D[ominus] Sturmius¹¹ te resalutat. Reliqua ex literis Trutmanni¹², quas resignatas lege et tum illi mitte cum adiunctis, quas simul illum legere volo. Iterum in Domino vale! 9. Septembris.

10

Tuus Dyetleben¹³ ex Alfeld¹⁴

15

Scis abbatis caussam¹⁵ a selectis toti principum concilio commendatam esse, ne ⁺isti homines⁺ vim hanc diutius ferant.

Adresse [f° v°]: Praestantiss[imo] viro d[omino] Ioachimo a Watt, consuli Sancto Gallensi, integerrimo domino suo cum primis colendo.

꜀ *gestrichen* et. – ᵈ *zuerst* pugnant. – ᵉ *gestrichen* nihil. – ꜠ *anstatt* illis. – ᵍ *gestrichen* ↓[...]↓.

⁹ Christian Fridbolt. Vgl. oben Nr. 316, S. 151, Anm. 5.
¹⁰ Andreas Eg [Eccius, Eckius] von St. Gallen. Schüler und Freund Vadians, zusammen mit Zwingli am 11. Oktober 1531 bei Kappel gefallen. Vgl. VADIAN Bw. IV, S. 50–52, 72–76, 86, 132, 164–173, 213–228.
¹¹ Jakob Sturm [von Sturmeck]. Vgl. oben Nr. 269, S. 2, Anm. 9.
¹² Pseudonym für Huldrych Zwingli. Vgl. SCHULER/SCHULTHEß, ZWINGLI W. VIII, Nr. CXXI, S. 515; Nr. CXXII, S. 518; VAD. Bs. IV, Nr. 616, S. 228, Anm. 1. Vgl. Zwinglis Brief an Vadian vom 12. September 1530 (ZWINGLI Bw. V, Nr. 1093, S. 124f.)
¹³ Die Unterzeichnung mit einem Pseudonym gehört zu den ergriffenen Vorsichtsmaßnahmen gegen unbefugte Einsichtnahme (vgl. oben Anm. 4). Eine Erklärung für die Wahl dieses Pseudonyms erwies sich als unmöglich. Daß es sich beim Verfasser um Bucer handelt, ergibt sich jedoch zweifelsfrei aus der Handschrift und dem Inhalt des Briefes.
¹⁴ Auch diese Chiffre konnte nicht entschlüsselt werden. Bei der Erwähnung des Ortsnamens Alfeld wäre an die östlich von Nürnberg gelegene Ortschaft zu denken, die im Zusammenhang mit Bucers Reise von Augsburg nach Coburg stehen könnte. Bucer reist jedoch erst am 19. September von Augsburg ab (vgl. CORRESPONDENZ STRASSBURG I, Nr. 794, S. 499), in Begleitung des Nürnberger Gesandten Bernhard Baumgartner, also sicher über Nürnberg. Die Weiterreise über Alfeld wäre ein erheblicher Umweg gewesen, könnte allerdings mit Sicherheitsbedenken erklärt werden. Ob Bucer hier schon einen Hinweis auf seine Reiseroute geben will, ist höchst fraglich, zumal bis zum 18. September 1530 geplant war, Bucer in Begleitung Kurfürst Johanns I. von Sachsen reisen zu lassen (vgl. CORRESPONDENZ STRASSBURG I, Nr. 791, S. 497; Nr. 794, S. 499).
¹⁵ Die Angelegenheit des inzwischen, nämlich am 30. August 1530, in der Bregenzer Ach ertrunkenen St. Galler Abtes Kilian German. Vgl. EIDGENÖSSISCHE ABSCHIEDE IV (1b), S. 719f., 722f.

*Oa St. Gallen StB, Vad. Br. slg. XI 8. — C Zürich, ZB, S 29,72; TB IV,
S. 120. — P Vadian Bw. IV, Nr. 616, S. 227f.*

340 1530 September 13. Straßburg. — Wolfgang Capito[1] an Bucer

*Capiton relate son voyage à Bâle et à Zurich. À Bâle, Œcolampade tente
d'imposer, sous la menace du ban, la discipline ecclésiastique. Difficultés
des négociations avec les Zurichois, les Bernois et les Bâlois relatives à une
concorde avec les Luthériens. Capiton recommande à Bucer de poursuivre
ces négociations en personne à Zurich. Les prédicateurs strasbourgeois ont
adressé aux Treize une supplique relative à la réorganisation des paroisses,
aux écoles et à l'instruction de la jeunesse, ainsi qu'à la morale dans la ville.
Lettre commune aux cinq cantons et préparatifs de la dispute de Soleure, à
laquelle Konrad Treger veut se mêler. La peste se développe à Strasbourg :
décès de Fridolin Meyer et de l'épouse de Martin Herlin. Jacob Ryher rapporte de Johann Schneidt a été libéré. La réponse très haineuse d'Erasme
aux Strasbourgeois,* Responsio ad epistolam apologeticam ... ; *Bucer lui
répondra. Suspension, en l'absence de Jacques Sturm et de Mathis Pfarrer,
des efforts relatifs à l'enseignement élémentaire dans les écoles strasbourgeoises. Bucer a lu, avec un mélange d'admiration et de perplexité, deux
lettres de Luther à Mélanchthon ; fermeté de Jean de Saxe et des siens à la
Diète d'Augsbourg. Conseils pour l'entrevue de Bucer avec Luther. Ils don-
neront copie d'une lettre de Bucer à Œcolampade et Zwingli. Exhortation à
la prière. P. S. : L'Empereur menace les signataires de la* Tétrapolitaine.
*Salutations à Jacques Sturm et à Mathis Pfarrer. Difficultés financières de
Franz Frosch et de Gérard Geldenhauer de Nimègue.*

*Capito berichtet von seiner Reise nach Basel und Zürich. Lobt die kirchliche
Zucht und das bürgerliche Leben der Züricher. Oekolampad versucht, in
Basel Kirchenzucht durch Bannandrohung durchzusetzen; er findet damit
nicht die Unterstützung Zwinglis. Die Verhandlungen mit den Zürichern, den
Bernern und den Baselern über eine Konkordie mit den Lutherischen ge-
stalten sich äußerst schwierig. Capito empfiehlt die Weiterführung dieser
Verhandlungen durch Bucer selbst in Zürich. Capito hat im Namen der
Straßburger Prediger den Dreizehn (XIII) einen Bericht zur Neuordnung der
Pfarreien und des Schulwesens, zu Fragen der Sittenzucht und der Beach-*

---

[1] Wolfgang Capito [Köpfel]. Vgl. oben Nr. 271, S. 6, Anm. 8.

*tung von Religionsedikten in der Stadt vorgelegt. Gemeinsamer Brief an die
Fünf Katholischen Orte und Vorbereitungen für die geplante Disputation in
Solothurn. In Straßburg ist die Pest ausgebrochen. Jakob Rieher berichtet
über die Freilassung Johann Schneids. Capito mahnt, daß die geplanten
Einigungsartikel [im Abendmahlsstreit] nicht den Charakter dogmatischer
Glaubensartikel haben dürfen, sondern der verletzten Liebe dienen sollen.
Erasmus von Rotterdam hat den Straßburgern in bissigster Weise geantwor-
tet. Die Bemühungen um den Elementarunterricht an Straßburger Schulen
werden eingestellt. Die Haltung der Vertreter Sachsens auf dem Reichstag
ist unbeugsam. Capito gibt Bucer Ratschläge für dessen bevorstehende
Unterredung mit Luther. Kaiser Karl V. droht den Unterzeichnerstädten der
Confessio Tetrapolitana. Ein Brief von Schwenkfeld. [Franz] Frosch und
Gerhard Geldenhauer von Nijmegen sind in Schwierigkeiten.*

Gratiam et pacem, charissime frater!

    Ex Tiguro scripturiebam quę istic successerint[2], sed perscribere non
potui, fratribus vndique circumstantibus et de reliquis ecclesiae negocijs col-
loquentibus. Jam agam fusius, siquidem amare videris literas prolixiores.
5 Magna properatione ascendi[3]. Basileę consul noster et nouus tribunus
plebis[4], auditis articulis[5] et consilio dominorum nostrorum[6], voluerunt, vt
vna Oecolampadius proficisceretur[7], quo minus impedimenti ac remorę
intercederet; nuncio celeri quoque a Bernatibus aut Hallerum[8] aut Megan-

---

    [2] Es handelt sich um den Brief, den Capito am 4. September 1530 im Namen von Zwingli,
Oekolampad und Megander an Bucer geschrieben hat (vgl. oben Nr. 337, S. 264–267). Capito,
in den ersten Augusttagen 1530 vom Reichstag zurückgekehrt, war von den Straßburger Dreizehn (XIII) nach Basel und Zürich gesandt worden, um die Schweizer Reformatoren auf die ein-
heitliche Abendmahlsformel zu verpflichten, die Bucer den sächsischen Theologen in Augsburg
vorgeschlagen hatte. Vgl. CORRESPONDENZ STRASSBURG I, Nr. 788, S. 493–495; KÖHLER,
ZWINGLI UND LUTHER, S. 220–236; OEKOLAMPAD Bw. II, Nr. 774, S. 484–487.
    [3] Capito hatte Straßburg am 27. August 1530 verlassen und war am 29. August um 8 Uhr
morgens in Basel angekommen. Vgl. ebd., Nr. 774, S. 484.
    [4] Seit Ende Juni 1530 waren Jakob Meyer zum Hirtzen als Bürgermeister und Balthasar
Hiltprand als Oberzunftmeister im Amt. Vgl. ROTT, CORRESPONDANCES, S. 790, Anm. 1.
    [5] Die von Bucer nach dem Treffen mit Melanchthon in der Nacht vom 24. auf den 25.
August 1530 in Augsburg verfaßten Artikel zum Abendmahl, die am 25. August zusammen mit
verschiedenen Begleitschreiben Bucers an Luther (oben Nr. 328, S. 212–220), Zwingli (oben
Nr. 329, S. 220–228) und die Prediger in Straßburg (oben Nr. 330, S. 228–232) gesandt
wurden.
    [6] Zur Instruktion der Dreizehn (XIII) für Capito vgl. CORRESPONDENZ STRASSBURG I,
Nr. 785, S. 490f.
    [7] Die Anwesenheit des Baselers Oekolampad in Zürich erschien um so wünschenswerter,
da seine Schrift *Quid de eucharistia veteres [...]*, 2. Juli 1530 (vgl. oben Nr. 299, S. 102,
Anm. 11), Bucer die wichtigsten Argumente für die Neuformulierung seiner Einigungsartikel
geliefert hatte.
    [8] Ber[ch]t[h]old Haller (Aldingen b. Rottweil 1492 – 25. Februar 1536 Bern). Schulzeit in
Rottweil und, mit Melanchthon, in Pforzheim, Studium in Köln, zunächst Schullehrer und

drum[9] efflagitarunt[10]. Nam verebantur Zuinglij cautionem cunctabundam[a], qui, intentus continendę ciuitatis christianę[11] in officio et concordia, pleraque, etiam minutiora, communi consilio peragit, ne quis se forte contemni putet. Eodem consilio Tigurinus senatus Schafhusiam scripsit[12], ut et illi alterum ex concionatoribus celeriter mitterent[b], qui responderunt abesse nunc senatores plerosque in mercatu Zurzachensi[c], qui tum instabat[13], et reliquos ruri sationi dare operam eoque non esse spacium cogendi senatus tam celeriter. Nam, ut scis, illic summa rerum apud aduersarios est[14], et tamen spoponderunt ratum habiturus, quicquid per nos hac in causa definitum fuisset.

Tigurum venimus bene compluti vltima augusti. Adfluit Zuinglius cum tota ministrorum verbi et eruditorum cohorte. Subeunt noti nobis senatores, patrio more sua nos cohonestaturi praesentia, quam rationem per totos illos 7 dies, quo illic hęrebamus[15], continuarunt; omni enim conuiuio huius anni consul et tres senatores frequentes aderant et nouos nos hospites[16] subinde excipiebant; tabernario pecunia publica satisfactum est. Negocijs expeditos diem vnum retinuerunt, cum magna Oecolampadij[17] molestia; vesperi apud Cocleam ([↓]zum Schnecken[↓]), quę domus publica est, cęnauimus[d]; aderant nostri honorandi causa plus minus conuiuę octoginta. Tanta nos molestia et cruditatis periculo Christi causam considerauimus, te istic longe diuersa ratione agente, et tamen est quod gaudeas, [↓]nempe[↓] animos populo illi ad

---

[a] O cuntanbundam. – [b] *zuerst* mittant. – [c] *zuerst* Zurch. – [d] *zuerst* cenabamus.

ab 1519 Prediger in Bern, gilt als Reformator Berns. Seit 1521 Briefwechsel mit Zwingli, 1528 tatkräftige Teilnahme an der Berner Disputation. 1530 mißlingt Hallers Versuch, auch Solothurn auf evangelische Seite zu bringen. Vgl. BCor II, Nr. 140, S. 178, Anm. 26; GUGGISBERG, KIRCHENGESCHICHTE, insbes. S. 102–110, 113–115, 132f., 140–146; NDB 7, S. 552; PESTALOZZI, HALLER, insbes. S. 46–52; QUERVAIN, GESCHICHTE, insbes. S. 127–159; QUERVAIN, ZUSTÄNDE, insbes. S. 6–17, 25–27, 32–34, 44–46, 52–55, 120–141.

[9] Kaspar Megander [Großmann]. Vgl. oben Nr. 337, S. 265, Anm. 6.

[10] Zu diesem Brief der Baseler an die Berner vom 29. August 1530 vgl. STECK/TOBLER, AKTENSAMMLUNG, Nr. 2871, S. 1289f.; STRICKLER, ACTENSAMMLUNG II, Nr. 1605, S. 645f.

[11] Das Christliche Burgrecht, dem Straßburg am 5. Januar 1530 beigetreten war.

[12] Schaffhausen war dem Christlichen Burgrecht im Herbst 1529 beigetreten. Die Prediger waren Benedikt Burgauer und Erasmus Ritter. Zum Einladungsschreiben aus Zürich vgl. STRICKLER, ACTENSAMMLUNG II, Nr. 1610, S. 647; Nr. 1630, S. 653f.

[13] Die bedeutende Messe von Zurzach, Kanton Aargau, die am 1. September 1530 stattgefunden hatte. Vgl. ROTT, CORRESPONDANCES, S. 790, Anm. 8.

[14] Der Bürgermeister Schaffhausens, seit Pfingsten 1530 Hans Ziegler, stand der Reformation unfreundlich gegenüber, wohl abgeschreckt durch die Zänkereien zwischen den beiden Predigern Benedikt Burgauer und Erasmus Ritter. Vgl. ZWINGLI Bw. V, Nr. 1086, S. 102, Anm. 19.

[15] Vom 31. August bis 6. September 1530. Vgl. OEKOLAMPAD Bw. II, Nr. 773, S. 484.

[16] Es handelte sich um den ersten Besuch Capitos und Oekolampads in Zürich in offizieller Mission.

[17] Johannes Oekolampad [Hensgen]. Vgl. oben Nr. 271, S. 5, Anm. 6.

euangelium superesse, quod nostri honore testati^e sunt. Ecclesiae modum et
rationem coram, fauente Christo, prolixe audies[18]. Est enim quod emulan-
dum censebis et pauca cupies commutari $^↓$in melius$^↓$ aut certe adaugeri in
maius. Summa continendę disciplinę ecclesiasticę seueritas, [*f*° *71 v*°] conser-
5   uata^f $^↓$tamen$^↓$ diligenter ciuili venustate, quam elegantissimo^g iuuentus ves-
titu^h, conuiuijs moderatis, exercendis varie corporibus, concinne tuetur.
Oecolampadius suam vrget excommunicationem, totus in asserenda ecclesiae, id est ministrorum, autoritate[19]. Minorita et Marcus vsque ad rauim
clamant et plebem prope commouerunt[20]; senatus magnus, quorum autoritate
10 substiterunt hactenus $^↓$concionatores$^↓$, reclamat[21], veretur enim partim exemplum et aditum nouę ἱεροτυραννιδος, partim exitum infelicem. Zuinglius
moderatis verbis dissuasit institutum; quam mihi probetur, qui meas opi-
niones et sententias perspectas habes, facile conijcis, videtur enim res ad
communem ciuitatis nostrę christianę consultationem referenda[22]. Proinde
15 integrum te serues, donec omnium aut certe potiorum calculis fuerit <aut<
comprobata $^↓$aut reiecta$^↓$. Sunt enim qui metuant, ne in neruum exeat, infeli-
cique conatu adiuuandi res ne detrimentum concilietur. Remitte Oecolampa-

---

^{e} *zuerst* venerati. – ^{f} *zuerst* seruata. – ^{g} *zuerst* elegantissimae. – ^{h} *gestrichen* sodalitijs.

[18]   Tatsächlich wird Bucer am 12. Oktober 1530 nach Zürich kommen. Vgl. ZWINGLI BW.
V, Nr. 1115, S. 192, Z. 14 mit Anm. 8.
[19]   Zu den seit einigen Monaten unternommenen Anstrengungen Oekolampads, in Basel
Kirchenzucht durch Bannandrohung zu üben, vgl. FREI, OEKOLAMPADS VERSUCH, S. 494–503;
KÖHLER, ZÜRCHER EHEGERICHT I, S. 274–288; STAEHELIN, LEBENSWERK, S. 506–527.
[20]   Es handelt sich um Johannes Lüthard und Markus Bertschi. — Johann[es] Lüthard
[Sündli] (Luzern um 1490 – 8. Juli 1542 Basel). Franziskanerprediger in Basel, seit 1520 ent-
schieden evangelisches Auftreten, nahm 1526 an der Badener Disputation teil; darauf rügte die
Eidgenössische Tagsatzung die Baseler, daß sie den „Mönch aus Luzern" noch predigen ließen.
Lüthard war seit 1520 Prediger an der Barfüßerkirche und seit 1529 gleichzeitig am Hospital in
Basel. Vgl. EIDGENÖSSISCHE ABSCHIEDE IV (1a), S. 909, 932, 962, 966; GAUSS, BASILEA, S. 106;
MURALT, BADENER DISPUTATION, S. 95–147; ZWINGLI BW. II, Nr. 367, S. 315, Z. 3; Nr. 453,
S. 528, Anm. 1. — Markus [Marx] Bertschi [Bersius, Berzius, Bertzius, Bertsch] (Rorschach a.
Bodensee um 1483 – 27. März 1566 Basel). 1512 Immatrikulation in Basel, 1519–1523 Predi-
ger an St. Theodor in Basel, ab 1520 evangelische Predigten, seit 1523 Pfarrer an St. Leonhard
in Basel. Vgl. GAUSS, BASILEA, S. 46f.; OEKOLAMPAD BW. II, S. 490, Anm. 4; ZWINGLI BW. I,
Nr. 192, S. 480, Anm. 1.
[21]   Der Entwurf eines Beschlusses zur Einführung der kirchlichen Zensur und des Kir-
chenbannes in Basel wurde in einer Sitzung des Großen Rates vom 8. Juni 1530 abgelehnt.
Gleichzeitig wurde beschlossen, diesen Entwurf nicht zu veröffentlichen, vermutlich aus der
Einsicht, die Beschlüsse seien schwerlich umsetzbar, oder um die Einführung der von Oeko-
lampad geforderten Bannbehörde zu verhindern. Vgl. OEKOLAMPAD BW. II, Nr. 751,
S. 461–464.
[22]   Tatsächlich wird diese Frage einer Bannordnung beim Schweizer Burgrechtstag am 27.
September 1530 in Aarau verhandelt. Hier muß Oekolampad seine Position alleine vertreten;
Zwingli kann oder will vom Züricher Rat keine Genehmigung erhalten, Oekolampad in Aarau
zu unterstützen. Vgl. ebd., Nr. 780, S. 491f.; Nr. 782, S. 494–498; ZWINGLI BW. V, Nr. 1096,
S. 129–131; Nr. 1101, S. 146; Nr.1106, S. 158–160.

dij super hoc orationem apud Basiliensem senatum habitam²³, nam vrget, ut
uel refutem uel subscribam. Te pręsente et nos considerabimus, quidnam
facto opus, quod ut contingat cito, vehementer opto.

Ceterum de causa concordiae ⌄cum Lutheranis⌄ Basilienses manibus et
pedibus in tuas conclusiones descenderunt pręeunte Oecolampadio, qui   5
tamen in itinere ceperat aspergere voculas non necessarias. Zuinglius ad te
literas ⌄iam ante⌄ parauerat satis masculas²⁴, me audito videbatur mitior. Dies
vnus expectandus erat, donec Megandrum²⁵ Bernensem nancisceremur[i].
Interea malis auibus adfertur Zuinglio consultatio Hessi²⁶ de fędere cum
Zuinglianis ineundo et[j] refutatio illius, quę nomine Electoris scripta erat aut   10
Luthero aut alicui Lutherano spiritui²⁷; item quę tu Sturmio autore²⁸ Hesso
collegeras²⁹, quę ille Philippo³⁰ et Brentio³¹ dedit, ⌃et⌃ horum responsio,
⌄rursus⌄ principis exceptio et istorum duorum columinum ecclesiae adseue-
ratio³². Itaque diem Veneris, quę secunda[k] septembris[l], a prandio, praesentibus quatuor senatoribus Tigurinis et fratribus concionatoribus, [f° 72 r°]   15
propono, quę tu me praesente cum Philippo, Bruckio³³ et Brentio³⁴ et quę

---

[i] *O* nancisceremini. – [j] *gestrichen* hui[us]. – [k] *anstatt* altera augusti. – [l] *zuerst* d[ie].

²³ Die Rede Oekolampads vor dem Baseler Rat, mit der Forderung, die Kirchenzucht neu
zu ordnen und durchzusetzen (8. Juni 1530 oder früher, vgl. dazu OEKOLAMPAD Bw. II, Nr. 750,
S. 460, Anm. 2). Eine Abschrift der Rede wurde an Nikolaus Kniebs gesandt (vgl. OEKOLAM-
PAD Bw. II, Nr. 762, S. 470, Z. 26); zu ihrem Wortlaut vgl. AST 177, Var. eccl. XII, f° 200 r° –
210 v°; OEKOLAMPAD Bw. II, Nr. 750, S. 448–461.

²⁴ Dieser Brief konnte nicht ermittelt werden.

²⁵ Kaspar Megander. Vgl. oben Anm. 9.

²⁶ Landgraf Philipp von Hessen. Vgl. oben Nr. 270, S. 3, Anm. 3.

²⁷ Landgraf Philipp von Hessen ließ durch seinen Gesandten Sigmund von Boyneburg
seine Vorschläge dem sächsischen Kurfürsten übermitteln, um den Tag von Schmalkalden nach
seinen Vorstellungen zu beeinflussen. Die Antwort des Kurfürsten ist ein, von Kanzler Brück
überreichtes, eigenes kursächsisches Programm für den Tag von Schmalkalden, das in seinen
wesentlichen Punkten auf ein (verlorenes) Gutachten der Wittenberger Theologen vom 18.
November 1529 zurückgeht. Durch wen und warum diese Dokumente an Zwingli gelangt sind,
ist unbekannt. Vgl. KÖHLER, ZWINGLI UND LUTHER II, S. 165–167; MÜLLER, HISTOIRE,
S. 312–317; SCHUBERT, BEKENNTNISBILDUNG, S. 119f., 144–152; WALCH, LUTHER SCHR. 16,
S. 686–690.

²⁸ Jakob Sturm. Vgl. oben Nr. 269, S. 2, Anm. 9.

²⁹ Es handelt sich um den sog. ‚Ratschlag A'. Vgl. oben Nr. 296, S. 94f.

³⁰ Philipp Melanchthon. Vgl. oben Nr. 273, S. 15, Anm. 27.

³¹ Johannes Brenz. Vgl. oben Nr. 313, S. 142, Anm. 4.

³² Zur Antwort von Melanchthon und Brenz auf die Mitteilung Landgraf Philipps von
Hessen (11. Juni 1530), zu dessen Antwort (vor dem 21. Juni 1530) und zur Abschrift von
Melanchthon und Brenz (vor dem 21. Juni 1530) vgl. CR II, Nr. 718, 719, 720, Sp. 92–103.

³³ Gregor Brück. Vgl. oben Nr. 320, S. 165, Anm. 2.

³⁴ Zum mündlichen und schriftlichen Austausch zwischen Bucer und Capito einerseits
und Brenz und Brück andererseits, sowie zum Briefwechsel zwischen den beiden Straßburger
Reformatoren und Melanchthon in Augsburg im Juli und August 1530 vgl. oben Nr. 313,
S. 142–144; Nr. 314, S. 144–147; Nr. 317, S. 152–157; CR II, Nr. 777, Sp. 187; OEKOLAMPAD
Bw. II, Nr. 762, S. 470.

tandem in colloquio contigerint quamque parabilem inueneris ad concordiam Philippum et in quas ille conclusiones tibi consenserit[35]; quas, quia veritatem satis explicate continerent et ↓quasi↓ via proposita sint concordię, ut integras comprobent, accurate ago; asseuero propter quintam, quę habet: „Hęc perci-
5 piuntur μόνη καὶ ψιλῇ καὶ ἀζητήτῳ πίστει" [36], nihil calumnię metuen-
dum.

Sub hęc, quę sibi aut eo matutino aut superiore vespera perlata essent[37], profert ↓Zuinglius↓ et legi iubet, nam sibi videbatur referre, ut pernoscerent quonam[m] in Zuinglianos animo sint Lutherani. Quam grauiter hic offensi
10 sunt[n] senatores! Quibus velut assentientes concionatores omnes ad vnum censebant simpliciter in Dominum suspiciendum, institutam concordiam fore materiam odij maioris, recordari se conuentus Margpurgensis[38], quas voces inde iactarint et quam fuerint in nostros inde incitati, ut causam inde mutuati illi essent euertendi totas prouincias, nedum vrbes integras. Sensi
15 equidem sic acceptum, quasi Lutheranis illa scripta essent, dum tu eam concordiam molireris[o]. Itaque declaro priora[39] superiori forte anno et poste-riora[40] antequam nos Augustam venerimus contigisse, tum illos laborasse animo, iam videri colloquio et literis tuis sanatos, certe sanabiles redditos, nostrum esse omnem pacis occasionem amplecti, modo sine periculo et
20 iniuria veritatis, sicut hęc tua ratio esset. Sic dies in seram ↓usque↓ noctem extractus est. Tandem discessum est, ut quisque suam sententiam in literas redigat.

Crastino[41] adfuerunt frequentiores fratres; quę scripta sunt, ex nuntio Tigurino accepisti[42]; consentiebant in sententiam Zuinglij. Equidem censui,
25 ut, omnium cogitationibus[p], sicut[q] in literas redactę erant, ad te missis, tibi ius fieret statuendi de verbis, quę argumentis illorum non repugnarent[r], te coram posse obseruare, quid ferrent, quid non ferrent Lutherani. Nihil omisi quod in me erat, quo conclusionibus tuis uel oblique patrocinarer. Quod

---

[m] *zuerst* quod. – [n] *zuerst* sint. – [o] *zuerst* moliris – [p] *zuerst* cogitationum. – [q] *zuerst* ut. – [r] *gestrichen* nam volui.

[35] Zu den drei Unterredungen Bucers mit Melanchthon vgl. oben Nr. 324, S. 195, Anm. 27. Zu den ‚conclusiones' vgl. oben Nr. 328, S. 217, Z. 13 – S. 219, Z. 12, mit Anm. 26.
[36] Cyrill von Alexandrien: *Apologeticus pro XII capitibus contra Orientales*, XI, 193 (MPG 76, Sp. 376).
[37] Vgl. oben Anm. 27, 29, 32.
[38] Zum Marburger Religionsgespräch vgl. oben Nr. 273, S. 11, Anm. 4.
[39] Vgl. oben Anm. 27.
[40] Vgl. oben Anm. 29, 32.
[41] Am 3. September 1530.
[42] Jener Bote, der Bucer in Augsburg die Briefe Oekolampads vom 3. September 1530 (oben Nr. 335, S. 257–261), Zwinglis vom 3. oder 4. September (oben Nr. 336, S. 261–264), Capitos vom 4. September (oben Nr. 337, S. 264–267), Leo Juds (verloren) und Kaspar Megan-ders (verloren) überbracht hatte.

euenit enim videbam, in eas videlicet alios quoque interea consensuros, et te
fidem ⌞multis⌞ facturum nostris non displicere. Excan-[*f° 72 v°*]-duit tandem
Zuinglius in me tanquam pertinaciorem, nolle se, inquit, ob pertinaciam
consentire; sed mox ad se rediens decreuit, ut mihi^s negocium daretur scribendi ad te et redigendi^t in articulos, quales ego putarem iuxta ipsorum   5
scripta abs te colligi posse. Consensum est ab omnibus. Equidem sane auide
⌞prouinciam delatam⌞ amplexus sum, nam putaui aliquam viam ⌞ea opera⌞
tibi pararj^u posse ad reliqua conficienda. Ea nocte ⌞cum Zuinglio varias cir-
cumstantias⌞ prolixissime contuli.

   Tandem⁴³ meridie prope appetente, epistolam scripsi⁴⁴ et priores duas   10
sententias, alteram ex conscripto Zuinglij, alteram ex tuis ad illum literis;
adieci de concilio Nicęno⁴⁵, quod illorum autoritate correctum ⌞est⌞, verbis
ad te scriptis, ⌜nimirum, ut phas sit verba concilij commode interpretandi⌜;
postremo orabam, sinerent ꜟmentionem fieri^{ıv} in articulis suis tuorum articulorum, ⌞hoc quod⌞ ipsos^w facile fore subscripturos, si obscuritas non ob-   15
staret, aut si cuiuis integrum, quod scriptura praecipit, nempe ut omnia ad
ędificationem [*I Kor 14, 26; II Kor 12, 19*]. Ex vltimo hoc loco spero ansam
tibi praebitam uel tuos, paucis verbis commutatis, astruendi ⌜vel nostris
obtrudendi Nicęni concilij⌜. Quod si quid mutandum, obsecro ipse Tigurum
aduoles⁴⁶, nihil agis literis, coram conficies omnia, actorum nostrorum   20
admonitus. At caue obliuiscaris ante publicam deliberationem conuenire
Vlricum Funcken⁴⁷, quem abiens iterum atque iterum obtestatus sum, ne
sinat dissilire coalescentem inter Lutheranos amicitiam ob verbula pauca, sic
ferre vsum et humanam necessitatem, ut potiores minoribus et jmbecillibus
cedant. Item Leonem Judam⁴⁸ priuatim compellas, hic Zuinglio est obser-   25
uandus, ille inter senatores plurimum potest. Nam difficile est prophanorum
et ineruditorum mentes flectere, quas Zuinglius regere, non frangere solet.
Quod videor mihi^x pulchre obseruasse. Ad hęc prodesset tibi eam ecclesiam

---

^s *gestrichen* ius. – ^t *zuerst* redigeng. – ^u *zuerst* parare. – ^v *anstatt* meminisse. – ^w *zuerst*
illos. – ^x *gestrichen* plu[rimum]

⁴³   Am 4. September 1530.
⁴⁴   Vgl. oben Anm. 2.
⁴⁵   Vgl. oben Nr. 327, S. 211, Anm. 34. Dieser Paragraph des Konzils von Nicäa wird auch
von Zwingli im Brief an Vadian vom 12. September 1530 aufgenommen (Zwingli Bw. V,
Nr. 1093, S. 124, Z. 17 – S. 25, Z. 8).
⁴⁶   Vgl. oben Anm. 18.
⁴⁷   Ulrich Funck. Vgl. oben Nr. 269, S. 2, Anm. 8.
⁴⁸   Leo Jud [Judae] [Pseudonym: Ludovicus Leopoldi] (Guemar i. Elsaß 1482 – 19. Juni
1542 Zürich). Lateinschule in Schlettstadt, Studium der Theologie in Basel, wo er Zwingli ken-
nenlernte, Nachfolger Zwinglis in Einsiedeln. 1522 wurde Jud als Pfarrer an St. Peter in Zürich
gewählt, bewährte sich seit den Züricher Disputationen als engster Mitarbeiter Zwinglis und
übersetzte eine Reihe seiner Schriften ins Deutsche. Vgl. BCor I, Nr. 45, S. 197, Anm. 18; Pestalozzi, Judä, insbes. S. 16–36; Weisz, Jud, insbes. S. 37–68; Wyss, Jud, insbes. S 95–177.

prospectam esse. Quod Lutherum adijsti ⌐uel aditurus es⌐, gaudeo[49]; nam
haud dubium praesenti gratiosus eris[y], lenitate enim frangitur, quod olim
expertus loquor.

5   De parochiis prouidendis, de scholis, de educanda pie adulescentia, de
moribus vulgi corrigendis et tuendis edictis ad religionem facientibus mandatum a reliquis concionatoribus habui ad senatum nostrum, quod heri tre-
decemviris exposui[50], qui commodissime responderunt, nempe nos magis-
tratum, qua in re cessatum sit, libere admonere debere sibique videri haud
inutile, ut interea ciuem delinquentem ipsi moneremus[z] et refragantem
10   denunciaremus, quę res et nobis autoritatem et ciuibus erga nos beneuolentiam sit paritura, ⌐hęcque⌐ Egnolfus[51] nomine tredecemuirorum[aa] respondit.

Scripsimus, ut Tiguri congregati fuimus, communes literas ad Eluetios[52],
quo concordiam admisso vndique euangelio sancierint[ab]; visum est ea
ratione praebere occasionem pacis reparandę, quam aduersarij videntur
15   amplexuri, si nihil de pensionibus abrogandis, etsi verbi libertas illam secum
trahit. Breui in Baden conuentum agent. Soliturni disputatio futura est inter
nostros et papistas[53], seclusis omnibus exteris. Interea Satan viam inuenit, ut
Tregarius[54] irrepat. Itaque et nos per Zuinglium nuncijs Soliturnensibus nos
vltro obtulimus, simul obsecrantes, ne quid in fraudem euangelij admittant
20   etc. Idem Oecolampadius et ego cum illorum questore[55] egimus, qui

---

[y] *anstatt* fuisti. – [z] *zuerst* moneres. – [aa] *anstatt* senatus. – [ab] *zuerst* sancierent.

[49] Luther antwortete auf Bucers Brief vom 25. August 1530 (vgl. oben Nr. 328, S. 212-
219) nicht, woraufhin Bucer sich am 26. September 1530 nach Coburg begibt, um dort Luther
zu treffen. Capito spielt hier auf seine Begegnung mit Luther am 14. März 1522 an, wo es ihm
gelungen war, sich mit Luther, der ihn in einem Brief vom 17. Januar (WA Bw. II, Nr. 451,
S. 428–443, insbes. S. 435) scharf angegriffen hatte, zu einigen. Vgl. KALKOFF, CAPITO, S. 85.
[50] Vgl. Capitos Bericht an die Straßburger Dreizehn (XIII) vom 11. September 1530. Vgl.
CORRESPONDENZ STRASSBURG I, Nr. 788, S. 495; OEKOLAMPAD Bw. II, Nr. 774, S. 484–487;
MILLET, CORRESPONDANCE CAPITON, Nr. 428, S. 140f.
[51] Egenolf Roeder von Diersburg (Straßburg um 1480 – 1550 Straßburg). Patrizier, seit
1515 Mitglied des Straßburger Rates, zwischen 1518 und 1550 fünfzehnmal Stettmeister, Mitglied der Dreizehn (XIII), Befürworter und Förderer der Reformation. Vgl. BCOR I, Nr. 46,
S. 199; KNOBLOCH, GESCHLECHTERBUCH III, S. 572.
[52] Brief der Prediger von Straßburg, Zürich, Bern und Basel an die Fünf Orte vom 5. September 1530 Vgl. ZWINGLI W. II/3, S. 77–80; OEKOLAMPAD Bw. II, Nr. 772, S. 483f.
[53] Diese Disputation in Solothurn war auf den 11. November 1530 festgesetzt worden,
wurde jedoch in letzter Minute auf den 16. Oktober 1531 verschoben und fand infolge des
Zweiten Kappeler Krieges gar nicht mehr statt. Vgl. OEKOLAMPAD Bw. II, S. 486, Anm. 11.
[54] Konrad Treger [Träger, Treyer] (Freiburg i. Ü. um 1480 – 1542 Freiburg i. Ü.). Augus-
tinernovize in Freiburg i. Ü., Studium der Theologie und Promotion in Paris, 1517 Prior des
Straßburger Augustinerkonvents, Augustinerprovinzial von Rheinland-Schwaben, trat ab 1524
als entschiedener Gegner der Reformation auf, veröffentlichte 100 Thesen für eine Disputation
mit Capito, zog sich von der Disputation aber rasch zurück, wurde im Kloster verhaftet und
gefangen gesetzt. Erst die Fürsprache der gesamten katholischen Schweiz ermöglichte ihm die
Rückkehr nach Freiburg i. Ü. Vgl. VERMEULEN, TREGER, S. 28f.; ZWINGLI Bw. V, Nr. 1075,
S. 61, Anm. 4.

commode Basileam appulit nobis redeuntibus. Magna opus est cura^{ac} et sollicitudo obeunda, quo tanta oportunitas vtiliter occurrat, ne nobis praeceps occasio elabatur, nam aduersarij eius loci optimum quemque senatu aut aperte mouent aut ad praefecturas abmandant, vnde nostris partibus cordati timent, tametsi tota illorum ditio fere verbum susceperit. Atque vtinam Deus   5
bellum auertat, tum futurum esset, ↓ut↓ preconibus verbi fidelibus magna seges euangelio pararetur, quam sua vi Christus haud dubium saturus esset!

Hic pestis inolescit, Fridolinus Meyer perijt⁵⁶, Martino Herlin vxor⁵⁷, sed ↓hęc↓ phthisi. Cętera bene habent, familia tua bellissime valet et fert absentem commodius quam putassem. Jacobus Ryher Basiliensis⁵⁸ narrauit 10
Joannem Schneidt⁵⁹ liberum factum⁶⁰, comprobata hominis innocentia, sed nihil huius in literis ad Oecolampadium⁶¹ ↓neque in his proximis tuis ad nos↓⁶², cui tamen scribis Philippi⁶³ animum in te non admodum constare. Illis scribe deinceps, quę concordię sarciendę quadrant. Illud memineris cauendum magnopere, ne reuocemus exemplum per articulos captiuandi 15
libertatem — summa enim christianismi satis explicata est symbolo apostolorum —, quorsum^{ad} attinent noua dogmata, nam fęcundi sunt articuli et nouos in dies pariunt, ubi^{ae} semel recipiuntur. Nosti, opinor, [f° 73 v°]

---

^{ac} *gestrichen* po[nenda]. – ^{ad} *zuerst* quorum. – ^{ae} *gestrichen* semper.

55   Mit „quaestor" ist der Seckelmeister der Stadt gemeint. Seckelmeister Urs Stark, Anführer der protestantischen Fraktion im Rat von Solothurn, verlor mit den Wahlen vom 24. Juni 1530 sein Amt an den Katholiken Niklaus von Wengi und wurde als Landvogt („praefectus") in den Jura gesandt. Aufgrund der Zusammenhänge ist hier aber wohl von Stark, nicht von Wengi die Rede. Vgl. HAEFLINGER, SOLOTHURN, S. 59.
56   Fridolin Meyer [Meyger, Meier] (Säckingen um 1490 – kurz vor dem 13. September 1530). Ab 1511 Studium in Basel, seit 1520 Notar am bischöflichen Offizialat zu Straßburg, den gemäßigten Täufern nicht abgeneigt, hatte sich wegen seiner Nähe zum Täufertum 1528 und 1529 vor dem Straßburger Rat zu verantworten. Vgl. BCOR III, NR. 213, S. 213, Anm. 1.
57   Martin Herlin (Straßburg um 1495 – 2. August 1547 Straßburg). 1519 Mitglied des Straßburger Rates, zwischen 1522 und 1546 fünfmal Ammeister, eifriger Förderer der Reformation. Vgl. BCOR I, Nr. 80, S. 278, Anm. 1; BORNERT, RÉFORME, S. 67; BRADY, STRASBOURG, S. 142f.; S. 169, Anm. 24; S. 176f., Anm. 42; S. 209, Anm. 33; S. 239f.; S. 243f. Der Name von Herlins Frau konnte nicht ermittelt werden.
58   Jakob Rieher [Ryher, Recher]. Vgl. DÜRR/ROTH, AKTENSAMMLUNG I, S. 204f.; III, S. 224, 438; V, S. 89.
59   Zu Johann Schneid[t] vgl. oben Nr. 330, S. 231, Anm. 26.
60   Am Abend des 17. August war Johann Schneid, Pfarrer zu Heilig Kreuz in Augsburg, auf kaiserlichen Befehl verhaftet und im Vogelturm gefangengesetzt worden. Nach ergebnislosen Verhören unter der Folter am 19. August wurde er am 23. August in das Gefängnis der Kaiserpfalz verlegt, aus dem ihm aber erst am 21. September — auf bis heute ungeklärtem Wege — die Flucht gelingt. Vgl. oben Nr. 330, S. 231, Anm. 28
61   Ein Brief Bucers an Oekolampad, der nicht erhalten ist. Vgl. ZWINGLI BW. V, Nr. 1094, S. 126.
62   Ein Brief Bucers an die Straßburger Kollegen, der nicht erhalten ist.
63   Philipp Melanchthon. Vgl. oben Nr. 273, S. 15, Anm. 27.

quantas articulorum myriadas nobis Lutetia dedit[64], quantam syluam decreta
ᴸpontificiaᴸ complectuntur et quam inuolutus illis Christus sit. Proinde Tigurinis ingenue fatebar in articulis ponendis me non spectare fidem, sed charitatem, adeoque veritatem diligenti ministerio verbi et cohortationibus crebris
5   animas ᴸpotiusᴸ molestare, sed lesam ob suspecta dogmata charitatem ᴸforteᴸ
sanari articulis. Qui dum magisterium fidei vsurpant, de fide[af] prorsus actum
est, patres opto, non magistros in fide etc.

Erasmus tibi respondit odiosissime; ad me scripsit iuxta exemplum his
impositum[65]; libellum illius[66] gustaui Basileę. Quam virulenta bestiola est,
10   quam impudenter fingit ac refingit quiduis! Ego respondebo, postquam illius
venena penitius diiudicaro, nam copia serio legendi huius maleuoli libri
nondum facta est, ex nundinis praestolamur id genus exemplaria multa.

In scholis minoribus instituendis misere cessatur; in alijs rebus deprehen-
dimus satis sedulos[67]. Nolunt animaduertere, quantum momenti adferat mox
15   impuberes imbui praeceptis optimis. Caremus Sturmio[68] et Pfarrero[69], et
nunc vindemiarum et nundinarum Francofordiensium occupationes a publicis curis probatiores curis probatiores detinent[70].

Legi Lutheri epistolas duas ad Philippum[71]; sunt quę manifeste probo,
sunt quę admiror potius quam dijudicem, adeo permixta sunt incohęrentia,

---

[af] *zuerst* p[rorsus].

[64]   Die Pariser Universität Sorbonne.
[65]   Diese Briefe des Erasmus sind verloren. Über ihren möglichen Inhalt geben Auskunft
seine Bemerkungen über Capito vom 7. Juli 1530 in einem Schreiben an Kardinal Lorenzo
Campeggio (vgl. ERASMUS Bw. VIII, Nr. 2341, S. 473) und vom 17. August 1530 an Melanchthon (vgl. ebd. IX, Nr. 2365, S. 12f.).
[66]   Erasmus von Rotterdam: *Responsio ad epistolam apologeticam [...]*, 1. August 1530
(LB X, Sp. 1589–1632), eine Antwort auf Bucers *Epistola apologetica [...]*, Mitte April 1530
(BOL I, S. 59–225). Vgl. oben Nr. 273, S. 15, Anm. 28.
[67]   Aus den Jahren nach 1526 finden sich in Straßburg keine amtlichen Beschlüsse das
Grundschulwesen betreffend. Den Vorschlag, einen Teil der kirchlichen Güter zum Unterhalt
der Schulen zu verwenden, hatte Oekolampad bereits in Zürich gemacht. Einen entsprechenden
Vorstoß unternahm Capito am 11. September 1530 gegenüber dem Straßburger Rat der Dreizehn, daraufhin beschloß der Rat am 5. Oktober 1530 eine grundsätzliche Neuordnung des
Grundschulwesens. Vgl. KOHLS, SCHULE, S. 216, Anm. 15.
[68]   Jakob Sturm [von Sturmeck]. Vgl. oben Nr. 269, S. 2, Anm. 9.
[69]   Mathis Pfarrer. Vgl. oben Nr. 302, S. 113, Anm. 15. — Jakob Sturm und Mathis Pfarrer
hatten Straßburg auf dem Augsburger Reichstag vertreten.
[70]   Die in der ersten und zweiten Septemberwoche in Frankfurt a. Main stattfindende
Messe.
[71]   Nach Otto Clemen (WA Bw. V, Nr. 1688, S. 552, Anm. 3) könnte es sich um Kopien
von Briefen Luthers an Melanchthon vom 27., 28., und 30. Juni 1530 handeln (ebd., Nr. 1605,
S. 398–400; Nr. 1609, S. 405–408; Nr. 1611, S. 411–413), die Capito vermutlich von Bucer
erhalten hatte und möglicherweise an Oekolampad weitergab. Oekolampad übersandte die
Briefe vermutlich am 25. September 1530 an Zwingli (ZWINGLI Bw. V, Nr. 1102, S. 148f.).
Luther jedenfalls teilte Melanchthon schon am 20. August 1530 mit, seine Briefe würden unter
der Hand weitergereicht (WA Bw. V, Nr. 1688, S. 551f.).

quibus de coram, fauente Deo. Illud glorię Dei plurimum refert. Elector[72], animo recepto, mascule confitetur, candidus prophetę vice fungitur, huius theologus[73] induruit ac immotus sententia consistit; aduersarij consilijs nituntur incertis ↓et↓ euanidis, nedum perfidis; patronos habent nempe Fabros et Eccios[74] ebriosos, solo titulo tenus sapientes. Cuius precibus debemus[ag],   5
non pronunciarim; certum est, diuinę illud clementiae debemus, cui sit gloria in secula. Ach, tandem redeas, composito inter nos et Lutheranos dissidio, tametsi optarim tibi copiam factam Lutheri ↓conueniendi↓. Quem, si adibis, initio blandius tractes, donec animum tuum perspexerit; nam fide de synceritate tua facta, quiduis impetrabis. Nescit per assiduos assentatores, quid sibi   10
desit; quod habet, amplissime tenet, uel in numerato et ut digitos suos. Toties enim audit εὖγε illud victorum. [f° 74 r°]

Curabimus literas tuas transscribi[75], ut et Oecolampadio legantur et Zuinglio, tametsi nuncio nostro illi omnia poteris locupletius. Habes nunc verbosam epistolam, nam ita iubes; argumenta desunt digna, ideo nugis te   15
oblectes. Verum interea nos ecclesiae diligenter aduigilabimus, ad preces excitandae, ut inchoatam concordiam per te absoluat. Vale et nos commenda legatis[76]! Velim, memor esses Joannis mei[77], quem cupio quatenus vtilis esse possit admodum vsui publico, saltem donec[ah] de eo periculum sumi possit. Iterum vale! Argen[torati], 13 septembris anno 1530.   20

                                        V[olfgangus] Capito tuus.

Legimus Tiguri exemplum sententiae, quam in nos sancitam per Cesarem Constantiensis episcopus[78] cuidam nobili scripserat adeoque editam affirmat. Summa est Cesarem majestatem vrbes illas quatuor ut hęreticas puniturum esse[79].   25

Orat Schwenckfeldius[80], ut his[ai] adiunctas Christiano[81], <a quo habes libellum Eccij[82]<, perferendas cures, nam a Tridentino cardinali[83] reditum ad

---

[ag] zuerst debeamus. – [ah] zuerst intra. – [ai] zuerst has [literas].

[72]   Anspielung auf die zunehmend unbeugsame Haltung des Kurfürsten von Sachsen, Johann Friedrich I., und Philipp Melanchthons seit dem endgültigen Scheitern der Kompromißverhandlungen mit den Altgläubigen am 19. August 1530.
[73]   Philipp Melanchthon [Schwarzerd]. Vgl. oben Nr. 273, S. 15, Anm. 27.
[74]   Johann Fabri [Faber] (vgl. oben Nr. 302, S. 112, Anm. 12) und Johann[es] Eck (vgl. oben Nr. 301, S. 108, Anm. 19). Im September 1530 arbeiteten beide an der Konfutation der Confessio Tetrapolitana. Vgl. PAETZOLD, KONFUTATION, insbes. S. XIX–LXVIII.
[75]   Vgl. oben Anm. 61f.
[76]   Jakob Sturm und Mathis Pfarrer. Vgl. oben Anm. 68f.
[77]   Vermutlich Johann Schneid. Vgl. oben Anm. 59f.
[78]   Balthasar Merklin wurde am 3. Juli 1530 in Augsburg zum Bischof von Hildesheim und gleichzeitig zum Bischof von Konstanz geweiht. Vgl. oben Nr. 306, S. 120, Anm. 10.
[79]   Vgl. LIENHARD/WILLER, STRASSBURG, S. 220; ROTT, CORRESPONDANCES, S. 800, Anm. 1.
[80]   Kaspar von Schwenckfeld. Vgl. oben Nr. 301, S. 110, Anm. 34.
[81]   Christian Fridbolt. Vgl. oben Nr. 316, S. 151, Anm. 5.
[82]   Johannes Eck: Repulsio articulorum Zuuinglii Ces. Maiestati oblatorum […], 17. Juli

Slesitas ambit, atque vtinam voti compos esset! Hospitem et familiam ex me saluta!

Totus in pauperiem collapsus est Froschius[84]. Statuit postridie alterum lectulum distrahere, etsi ego, ne fiat, cauebo; nam obtrudam, vnde vitam 5 aliquot menses sustineat. Hominem afflictum, si potes, adiuta! Salus eius a dominis legatis[85] pendet, de quibus nihil non expectat. Simili fortuna est Nouiomagus[86].

Adresse [f° 74 v°]: Charissimo meo fratri Martino Bucero.

Oa Kopenhagen Bibl. Roy., ms. Thott 497, 2°, f° 71 r° – 74 v° (mit grüner Siegelspur). — P Rott, Correspondances, S. 789–801; ders., Investigationes I, S. 283–295. — R Millet, Correspondance Capiton, Nr. 426, S. 138–140.

1530. Vgl. VD 16, Nr. E 417; KÖHLER, ZWINGLI UND LUTHER II, S. 212–219; RISCHAR, ECK, S. 82–86, 88–108.
   83   Bernhard von Cles (Cles 11. März 1485 – 28. [30.?] Juli 1539 Brixen). Er studierte Jura in Bologna und wurde 1514 Bischof von Trient und Reichsfürst. Er wohnte als Vertreter Ferdinands der Kaiserkrönung Karls V. am 24. Februar 1530 in Bologna bei und erhielt kurz darauf die Kardinalswürde. Als Kanzler Ferdinands von Österreich spielte er eine wichtige kirchenpolitische Rolle bei der Unterstützung des Katholizismus in Deutschland. Vgl. ROGGER, CLES, Sp. 1234.
   84   Vermutlich nicht Johannes Frosch (vgl. oben Nr. 302, S. 112, Anm. 10), der in der Regel „Rana" genannt wird, sondern der Jurist Franz Frosch (etwa 1490 – 1540), der 1530 zum Kaiserlichen Gerichtsassessor in Speyer, 1532 zum Anwalt des Straßburger Rates berufen wurde. Vgl. FICKER/WINCKELMANN, HANDSCHRIFTENPROBEN I, S. 23.
   85   Jakob Sturm und Mathis Pfarrer. Vgl. oben Anm. 68f.
   86   Gerhard Geldenhauer von Nijmegen [Gerardus Noviomagus]. Vgl. oben Nr. 288, S. 83, Anm. 12.

341   [1530][1] September 18. Augsburg. — [Bucer an Huldrych Zwingli][2]

Satan n'a pas encore réussi à unir les fils de la lumière [les évangéliques] et les fils des ténèbres. Si le prince-électeur Jean de Saxe quitte Augsbourg le 19 décembre, Bucer se joindra à sa suite. À l'avenir, il conviendra avec

---

   1   Die Jahreszahl fehlt. Aufgrund der Zusammenhänge mit dem Augsburger Reichstag kommt aber nur das Jahr 1530 in Betracht.
   2   Der Brief ist nicht unterzeichnet und enthält keine Adressenangabe. Aufgrund der Handschrift und des Briefinhaltes kommen aber nur Bucer als Absender und Zwingli als Empfänger in Betracht.

*Zwingli de toute prise de position officielle. Il exprime le regret que Zwingli
critique les Luthériens avec mordant, et sans raison. Ce qu'il écrit au sujet
d'un concile et de Philippe de Hesse nuit à leur cause. Il le prie de s'abste-
nir à l'avenir de telles critiques, sous peine d'aliéner ainsi de nombreux
frères sincères de la vérité. Les princes ont répondu courageusement à l'Empereur. L'entourage de ce dernier : les évêques italiens et espagnols veulent
la guerre ; les autres non, mais ils sont moins écoutés. Le Seigneur nous déli-
vrera d'une mauvaise concorde avec le pontife. Bucer n'est plus abattu par
l'éventualité d'une guerre ; il l'est par contre par les moyens de concorde,
qui offensent Dieu. Bucer prie Zwingli de prendre sa lettre en bonne part. La
situation s'améliore en Hongrie, même si les Turcs menacent. Mouvements
militaires en Italie, en Espagne et au Brabant. Salutations de Jacques Sturm
et de Mathis Pfarrer.*

*Wenn Kurfürst Johann I. von Sachsen am 19. September Augsburg verläßt,
wird Bucer sich seinem Gefolge anschließen. Bucer wird künftig alle seine
öffentlichen Äußerungen mit Zwingli abstimmen. Er kritisiert Zwinglis
scharfe, oft grundlose Kritik an den Lutherischen. Die Abendmahlsfrage ist
nun schon zu ausführlich behandelt worden. Zwinglis unklare Stellung zu
einem Konzil und von ihm lancierte Gerüchte über Landgraf Philipp von
Hessen schaden der Sache. Bitte, künftig alle bösen Kritiken zu unterlassen.
Die Verhandlungen der evangelischen Stände mit dem Kaiser sind ergebnislos verlaufen. Der Einfluß der Kriegstreiber wächst, die Kriegsgefahr steigt
wieder, doch wird Gott im Kriegsfall den Evangelischen gnädig sein. Beun-
ruhigende Truppenverlegungen, wohl nach Ungarn.*

Salue!
Quamlibet miris artibus Satan coniungere conatus hactenus sit, quos
oportet esse disiunctiss[imos], nempe filios lucis et tenebrarum [*Joh 12,
35f.*], nondum tamen successit, imo nunquam adhuc tantum inter se disiuncti
fuere, legato[a] pontificiae tyrannidis[3] restitutionem a Caesare Bononiae 5
iureiurando promissam[4], vt ferunt, vrgente improbius quam antehac vnquam.
Gratia Christo, qui ᵀsuosᵀ vel inuitos e mundo seligit, imo eripit. Statutum

---

[a] *gestrichen* improbius.

[3] Lorenzo Campeggio. Vgl. oben Nr. 306, S. 121, Anm. 12.
[4] Anläßlich seiner Krönung zum Kaiser am 24. Februar 1530 hatte Karl V. in Bologna von
Papst Clemens VII. das Zugeständnis der Einberufung eines allgemeinen Konzils erhalten,
wenn es sich als Mittel zur Überwindung der Irrlehren und Wiederherstellung der kirchlichen
Einheit als nötig erweisen sollte. Im Gegenzug sagte der Kaiser zur Niederwerfung der Evangelischen die Einberufung eines Reichstages zu. Vgl. BRANDI, KARL V. I, S. 244–251; KOHLER,
KARL V., S. 201–208.

erat electori[5] heri, hodie proficisci[6]; id si succedat, proficiscor vna[7]. Nihil
tamen in concordiae negotio admissurus, quod me non deceat. Nullos enim
vulgari articulos sinam, quos non visos ipse approbaueris. Velim autem hic
tu mecum, non stultitiam vnius et alterius, a quo tamen permulti ⌐boni cor-
5 datique⌐ pendent, sed tam numerosam Christi ecclesiam, quae reuera nobiscum inscia sentit, consyderes, cui, plusquam dici queat, sublato hoc dissidio
commodauerimus. Quales, quales enim sumus, si hic iuncti ipsis fuissemus,
non dubito fortius multa gesta essent, qui habiti reiectitij, tamen aliquod per
Domini gratiam apud non nullos effecimus. Certe, quo caussa potiores
10 sumus, eo plus decet illis deferamus, si in viam aliquando reducere eos possemus. Quare magno redemptum vellem [f° 562 v°], te non ita ob oculos
habere paucorum indignitatem, vt veritatem multis bonis quoque odibilem
redderes. Nam etiam vbi deest occasio, arripis Lutheranos mordicus. Negant
sacramenta conferre gratiam, et si in contentione affinia ⌐huic errori⌐ loquan-
15 tur, et tu illos cum papistis conniunxisti, in responsione ad conuitia Eccij[8].
Item plus quam odiose proscidisti illos et in praefatione ad principem Catto-
rum[9], quem insignem et immortalitate dignum librum haud debueras infausta
hac praefatione inuidiosum reddere. Tum poterant et alia quam de eucharistia
exempla adduci in ipso opere. Crambe toties repetita[10] plusquam mors est.
20 Satis pridem hac de disputatum et ijs, qui possint capere; quibus hoc nondum
datum est, tantum bilis istiusmodi scriptis mouetur et ab alijs plausibilioribus
nostris scriptis, quae sic istos conciliare nobis poterant, vt citius et eucharistiae veritatem a nobis reciperent, abalienantur. Tum vehementer miramur,
quid tibi eo volueris, quod Cattum certum esse scribis[11] nostri dogmatis, et
25 sancte eum id hypocrisi dissimulare. Vel probas enim hoc consilium vel non
probas; si probas, vt prae te fers, jam prodidisti illud, ne amplius ille queat
prodesse, quod in eo tantopere laudas; si non probas, et cupis ad [f° 563 r°]
apertam illum confessionem perpellere, poteris certo id alijs et te et illo
dignioribus rationibus efficere, praesertim hac tempestate, cum ille supra
30 quam credi queat, flagret inuidia omnium vere principum, etiam exterorum.

---

[5] Kurfürst Johann I. von Sachsen. Vgl. oben Nr. 298, S. 99, Anm. 8.

[6] Vgl. den Brief der Straßburger Gesandten Jakob Sturm und Mathis Pfarrer an den Straßburger Rat vom 18. September 1530 (CORRESPONDENZ STRASSBURG I, Nr. 791, S. 497).

[7] Bucer verläßt Augsburg am 19. September 1530 (ebd., Nr. 794, S. 499).

[8] Huldrych Zwingli: Epistola de convitiis Eckii [...], 27. August 1530 (ZWINGLI W. VI/3,
Nr. 167, S. 252, Z. 13 – S. 253, Z. 4).

[9] Das an Landgraf Philipp von Hessen gerichtete Vorwort zu Zwinglis Schrift Sermonis de
providentia Dei anamnema [...], 20. August 1530 (ZWINGLI W. VI/3, Nr. 166, S. 66, Z. 2 –
S. 67, Z. 5). — Zu Philipp von Hessen vgl. oben Nr. 270, S. 3, Anm. 3.

[10] Der immer wieder aufgewärmte Kohl, sprichwörtlich ‚δὶς κράμβη θάνατος‘, ‚occidit
miseros crambe repetita magistros‘, bei PLINIUS D. Ä., NATURALIS HISTORIA, XX, 79 und bei
IUVENAL, SATIREN, 3. Buch, Satire VII, 154.

[11] Vgl. das in Anm. 9 zitierte Vorwort Zwinglis (ZWINGLI W. VI/3, Nr. 166, S. 67, Z. 5 –
S. 68, Z. 3).

Si iam alijs hac ratione illum pro exemplo et, vt scribis[12], portu quodam producere voluisti, quid si ipse testetur orbi te falsum scripsisse? Nam non dubito eum hic verum amicis quibusdam dixisse, se neque Lutheri neque tuam sententiam capere posse. Crede experto, in[n]umeri sunt optimi et iudicio acri praediti, quibus tamen verba ista Domini: „Accipite, edite, hoc   5
est corpus meum" [*Mt 26, 26 parr*] sic negocium exhibent, vt, licet ducente analogia fidei corporalem manducationem Christi non recipiant, nequeant tamen non adfirmare, vere praesentem in coena Christum, veniantque[b] eo, vt cupiant nihil de eo disputari, quomodo adsit[c], corporaliter vel spiritualiter. Nec enim possunt videre, quantum fidem aedificet, hic clare veritatem expo-   10
nere, sic tenet illos religio verborum Domini et offendunt irreligiosae multorum voces, qui nostri videri volunt. Quid autem tu hijs facies? Pij sunt ex asse et in negocio Domini multis, qui nostra vehementer propugnant, feruentiores. Indubie noles eos abijci, noles negligi. Cum itaque fatentur hi solam fidei manducationem prodesse et nullum eucharistiae vsum, quam quem   15
verba Christi [*fº 563 vº*] exprimunt, admittendum, tamen in ᶠomnibus reliquis²᠂ ᵈ nobiscum faciunt, quęso, an non putes[e] his multum deferendum dandamque operam, vt eos nobis ↓penitus↓ conciliemus, maxime cum videamus eorum duces non esse, quantum oportebat, strenuos. Per communem itaque Christum te oro et obsecro, mitte posthac istos tuos morsus,[f] ne paucorum te   20
ᶠstultitia permoueat,²᠂ ᵍ vt plurimos synceriter[h] christianos et optimos fratres non tam a nobis quam ipsa veritate alienes. Sunt vere tot integerrimi homines, qui nondum plene nobiscum sentire possunt in negocio eucharistiae; facillime autem huc adducerentur, si illis coniuncti essemus, vt non dubitem, si tu hos subinde audires et propius nosses, tanti tibi foret eorum   25
amicitia, vt vngues diligentiss[ime] contineres. Caeterum scito principes mascule Caesari respondisse postridie natalis ᶠD[ivae] Virginis[13]²᠂ ⁱ, atque

---

ᵇ *zuerst* veniamque. – ᶜ *zuerst* addit. – ᵈ *zuerst omnia reliqua; danach gestrichen nobis.* – ᵉ *zuerst* putas. – ᶠ *gestrichen* noli. – ᵍ *zuerst* stultitiam permouere. – ʰ *anstatt* optimos. – ⁱ *zuerst* Christi.

[12] Vgl. ebd. S. 69, Z. 2–5.
[13] Am 9. September 1530. Am 7. September 1530 um 14 Uhr wurden die evangelischen Stände zu Verhandlungen mit Kaiser Karl V. gerufen. Vgl. dazu den Brief Philipp Melanchthons an Luther vom 8. September 1530 (WA Bw. V, Nr. 1715, S. 611, Z. 1–7). Die Verhandlungen wurden ergebnislos abgebrochen und zunächst auf den 8., dann auf den 9. September verschoben. Am 8. September legen die evangelischen Fürsten (Kurfürst Johann I. von Sachsen, Markgraf Georg von Brandenburg, die Herzöge Ernst und Franz von Braunschweig–Lüneburg, Landgraf Philipp von Hessen und Fürst Wolfgang von Anhalt), und Städte (Nürnberg, Reutlingen, Kempten, Windsheim, Heilbronn und Weißenburg) ihre Position noch einmal schriftlich dar (vgl. URKUNDENBUCH AUGSBURG 1530 II, Nr. 184, S. 410–415). Am 9. September 1530 um 13 Uhr sprach als Vertreter der evangelischen Stände der ehemalige sächsische Kanzler Gregor Brück. Der Kaiser nahm Brücks Rede zur Kenntnis und versprach Antwort (vgl. CORRESPONDENZ STRASSBURG I, Nr. 789, S. 496).

illi negasse, vt de medijs vlterius tractaret, ad quod ipse sese obtulerat. Interea iterum quędam tentata sunt[14], sed non successit. Iam autem dum legatus[15] improbius vrgere pontificiae tyrannidis restitutionem cępit, spero minus ⌜iam⌜ concordiam principum cum Pont[ifice] metuendam, quae
5   sorte(?) citra iacturam veritatis nulla expectanda est. Bellum tamen nobis metuunt etiam ij, qui antehac declarabant[j] Caesarem hac de caussa nullum [*E II 339, f° 291b r°*] moturum. Nam dum inter tractandum de medijs quaedam nostri in speciem pacis caussa concesserunt, quae nunc, dum vident ea alio rapi, retractant, idque tantum selecti arbitri (nam media ab his praescripta
10 nemo adhuc principum praeter Georgium[k] Brandenburgium[16] recepit), Caesari persuasum est, nostros sibi non constare, ⌜quem misere quoque[l] [l] solicitant episcopi et legatus, perpetuo[m] ei obijcientes[n] tot[o] tantasque victorias, quas illi Deus ob id contulerit, vt ecclesiae suam dignitatem restituat, heresibus sublatis. Mouet postremo eum, quod hac caussa Hispanias, non
15 sine suo incommodo, item Italiam, et vxorem[17] et liberos[18] reliquerit, homo pacis quam belli amantior, et plane nihil ambitiosus. His ita accenditur, vt, licet nihil minus velit, certo tamen iam multi, qui circa eum sunt, existiment bello nostros petiturum. Nuper ita incanduerat, vt diceret[p], restituam ecclesiasticos, vel non appellabor Carolus. Sunt episcopi et alij, qui a bello dehor-
20 tentur, sed non valent tantum, quantum Hispanici et Italici, quidam episcopi, tum etiam Pontifex[19]. Iam addunt oleum camino male conciliati quidam principes et episcopi, plus tamen fere principes, si vera narrantur. Pauci quidem hi sunt; sed apud Caesarem pluribus praestant. Sed vtcunque

---

[j] *O* decerabant. – [k] *gestrichen* march[ionem]. – [l] *zuerst* quantum misere quaeso. – [m] *zuerst* perpetuoque. – [n] *zuerst* obijciunt. – [o] *gestrichen* tansque. – [P] *gestrichen* opportune.

[14] Zur Erlangung eines einvernehmlichen Abschieds setzten Truchseß Georg von Waldburg und der badische Kanzler Hieronymus Vehus am 11. September 1530 acht Vergleichsartikel auf. Vgl. URKUNDENBUCH AUGSBURG 1530 II, Nr. 185, S. 415–419.

[15] Lorenzo Campeggio. Vgl. oben Anm. 3; vgl. auch den Brief von Mathis Pfarrer an Peter Butz vom 18. September 1530 (CORRESPONDENZ STRASSBURG I, Nr. 792, S. 498).

[16] Georg der Fromme, Markgraf von Brandenburg-Ansbach. Vgl. oben Nr. 319, S. 161, Anm. 3. Truchseß Georg von Waldburg, Pfalzgraf Friedrich und der kaiserliche Sekretär Hans Renner überreichten am 12. September 1530 die Vergleichsartikel an Kurfürst Johann I. von Sachsen. Die evangelischen Stände lehnten diese Artikel ab, woraufhin Georg von Waldburg am 13. September die Artikel in abgemildeter Form vorlegte (vgl. URKUNDENBUCH AUGSBURG 1530 II, Nr. 188, S. 420–423). Markgraf Georg von Brandenburg erklärte sich bereit, diese Artikel von seinen Theologen in eine Gestalt bringen zu lassen, die für die evangelischen Stände annehmbar sein würde. Diese von Johannes Brenz, Johann Rurer und Martin Möglin verantwortete Fassung wurde aber von beiden Seiten nicht angenommen (vgl. ebd., Nr. 192, S. 432–434).

[17] Karl V. hatte am 10. März 1526 in Sevilla die Infantin Isabella von Portugal geheiratet. Vgl. BRANDI, KARL V., S. 205f.; KOHLER, KARL V., S. 174.

[18] Karls und Isabellas Sohn Philipp wurde 1527, Tochter Maria 1529 geboren. Vgl. ebd., S. 221.

[19] Papst Clemens VII. (1478–1534). Vgl. ODPOPES, S. 259–261; ISERLOH, PÄPSTE, S. 63–66.

Dominus de nobis statuerit, tantum liberet nos a mala cum pon[tifice] concordia. Nunquam me deijciunt, quae [*f° 291b v°*] de bello narrantur, etsi sciam viribus humanis nos plane consistere non posse, deijciunt autem vehementiss[ime], quae subinde afferuntur de medijs concordiae. His enim scio offendi nobis Deum; bello autem si petamur propter veritatem, scio nobis   5 Deum tanto fore^q placatiorem.

Bene vale, et quae de continendis aculeis scripsi, obsecro boni; fretus enim tuo incomparabili candore ita tibi scribere soleo, vt qui mihi nequeas irasci. Ich gemeyns auch warlich gut, et omnia in gloriam Christi.

Res in Hungaria hactenus habent tolerabiliter, etsi Turcae quidam minen- 10 tur[20]. Milites ex Italia veniunt. Quidam aiunt mittendos ad Hungaros, quidam alio. Venerunt et ex Hispania in Brabantiam plus minus mille pedites. Dominus doceat nos sibi fidere et viuere, et optime cadent omnia.

Augustae, 18 Septembris.

Salutant te legati nostri[21].   15

*Oa Zürich SA, E I 3,3, Nr. 50, f° 562 r° – 563 v° und E II 339, f° 291b r°/v°. — C Zürich ZB, S 27,7; TB III, S. 320f. — P Schuler/Schulthe*ß*, Zw. W. VIII, S. 515–517; Zwingli Bw. V, Nr. 1099, S. 138–143.*

---

^q *anstatt* esse.

²⁰ In Wien bestand im September 1530 noch Anlaß zu der Hoffnung, ganz Ungarn wiederzuerlangen, genährt durch ein Waffenstillstandsabkommen Ferdinands I. mit Johann Zápolya. Die Nachricht von der jüngsten Forderung der Türken an Ferdinand I., alle in seinem Besitz befindlichen Festungen in Ungarn herauszugeben, war noch nicht bis Augsburg gedrungen. Vgl. SCHIMERT, ZÁPOLYA, S. 307.
²¹ Die Straßburger Gesandten Jakob Sturm und Mathis Pfarrer. Vgl. oben Nr. 269, S. 2, Anm. 9; Nr. 302, S. 113, Anm. 15.

BIBELSTELLENREGISTER

SCHRIFTENREGISTER

PERSONENREGISTER

Mit den Siglen PR, OR, SR wird auf das Personen-, Orts- und Sachregister verwiesen.

Toussaint, Pierre 102
— Verfasser 102
Trajan, Marcus Ulpius, Kaiser 8
Treger, Konrad 282
Trutmannus (Pseudonym Huldrych Zwinglis)
274
→ auch Zwingli, Huldrych
Trutvetter, Jodocus 171

Übel, Johann 11
Ulrich von Dornum 103
— Verfasser 105
Ulrich von Reichental 9
Ulrich, Herzog von Württemberg 139
— Verfasser 269

Vadian 1, 4–7, 150, 151, 251, 272, 273, 274
— Empfänger 1, 4–7, 150, 151, 261, 266,
272, 273, 274, 281
Vatinius, Publius 150
Vehe, Michael 163, 187
Vehus, Hieronymus 247, 290
Vulturius, Neocomus 14, 72
→ auch Geldenhauer von Nijmegen,
Gerhard

Walther von Cronberg 179
Watt, Joachim von → Vadian
Weißenhorn, Alexander 179
Wengi, Niklaus von 283
Wilhelm, Graf von Fürstenberg 32, 64, 149,
182
Wilhelm von Honstein, Bischof von Straß-
burg 27
Wilhelm, ein Täufer 15
Wimpfeling, Jakob 17
Wimpina, Konrad 108, 125, 129, 187
Winram, Gilbertus 36
Wolfhart, Bonifacius 20, 73, 231
— Verfasser 73

Wolfgang, Fürst von Anhalt 84, 149, 182,
289
Wolfgang, Graf von Henneberg 149, 182

Zápolya, Johann, König von Ungarn 141,
179, 291
Zeger, Thomas 79
Zell, Katharina, geb. Schütz (Ehefrau Mat-
thias Zells) 35
Zell, Matthias 8, 35, 106, 107, 232
— Empfänger 106, 111
Zigerli, Heinrich 149
Ziegler, Hans 277
Ziegler, Jakob 115
Zwick, Johannes 5, 8, 15, 24, 87, 159, 197,
241
— Empfänger 241, 249, 269
— Verfasser 7, 8, 9
Zwick, Konrad 5, 15, 158, 245, 249
Zwingli, Huldrych 2, 5–8, 12, 18, 19, 29,
35, 50, 57, 58, 63, 64, 71, 96, 99, 100,
103, 105, 109, 114, 118, 136, 139, 143,
146, 151, 154, 156, 158, 168, 171, 192,
206, 212–214, 221, 222, 228, 236, 237,
242, 248, 249, 251, 254, 255, 261, 262,
265, 266, 269, 274, 277–281, 285
— Empfänger 1–4, 8, 31, 32, 71, 80, 81,
89, 96–98, 101, 103, 111–116, 118, 122,
135, 137, 138, 143, 146, 160, 164, 165,
186, 197, 200, 210, 214, 215, 217, 220,
221, 226, 227, 230, 231, 237, 240, 242,
249, 250, 254–256, 263, 265, 267, 269,
270, 271, 276, 277, 284, 286
— Verfasser 89, 118, 121, 164, 171, 248,
250, 251, 255, 261, 264, 266, 268, 270,
274, 280, 281
→ auch Abacellius, Johannes; Hartrych,
Magister; Trutmannus; auch SR: Fidei
ratio

ORTSREGISTER

Mit den Siglen PR, OR, SR wird auf das Personen-, Orts- und Sachregister verwiesen.

Abensberg 112
Ägypten, Fleischtöpfe 163
Aldingen b. Rottweil 276
Alfeld 274
Alpirsbach, Benediktinerkloster 9, 10
Altenburg 107
Altomünster, Brigittenkloster 5
Alzey 130
Amorbach 108
Ansbach 99, 112
Ἀνθεία 242, 243
Antwerpen 30
Asti 269
Athen 17
Augsburg 5, 18, 31, 35, 81, 82, 84, 99, 106,
    107, 109, 110, 113, 115–117, 119, 121,
    123, 129, 130, 133, 140, 143, 155, 156,
    179, 183, 185, 225, 231, 232, 235, 251,
    256, 270, 274, 276, 279, 280, 285, 288,
    291
— Abfassungsort 106, 110, 118, 123, 124,
    132, 134, 135, 137, 138, 141, 142, 144,
    147, 150, 152, 157, 159, 160, 164, 165,
    177, 180, 181, 185, 186, 192, 198, 201,
    207, 212, 217, 220, 228, 233, 241, 267,
    272, 286, 291
— Bewachung der Stadt 183, 189
— Kaiserpfalz, Gefängnis 231, 283
— Kirchen und Klöster
    — Barfüßerkirche 109
    — Dom 130, 183
    — Heilig Kreuz 231, 283
    — St. Anna 18, 112
    — St. Moritz 31
    — St. Ulrich 31
— Prediger 121, 256
— Rat 106, 183
— Reichstag 1530 1, 15, 22, 31, 71, 77,
    87–89, 92, 94–96, 99, 107, 108, 112, 113,
    115, 117, 121, 124, 129, 130, 135, 136,
    143, 147, 149, 150, 151, 153, 157, 158,
    160–163, 177, 179, 180, 181, 186, 192,
    194, 230, 241, 245, 256, 267, 272, 276,
    284, 286, 287
— Abschied 290
— Ausschreiben 84, 88, 92, 221, 287
— Ausschuß der Sechs 227, 243, 247

— Ausschuß der Vierzehn 243
— Stadttore 183, 189
— Vogelturm 231, 283
Avignon 29

Baden 247
— Disputation 1526 278, 282
— Markgrafschaft 70, 114
— Tagsatzung 1530 100
Bamberg 112
Basel 3, 5, 7, 8, 9, 21, 22, 32, 70, 75, 93,
    98, 102–104, 185, 217, 265, 276–279,
    283, 284
— Abfassungsort 93, 101, 103
— Bürgermeister 275
— Ferkelschmaus 1522 18
— Frühjahrssynode 1530 5
— Gemeinde 2
— Gesandte 2, 64
— Großer Rat 277
— Hospital 278
— Kirchen und Klöster
    — Barfüßerkirche 278
    — Münster 5, 6
    — St. Leonhard 278
    — St. Martin 5, 18
    — St. Theodor 278
— Oberzunftmeister 275
— Prediger 102, 282
— Rat 102, 279
— Universität 5, 6, 9, 18, 21, 35, 109, 265,
    278, 281, 283
Bayern 247
— Herzöge 108
Berlin 99
Bern 3, 5, 29, 32, 35, 67, 70, 185, 222, 254,
    265, 276, 277, 279
— Abfassungsort 69
— Disputation 1528 1, 5, 67, 265, 277
— Gesandte 2
— Hohe Schule 265
— Klöster 254
— Lateinschule 70
— Prediger 66, 67, 282
— Rat 66, 67
— Ratsherren 67
— Verfasser 69, 70

SACHREGISTER

Mit den Siglen PR, OR, SR wird auf das Personen-, Orts- und Sachregister verwiesen.
    Les notions théologiques les plus importantes et les concepts qui reviennent le plus fréquemment font l'objet d'une entrée en langue française, laquelle renvoie à son équivalent allemand. Pour être facilement repérables par le lecteur français, ces entrées sont en italique (ex. : *amour → Liebe*).

— Gottes 104, 127
Gesandter / legatus 133, 140, 178, 196, 245,
    286, 290
— Basels 2, 64
— Berns 2
— des Kurfürstentums Sachsen 64, 109,
    121, 128
— Englands 162
— Frankreichs 255
— Hessens 227
— Isnys 129
— kaiserlicher 150
— Kemptens 129
— Konstanz' 15, 129, 162, 245
— Lindaus 129, 162
— Lüneburgs 227
— Luzerns 149, 180, 194, 195
— Memmingens 129, 162
— Nürnbergs 121, 140, 194, 227, 274
— päpstlicher 287
— St. Gallens 150, 151
— Straßburgs 4, 64, 81, 110, 119, 128, 129,
    132, 133, 134, 141, 152, 157, 162, 184,
    185, 187, 188, 191, 197, 232, 256, 271,
    288, 291
— Ulms 4
— Venedigs 121, 127, 128, 194
— Zugs 149
— Zürichs 2, 64, 90
Gesandtschaft / legatio
— kaiserliche 161, 179
Geschöpf / creatura, Gottes 68
Geselle 70
Gesetz / ius, lex 13, 51, 62, 147, 197, 223,
    226, 268
— Gottes 27, 41, 48, 50, 53, 62
Gesinnung / pectus, christliche 63
    → auch sensus
Gesundheit / sanitas 46
Getreide 68, 273
— Knappheit 6, 91
Gewissen / conscientia, religio 47, 51, 52,
    126, 143, 148, 154, 167, 168, 229, 260,
    266
Glaube / fides 1, 3, 4, 6, 11, 19, 22, 26, 38,
    41–45, 47–50, 52–55, 57, 59, 60, 62, 64,
    65, 71, 79, 92, 95, 99, 107, 115, 119, 122,
    126, 127, 129, 131, 133, 136, 140, 146,
    153, 158, 161–163, 168, 171, 173, 175,
    178, 184, 191, 193, 194, 195, 196, 203,
    211, 212, 215, 218, 219, 221, 224–226,
    238, 243, 248, 249, 252, 253, 259, 260,
    262, 263, 268, 271, 274, 281, 284, 285,
    289
— alter Glaube 108, 130
— analogia fidei 38, 289

— an Christus 40, 41, 42, 44, 48, 49, 50,
    57, 92, 223, 239, 262, 263, 265
— an Gott 26, 92, 127
    → auch Beständigkeit; contemplatio fidei;
    Gerechtigkeit; Gläubige; Religion;
    Schwache
Glaubensartikel 4
Glaubensbekenntnis / professio 283
— Apostolisches 283
    → auch Bekenntnis
Glaubensflüchtling 34, 35, 73, 98, 100
Gläubiger / credens, fidelis 41, 42, 44, 49,
    126, 259, 260, 283
Gnade / benevolentia, clementia, dignatio,
    gratia 1, 24, 27, 30, 43, 58, 59, 62, 68,
    80, 82, 90, 101, 104, 105, 117, 135, 139,
    166, 182, 193, 208, 213, 228, 242, 251,
    259, 265, 271, 274, 276, 287, 288
— Christi 66, 145, 168
— Gottes 38, 52, 61, 127, 141, 254
Gold / aurum 43
Gott Vater 2, 4–6, 8, 9, 11–17, 19, 22–24,
    27, 29, 30, 32–36, 38–44, 46, 48, 49, 51,
    52, 54–63, 66, 68, 69, 71, 73, 74, 77–80,
    82, 86, 87, 90, 98, 101, 103–105, 109,
    110, 112, 114, 121, 123, 126, 127,
    129–132, 134–136, 141, 145, 146, 149,
    150–154, 156, 159, 164, 166–168, 173,
    175, 176, 184, 189, 191, 195, 202,
    204–207, 211–213, 216, 223, 224, 226,
    227, 229, 231, 233, 238, 240, 242, 243,
    248, 251, 253, 254, 256, 258, 260, 265,
    266, 270–274, 283, 285, 288–291
    → auch Anrufung; Bekenntnis; Ehre; Ent-
    schluß; Gabe; Gerechtigkeit; Gnade;
    Güte; Haus; Hilfe; Heiliger Geist; Kind;
    Kirche; Lehre; Reich; Schöpfer; Unwille;
    Verehrung; Vertrauen; Volk; Wahrheit;
    Werk; Werkzeug; Wille; Wohltat; Wohl-
    wollen; Wort; Wunder; Zeichen
Gotteslästerer / blasphemus 47, 49
Gottheit / divinitas 58, 108, 258
Göttlichkeit / deitas, divinitas, numen 58,
    260
— Christi 38, 58
    → auch Christus
Gottwohlgefälligkeit 28, 79
Götze / idolum 27
Götzendiener / cultores idolorum 57
Götzendienst / idolatria 63
grâce → Gnade
Griechisch 33, 70, 239
guerre → Krieg
Gulden / aureus 24, 91
— Rheinische 70
Gunst, Gefälligkeit / gratia 4, 8, 17, 24, 131

STUDIES IN MEDIEVAL
AND REFORMATION THOUGHT

EDITED BY HEIKO A. OBERMAN

36. MEERHOFF, K. *Rhétorique et poétique au XVIe siècle en France.* 1986
37. GERRITS, G. H. *Inter timorem et spem.* Gerard Zerbolt of Zutphen. 1986
38. ANGELO POLIZIANO. *Lamia.* Ed. by A. Wesseling. 1986
39. BRAW, C. *Bücher im Staube.* Die Theologie Johann Arndts in ihrem Verhältnis zur Mystik. 1986
40. BUCER, Martin. *Opera Latina.* Vol. II. Enarratio in Evangelion Iohannis (1528, 1530, 1536). Publié par I. Backus. 1988
41. BUCER, Martin. *Opera Latina.* Vol. III. Martin Bucer and Matthew Parker: Florilegium Patristicum. Edition critique. Publié par P. Fraenkel. 1988
42. BUCER, Martin. *Opera Latina.* Vol. IV. Consilium Theologicum Privatim Conscriptum. Publié par P. Fraenkel. 1988
43. BUCER, Martin. *Correspondance.* Tome II (1524-1526). Publié par J. Rott. 1989
44. RASMUSSEN, T. *Inimici Ecclesiae.* Das ekklesiologische Feindbild in Luthers "Dictata super Psalterium" (1513-1515) im Horizont der theologischen Tradition. 1989
45. POLLET, J. *Julius Pflug et la crise religieuse dans l'Allemagne du XVIe siècle.* Essai de synthèse biographique et théologique. 1990
46. BUBENHEIMER, U. *Thomas Müntzer.* Herkunft und Bildung. 1989
47. BAUMAN, C. *The Spiritual Legacy of Hans Denck.* Interpretation and Translation of Key Texts. 1991
48. OBERMAN, H. A. and JAMES, F. A., III (eds.). in cooperation with SAAK, E. L. *Via Augustini.* Augustine in the Later Middle Ages, Renaissance and Reformation: Essays in Honor of Damasus Trapp. 1991 *out of print*
49. SEIDEL MENCHI, S. *Erasmus als Ketzer.* Reformation und Inquisition im Italien des 16. Jahrhunderts. 1993
50. SCHILLING, H. *Religion, Political Culture, and the Emergence of Early Modern Society.* Essays in German and Dutch History. 1992
51. DYKEMA, P. A. and OBERMAN, H. A. (eds.). *Anticlericalism in Late Medieval and Early Modern Europe.* 2nd ed. 1994
52. 53. KRIEGER, Chr. and LIENHARD, M. (eds.). *Martin Bucer and Sixteenth Century Europe.* Actes du colloque de Strasbourg (28-31 août 1991). 1993
54. SCREECH, M. A. *Clément Marot: A Renaissance Poet discovers the World.* Lutheranism, Fabrism and Calvinism in the Royal Courts of France and of Navarre and in the Ducal Court of Ferrara. 1994
55. GOW, A. C. *The Red Jews: Antisemitism in an Apocalyptic Age, 1200-1600.* 1995
56. BUCER, Martin. *Correspondance.* Tome III (1527-1529). Publié par Chr. Krieger et J. Rott. 1989
57. SPIJKER, W. VAN 'T. *The Ecclesiastical Offices in the Thought of Martin Bucer.* Translated by J. Vriend (text) and L.D. Bierma (notes). 1996
58. GRAHAM, M.F. *The Uses of Reform.* 'Godly Discipline' and Popular Behavior in Scotland and Beyond, 1560-1610. 1996
59. AUGUSTIJN, C. *Erasmus. Der Humanist als Theologe und Kirchenreformer.* 1996
60. McCOOG SJ, T. M. *The Society of Jesus in Ireland, Scotland, and England 1541-1588.* 'Our Way of Proceeding?' 1996
61. FISCHER, N. und KOBELT-GROCH, M. (Hrsg.). *Außenseiter zwischen Mittelalter und Neuzeit.* Festschrift für Hans-Jürgen Goertz zum 60. Geburtstag. 1997
62. NIEDEN, M. *Organum Deitatis.* Die Christologie des Thomas de Vio Cajetan. 1997
63. BAST, R.J. *Honor Your Fathers.* Catechisms and the Emergence of a Patriarchal Ideology in Germany, 1400-1600. 1997
64. ROBBINS, K.C. *City on the Ocean Sea: La Rochelle, 1530-1650.* Urban Society, Religion, and Politics on the French Atlantic Frontier. 1997
65. BLICKLE, P. *From the Communal Reformation to the Revolution of the Common Man.* 1998
66. FELMBERG, B. A. R. *Die Ablaßtheorie Kardinal Cajetans (1469-1534).* 1998

67. CUNEO, P. F. *Art and Politics in Early Modern Germany.* Jörg Breu the Elder and the Fashioning of Political Identity, ca. 1475-1536. 1998
68. BRADY, Jr., Th. A. *Communities, Politics, and Reformation in Early Modern Europe.* 1998
69. McKEE, E. A. *The Writings of Katharina Schütz Zell.* 1. The Life and Thought of a Sixteenth-Century Reformer. 2. A Critical Edition. 1998
70. BOSTICK, C. V. *The Antichrist and the Lollards.* Apocalyticism in Late Medieval and Reformation England. 1998
71. BOYLE, M. O'ROURKE. *Senses of Touch.* Human Dignity and Deformity from Michelangelo to Calvin. 1998
72. TYLER, J.J. *Lord of the Sacred City.* The *Episcopus Exclusus* in Late Medieval and Early Modern Germany. 1999

Prospectus available on request

BRILL — P.O.B. 9000 — 2300 PA LEIDEN — THE NETHERLANDS